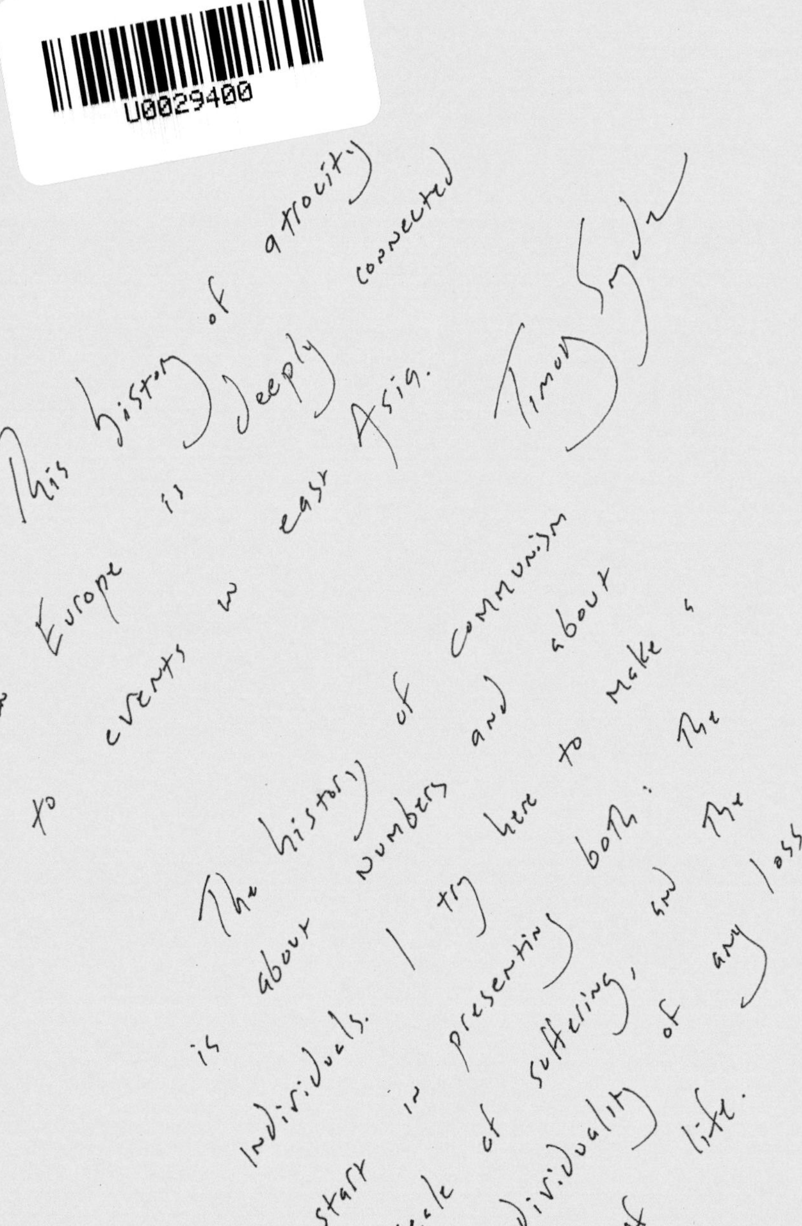
This history of atrocity
in Europe is deeply connected
to events in east Asia.
Timothy Snyder
The history of communism
is about numbers and about
individuals. I try here to make a
start in presenting both: the
scale of suffering, and the
individuality of any loss
of life.

這段殘暴的歐洲史與發生在東亞的許多關鍵事件密不可分。重構共產主義的歷史，一來要靠釐清各種數字，二來必須讓個人浮上檯面。在此我想要開始這項雙重的任務：呈現出令人髮指的苦難經歷，並且強調所有遇害者的個體性。

——提摩希·史奈德

血色大地

夾在希特勒與史達林之間的東歐

BLOODLANDS

EUROPE BETWEEN HITLER AND STALIN

TIMOTHY SNYDER

提摩希・史奈德◎著

陳榮彬、劉維人◎譯

獎項殊榮

★德國漢娜・鄂蘭獎最佳政治思想類作品（Hannah Arendt Prize for Political Thought）

★德國萊比錫書展大獎（Leipzig Book Prize for European Understanding）

★德國北德廣播電臺文化頻道非虛構類圖書獎入選（NDR Kultur Sachbuchpreis, Shortlist）

★美國藝術暨文學學會獎（American Academy of Arts and Letters Award in Literature）

★美國愛默生人文獎（Phi Beta Kappa Ralph Waldo Emerson Award）

★美國斯拉夫、東歐與歐亞研究學會韋恩沃西尼奇書卷獎入選（Wayne S. Vucinich Book Prize, Shortlist）

★加拿大坎迪爾獎「優秀表彰獎」（Cundill Prize in History Recognition of Excellence）

★法國歐洲歷史圖書獎（Le Prix du Livre d' Histoire de l'Europe）

★英國達夫・庫珀獎入選（Duff Cooper Prize, Shortlist）

★波蘭莫察斯基歷史圖書獎（Moczarski Prize in History）

★比利時布魯塞爾自由大學最佳國際歷史與二戰書籍獎（Prix Baron Velge in the International History of the Second World War, Université Libre in Brussels）

★奧地利年度最佳學術書籍獎入選（Austrian Scholarly Book of the Year, Shortlist）

臺灣好評推薦

史奈德的跨國史書寫不僅是一種針對當時主流史學方法以及政治理論的挑戰，更是對於猶太大屠殺之外的受難者之關切。換言之，他不僅想將真正的東歐歷史從大俄羅斯主義或其他單一民族史觀當中拯救出來，也企圖將那些被特定國族史觀所無視的人們，從以國家為中心而書寫的歷史當中拯救出來。

如果說，史冊刪掉一群人的故事，等於將他們從世界上抹去了痕跡，那重新講述他們的故事就是讓他們再次被人看見，是對他們的苦難以及存在最低限度的一種尊重。就此而言，《血色大地》是史奈德以文字打造的一艘方舟。雖然它來不及拯救受難者的人命，但卻可以讓他們重新回到人們的歷史視野當中——讓他們的生命再次和猶太大屠殺的加害者與受害者的故事一起活在史冊。

鑑於《血色大地》的書寫本身仰賴了大量見證者所留下的史料與紀錄，且俄羅斯此時此刻正在延續著書中論及的對烏克蘭侵略史，我們在閱讀之餘或許也能略盡一份力量，為血色大地上正在增添的那些亡魂做某種形式的歷史見證。

——葉浩，政治大學政治學系副教授

本書填補了我們對於左派極權者「史達林」殺戮行為的陌生認知，也深化我們對於右派極權者「希特勒」針對特定族群屠殺行動的瞭解：這兩位歷史人物共同把廣大的東歐地理空間當成屠宰場。不是史奈德突然讓東歐成為「血色大地」，是我們長期對這段歷史完全無知，不知道這裡曾是駭人的命案現場。不要怪《血色大地》全書頁頁都是腥臭味，因為這就是歷史真相散發的真實味道。捏緊鼻子，也應該把全書讀完。

——**伍碧雯，臺北大學歷史學系副教授**

歷史上的善政各有其善，但暴政只有一種：只要你的血統不對、職業不對、父母祖先不對、階級成分不對、你是敵對勢力間諜、你是謀求獨立分子、你群的存在玷汙了我族的光榮……，找出滅絕你等的理由，其實花不了太多心思。《血色大地》讀來最令人驚恐的，是作者的描寫讓人聯想到不同時空的暴政可以如此相似：蘇聯的「肅清波蘭間諜」和中國的「反右鬥爭」；「清洗猶太人」和「再教育維吾爾族」。當然，烏克蘭的大饑荒，中國也照樣上演過。這是一曲暴政的二部輪唱，而且是現在進行式。

——**李志德，鏡文學副總編輯**

本書深刻描繪蘇聯與納粹兩大二十世紀獨裁政權，如何聯手與互動地在東歐殺害了一千四百萬各族裔的人。就在此刻，俄國普丁與中國習近平兩大二十一世紀獨裁政權，也默許彼此在烏克蘭的軍事入侵與在新疆壓迫少數族群。民主國家若要避免本書所示的歷史悲劇重演，就必須盡力保衛烏克蘭免於普丁的帝國掌控，同時阻止習近平政權對清帝國在「中國西征」後納入版圖的新疆維吾爾族，進行種族文化滅絕。

——**林文凱，中研院臺灣史研究所副研究員**

希特勒和史達林殺害了一千四百萬東歐人民，但人們對上世紀這場大屠殺的歷史記憶，如今卻已逐漸僵化，甚至出現了詮釋禁忌與記憶真空。史奈德以流暢的筆法，將大量檔案還原成一則則深幽而駭人的故事，再從故事中還原出一個瘋狂的時代旋律：德、蘇極權意識形態的病態、東歐多元民族間的仇恨，以及地緣政治的衝突，共同形成通往深淵的螺旋，最終在波蘭、烏克蘭、白羅斯與波羅的海三國釀成人類史上最黑暗的慘劇。本書中譯出版時正逢烏俄戰爭爆發、後冷戰的歐洲秩序宣告破滅。對於我們這些習慣把和平視為理所當然的世代，《血色大地》以極為深刻的方式，填補了我們對戰爭瘋狂的記憶真空。

——**黃哲翰，轉角國際專欄作者**

在《血色大地》出版以前，我們對納粹與蘇聯大屠殺的歷史其實有著很深的誤解。若以拼圖來譬喻，就像是明明只拼好了邊緣一隅，卻誤以為全貌已經拼湊完成。這一點在高中歷史教育的現場特別明顯。由於授課時數有限，教學時往往傾向將歷史化繁為簡。這段重要的歷史，就在這不斷化約的過程中，化為幾塊毫不相連的拼圖碎片，只剩下短短幾行字與空泛的評價。

當極權政體任意剝奪一整個族群被當成人類的權利，史奈德卻堅持個別生命故事的重要性，同時跳脫非黑即白的簡化論述，說出屠殺脈絡的複雜性。暴政讓「每個人死後都淪為數字」，歷史書寫則讓人明白「每個人活著時都有名字」。《血色大地》是一本重要的書，幫助我們重新理解那段複雜歷史中的複雜人性。

——**蔡蔚群，北一女中歷史科教師**

國際專家推薦

曾經，在二十世紀中葉的十年期間，俄、德兩國之間的一大片土地淪為歐洲的殺戮地獄。一千多萬平民遇害，要不是被餓死，就是遭蘇聯與納粹德國的政府與部隊打死、槍斃，或被毒氣毒死，他們來自波蘭、烏克蘭、立陶宛、白俄羅斯等國家。我們自以為對這段故事很了解，為這故事貼上很多簡單的標籤：奧斯威辛、古拉格。在這本關於歐洲「血色大地」的專書裡，提摩希．史奈德盡情展現其開創性與勇氣，讓我們知道這故事遠比本來了解的更加複雜。他仔細分析兩大殘暴政權在國內與在外國戰場上的殺人手法與動機，徹底改寫我們對近代大屠殺歷史與其背後涵義的了解。《血色大地》的研究可謂滴水不漏，對棘手難解的史料極其敏銳，堪稱近幾十年來有關大屠殺主題的最重要鉅著，未來肯定也會成為這個領域的必讀參考作。

——東尼．賈德（Tony Judt），《戰後歐洲六十年》作者

史奈德可以直接閱讀研究英文、德文、意第緒文、捷克文、斯洛伐克文、波蘭文、白俄羅斯文、烏克蘭文、俄文、法文的一手檔案資料，此等學識真可謂卓越不凡。他的想像力豐沛，所以別人看到的史料一片混亂、倍感困惑，他卻能做出各種連結，找到相似性，觀察到一般趨勢。

——伊斯特萬．迪克（István Deák），哥倫比亞大學歷史學系教授

史奈德挑戰了時下對（二十世紀中葉歐洲）大屠殺受害者、死亡人數、謀害方式的假設，更改寫了我們對大屠殺地理與時間範疇的認知。本書書名並非隱喻……，血色之地的人們先後歷經過史達林與希特勒最瘋狂的意識形態浩劫。……如果我們能記住二十世紀真正發生過的歷史，而非停留在對過去的想像，才能減少今日出於政治目的而濫用歷史的現象。我們對二十世紀了解得越多，就越不會輕易得出過度簡化的歷史教訓，也不會對經歷過那時代的人妄下斷語。

——**安．艾普邦姆（Anne Applebaum），普立茲獎得主**

無論是研究納粹或蘇聯，史家往往聚焦在政治運作以及獨裁體制的決策過程，忽略了受害者的命運。身為東歐史史家，史奈德兼顧兩者，並且聚焦在一個特定區域上，檢視史達林與希特勒的屠殺政策如何互動、有哪些重疊之處，還有雙方的政策如何促使彼此變本加厲。史奈德的敘述生動無比，讓我們看出雙方政策如何聯手衝擊「血色大地」上居民的人生，最後釀成了歐洲史上受害者最多的人為慘禍。

——**克里斯多夫．布朗寧（Christopher R. Browning），大屠殺研究史家**

與其他史家相較，史奈德更有勇氣面對會把別人嚇跑的重要問題：最多人遇害的事件在何時何地發生？受害者是哪些族裔與群體？該怎樣計算並檢證死亡數字？這是一本會迫使讀者重新思考歷史的書。

——**諾曼．戴維斯（Norman Davies），英國國家學術院院士**

年度選書

即便因為深諳這段歷史而自豪，也會在讀完史奈德先生的精彩洞見時醍醐灌頂。

——《經濟學人》年度選書

促使我們重新思考現代歐洲與二次大戰的方方面面。史奈德為殉難者討回些許人性尊嚴。

——《新共和週刊》年度選書

史奈德敘事面面俱到，極具說服力，中間還不時穿插關於受害者、加害者與見證人的小故事。

——《紐約時報》編輯選書

毫無疑問是今年歷史書籍中的亮點。

——《今日歷史》雜誌（History Today）年度選書

史奈德讓我們看到一九三〇到四五年，波羅的海各國、白俄羅斯、波蘭與烏克蘭到底發生哪些事。

——《每日電訊報》年度選書

說到大屠殺，迄今仍然無人能超越史達林與希特勒。儘管我們長期以來對他們倆所犯下的罪行已經有不少了解，但對於罪行的嚴重程度仍有很多誤解，因為過去我們都忽略了這兩大獨裁者之間的互動。

——**《獨立報》年度選書**

任誰都不能否認，史奈德所使用的史料讓人耳目一新，更重要是那些史料的語言在西方學界根本就很少人精通。《血色大地》的成功之處在於作者以令人印象深刻的方式論述了原本冷硬艱難的主題。

——**《金融時報》年度選書**

《血色大地》寫得精彩、清晰又好讀……，刷新了我們思考東歐的方式，改變我們對於史達林、納粹與大屠殺的認知。……史奈德在這本書裡面集結了許多新的觀念與研究，其中很多都還沒翻譯成英文。這本書是令人肅然起敬的學術成就，打破了過往的許多迷思，創造出一部迷人的嶄新歐洲史。

——**《新政治家週刊》年度選書**

史奈德的書提供了另一種時間與地理的框架，讓我們得以用全新的眼光看待歷史。

——**《猶太前進報》（The Jewish Forward）年度選書**

近年血色大地的各國紛紛宣稱自己受害最深，陷入「殉難比賽」，史奈德讓人知道這種比較有多危險。

——**《西雅圖時報》年度選書**

各方好評

史奈德是一位才華洋溢的史家，說故事功力一流。他以專業手法梳理了一個複雜無比的故事，打破迷思，糾正誤解，為我們提供脈絡與分析，還有身而為人都該知道的議題。……《血色大地》權威性與想像力兼具，述說歐洲史上最多人遇害的慘劇，敘述風格明晰清楚，堪為典範。史奈德的初衷就是要為極權主義的數百萬受害者發聲，把人類形象還給他們。在這方面他的成就斐然。

——《BBC歷史雜誌》

我們普遍都把納粹與史達林政權當成大時代的悲劇，但卻不設法劃分兩者的差異，不設法表明這兩大政權下的受害者其實包含各種不同人民。史奈德這本書力挽狂瀾，反對此一傾向。

——《種族滅絕研究》季刊

死亡人數實在太多，死狀實在太慘，讓人悲傷到最後有可能會麻木。但史奈德身兼傑出作家與偉大學者很清楚這一點。他請我們不要用被化約的數字來理解這段歷史。

——《衛報》

史奈德簡直像人體百科全書，他對那些引人入勝的史實和確鑿的數據可謂瞭若指掌。他的散文風格展現出不可思議的才華，即便是處理如此壓抑的主題也能夠勉力堅持道德立場，不會輕易屈從於悲情式的陳腔濫調。

——**《國家》（The Nation）雜誌**

作者翻轉了傳統視角，從底層的角度來檢視二次大戰與戰前的那幾年。

——**《波士頓環球報》**

史奈德探討納粹的猶太大屠殺，但也把蘇聯的暴行納入討論範圍，極具開創性。

——**《華盛頓郵報》**

透過這本書，我們看見當年住在血色大地上的先人面臨了哪些難題與恐怖，他們如何倖存、如何與敵人合作或抵抗、如何彼此相愛並抱持希望、如何生又如何死。史奈德讓歷史敘事的主角不再由史達林與希特勒扮演，那些無辜的受害者也有上場機會。

——**烏克蘭《基輔郵報》（The Kyiv Post）**

《血色大地》把大屠殺放回歷史脈絡來探討，拉回到更全面的歐洲衝突史來檢視。

——**《華爾街日報》**

受害人民慘遭納粹與蘇聯貶低為冷冷的數字，但史奈德在廣泛敘述東歐無比悲慘的歷史之餘，還是能夠讓我們看到那些受害者的人生受到了哪些活生生、血淋淋的衝擊。

——**《愛爾蘭時報》**

任何研究二十世紀中葉歐洲史的學者與學生都應該收藏一本。

——**《密西根戰爭研究評論》（Michigan War Studies Review）**

任何人讀了這本書，對於二十世紀中葉歷史的看法都會徹底改變。……史奈德對過去被忽略的歷史提出精彩洞見，並把事件放在東歐的視角下來檢視。

——**捷克《布拉格郵報》**

有用的書很多，重要的不過五六本，但《血色大地》的成就，卻是改變了我們對於二十世紀歷史的看法，並且促使我們另眼看待極權烏托邦主義所付出的人命代價。

——**《波蘭評論》季刊（The Polish Review）**

作者一絲不苟地呈現（納粹與蘇聯）這兩大政權的滅絕行動與大屠殺……，史奈德並非要等同兩者或對兩者進行比較，「而是為了理解我們的時代與我們自己」。

——**德國《世界報》（Die Welt）**

務必要讀《血色大地》，這樣你才知道，為了要實現最終極的邪惡，到底要做多少邪惡的壞事。

——《Tablet》猶太文化網路雜誌

讀者能夠越快精讀這本書，才有可能重新看待東歐地區某些長久以來都非常惡劣嚴峻的國與國關係。

——俄羅斯《莫斯科新聞報》（The Moscow News）

若要還原晚近中歐歷史的本色，就要從德、蘇兩大帝國的關係去看，因為兩者互動的結果影響深遠。

——《澳洲人報週末版》（Weekend Australian）

對於那些殺害了一千四百萬人的二十世紀東歐大屠殺事件，我們非常需要把相關的記憶保留下來，寫下相關的歷史，而《血色大地》是這方面的重要里程碑。

——以色列《大屠殺研究》半年刊（Yad Vashem Studies）

從開頭讀起，或選擇書中任何一頁的某個段落來看，《血色大地》都會讓你立刻入迷。

——Kindle電子閱讀器每日貼文

本以為已經看透、聽遍有關這個主題的一切，但我錯了。

——麥可・薩維奇（Michael Savage），電臺節目主持人

目次
CONTENTS

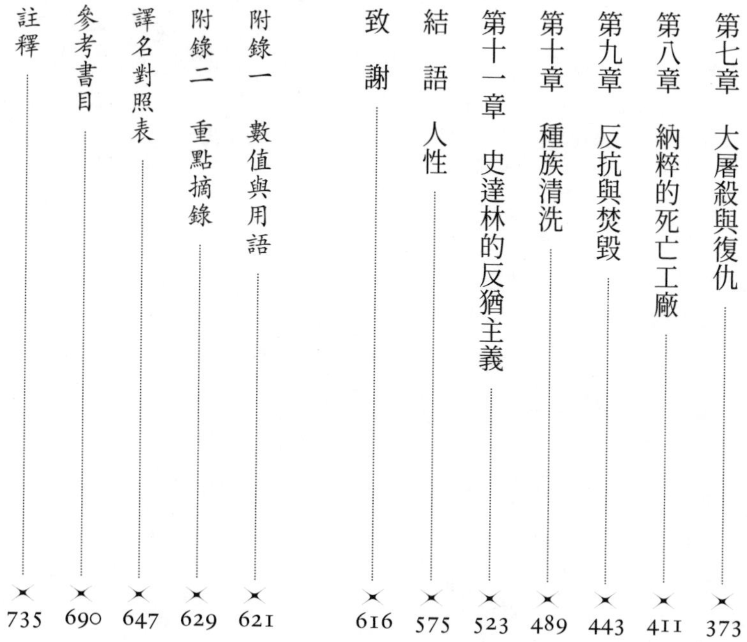

導讀

史奈德的文字方舟：

一個把血地受難者從國族史中拯救出來的故事

葉浩（政治大學政治學系副教授）

一個國家，被人們稱為是所有冷酷的怪獸之中最為冷酷無情的。他還會冷酷地說謊。這就是從他的嘴裡爬出來的謊話：「我，國家，就是民族。」

——尼采，《查拉圖斯特拉如是說》

澳洲作家托馬斯・肯尼利（Thomas Keneally）的真人真事改編小說《辛德勒的方舟》（*Schindler's Ark*）在一九八二年出版後立即獲得當年的布克獎，書中描述德國商人辛德勒如何開工廠雇用波蘭猶太人，並以各種方式不讓他們被運送到奧斯威辛集中營。這則故事最後在一九九三年從紙張躍上大銀幕，成為贏得七項奧斯卡金像獎的《辛德勒的名單》。電影以一群當年獲救的工廠工人在辛德勒墓碑上放石頭致意作為結尾，而最後字幕則說明，上映當時存活的波蘭猶太人人數不足四千。

辛德勒其實是一位納粹黨員。他的故事值得訴說之處，不僅在於一千多位猶太人獲救的故事，更是關於納粹黨員的內心亦有掙扎，集中營之外也有史冊不曾記載的死傷。事實上，當年也有其他為數不少的正義之士憑一己之力去拯救猶太人，他們的英雄事蹟與無名的死者同樣不曾被歷史學家大書特書，也因此未能進入大眾的認知或集體記憶之中。

《血色大地》（*Bloodlands*）也是一本關於納粹屠殺猶太人的書。作為成千上萬以此為主題的史書、小說、回憶錄等各種文類當中的一本，它的獨特之處在於：作者史奈德（Timothy Snyder）想把人們的目光從納粹德國、集中營乃至奧斯威辛的毒氣室轉移到二戰的戰場和集中營之外的地方，並把焦點從德國擴大到烏克蘭、波蘭、波羅的海國家以及白俄羅斯等東歐地區，且罪魁禍首不是希特勒一人或在他底下的納粹政權，而還有史達林及其領導的蘇維埃政權。

前述地理範圍就是本書所謂的「血色大地」。作者估計葬送於此的人數高達一千四百萬，且雖然並非全是猶太人，但都是平民與戰俘。他們的死，是因為遠在天邊的希特勒與史達林所制定的政策或命令，方式則從機關槍掃射到故意釀造的饑荒不一而足。更重要的是，本書主張那些政策其實是納粹政權與蘇維埃政權的互動所致。換言之，納粹造成六百萬猶太人死亡的「猶太大屠殺」（Holocaust）以及發生於蘇聯的「大恐怖」（Great Terror of 1937-1938，又譯為「大清洗」或「大整肅」，期間有近一百四十萬人被捕，半數遭槍殺），其實是希特勒和史達林這兩位獨裁者彼此鬥爭卻在別人土地上進行大屠殺的結果。

相較於二戰以來的西方歷史研究主流，傾向把納粹政權與蘇聯政權當作兩個不同主題來研究，且研究已經做到了相當微觀的程度，生怕疏漏的學者們幾乎是拿著顯微鏡在記錄細節，史奈德則是採取了廣角鏡頭的視角來觀看兩者，於是看到了納粹大屠殺和蘇聯大清洗其實不是發生於不同歷史脈絡的兩個不同故事，而是同一則故事的兩個情節。不僅如此，「血色大地」作為一個史奈德創造的術語所指涉的不單是地理範圍，也包括了一段特定的時間。其開始是史達林因為擔憂烏克蘭境內抗俄勢力而故意採取政策餓死三百多萬人的「蘇聯大饑荒」（Soviet famines, 1932-1933），結束點則是戰敗的納粹德軍最後在一九四五年撤出波蘭與白俄羅斯佔領地區時，對當地超過七十萬人的報復性射殺。

從前述開始到結束的兩個時間點來看，我們知道本書把學者通常分工研究的納粹極權主義與蘇聯共產極權置於更大的歷史脈絡來看待，而這脈絡事實上也可被理解為德國與俄羅斯兩國在一次大戰結束後的新地緣政治格局底下的彼此競爭。值得注意的是，史奈德強調這兩個亟欲擺脫戰敗或落後地位的新興帝國，在奮進過程中所信奉的並非是源於十八世紀英法兩國的啟蒙運動（Enlightenment）及其現代進步史觀，亦即相信人類可藉由科學、理性的發展，在政治、經濟和社會上臻至理想境界的理念；相反，希特勒和史達林他們擁抱的是一種來自十九世紀的達爾文主義世界觀，也就是把國際舞臺視為不同民族之間的生存競爭場域，不但優勝劣敗是必然，敗者甚至會遭致徹底的毀滅。

史奈德以「達爾文主義」一詞來描述前述國際觀。事實上，這正是英國社會學家史賓賽（Herbert Spencer）所說的「社會達爾文主義」（Social Darwinism）。儘管達爾文本人對演化論能否直接套用於社會或國家一直存疑，但這種「達爾文式進步史觀」的確對亟欲爭取世界地位的後進帝國如德國和俄羅斯，乃至二十世紀初的美國、日本與中國，都產生過相當重大且深遠的影響，甚至在現今依然作祟——而這也是本書的洞見之一。由於希特勒根本不是啟蒙與進步的信徒，史奈德便反對任何嘗試以「現代性」（modernity）來詮釋納粹與法西斯崛起的作法，尤其是漢娜・鄂蘭（Hannah Arendt）所提出的「原子化社會」之說：人類社會在現代化的過程之中不斷地引發人與人的各種疏離，不但導致了彼此在工廠或市場中可以隨時被互換或取代，某些人甚至成了資本家或政權眼中的所謂的「多餘之人」（superfluous man），最終導致了「極權主義」（totalitarianism）。理解史奈德反對這種說法，我們便能開始理解史奈德在本書結語所說的這一段話：

也許，納粹與蘇聯大屠殺正如同鄂蘭所主張，是現代社會更深層次失序而產生的表徵。但在我們用如此理論性的方式來針對現代性或其他問題進行總結以前，我們必須了解在猶太大屠殺事件中，還有更普遍地在血色大地上，實際上到底發生了什麼事。就目前而言，關於歐洲大屠殺時代的理解還是太過理論化，也蘊藏太多誤解了。

毫無疑問，對史奈德來說，及至《血色大地》於二〇一〇年出版以前那汗牛充棟的納粹大屠殺與蘇聯極權主義相關研究和主張，不僅「太過理論化」，也「太多誤解」。而本書正是為了同時挑戰那些政治理論和歷史詮釋才寫的學術著作。

欲進一步理解史奈德的前述判斷以及他為本書設定的主旨，我們有必要多了解一些他的學術背景。首先，他對東歐的興趣始於就讀美國布朗大學時期發生的「一九八九年系列革命」（Revolutions of 1989，在臺灣常稱之為「蘇東波」、「東歐鉅變」或「東歐民主化」），這一連串的事件讓他不再認為德國與蘇聯乃至冷戰是最值得研究的主題，也讓他從PPE（亦即「哲學、政治、經濟」三科合讀的學程，源自牛津大學在一九一九年的跨學科創舉）轉向歷史研究，甚至決定到牛津攻讀歷史博士，最後以波蘭政治哲學家克勞茨（Kazimierz Kelles-Krauz）為主題撰寫論文。再者，史奈德在英國留學期間充分利用了歐盟的交換計畫，不但多次遊歷了東歐，也學習多國語言。因此，當他在二十六歲取得博士學位時已通曉十國語言，能直接閱讀東歐各國的一手資料與文獻。第三，也是最重要的一點，博士畢業那一年，史奈德在《紐約書評》（*New York Review of Books*）讀到著名英國史家戴維斯（Norman Davies）一篇題為「歐洲與被誤解的勝利」（The Misunderstood Victory in Europe, 1995）的文章，繼而決定致力於猶太大屠殺的研究。戴維斯在此強烈主張，二戰期間死傷人數最多的是烏克蘭人，至少就平民的死亡人數而言。

就某程度而言，本書即是史奈德善用了前述跨領域研究方法與多國語言能力來回應戴維斯的主張。他大抵延續了戴維斯的論點並堅稱：如果從平民死傷的角度來看，二戰根本就是一場東歐人的戰爭。不過，他比任何人更細膩地深化了此一論點，且藉此反駁鄂蘭等政治思想家們試圖從這一段歷史當中萃取出一個抽象理論的企圖。

換言之，以一般性理由不能完整解釋任何特定的具體事件，就像告訴某人「三對夫妻有一對會離婚」並沒辦法讓他理解為何此婚姻危機會在此時此刻降臨到他的頭上。唯有紮紮實實的歷史研究才能提供完整回答。以作者原本最關切的「猶太大屠殺之起源」為例，要真正說明為何那樣的事會出現在東歐、且發生在那個時候，就必須回到歷史的細節當中尋找答案。史奈德的答案在本書第六章：德軍在一九四一年進攻蘇聯所遭致的挫敗，讓納粹親衛隊領袖希姆萊（Heinrich Himmler）想藉屠殺猶太人來取得某種形式的勝利。

史奈德的判斷是基於底下的歷史細節：希特勒入侵蘇聯是為了達成四個目標：一、幾星期之內徹底摧毀蘇聯。二、執行「東方總計畫」（Generalplan Ost）將蘇聯西邊領土納為殖民地。三、以政策釀造饑荒，預計在數個月之內餓死三千萬人。四、完成「最終解決方案」（Final Solution），讓歐洲的猶太人從人間蒸發。

如此一來，歷史細節的證據提出，才是硬道理。唯有以歷史證據確立希特勒的前述四大目標，才能對於納粹德國為何背棄了一九三九年簽訂的「德蘇互不侵犯條約」（Molotov-Ribbentrop Pact），以及為何對猶太人進行了大屠殺，提供一個完整的因果「解釋」（explanation）。更重要的是，既然蘇聯與德國的互動，本身足以解釋了猶太大屠殺為何會發生，抽象的政治理論似乎是一種多餘，即使我們可以承認那類理論的確也提供了一些訊息，有助於了解具體歷史脈絡的社會與政治條件。

當然，前述關於希姆萊個人意圖以及其作為的意義——亦即在其他計畫皆不可能實現的情境底下，採取了最能成功且為不讓納粹政權顏面盡失的方案——則是一種「詮釋」（interpretation），且這是關乎個人層次的一種歷史詮釋。史奈德在這方面的造詣早在他就讀博士期間展現出來。他的第一本專書《國族主義、馬克思主義，以及現代中歐》（*Nationalism, Marxism, and Modern Central Europe*）正是以博士論文修改而成的個人傳記，且為他取得了耶魯大學的史學講座教授一職。撰寫《血色大地》以前，他還在二〇〇三年出版了《民族重建：波蘭、烏克蘭、立陶宛、白俄羅斯 1569-1999》（*The Reconstruction of Nations*）以及另外兩本傳記，《來自一場秘密戰爭的素描》（*Sketches from a Secret*

War）和《紅色王子》（*The Red Prince*）分別關於致力於解放烏克蘭的波蘭畫家兼政治家約瑟夫斯基（Henryk Józewski）和本身承襲多國語言、文化和身份認同的哈布斯堡威廉大公（Archduke Wilhelm von Habsburg）。

不論是本書或史奈德在此前出版的三本書，主題或主角都涉及了不只一個中、東歐國家的政治史與文化脈絡，且書寫所需的材料來自多國語言的文獻與檔案。來自跨學科背景的史奈德能說五國語言又能讀十國語言，這些主題當然最能突顯出他的學術優勢。不過，對他來說，關於一個國家的歷史研究，本來就不該在取材上囿於單一語言，視野上更不該從特定民族的角度出發。不意外，他的著作幾乎都稱得上「跨國史」（transnational history）研究。

跨國史源自於上世紀九〇年代的史學方法爭論，其基本主張即是史奈德的前述主張。《血色大地》事實上是史學界公認的此一史學方法的代表作，經常讓人與目前任教於美國哥倫比亞大學的英國史家馬佐爾（Mark Mazower）的《黑暗大陸：二十世紀的歐洲》（*Dark Continent*）相提並論。不過，相較於許多人將此理解為一種「從民族國家拯救歷史」（Rescuing History from the Nation）的企圖（口號來自現任新加坡國立大學教授杜贊奇（Prasenjit Duara）以此為書名的著作，該書主旨在於如何才能好好研究現代中國史），展現於史奈德著作中的想法其實略為複雜一些，更接近本文開頭引用的尼采。

進一步解釋，那一段話是出自題為「新偶像」的一節。尼采提醒我們現代國家的當權者如何使用詭計來填補上帝死後的空位，一方面以滿口謊言把領土之內的人民塑造成一個「民族」，一方面則藉此以愛國主義悄悄地取代傳統的基督教倫理，成了人民必須培養的最高道德。尼采認為這樣的「民族國家」

不但摧毀了真正的民族及其文化與歷史，並且竊走了原先不屬於它的各種文化成就。這當然意味著現代國家透過課本與媒體所講述的「歷史」，根本形同虛構，因此唯有打破「國族」的眼鏡才能讓人看到真正的歷史。《血色大地》的確某程度上反映了此一看法。不過，史奈德在採取這種史學研究方法之下，還有另一層關心：那就是烏克蘭與波蘭等「民族」在蘇聯以及方興未艾的大俄羅斯主義史觀底下，應該如何被拯救出來？

對史奈德來說，曾一度淪為人間地獄的血色大地，不僅葬送了一千四百萬人，其真正的歷史也跟著被以德國或蘇聯為中心的歷史研究所忽略，甚至直接讓此時的大俄羅斯史觀所吞噬了。但更重要的是，史學界在關切被納粹屠殺的六百萬猶太人時，其實也忘了另外八百萬人的故事。那些人絕大多數是東歐平民百姓。死於非命的他們或許沒有可歌可泣的故事，但他們是不該被活著的我們（亦即某意義上的倖存者）所忘記的受難者。

如此理解，史奈德的跨國史書寫不僅是一種針對當時主流史學方法以及政治理論的挑戰，更是對於猶太大屠殺之外的受難者之關切。換言之，他不僅想將真正的東歐歷史從大俄羅斯主義或其他單一民族史觀當中拯救出來，也企圖將那些被特定國族史觀所無視的人們，從以國家為中心而書寫的歷史當中拯救出來。他們並非全是猶太人，甚至單一次的大規模屠殺行動也不一定針對單一民族，況且許多人身上乘載著的也不只是一個國家或民族的身份認同。這是為什麼史奈德反對以「種族滅絕」（genocide）一詞來形容血色大地上的屠殺，也連帶地拒絕把這些暴行只化約成「猶太大屠殺」（Holocaust）或「烏克蘭大饑荒」（Holodomor）。

如果說，史冊刪掉一群人的故事，等於將他們從世界上抹去了痕跡，那重新講述他們的故事就是讓他們再次被人看見，是對他們的苦難以及存在最低限度的一種尊重。就此而言，《血色大地》是史奈德以文字打造的一艘方舟。雖然它來不及拯救受難者的人命，但卻可以讓他們重新回到人們的歷史視野當中——讓他們的生命再次和猶太大屠殺的加害者與受害者的故事一起活在史冊。筆者以為，這或許是史奈德的跨國史書寫之真正企圖，或至少是本書最值得閱讀之處。

最後，鑑於《血色大地》的書寫本身仰賴了大量見證者所留下的史料與紀錄，且俄羅斯此時此刻正在延續著書中論及的對烏克蘭侵略史，我們在閱讀之餘或許也能略盡一份力量，為血色大地上正在增添的那些亡魂做某種形式的歷史見證。

二〇二二年三月八日　淡水隱寓

作者序

古希臘哲學家赫拉克利特曾說，每個人都只能踏進一條河一次，到了第二次，河就不再是同一條河，你也不再是同一個你。兩千年後，蘇聯猶太作家瓦西里．格羅斯曼（Vasily Grossman）加上了一句：每個人也只能搭火車前往集中營一次。一切都在流動，一切都在變化。幫這個版本的《血色大地》作序，就像是在逆著河水而行。因為我不能把同一段歷史寫兩次，現在已經不是同一個時刻，我也不是當年那位歷史學家。不過我還是可以講講這本書的誕生，談談它所引起的反響。

二〇〇四到〇五年，我在維也納寫完了一本書，講述一名波蘭藝術家想要解放烏克蘭的故事。該書同時也是在研究另一個問題：同一家的兄弟姊妹加入不同民族主義運動，會有怎麼樣的結果？在那一個學年，我跟哲學家友人克日什托夫．米哈爾斯基（Krzysztof Michalski）和克勞斯．內倫（Klaus Nellen）討論要如何重新認識歐洲的歷史。這段討論使我明白，我該去寫一本書，探討現代歐洲最重大的悲劇：人們究竟是怎麼在同一段時間的同一塊地方，殺害了一千四百萬人。本書會寫到一九三三到四五年間的俄羅斯西部、烏克蘭、白俄羅斯、波羅的海三國與波蘭，試圖將這些地方的歷史熔於一爐。這不是希特勒的歐洲，也不是史達林的歐洲，而是夾在希特勒與史達林之間的歐洲。一連串的歷史事件，都發生在這塊地方。這裡是猶太大屠殺的事發之地，也是納粹其他大規模暴行的犯罪現場。蘇聯所犯下的大部分屠殺行徑，也都在此處進行。而在希特勒與史達林掌權之際，納粹德國與蘇聯的勢力也正是在此地接壤。

最初構思這本書的時候，世界剛踏入二十一世紀，大家只熟悉兩項大屠殺政策的名字：猶太大屠殺，以及蘇聯大清洗。但這兩件歷史事件發生的時間，人們卻沒那麼清楚：除了學者專家之外，很少人明白史達林大規模槍斃民眾的事件集中在一九三七到三八年，而猶太大屠殺發生在一九四一到四四年。而且，幾乎沒有人知道這兩項屠殺政策，其實都發生在同一塊土地上。「猶太大屠殺」以及「蘇聯大清洗」這兩個詞彙都沒有明確指出發生的地點。一提到大規模屠殺歐洲猶太人，大家都想到「集中營」，但多數猶太人被殺，其實都發生在集中營以外的亂葬坑與死亡工廠。至於前蘇聯成員國的公民，則會用「壓迫」來形容史達林的相關政策，這表示他們並不確定失蹤的人最後都去了哪裡，也不曉得納粹跟史達林的屠殺有多麼直接而個人。當然，學者專家對此知之甚詳。所以，我想把這兩樁發生在同一塊地方的歷史罪行連結起來，以正確的時間順序串聯上其他較不為人知的屠殺政策。這包括蘇聯在一九三三年刻意餓死烏克蘭人、德蘇同盟期間於一九四一到四二年鎮壓波蘭與波羅的海三國、德國在一九四一到四二年餓死蘇聯戰俘，以及德國在一九四二到四四年間以報復游擊抵抗為由而殺害白俄羅斯與波蘭平民。

《血色大地》裡面的暴行發生在一九三三到四五年間的東歐，但其中一部分則在冷戰時期被納入西歐史的範疇。冷戰時期的西歐和北美人士，能夠以德國與蘇聯的暴行為題進行書寫，但卻不能輕易前往這些暴行發生的地方，也幾乎無法看到當地的檔案。至於東歐的歷史學家，雖然就住在這些重大暴行的遺址，卻被共產黨的審查制度給擋住，無法發表蘇聯暴行的相關研究。東歐人對德國罪行的理解，則因為共產黨領導階層刻板印象式的描繪，多半停留在殺害平民的層次，而非屠殺猶太人等特定族群。東歐各國在一九八九年民主化之後，許多檔案終於對外開放，當地學者也開始撰寫猶太大屠殺等諸多暴行的專書。但不知道為什麼，血色大地上一千四百萬人在短時間內殞命這件大事，卻一直被史學界所遺忘。身為東歐史家，我開始認為自己必須用更為淺顯易懂的方式，將這些新知識整合起來。

一九八九年那場終結東歐共產政權的鉅變，給了我博士論文的靈感。我在蘇聯解體前幾週開始攻讀研究所，那是一九九一年秋天。我大學主修俄羅斯史，研究所選擇專攻波蘭。完成博士學位後，我就待在中歐和東歐寫作，在華沙、布拉格與維也納都住了好一陣子，也曾旅居波羅的海三國、白俄羅斯與烏克蘭。白俄羅斯與烏克蘭的經驗，給了我特別重要的啟發。波蘭和俄羅斯過往都以苦難出名，而且皆有事實佐證，但白俄羅斯與烏克蘭人在一九三〇到四〇年代遭受的苦難明明更多，西方人卻沒有留下同樣深刻的印象。

在東歐生活以及搭火車旅行的多年經驗，讓我更加了解猶太大屠殺的地理全貌。我發現，很多歷史書上尾音拼錯的陌生地名，其實都還存在。而美國的猶太裔友人以為早已不在的老家村落，其實也沒有消失，只是裡面已經沒有猶太人。我還發現，美國猶太人所說的「俄羅斯」，其實大部分都是指烏克蘭，少部分則是白俄羅斯或立陶宛。在東歐各國的民族史裡，猶太人只能在邊緣找到容身之地。理由除了因為猶太倖存者太少，少到幾乎沒有人能夠講述猶太歷史之外，更是由於共產黨理解到族裔民族主義在政治操作上的妙用。然而，東歐各國的檔案開放後，歷史學家和一般大眾的目光，大多卻仍放在剛剛結束的共產時期，而不是更早的一九三〇年代到四〇年代初期。當地是有一些厲害又勇敢的歷史學家寫過猶太大屠殺的重要研究，但光是這樣還不夠。因為猶太大屠殺的歷史涉及的範圍太過寬廣，無法光靠任何一個東歐國家的角度來敘述。正如這些前輩所言，要認識任何一個東歐國家的歷史，都少不了猶太大屠殺。但若要理解猶太大屠殺本身，就必須先有一套能夠超越單一民族史或國別史的框架，才能廣納各國的歷史經驗。

這種書寫方式在當時的西方並不盛行。猶太大屠殺的歷史在冷戰時期十分冷門，傑出的重要著作屈指可數。史家勞爾・希爾伯格（Raul Hilberg）早在一九六一年的奠基之作中就提出過幾項重大問題，但卻幾乎無人響應。一九八〇年代末，西德歷史學界爆發「歷史學家論戰」（*Historikerstreit*），試圖找出哪種解讀德國歷史的方式，最能合理解釋猶太大屠殺。辯論雖然激烈，但方法學上卻很粗糙。整場論戰的正反雙方，都假設德國人曾在歷史上的某個時間點做了正確之事，癥結點僅在於那個時間點為何。類似的情況也發生在西德處理猶太大屠殺的方式。德國歷史學家經常以為，這個主題只要用他們的母語德語就可以研究。但大部分的猶太人與旁觀者，以及許多屠殺猶太人的加害者，他們的母語都不是德語。屠殺所在地的國家，也不是以德語來撰寫檔案。那些絕大部分猶太人真正活過也真正死去的國家，卻在這場論戰中缺席。彷彿光看德國國內的觀點，就足以理解整場暴行。當時還年輕的圈外人掃羅・弗里德蘭德（Saul Friedländer）就對此表示，明明討論的是猶太人滅絕的歷史，但卻連猶太人的觀點都見不到。幸好在弗里德蘭德與其他人的努力下，德國猶太人的觀點逐漸成為一九八九年後的討論重心。

到了二十一世紀初，德國猶太人的觀點終於整合進德國對猶太大屠殺的敘事之中。然而，他們的經驗並非猶太大屠殺的常態，有時候甚至會引發誤解。德國猶太人的人數其實不算多，且大部分都倖存到戰後。死於大屠殺的猶太人，有高達百分之九十七跟德國文化無關。即便是遭到屠殺的德國猶太人，他們的遇害地點也是在戰前的德國國境之外，例如烏茨（Łódź）、明斯克（Minsk）、里加（Riga）等地。德國並非大多數猶太人生活上數百年的地方，「德國以東」才是。猶太人在二戰以前的生活重鎮，就是在波蘭的烏茨、蘇屬白俄羅斯的明斯克，以及拉多維亞的里加等地。但如今這個「東方」卻成了某種神祕真空，湮沒於世人的記憶之中。沒有東歐的史料，就不可能真正了解這些猶太人的生活空間，究竟是如何變成猶太人的死亡之地。

乘載著西歐猶太人的觀點，文學和電影作品都把奧斯威辛集中營描繪成一個極惡之地。奧斯威辛的確上演過極其恐怖的屠殺，但這幅景象並非歷史的全貌。首先，奧斯威辛並非猶太大屠殺的起點；它最初是一座集中營，後來才增建了屠殺設施，用來殺害自西歐運來的猶太人。相較於德國能夠完全掌握的地區，奧斯威辛屠殺猶太人的方式顯得更為繁複與困難。諷刺的是，德國想要送進奧斯威辛的德國猶太人其實大部分都得以倖存：正因為奧斯威辛是一座屠殺設施兼集中營，部分西歐猶太人才有機會倖存並寫下他們的故事。西歐位於蘇聯鐵幕以西，所以即便得跨越時間與空間的重重障礙，這些作品終究還是能夠出版上市。至於奧斯威辛死亡人數最多的兩個族群：匈牙利猶太人和波蘭猶太人，他們的聲音卻無法穿透鐵幕問世。就地理上與心理認知上而言，奧斯威辛都在血色大地的西側邊緣，在那裡發生的故事，只是這段歷史的一部分。猶太大屠殺的地理中心，其實是在奧斯威辛的東邊，在納粹占領波蘭下的死亡工廠裡，以及納粹占領蘇聯下的亂葬坑中。

從一九八九年的東歐鉅變，到二〇一〇年《血色大地》出版，我大概有一半的時間都待在歐洲。寫過一篇探討馬克思主義和民族主義的博士論文，有助於我同時處理這兩種看似互不相容的思想體系。我的指導教授耶日．耶德利基（Jerzy Jedlicki）小時候親歷過猶太大屠殺，長大之後在共產波蘭祕密開課，並曾在波蘭實施戒嚴令時遭到拘留。一九九〇年代後半，尚未拿到學術職位的我曾經寫過一本書，試圖介紹波蘭、烏克蘭、立陶宛、白俄羅斯這四個現代民族是如何誕生的，書名就叫《民族重建》（*The Reconstruction of Nations*）。這個問題的答案無法從單一民族的故事裡找尋，也不存在於東歐各國敘事版本的差異之間。真相藏在別的地方。研究二戰時期種族清洗的經驗使我明白，當地史料必須跟德國、蘇聯的史料對照參看，反之亦然。不同觀點的史料總是彼此衝突，必須參照閱讀，推敲出原作者撰寫的意圖。一如《血色大地》，《民族重建》也是描繪一塊區域的歷史。在這裡，民族和國家都不是恆定的。一切都在流動，一切都在變化。

在描繪特洛伊戰爭的史詩《伊里亞德》裡，古希臘英雄阿基里斯有著一面盾牌，螺旋狀的線條描繪出大海與土地、豐收與舞蹈、戰爭與和平。兩千五百年後，詩人奧登（W. H. Auden）在一九五二年以「阿基里斯之盾」為名寫成了一首晦暗的詩，訴說這個時代的芸芸眾生成為了等待屠殺命令的默默草芥。立陶宛詩人湯瑪斯．溫茨洛瓦（Tomas Venclova）再次翻轉了這個符碼：他在讚揚俄羅斯詩人約瑟夫．布羅斯基（Joseph Brodsky）時，把阿基里斯之盾轉化成一首未來之詩，一席未來之言，以及一本能夠留住現在與過去的未來之書。無論生死，書寫都能保存每一個人的所有世界：「許多城市整個消失。一切復歸自然／一切都不存在，只剩盾牌般的雪白大地。」在東歐的那些日子讓我有時間接觸文學和詩，而文學與詩讓我慢慢地找到方法述說《血色大地》的艱難故事，至少我如此希望。本書書名的靈感，也是來自俄羅斯詩人安娜．阿赫瑪托娃（Anna Akhmatova）：「愛著，愛著俄羅斯大地的／血色滴滴。」

還原每個人的個體性，是一件無比重要的事。讓我明白這一道理的，正是那些我所景仰甚至有機會認識的東歐異議人士。他們在過去共黨統治的一九七〇到八〇年代不斷努力澄清事實，把侵犯人權之事一一寫下，記下各個當事人的名字。事後來看，《血色大地》的部分寫作方法就是這麼來的：從每個受害者的名字開始。自從阿赫瑪托娃的兒子在一九三七到三八年的大清洗中被捕，她就只能在不安裡度日。她在詩中寫道自己想要呼喚所有受害者的名字，但名單卻已遭刪去。當然，我也列不出德國與蘇聯政策下所有死難者的名字。幸好在檔案開放之後，我們至少更能確定某些死亡名單究竟有多長。我能寫下部分受害者的名字，記載他們的生命是如何消逝。無論在道德上還是研究方法上，我認為每條被害的生命都是平等的。那些列出受害者姓名的紀念碑總是讓我難以忘懷，像是一顆顆鑲在路面上的公共藝術「絆腳石」（Stolpersteine），就述說著那些猶太受害者曾經住在何處，指引出他們遭驅逐流放的地點與葬身之處。如果我們必須記憶，就得先知道是誰被遺忘。如果我們要理解這段歷史，就得先看到是哪些人在事件中死去、哪些人犯下殺人暴力、哪些人又住在他們隔壁。我們得從每一個可能的角度看進去。

這本書有一大部分都在討論屠殺政策的規模。我的判準放在每一項政策帶走了多少人命，而非今人對這些政策有多熟悉，或是有多少既存的相關文獻。我也不會站在加害者的角度，理所當然地沿用既有的族群標籤來分類受害者，而是先把每位受害者視為一個有血有肉的人，並且盡可能讓他們為自己發聲。雖然我最初是為了整理屠殺的規模，但我也在這個過程中花了一定篇幅處理各個族群承受的苦難大小。一九四一年末到四二年初，德國人餓死了大約三百萬蘇聯戰俘，這些被遺忘的人也該被寫進歷史，以加深我們對其他歷史的理解。當我們看見這些人死在冰冷的硬土和無垠的冬日之間，我們會更加了解希特勒和史達林是怎樣看待戰爭，更能明白對抱持種族鬥爭理論的希特勒和執行占領任務的德軍而言，食物的地位有多麼重要。當我們知道德軍餓死數百萬蘇聯戰俘，就能對猶太大屠殺出現類似暴行有更多的心理準備。當我們得知德軍把集中營裡即將餓死的蘇聯戰俘招來當輔警，也更能知曉所謂的「通敵」是怎麼一回事。

一千四百萬非戰鬥人員究竟為何會在這麼短的時間、在這麼有限的空間裡遇害？我們得回頭檢視每一項屠殺政策，一步步了解這可怕的屠殺總數是如何累積而成。更重要的是，每多了解一項政策，就更能了解這些政策共同的特質。也只有在描述過每一項政策之後，才能找到蘇聯與納粹德國這些屠殺行為究竟如何演變，看見兩國的行為如何彼此影響。檢視納粹決策者對蘇聯一九三三年刻意餓死大量烏克蘭農民的看法，就更能知道納粹之後想要做出一模一樣的事。讀完史達林對大饑荒政策的解釋，就不難猜到他會如何替四年後的大清洗辯駁。一九四〇年蘇聯內務人民委員部在卡廷森林（Katyn）屠殺波蘭公民的方式，就跟之前的大清洗如出一轍，有時甚至沿用同一批劊子手，這加深了我們對這兩件事情的理解。納粹親衛隊的特別行動隊在一九三九年受命消滅波蘭的政治菁英，之後又在一九四一年奉命屠殺蘇聯的政治菁英，這個事實讓人更加明白這些事件之間的關係。當我們知道納粹以反游擊的名義，把最可怕的親衛隊在一九四二年派到白俄羅斯屠殺平民，又在一九四四年派去華沙鎮壓起義，就會理解到這中間必有某種聯繫。還原的歷史碎片越多，就越能拼湊出全貌。離全貌越近，就越能看清我們自己。

《血色大地》剛出版時，世界各地正開始上演民主退潮。十年之後，民主和歷史都逐漸從公領域消失。《血色大地》引起的餘波盪漾，讓我找到一個說法理解事情為何會變成這樣。就在本書出版後，一場爭論也跟著爆發。但爭論的重點卻不在書籍本身，而在一個不大相關的問題上：我是不是比較了一些不能拿來比較的東西？本書忠實呈現了東歐在歷史上如何同時受到納粹與蘇聯勢力的影響，但這種寫法顯然刺激到某些人，令他們爆發了某種本能式回應：「你怎麼可以將猶太大屠殺跟其他事件相提並論？」「你不能把希特勒拿來跟史達林相比！」「納粹德國與蘇聯無法相互比較！」這些反應令我困惑，也有點讓人厭煩，因為《血色大地》開宗明義就是要書寫納粹與蘇聯在東歐的歷史，而不是著眼於兩者之間的比較。如果目的是比較，就一定會把不同現象分拆開來，檢查現象之間有哪些相似，又哪些不同。但本書所用的方法完全不是這樣，我沒有把各個意識形態、制度、國家或民族拆分比較，而是從希特勒跟史達林都想掌控的這塊地區開始，講述他們的政策如何讓這麼多的性命在此終結。

令我困惑的地方在於，這種書寫方法明明簡單又直覺，為何還會引起這麼大的反彈。為了理解批評者為何執著於「不能比較」，我必須暫時擱置我的作品，思考社會上的文化記憶究竟是怎麼一回事。文化記憶的規矩跟學術研究不同，設有著許多禁忌，而這些禁忌往往奠基於矛盾的邏輯。當有人說「不能比較」，他們真正的意思其實是「我不想花時間找資料，而且我已經先比較過了，所以現在不准你用自己的方式把這兩者重新比較」。當代社會正在形成一種慣例：那些聲稱握有話語權的人，越來越常在人們不知情的狀況下先做好了比較，再把這種比較變成禁忌，高調禁止他人進行探討。就我來看，此事攸關學術研究的正當性。雖然本書的核心並非比較，但比較卻是審慎學術研究的常態。如果比較變成一種禁忌，社會就會陷入自我審查跟思想箝制。

禁忌的力量不外乎來自於重複灌輸，「不能比較」也不例外。在二〇一〇年代初以前，俄國官方對待文化記憶的態度，就是「不要比較」。俄國的這種禁忌，讓德國的罪行變得不可質疑，讓蘇聯的罪行變得無足輕重，更讓普丁政權在政治上無往不利，開始盡其所能地讓其他國家也這麼相信。但除了俄國之外，德國也有「不能比較」的禁忌。與俄國不同，德國政府致力於教育人民，使大眾明白前朝政權所犯下的種種罪行。但官方版本的猶太大屠殺，卻不幸出現兩個問題：首先，它太過強調集中營，而非真正要命的槍決刑場和死亡工廠，從而淡化了納粹罪行的嚴重性。其次，它讓德國人直覺以為猶太大屠殺就是學校所教的那樣，而其他版本的歷史都是在避重就輕。《血色大地》裡的猶太大屠殺，其實遠比德國教科書裡所述的範圍更廣、更加恐怖，也涉及更多德國人；卻因為放在更廣的脈絡下討論，從而引發質疑。

這跟西德在冷戰期間討論猶太大屠殺的方式有關。前述那個一九八〇年代末的「歷史學家論戰」的爭點之一，就是歷史能否拿來比較。史家恩斯特・諾特（Ernst Nolte）在不懂相關外語也缺乏史料佐證的情況下，逕行臆測蘇聯與納粹德國這兩個政權之間，具有著一連串的關聯。他還主張德國犯下的罪行，其實是在對蘇聯的罪行還以顏色。許多西德歷史學家反駁諾特的觀點，但卻無法直接點破諾特其實不懂蘇聯跟東歐的歷史，因為他們自己通常也跟諾特一樣對此不熟。於是批評的重點，就變成了這類研究可能會陷入相對主義，「比較」就此成為某種禁忌。諾特不懂東歐，而我不僅懂東歐的語言（當然還通德語、法語等等），還引用了來自東歐的史料。我也不把德、蘇兩大政權之間的互動視為某種雲裡霧裡的歷史辯證，而是當成有待檢驗的假說。《血色大地》著重於實證證據與事件描述，不但跟諾特的說法差異甚大，甚至還駁斥了諾特對於德、蘇互動的某些猜想。儘管如此，本書依然受到過去的陰霾影響。「歷史學家論戰」讓德國人以為，猶太大屠殺的歷史不能跳脫德國的範疇，而且還得受到對的德國人控管，否則就會帶來危險。結果俄國的外交政策就利用了這種觀點，宣稱德國在討論這段歷史的時候不該觸及蘇聯領土，否則就是嚴重背棄了道德責任。

美國自身的問題也助長了禁忌的形成。猶太大屠殺在冷戰期間並不受美國人重視，但到了世紀之交卻一躍成為關注焦點。在此同時，冷戰時期過度誇大的史達林罪行，則逐漸從美國人的記憶中消失。美國開始盛行一種說法，說美國是為了阻止猶太大屠殺才投入二次大戰。這當然與事實不符。美國當年的反猶主義，妨礙了小羅斯福總統帶領美國參戰。抵達亂葬坑跟死亡工廠等屠殺之地的也不是美軍，而是蘇聯的紅軍。二戰結束後五十年，希特勒已是美國人公認的暴行代表。他被描繪成一個瘋子，距離今天的我們太過遙遠，而且無從理解。在這樣的情況下，沒有人過問為什麼希特勒會把美國當成榜樣。美國小學生都讀過安妮．法蘭克的日記，但卻沒有人告訴他們安妮之所以會死，是因為美國沒有讓她們家以難民身分入境。猶太大屠殺在剝去歷史脈絡之後，就化為一種純粹的邪惡，讓美國人自以為代表良善的力量。當有人要把猶太大屠殺放回歷史上的時空背景，他們就覺得不大對勁。

一九三〇到四〇年代的暴行，正逐漸從歷史中淡出，換上了名為「記憶」的外衣。如果繼續把談論當成禁忌，我們就會在缺乏描述與解釋的無知情況下「紀念」那些自己從未參與過的事件。沒有歷史的記憶，終將逐漸化為遺忘。在《血色大地》剛出版的時候，書中講述的大多數暴行都還沒有**寫進**歷史，都還鮮為人知。就連最有名的猶太大屠殺，也開始被從歷史中**抹去**，改寫成社會上的文化記憶。但明明猶太大屠殺的許多歷史研究都還沒完成。往後幾年還會有很多重要的研究，例如克里斯多福．迪克曼（Christoph Dieckmann）對德國占領立陶宛的歷史研究，就同時使用事發當地、蘇聯以及德國的史料。在我認為《血色大地》掃除了一些過去的陰霾，讓後繼者可以更好地以事實為基礎研究猶太大屠殺。在《血色大地》出版五年之後，我自己也寫了另一本書來解讀猶太大屠殺，那就是《黑土》。持平來說，《血色大地》的大部分迴響都非常正面，並受到許多關注猶太大屠殺的機構跟個人的高度認可。前述所提的只是那些最讓人困擾也最讓人擔憂未來發展的反應。

歷史不會重演，沒有事物會完全一模一樣。一切都在流動，一切都在變化：但所有的流動和變化都是人類歷史的一部分。歷史海納百川，無所不包，也包括我們對歷史的觀察。我們變得更有智慧，是因為我們有赫拉克利特和荷馬，有阿赫瑪托娃和溫茨洛瓦。我們變得更有智慧，是因為我們一次次回到河邊，不斷重複思考，一再重複詮釋，盡力用新知識填補舊知識。一九八九年後，我們對東歐的了解，或者說東歐可以讓人了解的部分，已經大幅拓寬變廣。我們比以往更加理解歐洲歷史上最重大的悲劇：人類究竟如何謀殺了那一千四百萬人。但這些知識仍舊散落各處，而我想把它們整合起來。

《血色大地》最重視的是描述，描述每一項屠殺政策在事發之地的樣貌。描述時必定會觸及德國與蘇聯兩大強權的互動，但互動不是比較。謀殺不是比較，抵押不是比較，婚姻也不是比較，這些行為都只是互動而已。你可以假裝某一對夫妻沒有結婚，把他們兩個當成孤立的個體來比較，但這種比較必然失當。「好，現在想像一下喬恩跟米莉安十三年前沒結婚，想像一下他們從來沒聊過天，沒做過愛，沒生過小孩。接下來我們來看看，他們兩個在這個互不認識的虛構世界中，各自擁有哪些特質。」這種說法只會讓聽眾困惑。因為無論那個世界被描述得多生動，喬恩和米莉安都不是活在那裡。你也不是。

「不能比較」的背後其實是一種幻想：把比較的對象隔絕開來，讓各自都能保持純粹。猶太人的歷史必定是獨一無二，因為他們曾被人指名消滅；德國人是清白的，因為他們早已道歉；俄國人不能批評，因為蘇聯曾被納粹德國擊潰；美國人是良善的化身，因為他們打過一場正義之戰；烏克蘭人是無辜的，因為他們曾遭史達林刻意餓死；波羅的海人也是無辜的，因為他們曾被大量驅逐流放到古拉格。波蘭人當然也是無辜的，因為他們曾先後遭德國和蘇聯屠殺。這種把每個對象完全區隔看待的幻想，讓國族史混淆成文化記憶，文化記憶混淆成禁忌。然而，無論是民族史或國別史，都只有在跟他人互動時才有意義。歷史是一種不斷向外互動的過程。

歷史必須將事情整合起來，必須把講不清楚的部分說明白。想像德國史與蘇聯史毫無關係，無疑十分省事，但卻違反了事實。一九一七年，是德意志帝國把列寧送回聖彼得堡，引發了共產革命。墨索里尼崇拜列寧，希特勒則模仿墨索里尼，同時抄襲了俄國內戰中戰敗方的反猶主義。史達林引導德國共黨對抗德國社會主義者，替希特勒掌權鋪平道路。希特勒和納粹黨羽在看到蘇聯餓死烏克蘭人的計畫之後，也著手設計了自己的版本。一九三九年，納粹德國與蘇聯聯手入侵波蘭。一九四〇年，為對抗納粹而動員的波蘭預備軍官，卻被蘇聯祕密警察在卡廷森林集體槍斃。這些都是這個世界發生過的真實。將這些歷史視為禁忌，難道就能讓那些被槍斃的人復活嗎？

我們可以假設德國沒有在一九四一年入侵蘇聯，但這樣的世界並不存在。蘇聯跟德國一起在一九四〇年入侵東歐，將大量俘虜關進古拉格集中營，其中許多人會在一九四一年餓死，因為納粹的入侵切斷了蘇聯的糧食補給。一九三三年沒有被史達林餓死的烏克蘭小孩，長大後成了蘇聯戰俘，餓死在一九四一年希特勒的戰俘營裡。在血色大地的歷史上，有些人既當過納粹的走狗，又轉為蘇聯效力。我們可以假裝這些人都不曾存在，維持每個概念的一塵不染。但這就是在遠離真實世界，遠離人們的真實面貌。許多先後勾結納粹與蘇聯的雙重通敵者，都是猶太大屠殺的重要加害者。不去理解這件事，真的有比較好嗎？

每一段歷史都充滿荊棘，你我一旦踏入其中，就不可能毫髮無傷。一旦在荊棘裡開闢出一條小徑，或許便能爭得些許判斷比較的權利。藉由前人力有未逮或沒能嘗試過的方式，我在《血色大地》的結語做了一番比較，確立猶太大屠殺在歷史上的特殊地位。在此書出版前，研究猶太大屠殺的學者普遍相信蘇聯比納粹屠殺了更多人，同時也認為光靠希特勒滅絕猶太人的意圖，就足以證明猶太大屠殺的特殊之處。《血色大地》推翻了這兩項看法。希特勒的確想要讓猶太人完全消失，消滅猶太人的方法也確實自成一格，但蘇聯卻沒有哪項屠殺政策，能夠真正殺死比納粹大屠殺還要多的人。這項說法並非本書的核心旨趣，我只是如實將數字計算出來。本書結語的重點也不在於比較，畢竟本書在目的與方法上皆不是為了比較而寫，只是因為同時納入納粹與蘇聯的歷史，才在結語進行了一番比較。前述的結論，足以令我們看清「不能比較」的防衛心態有何問題：不僅讓人做出錯誤的道德推論，甚至根本適得其反。唯有放下過去死守的身分認同，鑽進歷史的荊棘之中，才有可能做出合理的比較與判斷。唯有歷史，而非記憶，能夠證實猶太大屠殺確實是前所未見的罪行。也唯有歷史，而非記憶，能夠讓這個結論禁得起檢驗。禁止他人討論的力量，終將自取滅亡。基於證據的證明，方能世世留存。

每個看過相關證據的人，都知道歷史紀錄本身就充滿著比較。任何同時經歷過納粹和史達林統治的人，也就是血色大地上的幾乎所有人，都完全有立場把這兩個政權拿來相比。一九三九年德、蘇共同入侵波蘭時，猶太人面臨了抉擇：是要從德國占領區逃到蘇聯占領區，還是從蘇聯占領區逃到德國占領區？那些一九三三年被史達林刻意餓死的烏克蘭人，也都希望外國來入侵蘇聯，無論對方是波蘭、德國，哪個國家都行。部分烏克蘭人在德國於一九四一年入侵蘇聯時表示歡迎，但還過不到一年，他們就發現被德國占領比被蘇聯統治還慘。這些都是比較，人們自然而然地比較。猶太大屠殺的證詞就充滿了比較。猶太作家的回憶錄，例如海達．科瓦莉（Héda Margolius Kovály）的《在殘酷的星星下》（*Under a Cruel Star*），或是猶太作家的小說著作，好比格羅斯曼的《生活與命運》（*Life and Fate*），也都源自於對德、蘇兩種體制的比較。當你禁止比較，你就是在譴責證人，就是在消除他們的證言，摧毀我們的文化。

超然的態度，會讓你覺得真實的事件微不足道。當你衝向記憶的山巔，你的腳步會引發雪崩。當你禁止人們討論，禁忌終將引火自焚。猶太大屠殺的記憶，並不等於猶太大屠殺的歷史。當猶太大屠殺脫離了歷史，就可能會被拿來合理化自己的政策，只因為這些政策符合他們的文化記憶。於是，以色列人可以繼續殖民目前的土地，因為以色列對猶太大屠殺的記憶完全沒有指明是哪塊土地。美國人可以用避免猶太大屠殺的名義摧毀伊拉克，因為國家的毀滅並不存在於美國人對猶太大屠殺的記憶裡。波蘭人可以通過一條法律，以波蘭受過的苦難為由，聲稱波蘭人完全沒有協助過納粹主義跟共產主義。烏克蘭人可以立法，讓否認一九三三年蘇聯刻意餓死烏克蘭人之事成為新的禁忌。俄國人可以打著預防猶太大屠殺重演的名義，像二〇一四年那樣再度入侵烏克蘭。俄國還可以明訂「記憶法律」（memory law），利用猶太大屠殺在人們心中的印象，禁止任何人批評史達林。他們的邏輯是，猶太大屠殺是絕對的至惡，所以凡是批判蘇聯罪行的，就是在變相聲稱猶太大屠殺沒那麼邪惡。當猶太大屠殺變成一種象徵，它就脫離了歷史。二次大戰始於德、蘇聯手入侵波蘭，猶太大屠殺也源於先後被蘇聯與納粹占領的那些土地。當俄羅斯人不再能講出這些事實，他們就不再能討論猶太大屠殺。

美國的禁忌之火也開始引火自焚。二〇二一年，美國好幾個州都通過了「記憶法律」，讓大部分民眾不會被過去的事實給冒犯。佛羅里達州教育委員會宣稱，否認猶太大屠殺，就是在承認美國有結構性種族歧視。這種說法只把猶太大屠殺當成一種淺薄的工具，用猶太大屠殺來阻止美國人回頭檢視自己的過去，用猶太大屠殺的道德重量來否認結構的重要性。它嚴重傷害了歷史，因為歷史本身就涉及對結構的觀察與理解。光是高舉著良善的動機，並不能解決人們如何遭受壓迫與殺害等重要問題。前蘇聯領導人就是一邊高喊四海一家的國際主義，一邊在一九三七到三八年的大清洗中針對特定民族發動國家級的恐怖主義，其中一次甚至殺害了大約十萬波蘭人。蘇聯也總是強調要讓所有成員共同前進，但不知何故，前進到古拉格以及遭餓死的人當中，烏克蘭人的數量總是高得不成比例。德國人在一九四五年六月也不承認自己反猶太，但卻製造了數百萬具被焚毀的猶太人遺骸。我們的確需要聆聽每個人怎麼描述記憶中的自己，但這只是對話與理解的開始。如果記憶被視為「不能比較」的禁忌，對話就會終止，我們就再也沒有機會檢視自己是不是心中以為的模樣。而這正是「記憶法律」想達成的目的。

根據佛州教育委員會的邏輯，我們只要確定沒有否認猶太大屠殺，就可以不用回頭檢視自己的過去。然而，以此為由拒絕檢視過去，幾乎就跟否認猶太大屠殺無異。因為這樣做其實只是把猶太大屠殺化為抽象的概念，與萬事萬物抽離，抽離地理脈絡，也抽離歷史淵源。更糟的是，這種讓猶太大屠殺脫離實際歷史的做法，形同否認自己的一部分過去，特別是與猶太大屠殺相關的過去。以美國人為例，猶太大屠殺的歷史能讓我們理解希特勒有多麼崇尚奴隸制度與征服邊疆。但那些以猶太大屠殺為證據，說美國是正義夥伴的人，大概很難相信納粹德國當初就是以美國為榜樣。美國年輕人應當明白納粹有多欣賞我們的《種族隔離法》（Jim Crow laws），甚至想要予以模仿。這類法律的存在，就是美國曾有過結構性種族歧視的證據，也難怪會被佛羅里達州視為禁忌。

在我提出這些觀察之後，果然馬上得到預期中的回應：「你怎麼可以把猶太大屠殺跟奴隸制拿來類比！」如果此說為真，我們要怎麼看待杜博依斯（W.E.B. Dubois）？他不也是在長期書寫奴隸制的歷史，然後又在二戰後前往華沙，書寫猶太大屠殺？我們又該如何看待里昂・巴斯（Leon Bass）？這位非裔美國士兵協助解放了集中營，還講述了集中營裡面的人生經驗。按照某些人的說法，難道我們應該禁止杜博依斯跟巴斯發言，把他們掃進歷史記憶的垃圾桶？「不能比較」的心態阻止了詢問，扼殺了思考。猶太大屠殺與奴隸制這兩件事情都應該被寫入歷史。一個有智慧的良善國家，會思考這兩者之間的關係。但一個充滿情感禁忌與「記憶法律」的國家，只是在向暴政前進。

我們不需要「記憶法律」。我們需要歷史，讓每個人都能從中汲取教訓。我們甚至需要歷史，才能成為獨立的個體。禁忌會讓我們分裂為部落，無知會讓我們淪為暴民。只有歷史才能讓每個人用相同的基礎思考是非善惡，成為每一個獨立的個體。我在二〇一七年寫下《暴政》這本小書，用許多經歷過納粹、共產統治的智者言行，為美國提供歷史的經驗。這本書出版之後，果然有人批評我用納粹的例子來類比美國。奇怪的是，《暴政》分明也舉出很多共產國家的例子，卻幾乎沒有人出言反對。與其說《暴政》是在類比，不如說是打開了一扇通往過去的窗口，邀請讀者思考自己的行為是否正在重蹈覆轍。

批評《暴政》的人也是用同一套理由，認為我違反了「不能比較」的禁忌。他們認為一本討論猶太大屠殺的著作，就只能討論猶太大屠殺，不能拿它拿來對比當下。這背後的邏輯是，猶太大屠殺並不在歷史之中，而是在人們心中。這種託詞真是方便。只要我們還沒拿著步槍在亂葬坑旁準備槍斃別人，我們就可以繼續相信自己的國家無比美善。當你把所有的歷史參照都當成一種「比較」，就會覺得不需要為當下負責：畢竟每件事的時空環境都不相同，此一時彼一時，不能比較。而且我們都是良善之人，活在一個特別的國度，受到體制的保護。

正是這種「不能比較」的自滿心態，讓我們更難付出心力保護良善的體制，更容易讓自己國家的歷史淪為平庸，最終讓「良善之人」不可避免有了負面的意義。歷史從來不管你的國家獨不獨特，也不管你的感受舒不舒服。歷史只會展示出人類可能會做出哪些事情，讓我們思考那些事情會在什麼情況下發生。當我們看過人類行為的可能，明白自己也可能做出同樣的行為，我們在應對身邊的社會環境時，就能多帶有一份責任感。無知、禁忌與各種自詡無辜的迷思，都無法增進我們對現在的理解。知曉過去歷史事件的樣貌，才是通往眼前世界的門票。

我們對歷史的理解越多，當下的一切就越有跡可循，未來的可能性也就更加清晰。俄國在二〇一四年入侵烏克蘭，以及唐納．川普在二〇二一年試圖發動政變，在歷史上都是有跡可循的事情（也真有人據此預測）。在川普謊稱連任成功之後，「瞞天大謊」（The Big Lie）這個最早源自於希特勒的詞就進入了美國政治討論的中心。我在二〇一九到二〇年重新向大眾引介「瞞天大謊」的概念，讓無數人親眼見證「謊言重複一百次就會變成真理」的現象如何荼毒政治，怎樣加劇民主的困境。不過我個人倒是認為，如今共產主義的歷史比法西斯主義的歷史更能讓我們學到教訓。如果問我《血色大地》在往後幾十年最能帶給人們什麼啟示，我會說有些歷史現象只有同時去看納粹德國和蘇聯，才能得到全貌。

納粹跟蘇聯的體系都建立在世界上還滿是帝國的時代，並藉由與其他帝國競爭而茁壯。當年的世界強權仍是英國，但希特勒跟史達林的黨羽都認定美國也是一個正在崛起的帝國。美國的體制在對抗納粹和蘇聯的過程中，證明了自己的力量和價值，但美國也跟歷史上的其他帝國一樣，有興起就會有衰落。當美利堅帝國的時代走向尾聲，反猶主義跟種族歧視在公領域中變得更不容忽視之後，美國人接下來會怎麼做？美國人會面對歷史，延續共和與民主的理念？還是會滑向少數執政，甚至是一黨專政的深淵？抑或會為了復興不可能重現的帝國，而犧牲國內少數族群和周邊鄰國？

我們知道納粹跟蘇聯這時候會怎麼說：一個帝國終結了，那就多建立幾個。希特勒想要把整個歐洲打造成邊疆帝國，史達林則認為資本主義帝國仍有值得效仿之處，但這個帝國必須建立在蘇聯內部。在納粹德國和蘇聯看來，政治就像在跟時間賽跑。史達林認為必須盡快壯大蘇聯，才能迎頭趕上列強。希特勒則認為只要資源累積得不夠快，國家就會毀滅。正是這個理由，使希特勒希望消滅猶太人，因為所有阻止德國人奪回資源與榮耀的觀念，全部都是猶太人發明的；其中之一，就是我們也許可以靠科學與技術來解決普世問題，希特勒稱之為猶太騙局。時間看似所剩無幾，納粹德國跟蘇聯都趕著擴張，最終在一塊肥沃的大地上爆發了衝突。

波蘭詩人辛波絲卡（Wisława Szymborska）說得好，我們只有在考驗之中才能了解自己。歷史會在考驗真正來臨之前先讓我們預習。二次大戰已結束了幾十年，歐美各國似乎早已脫離了物資匱乏的年代。很可能正因為如此，我們眼中的納粹與蘇聯暴行才會變得極為抽象，脫離原有的時空。但如今氣候變遷帶來了貨真價實的環境威脅，使人類很有可能會在二〇三〇到四〇年代，落入到一九三〇到四〇年代的困境。更不用說反猶主義跟種族主義也在越演越烈。時間再次看似所剩無幾。當時局陷入動盪，強權會不會為了搶奪資源而再次對撞？我們會選擇暴力和衝突，還是規範與科學？在任何國家裡，或在每一塊土地上，都有可能重新上演血色大地的故事。

一切都在流動，一切都在變化，但我們可以攜手前往歷史大河的河畔。我在二〇〇八、二〇〇九、二〇一〇年一邊寫《血色大地》，一邊幫助另一位歷史學家，讓他能夠繼續工作。二〇〇八年，東尼・賈德遭診斷出罹患漸凍症（ALS），不久就無法以正常方式寫作。於是我們每週在紐約見一次面，討論他想在思想史著作中談論的內容，也慢慢聊到他的生活。我把這些對話錄下來，經過謄寫與編輯，慢慢累積成一本書。人類的歷史總是跟個人的歷史有關，作家的歷史也不免關係到他們筆下作品的歷史。我很好奇東尼的歷史學底蘊究竟是如何累積而成，也想知道他對當代歐洲的研究，如何最終變成像《戰後歐洲六十年》這麼重要的著作。東尼是一位關注政治的左派知識分子，我還想問他是如何看待公眾寫作與歷史寫作之間的關係。

東尼的名字來自他一位在猶太大屠殺中死去的表哥，所以我想理解猶太背景是如何影響他的人生歷程。但東尼在聊天的時候告訴我，歷史是一場由結構和能動性共同出演的戲劇，而非由苦難和意義織成的故事。東尼的出身很重要，但沒有人能事先知道它會對東尼產生什麼影響。我在二〇〇九年夏天前往維也納，往後一年間都透過電子郵件與東尼一起完成那本書。我們最後一次通信聊的是火車，但不是因為火車跟猶太人的死亡有關，而是東尼認為旅行是現代生活的關鍵。我多希望新書的作者欄上能夠寫著東尼的名字，因為那本書無疑屬於他，但他的病情卻逐漸惡化。我交出《血色大地》完稿的四個月後，東尼與世長辭。在他生命的最後兩週，我們共同完成了那部作品，書名就叫做《想想二十世紀》。

就在昨晚，我夢見了另一位朋友托馬斯・梅塔（Tomasz Merta）。可能是因為這篇序言讓我回想起了二〇一〇年，也可能是因為我的孩子剛配了一副眼鏡。托馬斯是個大近視，但也是一位心胸寬廣的波蘭保守派。他二〇〇〇年代的那幾年，先後在不同政黨執政的政府中負責維護歷史古蹟。一九九六年，東尼．賈德找了還沒工作的我，加入他在維也納人文社會研究院（Institute for Human Sciences）的研究計畫，我就是在那裡認識了托馬斯。托馬斯跟我都認為，當時有關東歐的歷史理論不斷如雨後春筍般出現，但事實的發掘速度卻遠遠不足。我們倆一拍即合。那年秋天的某個早上，我在維也納藝術史博物館（Kunsthistorisches Museum）寫作，那裡收藏著彼得．布勒哲爾（Peter Bruegel）最棒的畫作。我坐在長椅上，面對著最喜歡的《雪中獵人》（The Hunters in the Snow），耳邊響起熟悉的聲音。我轉過頭去，看見托馬斯正在向他的女兒解說布勒哲爾的另一幅名畫《巴別塔》（The Tower of Babel）。我嘴角上揚，但沒有出聲打擾。即使沒有任何溝通，人們也能彼此了解。

《血色大地》付梓的十天後，托馬斯以波蘭文化部副部長的身分搭上飛往俄羅斯的班機。他是要去協助辦理紀念活動，紀念波蘭歷史記憶中最重大的罪行：一九四〇年四月，蘇聯祕密警察在卡廷等五個地點大規模屠殺波蘭公民。《血色大地》成書那一年，剛好是卡廷慘案的七十週年。無論是為了抓住波蘭與俄國政府攜手紀念這起事件的難得機遇，還是波蘭政府要求各部門都必須派人出席的狹隘規定，抑或是七十年這種整數就是帶有某種魔力，總之就是這些因素，連同其他更世俗無趣的理由，在召喚著托馬斯前去。於是，波蘭政治菁英匆匆搭上兩架飛機，冒著濃霧趕往卡廷，試圖降落在斯摩棱斯克的陌生軍用機場。第一架飛機順利降落，但第二架卻撞進森林，無人生還。托馬斯搭的就是第二架飛機，事後他的遺孀收到了一副破碎的眼鏡。這實在很難不讓人宣洩背後的意義，很難不讓人想到波蘭最優秀的人居然再次犧牲，就像在一九四〇年的卡廷。我們想要相信，既然有了犧牲，那犧牲總該要有個目的。

但歷史是一場對於真相、理解與責任的追尋，而不是一張畫滿犧牲、指責與意義的繪卷。後面那些事情無法避免，但我們還是可以讓它們變得得體一點。在東尼寫給我的最後一封信裡，他問我現在的人還能不能搭火車從維也納前往布拉格。在有著托馬斯的夢境裡，我正要走進一間漆黑的戲院。遲到的我背對著舞臺，走上座位之間的臺階。一排排紅色天鵝絨的座椅，在昏暗的燈光下微微閃爍。我走到自己的那排，看見托馬斯已經坐在那裡。我向他問好，但他卻保持沉默，靜靜看著即將在我們眼前上演的戲劇。

二〇二一年七月四日，維也納

血色大地

夾在希特勒與史達林之間的東歐

BLOODLANDS

EUROPE BETWEEN HITLER AND STALIN

TIMOTHY SNYDER

妳的金髮，瑪格麗特
妳的灰髮，舒拉蜜忒

——猶太詩人保羅·策蘭，《死亡賦格》

萬物流逝，萬事變遷。
舉足再入，已非前車。

——蘇聯猶太裔作家瓦西里·格羅斯曼，《萬物流逝》

某個陌生人在黑海獨自溺死
沒人聽見他乞求原諒的禱詞。

——烏克蘭傳統歌謠《黑海上的暴風雨》

許多城市整個消失。一切復歸自然
一切都不存在，只剩盾牌般的雪白大地。

——立陶宛詩人湯瑪斯·溫茨洛瓦，《阿基里斯之盾》

前言 PREFACE

歐洲

「這下我們不會死了！」飢腸轆轆的小男孩這麼告訴自己，他走過寂靜的街邊，或在杳無人跡的曠野上蹣跚前行。但他看見的食物只存在於自己的想像。小麥都被奪走了，而這毫不留情的糧食徵收也為歐洲的大屠殺年代拉開了序幕。時間是一九三三年，史達林正出手要刻意把蘇聯的烏克蘭人活活餓死。小男孩死去，同樣命喪黃泉的還有三百多萬人。

「我將與她在地下重逢。」有位年輕的蘇聯男子這麼說。他說得沒錯：妻子遭槍決後他也步入後塵，他們跟其餘七十萬地底冤魂一樣，都是一九三七到三八年間史達林大清洗時期的恐怖統治受害者。

「他們要我交出結婚戒指，那戒指是我……」一位波蘭軍官在一九四〇年寫的日記到這裡就中斷了，隨後就遭到蘇聯祕密警察處決。二次大戰剛爆發之際，俄、德共同占領波蘭期間，跟他一樣慘遭蘇聯或納粹政府槍斃的該國公民大約有二十萬。

一九四一年底，列寧格勒某位十一歲俄國女孩用淒涼的口吻在日記裡寫道：「存活下來的只有塔妮雅。」希特勒背叛了史達林，他麾下的德軍團團圍住列寧格勒，女孩的家人跟其餘四百萬市民一樣，因為德軍的圍城攻勢而淪為餓莩。隔年夏天，一位住在白俄羅斯的十二歲猶太女孩在給父親的訣別信裡寫道：「臨終前我寫這封信跟您告別。我好害怕死亡，因為他們把小孩丟進萬人塚裡面活埋。」遭德國人送進毒氣室處決或槍斃的猶太人超過五百萬，她是其中之一。

二十世紀中葉，慘遭納粹與蘇聯政權謀殺的中東歐人口估計約有一千四百萬。這片處處冤魂的「血色大地」從波蘭中部往東延伸到俄國西部，南邊涵蓋烏克蘭，往北包括白俄羅斯與波羅的海三國。從德國國家社會主義與蘇聯史達林主義各自鞏固權力（一九三三到三八年），德、蘇雙方共同占領波蘭（一九三九到四一年），到雙方反目成仇的四年鏖戰（一九四一到四五年），這片血色大地歷經了人類史上前所未見的大規模恐怖屠殺。受害者多為猶太人、白俄羅斯、烏克蘭與波羅的海三國國民，還有俄國人，都是這個地區土生土長的居民。一九三三至四五年，短短十二年間居然有一千四百萬人死於非命，他們都是史達林與希特勒掌權時的手下冤魂。的確，他們的家園在這時期的中後段淪為戰場，但事實上這些人並非死於兵戎之禍，而是慘遭政府刻意謀殺。二次世界大戰是人類史上死亡人數最多的軍事衝突，戰場上陣亡的士兵有一半也都是死在這個我們稱之為「血色大地」的區域裡。不過，前述慘遭謀殺的一千四百萬人裡面，沒有半個是正在服役的士兵，全為平民。大多數為婦孺與老人，所有人都是手無寸鐵，而且許多人的財產都慘遭剝奪，甚至被迫脫下身上僅存的衣物。

在這血色大地上，奧斯威辛集中營是世人最耳熟能詳的大屠殺發生地。如今「奧斯威辛」一詞已與納粹的「猶太大屠殺」（Holocaust）畫上等號，而猶太大屠殺可說是二十世紀人類惡行之最。不過，許多人被關進奧斯威辛，本來應該會做工做到死的，但終究卻得以倖存，而「奧斯威辛」的惡名之所以能讓世人知曉，都是因為有這些人寫的回憶錄與小說流傳後世。在其他滅絕營死於毒氣室的猶太人遠遠多於奧斯威辛（他們大多是波蘭猶太人，倖存者少之又少），但那些地方卻比較少出現在人們的記憶中，像是特雷布林卡（Treblinka）、海烏姆諾（Chelmno）、索比堡（Sobibór）與貝烏熱茨（Bełżec）。還有更多的猶太人，無論來自波蘭、蘇聯或波羅的海三國，都是在溝渠與巨大坑洞邊遭到槍殺。大多數猶太人都是在住處附近喪命，包括蘇、德共同占領的波蘭，還有立陶宛、拉脫維亞，以及隸屬蘇聯的烏克蘭與白俄羅斯。德國政府也把歐洲各地的猶太人運來血色大地處決。搭乘火車抵達奧斯威辛滅絕營的猶太人來自匈牙利、捷克斯洛伐克、法國、荷蘭、希臘、比利時、南斯拉夫、義大利與挪威。德國猶太人則是遭遣送到血色大地的各個城市，像是烏茨、考納斯（Kaunas）、明斯克或華沙，隨即遭到槍斃或死於毒氣室。寫書的這當下，我人正在維也納第九區的某條街上，想當年這街上的猶太居民都是分別遭遣送到奧斯威辛、索比堡、特雷布林卡與里加。

德國人並未在德國本土，而是在他們占領的波蘭、立陶宛、拉脫維亞與蘇聯境內大規模屠殺猶太人。希特勒在德國從政時高舉反猶太大旗，但該國的猶太人口規模不大。在希特勒於一九三三年當上德國總理之際，猶太人僅占德國人口不到百分之一，到了二次大戰開打之際更是已降低為百分之零點二五左右。希特勒掌權的頭六年期間，對德國猶太人極盡羞辱之能事，用各種手段剝奪其財產，但畢竟仍准許他們出國移民。見證希特勒贏得一九三三年大選的猶太人後來大多是自然死亡。殘殺十六萬五千名德國猶太人這件事本身就是令人髮指的罪行，但這僅是歐洲猶太人歷史悲劇的一小部分，在所有遭大屠殺的猶太人口中只占不到百分之三的比例。希特勒向來想要讓猶太民族在歐洲滅絕，但只有到了納粹德國於一九三九年入侵波蘭，還有一九四一年入侵蘇聯，他才有辦法遂行此一野心，因為這兩處才是歐洲猶太人的主要居住地。想要消滅猶太民族，他必須要掌控猶太人居住的歐洲各地才能辦到。

屠殺猶太人只是納粹德國野心的一部分，他們還打算進行更多殺戮。希特勒不只是想要消滅猶太人，他還想要讓波蘭與蘇聯滅國：把兩國的統治階級殘殺殆盡，並在蘇聯、烏克蘭、白俄羅斯與波蘭處死數千萬斯拉夫人。如果德國對蘇聯的滅國計畫不幸成真，第一年冬天就會有三千萬平民餓死，隨後還會有數千萬人被迫流亡、慘遭殺害、遭德國人同化，抑或淪為奴工。儘管這些計畫並未完全實現，但已為德國入侵歐洲東部後的占領政策勾勒出一幅道德準則的藍圖。大戰期間遭德國謀殺的非猶太人跟猶太人一樣多，主要是三百多萬蘇聯戰俘、一百多萬遭德軍圍困的城市居民，大都是遭餓死，另外在德國人所謂的「復仇行動」中也槍殺了將近百萬平民，他們大多為白俄羅斯與波蘭人。

二戰期間，蘇聯在東線戰場擊敗了納粹德國，這不但讓千千萬萬民眾都對史達林感恩戴德，也讓他成為戰後歐洲秩序重建的要角。不

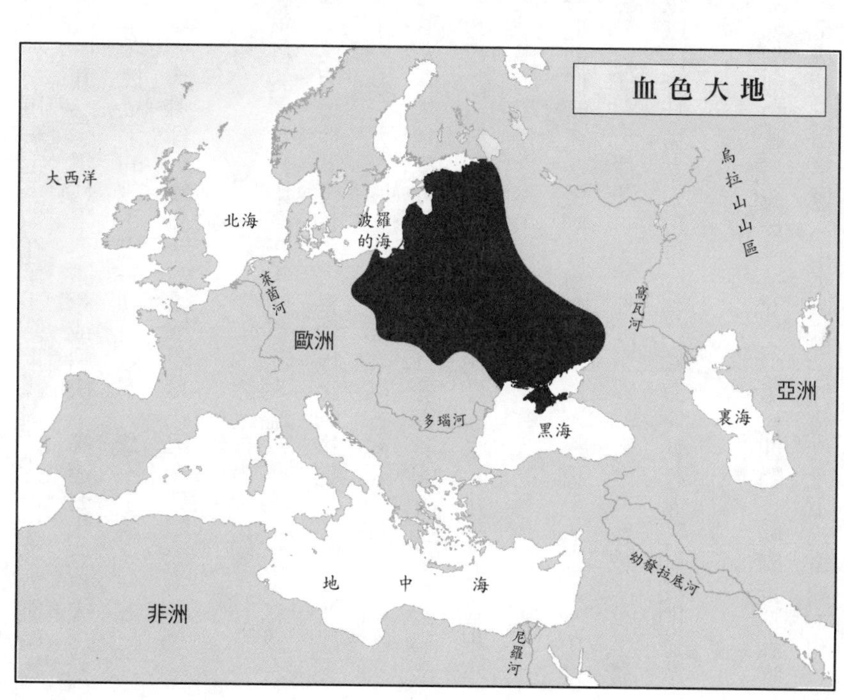

過史達林也是殺人如麻，令人髮指的程度直追希特勒。事實上，他在承平時期謀殺的人口遠多於戰時。打著保衛蘇聯與促進國家現代化的大旗，史達林於一九三〇年代下令餓死或槍決了高達七十五萬人。希特勒以雷厲風行的手段殘殺他國平民，史達林對本國民眾下的殺手也是極有效率，毫不手軟。一九三三到四五年之間，血色大地有一千四百萬人慘遭謀殺，其中有三分之一的帳都要算在史達林頭上。

本書是一部聚焦政治大屠殺的歷史。蘇聯與納粹的屠殺政策讓一千四百萬人淪為冤魂，其中許多人都是死於蘇聯與納粹德國結盟或交惡的互動過程。然而，他們沒有一人是沙場上的犧牲者。二次大戰還沒開打，就已經先有三百五十萬人慘遭殺害。到了一九三九至四一年，兩國在《德蘇互不侵犯條約》的「結盟」期間聯手重塑歐洲政治版圖，又有二十萬人因此命喪黃泉。有一部分受害者的死亡是特定經濟計畫的結果，或者是政府的經濟考量加速了他們的死亡，但若純粹從經濟的角度看來，這些人其實根本沒有必要死去。史達林在一九三三年奪走烏克蘭農民的糧食之際，他當然知道這些人必死無疑。就像八年後希特勒不提供糧食給蘇聯戰俘，也是故意要把他們餓死。這兩件事各自造成了三百萬人死亡。史達林在一九三七到三八年之間對蘇聯遂行恐怖統治，史稱「大清洗」，而他所下達的政令導致數十萬工農遭到槍決。同樣的在一九四一到四五年之間，數以百萬計猶太人也是因為納粹政府執行希特勒的明確政策而慘遭槍殺或死於毒氣室。

戰爭的爆發，造成了蘇、德雙方屠殺人數出現劇烈的此消彼長。一九三〇年代期間，蘇聯是歐洲唯一執行大屠殺政策的國家。到二次大戰開打前，希特勒已經掌權六年半，但納粹政權手下的冤魂大約只有不到一萬人。反觀此時遭史達林餓死的人已經是數以百萬計，遭槍決者將近一百萬。一九三九年，德國在史達林的默許之下開始發動侵略戰，直到一九四一年，這兩年之間德國的屠殺政策才得以與蘇聯相提並論。一九三九年九月，德意志國防軍（Wehrmacht）與蘇聯紅軍夾擊波蘭，兩國外交官隨後簽訂《德蘇疆界與友好協約》（Treaty on Borders and Friendship），將該國劃界分治將近兩年之久。一九四〇年，德意志第三帝國的部隊往西邊發動戰爭，入侵了挪威、丹麥、荷比盧三國與法國，蘇聯則是侵吞了立陶宛、拉脫維亞、愛沙尼亞與羅馬尼亞東北部。德、蘇兩國都槍殺了數以萬計受過教育的波蘭人，遭驅逐流放者則是多達幾十萬。史達林只不過是把他原本在本國施行的大規模整肅政策用在新擴張的領土上，但對於希特勒來講卻是一大「突破」。

一九四一年六月，希特勒背叛史達林，德國揮軍進入蘇聯才侵吞沒多久的新領土，而最令人髮指的大屠殺慘劇也就此揭開序幕。儘管二次大戰是在一九三九年德、蘇共同入侵波蘭後就開始了，但絕大多數的死亡人數都是在德軍二度往東侵略後才造成。一九四一年以前的八年期間，蘇聯的烏克蘭、白俄羅斯與列寧格勒州有大約四百萬人遭史達林政權餓死或槍決，但德軍入侵這些地方後餓死或槍決的人數甚至更多，而且只用了不到四年的時間。入侵行動展開後，德意志國防軍就開始任由蘇聯戰俘餓死，納粹政府甚至派出五支所謂「特別行動隊」（Einsatzgruppen）追捕槍殺政敵與猶太人。一九四一年夏天，特別行動隊就開始執行清除各地猶太社群的任務，他們的幫凶還包括納粹的秩序警察（Order Police，也就是武警）、武裝親衛隊（Waffen-SS）與德意志國防軍，甚至各地的義警、民兵也加入大屠殺的行列。

血色大地
（1941年8月）
德國占領區
1941年8月遭德、蘇雙重占領的地區
挪威
奧斯陸
瑞典
斯德哥爾摩
芬蘭
赫爾辛基
蘇屬卡累利阿－芬蘭
列寧格勒
塔林
蘇屬愛沙尼亞
諾夫哥羅德
蘇聯
莫斯科
蘇屬俄羅斯
窩瓦河
北海
丹麥
波羅的海
里加
蘇屬拉脫維亞
蘇屬立陶宛
維爾紐斯
斯摩棱斯克
但澤
柯尼斯堡
明斯克
漢堡
比亞維斯托克
蘇屬白俄羅斯
荷蘭
柏林
維斯瓦河
莫洛托夫－里賓特洛甫線
波森
瓦爾特蘭
華沙
庫斯克
比利時
萊茵河
德國
烏茨
盧布林
頓河
德勒斯登
波蘭總督府
史達林格勒
盧森堡
布拉格
基輔
克拉科夫
勒維夫
亞爾薩斯－洛林
波西米亞與摩拉維亞保護國
蘇屬烏克蘭
聶伯河
史達林諾
多瑙河
法國
慕尼黑
布拉提斯拉瓦
維也納
蘇屬摩爾多瓦
布達佩斯
瑞士
匈牙利
基希涅夫
奧德薩
維琪法國
蘇屬克里米亞
羅馬尼亞
義大利
克羅埃西亞
布加勒斯特
塞爾維亞
黑海
蘇屬喬治亞

當年，血色大地是大多數歐洲猶太人的居住地，也是史達林與希特勒兩大帝國首腦逐鹿爭雄的戰場，德意志國防軍與蘇聯紅軍在此展開血戰，德國的武裝親衛隊與蘇聯的內務人民委員部（NKVD）*都把重兵部署在此處。血色大地也是大規模屠殺的主要發生地。從一九三〇年代到一九四〇年代初期的地緣政治看來，這塊地區主要是指波蘭、波羅的海諸國、隸屬蘇聯的白俄羅斯與烏克蘭，還有蘇俄的西疆。世人往往將史達林的種種罪行與俄國相連，也把希特勒的暴行與德國想在一塊。但在實際上，蘇聯治下受害最深的地方都不是在俄國境內，納粹的屠殺行徑也都是在德國以外的地方進行。很多人認為二十世紀最可怕的事情都發生在各地的集中營，但事實上國家社會主義與史達林主義的受害者大多數並非死於集中營裡。因為對大屠殺的發生地點與進行方式有所誤解，過去我們往往無法真確感受到這些二十世紀的罪行到底有多可怕。

一九四五年，英美聯軍攻入德國後解放了許多集中營。同樣的，西伯利亞地區也有很多被稱為「古拉格」的勞改集中營，後來因為蘇聯作家索忍尼辛（Alexander Solzhenitsyn）的小說而聞名於西方。透過照片影像與文字描述，我們得以了解這兩種集中營，但卻無法窺見德、蘇兩國暴力罪行之全貌。大約有一百萬人因為遭納粹政府判刑而到德國集中營去做苦工後死去，與此截然不同的遭遇，則發生在那些

* 譯註：蘇聯情報機關格別烏（KGB）的前身。

死於毒氣室、滅絕營或者被納粹餓死的受害者身上，這樣的人有**一千萬人**之多。從一九三三到四五年之間，古拉格勞改營裡有一百多萬人因為筋疲力竭或疾病而「折壽」，但在蘇聯統治下遭到槍斃或餓死的人數卻高達**六百萬人**，其中大約有**四百萬人**死於血色大地。古拉格的囚犯最終大約有百分之九十能夠活著出來，一如大多數遭拘禁於德國集中營的人也得以倖存——但那些被送往毒氣室、在亂葬坑*旁遭槍決或關入戰俘營的人則是必死無疑。儘管囚犯在集中營過著慘絕人寰的可怕生活，但仍與一千萬名遭槍斃、餓死、在毒氣室窒息的受害者仍有著明顯的區別。

想要清楚劃分集中營與那些直接處死人犯的地方，是不可能的，因為集中營裡也有人遭處死或餓死。不過，被判刑後送往集中營仍然有別於直接判死刑，兩者之間的差別就是前者被迫做苦工，後者死於毒氣室，前者淪為奴工，後者吃槍子。德國與蘇聯政府殺死的受害者絕大多數並沒有見過集中營，而是直接遭處死。奧斯威辛奧同時扮演了勞動集中營與滅絕營的雙重角色，營裡有許多遭抓來勞改的非猶太人，也有猶太人獲選來做苦工，但這兩類人的命運仍與直接被送往毒氣室的猶太人天差地遠。因此我們可以說奧斯威辛有兩段不同的歷史，兩者相關但截然有別。就勞改營來講，我們可以在奧斯威辛囚犯身上看到德國（甚或蘇聯）政府如何對待為數龐大的集中營犯人。就滅絕營而言，奧斯威辛代表著那些遭受直接處決者的命運。大多數猶太人抵達奧斯威辛後都是直接送往毒氣室，而血色大地的一千四百萬受害者幾乎都跟他們一樣，未曾待過集中營。

德國蓋在血色大地以西的勞動集中營，以及蘇聯蓋在血色大地以東的古拉格集中營，共同投射出深淺不一的灰色陰影，導致很長一段時間世人都看不到血色大地的真正黑暗。之所以會這樣，是因為二次大戰末期英美聯軍所解放的地方都是像貝爾森（Belsen）與達豪（Dachau）這類的集中營，但西方盟軍沒有解放過**任何一座**重要的德國滅絕營。所有德國政府用來執行大規模屠殺政策的地方，後來都是落入蘇聯軍隊手裡。紅軍解放了奧斯威辛，也解放了位於特雷布林卡、索比堡、貝烏熱茨、海烏姆諾與馬伊達內克（Majdanek）的其餘滅絕營。英美聯軍**從未**開抵血色大地境內，所以並未親眼目睹**任何一個**大屠殺發生的地點。英美聯軍並未看見蘇聯政府執行大屠殺的地方，所以史達林主義的種種罪行一直要等到冷戰結束後，各種檔案資料解密後才曝光。無獨有偶，英美聯軍也沒有看到**德國政府**執行大屠殺政策的地方，這意味著世人同樣也是過了很長一段時間後才徹底了解希特勒的罪行有多令人髮指。能讓西方國家人民稍稍觸及大屠殺真相的，只有那些德國集中營的照片與影片。儘管那些影像看來令人驚駭，但只能讓人隱約感受到血色大地的歷史有多黑暗，無法看見歷史全貌。事實上，那些影像連概略說明的功能都沒有。

說到發生在歐洲的大規模屠殺事件，我們往往會聯想到猶太大屠殺，而說到猶太大屠殺，又會聯想到工業化的快速殺人方式。但這樣的聯想太過簡化而直截了當。無論是德國或蘇聯政府，在大規模屠殺場址使用的殺人方式其實都更為原始。一九三三至四五年之間在血色大地遇害的一千四百萬人，有超過

---

* 譯註：即 death pit，納粹黨羽行刑後用來掩埋大量屍體的坑洞。

一半都是因為沒有食物而死去。二十世紀中葉，一部分歐洲人刻意讓其他歐洲人餓死，而且數字多到令人聞之色變。受害者人數僅次於猶太大屠殺的兩次大規模屠殺事件，包括一九三〇年代初期史達林製造的一連串人為大饑荒，還有一九四〇年代初期希特勒刻意不提供食物給蘇聯戰犯，都是用這種方式殺人。饑荒不僅是實際上用來殺人的最重要手段，在想像的層次上也是。納粹政權曾經提出一個「大饑荒計畫」（Hunger Plan），預期在一九四一到四二年間的冬季餓死數千萬斯拉夫人與猶太人。

人為饑荒奪走最多人命，接下來依序才是槍決與毒氣處死。一九三七到三八年史達林恐怖統治的大清洗期間，有將近七十萬蘇聯公民遭槍決。德、蘇共同占領波蘭時期，則是有二十萬左右波蘭人淪為槍下亡魂。在德國人的所謂「復仇行動」中，三十幾萬白俄羅斯人遭處決，波蘭人的死亡人數也與此相去不遠。至於猶太人，大屠殺時遭槍殺與毒氣處死的人數大致相當。

就「施放毒氣」這種殺人手法而言，其實也不是特別現代化。在奧斯威辛的毒氣室裡，大約有一百萬左右猶太人會死去是因為吸入過多氰化氫，而這是一種早在十八世紀就已經被分離出來的有機化合物。特雷布林卡、海烏姆諾、貝烏熱茨、索比堡四個滅絕營毒殺了一百六十萬左右猶太人，則是用一氧化碳，這種物質更是古希臘人就知道會致人於死。氰化氫曾於一九四〇年代被用來當成殺蟲劑，至於一氧化碳則源於內燃機引擎產生的廢氣。蘇聯與德國於一九三〇、四〇年代所仰賴的殺人科技，幾乎沒什麼創新可言，僅憑內燃機、鐵路、槍枝、殺蟲劑與有刺鐵絲網即足矣。

無論使用哪一種科技，這類屠殺都是「親力親為」。戰俘通常不是孤伶伶餓死，而是在塔樓守衛（也就是拒絕提供食物的那些人）的看守之下死去。開槍的人則會在近距離透過步槍覘孔看著槍決者，或是有兩個人一左一右抓住死刑犯，再由另一個人用槍抵住後腦杓行刑。遭毒死者則是像牛羊般先被趕上火車，接著趕進毒氣室裡受死。他們先是遭剝奪財物，接著連衣服也剝掉，如果是女人，到最後連頭髮也不保。每一個人的死法都有所不同，因為大家的人生都不一樣。

——

受害者的人數實在太多，多到讓我們感覺不到他們的個體性。俄國女詩人安娜・阿赫瑪托娃（Anna Akhmatova）曾寫下這樣的詩句：「我想一一呼喚你們的姓名，但名單／已遭刪去，沒有他處可以查找。」多虧了史家的努力挖掘，一些名單才得以曝光。多虧了一些東歐檔案庫的開放，我們才有地方可以查閱受害者姓名。受害者遺留話語之多，數量令人驚詫。例如，有個年輕猶太女性遭納粹埋在基輔郊區娘子谷（Babi Yar）的亂葬坑，但僥倖得以脫逃，立陶宛維爾紐斯市（Vilnius）郊區的博納利（Ponary）也有類似事蹟，兩者都留下了回憶文字。特雷布林卡僅剩的十幾名生還者中也有幾人寫了回憶錄。華沙猶太貧民窟的檔案資料得來不易，因為原本都埋了起來，所幸辛苦蒐集後大多能重見天日。一九四〇年一批在卡廷遭蘇聯內務人民委員部殺害的波蘭軍官也被挖了出來，除了屍體之外還有他們寫的日記。我們也有一些波蘭人拋出車窗外的筆記，他們同樣在一九四〇年被德國人押上車後載往亂葬崗集體殺害。有些遺言則寫在牆上，像是烏克蘭科維爾（Kovel）猶太會堂，還有華沙的蓋世太保監獄。無論是一九三三年蘇聯在烏克蘭刻意製造的大饑荒，或是一九四一年德國讓大批蘇聯戰俘餓死的事件，

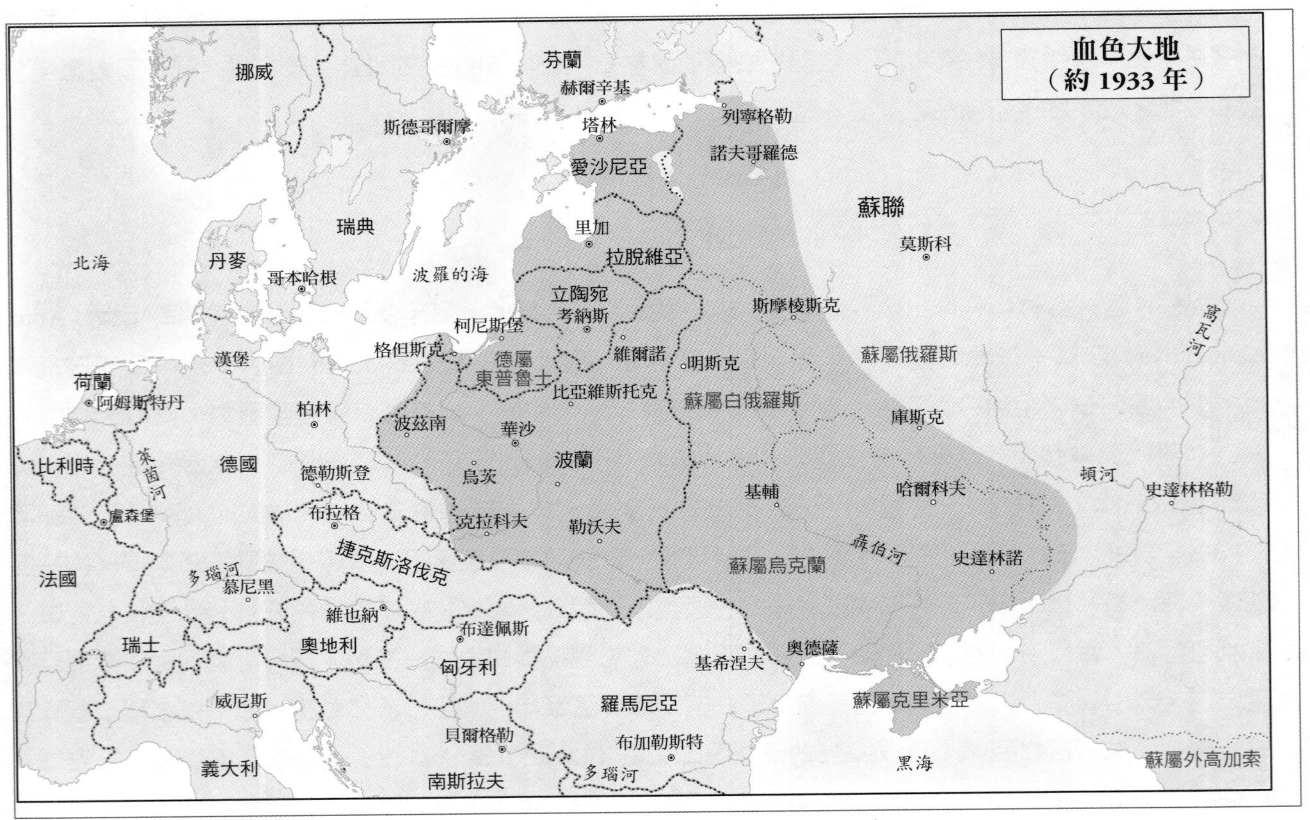
血色大地
（約1933年）
挪威
芬蘭
赫爾辛基
斯德哥爾摩
塔林
列寧格勒
諾夫哥羅德
愛沙尼亞
蘇聯
瑞典
里加
拉脫維亞
莫斯科
北海
丹麥
哥本哈根
波羅的海
立陶宛
考納斯
斯摩棱斯克
窩瓦河
柯尼斯堡
維爾諾
格但斯克
明斯克
蘇屬俄羅斯
漢堡
德屬東普魯士
荷蘭
阿姆斯特丹
柏林
比亞維斯托克
蘇屬白俄羅斯
波茲南
華沙
庫斯克
萊茵河
比利時
德國
德勒斯登
烏茨
波蘭
頓河
基輔
哈爾科夫
史達林格勒
盧森堡
布拉格
克拉科夫
勒沃夫
聶伯河
捷克斯洛伐克
史達林諾
蘇屬烏克蘭
法國
多瑙河
慕尼黑
維也納
布達佩斯
瑞士
奧地利
奧德薩
基希涅夫
匈牙利
羅馬尼亞
蘇屬克里米亞
威尼斯
貝爾格勒
布加勒斯特
義大利
南斯拉夫
多瑙河
黑海
蘇屬外高加索

還有一九四一到四四年列寧格勒圍城戰，都有倖存者留下回憶的文字。

至於加害者的紀錄，則是先有德國人在二次大戰戰敗時留下了一些，俄國人的部分則是要等到一九九一年蘇聯瓦解，各種相關檔案才會在俄國、烏克蘭、白俄羅斯、波蘭或波羅的海三國被發現。留下報告與信件的還包括一些德國警察、負責槍決猶太人的德軍士兵，以及槍殺白俄羅斯與波蘭平民的德國反游擊隊單位成員。關於一九三二到三三年發生於烏克蘭的人為大饑荒，我們看得到那些促成這件事的共黨人士請願書。我們還掌握了內務人民委員部中央辦公室與地方分部之間的往來文件：中央把地方必須處死幾個農民與少數民族的數額分發下去，地方則是在回覆公文中表示配額不夠，應該要增加。我們掌握的其餘資料還包括遭判刑後處死的蘇聯公民偵訊紀錄、有多少猶太人在亂葬坑旁遭槍殺或在毒氣室裡被處死（由納粹政府統計的數字）、大清洗期間遭槍決的人數以及在卡廷被處死的波蘭軍官與知識分子人數（由蘇聯政府統計）。此外，把德國政府的紀錄、通訊往來文件、倖存者的證詞與蘇聯的文件等資料製作成統計圖表後，我們也已經大概掌握到底有多少猶太人在那些主要的處決地點遭殺害。儘管人為大饑荒的死亡人數並沒有完整的紀錄，但我們還是可以進行合理的推估。我們有史達林寫給黨內親密戰友的信函、希特勒的桌邊談話紀錄*、海因里希．希姆萊（Heinrich Himmler）†的記事簿，相關的

* 譯註：德文原文為Tischgespräche im Führerhauptquartier，可直譯成「元首於總部的桌邊談話」。這是希特勒於一九四一至四四年之間的一系列談話內容，由納粹黨秘書長馬丁．鮑曼（Martin Bormann）等人記錄成文字。

† 譯註：納粹親衛隊首領與大屠殺行動的籌畫者。

史料遠多於此。我這本書之所以能夠寫得出來，除了得力於其他史家的諸多研究成果，也是因為他們使用了很多這一類史料與其他無數的資料。儘管這本書的某些論點是出自於我自己對於檔案資料所下的功夫，但從字裡行間與大量註釋還是可以看出，我的同事們與諸多史家前輩可說是惠我良多。

這本書從頭到尾我都會讓受害者們有機會為自己說話，也讓他們的親友得以幫忙伸冤。我引述的說法也來自於那些凶手，包括下達命令與執行死刑的人。我使用的證詞還來自於一群歐洲作家：安娜．阿赫瑪托娃、漢娜．鄂蘭（Hannah Arendt）、約瑟夫．恰普斯基（Józef Czapski）、鈞特．葛拉斯（Günter Grass）、瓦西里．格羅斯曼（Vasily Grossman）、葛瑞斯．瓊斯（Gareth Jones）、亞瑟．柯斯勒（Arthur Koestler）、喬治．歐威爾（George Orwell）與亞歷山大．韋斯伯格（Weissberg）。我的論述也會跟兩位外交官的成就息息相關：一位是美國的蘇聯問題專家喬治．肯楠（George Kennan），他屢屢在關鍵時刻於莫斯科扮演歷史見證者的角色。另一位則為杉原千畝，他替日本政府執行的種種外交政策，被史達林拿來正當化大清洗的必要性，但杉原後來也解救了數千猶太人免於希特勒的屠殺。在前述作家中，有幾位把大屠殺的某一種政策記錄下來，其他作家則是至少記錄了兩種政策。有些作家為我們提供清楚的分析，還有作家所進行的比較令人震撼，或者是描繪出令人難以忘懷的景象。他們的共同之處，就是無懼於當年的政治禁忌，持續嘗試讓我們看見夾在史達林與希特勒之間的那一片歐洲大地的遭遇。

一九五一年，政治理論大家漢娜・鄂蘭在比較蘇聯與納粹兩個極權政體時曾如此寫道：「如果非極權主義的世界消失了，那麼真相就無法持續存在。」美國外交官肯楠也曾於一九四四年在莫斯科提出同樣的觀點，只是他的措詞比較簡單：「在這裡，真假是由人來決定的。」

真相難道都是當權者說了算？抑或有真實的歷史論述可以抗拒政治的干擾？納粹德國與蘇聯都曾試圖駕馭歷史。蘇聯是個馬克思主義國家，共黨領導人都自詡為歷史的科學家。納粹的國家社會主義則是承載著一種彌賽亞式的史觀，認為可以徹底改變世界，而承擔這任務的人必須抱持一個信仰：憑藉著意志，雅利安人種必能擺脫過去的沉重負擔。納粹與蘇共分別掌政十二年與七十四年的沉重歷史，必然嚴重影響我們評價這世界的能力。納粹政權的罪行實在是慘絕人寰，以至於許多人甚至相信這段往事應該被排除在歷史之外。與此相互呼應，而且令人甚感不安的是，希特勒也深信意志可以超越事實。有人則是認為史達林的罪行儘管令人髮指，但卻有充分理由，因為那都是為了打造或者保衛一個現代國家的必要作為。這也讓人回想起史達林認為自己清楚掌握了歷史前進的唯一道路，而事後看來，這個觀念也讓他把自己的所有政策給正當化了。

如果不把史觀奠立在一個截然不同的基礎上，並以這基礎來捍衛我們的史觀，我們就是在把評價這段歷史的權力拱手讓給史達林與希特勒。我們得以仰賴的基礎可能是什麼？儘管我的研究牽涉了軍事史、政治史、經濟史、社會史、文化史與思想史等各個層面，但我治史的三大基本方法很簡單：首先，我堅信任何過去事件都是可以從歷史的角度來了解與追問。其次，我會去反思當年的狀況下可能有哪些選擇，並且接受人類行為的一項基本現實，也就是任何人都必須做出選擇。最後，我會按照時序，仔細檢討所有造成平民與戰俘大量死亡的史達林主義與納粹主義政策。這份研究的架構並非建立在兩大帝國地緣政治的基礎上，而是以受害者的地理分布為依歸。血色大地並不是真實或想像出來的政治疆域，只是歐洲兩大血腥政權殺了最多人的地方。

過去幾十年來，猶太、波蘭、烏克蘭、白俄羅斯、俄羅斯、立陶宛、愛沙尼亞與拉脫維亞的國族史向來拒絕從納粹與蘇聯的角度去了解當年的種種血腥暴行。人們在保存血色大地的歷史時，往往聰明大膽地把歐洲各個國族的過去分開處理，避免讓這些歷史互相接觸。不過，如果只是把焦點擺在單一的受迫害群體身上，就算史料處理得再怎樣完善，都無法充分解釋一九三三至四五年之間發生在歐洲的種種。再怎樣徹底了解烏克蘭的歷史，我們都無法得知人為大饑荒的諸多成因。若只是細讀波蘭的歷史，我們也不能充分理解為何有這麼多波蘭人會在大清洗時代遇害。即便對白俄羅斯的歷史瞭如指掌，任誰也無法解釋為什麼有大量白俄羅斯人會在納粹肅清游擊隊之際與戰俘營中死去。想要描繪猶太人的生活史，當然少不了猶太大屠殺，但猶太人的歷史無法解釋大屠殺的發生。想要了解某個受迫害族群的遭遇，我們往往必須看看另一個受迫害族群身上發生了什麼事。但這只是找出彼此關聯的第一步而已。想要深入了解納粹與蘇聯政權，也必須先知道兩者的領導人如何力圖掌控血色大地，知道他們如何看待這些族群與族群間的關係。

如今世人已經普遍達成的共識是，二十世紀的大屠殺歷史能為二十一世紀帶來最重要的道德教誨。既然如此，令人感到驚詫不已的是，過去居然沒有人好好書寫血色大地的歷史。猶太人慘遭大屠殺後，猶太史就此從歐洲史分離出去。同樣的，東歐史也與西歐史分道揚鑣。即便大屠殺並未造就國族，但卻促使我們在思考那些受害者時仍然把他們按國族區分——即便國家社會主義與史達林主義終結迄今已有數十年之久。我的研究把過去被分離開來的種種聯繫起來：納粹史與蘇聯史、歐洲史與猶太史，也將各個歐洲國族的歷史彼此聯繫。這本書描繪了受害者與加害者，也討論了各種意識形態與政策，各種體系與社會。但說到底我關切的還是一般人民，他們因為遠在天邊的領導人制定出某些政策而死於非命。這些受害者的家鄉分布於柏林與莫斯科之間，並在希特勒與史達林興起後變成了血色大地。

序章
INTRODUCTION

希特勒與史達林

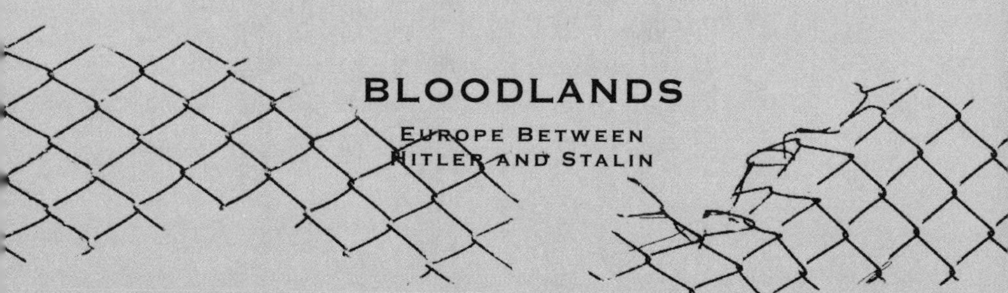

一九一四至一八年之間的第一次世界大戰滋養出納粹與蘇維埃政權，因此兩者會在血色大地上遭遇，也是源起於這場大戰。一戰過後，歐洲各個古老帝國分崩離析，但新的帝國卻趁勢而起，心懷鴻圖大業。朝代興替，君臨天下的模式瓦解了，代之而起的是「人民當家作主」的論調——儘管這論調漏洞百出。一戰見證了千千萬萬人可以受到抽象而遙不可及的理念號召而在戰場上前仆後繼，但他們捍衛的祖國卻只有空洞的名號，若非已經不復存在，就是尚未成形。很多新國家幾乎都是憑空創立，大批平民則被人以粗糙的方法強迫遷移或慘遭消滅：鄂圖曼帝國殺了一百多萬亞美尼亞人，無數德裔與猶太裔居民遭俄羅斯帝國驅逐出境，而大批保加利亞裔、希臘裔、土耳其裔居民也在戰後被迫離開原有的家園，回到保加利亞、希臘、土耳其等剛剛創立的民族國家。同樣重要的是，戰爭也瓦解了原本已融為一體的全球經濟體系。戰前歐洲人曾見識過的自由貿易榮景不復存在，曾經享受過富庶生活的歐洲人，戰後大部分也都沒辦法恢復過往的榮華富貴。

一次大戰在本質上是兩大陣營的武裝衝突，一方是德意志帝國、哈布斯堡帝國（奧匈帝國）、鄂圖曼帝國與保加利亞，也就是所謂的「同盟國」（the Central Powers）；另一方則是法國、俄國、英國、義大利、塞爾維亞與美國，也就是所謂的「協約國」（the Entente Powers）。一九一八年協約國獲勝，導致哈布斯堡帝國、德意志帝國與鄂圖曼帝國等歐洲大陸的三大帝國瓦解。根據戰後各國於凡爾賽、聖日耳曼、塞夫爾與特里亞農等地所簽署的各項和約，原本族裔多元的帝國被分拆成一個個民族國家，過去的君主制帝國也遭民主共和國取代。英、法是未遭戰火摧毀的歐洲強權，但兩者都元氣大傷，其中又以法國特別嚴重。一九一八年終戰後，戰勝國都幻想著他們的世界可以回復到戰前的模樣。至於戰敗國，則是各有一些革命分子希望可以領導國家，他們懷抱的美夢是，既然一戰害死了那麼多人，那就表示他們有充分的理由徹底改變自己的國家與社會，藉此修補戰爭的傷痕，也為這場戰爭賦予更多意義，至少仗沒有白打。

最重要的政治願景是共產主義勾勒出來的烏托邦。「全世界的工人們，聯合起來！」是馬克思、恩格斯遺留後世的最有名雋語，這句話到一戰終戰時已經有七十年的歷史。在馬克思主義的啟發之下，一代又一代的革命分子振臂呼籲這世界該進行徹底的政治與道德改革：他們認為，終結資本主義後可連帶消弭私有財產制衍生的衝突，以社會主義取而代之，藉此解放廣大的勞動階級，幫助全人類找回完好無缺的高尚靈魂。馬克思主義者主張，經濟生產模式的改變會造成階級之間的此消彼長，彼此鬥爭，而歷史的演進就是階級鬥爭史。每次有新的經濟生產技術出現就會形成新的社會階級，對既存的政治權威進行挑戰。現代社會的階級鬥爭就是工廠主與勞工之間的持續衝突。正因如此，馬、恩兩人所預示的革命將會發生在擁有大批勞動人口的先進工業國家，諸如德國與英國。

一戰撼動了資本主義的秩序，削弱各強大帝國的實力，在歐洲的革命分子們看來顯然是形勢大好。不過，這時大多數馬克思主義者都已經習慣在各國的政治體系裡進行革命活動，並選擇在戰時支持政府。但俄羅斯帝國的布爾什維克派領導人列寧卻不這麼想。他從「意志論」的角度理解馬克思主義，深信個人行動可以把歷史推往正確的軌道上，因此大戰讓他認為自己有機可乘。「意志論」讓列寧認為，既然馬克思主義者承擔起歷史所賦予的任務，那就有資格改變歷史。馬克思並不認為歷史會按照一個既有的路線去發展，而是覺得誰了解歷史的發展原則，誰就能夠創造歷史。列寧來自於一個人口大半為農

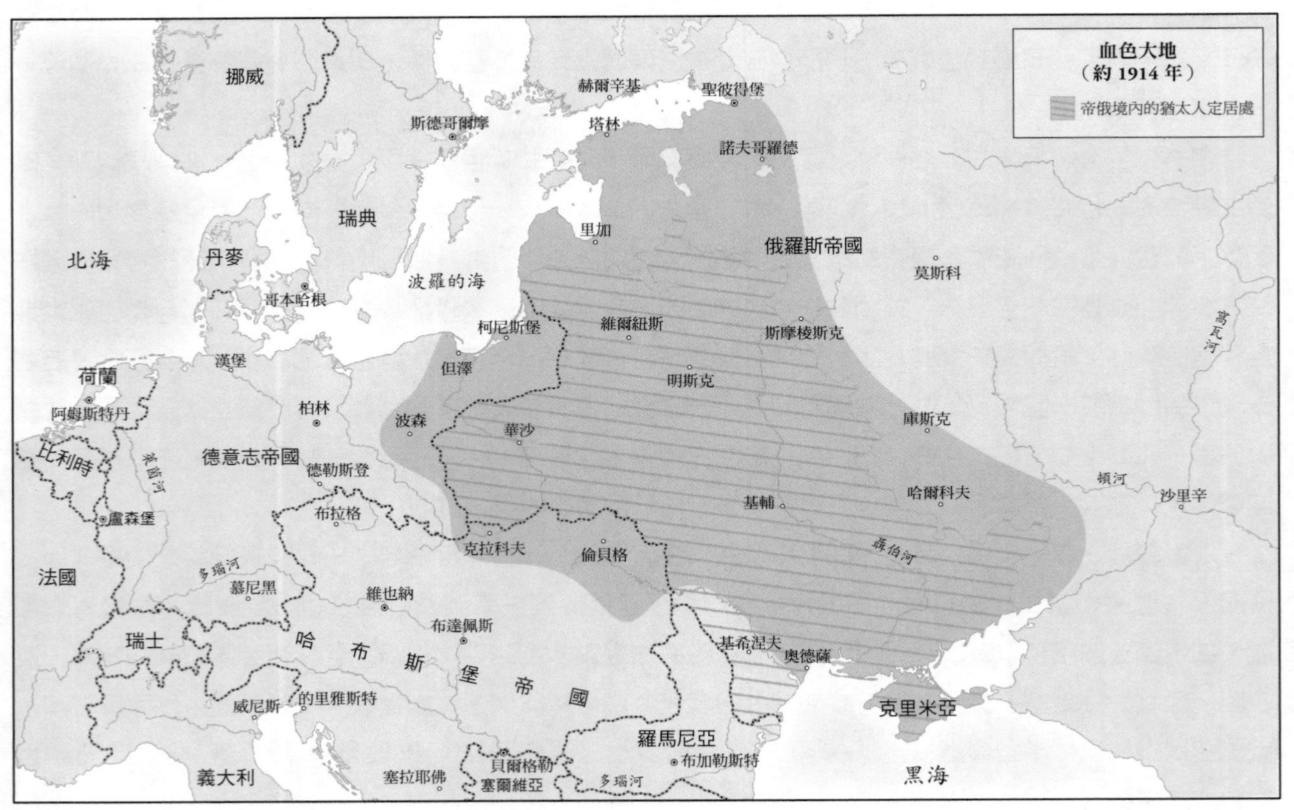

血色大地
（約1914年）
帝俄境內的猶太人定居處
挪威
赫爾辛基
聖彼得堡
斯德哥爾摩
塔林
諾夫哥羅德
瑞典
里加
俄羅斯帝國
莫斯科
北海
丹麥
波羅的海
哥本哈根
維爾紐斯
斯摩棱斯克
窩瓦河
柯尼斯堡
漢堡
荷蘭
但澤
明斯克
阿姆斯特丹
柏林
庫斯克
波森
華沙
比利時
德意志帝國
德勒斯登
萊茵河
頓河
哈爾科夫
沙里辛
基輔
盧森堡
布拉格
克拉科夫
倫貝格
聶伯河
法國
多瑙河
慕尼黑
維也納
布達佩斯
瑞士
哈布斯堡帝國
基希涅夫
奧德薩
威尼斯
的里雅斯特
克里米亞
羅馬尼亞
貝爾格勒
布加勒斯特
義大利
塞拉耶佛
塞爾維亞
多瑙河
黑海

民的國家，從馬克思主義的觀點看來，這樣的國家缺乏推動革命的必要條件。但列寧自有一套革命理論足以證明他的革命企圖不只是空想而已。他深信，殖民帝國的存在讓資本主義體系得以苟延殘喘，但帝國之間的戰爭將會引發一場跨國的大革命。俄羅斯帝國會首先垮臺，因此列寧選擇先發制人。

一九一七年初，受苦受難的帝俄士兵譁變，貧困不堪的俄國農民造反。沙皇政權在該年「二月革命」*後垮臺，後繼的自由派民主政權希望對德意志帝與哈布斯堡兩大帝國發動最後一擊，藉此贏得戰爭。在這時間點上，列寧成為德國的祕密武器。這一年四月，德國政府幫流亡瑞士的列寧返回俄國首都彼德格勒†，讓他得以發動一場革命，迫使俄國退出大戰。列寧的革命盟友托洛斯基充滿群眾魅力，麾下的布爾什維克黨人又都紀律嚴明，因此他才能成功發動名為「十月革命」‡的政變，獲得一部分民眾支持。一九一八年初，列寧的新政府與德國簽署和約，讓白俄羅斯、烏克蘭、波羅的海三國與波蘭劃歸德國控制。多虧了列寧，德國才能在一戰的東線戰場獲勝，在東邊建立起一個龐大帝國。但這甜美的戰果並未維持太久。

為了求和，列寧必須把俄羅斯帝國的西部領土讓給德國進行殖民統治。不過，布爾什維克黨當然也有自己的盤算：壓迫勞工的資本主義體系不久後就會瓦解，德意志帝國也會隨之垮臺，到時候俄國與他

* 譯註：所謂「二月革命」其實是以俄國曆法為根據，但事實上這場革命發生於西元一九一七年三月八日到十六日之間。
† 譯註：彼德格勒（Petrograd），一九一四年以前名為聖彼得堡。列寧於一九二四年逝世後，又改名為列寧格勒。
‡ 譯註：原文寫「十一月」，是以西曆為根據。

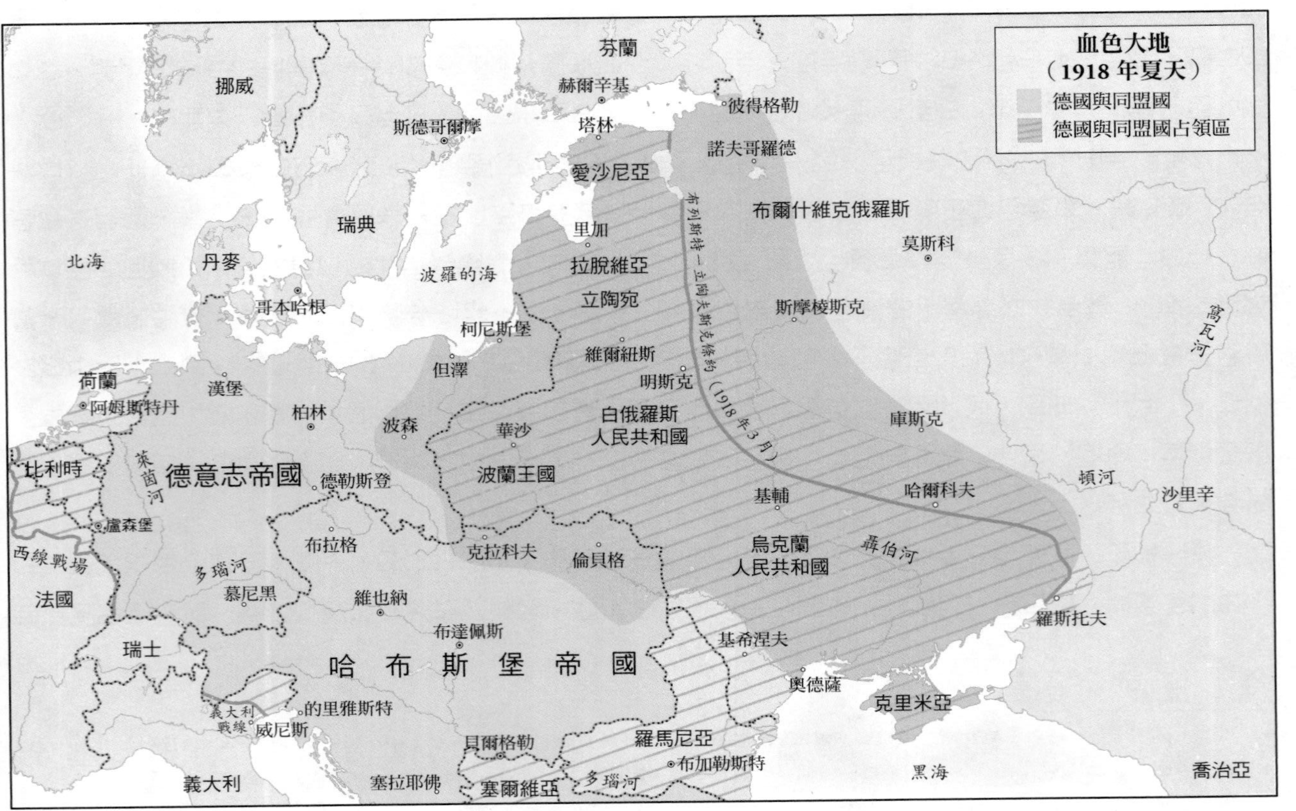
血色大地
（1918年夏天）
德國與同盟國
德國與同盟國占領區
芬蘭
挪威
赫爾辛基
彼得格勒
斯德哥爾摩
塔林
諾夫哥羅德
愛沙尼亞
布列斯特－立陶夫斯克條約（1918年3月）
布爾什維克俄羅斯
瑞典
里加
莫斯科
北海
丹麥
拉脫維亞
波羅的海
立陶宛
斯摩棱斯克
哥本哈根
窩瓦河
柯尼斯堡
維爾紐斯
但澤
明斯克
荷蘭
漢堡
阿姆斯特丹
白俄羅斯
人民共和國
庫斯克
柏林
波森
華沙
萊茵河
比利時
德意志帝國
德勒斯登
波蘭王國
頓河
基輔
哈爾科夫
沙里辛
盧森堡
布拉格
克拉科夫
倫貝格
烏克蘭
人民共和國
聶伯河
西線戰場
多瑙河
慕尼黑
法國
維也納
羅斯托夫
布達佩斯
基希涅夫
瑞士
哈布斯堡帝國
奧德薩
克里米亞
義大利戰線
的里雅斯特
威尼斯
貝爾格勒
羅馬尼亞
布加勒斯特
黑海
喬治亞
義大利
塞拉耶佛
塞爾維亞
多瑙河

國的革命分子就能把他們的新秩序往西邊擴張，讓革命在那些讓給德國的地區，甚至在更為西邊的國家實現。列寧與托洛斯基主張，德國在西線戰場上必敗，接著德國國內就會掀起一場工人革命。列寧與托洛斯基預測，中歐、西歐那些工業化程度更高的國家即將發生無產階級革命，也藉此向他們自己與其他馬克思主義者證明，發動俄國革命是有道理的。從一九一八年底到一九一九年的國際情勢看來，列寧的主張或許正確無誤。一九一八年，德國在西部戰場的確遭英、法、美三國聯軍擊敗，因此即便並未在東線戰場上吃敗仗，還是被迫撤軍，離開剛剛在東邊建立才沒多久的帝國。革命在德國境內遍地開花，革命勢力試圖奪取政權。布爾什維克黨則是不費吹灰之力就把烏克蘭與白俄羅斯納為囊中物。

俄羅斯與德意志兩大老牌帝國的垮臺在東歐地區造成了權力真空的狀態，儘管布爾什維克黨躍躍欲試，想要趁機入主，但卻力有未逮。列寧與托洛斯基派出新成立的紅軍出征俄國與烏克蘭境內各地，一場內戰轟轟烈烈開打。在此同時，波羅的海周邊諸國，包括芬蘭、愛沙尼亞、拉脫維亞、立陶宛與波蘭都獨立成為共和國。在失去這些領土後，布爾什維克黨統治的俄國在西邊的實力已經不如過去帝俄時代。在這些新近獨立的國家裡，波蘭的人口比其餘四國加起來的總和還要多，戰略地位也最為重要。波蘭對於東歐權力平衡的影響力之大，終戰後成立的其他新國家都無法企及。儘管波蘭不足以成為強權，但因為國家夠大，對於任何想要遂行擴張計畫的強權來講，它都可能是個問題。波蘭的存在也阻隔了俄、德兩大國，這是過去一百多年來首見的情況。波蘭可以扮演俄、德兩大強權之間的緩衝，但同樣也是莫斯科與柏林的眼中釘。

波蘭人向來就有獨立的志向。自從十八世紀末，波蘭－立陶宛聯邦遭鄰近的三個帝國瓜分以來，波蘭就滅國了。儘管整個十九世紀波蘭都是寄人籬下，必須在帝國的統治下進行政治活動，但波蘭人的復國意志可說是有增無減，更為強烈。波蘭之所以能在一九一八年十一月宣告獨立，只是因為當初瓜分波蘭的三大帝國——德意志帝國、哈布斯堡帝國與俄羅斯帝國都已經因為大戰與革命而瓦解了。波蘭革命志士約瑟夫．畢蘇斯基（Józef Pilsudski）充分利用了這歷史的關鍵時刻。畢蘇斯基年輕時是個社會主義者，後來變成一個務實派的政治人物，懂得如何與帝國合作，一起對抗其他帝國。他與許多追隨者在戰時已經組織起武裝部隊，因此在那些帝國都瓦解後便站上了保家衛國的最有利位置，就此宣布獨立。畢蘇斯基的強勁政敵羅曼．德莫夫斯基（Roman Dmowski）在巴黎和會上向戰勝的列強表達波蘭有充分的理由獨立建國。因此，新的民主共和國波蘭就此誕生。在協約國的背書之下，華沙政府對於與德國接壤的西邊國界是可以放心的，條件或多或少都對波蘭有利。但東邊國界的問題卻懸而未決，因為協約國在東線戰場並未獲勝，所以沒有立場可以對東歐的領土問題置喙。

一九一九到二〇年之間，為了決定波、俄兩國的國界，波蘭人與布爾什維克黨打了一場足以決定歐洲秩序的戰爭。先前在德軍撤退時，紅軍就已經進駐烏克蘭與白俄羅斯，但波國政府高層並不認同俄國對這兩國的主權。在畢蘇斯基看來，波、俄之間的那些地區應該獲得獨立的政治主權，不僅它們的歷史與波蘭息息相關，波蘭政界高層也希望能與白俄羅斯與立陶宛結盟，恢復以往波蘭－立陶宛聯邦的狀態。原本他希望，在烏克蘭盟友們的支持下，波蘭部隊可以幫助烏克蘭獨立建國。但布爾什維克黨在一九一九年取得了烏克蘭的控制權，隔年春天於烏國境內阻擋了波蘭部隊的一次攻勢。這時列寧與托洛斯基就開始盤算在波蘭境內發動革命，利用戰爭來鼓舞波蘭勞工完成他們的歷史任務。只要拿下波蘭，紅軍就可以和德國的革命同志們裡應外合，利用德國的龐大資源來讓俄國持續於歐洲發動革命。但一九二〇年八月，波蘭部隊在華沙擋下入侵的紅軍，蘇聯進軍柏林的如意算盤也就無法實現了。

畢蘇斯基發動反攻，把紅軍逼回白俄羅斯與烏克蘭。派駐烏克蘭的紅軍遭逢挫敗，而史達林正是這支部隊的政委。因為他誤判情勢，導致布爾什維克的部隊無法分進合擊，再加上畢蘇斯基巧妙地派兵遣將，紅軍節節敗退。不過，就算紅軍吃了敗仗，也沒造成布爾什維克政權的瓦解，只因波蘭部隊已經筋疲力竭，無法長征莫斯科，而且波蘭國內意見分歧，沒能針對這冒險之舉取得共識。戰爭結束後，白俄羅斯人與烏克蘭人居住的土地就由波、俄兩國瓜分。波蘭就此成為一個多元族裔的國家，其境內波蘭母語人口或許有三分之二，但烏克蘭人大約有五百萬、猶太人三百萬、白俄羅斯人一百萬，德裔人口則約在五十到一百萬之間。根據憲法，波蘭是個「以波蘭人為主體」的民族國家，但該國擁有的猶太人口卻是歐洲之最，烏克蘭人與白俄羅斯人口則是僅次於布爾什維克黨主政的俄國，居歐洲第二。跟東邊的鄰國俄國一樣，波蘭境內人數最多的三大少數族裔也是猶太人、烏克蘭人與白俄羅斯人。

歐洲東邊的疆界最後取決於烏克蘭、白俄羅斯與波蘭境內戰役的結果。在此同時，中歐與西歐的局勢會如何發展，則是完全由一戰的戰勝國說了算。就在波、俄兩國於原先一戰的東線戰場上交戰之際，戰敗的德國則是設法對戰勝國展現出和平的姿態。德國在皇帝退位後已經轉型為共和國，希望藉此能與英、法、美三國更順暢地進行協商。德國最大的馬克思主義政黨，也就是社會民主黨，拒絕效法布爾什維克黨，因此並未在國內發動革命。戰時大多數德國社會主義黨成員都選擇效忠德意志帝國，戰後更是把德國轉變成共和國當成一種進步之舉。不過德國人遞出再多的橄欖枝也沒用。戰後雙方的和解條件毫無討論餘地，都是戰勝國作主，而且巴黎和會甚至破壞了歐洲的古老傳統，不讓戰敗國有參與會議的權力。一九一九年六月，德國政府別無選擇，只能簽署《凡爾賽和約》，但德國的政治人物卻沒幾個認同和約內容，覺得沒必要挺身為其辯護。

因為起草和約的戰勝國在道德上陳義過高，所以和約很容易遭受「過於偽善」的批評。當初在與歐陸的三大帝國交戰時，協約國就已經宣稱自己是為了解放中歐的各個民族而戰。美國在這方面尤其高調，自認美軍是想要促成民族自決的正義之師。但法國因為損失比其他強權都更為嚴重，一心一意只想嚴懲德國人，並且對法國的盟友論功行賞。儘管當初協約國宣稱是為了「民族自決」的原則而戰，但《凡爾賽和約》的內容卻自打耳光。無論是在凡爾賽，在特里亞農（一九二〇年六月）或在塞夫爾（一九二〇年八月）舉行的和會中，都是協約國所認定的民族（波蘭、捷克與羅馬尼亞）獲得較多土地，也因此在他們建國後，境內也有較多少數民族。至於協約國的敵人，包括德國人、匈牙利人與保加利亞人，則是獲得比較少領土，所以這些民族就有較多人口劃歸其他國家，流落他國境內。

波俄之戰在凡爾賽會談展開之際開打，到了《塞夫爾和約》簽署時，戰爭仍在進行。因為各項和約在西歐協商與簽署之際，歐洲的東部仍是戰火燎原，所以談什麼「戰後新秩序」仍有點不切實際。在布爾什維克黨的鼓舞甚至從旁幫助之下，西歐各國就還有受到左派革命勢力侵擾的疑慮。只要波、俄兩國仍在交戰，德國的革命分子就還是能夠期待紅軍給予協助。剛成立的德國共和政體似乎也很有可能遭右派的革命推翻：從東線戰場返國的德軍因為沒有吃敗仗，所以不覺得自己有理由同意共和政府所簽署的《凡爾賽和約》，甚至把這件事當成祖國蒙受的奇恥大辱。許多一戰老兵加入了右翼民兵組織，與左翼的革命分子纏鬥不休。社會民主黨主政的德國政府深信自己別無選擇，只能利用一部分右翼民兵部隊來鎮壓共產黨發動的幾次革命。

一九二〇年八月，紅軍在波蘭華沙吃了敗仗，俄國在歐洲全面發動社會革命的希望就此落空。一九二一年三月，波蘭與布爾什維克主政的俄國在里加簽署和約，戰後歐洲的局勢才真正算是塵埃落定。這和約確認了波、俄兩國的疆界，烏克蘭、白俄羅斯的土地由兩國瓜分，但往後持續多年的爭議也就此萌芽，布爾什維克主義也升格成為主導整個俄國的政治意識形態，不再只是武裝革命的理想而已。隔年，蘇聯作為一個有確切疆界的國家創立了，至少就這方面來講，它是與其他國家並無不同的政治實體。原本德國右派冀望趁革命爆發之際一舉撲滅革命勢力，但既然大規模武裝衝突結束，這計畫自然落空。原本想要推翻德國新共和政府的勢力，無論是極右派或極左派，這下都沒辦法趁天下大亂來奪權，只能仰仗自己的力量。德國社會民主黨的成員仍支持共和國，而德國共產黨則是高唱以蘇俄模式為師，跟進蘇共的政治路線。德共將會聽命於列寧於一九一九年建立的共產國際。至於德國極右派，則是只能另謀長遠之計，設法把德國重新打造建設成新國家，才有可能靠一己之力來顛覆戰後的新秩序。

重建德國是不容易的，但真正投入之後似乎令人更覺舉步維艱。德國被視為一戰禍首，不僅割地賠款、人口減少，就連維持武裝部隊的權力也遭大幅限縮。一九二〇年代初期的惡性通貨膨脹與混亂政局更是使國內民不聊生。即便如此，德國至少仍保有重新躍居歐洲強權的潛力。德國人口僅次於蘇聯，工業潛力更是獨居龍頭，其國土於戰時未曾遭占領過，而且從和約的種種條件還是可以隱約看出德國仍保有向外擴張的可能性。歐洲的戰事告終後，德國政府很快就與蘇聯找到策略合作的空間。畢竟兩國都有圖謀波蘭、改變戰後歐洲秩序的野心。兩國也都想要取得更多插手國際事務的空間，不願持續遭孤立。在這背景下，儘管一九二二年之際德國仍是民主政府當家，卻與蘇聯簽署了《拉帕洛條約》，重新建交、恢復經貿往來，並展開祕密的軍事合作關係。

許多德國人痛恨戰後歐洲的民族自決風潮，但另一方面卻憧憬著自己的民族自決，想將所有德語人口納入德國。大約有一千萬德語人口在戰前由哈布斯堡帝國統治，如今並未獲劃歸德國境內。與德國交界的捷克斯洛伐克西北部有三百萬左右德語人口。而捷克斯洛伐克境內講德語的人口其實比斯洛伐克語系人口還多。位於捷克斯洛伐克與德國之間的奧地利，所有國民幾乎都是講德語。儘管境內大多數人口都希望能併入德國，《聖日耳曼和約》仍規定奧地利是個獨立的主權國家。國家社會主義德意志勞工黨（National Socialist German Workers Party，也就是納粹黨）在一九二〇年於德國創立，其黨魁希特勒就是個倡議德奧合併的奧地利人。不過，希特勒其實是以民族統一為幌子，骨子裡包藏著許多野心。

希特勒成為德國總理後，與蘇聯簽訂瓜分波蘭的條約，藉此他其實是把許多德國人的想法推展到極致：他們認為當初波蘭國界會那樣劃定，根本欠缺法理基礎，而且波蘭人不配擁有自己的國家。這是很多德國民族主義者的觀點，但希特勒與他們不同之處在於，他認為把所有德語人口納入德國境內、分得波蘭半壁江山之後，下一步就是要消滅歐洲的猶太人，並摧毀俄國領導的蘇聯。但在達到這目的之前，希特勒會先和波蘭、蘇聯虛與委蛇，也掩藏著那些激進意圖，等到德國人發現他的真面目時，為時已晚。不過，從納粹的國家社會主義在德國崛起的早期，其實我們就已能預見種種悲慘後果。

一戰在東歐引發的巨大變局於一九二一年穩定下來，列寧與同志們開始重新整頓與思考既有的革命路線。波蘭奪走了列寧原本想在歐洲摘取的革命果實，布爾什維克黨人別無選擇，只能將革命的焰火澆熄，並根據某種社會主義路線，著手打造出一個新國家，也就是蘇聯。列寧與他的手下認為自己掌權是理所當然的，而且革命沒能在歐洲燒起遍地烽火，反而成為他們將權力一把抓的好藉口。為了繼續推進與完成革命，中央集權是唯一的道路，在敵對資本主義力量來襲時才能好好守住革命陣營。蘇聯境內其餘政黨很快就都遭到查禁，蘇共的政敵一律被打成反動分子，抄家滅口之事屢見不鮮。其實蘇聯早期曾有過幾次選舉，但蘇共都輸了，所以往後就乾脆不再舉辦。儘管紅軍在波蘭吃了敗仗，但想要肅清舊俄羅斯帝國境內的所有武裝敵對勢力仍是綽綽有餘。為了鞏固新創立的蘇聯，布爾什維克所屬的特務機關「契卡」（Cheka）處決了成千上萬人。

想要暴力征服比較容易，但新秩序的創立卻有難度。要統治國內各自有不同文化背景的農夫與游牧民族，馬克思主義那一套並沒有太大幫助。根據馬克思的理論，工業先進的國家會先爆發革命，所以他對於農民與民族的問題並沒有耗費太多心力去論述。所以如今蘇共所面臨的棘手問題是：要怎樣才能號召俄國、烏克蘭與白俄羅斯的農民，還有中亞的游牧民族，讓他們與都市裡那些講俄語的勞工階級團結起來，齊力為實踐社會主義而貢獻？布爾什維克黨承接了帝制時代遺留下來的前工業化社會，即便歷史條件尚未成熟，他們還是必須設法把這社會轉化成工業社會。在有了工業社會後，才能夠創造出一個由勞工階級領頭的國家。

布爾什維克黨首先必須用資本主義打造出工業社會，接著才有辦法在實質上以社會主義改造國家。

該黨認為，在創造工業的過程中，來自無數文化背景、具有民族差異的國民將會凝聚出效忠蘇聯的團結心。想要宰制廣大農民與各個民族，的確是個宏大的政治野心，但種種措施背後其實藏著布爾什維克黨沒有明說的寓意：在該黨眼中，無論是哪一種階級或民族成員，都是國家的敵人。該黨堅信他們所統治的是一個已經遭歷史淘汰的社會，要徹底脫胎換骨才能夠讓歷史進入下一個篇章。

戰後，布爾什維克黨必須做出一些妥協才能把政權緊握在手裡，並且為即將到來的經濟革命備妥一批忠實的生力軍。他們當然不會允許境內各民族獲得主權國家的獨立性，但也不至於把各族的民族認同通通抹滅。儘管馬克思主義陣營一般認為，歷經現代化之後民族主義就會失去其吸引力，但該黨決定進行民族動員，或至少號召各族菁英一起來為蘇聯的工業化努力付出。列寧為境內各族的民族認同背書，把蘇聯塑造成一個以俄羅斯人為主，結合周遭各族而組成的聯盟。國家為非俄羅斯人提供較優惠的教育與工作機會，藉此博取他們的效忠與信賴。布爾什維克黨人都曾是俄羅斯這個多民族國家的臣民，接著又成為同一個國家的統治者，所以在民族問題方面無論思維模式與治理手法都較為細膩。更何況，蘇共的領導階層本來就不只是由俄羅斯人組成。列寧是公認的俄羅斯人，但大家都忘記他也有瑞典、日耳曼、猶太與卡爾梅克（Kalmyk）的多族血統。托洛斯基是猶太人，史達林則是喬治亞人。

各民族都經過一番共產主義洗禮，展現出全新面貌。農民則是在蘇共精心調教後也屈服了。布爾什維克黨與本來就熟悉的鄉間人口妥協，農民一開始還是害怕，但只是暫時的。新的蘇共政權允許農民保留他們從原本地主手上搶來的田產，也能到市場上販售農產品。兵連禍結導致食物極其短缺，布爾什維克黨於是徵收穀物，確保黨內人士與效忠者不虞匱乏，但從一九二一到二二年之間，卻有幾百萬人民餓死或死於饑荒帶來的疾病。這經驗讓該黨體認到，可以把食物拿來當武器。不過在內戰結束後，取得政權的蘇共仍需要可靠的食物供應來源。革命前他們向人民承諾，國家一定會復歸和平、人人有麵包可吃，至少在一段時間內必須維持最起碼的安定與衣食不缺。

列寧認為在經濟革命來臨以前，國家只扮演著某種維持現狀的階段性任務，真正的革命成功後國家就會消亡。雖然馬克思主義宣稱革命後民族的界線就會消弭無蹤，因為民族之間的差別與對立都將不復存在，但列寧的蘇維埃政體卻認可各民族的存在空間。同樣的，儘管共產主義主張財產共有制，列寧所擘劃的政體卻能容得下市場的存在。問題在於，在做出這麼多過渡期的妥協後，革命到底何時會到來？以何種形式出現？相關的爭論在一九二四年一月列寧去世後就已展開。就是這次蘇聯新政體下的討論決定了境內所有居民的命運。列寧把馬克思的歷史哲學轉化成一種他稱為「民主集中制」的官僚體制原則，於死後成為留給布爾什維克黨人的遺緒。工人代表著推動歷史往前運動的力量，而紀律嚴明的共產黨足以代表工人，蘇共中央委員會又是共黨的代表，至於代表中央委員會的則是由少數人組成的中央政治局。在政治實踐的過程中，這少數幾個人將黨權一把抓，然後以黨領政，控制著國家機器，社會則屈服於國家之下。中央政治局領導班子之間的爭議與其說是政治爭論，不如說是歷史對蘇聯人民的判決：一旦討論有了結果，也就決定了人民的命運。

影響最深遠的，就是史達林對於列寧遺緒的詮釋。史達林在一九二四年提出所謂「一國社會主義論」（socialism in one country），意思是蘇聯必須憑一己之力把國家打造成工人的天堂，世界上的其他工人幫不了大忙，因為他們還沒團結起來。儘管共黨人士對於農業政策的優先性看法不一，但大家的

蘇聯
（約1933年）
北極海
德國
芬蘭
愛沙尼亞
拉脫維亞
立陶宛
摩爾曼斯克
索洛夫基
阿爾漢格爾斯克
列寧格勒
波蘭
明斯克
蘇屬白俄羅斯
基輔
羅馬尼亞
莫斯科
蘇屬烏克蘭
哈爾科夫
黑海
羅斯托夫
窩瓦河德裔自治政府
薩馬拉
恩格斯城
史達林格勒
窩瓦河
土耳其
蘇屬俄羅斯
斯維爾德洛夫斯克
烏法
車里雅賓斯克
奧倫堡
阿斯特拉罕
提比里斯
蘇屬外高加索
裏海
巴格達
伊拉克
德黑蘭
伊朗
阿什哈巴德
蘇屬土庫曼
鹹海
蘇屬卡拉卡爾帕克
蘇屬烏茲別克
塔什干
杜尚貝
阿富汗
喀布爾
英屬印度
蘇屬塔吉克
喀什
伏龍芝
阿拉木圖
蘇屬吉爾吉斯自治共和國
克孜勒奧爾達
巴爾喀什湖
加拉干達
蘇屬哈薩克
阿克莫林斯克
鄂木斯克
額爾齊斯河
西伯利亞西部
鄂畢河
托木斯克
新西伯利亞
史達林斯克
沃爾庫塔
蘇維埃社會主義共和國聯盟
諾里爾斯克
西伯利亞東部
葉尼塞河
克拉斯諾亞爾斯克
克孜勒
唐努圖瓦
伊爾庫次克
貝加爾湖
赤塔
烏蘭巴托
蒙古
（蘇聯附庸）
新疆
西藏
中國
黃河
勒那河
雅庫次克
科力馬
馬加丹
彼得羅巴甫洛夫斯克
鄂霍次克海
黑龍江
伯力
海蘭泡
滿洲國
哈爾濱
新京
奉天
海參崴
日屬朝鮮
漢城
北平
大連
威海衛
青島
南京
上海
日本
東京
京都

共識是：蘇聯境內的鄉間地區很快就必須在經濟上自給自足，然後從農業過渡到工業。這必定是個痛苦的過程，而且問題在於，促成轉變的初始資本從何而來？答案是必須要設法從農人身上榨取「剩餘農產」，變賣後才能取得外國貨幣，進口機器設備——而且這些所謂「剩餘」還要拿來餵養人數增長中的工人階級。到了一九二七年，國家投入工業的資金開始大幅高於農業投資，相關討論也跟著進入了關鍵階段。

說到底，這場現代化之爭其實是托洛斯基與史達林的對決。在列寧的同志裡，托洛斯基是成就最高的，不過最後當上蘇聯共黨（布爾什維克黨）總書記，把黨權抓在手上的卻是史達林。史達林之所以能登上權力頂峰，是因為他掌握人事權，而且擅長委員會會議的實際運作。他在思想與主義的論述方面並無長才，但知道如何號召政治盟友。在中央政治局內部，他先與那些支持放緩經濟轉型的委員結成同盟，把立場較為激進者消滅；然後他改而主張較為激進的立場，繼而肅清先前的盟友。到了一九二七年年底，黨內的所有左派政敵，包括托洛斯基、季諾維也夫（Grigory Zinoviev）、加米涅夫（Lev Kamenev），都已遭逐出黨外。到了一九二九年年底，這些政敵遭肅清前提出的政策又被史達林援為己用，他繼而甩掉自己的右派主要盟友布哈林（Nikolai Bukharin）。跟季諾維也夫、加米涅夫一樣，布哈林仍待在蘇聯境內，只是先前所有權力都遭剝奪。中央政治局裡不乏史達林的忠實支持者，最主要的兩人是卡岡諾維奇（Lazar Kaganovich）與莫洛托夫（Viacheslav Molotov）。失勢的托洛斯基黯然流亡海外*。

* 譯註：托洛斯基先後流亡歐洲與美洲，最後在墨西哥遭暗殺。

就算史達林再怎樣擅長讓蘇聯的政策急轉彎，如今還是得確保政策目標得以落實。根據他從一九二八年開始推行的第一個「五年計畫」，所有農地都必須收歸國有，迫使農夫輪班上工，農作物都是國家財產，而這就是所謂「集體化」政策。無論是土地、農具或農夫，全都被編進一個個集體農場，希望藉由這樣的大規模生產方式提高生產效率。集體農場分別由各自的拖拉機站（Machine Tractor Stations）來進行管理，負責分配現代化農具，站內也有駐站的政宣人員。集體化讓國家得以控制農產產量，除了餵養工人、確保其效忠蘇共，也可以出口外國，取得外匯後用來進行工業投資。

為了讓集體化看來勢不可擋，史達林必須弱化自由市場，以國家計畫取而代之。他的盟友卡岡諾維奇在一九二八年七月抹黑農民不願配合交出穀物，所以只能用強徵農作物來解決問題。農民發現政府會奪走自己的農產品，馬上就都私藏起來而不是拿出去賣。如此一來市場變得更不可靠，但其實並非市場機制失靈，而是國家從中作梗。接下來史達林就宣稱，市場的最大問題就是不受控制，所以國家必須掌握食物的供給來源——一切都按照史達林所編寫的劇本走。

史達林指控市場不可靠，接下來的經濟大蕭條似乎也證明了他所言無誤。一九二九年十月二十九日是美國史上著名的「黑色星期二」，股市崩盤。同年十一月七日是布爾什維克革命成功的十二週年紀念日，史達林在這天宣稱只要按照他的政策去走，很快蘇聯就會告別市場經濟，走向社會主義。他打包票，一九三〇將是「脫胎換骨」的一年，集體化會為人民帶來長治久安與繁榮富庶。往日的鄉間將不復存在，然後革命就在都市地區完成，而乖乖聽話的農民交出糧食來餵養、壯大無產階級。無產階級勞工將會創造出人類史上第一個社會主義社會，以及一個足以抵禦外侮的強大國家。在為現代化提出各種論述的過程中，史達林同時也不斷集權。

如果說史達林懂得施展各種計謀，希特勒的專長就是煽動人心。史達林把革命予以體制化，藉此確保自己能在一黨獨大的國家裡爬上權力頂峰，希特勒卻是靠對抗體制而在政壇崛起。由於蘇共在帝俄時代曾有多年的地下工作經驗，所以共黨所承繼的傳統是「先辯論路線再嚴格執行」。但納粹黨並沒有這種謀劃與紀律的傳統。跟布爾什維克黨一樣，納粹黨也是對民主不屑一顧，但相較於共產黨自詡為歷史使命的承擔者，納粹則是對希特勒「元首」唯命是從，因為他最能充分展現整個民族的意志。布爾什維克黨人認為世界秩序是資本主義社會的帝國主義者塑造出來的，但納粹卻深信一切都是猶太人在搞鬼。在納粹看來，現代社會的問題並非出在財產積累導致資產階級得以宰制其他階級，而是因為猶太人**同時**控制了金融資本主義與共產主義，所以無論英美或蘇聯，其實都是猶太人的禁臠。共產主義強調的人人皆平等只是猶太人創造出來的神話故事，不可能實現。創造這神話的目的是為了讓所有天真的歐洲人都臣服於猶太人腳下。想要破解泯滅人性的猶太資本主義與共產主義，只能靠國家社會主義，也就是讓德意志民族伸張正義，就算犧牲其他民族也在所不惜。

在一九二〇年代的威瑪共和國期間，納粹總是強調該黨與其他德國人的共通點。希特勒的納粹黨就像一九二〇年代的其他德國政黨一樣，對《凡爾賽和約》深惡痛絕。納粹非常在意德國曾在東線戰場上取得的明顯戰果，對此執著不已：一次世界大戰期間德國部隊曾在那裡連戰皆捷，一九一八年還占領統治了波蘭、白俄羅斯、烏克蘭與波羅的海地區的部分領土。跟英、法兩個歐洲敵國不同，德國並不曾擁有過龐大的殖民帝國，而且為數不多的海外領土也都在戰後遭戰勝國瓜分。所以在納粹看來，德國以東的歐洲邊疆對他們更有吸引力。他們認為蘇聯是一個不合法理且恃強凌弱的猶太人政權，有一天必須將其鏟除。波蘭從中阻隔，讓德國難以往命中注定該取得的疆土拓展，所以是必須先去除的絆腳石。一旦德國恢復國力，開始往東發動擴張戰爭，波蘭絕對沒有能力擋下德國，所以要不是先將它招攬為弱勢的盟友，就是必須把它當敵人打敗。

一九二三年十一月，希特勒在德國發動政變未果，自己甚至曾短暫身陷囹圄。儘管國家社會主義的思想主要是他自己構思出來的，但政變的靈感則是來自於他所景仰的義大利法西斯黨。納粹政變的前一年，墨索里尼才剛剛透過史稱「進軍羅馬」（March on Rome）的政變奪權成功。希特勒把同樣模式套用在慕尼黑，但沒能成功。義大利的法西斯黨人跟希特勒與其麾下納粹黨人一樣，都是以恢復民族的榮耀來當幌子，不願進行令人厭煩的政治妥協。墨索里尼與希特勒先後都把蘇聯拿來當累積國內政治實力的籌碼。他們倆儘管都崇尚列寧的紀律與一黨專政模式，但兩者也都對民眾使出威脅攻勢，標榜只有自己能帶領國家面對共產革命的威脅。儘管他們倆在許多方面有所不同，卻都是歐洲戰後新右派勢力的代表性人物，一方面毫不猶豫地敵視共產主義，另一方面卻模仿共產統治的某些特色。與墨索里尼一樣，希特勒也是個雄辯滔滔的演說家，在自己帶領的政治運動中扮演一人獨大的角色。一九二四年十二月，坐牢的希特勒獲釋，不費吹灰之力就重新取得了納粹黨的領導地位。

史達林能在一九二〇年代的後半崛起掌權，主要是因為他任命了很多值得信賴、而且挺他到底的手下。希特勒卻是靠個人的領袖魅力獲得廣大支持，而他總是希望手下與支持者能夠根據他的措詞與思想來提出相應的政策，模仿他的用語。為了加速奪權，為自己的政策辯護，史達林總是從某個對他有利的角度去詮釋馬克思主義，但至少在一九三三年以前他並沒有辦法隨心所欲地扭曲馬克思的思想。相較之下，希特勒卻是鼓勵別人去幫他籌畫實際政務。希特勒在獄中寫完了第一卷自傳《我的奮鬥》（*Mein Kampf*）。他的野心清楚呈現在這部獄中著作與其他作品裡（尤其是所謂的《第二本書》〔*The Second Book*〕），但這些作品畢竟不具備思想經典的地位。史達林一開始是因為黨內同志的種種作為而綁手綁腳，後來則是擔心大家的言論對他不利。至於希特勒，他甚至根本不必裝出跟黨內同志對話的樣子，一切都是他說了算，而且言論前後不一致也無所謂。

從監獄獲釋後，希特勒與威瑪共和國做出某種程度的妥協：他開始以黨魁身分帶著納粹黨走起了議會政治路線，不過此舉的其他目標還包括四處宣傳納粹思想、找出政敵、接近權力機構。希特勒讓納粹衝鋒隊與左派政敵展開武裝鬥爭，自己則盡量置身事外，避免遭囚。德國經濟連年成長，使納粹在一九二八年只拿下十二個國會席次，總得票比例僅僅百分之二點六。接著經濟大蕭條席捲全球，形勢對希特勒大好，連史達林獲得的助力都比不上。德國經濟崩潰後，共產革命的幽靈又開始纏上了德國人，而無論經濟崩潰或共產革命都有助於希特勒掌握執政權。國際經濟危機似乎證明了國家不得不做出大幅改變。再加上德國共黨的勢力龐大，革命幾乎有如山雨欲來，營造出全民上下一致的恐懼心理，讓希特勒的民族主義得以趁虛而入。一九三〇年九月，納粹黨贏得百分之十八的選票與一百零七個國會席次，接著又在一九三二年七月的大選勝出，席捲了百分之三十七以上選票。

一九三〇、三一年在位的兩位德國總理都曾敦促興登堡總統頒布行政命令，且其效率等同於法律；

此外，一九三二年德國國會（Reichstag）也僅僅召開過十三次會議。所以到了一九三二年之際，國會的權力可說已被架空，德國民主體制徒留形式，實質蕩然無存，而國會選舉並非政治權力之爭，只是透過選舉結果來展現民意支持度。國會裡的保守派與民族主義者認為，可以利用希特勒來阻止壯大的德國左派奪權，希特勒就在他們的幫助下獲提名擔任總理。豈料希特勒上臺後突然解散國會，進行改選，並利用自己新任總理之便來確立納粹黨對於德國社會的主宰權。一九三三年三月五日，選舉結果出爐，納粹黨以壓倒性勝利輾壓社會民主黨與德國共產黨，囊括百分之四十三點九選票，也在六百四十七席國會議員中拿下二百八十八席。

就在希特勒著手改造德國政治體系之際，史達林也於蘇聯以政治強人的姿態崛起，兩件事都發生在一九三三年春季。

一九三三年，在自由民主體制無法保護民眾免於貧窮之際，蘇共與納粹政府表面上看來都有辦法力挽世界經濟崩潰的狂瀾，似乎都能夠大有作為。大多數歐洲政府（包括一九三三年以前的德國威瑪政府）都認為自己沒有多少手段可以挽回經濟崩潰的頹勢，各國的主流觀點都是主張該在預算上力求收支平衡，嚴格管控貨幣發行量。如今我們都已知道這樣只會讓情勢惡化。一戰結束後，戰勝國試圖鞏固自由市場與國會體制，推動民族國家的成立，但經濟大蕭條卻動搖了這些政治方案的可信度：市場帶來災

難，國會無力提供解方，而各個民族國家似乎也欠缺政策工具來應對，根本無法讓國民免於陷入悲慘的處境。

到底誰該為經濟大蕭條負責？納粹與蘇共都各自提出振振有詞的答案（分別是猶太資本家與所有資本家），也對國內政經局勢提出極度激進的措施。兩者不僅都拒絕認可戰後新秩序所提出的法律與政治架構，甚至還質疑新秩序的經濟與社會基礎。納粹與蘇共深入剖析戰後歐洲的經濟與社會根源，重新考慮在該國國土上工作的男男女女應該過哪一種生活，扮演什麼樣的角色。一九三〇年代期間，農民仍是大多數歐洲國家的主要人口，可耕種的土地是珍貴自然資源，而且因為經濟體系仍以人力與獸力為能源，能餵飽人與牲畜的土地自然扮演著推動經濟的角色。當時的人也會計算熱量，但可不是像現在為了減肥而計算：擘劃經濟的人必須確保轄下人口可以溫飽，不會餓死，具有經濟生產力。

大多數歐洲國家都沒有提出改造社會的計畫，因此根本無力與納粹和蘇共政府匹敵，或提出應對計畫。波蘭與其他戰後新成立的東歐國家曾於一九二〇年代嘗試推動土改，但最後都功敗垂成。地主為了保有地產而遊說政府，銀行與政府都不肯大方給予農民貸款額度。在這整個地區的國家裡面，只有捷克斯洛伐克的民主體制倖存，但一開始並沒有太多人思考這現象與經濟問題有何關係。波蘭、匈牙利與羅馬尼亞的獨裁政權動不動就將政敵投入監獄，毫不手軟，而且更是善於高舉民族主義的大旗，藉此來粉飾太平。不過，看來沒有任何一個國家能夠提出有效的新經濟政策來應對大蕭條。

各個民主國家都曾以土改當作解方，但卻失敗了，人民對這措施失去信心；到了一九三三年，反民主的蘇共與納粹一致認為敗因是土改太過簡單。儘管希特勒與史達林兩人有許多不同之處，但他們都認為問題的根源在於農業，想要解決問題就必須讓國家大幅度介入農業生產過程。要是政府能夠推動徹底的經濟轉型，就能進一步強化國內的全新政治體系。從一九二八年推動「五年計畫」之始，明顯就可以看出史達林的手段是集體化。一九二〇年代的蘇共領導當局曾讓農民有過繁榮發展的空間，但到了三〇年代初期農民的土地遭到收歸國有，所有農地都改設集體農場，農民變成為國家工作。

希特勒提出的農民問題解方也是充滿想像力，而且背後也一樣隱藏著政治意圖。希特勒上臺擔任總理前，甚至一九三三年開始執政後的頭幾年裡，外界都認為他最關切的莫過於德國勞工階級，而且會靠進口來解決德國糧食無法自給自足的問題。他以極快的速度重新武裝德國部隊（此舉違反了和約，但遭姑息），大量失業勞工入伍或進入兵工廠工作。他上臺後僅僅幾個月就開始推動公共建設方案。納粹在執政前高喊要幫農民做很多事，但最後卻是**口惠而實不至**——不過，這只是表象，後面就可以看出他真正的作為。儘管納粹提出的政策承諾重新分配土地，讓農民之間不再貧富不均，但這種傳統的土改措施在希特勒就任德國總理後就遭悄悄束之高閣。他並未實施那種以重新分配為目標的農業政策，而是積極與各國進行農經交流。他與東歐各鄰國進行特殊交易，用德國的工業產品來交換食物。一九三〇年代希特勒推動的農業政策與列寧在一九二〇年代的措施有幾分相似：兩者的農業政策都帶有政治目的，終極目標是要實現一個令人幾乎無法想像的激進經濟改革願景。納粹的國家社會主義與蘇共的社會主義都用土改的假象來哄騙農民，但這都只是未來更為激進計畫的前奏而已。

真正的納粹農業政策是要強占東部鄰國土地，在那裡建立起一個農業帝國。德國農業問題的解方並不在德國境內，而是在國外：從波蘭與蘇聯農民手上奪走肥沃田地，任由他們餓死，將其同化或驅逐，或是讓他們淪為奴工。德國屆時就不再需要從東邊的鄰國進口穀物，只要讓國內農夫遷居那些奪取來的農地就好。他們會到波蘭與蘇聯西部去墾地。儘管希特勒常常提及德國需要更大的「生存空間」，但他未曾明白說出要大批農民遷居東方，就好像布爾什維克黨也沒有跟蘇聯農民說，有一天他們必須交出自己的田地給國家。從一九三〇年代初期推動集體化運動之始，史達林就像是在跟國內農民進行一場「搶糧戰爭」；至於希特勒則是寄望於未來發動真正的戰爭，獲勝後自然能餵飽德國人。蘇共推動農業政策的名義是「實踐社會主義的普遍原則」，至於納粹農業政策的藉口則是「為了讓一個優越種族得以存續」，對東歐各國發動大規模征服戰爭。

希特勒與史達林分別崛起於柏林與莫斯科政壇，但他們都胸懷改造世界的願景，因此也深深威脅到兩地之間的一大片區域。在兩人預想的極權烏托邦裡，都把烏克蘭當成一塊不可或缺的拼圖。烏克蘭向來是小麥的主要產地之一，儘管時間極其短暫，但希特勒始終忘不了德國曾於一九一八年在那裡建立起農業殖民地。至於史達林則是曾在戰後到烏克蘭去為革命部隊貢獻心力，他跟希特勒一樣把那裡當成糧倉。為了打造一個現代化的工業國家，他打算好好利用烏克蘭的農地，盡可能剝削當地農夫。希特勒則是認為失敗的集體化運動是一場大災難，也證明了蘇聯共產主義本身的失敗。但希特勒同樣堅信，德國人可以把烏克蘭改造成糧食天堂，一如《聖經》中所說的「流奶與蜜之地」。

希特勒與史達林都認為，烏克蘭不只是糧食的來源，還可以用來打破傳統的經濟規則，讓自己的國家免於貧困與孤立，按照自己的想法來重新打造歐洲大陸。政策能否成功，能否持續掌權，全都取決於他們是否能控制烏克蘭的千里沃土與幾百萬農工。到了一九三三年，烏克蘭將會有幾百萬人死於糧食短缺，這是世界史上規模最大的人為大饑荒。但烏克蘭的特殊歷史際遇並非到這裡就結束，而是剛開始而已。一九四一年，希特勒從史達林手上奪得烏克蘭，試圖實現自己的殖民願景，踏出的第一步就是槍決大量猶太人，並任由蘇聯戰俘餓死。史達林的黨徒把國境內的烏克蘭當殖民地來對待，後來落入納粹手裡後，烏克蘭仍是殖民地：當地人民的苦難似乎無盡無邊。史達林與希特勒執政期間，在我所謂的「血色大地」上，烏克蘭是最多人遇害的地方，而且無論在歐洲或在全世界，都沒有哪裡跟烏克蘭一樣有那麼多人死於非命。

第一章
CHAPTER 1

饑荒連連的蘇聯

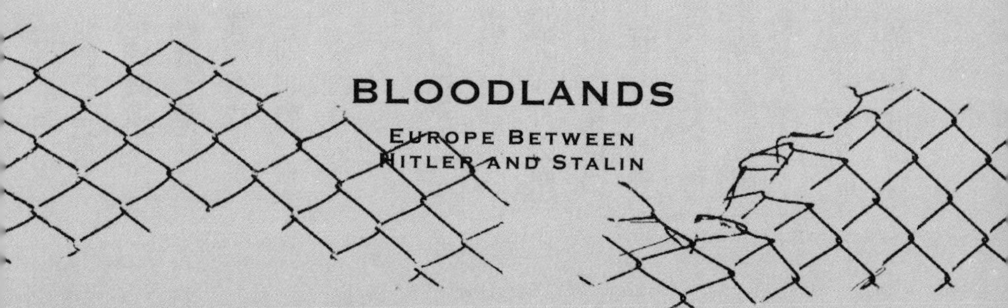

一九三三年是西方世界的饑荒之年。歐美各大城市的街道上擠滿了失業的男男女女，他們已經習慣排隊等待領取救濟食物。年紀輕輕卻胸懷大志的英國記者葛瑞斯．瓊斯（Gareth Jones）是威爾斯人，他來到柏林，親眼目睹許多失業的德國人聚在一起聆聽希特勒的精神喊話。接著他來到了經濟大蕭條已經邁入第三年的紐約，美國工人的絕望感令他大感震撼：「我看到許許多多貧民排隊，其中有些人身上的衣服一看就知道當年花了不少錢，他們全都在等待領取兩個三明治、一個甜甜圈、一杯咖啡與一根菸。」瓊斯在三月來到莫斯科，當地充滿了歡慶的氣氛，因為資本主義國家都陷入了饑荒。史達林與他的黨羽自誇，他們在蘇聯所建立起來的經濟與社會體系一定會獲得最後勝利。[1]

不過，一九三三年同樣是蘇聯各大城市的饑荒之年，烏克蘭地區特別嚴重。在哈爾科夫（Kharkiv）、基輔、史達林諾（Stalino）與第聶伯羅彼得羅夫斯克（Dnipropetrovsk），每天都有數十萬市民排隊久等，只是為了買一條簡簡單單的麵包。瓊斯在哈爾科夫看到前所未見的慘況：大家在凌晨兩點就得去商店門口排隊，等待七點開門。一般而言，都天都有四萬人為麵包排隊。因為實在太心急，為了守住自己在隊伍裡的位子，每個人都緊抓著身前那個人的腰帶。有些人則是因為餓到太虛弱，幾乎站不住，需要靠在旁邊陌生人的身上。等待總是會持續一整天，有時候甚至要排上兩天隊。孕婦與傷殘退伍軍人已經不能插隊，如果想買東西來吃就要跟別人一樣排隊。隊伍裡常聽見婦女嚎啕大哭，哀哭聲就這樣前前後後傳遍整個隊伍，為數幾千的人龍聽起來就像一隻驚駭恐懼的動物。[2]

烏克蘭各大城的人民害怕排不到麵包，是因為很擔心自己會餓死。他們知道只有待在城市裡才有希望獲得食物與營養。過去五年來，烏克蘭各大城規模急遽成長，吸引大量農民遷居城裡，從事辦事員與工人的工作。烏克蘭農夫的子女們，還有俄羅斯人、猶太裔與波蘭裔的蘇聯人都已經在城裡住得比較久，完全仰賴店鋪裡的食物過活。他們鄉下老家的親人卻什麼都沒得吃。這實在是很奇特的現象。一般來講，饑荒期間的城市居民大多會往鄉間遷移。就算是在經濟大蕭條期間，德、美兩國的農家幾乎沒有人會挨餓。城市勞工與專業人士失業了，就會淪落到賣蘋果或偷蘋果的地步；但像德國的阿爾特蘭地區（Altes Land）或美國的愛荷華州，總還是會有果園、塔狀穀倉或食物儲藏室有東西可以吃。烏克蘭的都市居民無處可去，就算去農莊也沒東西吃。他們大多必須拿著食物配給券才能領到麵包。用墨水印的配給券是他們僅存的活路，他們也知道這一點。[3]

類似例證在史料中隨處可見。快餓死的農夫在排麵包的隊伍旁乞討，只求能分到一點麵包屑。在某個城鎮裡，有個十五歲小女生哀求別人讓她插隊，排到隊伍前頭，結果卻被店家活活打死。在城裡排隊的家庭主婦眼睜睜看著農婦在人行道上餓死。有個小女孩早上上課時看見有人在路上垂死，下午放學後再看到已變成一具屍體。某位年輕的共產黨員說自己看到農夫的小孩好像「活骷髏」。工業大城史達林諾的某位黨員在他家後門發現數具屍體，鎮日心神不寧。到公園裡散步的夫妻總能看到四處都有告示牌寫著「此處禁止掘墓埋屍」。快餓死的人就算到醫院去，院方早已規定醫生、護士不能醫治（或餵食）他們。挨餓的孩子們滿街遊蕩，有礙觀瞻，於是城裡的警察就負責逮捕他們。烏克蘭市的警察每天都要逮捕幾百個孩童；一九三三年年初某天，哈爾科夫市警局必須完成上頭規定的逮捕量，人數是兩千。無論何時，在哈爾科夫拘留營房裡等死的孩子們大約都有兩萬人。孩子們懇求警察，至少讓他們可以在外面以自由之身死去：「讓我安詳死去吧，我不想在這死亡營房裡等死。」[4]

烏克蘭各大城市饑荒的嚴重程度，遠遠超過西方世界。光是在一九三三年，烏克蘭的城市居民就有幾萬人活活餓死。在烏克蘭餓死或挨餓垂死的人口絕大多數還是農民，而且最諷刺的是，城裡那些僅有的麵包都是他們耕種收成後才能生產出來的。烏克蘭的城市居民在生死之間掙扎，但烏克蘭鄉間農民卻都只有死路一條。城市居民一定會注意到農民有多困窘，居然被迫在田野間尋找食物，這再怎樣也不合理啊！大量挨餓垂死的農民湧入第聶伯羅彼得羅夫斯克火車站裡，但他們連乞討的力氣都沒了。葛瑞斯・瓊斯在火車上遇見一位討到少量麵包的農民，但最後還是被警察沒收。農民知道嗷嗷待哺的家人一定會很失望，他只能自言自語，不停地說：「我的麵包被沒收了。」在史達林諾車站，有個幾乎餓死的農夫趁火車進站時跳軌自殺。該市是烏克蘭東南部的工業重鎮，工業基礎是威爾斯實業家約翰・休斯（John Hughes）在帝俄時代所打下來的，瓊斯的母親就曾是他手下的員工。為了紀念他，該城市原來被命名為休斯索伏卡（Hughesovka），後來又改成以史達林的名字命名——如今已經更名為頓內次克（Donetsk）。[5]

史達林的「五年計畫」於一九三二年實施完畢，雖然在工業上有所進展，但卻讓廣大民眾付出悽慘代價。現代化的鐵路與隨處可見的農民餓莩形成可怕的強烈對比。整個烏克蘭境內，大批火車乘客在無意間變成各種悲慘事件的目擊者。飢餓的農民沿著鐵軌徒步前往城裡尋找生路，結果因為太虛弱而昏倒在鐵軌上。在卡齊斯克（Khartsyszk），有些農民被趕出火車站後直接在附近找樹上吊自殺。來自烏克蘭的蘇聯作家瓦西里・格羅斯曼（Vasily Grossman）結束故鄉貝迪謝夫（Berdychev）的探親之旅，返家路上曾在火車車廂裡遇見一位從窗口跟他乞討的婦女。曾流亡各國的革命家亞瑟・柯斯勒（Arthur

Koestler）原本是前往蘇聯參與社會主義的建設計畫，但也遇上類似的事件。據柯斯勒於多年後回憶，他在哈爾科夫車站外看到一些農婦，「大大的頭搖搖晃晃，四肢骨瘦如柴，肚腹又腫又尖，她們紛紛把嬰孩高舉到火車車廂的窗口」。他發現那些烏克蘭嬰孩簡直像「從酒瓶裡拿出來的胚胎」。如今，格羅斯曼與柯斯勒兩人都已具有二十世紀道德良心的不朽地位，他們都是在事隔多年後才寫出自己的見聞。[6]

城市居民向來比較熟悉的景象是在市場看到農民，把他們的作物與自製器皿攤開來販售。但到了一九三三年，農民前往他們再熟悉不過的都會市場裡卻不是去賣東西，而是去乞討。廣場市集如今已沒有貨物與顧客，僅存的是非常

不協調的死亡氛圍。一大早，廣場上只能聽見垂死者的微弱呼吸聲，衣衫襤褸的他們蜷縮著身體。某個春天的早上，在哈爾科夫市場上的一堆農人屍體中，有個嬰孩還吸吮著母親的乳房，但她的臉早就是一片死灰。路過的民眾對這場景可說已經屢見不鮮，除了凌亂的整堆屍體，還有死掉的母親與活著的嬰兒，他們的小小嘴巴仍吸吮著僅剩的幾滴母奶，儘管乳頭早已變冷。烏克蘭人總是用一句話來描述這種景象，每次經過都會輕聲自言自語：「這不就是社會主義之春的花苞嗎？」[7]

—

史達林的第一個「五年計畫」於一九二八到三二年之間實施，造成龐大的人口餓死。這幾年之間，史達林已經登上蘇共權力階層的頂峰，強推工業化、集體化政策，他以殘暴手法對待子民，像個會家暴的可怕父親。他以計畫取代市場，把農人變成農奴，西伯利亞與哈薩克的許多荒地都變成集中勞改營。他的政策處決了數萬人，讓數十萬人因體力耗盡而死，面臨饑荒威脅的民眾更是數以百萬計。這時候他還是擔憂蘇共內部有人會反對他。史達林的疑慮不無道理，但他畢竟是個政治算計的天才，再加上身邊有一堆甘願為虎作倀的黨羽，而且國家的大批官僚也憧憬著未來。那未來就是共產主義：不過要實踐共產主義就需要重工業，而集體化農業則是重工業之本。若要推行集體化農業，則是必須把蘇聯境內最龐大的社會群體，也就是農夫控制在手裡。[8]

這當然是某種把歷史化約為機器一般簡單的史觀，而且試問又有哪一位農人願意被貶低為偉大歷史進程的工具？就算他們完全了解蘇共政策的終極目標（這個可能性當然很低），也不大可能為這種政策背書，對烏克蘭農人而言或許更是如此。面對這種奪人農地與自由的政策，他們自然會選擇反抗。集體化農業必然會導致農民這個蘇聯社會最大群體反抗國家與警察機關（在當時的名稱為國家政治保衛總局，簡稱 OGPU）。為了應對這一場鬥爭，史達林超前部署，早在一九二九年就進行了蘇聯史上最大規模的國家機器動員。史達林說，社會主義建設耗時費力，「簡直像愚公移山」，那一年十二月他宣稱，「富農階級將遭徹底消滅」。[9]

布爾什維克黨把歷史當成階級鬥爭史，因為貧民對富人發動革命，才得以把歷史往前推進。因此從蘇共官方的立場看來，這種消滅富農的計畫並不只是某位崛起的暴君與其忠誠黨羽的決策，而是出於某種歷史必然性，是既嚴厲又仁慈的歷史女神克萊歐（Clio）給予人類的禮物。這群農夫沒有犯罪，但卻遭到國家機器的赤裸裸攻擊，而且攻擊力道還透過種種政治宣傳來強化。在某張海報上我們可以看見一句標語：「我們要消滅富農階級！」此外還畫了一位富農在拖拉機的輪下，另一位富農被畫成囤積大量穀物的人猿，第三位則是直接吸吮著母牛的牛乳。海報上的富農彷彿都不具人性，他們跟禽獸無異，而這就是海報要傳達的訊息。[10]

那麼，誰是富農，誰不是？實務上，這就必須由國家來決定。在農業集體化運動中損失最多的富有農夫都是由警方負責驅逐遣送。一九三〇年一月，蘇共中央政治局授權國家警察負責審查蘇聯全境的農人。國家政治保衛總局銜命於二月二日發文，指定了「消除富農階級」所需的具體措施。每個地方都要由三個人組成「三人小組」（troika），他們手握每一位農人的命運。三人小組的成員包括國家警察、地方黨部幹部，還有地方檢察官各一位，他們有權速審速決，以嚴刑處分（處死或流放），受審者不得上訴。「在村蘇維埃*的大會上，」一位地方黨部幹部表示，「只要我們看誰不順眼，誰就是富農。」其實就是這三人小組說了算，他們簡簡單單的決定凌駕於蘇聯的法律與法庭之上。遭各地三人小組判刑後處決的蘇聯公民大約有三萬人之多。[11]

一九三〇年初的頭四個月裡，烏克蘭就有十一萬三千六百三十七人因為被認定為富農而遭驅離流放。這也意味著大約有三萬個農舍會一個個清空，農舍主人在驚詫之餘根本沒時間或沒足夠時間做好準備，就必須邁向未知的命運。這同時意味著當年有幾千輛冷冰冰的貨車像載貨一樣，把整車又病又怕的農夫載往蘇聯境內的北歐地區、烏拉山山區（Urals）、西伯利亞或哈薩克。這還意味著許多農夫在聽到槍聲後，發出恐懼的叫聲，見到畢生最後一個黎明。這更意味著他們在火車上忍受凍瘡、屈辱、苦惱之餘，最後不得不認命，接受自己要前往某個針葉林地區或大草原去當奴工的命運。[12]

其實從一九二〇年代中期開始，就陸續開始有烏克蘭農民遭遣送到勞改營，所以對這種事他們自然不陌生。這時他們開始唱起了一首從二〇年代中期就流傳甚廣的哀歌：

喔，索洛夫基、索洛夫基！
這條路千里迢迢
連心臟也不跳
靈魂被恐懼吃掉

索洛夫基（Solovki）是位於北極海上某個小島的勞改營。對於烏克蘭農夫來講，位於異地的索洛夫基就代表離鄉背井、遭放逐海外的痛苦經驗，人格遭到輾壓。對於蘇聯的共黨領導階層而言，想要找個地方把農民送去勞改，要他們為國家做工、賺錢，索洛夫基是首選。早在一九二九年史達林就已決定要把索洛夫基的模式於蘇聯境內各地推廣，下令廣為興建「特殊開墾聚落」與集中勞改營。集中勞改營四周通常有圍籬高牆，衛兵嚴密巡守。所謂特殊開墾聚落，則是把犯人丟在空蕩蕩的大草原或針葉林林地，命令他們自己一手興建村莊，從無到有。最重要的是，遭遣送前往西伯利亞、蘇俄境內北歐地區與哈薩克的蘇聯富農總計有一百七十萬人，其中烏克蘭人約有三十萬之譜。[13]

大規模流放、監禁農民，是為了讓他們進行強迫勞動，對蘇聯經濟有所貢獻。到了一九三一年，政府將前述的特殊開墾聚落與勞改集中營整併為單一體系，稱之為「古拉格」（Gulag）。古拉格其實是三個俄語詞彙的縮寫，原意為「集中營管理局」，這個集中營體系為農業集體化運動帶來必要的人力，兩者的發展可說亦步亦趨。最後，蘇聯境內會發展出四百七十六座古拉格，總計監禁了大約八百萬遭定罪的犯人，其中又有大約一百五十萬到三百萬人會死於在營期間。原本自由的農人淪為奴工，負責興建運河、工廠，挖坑採礦，而史達林深信這一切巨大工程將會讓蘇聯脫胎換骨為現代化國家。[14]

在這些工程中，史達林對於白海—波羅的海運河（Belomorkanal）特別在意，而且烏克蘭的農民也

＊譯註：亦可稱之為「村委員會」。

最常遭遣送到那裡去做工。在工程進行的二十一個月期間，大約十七萬人必須用棍子、鏟子挖掘凍土，有時候甚至只能用陶器碎片或徒手挖掘。因體力耗盡或疾病而死的人數以千計，最後就直接埋在還沒引入海水的運河河底，結果這運河在一九三三年完工時卻沒有多少水上運輸的實效。特殊開墾聚落的死亡率也很高。蘇聯官方預估的囚犯死亡率是百分之五，但實際上卻高達十到十五。阿爾漢格爾斯克（Archangelsk）是白海地區的主要城市，一位遭遣送到那裡的居民痛批，蘇共的做法實在是泯滅人性：「把富農的所有財產全都奪走也就算了，但何必讓無辜的孩子一起陪葬？簡直是太野蠻了。」在那極北之地，孩子們的死亡人數太多，「每次總有三、四具屍體被帶往墓地，連棺材都沒有」。一批在沃洛格達（Vologda）的奴工質疑，「難道走向世界革命的道路」，非得經過「這些孩子的死屍不可」？[15]

古拉格的死亡率的確很高，但過沒多久某些烏克蘭鄉間地區的死亡率甚至會更高。白海－波羅的海運河的工人每天只能獲得約略六百公克麵包的食物補給，換算成熱量僅僅一千三百卡。不過他們實際上算是吃得比同一時期的烏克蘭人營養了。一九三二到三三年之間，烏克蘭集體農場上的農民要不是沒東西吃，就是食物攝取量只有那些運河奴工的二分之一、三分之一，甚或六分之一。[16]

一九三〇年的前幾週期間，集體化運動在烏克蘭與整個蘇聯境內以迅雷不及掩耳的速度推進。莫斯科當局規定，蘇聯境內每個加盟共和國都必須把一定數額的地區予以集體化，共和國首都的共黨高層們則是誓言：實際績效絕對會比規定的數額更高。烏克蘭領導階層承諾要在一年內把整個共和國集體化。地方黨工為了讓上級刮目相看，動作甚至更快，承諾要在九到十二週之間就完成集體化工作。他們脅迫農民簽署土地所有權的放棄聲明，加入集體農場。國家警察以武力介入，如果有必要的話，往往會動刀動槍。政府將兩萬五千名工人運往鄉間，彌補警力不足，參與壓制農民的行動。這些工人在行前教育時獲知，農民是城鎮食物短缺問題的禍首，所以誓言要「把那些富得流油的富農榨出油來，拿去做肥皂」。[17]

到了一九三〇年三月中，蘇聯境內已有百分之七十一的可耕作土地至少在原則上已經被劃入集體農場轄下。這意味著大多數農民已經簽名放棄農地，加入集體農場。從法律上來講，他們再也沒有田地的自用權利。身為集體農場成員，他們的工作內容、薪水與食物都要靠上級安排。他們的牲畜都已經或即將遭沒收，機械農具則是要由拖拉機站來提供，但常常短缺。具有倉庫功能的拖拉機站是官方對鄉間進行政治控制的指揮中心，一直都有足夠的黨工與國家警察駐守。[18]

烏克蘭農民失去土地後驚恐不已，更甚於俄羅斯農民，因為後者農業傳統上便是以農村公社的方式運作。烏克蘭的農民史就是與地主鬥爭的歷史，所以在布爾什維克革命成功後，他們曾以為自己終於獲勝。沒想到革命後不久，在一九一八到二一年之間，布爾什維克的紅軍與各地白軍進行內戰的過程中，就開始徵用農民的食物，所以他們自然有充分理由對蘇共治下的國家感到戒慎恐懼。他們歡迎列寧於一九二〇年代提出的折衷政策，即便內心仍懷疑某一天政策還是可能會轉彎——而他們的擔心也不是沒有道理。到了一九三〇年，在他們看來，自己又「再度淪為農奴」，新的壓迫時代又來了，但這次不像帝俄時代，控制他們的並非地主而是蘇共。烏克蘭農民非常恐懼自己會失去千辛萬苦爭取而來的獨立，他們也害怕餓死，怕自己餓死後化為不朽的靈魂後，不知會遭逢何種命運。[19]

烏克蘭的農村社會成員大多仍篤信宗教。受到共產主義無神論動搖的，主要是年輕人或胸懷大志者，他們有很多都已經離鄉前往烏克蘭的大都市、莫斯科或列寧格勒定居。儘管主張無神論的蘇共上臺後強力打壓東正教教會，但農民仍都是信徒，其中許多人認為與集體農場訂約就好像是與魔鬼做交易。有些人深信，撒旦已經化身為一個個黨工降臨人世，他們拿的集體農場登記簿都是地獄之書，加入集體農場者必受永恆的煎熬與詛咒。新成立的拖拉機站看來就像現代版的欣嫩子谷（Gehenna）*。某些烏克蘭的波蘭裔農民信奉的是天主教，同樣把集體化運動當成末世降臨之徵兆。有個波蘭裔農民跟兒子解釋為何他們不會加入集體農場：「我不想把靈魂賣給惡魔。」共黨宣傳人員深知烏克蘭人篤信宗教，所以他們把史達林的命令當成「第一誡」來頒布：集體農莊的農產必須先提供給國家，接著才是人民。當地農民聽到後自然可以把這道命令轉化成《舊約聖經》的話語：「除了我以外，你不可有別的神。」[20]

富農原為烏克蘭各地鄉村的領袖，在他們遭遣送到古拉格後，鄉村正處於群龍無首的狀態。即便如此，農民還是想方設法自救，保護自己的社群。他們試著保住小塊的自有土地。他們用盡一切方法避免家人受到國家的侵擾，這意味著不加入集體農場、不聽從拖拉機站的指揮。他們寧願將牲畜賣掉或殺掉，也不交給集體農場。父親、丈夫派出女兒、妻子去跟黨工、警察搏鬥，因為他們認為女性遭遣送流放的機率比男性低。也有些農民男扮女裝，只為了有機會拿鋤頭或鐮子攻擊當地黨工。[21]

不過，農民的關鍵劣勢在於擁槍者不多，而且欠缺組織。這時所有槍械與後勤量能幾乎都已掌控在國家手裡。國家政治保衛總局（國家警察機關）儘管不了解農民行動的動機，但仍掌握了他們大體的動向，而且都記錄了下來。根據該局記載，烏克蘭光是在一九三〇年就有一百萬農民抵抗不從的個案發生。蘇聯境內各地農民在該年三月掀起反抗浪潮，其中有一半都發生在烏克蘭。某些烏克蘭農民用腳投票，徒步往西逃亡，越過邊境後在鄰國波蘭落腳。後來，甚至有整個村莊起而效尤，拿起教堂的旗幡或十字架，有時候則只是把黑色旗幟綁在棍子上，大批人浩浩蕩蕩地往西邊國界邁進。抵達波蘭者數以千計，蘇聯境內的饑荒慘況就此在該國傳開。[22]

這波逃往波蘭的難民潮成為國際醜聞，而且或許也真讓史達林與中央政治局擔憂了起來。波蘭裔人口在烏克蘭境內雖屬少數族群，但數量畢竟不少，這時波蘭執政當局正打算與他們在政治上結盟，無意間居然發現了集體化運動的實施過程與後果。波蘭邊境衛兵耐心與難民面談，知道蘇共如何推進集體化運動，而且運動失敗了。某些農民甚至哀求波蘭政府發兵入侵烏克蘭，解救人民於水深火熱。難民危機也讓波蘭取得對抗蘇聯的絕佳政宣利器。波蘭總統約瑟夫·畢蘇斯基在位期間未曾謀劃過入侵蘇聯的戰爭，不過針對蘇聯瓦解、各民族鬧獨立的可能性，波蘭政府的確有應變計畫，而且事實上也為了促進蘇聯瓦解而採取了一些推波助瀾的措施。在烏克蘭人不斷逃出蘇聯的當下，波蘭派遣間諜進入烏克蘭，鼓動當地人民揭竿起義。這些間諜製作的海報把史達林稱為「饑荒沙皇」，為了出口穀物而任由百姓餓死。一九三〇年三月，中央政治局幾位成員曾對「波蘭政府介入的可能性」表示憂心忡忡。[23]

集體化是個在全國各地推進的政策，而蘇聯的國土又如此廣袤，當然難免遇到阻礙，但這西方邊境

＊　譯註：《舊約聖經》裡的煉獄。

的騷亂，卻必須從國際戰爭的角度來思考。

史達林與蘇共領導階層都認為，波蘭與日本分別隸屬於國際資本主義的西邊與東邊陣營。波、日兩國的外交關係很好，而且在一九三〇年春天，史達林似乎很擔心波、日聯手入侵，為此心神不寧。這時蘇聯已是世界第一大國，疆域從歐陸一直延伸到太平洋，所以史達林不只需要注意歐洲強權的動向，也必須留意日本想在亞洲擴張的野心。

先前，日本建立起軍事強國的美譽之際，俄國是受害者。日本在一九〇四到〇五年之間的日俄戰爭打敗俄國後，擠身世界強權之列，也趁機奪取了俄國為了通往幾個太平洋海港而興建的鐵路。史達林深知，波蘭與日本都對烏克蘭有興趣，也關注蘇聯境內的民族問題。俄國在亞洲受辱的歷史似乎讓史達林深有所感，他很喜歡一首叫做〈登上滿洲山丘之巔〉（On the Hills of Manchuria）的歌曲，因為歌詞高唱著有朝一日必對日本人展開血腥復仇。[24]

蘇聯西部因為集體化而引發的混亂局勢，讓蘇共高層擔憂波蘭會趁亂介入；同樣的，蘇聯東部的失序，也讓他們覺得有利於日本。在蘇聯的中亞地區，尤其是在人口大多為穆斯林的哈薩克，推行集體化而造成的混亂可說不亞於烏克蘭。這運動對於哈薩克當地社會來講是一個更為巨大的社會改造工程。哈薩克共和國各族並非農民，而是游牧民族，所以推動現代化的第一步就是要逼他們改採定居方式生活。而且也得要讓這些游牧人口先變成農民，才有可能推進集體化運動。定居政策意味著沒收牧人的牲畜，也就是讓他們無法自給自足，這逼著他們騎著駱駝或馬匹，跨越國界後前往一樣信奉伊斯蘭教的中國新疆省（又稱為東突厥斯坦），此舉更讓史達林認為他們是日本的間諜。而且這時在第一次國共內戰白熱化的中國，日本也已是深具影響力的外國強權。[25]

集體化運動並未按照原先計畫走：原本以為有助於穩定蘇聯境內的秩序，沒想到似乎為東西兩方的邊境地區投下不穩定的因子。蘇聯本想利用「五年計畫」把社會主義帶到烏克蘭與中亞，反而把兩地都搞得民不聊生，而且號稱正義化身的國家只得用非常傳統的安保措施來應對當地的狀況。大批波蘭裔國民遭蘇聯從西方邊界驅逐出境，邊境部隊也在各處加強巡守。原本的世界革命這下只能關起門來進行，史達林必須採取一些措施來保護他所說的「一國社會主義」。[26]

史達林必須讓敵國放慢腳步，同時重新盤算該怎樣調整內政。他要蘇聯外交官與波、日兩國展開互不侵犯條約的協商，另一方面則是嚴令紅軍整軍經武，做好在蘇聯西部開戰的準備。最重要的措施莫過於暫停集體化運動的推進。在一篇一九三〇年三月二日發表，標題為〈被勝利果實沖昏了頭〉（Dizzy with Success）的文章裡，史達林表示集體化的最大問題就

蘇聯治下的中亞（約1933年）

是推動得稍嫌太過風風火火，而且當初不該強迫農民加入集體農場。集體農場當初如同雨後春筍快速出現，如今又一個個飛快地消失。於是到了一九三〇年春天，如果烏克蘭農民覺得自己鬥贏了蘇共，那也是情有可原，因為他們可以照往常那樣收穫冬天種下的小麥，並為秋收播種，彷彿又重新擁有了土地。[27]

史達林其實是以退為進。

有了重新盤算的餘裕後，史達林與中央政治局找到國家可以更有效壓制農民的方式。隔年春天，蘇共以更為純熟的方式在鄉間推進集體化政策。一九三一年是集體化運動獲得最終勝利的一年，因為農民別無選擇，只能屈服。烏克蘭共產黨先針對基層黨工來一次大整肅，確保他們派往農村工作的幹部能夠忠實執行任務，也認清違背黨意的悲慘下場。獨立的農民遭課以重稅，直到他們被迫加入集體農場去避稅。隨著集體農場慢慢地陸續重新開張，這些農場開始有權力壓迫附近的獨立農民。例如，透過投票同意的方式，農場有權奪走獨立農民手裡的穀物種子。任何農場若想正常運作，就必須要留下這次收成作物的種子用來播種，確保下次收成正常，播種與收穫就如此不斷交替循環下去。揀選與保存作物種子可說是農業發展的根基。在人類歷史上，要不是已經到了山窮水盡的地步，一般是不會食用種子的。個別農戶的種子如果遭集體農莊沒收，那就意味著沒辦法靠勞力來養活自己。[28]

流放與集體化再度齊頭並行。從一九三〇年底到隔年年初，至少有三萬兩千一百二十七戶農家遭流放前往古拉格，大致上相當於前一年的第一波流放人數。農民都知道自己要不是到古拉格去做工做到力竭而亡，就是會在住家附近餓死，而他們都寧願選擇後者。偶爾，他們會收到遭流放親友的來信，沒有遭審查人員攔截下來，其中一封信提出以下建議：「無論如何，絕對不要來。在這裡我們的小命都快不保了。最好躲起來，最好在老家死去，無論如何都不要來這裡。」一位黨工也體認到，向集體化屈服的烏克蘭農民，其實等於選擇「留在家鄉面對餓死的命運，總好過被流放後的未知命運」。因為一九三一年的集體化運動是逐戶慢慢推進，不是一次將整村一網打盡，要抵抗變得比較困難。黨工不會上門突襲，因此也不會有農民因為狗急跳牆而起身反抗。到該年年底，新的手法奏效了。此時烏克蘭的農地大約已有百分之七十已集體化，又回歸一九三〇年三月的水準，而且這次就如此保持下去。[29]

一九三〇年的以退為進為史達林帶來一九三一年的政治勝利。不過政治勝利並不能確保經濟成就。穀物的收成出了差錯。一九三〇年初遭流放的農民早已替冬小麥播種，只要春天有人替他們收成即可，結果這是春麥大豐收的一年。這年一、二月，從文件上看來全國各地大多已經完成集體化，但實際上集體農莊的農民都是處於怠工的狀態。三月以後，集體農莊紛紛解散，重獲自由的農夫農婦才得以進行春天的播種工作，而且這年夏天的天氣極好。一九三〇年的烏克蘭收穫量，因此樹立了一個隔年不可能達標的數字——就算集體農耕跟個人耕作一樣有效率也辦不到。更何況集體農耕的效率更差。蘇共規定烏克蘭隔年上繳的收穫數量至少不能少於一九三〇年的豐收數字。烏克蘭能力所及的收成量遠遠低於莫斯科的期待。[30]

到了一九三一年，任誰都能看出集體化運動的第一次收穫成效並未達標。失敗的理由很多，包括氣候不佳、蟲害、農耕用動物不足（牲畜都被農民賣了或殺了）、生產拖拉機的數量遠遠低於預期、擅長農技的農民都遭流放了、集體化打壞了原有的播種與收成節奏，還有農民失去了土地也失去工作動力。一九三一年八月，烏克蘭共產黨中央總書記斯坦尼斯瓦夫・科西奧爾（Stanisław Kosior）向蘇共中央提出報告：收成量太低，計畫中的穀物徵收量不切實際。蘇共中央高層卡岡諾維奇的回應是，真正的問題在於有人中飽私囊、欺上瞞下。儘管科西歐爾了解實際狀況，還是吩咐屬下強硬執行徵收計畫。[31]

一九三一年，烏克蘭收穫的（未腐爛）作物有一半以上遭蘇共運走。為了達標，許多集體農場別無選擇，只能把穀物種子也上繳。史達林於十二月五日下令，尚未達標的集體農場必須交出穀物種子。也許是因為他深信農民私藏穀物，所以如果威脅他們上繳種子，就能逼他們把私藏的穀物交出來。但這時大多數農民真的已經沒有存糧。到了一九三一年年底，許多農民已經開始挨餓。他們沒有自己的土地，也無力抵抗徵收，以至於家家戶戶都沒辦法確保自己攝取到足夠熱量。接著在一九三二年初，他們連用來播種，為秋收做準備的種子也沒有。一九三二年三月，烏克蘭共產黨高層才向中央請求提供種子，但這時耕種時程已經落後了，這意味著那一年會面臨秋收不佳的情況。[32]

一九三二年初，許多烏克蘭人請求援助。烏共黨員請求上級，敦促史達林向紅十字會求援。許多集體農場成員寫信給政府與黨部。其中一封請願書寫了幾段官腔官調的文字後，以哀求的語氣收尾：「給我們麵包！給我們麵包！給我們麵包！」不少烏共黨員直接跳過科西奧爾，寫信給史達林，語帶怒意地寫道：「如果注定難逃餓死的命運，我們怎麼有辦法參與建設社會主義經濟體系？」[33]

烏克蘭官方非常清楚該地區正受到大規模饑荒的威脅，史達林也知道了。黨工與祕密警察寫了無數報告，呈報有人餓死的案例。一九三二年六月，哈爾科夫市的共黨黨委書記致函科西奧爾，表示他轄下的每個地區都出現了餓死的案例。科西奧爾收到共青團某位成員於一九三二年六月十八日寫的信，內容描述得極其生動，不過這時科西奧爾對於其中種種情節恐怕已經再熟悉不過：「常有集體農場的成員走進田野裡就不見了。幾天後屍體被發現，人們沒有太多悲痛情緒，好像這一切稀鬆平常，只是掘墓埋屍。隔天被發現屍體的，很可能就是先前在幫忙掘墓的人。」同一天，史達林私底下也承認，烏克蘭地區遇到了「大饑荒」。烏克蘭共黨高層才在前一天向他請求食物援助。他並未同意，只說烏克蘭的所有穀物必須按照原定計畫全部上繳。他與卡岡諾維奇一致認定，「糧食必須即刻出口，不得有誤」。[34]

史達林深知接下來會怎樣，他知道蘇維埃體制下可能會發生大饑荒，因為他對此並不陌生。先前在紅、白兩軍進行內戰期間與戰後，大饑荒早已肆虐了俄羅斯與烏克蘭全境。歉收加上徵收，逼使數十萬烏克蘭農民陷入饑荒的窘境，一九二一年尤其嚴重。促使列寧對農民做出妥協的原因之一，就是食物短缺的問題。史達林很清楚這段歷史，因為他也親身經歷過。史達林提出的集體化政策可能造成大饑荒，這也是明擺的事。如史達林所知，到了一九三二年夏天，哈薩克已經有一百多萬人餓死。史達林把慘劇歸咎於哈薩克共產黨中央總書記菲利普．戈洛謝金（Filip Goloshchekin），但他肯定也心知肚明，這件事背後有一些結構性成因。[35]

在政壇上，史達林是個卸責大師，所以刻意從個人的角度去看待烏克蘭大饑荒。他的第一個直接反應，跟長久以來的習慣一樣，就是把烏克蘭大饑荒歸咎於烏克蘭共黨成員的背叛。他絕對不容許自己提出的集體化政策遭黨內檢討，所以問題一定是出現在執行面，要怪罪地方領導人，千錯萬錯都不是他的概念出錯。一九三二年上半年，就在他準備改弦易轍之際，他所擔心的不是千千萬萬百姓受苦，而是他自己力推的集體化政策可能會失去光環。許多烏克蘭農民不想餓死，只能離鄉背井，他卻抱怨這導致其他蘇聯國民的士氣受到打擊，因為那些農民「只會發牢騷」。[36]

一九三二年春天到夏天，史達林似乎認為，只要有辦法否認大饑荒的存在，就能夠解決問題，不過這實在是過於思慮不周。也許他是這麼想的：反正烏克蘭的人口過剩，就算死了幾十萬人，長期看來也不會有太大問題。儘管預期收穫量是肯定要降低了，他還是要求烏克蘭當地官員必須達到一定的上繳數量。當地共黨幹部發現自己要不是遭史達林的紅色鐵鎚擊斃，就是會成為死神可怕鐮刀下的冤魂。他們能看到真正的問題所在，任何意識形態或辯解詞令都不是解方：欠缺種子、太晚播種、氣候不佳、欠缺的動物勞動力未能用充足的機械來彌補、一九三一年年底集體化最後推動階段引發的混亂，還有農民都餓到無法工作。[37]

這些地方黨工在烏克蘭鄉間不得不面對的真實慘況，都如實地呈現在以下這首童謠。這和來自莫斯科的嚴令，還有誇大宣傳都相去甚遠：

史達林爸爸，你看看
集體農場是好地方
農舍毀壞，穀倉塌陷

馬兒都是又老又病
農舍上有鐵鎚與鐮刀
農舍裡有死亡與饑荒
母牛沒剩半隻，豬兒不知去向
只有您的肖像在牆上
爸爸媽媽都在集體農場
可憐的孩子獨自邊走邊哭
沒有麵包也沒有脂肪
把一切弄走的是吾黨
溫和溫柔的人在何方
爸爸吃了自己的孩子
黨工只會又踢又打
把我們送去西伯利亞[38]

當地黨工被死亡包圍，所有請求都遭上級拒絕。有龐大民眾挨餓死亡是個殘酷事實，無論任何言語與規定，無論流放與處死多少人，都無法改變。挨餓到某個程度，農民再也無法有效率地工作，就算對他們灌輸再多的正確意識形態，或是他們自己再怎樣有心，終究也無能為力。不過，這訊息在透過黨的管道往高層傳遞後，卻變得軟弱無力。一九三二年七月六到九日，烏克蘭共產黨中央委員會在哈爾科夫舉行大會，以政治手段打壓了那些由下往上呈遞的真實報告。烏克蘭人抱怨，根本不可能達成年度上繳穀物的目標，但史達林從莫斯科派去與會的兩位中央政治局委員，卡岡諾維奇與莫洛托夫，要他們閉嘴噤聲。與會前，史達林特別吩咐他們務必要好好收拾那些「烏克蘭的滋事分子」。[39]

莫洛托夫與卡岡諾維奇是史達林忠實可信的政治盟友，三人一起掌控著中央政治局，是蘇聯權力核心中名符其實的鐵三角。這時史達林還不是個無人能敵的獨裁者，原則上中央政治局仍是個集體專政的機構。不過這兩人跟史達林先前某些中央政治局盟友不同，對他可說是無條件地效忠。雖然史達林不斷操弄他們，但其實他沒有必要。他們認為自己效忠革命的途徑就是效忠他，而且向來認為領袖的意志就是黨意。卡岡諾維奇已經把史達林尊稱為「我們的父親」。一九三二年七月，他們在哈爾科夫訓斥烏克蘭黨員同志們，只有不想工作的農民與不想教訓農民、徵收穀物的黨工才會把大饑荒掛在嘴邊，那只是偷懶的藉口。[40]

大會進行期間，史達林搭乘裝滿上好補給品的火車從莫斯科出發，途經發生饑荒的烏克蘭，來到黑海邊的美麗度假勝地索契（Sochi）。他與卡岡諾維奇之間的書信往來不斷，確認兩人的共識：所謂饑荒的說法只是為了對他們倆進行人身攻擊。史達林巧妙地顛倒是非，在他的想像中認定農民把饑荒當成武器來使用，而不是他用饑荒害死無數農民。卡岡諾維奇向史達林保證，那些把烏克蘭人塑造成「無辜受害者」的說法，只不過是用來幫烏克蘭共黨掩護的「藉口，爛透了」。史達林甚至說，「恐怕我們會失去烏克蘭」，務必要趕快把烏克蘭打造成一座滴水不漏的「堡壘」。他們倆都同意，唯一合理的應對之道就是堅守徵收政策的立場，並盡快把穀物外銷。但看來這時史達林已經找出饑荒與烏克蘭共黨的不忠心表現有何關聯——至少他自己對這解答很滿意：饑荒是因為背後有人刻意搞鬼，地方黨工是主謀，離心離德的烏共高層袒護他們的屬下，而這一切都是為了幫助波蘭間諜。[41]

或許，最晚到一九三一年史達林的確已經把日本、波蘭的政策解讀成從東西兩側夾擊蘇聯。一九三〇年是波蘭間諜在蘇聯境內活動的高峰期。波蘭甚至在國內籌組一支烏克蘭人組成的祕密部隊，並且為了潛入蘇聯執行特別任務而訓練了幾十名烏克蘭人與波蘭人。日本也的確越來越具威脅性。一九三一年，蘇聯政府攔截了駐莫斯科日本大使館的一張便條，大使在便條上敦促日本政府為入侵西伯利亞做好準備。那一年日本也剛好入侵中國東三省，而這位於中國東北的邊境地區與蘇聯的西伯利亞有很長的接壤地帶。[42]

一九三一年秋，根據一份蘇共政府的情報報告顯示，波蘭、日本已經簽署了一份聯手攻擊蘇聯的密約。當然沒有這麼一回事。儘管先前波日同盟的確正在醞釀中，蘇共方面高明的外交手腕也已經阻止了聯盟的形成：雖然日本拒絕與莫斯科簽署互不侵犯條約，但波蘭同意了。為了達成經濟轉型的任務，蘇聯想要與波蘭和平相處，才會提出簽署這條約。至於波蘭方面本來就無意開戰，更何況波國當時正遇到經濟大蕭條。波蘭的經濟體系尚未改革成功，仍是以農業為主，因此在經濟崩盤之際更是無法支撐持續增加的軍備經費。蘇聯的軍事預算曾經有多年與波蘭不相上下，但此時已經遠遠超越波蘭。《蘇波互不侵犯條約》就這樣在一九三二年一月進行草簽了。[43]

從一九三二到三三年，任誰也不會認為波蘭會對哪個國家造成威脅，主要是因為先前波蘭陸軍的預算已遭大幅刪減，大批波蘭間諜也已為蘇聯警察與邊境守衛所捕獲。先前集體化運動在一九三〇年引發混亂時，波蘭間諜並未趁亂阻撓運動的推進，到了一九三二年烏克蘭人遭逢大饑荒，波蘭間諜想要策反他們更是難上加難。他們的確試過，但並未得逞。就算是波蘭國內主張侵略政策的鷹派，也會覺得一九三二年夏天該平靜下來。要是蘇聯願意遞出橄欖枝，看來波蘭最好不要有挑釁之舉。波蘭外交官與間諜都是大饑荒的目擊者，他們深知「人吃人幾乎已經屢見不鮮」，「整個村莊的人都餓死」更是時有所聞。但他們與饑荒的發生原因無關，對受害者們也都愛莫能助。儘管外交官了解烏克蘭的狀況，但波蘭政府並未將此事對全世界宣傳。例如，一九三二年二月，波蘭駐哈爾科夫領事館收到一封匿名信，敦促波蘭人務必要讓世人知曉烏克蘭遭遇大饑荒，但那時《蘇波互不侵犯條約》已經草簽，華沙當局自然不會採取行動。[44]

條約簽署後，比起一九三〇年，史達林獲得了更多餘裕來好好處理西部邊境的問題。既然波蘭在一九三二年七月正式簽署了《蘇波互不侵犯條約》，就表示該國已接受現狀，烏克蘭農民就可任憑史達林處置。該年八月，仍在度假的史達林以老學究般的姿態向幾位最親密的盟友提出一個理論：集體化可說萬事足備，只缺乏正確的法理基礎。他宣稱，跟資本主義一樣，社會主義也需要法律來保護財產。假使法律可以規定所有農產品都是國家財產，未經政府授權就取得食物就是偷竊，可以立即處決，那國家自然會更為強大。因此，要是快餓死的農民從不久前還是自有的田地裡撿起一塊馬鈴薯皮，就可能遭槍決。也許史達林真心相信這規定行得通，但結果並不令人意外：在國家暴力大獲全勝的情況下，連最後一點可能用來保護農民的法律規定也被廢除了。光是持有食物就能被拿來當成罪證。這條法令在一九三二年八月七日開始生效。[45]

對這條法令，蘇聯法官通常不予理會，但蘇共全黨與國家機器卻都了解這法令的精神。執法最為嚴厲的，往往是那些接受過蘇聯新式教育的年輕人，他們對社會主義新體系的願景可說堅信不移。官方對共青團等組織宣稱，他們的「當務之急」就是「打擊那些偷竊、藏匿穀物的人，還有試圖顛覆國家的富農」。城市的新生代居民都認為共產主義能促進社會進步，而且這次騷亂中遭到妖魔化的世界，是他們早就已經揚棄的。烏克蘭共產黨的黨員雖然絕大多數是俄羅斯人與猶太人，但這時也有不少年輕烏克蘭人，他們深信反動勢力就在鄉間，急切地想要加入對抗農民的行動。[46]

為了防止農民私藏糧食，田野裡興建了一座座瞭望塔。光是在奧德薩地區（Odessa）就蓋了七百多座。農舍之間遍布許多黨工小隊，其中有五千人來自各個青年組織，負責查抄任何在農舍裡發現的糧食。如同一位農民的回憶，那些黨工「來搜查時用長長的鐵條在馬廄、豬圈、火爐裡亂戳。他們搜遍每個地方，拿走每樣東西，就連一顆穀粒都不放過」。他們「像黑死病一樣」在村子裡橫行，大聲嚷嚷著：「鄉巴佬，你私藏的穀物在哪裡？趕快自首！」這些小隊把任何看來像食物的東西都拿走，連爐子上的晚餐也自己拿去吃掉。[47]

這些黨工像入侵的大軍一樣四處掠劫，把一切都奪走，能吃的就自己吃掉。他們的工作毫無成效或熱情可言，只是讓農村更悽慘，死更多人。也許是因為罪惡感作祟，又或許是因為大獲全勝而得意洋洋，他們不管去哪裡都會想盡辦法侮辱農民。有黨工尿在醃菜罐裡，或命令餓得半死的農民來一場拳賽，也有人要他們在地上爬行、學狗叫，或是逼他們跪在泥巴裡禱告。若有集體農場的農婦行竊遭逮，一律剝光衣服毒打，然後被逼光著身子在村子裡四處示眾。有一群黨工在村子裡某間農舍喝醉後輪姦了農夫的女兒。還有黨工以沒收穀物為藉口在夜裡強姦獨居農婦，得逞後還真的把她們的食物拿走。這就是史達林治下法律與國家的大獲全勝。[48]

如果真的沒有食物了，再怎樣掠劫與下達訓令也沒用。當然還是有農民會藏匿食物，因為太餓而偷食物的人也有，但烏克蘭鄉間的問題不在於偷竊與藏匿——若這真是問題所在，或許還可以訴諸暴力來解決。真正的問題是饑荒與死亡。穀物上繳量無法達標是因為集體化失敗了，一九三二年秋天歉收，再加上官方訂定的上繳數量太高。史達林派莫洛托夫到烏克蘭去鼓舞同志們，要他們打一場「穀物爭奪戰」。但史達林的手下再怎樣投入，也改變不了已經發生的事。就算是莫洛托夫也不得不在十月三十日建請蘇共中央稍稍刪減烏克蘭的穀物上繳額度。史達林一度同意，但不久後又再度轉為堅持要求。到了一九三二年十一月，年度上繳額度只達標了三分之一。[49]

徵糧未果的報告送抵克里姆林宮的同時，史達林的妻子自殺身亡。她刻意選在一九三二年十一月七日，十月革命成功的十五週年慶當天朝自己的心臟開槍。從來沒有人真正搞清楚這件事對史達林有何影響，但他似乎震驚不已，甚至揚言要自殺。卡岡諾維奇發現史達林簡直變了一個人，甚至必須代他在葬禮上致詞。[50]

喪妻的隔天，史達林又以更為嚴厲凶惡的態度來處理饑荒問題。他把問題歸咎於烏克蘭的共黨同志與農民。一九三二年十一月八日由中央政治局發出去的兩份電文充分反映出史達林想營造的氛圍：任何烏克蘭農夫，無論是個人耕種或參與集體耕種，只要上繳穀物數額無法達標，政府也不會用其他地區的糧食給予援助。許多黨工與農民遭冠上阻礙徵糧的罪名，因此為了速審速刑，還在烏克蘭設了一個特殊的三人小組。結果在十一月就有大約一千六百二十三位集體農場的官員遭逮捕。政府持續流放烏克蘭人，因此到該年底又多了三萬零四百人被送往古拉格。黨工對農民咆嘯：「開門！否則我們就破門而入！交出糧食，去古拉格做工做到死吧！」[51]

一九三二年的最後幾週，史達林持續從意識形態的角度來扭曲事實，否認集體化造成的災難，大膽的程度更勝於以往。稍早，烏克蘭的饑荒還未如此嚴重之際，他曾經承認的確有那回事，但現在他居然說那些饑荒只是「童話故事」，是敵人為了抹黑他而製造的流言。史達林想出一個有趣的新理論：隨著社會主義屢創佳績，遇到的阻力也會越大，因為各方的敵人一想到終將慘敗，自然會死命抵抗。照這樣說來，蘇聯發生的任何問題都是敵人從中作梗，而只要敵人採取行動，就意味著社會主義有所進展。[52]

史達林主張，他的諸多政策在烏克蘭遭遇的反抗比較特別，要不是觀察力夠敏銳，或許還看不出來。再也沒人公開反對，是因為此時社會主義的敵人們開始「低調行事」，甚至「偽裝成聖人」。「如今那些富農，」他說，「是大好人、大善人，甚至聖人。」意思是，許多人看似無辜，但其實有罪。若有農民因為挨餓而垂死，儘管表面上看來可憐，但其實是為資本主義勢力在搞破壞，目標是抹黑蘇聯的信譽。饑荒是敵人的抵抗，而抵抗的出現就意味著社會主義就要吹起勝利的號角。這不只是史達林在克里姆林宮的個人思維模式，一九三二年底莫洛托夫與卡岡諾維奇往來於各個龐大人口餓死的地區，任務之一就是要強推這個意識形態主張。[53]

史達林未曾親眼目睹被他扭曲的大饑荒，但烏克蘭的許多共黨同志都在當地看見了。為了迎合黨中央的意識形態主張，他們必須設法無視自己的所見所聞。就算眼見一堆人因飢餓而肚腹膨脹，也不得不把他們當成反對派，最後做出極度扭曲的結論：搞破壞的人對社會主義深惡痛絕，所以故意任由家人餓死。所以那些父母、兒女的屍體，看來悲慘無比，但背後其實隱藏著敵人為了破壞社會主義而使出的陰謀詭計。就連那些快餓死的人有時候也會被當成敵方的宣傳人員，刻意圖謀破壞社會主義。來自城市的年輕烏克蘭共產黨員都被洗腦，認為那些人「都是不惜犧牲性命來破壞我們的樂觀前景」。[54]

身在波蘭的許多烏克蘭人募款來捐贈食物，結果發現蘇共政府嚴正拒絕任何援助。前一次大饑荒在一九二〇年代初期發生時，部分烏共黨員曾向外國請求食物援助，蘇共當局也接受了，但這次他們完全沒有置喙的餘地。基於政治考量，史達林不想接受任何來自外界的援助。也許他深信絕對不能承認自己的第一個重要政策就導致大饑荒的發生，否則就有可能在黨內被鬥倒。不過，就算史達林不想引發國際關注，他原本還是有可能解救數百萬條人命。他大可以暫停幾個月的糧食輸出，釋出三百萬公噸的備用存糧，或者是允許農民去當地糧倉領取糧食。就算他拖到一九三二年十一月才採取這幾道簡單的救命措施，餓死的人數就能夠從幾百萬降為幾十萬。但史達林什麼也沒做。[55]

在一九三二年的最後幾週之間，即便並未面對外來的安全威脅與黨內、國內的挑戰，即便沒有任何正當理由，一切只是為了證明自己是不容置疑的統治者，史達林選擇讓幾百萬烏克蘭居民餓死。史達林的立場變得更加充滿惡意，把烏克蘭農民扭曲成加害者，他自己反而是受害人。卡岡諾維奇認為這是一場與農民的階級鬥爭，史達林則認定這是烏克蘭發起的民族鬥爭，而既然烏克蘭農民把飢餓拿來當武器，唯一的防禦之道就是任由他們餓死。史達林似乎是鐵了心，想要展現自己能完全宰制烏克蘭農民，而這就不可避免地要讓他們受苦受難，但看來他們的苦難反而讓他很享受。就像經濟學家阿馬蒂亞・沈恩（Amartya Sen）曾說的，有人會餓死是因為「取得食物的權利掌握在他人手上，跟食物是否短缺無關」。蘇聯時代的烏克蘭之所以會餓死幾百萬人並非因為食物短缺，而是因為食物的分配方式由史達林一個人拍板定案，他可以決定不給誰食物。[56]

儘管集體化在蘇聯各地都釀成災難，但有證據可以明確看出，幾百萬烏克蘭人餓死的慘劇顯然是預謀的大規模謀殺。推進集體化的過程中，政府在蘇聯各地頻繁使用處決與流放的手段，古拉格勞改營裡面關著大量來自蘇聯各地的農民與游牧民族。一九三二年，遭逢大饑荒的地方除了烏克蘭，俄羅斯部分地區也有災情。儘管如此，蘇共政府所提出的應變政策對烏克蘭最具針對性，而且完全草菅人命。從一九三二年底到一九三三年初，以下七個重要政策只有（或主要）在烏克蘭地區實施。現在看來，這些政策也許都像是能夠緩解問題的行政措施，當年提出時表面上當然也是以解決問題為目標，但事實上每一條政策都是逼人走上絕路。

一、部分農民上繳的數額達標，因此得以拿回一部分穀物，沒想到在一九三二年十一月十八日，政府居然要求他們必須全數繳回。這意味著，少數地區儘管收成不錯，但農民手上僅剩的穀物也遭奪走。大批黨工與國家警察湧入這些地區，瘋狂搜查農民手上剩餘的少量食物。因為當初上繳穀物時並未拿到收據，所以他們只能忍受反覆的搜查與凌辱。烏克蘭共黨高層試圖保護穀物種子未果。[57]

二、兩天後（十一月二十日），政府推出「肉稅」的規定。為了懲罰所有無法達標的農民，他們必須用肉來繳交特別稅。仍然養著牲畜的農民此時被迫把牲畜上繳給國家。牛群與豬隻是他們可以用來抵抗饑荒的最後存糧。據一位農家女孩回憶：「只要有母牛的人就不會餓死。」母牛有奶可以擠，最後若不得已還可以殺來吃。另一位農家女孩則是記得，他們家僅剩的一隻豬被查獲，接著是僅剩的一隻母牛。牛被牽走時她還緊抓著牛角不放。這也許顯示少女們對農場上的牲畜特別依戀，但也反映出她們有多絕望。就算付了肉稅，農民還是得要把該繳的穀物數額補足。如果他們在被威脅要失去牲畜時繳不出來，那麼在真正失去牲畜後當然也是辦不到。最後只有餓死。[58]

三、八天後（十一月二十八日），蘇共政府推出了名為「黑名單」的新制度。根據這項新法規，集體農場若無法達成上繳數額，就必須立刻繳出整個月應繳穀物數量十五倍的穀物。同樣的，這就等於會有一大批黨工與警察找上門，根據法律規定，他們的任務就是要拿走一切糧食。沒有任何村莊繳得起這懲罰性的十五倍穀物，所以全村家家戶戶的食物就都被搜刮一空。黑名單上的村莊沒有權利進行交易，也不能接受全國其他地方運來的任何東西。凡是從其他地方來的物品，不只食物，連同任何日用品都被斷貨。至於哪些烏克蘭的農村會進入黑名單，有時候是從千里之外的莫斯科選定的，一旦獲選就等於注定了死亡的命運。[59]

四、一九三二年十二月五日，史達林欽點的烏克蘭治安首長弗謝沃洛德·伯利茨基（Vsevolod Balytskyi）提出，烏共黨工有充分理由可以採取恐怖手段來徵收穀物。先前伯利茨基在莫斯科時，史達林就曾於十一月十五、二十四日兩天與他晤談。在伯利茨基看來，烏克蘭大饑荒是當地民族主義勢力搞鬼的結果，那些與波蘭有關的烏克蘭流亡人士尤其是幕後黑手。因此，凡是沒辦法達到徵收任務的人都是國家的叛徒。[60]

不過，蘇共的這條政策路線背後有更深的涵義。如果把大饑荒跟烏克蘭民族主義掛鉤起來，那就意味著可以去懲罰過去那些主張以政策促進烏克蘭民族發展的蘇聯官員。史達林深信烏克蘭民族主義問題本質上就是農民的問題，而且就在他廢除列寧對農民做出妥協的政策之際，他發現自己等於廢除了列寧在民族問題上做出的妥協。十二月十四日，莫斯科授權將烏共黨員流放至集中營，理由是他們為了倡議烏克蘭民族主義而破壞蘇聯政策，允許民族主義者對穀物徵收從中作梗。伯利茨基接著宣稱，他破獲了一個「烏克蘭軍事組織」與一些波蘭裔人士的叛亂集團。一九三三年一月，他在報告中指出有一千多個非法組織遭查獲，到了二月他更表示揭發了好幾樁波蘭、烏克蘭民族主義人士企圖讓烏克蘭脫離蘇聯的陰謀。[61]

這些用來為政策背書的事件當然都是子虛烏有，但政策的實施帶來了種種後果。波蘭已把所有派往烏克蘭的間諜撤回，對於利用集體化的亂局來藉機生事也不再抱任何希望。波蘭政府打算好好遵守一九三二年七月簽署的《蘇波互不侵犯條約》，所以當烏克蘭大饑荒惡化之際甚至拒絕把已知訊息透露給國際社會。更糟的是，儘管伯利茨基提出的政策只是對著黑影開槍，卻也讓地方開始小心遵循蘇共官方的政策路線。透過大規模逮捕與遣送行動，他傳達了一個非常明確的訊息：任何人只要敢挺身為農民辯護，就會遭扣上敵人的大帽子。到了十二月底那至關緊要的幾星期之間，烏克蘭餓死的人數已經來到數十萬，但當地黨工與官員都很識相，不敢再跟黨的政策路線對幹。要是他們沒有乖乖執行徵收政策，就準備到古拉格報到——如果沒有直接遭槍決的話。[62]

五、一九三二年十一月二十七日，蘇共中央政治局決議，全蘇聯尚未達標的徵糧數額裡面，有三分之一必須由烏克蘭負責達成。十二月二十一日，史達林透過卡岡諾維奇確認了烏克蘭到一九三三年一月底以前還有多少上繳數額待完成。就這樣，在烏克蘭已有數十萬人餓死的情況下，史達林還派卡岡諾維奇去哈爾科夫坐鎮督軍，監管烏共領導階層。他在十二月二十日晚間抵達，烏共中央政治局被迫召開會議。會議一路開到隔天凌晨四點，決議是無論如何都要讓上繳數額達標。不過這等於是宣判三百萬人死刑。當天凌晨會議室裡的所有人都心知肚明，如果要從已經快餓死的烏克蘭民眾身上再繼續搜刮穀物，後果肯定是慘無人道。其實只要緩徵三個月就能讓這三百萬人大半可以倖存，而且也不會對蘇聯的經濟造成傷害。不過史達林與卡岡諾維奇就是一意孤行。如同卡岡諾維奇所說，國家為了達到預期目標將會全力以赴，「拚死拚活」。[63]

在哈爾科夫完成任務後，緊接著卡岡諾維奇在烏克蘭各地馬不停蹄，要求務必「百分之百」達標，所到之處也將某些官員判刑，或下令流放一些農戶。他在一九三二年十二月二十九日回到哈爾科夫訓誡烏共領導階層，要求他們連穀物種子也必須徵收。[64]

六、大饑荒在一九三三年年初的前幾週肆虐烏克蘭各地，史達林把邊境與城市都封鎖起來，讓農民沒辦法逃出烏克蘭，也不能進城市乞討。到了一月十四日，蘇聯公民甚至必須隨身攜帶國內通行證才能夠合法居住在城市裡。政府並未發這種證件給農民。一月二十二日，伯利茨基向莫斯科發出警訊：許多農民正設法逃出烏克蘭，史達林與莫洛托夫便要求國家警察介入，阻止逃亡潮出現。隔天，農民就連要購買長途火車票也遭禁止了。史達林提出的理由是，出逃的農民並非真的要去乞討麵包，而是要進行「反革命陰謀」，替波蘭與其他資本主義國家搞宣傳，藉此抹黑集體農場。到了這一年二月，大約已有十九萬農民遭逮捕，遣送回各自的農村，任其餓死。[65]

史達林的確把烏克蘭打造成滴水不漏的「堡壘」，但更像是一座四周都是瞭望塔、邊境封鎖的超大集中營，裡面的人痛苦萬分，無論做什麼都沒有意義，全都注定了死亡的命運，餓死的人不計其數。

七、到了一九三三年一月底，即便一九三二年的穀物上繳數額已達標，徵收行動仍未停歇。二、三月間黨員仍四處搜刮那些原本要用來春耕的穀物種子。一九三二年年底，據卡岡諾維奇提議，為了達成烏克蘭的穀物上繳數額，應該把當地原本要用來春耕的穀物種子一併徵收，史達林也同意了。不過這卻讓集體農場無法在春天播種，等於一九三三年就會沒有秋收。春天播種用的穀物種子，政府大可以從預定要外銷的穀物裡面撥用，又或者是取自那三百萬噸蘇聯存糧。不過官方還是選擇奪走烏克蘭農民手裡僅剩的一點點餘糧。原本大多數農民就是指望這些剩餘的少量糧食可以用來撐到春天收成時。到了一九三三年一月，烏克蘭農村地區大約有三萬七千三百九十二人遭逮捕，但裡面有一大部分應該只是為家人留下一點食物，以免大家都餓死而已。[66]

即便參與這最後一次徵糧行動的人大多覺得自己是在為黨國貢獻心力，但其實與謀殺無異。根據某位黨工的回憶，一九三三年春天他「看到很多人餓死」，「許多婦孺的肚腹膨脹、膚色發紫，還有呼吸但雙眼呆滯無神」。他說自己「儘管看到那麼多慘況但卻沒有發瘋或自殺」，因為他堅信：「跟以前一樣，我信仰堅定，因為我想要相信。」無疑的，其他黨工就沒像他這麼對黨國愚忠，許多人甚至感到害怕。前一年，烏共已經有很多人遭肅清，對象遍及黨內各階層。一九三三年一月，史達林派了好幾位親信去對烏共高層下指導棋。這些黨工雖然對黨沒有堅定的信仰，但卻築起了一道「沉默的高牆」，沒有為牆裡的人發聲，以致他們注定死路一條。這些黨工已經學乖了，只要反抗就一定會被肅清，他們可不想跟自己害死的那些人一樣走向滅亡的命運。[67]

一九三三年初這些黨工在烏克蘭完成徵糧工作後，離開時只留下一片死寂。與城市相較，鄉間的各種聲音的確是比較柔和緩慢，但此時的一片靜默卻連本來就生在鄉間的人也感到前途渺茫，心神不寧。整個烏克蘭都靜悄悄。

為什麼一片寂靜？因為農民殺了自己的牲畜（或是遭國家沒收）、殺了自己的小孩與貓狗。農民會獵鳥，所以現在鳥兒也不敢靠近他們。幸運的人成功出逃，不過更多人是餓死了，或者已經孱弱到無法出聲。蘇共政府控制了媒體與外國記者的行動，讓農民與外面的世界隔絕。蘇共已經抓穩了政策路線：餓死就是搞破壞，所以農民得不到任何官方的援助與同情。赤貧的農民飽受不公平的徵糧計畫蹂躪，政府也切斷了烏克蘭與整個蘇聯經濟體之間的連結。各種規定與警察警戒線也阻隔了烏克蘭與蘇聯其他地區的聯繫，許多人只能孤伶伶死去，許多農戶滿門滅絕，許多農村陷入滅村的狀態。二十年後，政治哲學家漢娜．鄂蘭（Hannah Arendt）用「原子化社會」的概念來說明現代人彼此疏離的狀態，而烏克蘭大饑荒更是這種現象的關鍵事件。[68]

大饑荒並未讓人民揭竿起義，只是讓人喪失道德感、犯罪、漠不關心、發瘋、癱瘓，最後死亡。農民必須忍受好幾個月，承受的苦難無法言喻：因為忍得太久又太痛苦，也因為大家都太孱弱、太窮或根本識字不多，以至於無法把自身遭遇記錄下來。但倖存者很難忘記。據其中一位農民回憶，無論大家如何掙扎求生，最後終究是「死路一條」。死亡的過程緩慢又屈辱，而且死亡無所不在，死法只有一種。餓死的人想要留有一點尊嚴，幾乎不可能。彼得．維爾迪（Petro Veldii）在自知將死那天硬撐著身子往村外墓地走，展現出罕見的堅毅特質。村人問他要去哪裡，他說要去墓地躺下等死。他不希望陌生人到家裡把他的屍體拖走，丟到坑裡埋起來了事。所以他自己挖了一個坑，但沒想到他走到墓地時發現裡面已有一具屍體。所以他又自己挖了另一個坑，躺下來等死。[69]

在那最可怕的幾個月裡，能夠目擊大饑荒並且寫下紀錄的人實在少之又少。英國記者葛瑞斯．瓊斯自掏腰包前往莫斯科，然後又違反了不得前往烏克蘭的禁令，在一九三三年三月搭火車前往哈爾科夫。他隨意挑選一個小火車站啟程，帶著一個裝滿食物的背包徒步穿越鄉間。他發現「饑荒的規模非常龐大」。他所到之處總是聽到同樣的兩句話：「大家都餓到肚腹腫脹」，還有「我們都在等死」。他跟快要餓死的孩童睡在泥土地面上，發現了真相。某次他跟一個小女孩分享食物後，她高呼：「我吃了好好吃的東西，這下可以快快樂樂死掉了！」[70]

同一年春天，瑪麗亞．沃文斯卡（Maria Łowińska）也是跑遍了烏克蘭，因為她陪著丈夫四處兜售手工藝品。有些村莊她曾去過，但這次卻人去樓空。無盡無邊的寂靜讓他們夫妻倆嚇壞了。要是能撐到破曉還沒被抓走，聽到雞啼聲就會覺得很開心，甚至對自己開心的反應感到吃驚。中央政府派烏克蘭樂手尤希普．帕納申科（Yosyp Panasenko）帶領他的班杜拉琴樂團為快餓死的農民演奏。最可笑的是，國家奪走了農民的最後一點食物，但卻想要幫助垂死的他們保持清醒，打起精神。樂團發現一個又一個村落都已經人跡杳然。等最後終於遇到有人，卻是兩個已經死在床上的小女孩，有個男人在爐子裡，兩條腿往外伸出，還有位老太太已經神智不清，不斷用指甲撥土。為了幫忙收割農作物，共黨幹部維克多．克拉夫申科（Viktor Kravchenko）某晚去了一個村莊，隔天才發現市場上有十七具屍體。一九三三年春天，這種慘況在烏克蘭各地的農村屢見不鮮，農民以每天一萬多人的驚人速度死去。[71]

選擇配合集體農場政策的烏克蘭人原本以為自己逃過一劫，不用遭流放。不過這下他們還是可能遭到遣送前往古拉格，因為他們的集體農場已經無法運作了。一九三三年二到四月間，大約有一萬五千位農民遭遣送離開烏克蘭。距離烏克蘭東邊與南邊不遠處，蘇聯境內某些地方住著大約六萬烏克蘭人，他們也因為上繳穀物數額沒能達標而遭流放。一九三三年又多了至少十四萬兩千名蘇聯公民遭遣送到古拉格，他們要不是餓到快死就是得了斑疹傷寒，其中許多都來自於烏克蘭。[72]

到了集中營，他們本以為至少可以試著找東西吃，但卻難如登天，因為古拉格的政策是給耐操的犯人多吃一點，但這些來自烏克蘭的人卻因為饑荒而已經很瘦弱。有時候犯人吃野生植物與垃圾尋死未果，又會因為逃避勞動之罪而遭集中營獄卒懲罰。一九三三年，集中營至少有六萬七千兩百九十七人死於飢餓與相關疾病，同樣死因在特殊開墾聚落則是有二十四萬一千三百五十五人，而這兩者裡面有很多都是烏克蘭人。在從烏克蘭到哈薩克甚至極北地區的古拉格途中，其實死亡人數已經有數以千計的黑數。他們的屍體會直接遭搬下火車埋掉，名字與人數都沒有紀錄。[73]

離家時正在挨餓的人來到異地，能夠倖存的機會渺茫。某位國家官員曾於一九三三年五月留下這樣的紀錄：「在外地時，我常親眼看見那些遭到未審先判，由官員用流放手段做行政處罰的人，像鬼影一樣在村子裡尋找麵包或者廚餘。他們會吃腐屍，也殺貓狗來吃。村人都會門戶深鎖，但一有機會進入房屋他們就會跪在屋主面前，邊哭邊乞討麵包。我數度目擊郊野路上、公共浴室裡、穀倉中有死屍。我親眼目睹餓到快死的人痛苦地在人行道上爬行。警察把他們帶走後，才幾個小時他們就死了。四月底我與某位調查員經過一座穀倉，發現一具死屍。我們找一位警員與醫護人員來收屍，結果他們在穀倉內又發現另一具屍體。兩者都是餓死，沒有外力介入。」烏克蘭鄉間把食物輸送給全蘇聯之後，這時又開始把一些即將餓死的人輸出到古拉格。[74]

一九二〇年代末期到三〇年代初期生於烏克蘭的孩子們，此時發現自己置身於一個被死亡籠罩的世界，父母絕望無助，國家心狠手辣。一九三三年出生的男孩，平均壽命只有七年。即便生活如此困窘，某些幼童還是可以勉強保持好心情。漢娜・索伯列夫斯卡（Hanna Sobolewska）在大饑荒中失去父親與五位兄弟姊妹，她仍記得么弟約瑟夫在絕望中仍抱持希望。即便他因為飢餓而肚腹腫脹，生活對他來講仍是處處生機。某天他以為自己看到地上長出了農作物，另一天他深信自己發現了蘑菇。「這下我們不會死了！」他會這樣大聲歡呼，每天睡覺前都複述著這幾個字。直到某天早上他醒來時突然說：「這世界上一切都死了。」剛開始某些學童會寫信給有關單位，希望大饑荒只是哪裡出了錯，問題可以解決。例如，某間小學有一班學生寫信給黨部表示：「懇請您的幫助，因為我們一個個都因為飢餓倒下。我們該好好讀書，但卻餓到走不動。」[75]

過沒多久大家好像習以為常了。哈爾科夫地區有個八歲學童尤里．里森科（Yurii Lysenko），他某個女同學有天上課時倒下去，像是睡著了。家長趕往學校，但尤里知道她已經回天乏術，他說：「她已經死了，會被葬在墓園裡，就像昨天他們也埋了幾個人，還有前天。每天都有。」另一間學校的幾個男孩到池塘邊釣魚，結果拉出來的是某位同學的頭顱。他的全家人都已經死去。難道是他們死前就把他吃了？或者父母撒手後留下他，結果他還是被人吃掉？沒人知道，不過許多烏克蘭孩童在一九三三年往往會對類似問題感到納悶。[76]

任何家長都無法履行自己應盡的責任。婚姻受到影響的例子很多，有時候是妻子在丈夫懊惱地同意之下，獻身給當地黨部領導，只為換回一些麵粉。家長就算沒死、沒分開，而且有心想當好父母，但也很難顧全孩子們。文尼察市（Vynnitsia）那一帶有個父親某天出門埋葬一個孩子，回家後發現僅剩的一個孩子也死了。有些父母深愛孩子們，把他們鎖在小屋裡保護起來，以免遭結夥四處搶孩子來吃的食人魔毒手。也有父母把孩子送走，希望有人可以救他們。還有父母把孩子送給遠方的家庭或給陌生人，或把他們丟在火車站。那些把嬰兒高舉到火車車窗口的可憐農民不見得是要乞討食物：他們往往只是希望火車上有人可以把小孩帶走，因為乘客很可能是城裡的居民，沒有餓死之虞。更有父母派小孩到城裡去乞討，結果下場都不大一樣。有些孩子在路上或者到城裡就餓死了。其他則是遭城市警察逮捕，在陌生城市的暗處餓死，然後跟其他小小的屍體一樣葬在大大的墓地裡。有些孩子就算得以返家，通常也不會帶回好消息。彼得．薩福伊拉（Petro Savhira）跟一位兄弟到基輔市去乞討，回家後發現另外兩位兄弟已經餓死。[77]

大饑荒來襲時，有些家庭反目成仇，父母害死小孩，兄弟姊妹彼此殺害。基於職責所在，國家政治保衛總局記錄了烏克蘭「有很多家庭殺死最孱弱的成員，通常是某個小孩，把肉煮來吃」。無數父母把自己的小孩殺來吃，但終究也免不了餓死。某個媽媽為女兒與自己而煮掉兒子。有個小女孩最後一次見到父親時他正磨刀霍霍，準備要殺她，所幸其他親戚出手才獲救。當然也可能有其他各種不同情況。像是有一家人把媳婦殺了，將頭顱剁碎後拿去餵豬，身體的其他部分是烤來吃。[78]

總體來講，家庭之所以分崩離析，除了大饑荒之外也有政治因素。有些烏克蘭共青團成員也加入了各地的徵糧小隊。年紀更輕的孩子頗多都是蘇聯少年先鋒隊成員，黨對他們的期待是「成為監視家人舉動的眼線」。比較健康的會獲派到田野裡巡守，預防有人偷竊農作物。一九三三年夏天，有五十萬稚嫩的十來歲少年少女站在瞭望塔上監視成人。所有小孩都有責任舉報自己的父母。[79]

倖存的人除了要忍受身體的煎熬，也要面臨道德上的掙扎。一九三三年六月，有個女醫生寫信給友人表示，她還沒吃人肉，「但等到這封信送到你手上時，不確定自己是否還沒吃」。好人會先餓死。拒絕偷竊或賣身的人會先走一步，把食物分享給別人的也是。還有拒絕吃屍體的，拒絕殺害別人的，也都是。還是有父母不願吃掉孩子，那他們就會比孩子們先走一步。一九三三年的烏克蘭到處都是孤兒，有時候有人會收留他們。不過，因為到處都沒有食物，就算是最好心的陌生人也無法幫助這些孤兒。許多男孩女孩躺在床單與毛毯上，連自己的排泄物都拿來吃，等待死亡的來臨。[80]

哈爾科夫近郊有個村莊裡，幾位農婦盡力照顧一群孤兒。據其中一位回憶，他們弄了一個「像孤兒院的地方」。他們照顧的孩子們都很可憐：「孩子們的肚子都凸了起來，渾身是傷口與疥癬，身體像要爆開似的。我們收留他們，放到床上，他們哀叫呻吟。某天孩子們突然安靜起來，轉身才看到大家正在吃年紀最小的派卓斯。他們把他的肉扯下來吃，連派卓斯也扯下自己的肉，狼吞虎嚥地吃了起來。其他的孩子們咬著他的傷口，開始吸他的血。我們把那可憐的孩子搶過來，然後哭了起來。」[81]

無論在生活裡或文學作品中，食人的話題都成為禁忌。雖然這是一種逼不得已的求生方式，但為了面子，烏克蘭民族往往不願讓相關紀錄曝光。已離開蘇聯的烏克蘭人無論在當時或之後，都把這段食人的歷史引為奇恥大辱。不過，儘管蘇聯境內烏克蘭人的食人行為讓我們對蘇聯體系有更多了解，但卻不能說這就是烏克蘭人的本性。無論古今東西，大饑荒總是會衍生食人的現象。曾有一段時間烏克蘭幾乎沒有穀物，僅剩的肉就是人肉。販售人肉的市場就在這時出現了，甚至在某些店鋪裡面販賣。賣肉的人會遭警方調查，有關當局也緊盯著屠場與肉鋪。哈爾科夫某個青年共產黨員向領導報告，如果要他達成肉的上繳數額，唯一的方式就讓他用人肉抵數。農舍煙囪若有炊煙升起，往往令人起疑，因為這常意味著有食人魔殺了外人來吃，或是家族殺了某個成員烤來吃。警方會追查炊煙來源，進門逮人。從一九三二到三三年，在烏克蘭至少有兩千五百零五人因為食人而遭判刑，不過實際的案例數目肯定遠遠多過於此。[82]

烏克蘭人從來不覺得吃人是可以被接受的。即便在大饑荒最嚴重時，只要村民之間有食人魔被發現，馬上就會引起公憤，遭打死或活活燒死。大多數人都不苟同食人的行徑。很多小孩都是因為沒被父母吃掉所以才會成為孤兒。就算是吃了人肉，每個人的動機也不大一樣。有些食人者顯然是最惡劣的罪犯。例如巴基里・葛拉尼維茨（Bazylii Graniewicz）的兄弟柯里亞遭食人魔殺害。民兵逮捕食人魔後，發現他家裡有十一顆頭顱，柯里亞也是其中之一。不過有時候被吃的人並非無辜受害，而是出於自願。某些父母殺了孩子來吃，這些孩子顯然是受害者。不過也有父母交代孩子，如果自己去世了，為了活下去可以吃他們的屍體。不只一位烏克蘭孩童跟自己的弟妹說：「媽媽說，如果她死了，我們就吃掉她吧。」這是一種深思熟慮與愛的表現。[83]

國家的最後功能，就是幫忙處理死屍。一九三三年一月，有個烏克蘭學生寫道，處理死屍是棘手的差事：「想幫死者舉辦葬禮有時候並不可能，因為餓死的人死前都是在郊外的田野上遊蕩，不知道他們住哪裡。」在城裡，官方派出的推車一大早就在街上巡視，把前一晚死掉的農民載走。在鄉間，比較健康的農民組成收屍隊，運送與安葬死者。不過這些農民很少願意把墳墓挖得很深，而且力氣也不夠，所以往往可以看到手腳露出地面。收屍隊的酬勞是按屍體數量計價，所以難免有弊端。有些隊員把還有一口氣的人跟屍體一起帶走，將他們活埋。一路上隊員會跟他們解釋，反正他們很快就要死了，直接安葬又有何差別？所以有少數案例是這類受害者從不深的地底挖土逃生，離開巨大墓園。有時候輪到某些掘墓人自己突然變得太虛弱，當場死掉，反而沒人安葬他們。據一位園藝工作者回憶，「那些躲過一劫，沒有淪為人類食物的狗兒轉性變野」，就會把掘墓人的屍體吃掉。[84]

一九三三年秋天，大批紅軍士兵、黨工、工人、學生被派往烏克蘭各地農村搜刮秋收穀物。這些作物是先前春天時大批農民被迫拖著飢餓垂死的身體播種的，此時他們也沒能活著親自採收。大量蘇俄居民前來接收空蕩蕩的農舍與村莊，發現必須先把之前居民的屍體搬運清理掉。因為屍體腐爛，常常一搬動就解體。有時候這些新主人在努力擦洗、重新粉刷後，發現屋裡仍充滿屍臭味。不過有時候他們還是會選擇留下。如同某位蘇聯官員向義大利外交官所說，他們已經改變了烏克蘭地區的「民族結構」。在烏克蘭地區，俄羅斯人的數量變得多過烏克蘭人，跟哈薩克地區一樣，只是哈薩克的變化幅度甚至更大。[85]

所以，一九三〇年代初期到底有多少蘇聯人死於大饑荒，特別是烏克蘭地區餓死了多少人？我們永遠不可能得知精確數字，因為並無適切紀錄留下。不過的確可以從一些紀錄確認死亡人數龐大無比：例如，光是在一九三三年四月，基輔地方政府的公衛單位就記錄了當地有四十九萬三千六百四十四人正在挨餓。當地政府不敢把大饑荒的死亡人數記錄下來，而且不久過後更是沒有能力做紀錄，因為死亡規模實在過於龐大。在政府單位中與死者有所接觸的，只有人數眾多的掘墓大隊，但他們並不會很有系統地進行記錄。[86]

蘇聯官方在一九三七年做了人口普查後發現，人口數比預期中短少八百萬人，短少的主要原因是烏克蘭、哈薩克、俄羅斯地區都有大量人口死於饑荒，如此一來他們當然無法如原來預期那樣結婚生子，增加人口。史達林一手遮天，掩蓋這些發現，並且處決了人口普查的幾位承辦人員。一九三三年某些蘇聯官員在私下對話時最常提到的大饑荒死亡人口估計值，大約是五百五十萬。這數字看來是八九不離十，不過可能稍嫌低估，一九三〇年代初期烏克蘭、哈薩克、俄羅斯等地因為饑荒而死的人口應該略高於此。[87]

一項人口統計用向後推算的方式估計出烏克蘭的大饑荒死亡人數約略是兩百五十萬人。與這推估數字相當接近的是當時記錄下來的超額死亡人數，也就是兩百四十萬人。不過，兩百四十萬這個數字肯定是遠低於實際數字，因為有很多死亡人數並未留下紀錄。另外一項人口估算，則是代表烏克蘭政府進行的，得出的數字是有三百九十萬人餓死。這一點為後來的人口統計工作所證實。所以，一九三二到三三年之間，到底有多少人在烏克蘭死於饑荒與飢餓衍生的疾病？合理推估至少三百三十萬。這些人裡面至少有三百萬是烏克蘭人，其餘則是俄羅斯人、波蘭裔、德國裔、猶太裔蘇聯人與其他族裔的人口。蘇俄大饑荒一百萬左右的死亡人口裡，可能至少有二十萬是烏克蘭人，因為烏克蘭人居住的蘇俄部分地區也是饑荒的重災區。哈薩克地區發生大饑荒的初期有一百三十萬人去世，裡面也許有多達十萬人也是烏克蘭人。總計來講，烏克蘭大饑荒與相關疾病奪走至少三百三十萬條各族蘇聯公民的性命；此外，整體而言蘇聯全境烏克蘭族人口的餓死數量大約也是三百三十萬。[88]

大饑荒過了十多年，國際律師拉斐爾·萊姆金（Rafał Lemkin）發明了「種族滅絕」（*genocide*）一詞，後來他更是把烏克蘭大饑荒稱為「蘇聯政府遂行種族滅絕的經典案例」。烏克蘭鄉間的社會結構遭到試煉與摧毀，許多人流落在千里之外的他鄉，往四處分散。倖存者帶著罪惡感，在絕望中苟活。令某些人難以忘懷的是烏克蘭人出賣自己同胞，與蘇共合作，甚至吞噬同胞的可怕回憶。幾十萬孤兒長大後已經成為蘇聯公民而非烏克蘭人——至少與先前烏克蘭鄉間完滿家庭所養育出來的烏克蘭人不會一樣。逃過一劫的烏克蘭知識分子也沒信心能夠繼續這樣活下去。於是，烏克蘭文壇與政壇的兩位領袖紛紛自殺*，前者死於一九三三年五月，後者在七月離開人世。蘇共中央政府大獲全勝，原本寄望著烏克蘭共和國保有些許自主性的烏克蘭人全面潰敗，就連想幫自己與家人保有些許自主性的烏克蘭民眾，也遭徹底擊垮。[89]

人在蘇聯的外國共黨人士見證了大饑荒的發生，但與其把這歷史事件當成民族悲劇，他們更覺得是社會主義促成的人性躍進。大饑荒期間，作家亞瑟·柯斯勒相信官方提供的解釋，認為那些垂死者都是富農，他們與那些「寧願哀求有一份工作可以做的廣大民眾是敵對的」。在哈爾科夫與他住在同一屋簷下的物理學家亞歷山大·韋斯伯格（Alexander Weissberg）也知道數以百萬計農民死於大饑荒，不過他對社會主義仍保有信念。柯斯勒甚至還跟韋斯伯格抱怨：為什麼蘇聯媒體沒有乾脆寫說烏克蘭人「因為沒東西吃所以跟蒼蠅一樣死去」？他跟韋斯伯格知道這就是真相，還有能跟烏克蘭保持接觸的任何人也都知道。不過，要他們用文字來記錄或評論大饑荒，等於是逼他們放棄自己對於社會主義的信仰。當時他們倆都深信，鄉間的滅絕是一種促進人類進步的折衷手段。若要讓文明發展到更高階段，烏克蘭農民的死亡就是必要的代價。柯斯勒於一九三三年離開蘇聯。到火車站送別柯斯勒時，韋斯伯格還對他說：「無論發生什麼事，都要高舉蘇聯的大旗！」[90]

不過，大饑荒所帶來的並非社會主義，最多只是史達林版的社會主義而已。為了慶祝「五年計畫」的完成，烏克蘭某個農村蓋了一座勝利拱門，諷刺的是拱門四周堆滿了農民的屍體。某些農民被扣上富農的帽子，但其實迫害他們的官員更為富有，而且城市共黨黨員的平均壽命也比較長。農民沒有資格領取食物配給卡，但共黨菁英卻能到特設商店去挑選各種食物。不過這些不愁吃穿的人可得要小心，不能吃太胖了，否則就有可能被四處找目標作案的「人肉香腸製造商」鎖定，尤其是在夜裡。烏克蘭城裡的富家婦女，尤其是那些高官的老婆，往往會用食物配給券跟農民交換刺繡作品或是他們從鄉下教堂偷來的裝飾品。集體化就是用這種方式讓烏克蘭農村腐化，先讓農民在道德上沉淪，接著毀壞他們的身體。飢餓迫使烏克蘭人與其他人變賣自己的一切，接著把自己崇拜上帝的場所洗劫一空，最後還是走向死亡。[91]

儘管史達林、卡岡諾維奇與伯利茨基都振振有詞地辯解：打壓烏克蘭只是為了應對烏克蘭民族主義，但實際上烏克蘭是一個多元民族共和國。俄羅斯人、波蘭裔、德國裔與其他族裔蘇聯人也一樣都深受大饑荒殘害。烏克蘭的猶太人大多居住在鎮上或城裡，但定居鄉間的猶太人其實並沒有比農民好過。蘇共機關報《真理報》（*Pravda*）某個記者撰文駁斥大饑荒的存在，結果一九三三年某天收到他猶太裔父親的來信寫道：「寫這封信是為了通知你，你母親去世了。她挨餓幾個月後在痛苦中死去。」她的遺願是希望兒子能為她誦唸一段猶太喪禮用的神聖祈禱詞（Kaddish）。這件事反映出，成長於十月革命前的父母與革命後長大的小孩之間存在著世代差異。不是只有猶太人如此，烏克蘭與其他族裔的人也

＊ 譯註：分別指作家米克拉・赫維洛維（Mykola Khvylovy）與烏共領導人米克拉・史凱普尼克（Mykola Skrypnyk）。

是：與成長於帝俄時代的人相較，在一九二〇年代開始接受教育的蘇聯人更能接受蘇聯體制。[92]

德國與波蘭外交官都向上級彙報，在烏克蘭屬於少數族裔人口的德裔、波裔居民都生活在水深火熱中。哈爾科夫的德國領事寫道：「我每次上街幾乎都會看到有人因餓到受不了而倒下。」波蘭外交官則是必須面對使館外飢餓民眾大排長龍，焦急等待申請簽證的隊伍。其中一位官員在報告中寫道：「申請簽證的人都是成年男子，常常聽到他們哭訴著自己的老婆小孩要不餓死，就是因為飢餓而肚腹腫脹。」這些外交官深知，不只波裔、德裔居民，甚至許多烏克蘭族居民都渴望外國入侵，讓他們免於磨難煎熬。直到一九三二年年中，他們主要寄望於波蘭，理由是史達林一直用政宣攻勢指控波蘭正打算入侵與合併烏克蘭，五年來未曾停歇。大饑荒開始時，許多烏克蘭農民都希望這大內宣是真的。某位波蘭間諜在報告裡指出，他們抱著一線希望，「無論是波蘭或任何國家都好，趕快來解放烏克蘭，讓他們不用繼續承受苦難與壓迫」。[93]

一九三二年七月，蘇波互不侵略條約簽署後，這希望就幻滅了。因此烏克蘭農民只能指望德國入侵。再過八年，等德國人真的入侵後，倖存者自然有機會可以比較一下蘇、德兩方的統治手段有何不同。

儘管歐美媒體有時會針對大饑荒與烏克蘭人大量死亡做一些最基本的事實報導，但從來沒有人以嚴正的立場宣稱這是一個無可爭議的事件。事實就是，史達林故意放任幾百萬烏克蘭人餓死，但卻幾乎沒人講出這句話。即便希特勒也寧願譴責馬克思主義的體系，而非史達林本人。葛瑞斯・瓊斯在報上寫了幾篇文章揭發史達林的真面目，但整個英語世界好像只有他敢具名提出批判。一九三三年夏天、秋天幾百萬人垂死之際，維也納樞機主教特奧多爾·因尼策（Theodor Innitzer）曾試圖呼籲各界進行食物援助，蘇聯官方卻惡言予以回絕，不屑地表示蘇聯既沒有主教也沒有食人魔——但這句話只有一半是真的。[94]

儘管記者的了解程度不及外交官，但至少他們大多知道幾百萬人正因飢餓而瀕死。聲量不小的《紐約時報》駐莫斯科特派記者華德·杜蘭提（Walter Duranty）用盡一切影響力來抹黑瓊斯的正確報導。杜蘭提是一九三二年的普立茲獎得主，他說瓊斯的大饑荒報導是「危言聳聽至極」。杜蘭提宣稱，「實際上並無大饑荒存在」，只是「普遍營養不良而導致四處都有人因為相關疾病而死亡」，與蘇共的官方說法唱和，而且語氣委婉到幾近謊言。這正是喬治·歐威爾（George Orwell）所批判的那種謊言，而且歐威爾的確把一九三三年的烏克蘭大饑荒當成重要案例，顯示許多善於玩弄文字遊戲的人可以把悲慘暗黑的事實抹上鮮豔色彩。杜蘭提明明就知道有幾百萬人餓死，不過在新聞報導中他仍主張，許多人挨餓，但這一切都是為了實踐社會主義的崇高理想。他甚至認為：「想要煎歐姆蛋難道能夠不把蛋打破嗎？」除了瓊斯之外，英語世界另一位認真報導的記者是幫《曼徹斯特衛報》（*Manchester Guardian*）撰文，但以匿名方式發表的馬孔·馬格利吉（Malcolm Muggeridge）。他寫道，大饑荒是「歷史上最令人髮指的犯罪行為，可怕到將來幾乎不會有人相信真有那種事發生過」。[95]

持平而論，即便是離開蘇聯定居的烏克蘭人，儘管他們顯然對這件事最關心，但也花了好幾個月才了解大饑荒到底有多嚴重。僑居鄰國波蘭的烏克蘭人大約有五百萬，他們的政治領袖盡心盡力，只為了讓國際社會注意到蘇聯發生了大饑荒。不過，可惜他們到了一九三三年五月才了解大饑荒到底有多慘，屆時大多數受害都已殞命。接下來的夏、秋兩季，波蘭的所有烏克蘭文報紙全都大幅報導這件事，烏克蘭裔波蘭政治人物也帶頭上街遊行與抗議。烏克蘭女權組織的領袖試著呼籲全世界的女性一起抵制蘇聯出口的物品。美國的小羅斯福總統也接獲了好幾次陳情。[96]

這一切都沒能改變任何事。國際市場運作的法則確保了烏克蘭的穀物還是能夠賣出，餵飽他國人民。當時美國還是經濟大蕭條時期，羅斯福全心全意改善美國勞工的福祉，也希望能與蘇聯建立外交關係。烏克蘭裔抗議人士的電報於一九三三年秋天送到羅斯福手上時，剛好是他個人著力甚深的美蘇關係開花結果之際。一九三三年十一月，美國還是承認了蘇聯，建立起美蘇外交關係。

那年夏天烏克蘭僑民在波蘭大動作抗議，卻只是引來蘇聯方面以高超的反宣傳技巧回應。一九三三年八月二十七日，法國政治人物愛德華．艾希歐（Édouard Herriot）受蘇聯官方邀請後抵達基輔。艾希歐是法國激進黨（Radical Party）黨魁，先前並曾三度出任法國總理，而且是一九三二年才剛卸任。他是出名的大胃王，曾經揶揄自己的體型就像懷了雙胞胎的孕婦。在歡迎儀式中，蘇聯官方特別安排艾希歐避開德、波兩國外交官，以免外交官提起關於大饑荒的不恰當話題而大煞風景。[97]

艾希歐造訪基輔的前一天，整座城市對外封閉，政府命令市民要清掃市容，大加裝飾。整年都空蕩蕩的店鋪櫥窗裡突然間裝滿了食物。但那些食物是展示品，不得販售，只供艾希歐這位外國人欣賞。警察全都穿上嶄新的制服，還得要驅散那些盯著食物發呆的民眾。在艾希歐預定造訪途徑上居住或工作的人都要參加彩排，確保他們知道該站在哪裡，該穿什麼衣服。艾希歐的車經過基輔市無比寬闊的赫雷夏蒂克大道（Khreshchatyk）。官方特別從其他幾個城市把大量汽車調過來，由黨工駕車，營造出路上車水馬龍，忙碌又繁榮的假象。街上有個女人喃喃自語：「也許這位布爾喬亞可以幫我們告訴世界這裡的情況。」但她馬上就要失望了。艾希歐反而表示自己對蘇聯的成就感到驚豔，不但「讓社會主義的士氣高昂」，「而且整個烏克蘭民族看來朝氣蓬勃」。[98]

一九三三年八月三十日，艾希歐前往哈爾科夫造訪校名用來紀念蘇聯祕密警察之父的菲利克斯・捷爾任斯基小學（Feliks Dzierżyński Children's Commune）。這時哈爾科夫的孩子們仍然飽受饑荒之苦，他看到的孩子都是特別挑選過，身體最為健康、體格最為強健。他們身上的衣服應該也是當天早上借來的。當然，那畫面也不能說全然造假，畢竟蘇聯的確幫烏克蘭孩童蓋了學校，也試圖掃除文盲問題。到了一九三三年年底還能倖存的孩子們，日後很可能都會變成識字的大人。一切都是安排好讓艾希歐來見證後幫忙背書的。這位法國人問大家，同學們午餐都吃些什麼啊？這當然不是語帶諷刺，因為他根本搞不清楚狀況。他只是隨口一問，但答案卻決定了蘇聯的國際形象。瓦西里・格羅斯曼在他的兩本小說裡都使用了這個場景。據格羅斯曼回憶，孩子們都已經學好要怎樣回應，給了一個很得體的答案。對於所見所聞，艾希歐沒有一絲懷疑。接著繼續前往莫斯科造訪，克里姆林宮以魚子醬招待他。[99]

返國後艾希歐向法國同胞表示，集體農場簡直就是井然有條的農莊果園。蘇共機關報《真理報》也很滿意地報導了艾希歐的評語。但故事還沒完。或許說，故事正在別處展開。

第二章

CHAPTER 2

階級大清洗

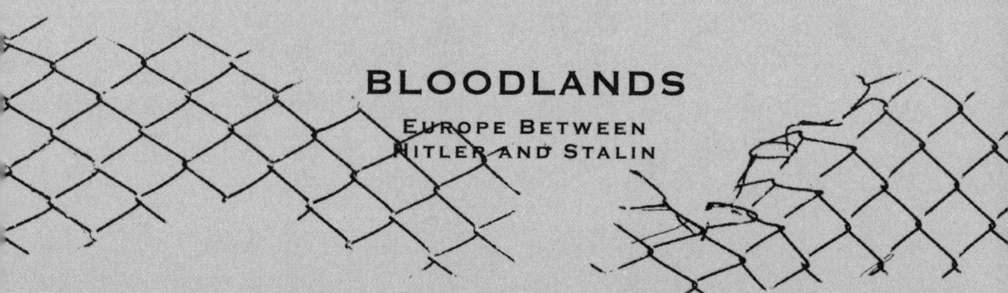

史達林發動「二次革命」*，也就是強推集體化運動（並帶來嚴重大饑荒），但更稱得上風起雲湧的恐怕是希特勒在德國的崛起與掌政。德國的納粹化令許多歐洲人感到憂心忡忡，因此寄望與莫斯科當局結為盟友。能夠在一九三三年年初，希特勒與史達林逐漸集權之際親身觀察德、蘇兩國體系的人不多，葛瑞斯．瓊斯是其中之一。希特勒剛剛出任德國總理不久後，瓊斯是第一位與他共乘飛機的記者，他們在該年二月二十五日從首都柏林飛往法蘭克福。後來他寫道：「要是這飛機墜毀，那全歐洲的歷史就都要改變了。」瓊斯曾讀過《我的奮鬥》，非常了解希特勒的野心無非是稱霸德國，殖民東歐，並且消滅猶太人。希特勒上任後馬上解散德國國會，進行議員改選。這時他正在打選戰，希望更能大聲主張自己就代表民意，並增加納粹黨的國會席次。瓊斯先後在柏林與法蘭克福見識到人民對這位新總理有多愛戴，在法蘭克福的一場集會上，更覺得群眾對他「崇拜得五體投地」。[1]

當瓊斯從德國前往莫斯科，如同他所說，他是「從一個獨裁統治剛剛成形的地方」前往「一個工人階級獨裁統治已行之有年的國度」。瓊斯深知兩個政權之間有個很重要的差異。希特勒的崛起將會創造一個新政權，至於史達林，只是對於已經落入他手裡的一黨專制國家遂行維穩工作，他的利器是極度殘暴且合作緊密的強大警察機關。為了強推集體化政策，他槍殺的公民人數高達數萬，遭流放者數十萬，更有幾百萬人因為飢餓而在死亡邊緣徘徊。瓊斯是這一切的見證人與報導者。到了一九三〇年代晚期，史達林又會在社會階級與種族的雙重鬥爭中槍殺幾十萬蘇聯公民。一九三〇年代的希特勒不但能力上無法企及史達林，可能也沒意圖那樣做。[2]

在支持希特勒的德國人與其他歐洲人裡面，某些人似乎認為，正因蘇共政策殘暴無道，所以國家社會主義的存在有其正當性。希特勒屢屢在撼動人心的競選演說中把共黨人士與蘇聯描繪為德國與歐洲的大敵。在執政之初遇到的第一次危機期間，他充分利用人民普遍恐懼共產主義的心理，逐漸攬大權於一身，也為納粹政府擴權。希特勒與瓊斯飛抵法蘭克福兩天後，某位荷蘭共黨人士選擇在一九三三年二月二十七日縱火焚燒德國國會大廈。儘管縱火犯當場被捕也坦承犯案，但希特勒很快利用這案件來妖魔化納粹新政府的政敵。他刻意裝出火冒三丈的模樣，大聲怒吼：「誰阻擋我們，我們就殺誰！」希特勒把國會縱火案的帳算在德國共黨人士身上，並且宣稱他們正在計畫發動更多起恐怖攻擊。[3]

從希特勒的角度看來，國會縱火案來得正是時候，剛好讓他以政府首長的身分肅清政敵，再加上納粹黨正在選舉，正好可以讓他在選戰中大打對他有利的恐懼牌。一九三三年二月二十八日，納粹政府以一道行政命令暫時剝奪了德國人的各項公民權，任何人都可能遭「預防性羈押」。在人心惶惶的氛圍中，納粹於三月五日選舉結果出爐時大勝，囊括百分之四十三點九選票，一舉奪下二百八十八個國會議員席次。接下來的幾週到數個月期間，希特勒動員德國警察與各個納粹民兵部隊來鎮壓兩個遭他歸類為「信奉馬克思主義」的政黨：德國共產黨與社會民主黨。希特勒的親信希姆萊於三月二十日在達豪（Dachau）蓋了第一座集中營。一直以來，希姆萊擔任首腦的親衛隊（Schutzstaffel，簡稱 SS，又譯黨衛隊）都是希特勒的近衛部隊，這時也派員進駐集中營。儘管集中營並不是什麼新發明，但親衛隊有意用集中營來殺雞儆猴，達成威嚇效果。曾有一位親衛隊軍官對達豪的獄卒們表示：「任何一位怕看到血

＊　譯註：相較於一九一七年的「十月革命」而言。

的同志都該辭職。養這些狗雜碎實在太花錢，多死一個就少花我們一點飯錢。」[4]

選舉大勝後，希特勒總理搖身一變成為獨裁者。第一批犯人遭拘禁於達豪後，新國會於一九三三年三月二十三日通過一項授權法案，讓希特勒可以不經總統或國會授權就下達行政命令，統治德國。後來這法案的施行時效經過幾度延長，到希特勒逝世前一直都具有法律效力。原本人在德國的瓊斯先去蘇聯待了一個月，接著在一九三三年三月二十九日從蘇聯返回柏林，開記者會揭發烏克蘭大饑荒。雖然烏克蘭的悲劇是歷史上政府刻意製造出的最慘烈大饑荒，但在當時卻像個無關緊要的時事，因為德國剛剛冒出新的獨裁政府，這才是大新聞。而且，在瓊斯離開德國期間，希特勒成功把蘇聯人民的苦難當作打擊政敵的政宣工具，是他最後崛起奪權的原因之一。[5]

他在選戰期間大肆宣傳烏克蘭大饑荒，刻意利用社會的恐共氛圍來激發選民的同仇敵愾，但這時世人根本尚未釐清大饑荒的歷史真相。在痛批「那些馬克思主義者」的同時，希特勒把烏克蘭大饑荒當成實施馬克思主義而導致的禍害，提出控訴。一九三三年三月二日，在柏林體育宮（Sportpalast）舉辦的一場集會上，希特勒宣稱：「在一個農作物足以養活全世界的地方，居然有幾百萬人餓死。」過去在威瑪共和國期間，德國社會民主黨向來是執政黨，但希特勒光憑該黨與蘇聯政府都是「馬克思主義者」這一點，就把社民黨與幾百萬蘇聯人民死亡的慘劇掛鉤在一起。在那當下，要明辨這些說詞中有幾分真，幾分假、實在太難，所以大多數人都只能全盤拒絕（或全盤接受）。德國民眾幾乎都對蘇聯政局不大熟悉，所以若是接受希特勒對於大饑荒的評論，等於就是進一步接受了他對左翼政治陣營的譴責，並相信了其中那些用來拒斥民主體制的誇張言語。[6]

史達林自己推行的種種政策讓希特勒得以輕鬆說服民眾，理由在於他們倆的政治觀都是採用二分法來看這個世界：討厭史達林的人，自然就會接受希特勒。就在史達林全心全意推進集體化運動，為大饑荒尋找託詞之際，他卻於無意間幫助希特勒奪權。史達林於蘇聯推動農業集體化之初，便已透過共產國際對各國共黨下達指令，要他們緊跟著蘇聯的「階級鬥爭」路線。共產黨員務必要保持思想上的純正，並避免與社會民主黨結盟。只有共產黨員才有資格促進人類歷史的進步，其他任何宣稱要為受壓迫者發聲的人，都是騙子與「社會法西斯主義者」，都該被看做任何右翼政黨（包括納粹黨）的一丘之貉。德國共黨人士主要的眼中釘並非納粹黨，而是社會民主黨。

一九三二年下半到一九三三年的前幾個月，是史達林釀成大饑荒悲劇的漫長歲月，這段時間他非得要求各國共黨堅守「階級鬥爭」路線不可。畢竟，蘇聯對千萬萬民眾受苦與死難的官方解釋，正是所謂「大饑荒是與富農進行的階級鬥爭」。史達林的這條路線讓德國左派各黨無法聯合起來對抗納粹。然而，大饑荒發生的關鍵年月，其實也是決定德國未來的危急存亡之秋。就因為德共聽命於共產國際，堅持立即發動階級革命，所以才讓中產階級的票都灌給了納粹。這也導致廣大的辦事員與自僱人士選民一定會投給納粹，而非社會民主黨。即便如此，德共與社民黨的支持群眾加起來還是多過納粹黨。只是史達林的路線讓兩者絕對無法一起合作。綜而觀之，希特勒之所以會在一九三二年七月、一九三三年三月接連贏得兩次國會選舉，都是因為史達林在蘇聯集體化運動與大饑荒期間不肯妥協的外交政策立場。[7]

就在外國記者普遍未對史達林經濟政策的真正後果進行報導之際，希特勒卻是刻意引人注意，強調他獨掌大權之後首推的政策之一，就是在德國進行財產的重新分配。蘇聯大饑荒來到高峰，在此同時德國政府也開始剝奪猶太公民的財產。一九三三年三月五日勝選後，納粹開始在全國上下發動抵制猶太商家與公司的活動。這些抵制活動意味著，在即將來臨的社會、經濟轉變中，國內有某個社群就是會失去最多：不過與蘇聯有所不同的是，在德國會失去最多的人不是農民，而是猶太人。這些抵制活動都是由納粹領導人與親衛隊精心策畫，但表面上必須顯現出是民眾對於猶太人的經濟剝削「感到憤怒，活動性質純屬自動自發」。[8]

在這方面，希特勒的政策與史達林有幾分相似。史達林把蘇聯鄉間搞得天下大亂，發動了一場轟轟烈烈的階級戰爭，結果是消滅了所有富農。無論是在柏林或莫斯科，政治上的後果都是一樣的：為了進行不可或缺的財富重新分配，國家都有必要強力介入，以確保整個過程至少相對平穩。不過，史達林是在一九三三年以前就已大權在握，所以能夠以暴力脅迫的方式進行雷厲風行的大規模集體化運動；相較之下，希特勒推進的速度卻必須遠比史達林緩慢。抵制活動的成效有限，主要的後果只是造成了三萬七千名德國猶太人在一九三三年移民海外。要等到五年後希特勒才有辦法在納粹黨所謂「雅利安化」（Aryanization）的運動中把猶太人的財產轉移給非猶太人。[9]

蘇聯從一開始就隔絕於國際社會之外，而且許多認同蘇聯的外國人士也得以幫助該國維持這種形象，至少在某種程度上成功了。在資訊不充分的情況下，即便史達林執行了槍決、流放與任由民眾餓死等各種政策，許多人仍選擇相信他。但希特勒的情況卻不同，他必須根據國際輿情而小心行事，而且批評、痛恨他的人顯然不少。一九三三年的德國境內有大量外國記者與旅客滯留，接下來幾年內希特勒都需要國政平穩、外貿順暢。所以即便他主動讓抵制運動喊停，接下來卻還是能夠利用外媒的負面報導來進行逆勢操作，證明自己的確有必要推出更多激進政策。納粹把歐美各大報塑造成「背後有猶太人操弄」的形象，所以只要有外國的批評聲音出現，那就是猶太人為了對付德國而進行的國際陰謀。[10]

所以，一九三三年三月抵制猶太商家運動所留下的重要遺緒，就是塑造出一種論述模式。希特勒開始使用前述的「猶太陰謀論」，而且食髓知味，即便德軍的鐵蹄將於後來踏遍歐洲，且數百萬猶太人遭他毒手，類似論調仍未曾停歇。無論德國政府或德國人做了什麼，都只是為了保護自己免於國際間猶太陰謀的傷害。猶太人總是加害者，德國人則永遠是受害者。

一開始，希特勒的反共論調比較能夠打動國內輿情，為他獲得政治利益，而不是那些反猶太論調。為了一手掌握德國政府，他必須先毀掉共產黨與社會民主黨。一九三三年一整年，大約有二十萬德國人遭囚，大多是因為被打成納粹政權的左派政敵。納粹政府委婉地稱呼此一恐怖政策是「保護性羈押」，真正目的並非消滅政敵，只是希望能達成嚇阻效用，因為他們遭囚的時日都不長。儘管德共靠選舉在國

會取得八十一席，卻都無法宣誓就職，而且所有黨產旋即遭政府沒收。到了一九三三年七月，德國人只能加入納粹黨，加入其他政黨皆屬非法。納粹政府在十一月舉辦一次國會選舉，只有該黨候選人可以參選，當然也只有他們能當選。希特勒很快就把德國打造成只有一個政黨的國家，這一黨制與蘇聯相同，但這種納粹國家當然不是史達林想要的。多年來，德共在世界上曾是蘇共以外的最強大共產黨，如今才幾個月的光景就遭到毀黨的命運。德共的失敗對於國際共產運動的前景無疑是一大打擊。[11]

儘管希特勒奪權成功，一開始史達林似乎仍希望蘇、德之間能維持某種特殊關係。這兩國自一九二二年以來就維持著軍事與經濟合作，因為雙方保持著一種默契，希望能藉由奪取波蘭來重新打造東歐的政治地景。雙方簽訂《拉帕洛條約》之後，一九二六年又透過簽署《柏林條約》來確認兩國在遭受第三國攻擊的狀況下，雙方都能保持中立，不會協助侵犯對方，後來這條約在一九三一年重簽後有效期又延長五年。德軍甚至在蘇聯境內進行軍演，這當然是最能展現兩國友好關係與共同目標的跡象。不過，一切在一九三三年九月都暫時畫上休止符。一九三四年一月，納粹與波蘭簽署了一項互不侵犯宣言。這令人詫異之舉似乎是德國外交政策轉向的訊號。看來華沙已經取代莫斯科的地位，成為柏林當局在東歐的最佳夥伴。難道德、波兩國真會聯手攻擊蘇聯嗎？[12]

與德共遭毀黨命運相較，德、波建立的新關係很可能讓史達林更有危機感。一直以來他總是從兩個層面去親自主導外交政策：一方面與外國政府進行正式外交關係，另一方面則是對國際社會與國內社會進行意識形態作戰，影響人民想法。前者他是透過主管外交的人民委員李維諾夫（Maxim Litvinov）去執行，後者則是靠共產國際。可能他認為希特勒的路數與他大同小異，所以就算納粹高唱反共論調也不見得會阻礙柏林與莫斯科之間建立好關係。但在蘇德關係中殺出波蘭之後，史達林開始認為德國的反蘇不只是在思想層面上，連外交路線也是。事實證明史達林的疑慮無誤，希特勒的確是為了對抗蘇聯的大計而把剛剛復國的波蘭招攬來當盟友。就在德、波兩國於一九三三年年底進行協商之際，蘇共高層始終憂心德國政府會提議購買波蘭西部的土地，並承諾未來允許波蘭併吞烏克蘭領土，而這憂慮不能說沒道理。雖然德國的確提議波蘭如此擴張國土，但該國並沒有興趣。儘管蘇聯情報與政宣單位宣稱，德、波除了共同宣言以外簽有兩國合作對抗蘇聯的密約，但事實上沒那回事。但希特勒的確希望這份宣言最後可以發展出柏林與華沙共同抗蘇的軍事同盟。一九三四年春天他曾經公開表達自己的猶豫：到底要怎樣才能誘使波蘭與德國結盟？[13]

一九三四年一月，蘇聯的立場似乎極其窘迫。其一連串內政措施導致數百萬公民餓死。另外，蘇聯的外交政策又促成了反共獨裁者希特勒的崛起，而且他上臺後又與先前德、蘇兩國的共同敵國波蘭大和解。

結果史達林找到了可以幫他解套的說詞與意識形態路線。蘇聯共黨十七大（因為五年計畫目標達成，此次大會有「勝利者的大會」之稱）在一九三四年一月至二月間舉行，史達林於大會上宣布他在蘇聯全境推動的二次革命成功。儘管大饑荒讓所有蘇聯人民難以忘懷，他卻隻字未提。反而混淆視聽，把大饑荒一律抹黑成各方政敵死命阻擋五年計畫，而他與手下同志盡心盡力克服。卡岡諾維奇盛讚主子史達林創造出「人類史上最偉大的革命事蹟」。儘管表面上看來是希特勒崛起了，但卻也是蘇聯體制必將稱霸全世界的徵兆。納粹政府倒行逆施，顯示資本主義體系即將因內部各種矛盾而崩垮，革命在歐洲遍地開花的日子不遠了。[14]

這套說詞只能打動那些相信革命的人，打動那些已經對領袖史達林敬畏有加的共產黨人。在局勢如此糟糕的情況下，只有那些用特定模式思考的人才會覺得實際上會有好事發生。這就是所謂的**辯證法**：儘管此一思維模式源自於希臘哲學，經由黑格爾發展到馬克思集其大成，是個非常傲人的思想傳統，但到了史達林時代，這三個字只意味著大家很會腦筋急轉彎，有辦法適應他隨意改變的說詞。[15]

不過，史達林深知光有一套說詞是不夠的。即便他嘴上宣稱希特勒引發的鉅變象徵著社會主義即將勝利，但手裡卻急著改變國內政策。他並沒有年復一年報復烏克蘭農民。他必須讓這些已如驚弓之鳥的農民活下去，為他生產蘇聯所需的大量農作物。這時蘇聯政策又改變成農民可以在自己的一小塊土地上耕種，相當於他們的私人蔬果園，並自由使用作物。上繳的作物數額與外銷目標也不再像過去那樣不合理地攀升。一九三四年，蘇聯全境的大饑荒終於絕跡。[16]

希特勒的崛起的確讓蘇聯有機會把自己包裝成歐洲文明的堅強防線。一年多後，在一九三四年六月，史達林終於把握住機會。根據共產國際當時大力宣傳的新路線，不再強調政治就是「階級之間的鬥爭」。取而代之的路線是，蘇聯與世界各國共黨必須對左派勢力敞開大門，雙方整合成一個「反法西斯」的陣營。共產黨人不再執著於沒有妥協空間的階級鬥爭，而是在法西斯主義狂潮崛起之際負擔起解救人類文明的使命。「法西斯主義」一詞由義大利的墨索里尼原創後流傳甚廣，此時被蘇共塑造為資本主義發展晚期的普遍腐敗現象。按蘇共的主張，儘管法西斯主義的興盛意味著資本主義舊秩序的終結，但因為法西斯政權痛恨蘇聯，所以各國蘇維埃政府與共黨人士應該其他資本主義勢力在策略上妥協結盟，藉此才能保衛蘇聯。歐洲各國共黨把自己重新打造為「反法西斯人士」，與國內社會民主黨與各左派政黨合作。共產國際敦促歐洲各國共黨人士能加入各國的「人民陣線」，結成選戰同盟，與社民黨、左派各政黨打贏選戰。共產人士

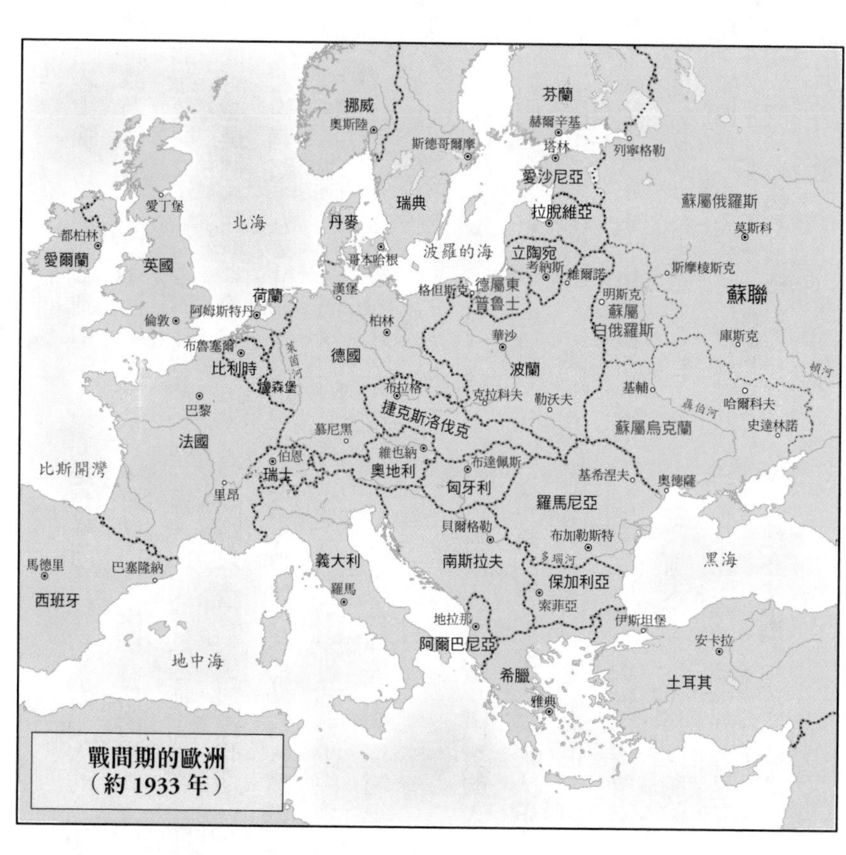

戰間期的歐洲
（約1933年）

會暫時在民主體制裡打拚，而不是把民主毀棄。[17]

這對於德共與德國社民黨來講當然已經太晚。但從西歐到南歐，只要是想嚇阻希特勒勢力坐大的人士都很歡迎蘇聯的新路線。史達林趁勢將蘇聯打造成「反法西斯大本營」，藉此占有反法西斯的招牌，獨攬好處。只要是能理性思考的人，當然想要與反法西斯主義陣營站在同一邊，而不是法西斯主義吧？因此，要是有人反對蘇聯，那就意味著他可能是個法西斯主義者或至少是個同路人。這人民陣線時期從一九三四年六月持續到三九年八月，其中大約有七十五萬蘇聯公民遭史達林下令槍決，也持續有人遭流放古拉格。受壓迫者大多為農工，但蘇聯的體制本應是為他們效力的。除了農工以外，一般都是少數族裔的蘇聯公民。就像希特勒的崛起讓大家忽略了一九三三年的蘇聯大饑荒，史達林對納粹提出的反制也形同障眼法，導致很少人看見他對農工階級與少數民族遂行的紅色恐怖。[18]

在蘇聯千里之外的法國與西班牙，是人民陣線大獲全勝的兩大民主政體。最偉大的勝績是巴黎的人民陣線居然真的於一九三六年五月勝選，組成聯合政府。左派各黨（包括艾希歐領導的激進黨）於大選獲勝，由社會主義者列昂·布魯姆（Léon Blum）出任總理。法共雖是勝選聯盟的成員，但並未正式加入政府，不過他們的確讓人民陣線能確保國會多數，也有影響政策的實力。這讓改革派能夠獲得選票支持，只不過法共的第一要務還是確保法國的外交政策能對蘇聯保持友好。巴黎政壇人士都把人民陣線的成功當作法國本地悠久左派傳統的勝利。但也有不少人認為這是蘇聯的成功，甚或印證了蘇聯的確是支持民主自由的，尤其是那些逃離納粹德國的政治難民都抱持這種想法。人民陣線在法國崛起後，歐洲各國較具影響力的知識分子若想對蘇聯提出批判，變得遠比以前困難了。[19]

在西班牙，各政黨也結盟組成人民陣線，在一九三六年二月贏得大選。不過，西班牙情勢的發展與法國截然不同。七月，在眾多極右派團體的支持下，大批陸軍軍官起兵政變，試圖推翻民選政府。政府發動反抗，西班牙內戰就此爆發。儘管對於西班牙人來講是一場內戰，但人民陣線時代的不同意識形態敵國卻各自選邊站。西班牙共和政府戰況吃緊，蘇聯於一九三六年十月開始提供武器援助，至於納粹德國與法西斯掌權的義大利則是支持佛朗哥（General Francisco Franco）將軍所領導的右派軍隊。西班牙內戰促使柏林與羅馬兩地政府建立起更親近的關係，而這也成為蘇聯的歐洲外交政策焦點。西班牙每天都會出現在蘇聯各大報的頭版，為時數月之久。[20]

岌岌可危的西班牙共和政府讓歐洲各國社會主義人士團結在一起，並肩作戰，其中許多人毫不懷疑蘇聯是支持民主體制的。但有些歐洲社會主義者比較敏銳，像是英國作家喬治．歐威爾就深感懊惱：怎能讓史達林的爪牙滲透進入西班牙，成為該國左派的領頭羊呢？在他看來，蘇聯所輸出的不只是武器，也包括他們的政治舉措。史達林雖然幫助西班牙共和政府，但也要求相對回報，讓他得以在西班牙國內與托派共黨人士進行鬥爭。雖然史達林最大的政敵托洛斯基遠在墨西哥流亡，但畢竟仍在世，而許多保衛共和政府的西班牙志士都是自詡為托派成員，比較不支持史達林的蘇聯。過沒多久，共黨的宣傳機器就開始把西班牙的托派人士抹黑為法西斯主義者，蘇聯內務人民委員部甚至派幹部遠赴西班牙，以「叛國」之名槍決他們。[21]

人民陣線遭各方敵人抹黑為共產國際的傀儡，為共產國際遂行統治世界的陰謀。人民陣線讓日、德有藉口強化兩國關係。一九三六年十一月二十五日，德、日簽署《反共產國際協定》（Anti-Comintern Pact），規定只要其中一方受蘇聯攻擊，另一方除了不能協助蘇聯，還要與對方商討如何保護共同利益。到了一九三七年五月十一日，兩國又簽署了情報機關的互助協定，約定雙方共享關於蘇聯的情報，甚至計畫要在蘇聯東西兩方的國境發動民族運動，藉此顛覆蘇聯。[22]

從蘇聯的角度觀之，日本的威脅比德國還要直接。一九三七年上半年，德國比較像是除了日本之外的額外威脅，而不是主要威脅。日本帝國認為，政治就是與其他大國之間的對決，因為在地緣政治上北有俄國，南有中國。日本軍方有個重要派閥認為西伯利亞地大物博，對於該國未來的經濟發展至關緊要。日本的傀儡國家滿洲國與蘇聯西伯利亞地區之間有很長的邊界，此時看起來更像是一個入侵西伯利亞的跳板。那時日本人天馬行空地想著要在西伯利亞東部，幫助那些遭到流放或去那邊墾地的烏克蘭人建立一個可以受日本控制的傀儡國家。在東京當局看來，要策反那些被流放到古拉格的烏克蘭人可說易如反掌，只要保證給予外交支持即可。有些波蘭間諜得知這個構想，把此一計畫稱為「滿洲國翻版」。[23]

日方看來當然是長期都對西伯利亞保持興趣。日人在滿洲國哈爾濱市特別針對這計畫成立了一個日俄協會學校，培養了第一代能講俄語的年輕帝國主義工作者，杉原千畝就是其中之一。一九三五年，蘇聯把中國東北境內中東鐵路的主權賣給日本，杉原參與了雙方的協商工作。他也在滿洲國外交部任職，受洗成為東正教教徒，娶俄國女子為妻，甚至以俄國名字「謝爾蓋」自稱，大多數時間都待在哈爾濱俄國僑民聚居的地方。他在那裡結交不少俄國流亡人士，招募他們在蘇聯境內從事間諜活動。蘇、日兩個大國在東亞地區的對決引起了葛瑞斯・瓊斯的注意，他在一九三五年前往滿洲國。這位威爾斯記者的確有異乎常人的新聞敏銳度，他說這個地區正是「法西斯主義」與「反法西斯主義」在世界上演衝突戲碼的主要舞臺。不過，他也在這一年遭當地匪徒綁架，隨後遇害，迄今仍是一樁疑案。[24]

讓史達林感到憂慮的必定不只是日本有可能直接入侵西伯利亞，他也擔憂日本帝國在東亞地區的崛起。滿洲國是日本在奪走中國東三省後所建立起來的傀儡國家，也許日本還會有更多動作。中國與蘇聯之間的國界最長，國內政情不穩。在戰況激烈的國共內戰中，國民黨政府的剿共攻勢幾乎成功。在

戰間期的東亞
（1933 年 12 月）

國軍的進逼下，毛澤東已帶領著中共部隊進行「兩萬五千里長征」，這時正在前往中國西北地區的途中。不過，這兩方都無法取得整個國家的武力控制權。即便是在國軍占上風的地區，也必須仰賴當地軍閥配合。或許對史達林來講最嚴重的問題在於，國共雙方就是無法齊心抗日，阻止日軍進逼。

蘇聯的外交政策必須在支持各國共黨與維護蘇聯國安之間取得平衡，但後者當然還是比較重要。儘管共產國際原則上支持中共，史達林還是會為國軍提供武器與金援，希望能藉此維持邊疆的和平。在與蘇聯哈薩克地區有龐大接壤地帶，也有大量人口信奉伊斯蘭教的中國新疆省，史達林並未從意識形態的角度去行事。他支持當地軍閥盛世才，不但派工程師、礦工去幫忙採集天然資源，也讓內務人民委員部派員前往當地協助維護治安。[25]

從地緣政治的角度看來，德日同盟一旦成形，就等於完成了日、德、波三國一起包圍蘇聯國土的情勢。這三者是蘇聯最重要的近鄰，而且在史達林一生中，從帝俄到蘇聯時代，他的國家曾陸續遭這三國擊敗過。即便德國打輸一戰，德國部隊仍在一九一七年於東線戰場上擊敗了俄軍。一九〇四到〇五年之間的日俄戰爭期間，俄國海陸兩軍則是遭日本羞辱。而波蘭擊敗紅軍的歷史最近，是一九二〇年的事。如今在這三國都簽了外交條約後，他們看來已經做好準備要聯手對付蘇聯。假使德、日的《反共產國際協定》與德、波的《互不侵犯條約》都包含了共同侵略蘇聯的軍事密約，那麼史達林的擔憂的確有理：這三國聯手圍堵蘇聯之勢已經形成。但事實上兩個條約都沒有密約，而且要東京、華沙與柏林組成軍事聯盟，就算並非完全不可能，可能性也很低。儘管波蘭與日本交好，但華沙政府並不希望採取任何可以被當成對蘇聯有敵意的舉措。德國原本邀請波蘭加入《反共產國際協定》的簽署，但遭拒絕。[26]

史達林是個政治天才，擅長把國內政策的失敗歸因於外國的威脅，彷彿兩者有必然連結，彷彿兩者他都不必負責。如此一來就算政策失敗他也不用遭批鬥，而且任何國內人士只要與他敵對，就會遭他扣上外國間諜的大帽子。早在一九三〇年，當集體化運動出現問題時，他就曾提及那是托派與各種外國勢力所進行的國際陰謀。史達林宣稱這再明顯不過了，「只要資本主義陣營始終包圍著我們，那麼國內就難免會有人搞破壞、當間諜、妨礙我們，甚至殺人也在所不惜」。只要蘇聯政策出錯，就是因為受到各個反動派國家的阻礙，因為他們想要阻礙歷史演進的必然進程。五年計畫只要看起來有點缺陷，那必然是因為有外國勢力介入：所以他就有充分理由對叛徒處以最嚴厲刑罰，而且他隨時可以找華沙、東京、柏林、倫敦或巴黎等地的各國政府當代罪羔羊。[27]

因此在那些年史達林主義所施展的是一種雙重騙術。人民陣線的確是成功了，但卻被大肆宣傳成為邁向社會主義的大躍進。在此同時，國內發生的大饑荒與各種慘劇，則是因為有外國顛覆勢力介入，但這根本是子虛烏有。史達林手握蘇共的黨機器與共產國際，靠兩者同時遂行兩種騙術，而且他就是知道怎樣吹牛：外國政府巧妙地收編那些對他政策有所不滿的蘇聯公民，靠他們裡應外合，進行軍事介入。畢竟，外國戰爭與國內反對勢力的內外交迫的確在俄國歷史上發生過，而且這是蘇共最重要的歷史教訓——當初他們就是靠這樣起家的。一戰期間列寧本人即為德國政府用來顛覆帝俄的祕密武器；我們可以說，這只是德國一九一七年外交政策的一小部分，但卻無意中催生了布爾什維克革命。二十年後，史達林肯定也害怕國內政敵在外國侵略蘇聯時趁機推翻他的政權。列寧在一九一七年仍在海外流亡，如今托洛斯基也一樣。如果發生戰爭，恐怕托洛斯基也會回來，讓托派的士氣大振，重演二十年前列寧的老戲碼。[28]

其實一九三七年的史達林在蘇共內部並沒有足以挑戰他的政敵，但這似乎只是讓他更加深信，他的政敵都學會了隱藏起來，暫時沒有政治動作。跟大饑荒最嚴重時一樣，這一年他再次高喊，國家最危險的敵人往往看似無害又忠心。所有敵人，無論可見或不可見的，終將被他一一揪出消滅。一九三七年十一月七日是布爾什維克革命的二十週年紀念日（也是史達林妻子自殺逝世滿五年的日子），史達林舉杯對同志們表示：「任何在行為或思想上威脅社會主義國家團結的人，都會遭我們無情摧毀——沒錯，連思想犯也是！預祝我們毀滅所有敵人，連同他們的家人！」[29]

與希特勒不同之處在於，史達林手裡握有可以幫他執行這種政策的工具，也就是曾名為「契卡」與國家政治保衛總局（OGPU），如今已改稱內務人民委員部（NKVD）的國家警察機構*。蘇聯的國家警察是在布爾什維克革命期間就崛起的特務組織，當時名為「契卡」。從創始之初，它就不是個執法單位，而是肩負消滅革命陣營敵人的政治使命。蘇聯立國不久後，「契卡」更名為國家政治保衛總局（隸屬於內務人民委員部），轉型成為編制龐大的國家警察組織，負責執行蘇聯法律。在特殊情況下，例如一九三〇年的集體化運動期間，國家將一般的法律程序暫時擱置，由國家政治保衛總局派出警察到各地去主導所謂的三人小組（troika），同時扮演法官、陪審團與行刑手的角色。這等於是回歸了革命時代的「契卡」傳統，而且就是以正有革命發生為藉口：無論是向社會主義躍進或社會主義遭威脅，都是革命。到了一九三〇年代後半，為了隨心所欲鎮壓政敵，史達林必須讓內部人民委員會體認到某種危機感，所以他們必須以特殊手段來應對危機。[30]

一次戲劇性的謀殺案剛好讓史達林有機會完全掌控內務人民委員部。一九三四年十二月，史達林的親近同志謝爾蓋・基洛夫（Sergei Kirov）在列寧格勒遇刺身亡。就像前一年希特勒曾好好利用國會大樓縱火案，史達林也趁基洛夫遇刺大展身手。他說刺殺案是國內政敵犯下的，宣稱他們即將對蘇聯高層進行下一波恐攻。儘管刺客列昂尼德・尼古拉耶夫（Leonid Nikolaev）當場被捕，但光是逮捕他並不會讓史達林滿足。他執行一道特別法，迅速處決大批所謂的「恐怖分子」。他強調恐怖主義的威脅，宣稱意圖謀殺蘇聯領導高層、進行政變的，是他以前在中央政治局的左派政敵。[31]

史達林如此詮釋列寧格勒的刺殺案，無疑是直接挑戰了蘇聯國家警察機構。內務人民委員部不打算接受他的理論，況且他根本沒有任何證據。結果內務人民委員部首長亨利克・亞戈達（Genrikh Yagoda）居然敢對此提出質疑，史達林要他小心點，「以免出事」。尼古拉・葉若夫（Nikolai Yezhov）倒是願意配合演出，他幫忙大肆宣傳史達林對這件事的詮釋。葉若夫的故鄉在立陶宛與波蘭接

* 譯註：契卡（Cheka）是在一九一七年革命成功，蘇共上臺後就成立，持續到一九二二年。一九二三年，改稱國家政治保衛總局（OGPU），隸屬於內務人民委員部（NKVD）。一九三四年，廢除國家政治保衛總局之名，直接稱為內務人民委員部。後來又幾度更名，直到史達林去世後，才於一九五四年更名為格別烏（KGB）。

壞的邊境，雖是個小人物，但大家都知道他本來就認為國內反對勢力策畫了恐攻。一九三五年二月他受命領導一個「監察委員會」，為了中央政治局方便肅清異己，積極蒐集各種不利於蘇共中央委員會成員的證據。史達林與葉若夫似乎強化了彼此的信念，兩人越來越覺得陰謀無所不在。後來史達林把葉若夫當成左右手，甚至非常罕見地表示他該好好照顧身體，由此看得出兩人有多親近。剛開始葉若夫只是被任命為亞戈達的副手，接著取代了他。一九三六年九月，葉若夫升任為內務人民委員部委員，即該部首長。本來亞戈達只是獲派他職，但兩年後即遭處決。[32]

從一九三六年八月開始，許多史達林先前的政敵都在一次次作秀式的公開審判中遭葉若夫以各種荒誕的罪名起訴。這些名人的自白在當時可說舉世矚目。加米涅夫（Lev Kamenev）與季諾維也夫（Grigory Zinoviev）這兩位托派要角是史達林的政敵，他們在八月十九到二十四日之間受審。兩人坦承參與了一起謀殺史達林的恐攻陰謀，與其餘十四人全遭判處死刑，隨即遇害。這些老布爾什維克黨人都遭恐嚇毒打，他們在自白時簡直就像照著劇本唸稿演出。不過當時大家都廣為接受這些說法，也相信了史達林對於蘇聯歷史的另一番解釋：也就是史達林永遠是對的。在接下來一次次作秀式公審中，史達林甚至又重新開啟了他在一九二〇年代末期的政爭模式：清理掉過去的左派政敵加米涅夫與季諾維也夫之後，他把矛頭轉向曾與他作對的右派前領導人尼古拉・布哈林（Nikolai Bukharin）。過去還能進行黨內爭辯時，布哈林曾威脅史達林，要指控他是故意造成大饑荒。儘管他終究沒那麼做，這次還是遭處死。首謀據稱是托洛斯基，即便他因為人在國外而無法受到這作秀式的審判。一九三六年八月二十二日蘇共機關報《真理報》以斗大標題把他們與外國勢力串在一起：「托洛斯基、季諾維也夫、加米涅夫都是蓋世太保走狗。」這三位老布爾什維克黨人皆為蘇聯的建國元老，他們可能是遭資本主義勢力收買的間諜嗎？納粹德國的祕密警察有可能招募這三位猶太裔共黨人士當密探嗎？根本沒那回事，但很多人都把這罪狀當真，甚至外國人士也是。[33]

許多歐美人士都誤認這些作秀式公審與一般審判無異，自白是他們有罪的可靠證據。許多蘇聯同情者看到這一幕，甚至認定是正向發展：例如，英國社會主義人士貝特麗絲・韋伯（Beatrice Webb）就樂見其成，認為史達林「除掉了害群之馬」。其他蘇聯同情者則是努力壓抑心中疑慮，因為他們認定蘇聯是納粹德國的敵人，是文明世界的希望。一九三六年，歐洲各國的輿論陷入一種二分法的困境，任何人只要批判蘇聯，就很難不被當成法西斯主義與希特勒的同路人。不過這當然是因為，無論國家社會主義與人民陣線，本來就都是使用二分法的思考模式：希特勒把他的政敵一律打成「馬克思主義者」，史達林則是將政敵扣上「法西斯主義者」的帽子。[34]兩者一致認為沒有中間地帶存在。

指派葉若夫擔任內務人民委員部委員之際，剛好也是史達林決定介入西班牙內戰的時候。他認為，作秀式公審與人民陣線是同一個政策。人民陣線重新界定了敵友的分野，而這當然是因為莫斯科當局的路線改變了。既然是要選擇擁抱非共黨的勢力，史達林認為執行人民陣線路線時要非常小心，無論國內外都是如此。他認為西班牙內戰不只是要對抗西班牙法西斯主義的武裝部隊與他們的外國支持者，也是要與左派和內部敵人進行鬥爭。他深信西班牙共和政府之所以如此脆弱，就是無法把間諜和叛徒一一揪出處死。蘇聯不只是個國家，更是願景，除了是國內的政治體系，也是走國際路線的意識形態。蘇聯的外交政策總是與國內政策聯動，國內政策也往往要配合外交政策。這同時是蘇聯的優勢與弱點。[35]

蘇聯一方面高調與歐洲法西斯主義對撞，另一方面在國內血腥肅清過去或潛在的政敵，歐威爾洞悉了兩者有一種相輔相成的關係。在作秀式公審開始之際，蘇聯也派人進駐巴塞隆納與馬德里。因為在西班牙與法西斯主義作戰，讓蘇聯有理由於國內保持警戒，但另一方面而言，也因為在國內進行肅清行動，所以證明了應該在西班牙保持警戒。儘管當初建立人民陣線時使用的是多元主義的話術，但從西班牙內戰看來，史達林已經打定主意：任何人敢阻擋史達林式的社會主義，都會遭清除。一九三七年五月，歐威爾在巴塞隆納近身觀察共黨人士引爆共和軍內部的派系衝突，接下來因為共和政府已經唯莫斯科之命是從，就對托派發布了禁令。提及這場發生在巴塞隆納的小型武裝衝突時，歐威爾寫道：「這場發生在偏僻城市的悽慘內鬥原本看來不值一提，但後來卻顯得重要無比。」他的看法完全正確。史達林認定巴塞隆納的共和軍就是法西斯派來臥底的第五縱隊。這場內鬥顯示出很多事都是史達林說了算，無論在什麼地方，也無論當地的政治現實為何。歐威爾的《向加泰隆尼亞致敬》（*Homage to Catalonia*）有一章以動人文字描繪了前述一切，而且這本戰爭回憶錄讓至少一部分西方左派與民主派人士學到寶貴的教訓：並非只有法西斯是他們的敵人。[36]

許多人在蘇聯接受作秀式公審中的自白似乎印證了，的確有許多組織性的陰謀活動存在，而葉若夫把這些有外國情報機構撐腰的陰謀稱為「核心」。一九三七年六月底，葉若夫在莫斯科向蘇共中央委員會報告他的調查結果。他向蘇共一眾菁英宣稱，有一個天大的陰謀正在進行，也就是「核心中的核心」，不只許多政敵涉入，也牽連了紅軍內部甚至內務人民委員部。此一陰謀的目標就是摧毀蘇聯，讓資本主義在蘇聯土地上復辟。「核心中的核心」的執行者絕對不會停手，甚至打算閹割得獎的綿羊——

這的確是他明確提及的破壞行動。他的一切發現都證明有必要好好肅清蘇共、紅軍與內務人民委員部內部。紅軍的八位高層指揮官隨即在同一個月接受作秀式公審，接下來幾個月內，大約半數將領將遭處決。一九三四年參加蘇聯共黨十七大（即「勝利者的大會」）的一百三十九位中央委員中，大約有九十八位遭槍決。最重要的是，為了徹底肅清紅軍、國家機關與蘇共組織，又有五萬人左右遭處決。[37]

一九三四到三七年之間，希特勒也是用同樣的暴力手段接管了國家機器，把黨政軍一把抓。他跟史達林一樣，重施當年崛起政壇時的鬥爭故技，甚至處死了某些當初輔佐他的人。儘管遭希特勒肅清處死的人數遠遠不及史達林害死的人，但他證明了德國的法律都是他這位元首說了算。史達林必須馴服內務人民委員部，才能讓該部成為肅清行動的幫凶；但希特勒不同，他是藉由實施恐怖肅清行動來幫助他偏好的親衛隊坐大，讓其權威性凌駕於各個德國警察部隊之上。史達林利用這番肅清來威嚇紅軍，但希特勒卻是刻意拉攏德軍將領，方法是殺了一個他們覺得有威脅的納粹黨人。

遭肅清的人裡面最為位高權重的，莫過於納粹衝鋒隊（Sturmabteilung，簡稱SA，又稱褐衫隊）的首領恩斯特·羅姆（Ernst Röhm）。衝鋒隊曾幫希特勒樹立個人權威，威嚇無數政敵（與選民），最後幫他在一九三三年取得執政權。衝鋒隊擅長街頭鬥毆，對希特勒在當政客時幫助很大，但他出任總理後不再適合這種行事風格。羅姆曾在一九三三、三四年大談德國需要二度革命，但希特勒拒絕了。羅姆個人的野心越來越大，阻礙了希特勒重建德軍的計畫。在羅姆看來，他所領導的衝鋒隊比德軍更能展現納粹的精神，所以他甚至想親自掌控、改造德軍。他麾下有三百萬名褐衫隊員，遠遠超過《凡爾賽和約》所允許的區區十萬德國正規軍。希特勒的確有意違背和約的各項義務，但他並不想用衝鋒隊來取代德軍或將德軍併入衝鋒隊，而是要重建德國部隊。[38]

一九三四年六月底，希特勒下令處決羅姆與他手下幾十位親信，還有其他納粹黨內部的對手，以及一些政治人物。希特勒動用納粹親衛隊來對付同屬納粹的衝鋒隊。親衛隊由希姆萊領軍，他特別強調麾下成員不能參雜其他種族血統，尤其重視思想教育，要求隊員絕對效忠希特勒。他的任務獲得希特勒背書，並處決羅姆與其他幾十人，這起事件後來被稱為「長刀之夜」（Night of the Long Knives）。一九三五年七月十四日，希特勒向國會表示他已經處決了那七十四人。但實際數字至少是八十五人，其中幾人是納粹民兵組織的副官。當然，他必須宣稱羅姆與其他人正在謀劃一起政變，想要推翻他所領導的合法政府，所以他不得不先發制人。除了衝鋒隊的高層以外，希特勒也血腥肅清了一些保守派人士，還有已經退職的政府高層。在他前面的三位總理，其中有一位於「長刀之夜」死於非命，一位遭逮捕，另一位事發前就已逃離德國。[39]

因為親衛隊是血腥肅清行動的執行單位，這讓希姆萊得以更為接近權力核心。這時親衛隊已與衝鋒隊分家，成為納粹黨內部最有權勢的組織。「長刀之夜」過後，親衛隊肩負的任務就是確保所有德國警察機關都能服膺納粹思想。為了合併親衛隊與德國既有的警察部隊，希姆萊把親衛隊成員派往警察部隊，並親自指揮各警察部隊，警政大權一把抓。一九三六年，希特勒任命希姆萊為德國的警察總長，也就是把秩序警察（Order Police，相當於武警）、刑警隊警探與蓋世太保（祕密警察）都交給他領導。原本，警察機關隸屬於德國政府，親衛隊是納粹黨內部組織，但希姆萊設法將兩者合併。到了一九三七年，他創設了親衛隊與警隊高級領袖（Higher SS and Police Leaders），這些領袖相當於各地區的警政首長，理論上可以同時指揮親衛隊與警察部隊。希姆萊藉此把兩者的指揮階層予以整併。[40]

除了把親衛隊的地位提升到衝鋒隊之上，另外一件要事是希特勒與德軍將領們的關係大有進展。羅姆遭處決後，陸軍將領莫不對希特勒感恩戴德。在一九三四年以前，所有重要的國家機關裡面只剩下陸軍是希特勒還沒能完全掌握的。一旦希特勒展現出重建陸軍的意願，而不是要重用衝鋒隊而捨棄陸軍，情況很快就改變了。興登堡總統去世幾週後，軍方便勸進希特勒登上總統大位。但往後他從來沒有使用「總統」的頭銜，而是偏好「元首」。一九三四年八月以降，所有德軍士兵都會宣示自己將無條件效忠希特勒，因此都稱他為「我的元首」。稍後，透過在同一個月舉辦的公民投票，希特勒的頭銜就確認為「元首兼帝國總理」。一九三五年三月，希特勒公開宣稱德國將毀棄《凡爾賽和約》的所有規定，重新採用徵兵制，開始重建各軍種。[41]

跟史達林一樣，希特勒展現出主宰所有權力機關的姿態，謊稱自己是各種陰謀的受害者，然後把實際或想像的對手都清除掉。不過，史達林用來威嚇全民的機關是承繼自列寧與布爾什維克革命，希特勒卻是必須自己創造這種機關。親衛隊與德國警察再怎麼厲害也沒辦法在德國遂行同樣規模的恐怖肅清行動，其能力遠遜於蘇聯的內務人民委員部。「長刀之夜」的受害者人數與蘇聯的黨政軍肅清行動相較，只能算是小巫見大巫。這場大清洗導致數萬人遭處死，就連內務人民委員部的某些人員也難倖免。這個死亡人數遠遠高於二戰以前納粹政權殺死的人數。假以時日，親衛隊經過一番歷練後才有辦法趕上內務人民委員部。希姆萊把手下當成「納粹思想純正的士兵」，但他們並不會真正上戰場，而是跟在部隊後面：一九三九年後他們被派往波蘭，後來在一九四一年又遠赴蘇聯，專責征服與鎮壓異族的任務。42

希特勒在國內進行血腥肅清，打的算盤是要把同樣模式應用在未來進行侵略戰爭時：由效忠希特勒且經過擴編的德國國防軍打頭陣，隨後由親衛隊與德國警察接手，把戰爭變成毀滅戰。這樣看來，史達林對於敵國入侵蘇聯的恐懼，完全合情合理。不過史達林終究是多慮了：德國人並不不會找烏克蘭人當侵略戰爭的內應。就這方面來講，史達林所勾勒的國家危機完全是錯誤的，敵國與他的國內敵人並不會聯手。因此史達林在用大饑荒害死幾百萬人後，實在沒必要繼續在一九三七、三八年肅清黨政軍人員，那些人根本就是無謂冤死，甚至適得其反。

肅清黨政軍與內務人民委員部只能算前奏，接下來史達林將在一九三七到三八年之間以階級鬥爭與消滅民族主義者的名義處死數十萬人，史稱大清洗。這段時期數以萬計蘇聯公民遭偵訊，國家又憑空虛構出各種各樣的「組織」、「陰謀」、「團體」，藉此羅織罪名，有越來越多人遭到入罪。許多共黨人士遭處決，無疑於一九三七年夏天在黨內掀起一陣恐慌，但一般來講他都會饒過黨員，前提是大家必須遵從他的領導，同意幫忙把蘇聯社會內部的敵人一一揪出。先前的肅清行動算是考驗內務人民委員部是

否忠於領袖，因為過程中史達林總是隨意更換領導階層，所屬軍官也常被迫看著自己的同事遭肅清。不過，到了一九三七年夏天，歷經一番混亂的內務人民委員部將會被史達林用來對付各個社會群體，該部所屬的許多軍官已經準備好要幫忙揪出敵人。大清洗之前，蘇聯政府高層已經謀劃好要對付的，可能是他們的確最害怕的一群人：富農。[43]

在史達林推動二次革命，因為集體化運動造成大饑荒，無數人遭流放到古拉格之後，這些富農仍然憑藉著韌性倖存。其實富農並非真正的社會階級，只是蘇聯政府在進行政治鬥爭時用來幫人貼標籤、扣帽子的方式。第一個五年計畫以「消滅富農」為目標，已經有許多人殉難，但這與其說是消滅，不如說是創造出一個階級：一群飽受侮辱、打壓的倖存者。過去集體化運動期間遭流放或幸運逃走的數百萬人往後將會永遠遭貼上富農的標籤，其中有些人也接受了。蘇聯領導高層不得不思考的問題是，二次革命有沒有可能反而創造出一批敵人？一九三七年二到三月間，蘇共中央委員會召開全體大會，許多發言者的結論都非常符合上面那一套思考模式：城市裡原本極其純正的無產階級正在受「其他階級的壞分子」汙染。富農是蘇聯體系的「仇敵」。[44]

這時被稱為富農的那些人都已歷經各種苦難，在蘇聯全境的集體化運動過後仍然倖存。集體化運動已經迫使數百萬富農遭囚禁於古拉格，或逃入城市。這意味著他們必須離鄉背井，遷居十萬八千里外。至少約有三百萬農民在第一次五年計畫期間變成受薪勞工。畢竟這的確就是五年計畫的目標：讓蘇聯從農業國家轉型成為工業國家。約略有二十萬人原本可能遭扣上富農的帽子，但卻先逃往城裡，躲過了遭處決或流放的厄運。至於已遭流放前往特殊開墾聚落的富農，大概有四十萬人設法逃走，隱身鄉間者多於逃入城裡的人。在集中營或特殊開墾聚落待滿刑期後離開者，也有數十萬人。因為他們都是分別在一九三〇、三一、三二年遭判處五年刑期，這意味著三五、三六、三七年都各有大批古拉格的倖存者獲釋。[45]

先前，蘇共曾樂觀地設想，經過集體化運動的歷練與有期徒刑過後，這些富農將可以擺脫他們身上那種對社會有害的階級習氣，成為正正當當的蘇聯公民。但到了一九三〇年代後半，史達林已改變路線，不再期待他們有進步的可能。他的工業化政策本來就隱含一種社會流動性，如今反而令他深感不安：富農重新加入集體農場後，或許會帶頭叛亂，就像一九三〇年也有很多農民曾造反過。這些富農所重返的，是一個在許多方面都還很傳統的社會。史達林深知，他在一九三七年壓制的廣大群眾裡，絕大多數成人仍然抗拒蘇聯的無神論，信仰上帝。布爾什維克革命已是二十年前往事，此時蘇聯社會的宗教信仰狀況令人疑惑，甚至感到不安。富農有可能讓舊社會復辟嗎？[46]

那些稍後才遭判刑或刑期較久的富農，此刻仍在古拉格，於蘇聯東部的西伯利亞或中亞的哈薩克度過流放人生——要是日本真的入侵，他們會不會通敵叛國？據內務人民委員部在一九三七年六月的報告指出，流放西伯利亞的富農「人數眾多，有可能起事叛亂」。理所當然的，在外國勢力的幫助之下，富農就會趁著戰爭的機會與蘇聯政府對抗。這時他們就是潛藏在國內的敵人。先前壓制富農的政策就此催生了新的鎮壓政策：流放的富農當然都不喜愛蘇聯體系，而且他們遭流放到十萬八千里外，偏偏那個地方與意圖向外擴張、因此對蘇聯有所威脅的日本帝國如此接近。[47]

內務人民委員部的遠東地區報告指出，國內敵人與外國勢力可能裡應外合。一九三七年四月，中國新疆省的穆斯林對親俄軍閥盛世才發動叛亂。在日本控制的滿洲國境內，日方也正在招募俄國流亡人士，要他們與西伯利亞境內的流放富農保持聯繫。內務人民委員部指出，有個日方在背後撐腰的「俄羅斯全軍聯盟」（Russian General Military Union）計畫趁日軍入侵時煽動流放地的富農帶頭叛亂。一九三七年六月，內務人民委員部的地區分部獲准行動，凡是涉嫌與「俄羅斯全軍聯盟」合謀者，都遭逮捕與處決，牽連甚廣。這次行動鎖定的目標除了流放地的富農，還有眾多可以指揮他們的前帝俄時代軍官。前者的人數自然是遠勝後者。所以，這些被流放到西伯利亞的富農就開始遭到大規模殺戮。[48]

在蘇聯領導高層看來，日本向來是全球資本主義陣營在東半球的代表，對該國充滿威脅，而且與波蘭跟納粹德國合謀。所以，做好在亞洲對日本發動戰爭的準備，等於也是準備在歐洲對德國、波蘭開戰。就是因為這時有大批富農正要從蘇聯的亞洲地區返回歐洲地區，所以政府不難想像國境內有一個從東到西的政敵網絡已經成形。儘管史達林是從西伯利亞開始大批槍殺農民，但他顯然打定主意要嚴懲蘇聯全境的富農，而不是只有流放到東方的那一部分。

在標題為〈論反蘇分子〉（On Anti-Soviet Elements），於一九三七年七月二日發出的電文中，史達林與中央政治局下達全面指令，要在蘇聯各地區進行大規模的鎮壓行動。國家領導高層認為，富農階級必須為近期內各地不斷傳出的破壞與犯罪事件負責，實際上就意味著全蘇聯的任何問題都是富農的錯。中央政治局命令內務人民委員部的各區分部將居住在當地的富農造冊列管，針對處決與流放的人數數額提出建議。結果各分部軍官大多請求在「反蘇分子」的名單上多增加一些人。到了七月十一日，中央政治局已經取得名單，決定要在第一輪肅清哪些人。史達林提議把這些數字提高，「額外增加一千人」。

這擴大行動規模之舉傳達出一個再清楚不過的訊息：內務人民委員部的國家警察不能只是懲處那些已經在名單裡的人。在這充滿威脅的肅殺氛圍中，為了證明自己勇於任事，這些國家警察必須要找出更多的肅清對象。[49]

史達林與葉若夫希望能「直接將反革命勢力完全瓦解」，換句話說就是「一勞永逸地」消滅所有敵人。莫斯科把修正後的數額以〇〇四四七號命令（一九三七年七月三十一日發布）送回各分部，命令的標題是〈關於如何肅清先前的富農，還有罪犯與其他反蘇分子〉（On the Operations to Repress Former Kulaks, Criminals, and Other Anti-Soviet Elements）。史達林與葉若夫希望各分部總計能槍決七萬九千九百五十名蘇聯公民，並將另外十九萬三千人判處八到十年徒刑，流放至古拉格。這加起來總計二十七萬兩千九百五十的人數只是一個必須達標的數額，倒不是中央政治局或內務人民委員部中央辦公室提出了明確的肅清對象。名單可由各地分部自己決定。[50]

儘管官方把那些處決與囚禁的數額稱為「限制」，但參與行動的人都知道那其實只是「下限」。如果沒有達標，地方分部軍官必須提出解釋，甚至上司還會鼓勵他們超標。在對付「反革命勢力」時，沒有任何內務人民委員部軍官想被貼上辦事不力的標籤，更何況當時葉若夫的立場是「寧願過多，不可太少」。結果在鎮壓富農的行動中遭槍決的人數並非七萬九千九百五十，而是這數字的五倍。到了一九三八年年底，內務人民委員部已經依照〇〇四四七號命令槍決了三十八萬六千七百九十八人。[51]

這〇〇四四七號命令的執行單位，也就是所謂的「三人小組」，過去也曾在一九三〇年代初期把蘇聯鄉間地區搞得人心惶惶。三人小組由內務人民委員部地區分部主管、地區黨部書記與當地檢察官各一位組成，負責按照數額處決，數額多少就要有多少具屍體。高層所規定的整體數額要由六十四個地區完成，各地區都有一個三人小組。就實務看來，主導三人小組的都是內務人民委員部的地區分部主管，由他們擔任會議主席。檢察官受命忽略法律程序。地區黨部書記除了還有其他公務之外，也都不是國安事務的專家，而且他們還怕自己成為遭到清算的目標。這種事由內務人民委員部的地區分部主管來做，可說是遊刃有餘。[52]

執行〇〇四四七號命令的第一步，就是要先把櫃子裡的檔案都拿出來。因為富農本來就是個由政府創造出來的階級，所以內務人民委員部已經有他們的資料。罪犯是命令裡提及的第二類對象，根據定義，就是那些曾在司法體系中留下前科的人。命令中所謂的「其他反蘇分子」實際上只是那些讓內務人民委員部各地分部製檔列管的人。在前述的六十四個區域裡，都有一些「行動部門」由內務人民委員部的軍官組成，在警察協助之下進行調查。接著「行動小組」把即將接受偵訊的人列冊。這些被盯上的人隨即遭逮捕，被迫招供，經過脅迫與勸誘後把其他人也供出來。[53]

嚴刑逼供當然是再普遍不過。內務人民委員部與其他警察機關的慣用伎倆是所謂的「接力偵訊法」，不分日夜進行馬拉松式問話。另外還輔之以「站立偵訊法」，嫌犯被迫在牆壁前站成一排，只要身體靠牆或者睡著就會遭毒打。在必須限時完成數額的壓力下，往往有內務人民委員部軍官將犯人屈打成招。史達林在一九三七年七月二十一日就授權他們可以用刑。在白俄羅斯，偵訊人員常把嫌犯的頭壓在馬桶裡，如果他們試著掙扎起來就毒打一頓。有些偵訊人員預先擬好供詞後帶來，只是填上嫌犯的個資，用手塗改部分內容。其他人則是直接逼迫嫌犯在白紙上簽名，稍後由他們幫忙隨意填寫內容。蘇聯的各政府機關就是這樣「揭穿敵人的真面目」，把敵人的「思想」建檔。[54]

數額是由中央下達地方，但一具具屍體卻是直接在地方「製造」。執行〇〇四四七號命令的三人小組必須負責判刑，無須獲得莫斯科方面的確認，受審者也不可能上訴。三人小組成員會在夜裡與偵訊人員開會，所有案件都只聽取一段短短的簡報，接受刑罰的唯二建議：處死或發送古拉格（被捕後未遭判刑者少之又少）。三人小組幾乎總是會接受建議。他們一次都處理幾百個案件，每小時至少六十案，每位嫌犯的生死最多只在一分鐘內就被決定了。舉例說來，列寧格勒的三人小組某天晚上將索洛夫基集中營的嫌犯判處死刑，人數竟有六百五十八人之多。[55]

大清洗行動席捲各地，連古拉格也不例外。我們實在很難想像這些集中營囚犯怎麼有可能威脅蘇聯，但跟內務人民委員部各地區分部一樣，古拉格體系也有必須達標的數額——只能超過，不能太少。根據官方的思維模式，若說曾被歸類為富農的人可能造成威脅，那富農就算正遭囚禁，一樣也可能很危險。古拉格原本必須達標的數額是處決一萬人，但最後遭槍斃人數卻高達三萬零一百七十八。位於西伯利亞地區西南部的歐姆斯克市（Omsk）就是許多富農遭處決的凶險地點，因為其郊區遍布一個個特殊開墾聚落，囚犯都是集體化運動期間遭流放到那裡的。當地的內務人民委員部首長早就在一九三七年八月一日主動請求額外處決八千人，當時就連〇〇四四七號命令都還未下達生效。他的手下曾在某天晚上一口氣審理一千三百零一人。[56]

這次鎮壓富農的行動是祕密進行的。沒有人知道判刑的結果，就連受審者也是。刑罰確定後他們只是遭到帶走，一開始前往某個像監獄的地方，接著就是由貨車載走，或者前往刑場。處決地點要不是特別興建的，就是經過仔細挑選。他們總是在夜裡動手行刑，地點極為隱密，通常是有隔音牆的地下室房間、噪音可以掩蓋槍聲的大型建物（例如車庫），或是人跡杳然的森林裡。行刑的人一律都是內務人民委員部的軍官，使用納甘左輪槍（Nagant）下手。兩個人從旁抓住犯人手臂，行刑者將他們一槍爆頭，「為了保險起見」往往還會在太陽穴補上一槍。有一份規定是這麼寫的：「行刑後必須將屍體安置於預先挖好的坑洞裡，仔細掩埋後將坑洞妥善掩藏。」一九三七年進入冬天後，因為地面結凍，所以還得用爆裂物炸出坑洞。所有參與這次行動的人都必須宣誓保密，與行動直接相關的人非常少。一九三七到三八年之間，莫斯科有一組內務人民委員部人員只有十二人，但卻在郊區的布托沃（Butovo）槍決了總計兩萬零七百六十一人。[57]

肅清富農的行動從頭到尾都有許多人遭槍決，不曾停歇。葉若夫曾向史達林報告，到一九三七年九月七日以前，已有三萬五千四百五十四人遭槍決，語氣顯然頗為自豪。但在一九三七年，遭判決流放古拉格的人數還是多於遭處決者。不過，接下來官方越來越傾向於用槍決人數來達到數額。到最後，整個行動期間遭槍決者人數已大約相當於遭流放到古拉格的人（前者三十七萬八千三百二十六人，後者三十八萬九千零七十人）。後來之所以會從流放刑罰變成傾向於槍決，理由很實際：直接槍決比流放省事多了，而且各地集中營很快就沒有空間收留犯人——此外，官方大概也覺得很多人就算到了流放地也沒什麼用處。例如，列寧格勒的某件調查案最後導致三十五人遭槍決，他們就是因為又聾又啞而沒有遭流放。烏克蘭內務人民委員部首長伊茲賴爾・列普列夫斯基（Izrail Leplevskii）對所屬軍官下令，如果是老人，直接槍決即可，別判處徒刑。身障人士、老人等類型的蘇聯公民遭捕後大多被槍決。[58]

烏克蘭是集體化運動期間「富農反抗事件」遍地開花的地方，到了這一波大清洗行動更是淪為殺戮煉獄。列普列夫斯基將〇〇四四七號命令擴大解釋，就連烏克蘭民族主義者也難逃毒手，因為自從大饑荒期間官方就認定他們可能危及蘇聯領土的完整性。大約有四萬零五百三十人因為「倡導烏克蘭民族主義」的罪名遭逮捕。其中甚至有人的罪名與民族主義無關，而是因為涉嫌在一九三三年請願，希望德國能提供食物救援。烏克蘭地區的肅清人數額度本來就已經增加為兩倍，但到一九三七年十二月，數額達標之際列普列夫斯基再次請求提高。於是在一九三八年二月，葉若夫批准他可以在烏克蘭多槍決兩萬三千六百五十人。一九三七、三八年間，內務人民委員部烏克蘭分部的肅清富農行動總計槍殺了七萬零八百六十八位居民。一九三八年，在烏克蘭遭處以死刑的犯人比例特別高。從一月到八月之間，大約有三萬五千五百六十三人遭槍決，被流放的人只有八百三十人。例如，史達林諾地區的三人小組於這一年七到九月間開過七次會，遭起訴的一千一百零二人全都被判槍決。相似的，沃羅希洛夫格勒（Voroshilovgrad）的三人小組於一九三八年九月審了一千兩百二十六個案子，也是每個人都判死刑。[59]

這些龐大的數字意味著大規模處決已經變成家常便飯，埋屍的坑洞很大，裡面的死者甚多。在烏克蘭的各個工業城市裡，有些工人曾是富農，又或者只是被扣上富農的帽子，結果都因為搞破壞的罪名而遭到處決，而且往往是判刑當天就遇害。在文尼察（Vinnytsia），遭判死刑的人被綁起來，拖上車後載往一間洗車場。裡面已停著一輛怠速的卡車，用引擎聲來掩蓋槍聲。接著屍體會被卡車運往城裡某個地點：也許是果園、公園或墓園。在完成這次行動以前，內務人民委員部的人員在文尼察市區與郊區至少挖了八十七個亂葬坑。[60]

跟那些作秀式公審一樣，肅清富農的行動讓史達林好像回到一九二〇年代晚期到三〇年代的日子，唯一的不同是當時他的政治地位的確不夠穩，但這次卻是結果早已注定。那些在集體化運動時代與他進行政治爭辯的往日政敵都已遭消滅。至於那些阻礙集體化運動推進的富農，下場也是一樣。當年他殘殺蘇共菁英，建立起自己是列寧傳人的不可動搖地位。同樣的，大量富農慘遭殺戮，也是確認了他對列寧諸多政策的詮釋無誤。就算集體化導致數百萬人死於大饑荒，犯錯的都是那些餓死的人，還有在背後操弄他們的外國情報機關。就算集體化運動引發民怨，犯錯的也是那些受苦受難的人，以及有支持他們之嫌的外國勢力。正因為史達林的政策從一開始就是如此慘無人道，才會需要用這種胡說八道的思維模式來為自己辯護，才會需要殺那麼多人來證明他沒錯。在史達林看來，一旦完成了這些任務，那就代表歷史做出了判決。[61]

不過，就在史達林讓這些政策看似不可避免的同時，他也漸漸地放棄了那種可以容許共黨領導階層進行內部討論的馬克思主義（儘管他嘴上並未承認），並開始假裝自己是一位先知。自然科學研究的是自然世界，而馬克思主義作為一門歷史科學，則是研究經濟現象，並以社會階級為調查對象。即便是列寧對馬克思主義做出的最極端詮釋，會反對革命的人都是因為他們的階級背景使然。但史達林的詮釋卻把一般的國安疑慮融入馬克思主義式的語言裡，馬列主義開始變質，而且再也改不回去。那些遭到作秀式公審的人，都被認定是背叛蘇聯，投入外國勢力的懷抱。那些叛國者的罪名是發動階級鬥爭，但實際上僅僅跟階級間接相關，幾乎談不上階級鬥爭：他們只是涉嫌幫助隸屬於帝國主義陣營的德、日、波等國，而這些國家正包圍威脅著社會主義的國度——蘇聯。

乍看之下，肅清富農的行動是一場針對某個階級進行的恐怖鬥爭，但遭到處決的人有時候卻是「民族主義者」，像烏克蘭的情況就是這樣。藉此，史達林也把某種新元素引進馬列主義裡。根據列寧對於馬克思主義的詮釋，隨著蘇維埃國家的創建，社會即將演進到大家摒棄民族差異，一起擁抱社會主義計畫的階段。所以，本來列寧是用一種比較正面的方式去把農民問題與民族問題聯繫起來：農民階級將會躍升為工人、辦事員或專業人員階級，一種忠於蘇維埃國家的國族意識油然而生。但這時到了史達林手上，農民問題與國族問題之間的關聯卻很負面：讓烏克蘭農民培養出烏克蘭民族意識是很危險的。其他人口數較少的少數民族就不用說了，他們更危險。死於〇〇四四七號命令的烏克蘭居民大多為烏克蘭人，但其中也有波蘭裔蘇聯人，而且如果用人口的比例去換算，波蘭人遇害的機率甚至高於烏克蘭人。藉此我們或許可以最清楚地看出階級與民族之間的密切關聯。內務人民委員部的軍官們曾用背口訣般的語氣說：「一日為波蘭人，終身是富農。」[62]

——

一九三六到三八年之間納粹進行恐怖肅清，走的是與蘇聯有點相像的政治化路線：不管你是否真的犯錯，只要官方認定你的身分隸屬於某個社會群體，就會遭到懲治。納粹認為當務之急莫過於懲治那些在政府看來反抗納粹世界觀的「反社會分子」（有時候他們的確是反對納粹思想），包括同性戀、流浪漢，還有涉嫌酗酒、嗑藥、不願工作的人。就連耶和華見證人（Jehovah's Witnesses）也成了眼中釘，因為與其他德國基督徒的曖昧態度不同，此一教派嚴詞拒斥納粹世界觀的種種主張。納粹領導階層認為這個群體的血統雖是德國人無誤，但卻受到汙染，所以必須透過囚禁與刑罰來改過向善。與蘇聯的內務人民委員部一樣，一九三七到三八年之間，德國警察也是在國內進行分區突襲掃蕩的工作，根據每一區的人口數都有不同的數額必須達成。而且他們往往也是績效超標，急切地想要證明自己忠於黨國，表現讓上司驚豔。不過，此時德國警察逮人後幾乎總是把他們囚禁起來，很少處決，這方面與蘇聯大不相同。[63]

納粹政府為了鎮壓這些不受他們歡迎的社會群體，有必要在德國境內建立一個個集中營體系。在一九三三年蓋了達豪、利希滕貝格（Lichtenberg）兩座集中營後，陸續又在一九三六、三七、三八年分別興建薩克森豪森（Sachsenhausen）、布亨瓦德（Buchenwald）與福洛森堡（Flossenburg）三個集中營。與古拉格體系的龐大規模相較，這五個集中營實在算不了什麼。一九三八年底，有一百多萬蘇聯公民淪為集中營與特殊開墾聚落的奴工，但遭囚禁於集中營的德國公民人數卻只有大約兩萬。若把兩國人口差異這個因素考慮進去，這時蘇聯集中營體系的規模大小約略是德國集中營的二十五倍。[64]

蘇聯在這時候進行的大清洗不僅規模遠勝於德國，處決的人數更是德國根本無法相提並論的。蘇聯政府的〇〇四四七號命令一下達，十八個月之間就有將近四十萬人慘遭處決，希特勒治下的德國與這種情況可說天差地遠。一九三七到三八年之間，納粹德國只處決了兩百六十七人，但蘇聯光在鎮壓富農的行動中就有三十七萬八千三百二十六人遇害。若是一樣考量人口差異的因素，鎮壓富農的行動中蘇聯公民遭槍斃的機率與納粹德國公民遭判處死刑（無論其罪名為何）的機率相較，大約有七百倍之多。[65]

在把領導階層予以肅清，並將黨政軍大權一把抓之後，史達林與希特勒同樣都在一九三七到三八年之間進行社會群體的大清洗工程。但鎮壓富農的行動只是大清洗的一部分。我們至少可以看得出，或至少可以把這次行動理解為一場階級戰爭。但在這場戰爭中蘇聯政府不只是殘殺富農階級成員而已，大量少數族裔蘇聯公民也無辜遇害。

到了一九三〇年代晚期，希特勒治下國家社會主義政權的種族歧視與反猶太舉措已是世人皆知。但首先把國內某些族裔的公民認定為政敵，並加以處決的，卻是蘇聯。

第三章

CHAPTER 3

民族大清洗

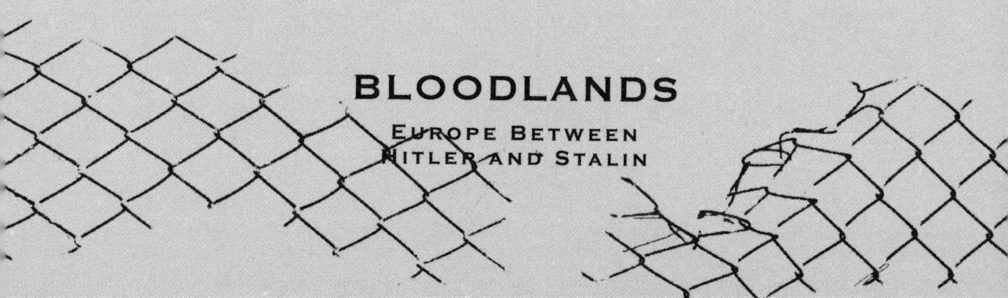

一九三七到三八年之間史達林的大清洗行動於蘇聯全境雷厲風行，在那氛圍中有位共黨領袖曾說過，國內的少數族裔成員「應該要被迫跪下，跟瘋狗一樣槍斃」——這口吻跟納粹親衛隊的幹部實在沒有兩樣。這段期間總計有二十五萬蘇聯公民慘遭槍決，不為什麼，只因他們的血統不對。五年計畫原本應該把蘇聯打造成社會主義國家，各種民族文化得以繁榮發展。但事實上一九三〇年代末期的蘇聯卻是種族迫害事件氾濫，程度無任何國家可及。儘管共產國際一手打造出「人民陣線」，為蘇聯塑造出一個寬大為懷的國際形象，但國內卻有好幾個族群遭史達林鎖定，成為大屠殺的祭品。一九三〇年代後半，歐洲受到最嚴重迫害的少數民族並非德國的猶太人（因為移民，德國猶太人口已經大幅減少），而是為數大約六十萬的波蘭裔蘇聯公民（人口減少的原因是遭到大量處決）。[1]

史達林是當代進行種族大屠殺的先行者，在蘇聯的少數族裔人口中，波蘭裔公民受害最深。他們跟所謂的「富農」一樣，成為集體化運動推動失敗的代罪羔羊。一九三三年官方在大饑荒期間編造出這個藉口，然後在一九三七、三八年以此為大清洗行動合理化。一九三三年，烏克蘭的內務人民委員部首長弗謝沃洛德．伯利茨基曾宣稱，大饑荒是一個叫做「波蘭軍事組織」（Polish Military Organization）的單位為了遂行間諜行動而製造出來的。伯利茨基表示，俄共的烏克蘭支部遭到此一「波蘭軍事組織」滲透，與烏克蘭、波蘭民族主義分子裡應外合，阻撓收成，然後把餓到骨瘦如柴的烏克蘭農民當成反蘇宣傳工具。根據這套理論，一個被稱為「波蘭軍事組織」的民族主義團體就此從無到有，既是可怕破壞行動的始作俑者，又是為大饑荒承擔責任的代罪羔羊。[2]

伯利茨基並非憑空捏造出「波蘭軍事組織」，而是有史實根據的。無論是在蘇聯的烏克蘭或其他地方，這組織在一九三〇年代都已經不存在。不過在一九一九到二〇年之間的波蘭與布爾什維克戰爭期間，的確有這麼一個為了幫波蘭陸軍進行偵蒐活動而創立的組織。但後來這組織因為遭到蘇聯國家警察機構「契卡」破獲，在一九二一年就瓦解了。伯利茨基對這段歷史瞭然於胸，因為當年他就曾參與了打擊「波蘭軍事組織」的行動。儘管一九三〇年代期間的確有波蘭間諜潛伏於烏克蘭，但他們並沒有左右政治局勢的實力。就算是一九三〇、三一年蘇聯局勢岌岌可危，他們能夠越過邊界進行間諜活動之際，也欠缺那種能力。到了一九三二年一月，《蘇波互不侵犯條約》進行了草簽儀式，波蘭就更沒有理由命令間諜從事破壞活動。大饑荒發生後，一般波蘭間諜都不再覺得自己能夠了解蘇聯的體制，當然更別說他們會想要去改變蘇聯了。大饑荒的災禍降臨時，波蘭間諜都感到錯愕不已，甚至無法採取對策。但到了一九三三年就是因為波蘭對蘇聯已經不構成任何威脅，伯利茨基才有辦法隨意編造出這一套波蘭間諜造成大饑荒的理論。這就是史達林主義的套路：只要有問題出現，把某個不存在的「組織」當成代罪羔羊，總是比較容易的。[3]

早在一九三三年夏季，伯利茨基就主張，正是這個「波蘭軍事組織」把無數間諜派往蘇聯境內，讓他們謊稱自己是為了躲避波蘭政府迫害而逃離祖國的波共成員。的確，波共在波蘭是已經被邊緣化，而且遭判定為非法組織，所以很多波共成員自然而然把蘇聯當成他們避難的首選之地。儘管波蘭的軍情單位當然嘗試過招募波共成員幫他們當間諜，但大多數遷居蘇聯的波蘭左派人士只是政治難民，並未肩負間諜任務。一九三三年七月，逃往蘇聯的波蘭政治難民開始遭逮捕。波共劇作家維托爾．萬都爾斯基（Witold Wandurski）於該年八月遭囚，被迫招認自己就是「波蘭軍事組織」的一員。在相關的偵訊文件裡出現波共成員可能是波蘭間諜的紀錄後，蘇聯境內開始有更多波共成員遭到逮捕。一九三三年，波共成員耶日·索哈茨基（Jerzy Sochacki）於莫斯科某座監獄跳樓身亡以前，用自己的鮮血寫下這麼一句話：「到最後我仍然忠於本黨。」[4]

集體化政策失敗後，蘇聯政府必須找人當代罪羔羊，於是就編造出「波蘭軍事組織」的理論。一九三四年一月，《德波互不侵犯條約》簽署後，蘇聯不只把大饑荒栽贓到波蘭頭上，還要該國為蘇聯國際處境的惡化負責。就在這個月，伯利茨基宣稱「波蘭軍事組織」持續為烏克蘭民族主義推波助瀾。這一年三月，烏克蘭境內大約有一萬零八百名波裔或德裔蘇聯公民遭到逮捕。到了一九三五年，雖然內務人民委員部的活動在整個蘇聯境內減少了，但該機構卻對烏克蘭持續施壓，並且鎖定了波裔蘇聯公民。一九三五年二到三月間，大約有四萬一千六百五十位波裔、德裔烏克蘭居民與富農從該地區西部遭到強制遷居東部，讓他們遠離波、蘇邊境。一九三六年六到九月之間，遭遣送到哈薩克的烏克蘭人則更是高達六萬九千兩百八十三人，其中以波裔蘇聯人居多。波國外交官莫不對此一局勢感到困惑，因為這時波蘭並未與蘇聯為敵，而是在外交上持續與蘇、德保持等距的友好關係：與雙方都簽署了互不侵犯條約，成為盟友。[5]

一九三三年大饑荒期間「波蘭軍事組織」死而復活，但這次卻完全是由烏克蘭官方編造出來，純屬子虛烏有，成為蘇共在蘇聯各地對波裔公民進行種族大清洗的託詞。一九三四年十二月，史達林開了第一槍：他要求內務人民委員部把波蘭裔的耶日·索斯諾夫斯基（Jerzy Sosnowski）開除。當年索斯諾夫斯基的確是「波蘭軍事組織」的一員，後來被「契卡」策反，接下來的十幾年間都為蘇聯效命，堪稱績效卓著。內務人民委員部是蘇聯國家警察機關，之所以會有那麼多知名幹部都是波裔人士，理由之一在於機關的創始人菲利克斯・捷爾任斯基（Feliks Dzierżyński）自己就是波蘭貴族之後，那些同胞通常是他早年親手招募來的。內務人民委員部首長葉若夫似乎覺得自己受到這些波蘭裔的老幹部威脅，而且他對蘇聯的波蘭裔人士的確是非常在意。每次只要有外國情報機關搞破壞的陰謀論出現，葉若夫往往傾向於相信，而且波蘭在他心目中很重要，因為他覺得波蘭人「無所不知」。一九三六年十二月索斯諾夫斯基遭逮捕調查，這也許讓葉若夫開始注意起當年那個「波蘭軍事組織」。[6]

伯利茨基首先在烏克蘭開始迫害波蘭裔人士，葉若夫接棒，並且為行動提出另一套理論。一連串作秀式的公開審判於一九三六年在莫斯科展開，葉若夫隨即讓自己的屬下伯利茨基掉入陷阱。許多知名的波蘭裔共黨人士在莫斯科招認自己從事間諜活動，伯利茨基則是從基輔提出報告，指出「波蘭軍事組織」是在烏克蘭死而復活的。無庸置疑的，他只是想要譁眾取寵，趁全國陷入國安警戒的機會為他與他掌管的機關爭取更多資源。不過，如今局勢突然有了新發展，這肯定是伯利茨基始料未及的。葉若夫宣稱，「波蘭軍事組織」絕對是禍害，而且情節比伯利茨基所說的**更為嚴重**。這已經不再只是內務人民委員部烏克蘭分部的地區事務了，莫斯科總部必須出手介入。這套關於「波蘭軍事組織」的陰謀論雖然是由伯利茨基編造，但後續發展已經不在他的掌控範圍內。很快波共成員湯瑪斯・達巴爾（Tomasz Dąbal）就招供，表示蘇聯境內「波蘭軍事組織」的所有陰謀都是由他一手策畫掌控的。[7]

在葉若夫的算計之下，「波蘭軍事組織」從歷史灰燼中復活，且活動不再局限於烏克蘭一地，而是對蘇聯全境造成威脅。一九三七年一月十六日，葉若夫向史達林報告他重新加碼編造的陰謀論，接著在史達林的同意之下前往中央委員會全體大會上做報告。該年三月，葉若夫先把內務人民委員部的波蘭裔幹部都清洗掉。伯利茨基雖非波蘭裔而是烏克蘭人，卻也發現自己處境尷尬。葉若夫質問：要是「波蘭軍事組織」真的那麼厲害，為什麼伯利茨基沒有提高警戒？結果，率先讓「波蘭軍事組織」死而復生的伯利茨基就這樣遭到自己的陰謀論迫害。五月，伯利茨基辭去內務人民委員部烏克蘭分部首長之職，繼任者是他以前的副手以色列・列普列夫斯基（Izrail Leplevskii）——這位新任首長過去曾在烏克蘭以毫不留情的手段迫害富農。伯利茨基隨即於七月七日遭逮捕，罪名是為波蘭充當間諜，一週後伯利茨基的姓名也從基輔迪納摩足球隊（Dynamo Kyiv）的主場消失，換成葉若夫的姓名。最後他就在十一月遭處決。[8]

一九三七年六月，葉若夫以「核心中的核心」這個陰謀論來當迫害、公審富農的託詞，同時他還宣稱「波蘭軍事組織」正威脅著全蘇聯。據稱，這兩種陰謀論互相關聯，不過兩者當然都是子虛烏有。跟用來迫害富農的託詞一樣，對波蘭裔人士下手的藉口也一樣讓蘇共當局改寫整個蘇聯歷史，藉此把政策砸鍋的問題完全怪罪到敵人頭上，而且儘管這些敵人都是虛構但卻有清楚的定義。據葉若夫所言，「波蘭軍事組織」從蘇聯建國伊始就在境內活躍，而且無論是蘇共、紅軍或內務人民委員會的組織都已遭其滲透。根據葉若夫的理論，就是因為這組織非常厲害，才能夠在蘇聯境內潛伏藏匿，組織所屬的許多間諜都身居黨政軍要職，所以才能把自己的身分與工作掩飾得那麼徹底。[9]

一九三八年八月十一日，葉若夫發布〇〇四八五號命令，通令內務人民委員部「將波蘭軍事組織的間諜網絡斬草除根」。不久之前，該部才以〇〇四四七號命令來展開清洗富農的行動，但與之相較，這道〇〇四八五號命令更是把大清洗行動推展到另一個極致。〇〇四四七號命令的制裁對象，至少在理論上是大家都很熟悉且具有清楚定義的階級敵人，但〇〇四八五號命令卻似乎是把整個族群當成了國家公敵。事實上，〇〇四四七號命令也是有先射箭再畫靶之嫌：它創造出一個富農階級，並且把各種民族主義者與政敵都納入制裁範圍內。雖說一樣是過於牽強，但至少這種做法可以援引階級分析為根據。這個被蘇共稱為富農的群體，至少是可以從馬克思主義的角度去描述。不過，〇〇四八五號命令卻是另一回事：根據這種陰謀論，蘇聯境內各個少數民族居然都是對蘇聯的計畫懷有敵意的。社會主義的一個基本前提是各民族要像手足一樣相親相愛，但現在蘇共看來是要改弦更張了。[10]

在人民陣線成功運作的那個年代，蘇聯之所以能在世界上發揮影響力，是因為成功塑造出寬大為懷的形象。當時歐洲的法西斯主義與國家社會主義崛起，許多美國人也因為種族歧視與黑人遭私刑迫害而離開南方，莫斯科當局才能趁機站上道德的制高點，宣稱自己是一個讓各族群享受平等待遇的多元文化國家。例如，一九三六年上映後備受歡迎的蘇聯電影《大馬戲團》，故事就是敘述一位美國女性生下黑人男嬰後，因為種族歧視而淪為馬戲團演藝人員，最後蘇聯人民熱情擁抱他們母子倆。[11]

蘇共的國際主義並不是一張偽善的面具，所以在官方開始對少數族裔展開大清洗後，等於對整個蘇維埃體系進行了一次震撼教育。內務人民委員部的成員原本就是來自各族裔背景，是個能夠體現國際主義的機構。作秀式的公開審判於一九三六年進行之際，內務人民委員部的高層幹部都是蘇聯的少數族裔成員，尤其是猶太人。從他們的身分文件看來，大約有百分之四十的該部高幹是猶太人，而且將官級的幹部裡也有一半以上都是。在當時歐洲對猶太人不友善的氛圍之下，他們也許是少數族裔人士中最有理由跳出來反抗種族肅清政策的一群人。可能就是為了安撫麾下幹部的國際主義傾向（或自保心態），葉若夫還廣為發布一道特別文告，標題為〈關於波蘭情報機構在蘇聯境內進行反西斯主義叛亂、破壞行徑、散播失敗主義與從事恐怖主義行動一事〉並向他們保證：這次的任務真的只是為了清除國內間諜，不是特別針對少數族群。葉若夫在長達三十頁的文告裡與同志們分享他先前已經向蘇共中央委員會與史達林報告過的理論，也就是「波蘭軍事組織」與其他「核心間諜組織」勾結，滲透進入全國的各個重要機關裡。[12]

即便葉若夫、史達林都相信波蘭真的派人滲透進入了蘇聯各個國家機關，這也很難拿來當作逮人的證據。因為的確沒有任何跡象顯示蘇聯內部遭到波蘭進行大規模滲透，因此內務人民委員部的幹部們能夠用來追查的線索實在太少。就算他們再怎麼獨具巧思，也很難把波蘭政府與蘇聯國內發生的一些事件連結起來。當時蘇聯境內人數最多的波蘭人無非是從波蘭來的外交官，或是流亡的蘇共成員，但顯然不適合拿他們來開刀。波蘭間諜在蘇聯境內活躍的那一段歲月早已如過往雲煙，而且一九二〇年代晚期到一九三〇年代初期波蘭間諜到底做了哪些事，內部人民委員部其實都一清二楚。波蘭外交官的確還是試著進行情報偵蒐工作，但他們享有外交豁免權，而且人數也不是非常多，更何況早已受到持續的嚴密監控。這時已經是一九三七年，波蘭外交官多半都知道最好不要與蘇聯公民接觸，以免害他們失去性命，而且就連波蘭使館也是三令五申，清楚指示所屬官員在遭到逮捕時該怎麼自保。葉若夫向史達林報告，蘇聯境內的波蘭政治難民就是該國境內最主要的「間諜與煽動分子」。波共領導人大多已經都移居蘇聯，其中一部分早已不在人世。波共中央委員會的一百名中央委員大約有六十九人在蘇聯遭到處決，其餘則是大多仍被波蘭政府囚禁，蘇聯當然不可能把他們抓來處決。無論如何，這些波共成員的人數都太少了。[13]

就是因為波蘭間諜活動之說根本是子虛烏有，內務人民委員部才會別無選擇，除了迫害波蘭裔蘇聯公民，就連與波蘭、波蘭文化或羅馬天主教有關的人也全都遭殃。這次行動很快就演變成具有強烈的針對性，而且也許可以說，打從一開始這就注定會變成一次鎖定波蘭裔人士的行動。葉若夫在公函裡授權手下逮捕民族主義分子與**身分尚未曝光的**「波蘭軍事組織」成員，但這兩大範疇實在太過模糊，所以幾乎任何有波蘭血統或與波蘭有關的人都可能成為逮捕對象。內務人民委員部的幹部當然不能對這次行動表現出太過冷淡的態度，但就算要適度地配合上意，在逮捕罪犯時也只能寫得出相當模糊的罪名。在前面幾波由伯利茨基主導的逮捕行動中已經有不少波蘭人成為潛在的嫌犯，但即便如此也只夠內務人民委員部進行幾輪後續的清算。各分部的幹部必須自行發揮，他們沒辦法像以前在清算富農時那樣按照名單逮人，必須透過新的文件來羅織罪名。某位莫斯科的內務人民委員部主管非常了解那一道命令無非是要該部「清除所有波蘭人」。所以他手下的幹部從電話簿下手，只要有波蘭姓氏的人就遭殃。[14]

許多蘇聯公民被迫「招認」自己就是波蘭間諜，只因為所謂的波蘭人組織與陰謀看似煞有介事，其實根本都是無中生有，所以偵訊時許多人就這樣遭到屈打成招。除了傳統的高壓偵訊法以及逼迫嫌犯長時間站立來逼供，許多波裔蘇聯公民都因為「殺雞儆猴」的集體偵訊方式而屈服。一大群波裔嫌犯遭帶往某個地方，像是位於烏克蘭或白俄羅斯小鎮、村莊某個公共建物的地下室，警察會在眾目睽睽下用酷刑侍候其中某個人。等到這位嫌犯忍受不了，終於招認後，警察就會勸其他人也乖乖招認，以免承受同樣的皮肉之苦。如果他們想要免去身心煎熬，那就不能只是招認自己有罪，還要把其他人也拖下水。在這種情境之下，每個人當然都有充分理由盡快招認，因為任誰都看得出，反正他們最後都會被其他人拖下水，速速招供至少能免去皮肉之苦。就這樣，辦案人員能夠很快取得證詞，光憑一份口供就證明一大群人涉案。[15]

不過，與當初在清算富農時相較，這次整肅波裔公民的行動對嫌犯一樣也是速審速決，但辦案程序稍有不同。在整肅波裔公民時，承辦警察會針對每個人犯準備一份簡要的報告，描述他們羅織出來的罪名，通常都是進行破壞活動、恐攻或者當間諜，並且建議刑罰：處以死刑或者流放到古拉格。辦案人員每隔十天就把一批報告提交給當地的內務人民委員部首長與一位檢察官。當初清算富農時是由三人小組來斷案，但這次由內務人民委員部首長與檢察官組成的兩人小組沒有權力自己斷案，而是必須向高層請示。兩人小組只是把所有報告蒐集整理成冊，註明每個案子的建議刑罰方式，就送往莫斯科。原則上，審查這些案子的是中央的兩人小組，也就是國安首腦葉若夫以及檢察總長安德烈．維辛斯基（Andrei Vyshynskii）。事實上，葉若夫與維辛斯基都只是把一冊冊報告交給手下以很快的速度代審後就簽名了。一天內他們甚至有可能簽決兩千個死刑案。在蘇共領導高層看來，這種將報告整理成一整冊的斷案方式看起來已經具備複審的形式。但事實上每位受害者的命運都是掌握在辦案官員手上，報告送出後幾乎不會有所改變，只會獲准。[16]

嫌犯的履歷成了死刑判決書，警方就這樣看著履歷辦案：只要裡頭可以看出某人醉心於波蘭文化或篤信天主教，就變成了參與國際間諜活動的罪證。許多人只是犯了芝麻綠豆大的小罪，結果卻遭處以重刑：私藏《玫瑰經》念珠換來十年的古拉格刑期，糖的生產量不夠就遭處以極刑。日常生活的細節都足以成為案件報告的內容，跟其他案件報告一起集結成冊，嫌犯被迫簽名後遭判刑，槍決後變成冰冷屍體。肅清波蘭間諜的行動展開二十天後，葉若夫已經勾決了兩大冊的案件，他向史達林報告：總共已經進行了兩萬三千兩百一十六次逮捕行動。史達林甚感欣悅，他說：「幹得好！繼續深入追查，把那些波蘭垃圾都清理掉。除惡務盡，這對蘇聯有重大貢獻。」[17]

剛開始肅清波蘭裔公民之際，列寧格勒是許多人遭到逮捕的地方，因為內務人民委員部在當地設有許多辦公室，而且有數以千計的波蘭裔居民可以就近逮捕。傳統上自俄羅斯帝國時代以來，該城市就一直是波蘭移民定居的首選之地。

雅妮娜．尤瑞維茲（Janina Juriewicz）當時是住在列寧格勒的年輕波蘭裔女孩，人生因為捲入逮捕行動而天崩地裂。在她家的三姊妹中她排行老三，與大姊瑪麗亞感情最好。瑪麗亞跟一位叫做斯坦尼斯瓦夫．維格諾斯基（Stanisław Wyganowski）的年輕人談起了戀愛，他們三人常一起出去散步，由雅妮娜充當姊姊的女伴。瑪麗亞與斯坦尼斯瓦夫於一九三六年結婚後，鶼鰈情深。一九三七年八月，瑪麗亞遭逮捕，她丈夫似乎知道大事不妙。他說：「我將與她在地下重逢。」他前往有關單位詢問，結果也遭逮捕。九月，內務人民委員部去查抄尤瑞維茲家，沒收了所有波蘭文書籍，雅妮娜的二姊伊莉莎白也遭逮捕。結果伊莉莎白、瑪麗亞與斯坦尼斯瓦夫都遭人在後頸槍擊，一槍斃命，埋葬在大型墳塚，連墓碑都沒有。雅妮娜的母親向警方詢問他們的下落，跟別人得到同樣的一句謊言：兩個女兒和她女婿都遭「判刑十年，且褫奪通訊權利」。因為的確是有人遭處以徒刑，所以大家都被騙了，抱持希望。許多人甚至企盼了幾十年。[18]

史達林所說的「波蘭垃圾」就是尤瑞維茲姊妹這種人，但其實她們與波蘭的間諜活動一丁點關係也沒有。耶日．馬科斯基（Jerzy Makowski）是列寧格勒市某個年輕學生，他家也遭逢相似厄運。他跟哥哥們都是志向遠大，想要在蘇聯從事某個能好好營生的行業，成為該行翹楚，實現亡父的遺願。么子耶日想要當造船匠人，他每天都跟哥哥斯坦尼斯瓦夫勤奮向學。某天早上，三個內務人民委員部的幹員來叫醒他們，表示是來逮捕斯坦尼斯瓦夫。儘管他安慰弟弟，但他自己緊張到連鞋帶都綁不好。這是耶日最後一次見到哥哥。兩天後，另一位兄長瓦迪斯瓦夫（Władysław）也同樣遭逮捕。這兄弟倆最後遭槍決，與列寧格勒地區的六千五百九十五位蘇聯公民在肅清波蘭間諜的行動中遭遇相同命運。官方以最常用的謊言欺騙他們的母親，說他們遭遣送到古拉格，不得與外界聯絡。第三個哥哥艾烏蓋紐斯（Eugeniusz）本來想當歌手，這時為了家計只能去工廠工作，結果染上肺結核後病逝。[19]

政府整肅波蘭間諜期間，俄國女詩人安娜．阿赫瑪托娃（Anna Akhmatova）也是住在列寧格勒，她的兒子遭判刑後發配到古拉格。她回憶當年大批「無辜的俄國人在行刑槍手沾滿鮮血的靴子下，在黑色囚車的輪子下」飽受煎熬。這些無辜的蘇俄人來自不同族群，尤其列寧格勒又是個收留各國移民的地方，城裡的少數族裔居民承擔著最高的被捕風險。一九三七到三八年之間，與城裡其餘蘇聯公民相較，波蘭裔列寧格勒居民遭逮捕的機率高達三十四倍。一旦遭逮捕，住在列寧格勒的波蘭裔蘇聯人就很可能遭槍決：肅清行動中有百分之八十九的波蘭裔列寧格勒居民都是遭到槍斃，而且往往是在十天內就速速處決。不過，波蘭裔蘇聯人在其他地方的運氣也沒好到哪裡去：就蘇聯全國來講，肅清波蘭間諜期間只要是波蘭裔公民遭逮捕，平均有百分之七十八是遭槍決。其他人當然也沒獲釋，大多是前往古拉格服刑八到十年不等。[20]

當時列寧格勒人與波蘭裔蘇聯人當然不大清楚前述的比例數據。他們只是對一大清早有人來敲門這件事心懷恐懼，也害怕看見囚車：一般稱為「黑色囚車」或「勾魂車」，至於波蘭裔蘇聯人則是稱之為「黑色渡鴉」（意思是要囚車「別再來」*）。有個波蘭裔蘇聯人回憶道，大家每晚上床時都不知道自己能否安然於晨光中起床，或是會遭「黑色渡鴉」抓走。波蘭裔人口早已因工業化與集體化的國家政策而散居龐大的蘇聯境內各地。這時他們紛紛從工廠、營房或家裡被抓走。千千萬萬個案例之一發生在莫斯科西邊郊區小鎮孔策沃（Kuntsevo），為數不多的工匠住在一間簡簡單單的木屋裡，其中兩個波蘭人分別是技工與冶金匠。他們倆先後於一九三八年的一月十八日與二月二日遭逮捕後槍決。孔策沃鎮肅清波蘭間諜行動的第三個受害者耶芙根妮雅．巴布什基納（Evgenia Babushkina）甚至並非波蘭裔：她是個前途看好的有機化學家，而且顯然對祖國忠心耿耿；只因為她母親曾幫一些波蘭外交官當洗衣婦，她就遭到槍決的命運。[21]

* 譯註：愛倫．坡（Edgar Allan Poe）的敘事詩〈渡鴉〉（The Raven）裡有一隻渡鴉老是對著主角叫 Nevermore，意思是「別再來」。

大多數蘇聯波蘭裔公民並非城鎮居民，住在列寧格勒與孔策沃的只是少數。波蘭裔居民大多住在國境西側的白俄羅斯與烏克蘭，他們已在那裡定居幾百年之久。十七、十八世紀期間，那些地區曾隸屬於波蘭—立陶宛聯邦，到了十九世紀才納入俄羅斯帝國，成為帝國的西部邊境，而且那些波蘭人的波蘭色彩早已淡化，甚至還有不少人已經與鄰近的烏克蘭、白俄羅斯人口同化。不過，有時候卻是烏克蘭人、白俄羅斯人遭同化，因為他們認為波蘭語是一種文明的語言，因此也把自己當成了波蘭人。蘇聯建國後，根據一九二〇年代最早期的民族政策，政府曾經廣設波蘭語學校，教導波蘭裔人口學會比較文雅的波蘭語文。這時到了大清洗時代，蘇聯政府的政策再次把這群人區隔開來，但卻對他們做出不利的處置，若非判死刑就是流放到古拉格。蘇聯所清洗掉的許多波蘭人，其實骨子裡不見得就帶有強烈的波蘭色彩，也未必看重自己的族裔身分，而這就跟同時期納粹德國遭到迫害的猶太人一樣，其中許多人不見得把自己當猶太人。[22]

白俄羅斯地區在進行種族大清洗之際，首府明斯克市的俄共領導階層也面臨同樣的大規模整肅命運，主其事者是當地的內務人民委員部首長波里斯・貝爾曼（Boris Berman）。白俄羅斯的共產黨員遭他扣上一頂帽子：「濫用蘇聯政府的種族平等政策，鼓勵白俄羅斯民族主義。」內務人民委員部重施曾在烏克蘭用過的故技，認為白俄羅斯人之所以不忠於黨國，都是因為「波蘭軍事組織」的陰謀。許多白俄羅斯的蘇聯公民遭指控為「白俄羅斯民族主義法西斯分子」、「波蘭間諜」，有時候兩者皆是。由於白俄羅斯跟烏克蘭一樣，都是介於蘇聯與波蘭之間，與波蘭比鄰，官方自然很容易可以做出這類指控。熱衷於白俄羅斯或烏克蘭文化的人都遭政府盯上，說他們是關注國界另一邊波蘭境內的情勢發展。在白俄羅斯的大屠殺行動刻意摧毀了許多白俄羅斯民族文化的代表性人物，針對知識分子下手。就像貝爾曼的某位同僚後來所說：貝爾曼「以毒辣手段將白俄羅斯的知識分子斬草除根」。該國遭殘殺的重要作家至少有兩百一十八位。貝爾曼向手下表示，他們能否升官，全都取決於是否能夠迅速執行〇〇四八五號命令：「在針對每一位幹部進行工作評鑑時，最主要將會考核各位能否迅速且確實地發現並逮捕波蘭間諜。」[23]

貝爾曼與手下把大清洗行動執行得極有效率，因此造就了蘇聯境內規模最大的大屠殺地點。他們在明斯克市北邊十二公里處的庫拉帕蒂森林（Kurapaty Forest）行刑。這一處森林的名字來自於遠近馳名的茂密白花（用文雅的白俄羅斯語來講是*Kuraslіepy*，而當地方言則為*Kurapaty*）。不論晝夜，都有黑色囚車往來於森林裡的白花之間，因為進出過於頻繁，還把一條礫石窄路輾平，當地稱之為「通向死亡之路」。森林裡有一片十五公頃大的松林遭刨光，挖了數百個亂葬坑。大批遭到定罪的蘇聯公民通過大門後，由兩個人押往坑洞邊緣。這些公民遭人從背後槍決，屍體直接推入坑裡。有時候子彈不夠用，內務人民委員部的人員會強迫受害者排排坐，幾個人的頭排成一列，如此一來只要一顆子彈就能貫穿數人的頭顱。他們會將屍體一層層堆起來，用砂土掩埋。[24]

這次肅清波蘭間諜的行動中，總計有一萬九千九百三十一人遭逮捕，一萬七千七百七十二人遭判死刑。其中有部分是白俄羅斯人，也有一些猶太人。但主要還是波蘭裔人口，他們在白俄羅斯也因為肅清富農與其他大清洗行動而遭逮捕。在這大清洗的時代中，蘇聯白俄羅斯地區的波蘭裔人口因為遭判死刑後槍決而減少了超過六萬人。[25]

烏克蘭肅清波蘭間諜的行動規模最大，因為全蘇聯的六十萬波裔人口有大約百分之七十都住在該地。結果，遭逮捕的波蘭裔烏克蘭居民約有五萬五千九百二十八人，其中四萬七千三百二十七人遭槍決。一九三七到三八年之間，與其餘烏克蘭居民相較，波裔烏克蘭人遭逮捕的機率是十二倍。當初就是因為烏克蘭地區發生大饑荒，所以伯利茨基才想出了「波蘭軍事組織」的理論來為蘇共卸責，而且其實先前他在當地迫害波裔人口已有數年之久。以色列．列普列夫斯基在伯利茨基去職後上任，曾為伯利茨基副手的他必須證明自己更具警覺性，更能緝獲間諜。但這對列普列夫斯基卻沒什麼用處：到了一九三八年四月，他也遭到逮捕，被處決時烏克蘭的肅清間諜行動仍在進行中。繼任烏克蘭治安首長的亞歷山大．烏斯本斯基（A. I. Uspenskii）非常聰明，到一九三八年就棄職潛逃，不過最終還是遭尋獲與處決。[26]

在列普列夫斯基的眾多副手中，列夫．拉依克曼（Lev Raikhman）創造出各種可以用來逮捕烏克蘭當地大量波裔人口的罪名。有趣的是，其中有一群嫌犯，正是那些監控波裔人口的蘇聯警察。如此一來，過去伯利茨基、列普列夫斯基，甚至一般內務人民委員部的幹部都必須面對的「警覺性不足」問題再次浮上檯面，導致許多人受害。內務人民委員部宣稱，長期以來「波蘭軍事組織」在烏克蘭都無所不在，甚至在整個蘇聯境內始終很有影響力，一旦這說法獲得確立為「事實」後，該部總是可以指責任何警察人員與線民沒能更早提高警覺，揭發間諜。這下許多警察自己也遭殃，而且其中雖然有些是波裔蘇聯人，但也有一部分是烏克蘭人、猶太人或俄羅斯人。[27]

線民雅薇嘉・莫辛斯卡（Jadwiga Moszyńska）就是掉入此一陷阱中。她是一家波蘭語報社的記者，本身就是波蘭裔。她向警方舉報了幾位報社同事，害他們遭逮捕並且以波蘭間諜罪起訴，但這也害她自己陷入非常荒謬的處境。既然她所舉報的大批波蘭裔同事都是外國間諜，她為什麼沒能早一點向有關單位舉報？內務人民委員部的人員切絲瓦娃・安捷爾茨克（Czesława Angielczyk）兼具波蘭與猶太裔血統，她舉報了一群波蘭語教師，結果下場也跟波裔記者雅薇嘉類似。等到逮捕行動如火如荼展開，波裔教師屢屢遭逮捕之際，她一樣也很容易遭受類似指控：為什麼先前她沒能克盡職責，更早舉報波蘭間諜？她們倆一樣都遭槍決後埋葬於基輔市東北方郊區的比奇維尼亞森林（Bykivnia），那是許多大型墳塚的所在地。大清洗時代期間至少有一萬蘇聯公民在遭槍決後被掩埋在那裡。[28]

與基輔等都會地區的肅清波蘭間諜行動相較，若是說烏克蘭鄉間的行動有何差異的話，大概就只有更為隨便與殘暴。根據一些倖存的波蘭裔人口回憶：「黑色渡鴉飛來飛去」，穿梭來往於各城鎮、村落之間，讓許多波蘭裔居民痛失親人。當地內務人民委員部的做法是，把一個個小組派往各城市，希望在幾週甚至幾天內就能把波裔犯人逮捕並處決，迅速完事。日麥林卡（Zhmerynka）是個許多火車路線交會的重要城市，該部於一九三八年三月派員前往逮捕數百位波裔居民，將他們屈打成招。在波隆涅（Polonne），當地內務人民委員部首長與檢察官組成的兩人小組下令徵用一座過去曾是天主教教堂的建物。波隆涅與鄰近各村落的波裔居民遭逮捕後都被囚禁於地下室，結果在那曾是教堂的地方，大約有一百六十八人遇害。[29]

在許多人數不多的聚落，有時候連那些司法程序的繁文縟節都免了。執行任務的內務人民委員部小

蘇聯西疆的大清洗
（1937 到 38 年）
● 蘇聯屠殺與埋葬的主要地點
芬蘭
赫爾辛基
列瓦索沃
列寧格勒
塔林
諾夫哥羅德
愛沙尼亞
波羅的海
加里寧
里加
拉脫維亞
孔策沃
莫斯科
布托沃
立陶宛
維捷布斯克
蘇屬俄羅斯
考納斯
斯摩棱斯克
柯尼斯堡
維爾諾
德屬東普魯士
庫拉帕蒂
莫吉廖夫
蘇聯
明斯克
布良斯克
比亞維斯托克
蘇屬白俄羅斯
華沙
庫斯克
沃羅涅日
烏茨
波蘭
盧布林
頓河
維斯瓦河
盧茨克
比奇維尼亞
基輔
哈爾科夫
勒沃夫
聶伯河
文尼察
蘇屬烏克蘭
第聶伯羅彼得羅夫斯克
捷克斯洛伐克
聶斯特河
史達林諾
匈牙利
基希涅夫
奧德薩
亞速海
羅馬尼亞
蘇屬克里米亞
黑海
布加勒斯特

隊突然現身，他們必須完成上級命令，逮捕與處決一定數目的聚落成員。這些聚落可能是村莊、工廠或集體農莊，所有人從一開始就遭認定有罪，在夜裡遭小隊包圍，屈打成招後取得小隊所需的供詞。接著他們會把人處決，離開前往他處。屢見不鮮的狀況是，等到調查報告集結成冊，交由莫斯科當局審閱時，涉案當事人早已遇害。在鄉間，這些任務小隊等於是行刑隊。以烏克蘭村莊切爾尼伊夫卡（Cherniivka）為例，內務人民委員部刻意守株待兔，等一九三七年十二月二十五日才下手（波蘭裔蘇聯人信奉天主教，以這天為耶誕節，但這天並非烏克蘭人的聖誕節，因為他們信奉東正教），只要上教堂的就遭逮捕。遭逮捕者直接人間蒸發，如同當地一位婦女所說的：「彷彿石頭落入深水潭。」[30]

遭逮捕的幾乎清一色是男性，這也讓全家陷入愁雲慘霧。澤菲里娜·柯塞維奇（Zeferyna Koszewicz）最後一次見到父親時是他在工廠遭逮捕，被帶往波隆涅偵訊。他對女兒說的最後一句話是：「要聽媽媽的話！」不過，大多數母親在丈夫被捕後也是絕望無助。無論是在烏克蘭鄉間，或蘇聯其他地方，妻子們還是會每天固定去探監，帶著食物與乾淨內衣褲。獄卒會給她們穿過的內衣褲，因為那是丈夫仍然活著的證明，所以大家都歡歡喜喜地收下。偶爾她們的丈夫有辦法傳訊息出來，例如某位就在內衣褲裡夾帶紙條給妻子，上面寫著：「我在牢裡很難過，我是無辜的。」直到某天，她們會收到染血的內衣褲。隔天就沒有丈夫的內衣褲可以帶回家，她們的丈夫當然再也沒有回家。[31]

一九三七年十月、十一月間，各地的勞改營與特殊開墾聚落還有收容受刑人的空間，所以在丈夫遭槍決後他們的妻子會被流放前往哈薩克。那幾週期間，內務人民委員部往往會把十歲以上的波蘭兒童強行帶走，送往孤兒院。如此一來，他們當然不可能繼續以波蘭的傳統方式長大成人。一九三七年十二月後，所有古拉格都滿了，那些婦女一般就不會被流放，而是能留在家裡與孩子們一起生活。例如，路德維克．皮溫斯基（Ludwik Piwiński）被捕時老婆剛好臨盆，他們的兒子正要出生。因為他並未獲准探視妻子，所以沒辦法跟她說自己被判了什麼刑，而且就連他自己也是在前往西伯利亞的火車上才知道：他必須去那裡當十年伐木工。他是少數的幸運兒之一，像他這樣被捕後還能倖存的波裔蘇聯人並不多。艾琳諾拉．帕什凱維奇（Eleanora Paszkiewicz）在一九三七年十二月十九日親眼目睹父親遭逮捕，到了聖誕節那天她母親才臨盆，艾琳諾拉在身旁陪她。[32]

僅僅在幾年前，烏克蘭人才目睹幾百萬同胞因為政府政策而遭故意餓死，這時又遇上全蘇聯最嚴厲的肅清波蘭間諜行動。一些烏克蘭地區波蘭裔家庭在大饑荒那兩年受到重挫，沒想到大清洗期間又失去了丈夫、父親或兄弟。例如，漢娜．索伯列夫斯卡（Hanna Sobolewska）在一九三三年眼睜睜看著父親與五位手足餓死。當時她弟弟約瑟夫還在學走路，他很喜歡說：「這下我們不會死了！」結果還是難逃厄運。到了一九三八年，她僅存的一位兄弟還有她丈夫都遭「黑色渡鴉」帶走。「孩子們哭不停，村裡獨留女人。」這是大清洗期間烏克蘭地區波蘭裔村莊讓她留下的印象。[33]

到了一九三八年九月，肅清波蘭間諜的手法變得開始像當年肅清富農的行動，因為這時內務人民委員部已經獲得授權，從判刑到處決或流放全都一手包辦，連形式性的外部監督都沒有。將報告集結成冊後審查的方式本來就很簡單，這時卻還被嫌麻煩。儘管莫斯科當局只是草草審閱案件就決行，但成冊的報告還是如雪片般飛來，連看都來不及看。到了一九三八年九月，待審案件已經超過十萬。結果，該部就在各地成立「特殊三人小組」來審閱檔案，成員包括俄共地方黨部首長、內務人民委員部地方首長與一位當地檢察官——通常就是當年執行富農肅清行動的同一批人。這時由於各地積案過多，就由他們負責斷案，決定該怎樣判刑。但事實上這小組並非真的新成立，而只是由一位俄共幹部加入既有的兩人小組，所以他們也只是批准自己原先做出的建議而已。[34]

按照每日幾百案的速度，過去的積案在大約六週內就清理完畢，遭各地三人特別小組判死刑者約略為七萬兩千人。在烏克蘭鄉間，此時各地的三人小組恢復以前在富農肅清行動中的運作方式，無論是判刑或處決，都是人數很多，速度很快。日托米爾地區（Zhytomyr）位於烏克蘭西疆偏遠處，已經距離波蘭很近，當地三人小組在一九三八年九月二十二日將一百人處死，這數字算是符合平均值，隔天處死一百三十八人，也差不多，但到了九月二十八日，處死人數卻暴增為四百零八人。[35]

就某些方面而言，肅清波蘭間諜的行動堪稱蘇聯大清洗時代的最血腥篇章。這行動並非規模最大，但其規模排名第二，僅次於肅清富農的行動。若以遭逮捕者被判死刑的比例來講，肅清波蘭間諜的行動也並非最高，但已經很接近了。而且，其餘清洗行動雖然在死刑比例上與肅清波蘭間諜的行動相當，但規模卻是遠遠不及。

因為波蘭間諜罪名而遭逮捕者總計十四萬三千八百一十人，其中遭處決的高達十一萬一千零九十一人。這些人大多是波蘭裔，但也有少數例外。波蘭裔人口在蘇聯是少數，但肅清富農行動的受害者卻有相當高比例是波蘭裔蘇聯人，尤其是在烏克蘭。若將「死亡人數」、「遭捕後被處死的比例」、「遭逮捕的風險」這三大因素納入考慮，波蘭裔族群可說是大清洗期間遭受最大危害的一群蘇聯人。根據某個保守估計數字顯示，一九三七到三八年之間遭處決的波蘭人約為八萬五千人，占大清洗行動中總計六十八萬一千六百九十二位死者的八分之一。由於波蘭裔蘇聯人占該國總人口比例不到百分之零點四，算是少數中的少數，因此前述比例之高，實在令人驚詫不已。與其他各族國民相較，波蘭裔蘇聯人因為大清洗行動而死亡的機率大約是四十倍。[36]

肅清波蘭間諜的行動也建立起一套模式，往後應用於針對其他族裔蘇聯人的一系列行動。這些行動鎖定各個流散到蘇聯全境的族群，用帶有史達林風格的新語彙來對他們貼標籤：敵對族群。他們可能真的跟外國有關聯，但很多所謂的「關聯」根本是子虛烏有。大約有一萬六千五百七十三人遭指控為拉脫維亞間諜而被槍決。後來又有更多蘇聯公民遭指控為愛沙尼亞與芬蘭的間諜，遭處決者的人數分別為七千九百九十八與九千零七十八。這些針對少數族群進行的肅清行動，總計處決了二十四萬七千一百五十七人（包括波蘭裔）。而且這一波波肅清行動所針對的少數族群，加起來只占整體蘇聯人口的百分之一點六，但大清洗時代遭處死的人口裡面，他們占的比例居然是百分之三十六以上。因此，與一般蘇聯公民相較，這些遭鎖定的少數族群因為大清洗而遭處死的機率至少為二十倍。而且他們一旦被捕，就有很高比率難逃一死：波蘭裔蘇聯人有百分之七十八無法倖存，而且如果把各族裔加總來看，遭處死的比例也是高達百分之七十四。在肅清富農的行動中，一般蘇聯公民遭捕後被處死的機率是一半一半，但在肅清外國間諜的行動中，少數族裔蘇聯公民遭槍決的比例卻高達四分之三。與其說這數字反映出蘇共就是刻意要殘殺少數族群，不如說是時間點造成的偶然：肅清富農的行動與肅清外國間諜的行動雖然都逮捕了幾十萬人，但後者發生的時間點較晚。一般來講，大清洗行動越到後期，遭逮捕者被處決的比例就越高，理由很簡單：古拉格已無收容受刑人的空間。[37]

史達林、葉若夫、伯利茨基、列普列夫斯基、貝爾曼與其他政府高層都主張波蘭裔族群危及蘇聯國安，但殘殺他們只會讓蘇聯在國際間的處境更惡劣。大清洗期間，因為德、日兩國間諜罪名而遭逮捕的人加起來，數量還不及波蘭間諜，但這些人其實絕大多數（而且很可能全部）都只是徒具間諜之名，事實上並沒有真的幫波蘭從事間諜活動。一九三七到三八年之間，華沙當局很謹慎地與納粹德國與蘇聯保持等距的外交關係。波蘭壓根就沒有入侵蘇聯的計畫。[38]

不過，史達林的想法也許是，就算屠殺波蘭裔蘇聯人，對他也不會有害。他的想法的確沒錯，如果蘇、德兩方開戰，波蘭並不會站在蘇聯這邊。因為波蘭的國土界於納粹德國與蘇聯之間，如果蘇、德兩國為了爭霸東歐而開戰，波蘭是絕對不可能保持中立的。該國的選擇只有兩個：與德國為敵，但難免戰敗；或是與德國結盟，一起入侵蘇聯。無論波蘭的選擇為何，總之殘殺波蘭裔蘇聯人對於蘇聯的利益無害——因為蘇聯是個把國家利益置於人民性命與福祉之上的國家。史達林這種思考方式不僅憤世嫉俗，甚至很可能是錯誤的。當時許多外交官與間諜對他的做法倍感困惑：與其要費勁進行大清洗，為何不把同樣的心力用來做其他有用的事？當時蘇聯的國安政策其實應該採取另一個走向，但史達林誤判情勢。要是他能夠跟一九三〇年代末期一樣，對於情報事務採取比較傳統的做法，或許會對他比較有好處。

一九三七年的日本看起來對蘇聯構成了直接威脅。正因為日本在東亞動作頻頻，蘇共當局認為這讓肅清富農的行動有了正當理由。蘇聯政府又以日本造成威脅為藉口，對付蘇聯境內的少數華裔人士，並整肅那些從滿洲返國的蘇聯鐵路工。人數大約十七萬的朝鮮裔蘇聯人也從遠東地區遭流放到哈薩克，理由是避免他們幫日本當間諜。因為當時朝鮮已是日本殖民地，所以朝鮮裔蘇聯人自然成為與日本有所關聯的外來少數民族。史達林在中國西部新疆省所扶持的軍閥盛世才同樣也在進行大清洗行動，遭殘殺者數以千計。中國北邊的蒙古人民共和國自從於一九二四年立國後就始終是蘇聯的附庸。蘇聯部隊於一九三七年進駐盟國蒙古，接著在三七到三八年之間蒙古政府同樣也殘害許多無辜蒙古人，遇害者有兩萬零四百七十四人。這一切行動都是以應對日本的威脅為藉口。[39]

但若從策略的角度看來，這些人其實都是白死了，沒能達到任何目的。事實上，日本政府高層早已決定採取南進政策，先取中國，接著稱霸太平洋地區。一九三七年七月，就在蘇聯開始進行大清洗之際，日本也發動全面性的侵華戰爭，爾後才繼續往南推進。因此，若把「為了面對日本威脅」拿來當作肅清富農與蘇聯東部那些少數族群的藉口，都是沒有道理的。這有可能只是因為史達林畏懼日本，而且他的憂慮其實有充分根據。一九三〇年代的確是日本對外侵略行動的活躍期，問題只是在於會往哪個方向侵略：選擇只有北方或南方。日本的政情不穩，而且政策往往迅速改變。不過，儘管蘇聯政府屠殺了那麼多人，還是無法阻擋外來的侵略。

也許史達林的想法是，大規模屠殺東亞的少數民族並不會帶來損失，一如他對波裔蘇聯人的態度。東亞少數民族人口變少後，要是日本真的有意入侵蘇聯，就會發現願意當內應的人比較少。如果日本並沒打算動手，那麼就算蘇聯採取預防性的手段，大規模殘殺、流放這些人，對國家來講也不會造成傷害。如前所述，這種思考方式能夠自圓其說，是有前提的：人民性命與福祉完全不在蘇聯國家利益的考量之內。同樣的，動用內務人民委員部來對付國內的敵人（甚至讓該部進行機關內部的肅清行動）可說頗為無謂，反而讓蘇聯無法有效率地應對真正的威脅：就算沒有日本或波蘭的幫助，也沒有反對俄共統治的蘇聯人民當內應，德國還是會攻擊蘇聯。

德國與日本、波蘭都大不相同，當時該國的確正在思考要如何入侵蘇聯。早在一九三六年九月，希特勒就已經明確告知所有閣員，他的外交政策是以消滅蘇聯為首要目標。他宣稱：「布爾什維克主義的本質與目標，就是消滅迄今為止領導著世界的那些人，以流亡各國的猶太人取而代之。」在希特勒看來，德國必須在四年內做好開戰準備。因此，希特勒於一九三六年任命赫曼·戈林接管一個跨部會的「四年計畫署」（Four-Year Plan Authority），為公部門與民間都做好對

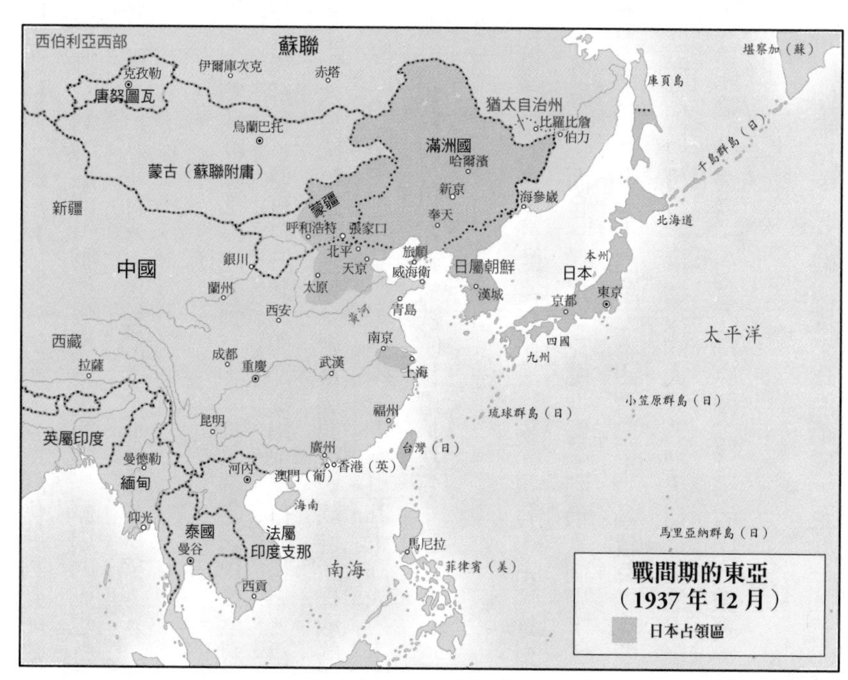

蘇聯開戰的準備。希特勒才是蘇聯真正的威脅，但史達林似乎還沒有放棄，仍希望蘇德關係能夠有所改善。也許就是因為這樣，與波裔蘇聯人相較，德裔族群受到的肅清行動比較沒那麼激烈。蘇聯的確也針對德裔族群採取行動，受牽連者遭槍決的大約四萬一千九百八十九人，但他們大多並非德裔蘇聯人。[40]

在共產國際與各國左派組成人民陣線的那些年頭，整個歐洲都沒注意到有千千萬萬蘇聯國民遭屠殺或流放。外界所看到的大清洗，只是那些作秀式的公開審判，還有對於共黨與部隊內部進行的整肅。儘管引起了一些專家與記者的注意，但那些事件畢竟不是大清洗行動的主軸：對富農與少數族群所採取的一系列肅清行動才是。一九三七到三八年之間蘇聯處決的政治犯總計六十八萬一千六百九十二人，富農與少數族群就占了六十二萬五千四百八十三人。這兩類蘇聯公民在大清洗時代遭槍決者中占了百分之九十以上，遭流放古拉格者裡面則是占了百分之七十五。[41]

如此看來，大清洗主要由兩個整肅行動構成：在烏克蘭為害最烈的富農肅清行動，還有一系列針對少數族群進行的整肅行動。後者受害者最多的是波裔蘇聯人，而且一樣是烏克蘭地區受到最大衝擊。大清洗時代有紀錄在案的死者為六十八萬一千六百九十二人，其中有十二萬三千四百二十一名皆為烏克蘭居民，而且這個數字還不包括原來住在烏克蘭，被遣送到古拉格後才遭槍決的人。若把人口比例的因素考慮進去，受害的烏克蘭居民遠多於其他蘇聯轄下共和國的受害者，而且在烏克蘭的受害者中，波裔族群則是遠多於其他族群。[42]

大清洗無疑是第三次蘇聯革命。一九一七年的布爾什維克革命為俄國帶來政治鉅變，至於一九三〇年的集體化運動則是為蘇聯創造出新的經濟體系，而一九三七到三八年的大清洗則是一場心靈改革運動。史達林透過大清洗實踐他的理論：唯有透過偵訊才有辦法揭穿敵人的面具。他那些關於外國間諜與國內陰謀的託詞雖然都是子虛無有，但卻一遍又一遍被用來拷打與偵訊犯人，也載明於偵訊手冊中。若說一般蘇聯公民於一九三〇年代末期的蘇聯高層政治活動中扮演了某種角色，那就是他們淪為高層話術的工具。為了讓史達林的瞞天大謊可以繼續下去，有時候他們的人生故事就必須戛然而止。

不過，在這些有血有肉的底層農工淪為死刑與徒刑的數字之際，史達林的心情似乎好了起來，而且大清洗行動的進行當然也鞏固了他的權位。雷厲風行的行動於一九三八年十一月由史達林喊停，他再次更換了內務人民委員部的首長。葉若夫遭拉夫連季・貝利亞（Lavrenty Beria）取代，不久後就遭處決。多位該部高層官員即將面臨相同命運，罪名是濫權亂殺，但事實上他們只是執行史達林的政策而已。史達林隨心所欲地用葉若夫來替代亞戈達，又用貝利亞取葉若夫而代之，這在在都證明了他才是手握國安機器的一國之尊。正因為他可以用內務人民委員部來鬥爭共黨，也能用共黨來鬥爭內務人民委員部，他成功為自己樹立了不可挑戰的蘇聯領導人形象。蘇聯社會主義已經淪為暴政，因為暴君史達林可以為了證明自己的權勢而把自己統領的政界玩弄於股掌之間，以各種手段翻雲覆雨。[43]

蘇聯不僅是個多族群國家，還利用由各種族裔成員組成的國家機器來打壓與殺戮少數族群。正當內務人民委員部對少數族群進行大屠殺之際，該部的大多數領導人其實都是少數族群成員。一九三七到三八年之間，該部許多幹部都是猶太裔、拉脫維亞裔、波蘭裔或德裔，他們所執行的種族屠殺政策是希特勒與其麾下黨衛隊（暫時）難以望其項背的。執行任務當然是他們為了保住權位與性命的必要選擇，但在屠殺其餘少數族群的同時，這些猶太裔、拉脫維亞裔、波蘭裔或德裔肯定也營造出某種國際主義的精神，而且對於其中某些人來講這種精神一定非常重要。不過，最後他們還是遇上兔死狗烹的厄運，而且在後續的大清洗行動中，取而代之的往往是俄裔蘇聯人。

先前獲派前往烏克蘭、白俄羅斯執行波蘭間諜肅清任務的猶太裔高幹，例如列普列夫斯基、拉依克曼、貝爾曼，後來都在被捕後遭處決。這只是大趨勢使然。大清洗行動展開之際，內務人民委員部的高層幹部大約有三分之一是猶太裔。但到了一九三八年十一月十七日叫停的時候，這個比例已經降低到大約五分之一。再一年過後，該部的猶太裔高幹就已經剩下不到百分之四。我們大可以將大清洗行動怪罪到猶太人頭上，而且許多人的確就是這麼想，但這無非是跳入了史達林所設下的思想陷阱：史達林當然知道，用那些猶太裔高幹來執行屠殺少數族群的任務，就可以讓他們充當代罪羔羊，而且後來許多猶太裔祕密警察與菁英分子都遭他處死，他更是可以肆無忌憚地拿他們當擋箭牌。總之，大清洗的後果並非讓內務人民委員部的猶太裔或其他少數族裔幹部受益，真正獲得升遷機會的是俄裔成員。到了一九三九年，猶太人已遭俄國人取代，三分之二的高層幹部都已換成俄裔成員，而且往後也會如此長久維持下去。俄裔人口在蘇聯本來就比較多，但如此一來，他們在內務人民委員部高層所占的比例更是高於俄國人占全蘇聯人口的比例。就少數族群而言，唯一在大清洗結束時還能在高層幹部中占有較高比例的，就只有史達林自己的同胞，也就是喬治亞人[*44]。

這第三次革命其實是反革命，隱然承認了馬列主義已於先前失敗了。這時蘇聯已經建國大約十五年，雖然有不少公民死於非命，但政府的確幫仍然在世的人做了不少事：例如，就在大清洗行動進行得最為激烈之際，蘇共創設了國民年金制。不過在第三次革命前，蘇共卻也放棄了革命原理的某些基本假設。過去，馬克思主義者向來主張存在先於本質，但這時已經不再是那樣。換言之，那些人之所以有罪並非因為他們在社會經濟的階層上站錯了位置，而是因為他們的本質：因為從外表就可以看出的個人身分或文化關聯。如此一來，政治就再也無法以階級鬥爭的角度來理解。蘇共政府指控這些外來移民不忠於國家，並不是因為他們仍被舊社會的經濟秩序束縛著，而是僅僅根據他們的族裔身分就認定他們有為其他國家當間諜的嫌疑。[45]

這種因為族裔身分而被認定該忠於某個國家的狀況，在一九三八年的歐洲各國看來是理所當然的。就在同一時刻，希特勒也是用這種說法來主張捷克斯洛伐克應該允許該國境內三百萬德裔人口連同他們居住的地區併入德國。一九三八年九月，在慕尼黑召開的一次會議上，英、法、義三國決議同意德國併吞捷克斯洛伐克西部邊界上居民大多為德裔的地區（蘇台德區）。英國首相張伯倫（Neville Chamberlain）還宣稱：此一《慕尼黑協定》會「為我們創造出一個和平的時代」。法國總理達拉第

＊　譯註：葉若夫之後，史達林在去世以前起用的兩任內務人民委員部首長，包括貝利亞與弗謝沃洛德梅爾庫洛夫（Vsevolod Merkulov），也都是喬治亞人。

（Edouard Daladier）知道根本沒那回事，但他卻任由法國人民沉浸在和平的幻想中。捷克斯洛伐克甚至並未受邀參加，與會者只是認定該國必須接受這決議。《慕尼黑協定》剝奪了捷克斯洛伐克原本享有的天然屏障，也失去那些位於山區的要塞，讓德國能在後來輕鬆揮軍入侵。史達林對於這件事的解讀是，西方列強之所以對希特勒多所讓步，無非是要拉攏他一起對付東邊的蘇聯。[46]

在一九三八年，讓蘇聯高層都非常在意的要務是，絕對不能讓本國的族裔政策像納粹德國那樣充滿種族歧視色彩。為了達成此一目的，政府在這一年做了很多努力，包括出版了許多童書，其中一本名為《數字的故事》（*A Tale of Numbers*）。藉此，蘇聯學童都知道納粹政府「正在翻查各種古老文件」，為的是確認每一位德國國民的族裔身分。這當然並非子虛烏有。根據一九三五年於德國通過的《紐倫堡法案》，猶太人已遭剝奪了參與政治活動的權利，而且只要有猶太血統的就是猶太人。為了確認有哪些人的祖父母是猶太人，官方一一清查猶太教堂的紀錄。不過，蘇聯的情況也沒有好到哪裡去。蘇聯政府印製的國內通行證上有一個欄位用來登記族裔身分，所以無論是猶太裔或波蘭裔，甚至其他各族裔的蘇聯公民都有官方登載的身分。原則上每一位公民可以選擇自己要被登記為哪一個族裔身分，但實際上並非總是如此。一九三八年四月，內務人民委員部甚至要求，在某些狀況下還必須把父母的族裔登記在通行證上。根據這項命令，該部明白禁止波蘭裔與其他族裔移民更改自己的族裔身分。內務人民委員部壓根就不用「翻查各種古老文件」，因為一切都登載在他們發給的文件上。[47]

一九三八年，就在外界普遍看不到蘇聯政府大規模迫害少數族裔公民之際，雖然納粹迫害猶太人的規模遠遠不及，但卻是大家都看在眼裡的。納粹政權開始推動「雅利安化」的計畫，目的是剝奪德國猶太人的財產。但更為令人髮指的事發生在同一個月：德國強迫奧地利合併後，許多更為明目張膽且肆無忌憚的竊占財產與暴力事件進一步發生在猶太人身上。希特勒在二月對奧地利總理許士尼格（Kurt von Schuschnigg）下達最後通牒，要求奧地利成為德國的衛星國。起初許士尼格接受德國的條件，但返回奧地利後卻無視希特勒的要求，發起獨立公投。三月十二日，德國部隊入侵奧地利，隔天奧地利就不復存在了。那一年夏、秋兩季，約有一萬奧國猶太人遭押解到維也納。希特勒的手下阿道夫・艾希曼（Adolf Eichmann）辦事勤奮，想方設法讓他們在接下來幾個月裡跟許許多多其他奧國猶太人一樣流亡國外。[48]

一九三八年十月，德國把境內總計一萬七千名波蘭籍的猶太人驅逐到波蘭。他們在夜間遭逮捕，用火車運往邊境，遭隨隨便便地丟包在波蘭境內。某個住在法國的波蘭猶太人因為父母遭此對待，決定復仇。他暗殺了一位德國外交官，這件事本身就很不幸，發生時機更是不巧：槍擊案發生於十一月七日，是布爾什維克革命的紀念日，而那位外交官於隔天逝世，這天則剛好是希特勒於一九二三年發動啤酒館政變（Beer Hall Putsch）的日子。這件謀殺案讓德國政府有了藉口可以進行「水晶之夜」（Kristallnacht）的行動，而這也是納粹在德國第一次公開屠殺猶太人。第三帝國就像是個不斷增壓的壓力鍋，尤其是在維也納，先前幾週每天至少都會發生一件猶太人的物業、商店遭破壞的事件。一九三八年十一月九到十一日之間，總計有幾百個猶太人慘遭殺害（官方數字是九十一人），數以千計的店鋪與數以百計的猶太教堂被搗毀。除了納粹的支持者以外，一般歐洲人都認為這實在是殘暴至極。[49]

德國的納粹政府公開對猶太人施暴，蘇聯卻因此得利。在這種氛圍下，為了避免歐洲陷入種族暴力的動亂中，人民陣線的支持者莫不寄望蘇聯可以挺身阻擋納粹。但蘇聯卻才剛剛對境內少數族裔公民進行了一波規模遠勝納粹的屠殺行動。或許我們可以說，這種情況在蘇聯境外基本上是無人知曉的。「水晶之夜」的一週後，大清洗行動告終，但蘇聯全國已有大約二十四萬七千一百五十七位公民因為政府整肅少數族群而遭槍決。到一九三八年年底為止，因為種族緣故而遭殺害的人在蘇聯大約是在納粹德國的一千倍。而且就這方面而言，納粹屠殺的猶太人人數還遠遠不及蘇聯。儘管猶太人並非遭肅清的少數族裔之一，但大清洗期間還是有幾千猶太人遇害——在烏克蘭大饑荒期間餓死的也是數以千計。這些人遇害的緣故並不是他們身為猶太人，而是因為蘇聯是當時最為凶殘無道的政權。

大清洗期間遭蘇聯高層下令槍決的公民人數是德國猶太人總數的兩倍。不過，除了蘇聯人以外，似乎還沒有人想得到政府可能這樣大規模槍殺人民，恐怕連希特勒也意料不到。而且，在二次大戰爆發前，納粹政府的確也還沒在德國做過這種事。「水晶之夜」過後，大批猶太人陸續遭囚禁於德國的集中營裡。這時希特勒不過是想要恫嚇猶太人，要他們自行離開德國。這段時間遭囚的兩萬六千個猶太人絕大多數都很快就獲釋。從一九三八年年底到三九年，離開德國的猶太人人數超過十萬。50

這一連串暴力事件與動亂的確也激發了納粹對於歐洲猶太人整體命運的想像。「水晶之夜」過後幾天，希特勒在一九三八年十一月十二日要求他的近臣戈林提交一份清除歐洲猶太人的報告：全部用船運往非洲東南海岸外，位於南印度洋上的馬達加斯加島。無疑的，希特勒與戈林其實只是想讓德國猶太人遷往馬達加斯加島，在親衛隊的看管下一個個做苦工做到死，但如此天馬行空的龐大計畫實際上比較適合未來的發展，因為到時候德國將會掌控人數極為可觀的猶太人口。只有在未來德國手握龐大猶太人口之際，此一「馬達加斯加計畫」才能真正派上用場。希特勒吩咐戈林進行計畫時，德國猶太人最多只占全國總人口的百分之零點五，而且他們正持續移民國外，人數不斷減少。先前德國本來就沒有很多猶太人，但既然納粹把他們當成一個「問題」，現在算是找到「解決方案」了：沒收財產、恫嚇逼迫、往外遷移。（猶太人之所以沒辦法以更快的速度離開德國，是因為英國政府並未允許他們遷居巴勒斯坦，美洲各國不願增加移民名額，甚至有剩餘名額也不想撥給猶太人。在一九三八年七月召開的埃維昂會議〔Évian Conference〕*上，只有多明尼加共和國願意接納更多來自德國的猶太難民。）[51]

換言之，「馬達加斯加計畫」算是未雨綢繆，為了一個還沒真正發生的猶太人「問題」而設想出來的「解決方案」。在一九三八年，這種大規模遣送計畫聽來是挺有道理的，因為這時納粹高層仍然妄想著要把波蘭變成德國的衛星國，一起組成侵略蘇聯的同盟。波蘭的猶太人有三百多萬，而且波蘭政府也已經派人去馬達加斯加調查過，看那裡是否適合安置猶太人。對於境內的大批少數民族（五百萬烏克蘭人、三百多萬猶太人、一百萬白俄羅斯人），波蘭政府高層所設想的計畫遠遠比不上蘇聯的所作所為與納粹的盤算，但他們的確是希望猶太人能夠自願移民，藉此減少國內猶太人口。一九三五年，波蘭獨裁者約瑟夫・畢蘇斯基去世，在這個問題上，他的繼承者們採取的是波蘭民族主義右翼陣營的立場，而且他們所創建的執政黨只容許波蘭裔公民加入。到了一九三〇年代晚期，波蘭政府支持的是右翼與修正猶太復國主義（Revisionist Zionism）兩大陣營的共同目標：在國際聯盟委託英國管理的巴勒斯坦地區建立一個很大的以色列國——若有必要，就算採取暴力手段也在所不惜。[52]

* 譯註：美國小羅斯福總統號召在法國埃維昂萊班（Évian-les-Bains，位於法瑞邊境）舉行，討論德國猶太難民問題的國際會議。

只要華沙當局跟柏林的納粹政府一樣都在思考著猶太人「問題」，並盤算著把猶太人遷移到遙遠的地方，而且只要德國仍然試圖爭取波蘭組成抗蘇的東歐聯盟，那麼納粹就可以持續想像他們可以獲得波蘭的支持與基礎設施，設法安排將東歐的猶太人遣送到別處。但他們最後沒能跟波蘭結盟，也就無法與波蘭一起解決猶太人問題。在這方面，畢蘇斯基的繼承者們謹遵他生前的路線：在外交政策上與柏林和莫斯科保持等距關係，與納粹德國和蘇聯都簽訂互不侵犯條約，但並不與兩者結盟。一九三九年一月二十六日，波蘭政府在華沙最後一次拒絕了德國外相約希姆·馮·里賓特洛甫（Joachim von Ribbentrop）的請求。德國嘗試了五年，但終究無法讓波蘭人相信，為了他們的利益，應該把德裔人口居住的波蘭國土割讓給德國，成為德國的衛星國，幫助德國一起入侵蘇聯。這意味著德國無法與波蘭組成聯軍了，而是要對波蘭開戰，並且要對付波蘭的猶太人。[53]

儘管希特勒還是沒有放棄「馬達加斯加計畫」，但這時似乎已有一幅願景浮現他的腦海：征服波蘭後把那裡當成安置猶太人的專區。如果波蘭不願配合結盟攻打蘇聯，並且聯手德國一起驅逐猶太人，那乾脆就把波蘭攻打下來，當成可以容納歐洲各地猶太人的殖民地，讓他們在最後被除掉以前住在那裡。里賓特洛甫才剛從華沙返國，希特勒就想通了：他要對波蘭發動第一場對外戰爭。所以他針對猶太人問題發表一次重要演說。一九三九年一月三十日，希特勒向德國國會承諾，要是猶太人把德國拖入另一場世界大戰，就會設法消滅他們：「今天我想要再次扮演先知的角色：要是歐洲與世界各地財力雄厚的猶太人再次拖累各國人民，引發世界大戰，那麼結果將不會是全世界都被布爾什維克化，猶太人取得最後勝利，而是全歐洲的猶太人都會被我消滅。」在希特勒發表這場演說的當下，百分之九十八的猶太人其實都住在德國以外的地方，人數最多之處在波蘭與蘇聯西部。要怎麼個消滅法，此時還不清楚，但納粹要踏出的第一步就是發動戰爭。[54]

到了一九三九年年初，希特勒已經來到了一個轉捩點：他的外交政策是把所有德裔人口都併入德國，這方面他在捷克斯洛伐克與奧地利算是都已經得手，但終究沒能把波蘭招攬為盟友，無法一起在東歐發動戰爭。先前他已經把德國的武裝部隊重建起來，而且不費一兵一卒就獲得了面積龐大的新領土。將奧地利併入德國後，不但公民人數增加了六百萬，也讓德國獲取了大批銀彈。透過《慕尼黑協定》，希特勒不只賺到了三百萬公民，也

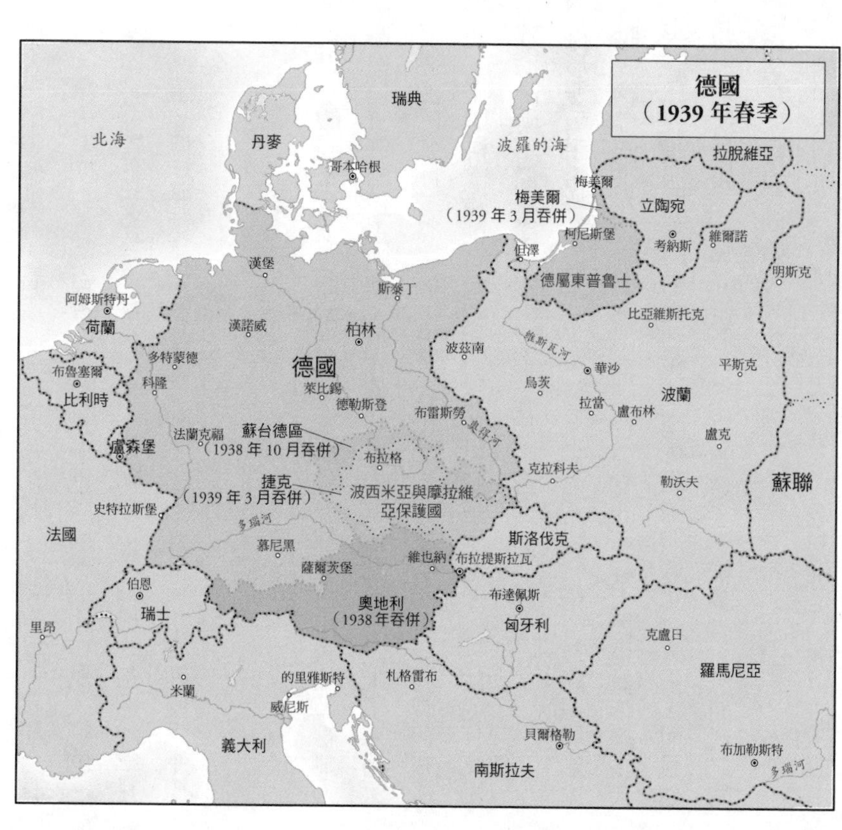

把當時可能是世界最佳的捷克斯洛伐克軍火工業整個納為己有。一九三九年三月，希特勒進一步併吞捷克斯洛伐克的其餘領土，就此露出真面目，讓大家明白他的目標並非只是要把各國德裔人口納入德國。捷克成為第三帝國的「受保護國」，斯洛伐克則是在名義上獨立出來，實際上還是納粹的禁臠。三月二十一日，德國試圖恫嚇波蘭人接受一份協議，但他們還是不願就範。到了二十五日，希特勒便下令德國國防軍動起來，為入侵波蘭做好準備。[55]

就在希特勒的力量不斷增長之際，史達林的外交政策也開始轉向。這時任誰都看得出人民陣線無力對抗法西斯主義。捷克斯洛伐克是對蘇聯保持友善的民主政體，但在慕尼黑會議後就算是走上了末路，到了一九三九年三月甚至被拆成兩國。反動派的佛朗哥將軍於一九三九年四月打贏了西班牙內戰。在這以前，法國的人民陣線政府更是早已垮臺。莫斯科當局在面對歐洲列強時只剩兩個選擇：打仗或外交協商，因為史達林已經少了人民陣線這個政治籌碼，無法從各國內部去施加影響力。

一九三九年春天，史達林對他的意識形態敵手希特勒做出驚人之舉。先前希特勒曾誓言絕不與猶太共產主義分子妥協，而且為了強調這一點，納粹向來在政宣活動中把主管外交的蘇聯人民委員李維諾夫指稱為「芬克斯坦」（Finkelstein）——因為那是他原有的猶太姓氏。李維諾夫的確是猶太人，而且他的兄弟是個猶太教拉比。為了討好希特勒，史達林於一九三九年五月三日開除了李維諾夫。取而代之的是史達林的親近盟友，俄羅斯裔的莫洛托夫。會這樣向希特勒示好，看來不大尋常，但實際上或許一點也不奇怪。我們可以在史達林的意識形態中找到所有解答。人民陣線原本的盟友就是「社會法西斯主義」，是到了一九三四年六月才在一夜之間轉而與社會民主主義結盟。如果蘇聯可以把「社會法西斯主義」陣營當朋友，那為什麼不能與法西斯主義結盟？畢竟，在蘇聯的立場看來，法西斯主義不過就是變形的資本主義。而且一九二二到三三年之間，蘇聯與德國的資本主義政府也處得很好。[56]

純粹從政治的角度看來，蘇聯向納粹德國靠攏是挺合理的。如果不選擇德國，就得要與英、法結盟，這兩國能夠給的好處似乎就比較少。一九三九年三月，倫敦與巴黎當局都曾向波蘭保證，會試著嚇阻德國對波蘭的攻擊，後來也曾試著把蘇聯拉進某種防禦聯盟。但史達林心知肚明，假使德國攻擊波蘭或蘇聯，英、法應該也不大可能介入東歐的局勢。所以看來與德國人妥協才是最明智的做法，然後袖手旁觀西歐的各個資本主義強權互相鬥爭。史達林曾說他的計畫是「藉著敵人的手毀掉他們自己，直到戰爭結束時仍然保持強盛」。[57]

就像後來史達林說的，他看得出自己和希特勒「一樣渴望擺脫過去長久以來那種權力平衡的狀態」。史達林表達善意後，希特勒於一九三九年八月有了反應。希特勒希望在這一年就發動戰爭，至於誰能當他的盟友，他倒是相當有彈性。如果波蘭人不願與他一起攻打蘇聯，那他也許可以跟蘇聯一起攻打波蘭。在希特勒看來，德軍馬上就要對波蘭展開攻勢了，如果他能先與莫斯科當局結盟，那在英、法兩國對他宣戰時，就能避免德國遭到兩面夾擊的問題。一九三九年八月二十日，希特勒向史達林傳話，表示最晚會在二十三日就派外交部長里賓特洛甫去找他。里賓特洛甫抵達莫斯科後，就像歐威爾和柯斯勒都曾特意在書中強調的，社會主義母國首都的機場，居然飄盪著納粹的卐字旗幟。就是這一次的意識形態震撼導致柯斯勒與共產主義劃清界線，而且當年透過這個跡象也有不少人看出蘇聯再也不是一個堅守意識形態立場的國家了。[58]

德、蘇兩國很快就確認了一個共同目標：他們都想要滅掉波蘭。一旦希特勒不再寄望聯合波蘭對抗蘇聯，納粹與蘇聯就發現他們對波蘭的看法幾乎沒有差別。希特勒認為波蘭是《凡爾賽條約》的「不真實產物」，莫洛托夫則說波蘭是該條約的「醜陋子嗣」。一九三九年八月二十三日，雙方正式在莫斯科簽訂的就只是一紙互不侵犯條約。但事實上里賓特洛甫與莫洛托夫也針對了一份密約達成共識，雙方劃出未來納粹德國與蘇聯各自在東歐地區掌管的地盤，涉及的國家包括芬蘭、愛沙尼亞、拉脫維亞、立陶宛、波蘭與羅馬尼亞，在當時都還是獨立的。諷刺的是，不久前史達林殘殺十幾萬蘇聯公民時使用的藉口，就是謊稱波蘭假借《德波互不侵犯條約》之名，與德國簽了一份類似的密約。當時他主張波蘭的行動就是要準備跟德國一起侵略蘇聯。這下換成蘇聯真的跟德國達成共識，要一起侵略波蘭。[59]

一九三九年九月一日，德國國防軍兵分三路，從北、西、南三側揮兵波蘭，使用的人力與武器部分是來自於先前遭併入德國的奧地利與捷克斯洛伐克。希特勒就此開啟戰端。

一九三九年八到九月，史達林仔細研究的不光是東歐地圖，還有東亞地圖。他找到一個絕佳機會，能夠強化蘇聯在遠東地區的地位。這下史達林已無後顧之憂，不用擔心德波聯軍會從西邊攻打過來。如果蘇聯真的在東亞跟日本打起來，他也不用害怕需要面對另一個戰場。一九三九年八月二十日，蘇聯帶領著蒙古國盟軍迎擊日本與附庸於日方的滿洲國部隊，雙方在蒙古國與滿洲國之間向來充滿爭議的邊區開戰*。史達林在一九三九年八月二十三日與柏林當局談妥的德蘇友好條約也有針對日本的規定。

蘇聯與日本開戰的三天後，蘇、德雙方簽訂了《莫洛托夫—里賓特洛甫條約》（即《德蘇互不侵犯條約》），三年前德、日簽署的《反共產國際協定》也就此失效。比起在戰場上敗給了蘇聯，在東京政壇引起一場更大地震的是納粹與蘇聯的結盟。日本的阿部信行內閣就此垮臺，接下來不到一年內又連續有好幾個內閣上臺†。[60]

一旦德國似乎選擇了蘇聯，而非日本來當盟友，日本政府突然陷入了一個完全意料之外且令其不知所措的境地。日本政界的高層已經達成共識，捨棄北進蘇聯所屬西伯利亞的計畫，以入侵中國為南進計畫的跳板，最終拿下整個太平洋地區。然而，要是莫斯科與柏林的同盟關係能夠持久，那就意味著紅軍可以把主力部署在遠東地區而非歐洲。如此一來日本的精銳部隊就會被迫留守在北邊的滿洲國，以求自我防衛，但這將會讓南進計畫變得遠比原來艱困。希特勒讓史達林得以放開手腳，有餘裕在東亞大展身手，而日本只能企盼著希特勒很快就會背棄新盟友。日本在立陶宛設了一個領事館來監視德、蘇雙方的軍事準備活動。獲派前往當地擔任副領事的，就是精通俄語的間諜杉原千畝。[61]

一九三九年九月十五日，紅軍擊敗日軍，史達林就此完全達到自己所期望的結果。整肅少數民族的大清洗行動所針對的目標，依序是日本、波蘭、德國，因為史達林深恐這三個國家聯手，從東西兩側夾擊蘇聯。在大清洗期間殺了六十八萬一千六百九十二人後，史達林終究沒能降低蘇聯遭到東西夾擊的可

＊　譯註：此即諾門罕戰役。

†　譯註：米內光政、近衛文麿的內閣都沒持續多久，直到隔年十月東條英機上臺才穩住。

能性，最後他還是得靠外交與軍事手段達到目的。到了九月十五日，波蘭陸軍已經被德軍打得潰不成軍。如此一來史達林顯然不用再擔心蘇聯遭德、波聯軍入侵，德、日也不大可能聯手對付蘇聯了。德、波、日三國夾擊蘇聯的隱憂曾像幽靈般糾纏著史達林，但最後他卻設法把德、蘇夾擊波蘭的行動予以實現，並且藉由結盟德國來孤立日本。蘇聯部隊擊敗日軍的兩天後，也就是在一九三九年九月十七日，紅軍從東側入侵波蘭。紅軍與德國國防軍在波蘭中部會師，並且舉行了一次耀武揚威的聯合閱兵遊行。九月二十八日，柏林與莫斯科當局又二度針對波蘭簽署協定，亦即《德蘇疆界與友好協約》。

血色大地的歷史就此展開新頁。希特勒把波蘭的一半國土讓給蘇聯，這等於是允許史達林在國內殘殺波蘭裔蘇聯公民後，接著又到波蘭境內殺害波蘭人。而希特勒則是拜史達林之賜，在占領波蘭後開始執行他最初的幾項大屠殺政策。德、蘇聯手入侵波蘭後的二十一個月裡面，兩國恣意殺戮波蘭平民，不但人數相當，理由也差不多，這兩個盟國以鐵腕統治著各自占領的波蘭地區。

德、蘇兩國的殺人部隊群聚在波蘭這個第三國。跟史達林一樣，希特勒也瞄準波蘭人，展開他第一次的種族殺戮行動。

第四章
CHAPTER 4

德蘇互不侵犯條約下的歐洲

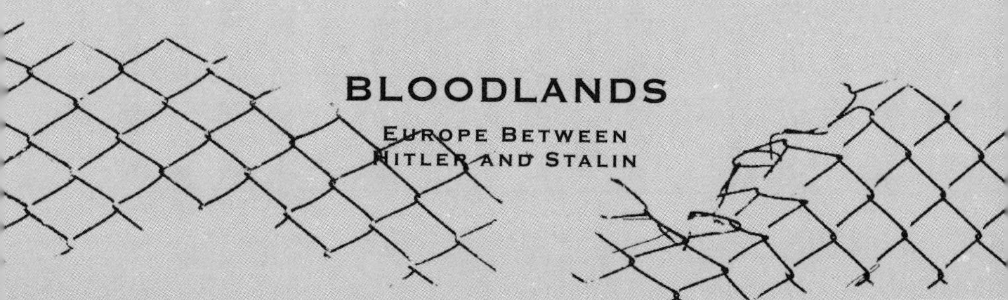

德國的恐怖行動是從空襲開始的。一九三九年九月一日凌晨四點二十分，在毫無預警的情況下，波蘭中部的小城維隆（Wieluń）首先遭到轟炸。德軍挑了一個沒有任何戰略意義的地點來進行恐怖的實驗。軍方想要知道的是：一支現代化的空軍勁旅能否藉由任意轟炸來恫嚇平民？基督教、天主教、猶太教的教堂，還有醫院都陷入一片火海。一波波彈如雨下，總重七十噸，幾乎所有建物都遭夷平，死者數以百計，大多是婦孺。居民逃出維隆市，等某位德國官員抵達時，遍布城裡的屍體數量已經多過留下來的人口。整個波蘭西部有幾十座城鎮、村落遭遇類似厄運。總計有多達一百五十八座聚落遭到轟炸。[1]

在波蘭首都華沙，人們看見飛機機隊在朗朗晴空中來回穿梭。有些人懷抱一絲希望，他們說：「那是我們的飛機。」但事與願違。一九三九年九月十日這天，歐洲史上首次有某個大城遭到敵國空軍有計畫地轟炸。那一天，華沙遭受德軍的十七次空襲。波蘭陸軍撐到九月中就已幾乎瓦解了，但首都防衛戰仍進行著。九月二十五日，希特勒宣稱他想要讓華沙投降。這一天德軍對華沙投下五百六十噸炸彈，外加七十二噸燃燒彈。總計造成兩萬五千位平民與六千名軍人喪生，而華沙這個波蘭的人口中心與歐洲古城，就這樣在一場不宣而戰的戰爭中遭受狂轟濫炸。整個九月，大量的難民潮早就為了避開德國國防軍而持續往東部奔逃。德國戰鬥機群毫無顧忌地轟炸掃射他們。[2]

波蘭只能獨自奮戰。英、法兩國信守承諾，對德國宣戰，但在德軍展開行動期間卻並未採取有意義的軍事行動（法國的確派大軍挺進德國的薩爾地區〔Saar〕，但部隊才啟程幾英里路程就撤退了）。波蘭陸軍匆忙就位，採取守勢。其實，波蘭部隊一直以來受到的訓練就是要守住來自東邊或西邊的攻擊，假想敵分別是紅軍與德國國防軍。整個一九二〇、三〇年代，波蘭軍方所做的戰爭部署與兵棋推演都有考慮到這兩個隱患。這時，該國動員了所有可用的三十九個師，大約九十萬人部隊都投入抵抗德國國防軍五十個師的一百五十萬大軍。即便如此，波蘭部隊除了人數遠遠少於敵軍，火力不如人，也擋不住來自北、西、南三側的機器化部隊攻擊。不過，某些地方仍然負隅頑抗。

德國國防軍早已習慣以勝利者的姿態大搖大擺地進入那些不戰而降的國家，先前在奧地利、捷克斯洛伐克就是如此。這時德國士兵才算是真正遭遇了敵軍的火力攻擊。他們並不總是能夠稱心如意。希特勒有意為德國拿下波羅的海海濱的但澤自由市（Danzig），但波蘭人死守著郵局。結果德軍派消防員把汽油灌進地下室，試圖燒死所有守軍。郵局局長走出大樓時手裡揮舞著白色手帕，還是馬上遭到槍殺。有十一人因為全身燒傷而死，因為德軍不讓他們接受治療。德軍認定這次死守郵局的行動是非法的，將三十八人判死刑後槍決。其中一人叫做法蘭齊澤克・克勞斯（Franciszek Krause），他十二歲的外甥名為鈞特・葛拉斯（Günter Grass），後來成為偉大的西德小說家。多虧了他寫出《錫鼓》（*The Tin Drum*）這本小說，德軍在但澤犯下的戰爭罪才廣為人知。不過這也只是無數戰爭罪行中的一樁而已。[3]

德國軍方為士兵灌輸的觀念是：波蘭並非真正的國家，該國的陸軍也不是真正的部隊。所以那些抵抗入侵的人並非真正的士兵。德國軍官對屬下耳提面命：在戰鬥中殺死德軍的波蘭人都是犯下了「謀殺罪」。用希特勒的話說來，任何抵抗德國這個優越種族的人都犯下了「厚顏無恥之罪」，所以波蘭士兵沒有資格享受戰俘的權利。在一個叫做烏里奇（Urycz）的小村落，德軍把波蘭戰俘趕進一座穀倉，要他們在裡面過夜。但接著卻一把火燒掉穀倉。在某個叫做斯拉多夫（Śladów）的村莊附近，德軍與一支殘存的波蘭騎兵部隊作戰時，甚至把波蘭戰俘抓來當人肉盾牌。那些騎兵因為不願殘殺同胞而壯烈成仁，結果德軍還逼那些戰俘掩埋他們的屍體。不久後德軍把戰俘帶往維斯瓦河（Wisla River）河畔，要他們在一堵牆壁前排排站，然後開槍。有些人跳河逃生，但還是遭到槍殺——據一位倖存者回憶，德軍開槍時好像在獵鴨。結果大約有三百人遇難。[4]

先前在一九三九年八月二十二日，希特勒早已對所有指揮官下達命令：「絕對不得心慈手軟。」在切皮洛夫（Ciepielów），一陣激戰過後，有三百個波蘭人淪為戰俘。儘管他們顯然是軍人，德軍指揮官還是宣稱這些遭俘士兵是游擊隊員，是不受戰爭法保護的非正規戰鬥人員。這些身穿全套軍服的軍官與士兵都感到驚駭莫名。德軍逼他們脫下制服，讓他們看起來像是游擊隊員。所有戰俘都遭到槍斃，丟進一道溝渠中。在波蘭部隊抗敵的短暫期間，總計至少發生六十三起這類事件。遇害的波蘭戰俘至少有三千人。德軍也謀殺了許多波蘭傷患。例如，某支德軍坦克部隊把一座標示著紅十字的穀倉當攻擊目標，那是個波蘭人設置的急救站。要是沒有那一道紅十字，坦克指揮官們很可能就會忽略那穀倉。坦克開炮後穀倉陷入火海，企圖逃生者全遭德軍機槍手擊斃。接著一輛輛坦克還輾過只剩斷垣殘壁的穀倉，僅有的倖存者最終也難逃一死。[5]

德國國防軍從上到下都認定波蘭平民是死有餘辜。如同某位德國將軍所言：「德國人是主人，波蘭人是奴隸。」陸軍高層深知，希特勒為這次軍事行動設定的諸多目標並不尋常。如同陸軍參謀長簡述：「元首有意摧毀、終結波蘭民族。」經過一番思想教育，陸軍士兵都把波蘭平民當成凶險狡詐的次等人。有個士兵因為深信波蘭人充滿敵意，甚至還把某位波蘭人死亡時露出的扭曲表情解讀為對德國人的非理性怨恨。士兵們很快就開始習慣拿波蘭人出氣，只要遇到挫折，被他們遇到的人就會遭殃。德軍每次拿下某個地方，按慣例都會殘殺平民。若是戰事不利，他們也會殺人。要是德軍部隊有人死傷，就會歸咎於他們掌握在手裡的戰俘：首先都是拿男人開刀，但婦孺也無法倖免。[6]

在一個叫做維佐夫（Widzów）的小鎮，德軍把一群男性居民叫過去，他們因為什麼都沒做，心想沒什麼好怕的，所以就去了。某位孕妻有不祥的預感，不讓丈夫離開，但她還是被拖走。德軍要鎮上所有男人在一道圍籬前站好，將他們全部槍斃。在一個叫做朗吉諾夫卡（Longinówka）的小村莊，德軍將四十個波蘭人關在一間建物裡，隨後放一把火燒掉。有一些報復行動根本就是隨興所至，令人髮指。例如，就因為有個人開槍還擊，德軍就把一百位平民集合起來全部槍斃。事後才發現，開槍的人其實是某個德國士兵。[7]

波蘭並未宣布投降，但抵抗行動於一九三九年十月六日告終。該年秋天，即便德國在各個占領地都已成立了平民政府，德國國防軍對波蘭人的報復行動仍是如此隨興所至，導致大批平民遇害。該年十二月，兩位德國士兵遇害，儘管德軍明明知道凶手是眾所皆知的波蘭罪犯，卻用機關槍殺死了一百一十四個與該案無關的男性平民。一九四〇年一月在華沙，德軍根據姓氏斷定某人是猶太人，但當地猶太人社群沒能把他交出來，這導致有兩百五十五個猶太人遭槍斃。但事實上那個人與華沙的猶太人社群根本毫不相關。[8]

軍方下令，德軍士兵只管把猶太人當成國境以東的野蠻人，而且他們在波蘭的確也遇到過去在德國未曾見識過的情況：到處都是篤信猶太教的猶太社群，且人口眾多。儘管希特勒持續怒批猶太人會毀滅德國社會，但他們所占德國人口比例實在微不足道。而且德國國民中遭《紐倫堡法案》定義為猶太人者，大多數已經世俗化，許多人對於猶太人社群並未抱有強烈認同感。猶太人早已高度同化於德國人，而且很多都與非猶太人通婚。因為歷史背景不同，波蘭的猶太人過著截然不同的生活。中世紀晚期，猶太人遭逐出神聖羅馬帝國，中歐、西歐大多數地方也都沒有他們的容身之地。接下來的幾百年間波蘭成為猶太人的避難地，是歐洲猶太人的主要聚居處。一九三九年，波蘭人口中大約有高達百分之十是猶太人，而且他們大多恪守猶太教規，穿著與習俗都遵循猶太傳統。他們大多會說意第緒語，這種語言聽在德國人耳裡就像一種很不標準的德語。華沙與烏茨是波蘭最重要的猶太大城，猶太人占當地人口大約三分之一。

從德國軍官與士兵們的通信內容看來，他們沒把波蘭猶太人當人類看待，而是某種活生生的樣板：在本已蒙昧不已的波蘭土地上，猶太人更是一種特別的禍根。在德軍寫給妻子、女友的信件裡，猶太人總是被當成非人性特徵的集合體，既混亂又骯髒。在這些德軍眼中的波蘭，所有美好的一切都是先前德裔移民創造出來的，而墮落的猶太人與懶惰的波蘭人只會製造出醜陋的事物。德國人似乎就是忍不住要整飭猶太人的外貌。常有猶太男子遭德軍包圍，被削去留在兩鬢的鬈髮，四周許多德軍哈哈大笑，拍照取樂。德軍也隨意強暴猶太女性，好像他們完全不會為此遭懲罰。就算東窗事發，軍方也只是提出警告，表示德國法律禁止種族雜交。[9]

在一個叫做索萊克（Solec）的小鎮，德軍逮捕所有猶太人，囚禁於一座地窖裡。其中有人企圖逃脫未果，德軍士兵乾脆丟幾顆手榴彈下去，炸死所有猶太人。在拉瓦馬佐維茨卡（Rawa Mazowiecka），某個德軍士兵向一位猶太男孩要水，男孩逃開，結果遭士兵瞄準後開槍，沒想到卻擊斃另一位士兵。於是德軍要幾百個猶太人在小鎮廣場上集合，全部槍斃。一九三九年九月中在一個叫做迪努夫（Dynów）的小鎮，德軍用機關槍在某天夜裡殺死大約兩百個猶太人。到了一九三九年年底，德軍總計殺害四萬五千個波蘭平民，其中總計大約七千個猶太人，此一比例稍高於猶太人在波蘭人口中的占比。[10]

德軍從上到下都已被灌輸了納粹世界觀，因此與波蘭士兵相較，猶太士兵顯得更礙眼。一九三五年以降，德國部隊早已將猶太人盡數逐出。不過，波蘭的猶太人跟所有波蘭男性公民一樣，有義務到陸軍服役。波蘭軍官之中更是有不少猶太人，軍醫是猶太人的比例特別高。德軍將猶太人逐出波蘭部隊，將他們送往特殊的懲罰性強制勞動營。

———

等到蘇聯紅軍於九月十七日加入戰局，德軍基本上已經勝券在握。那天，德國空軍轟炸了波蘭東南部最重要的城市勒沃夫（Lwów，如今已經改隸烏克蘭，也改名為勒維夫〔Lviv〕），紅軍也快要抵達該市。五十萬蘇聯大軍越界進入波蘭，讓波蘭人感到恐懼，但仍有人抱持著一線希望。某些波蘭士兵在德軍入侵後往東部逃竄，他們方寸大亂，竟有短暫片刻深信蘇聯部隊是援軍。波蘭部隊陷入絕望，懇切希望外援到來。[11]

蘇聯部隊宣稱自己有必要介入，因為波蘭已經陷入無政府狀態。根據這一套論述，既然波蘭政府已無法繼續保護國民，紅軍就必須以維和部隊之姿進入該國。蘇聯政府透過政宣資料表示，烏克蘭、白俄羅斯裔人口在波蘭雖是少數族裔，但數量龐大，亟需外界拯救。話是說得很好聽，但紅軍上下還是早已進入備戰狀態，也真的開打了。結果紅軍將波蘭部隊解除武裝，如遇抵抗也會交火。五十萬大軍就這樣跨越不設防的國界，與一些基本上已遭擊潰的敵軍交戰。接下來蘇、德雙方的部隊就展開了會師行動，把雙方占領區的邊界劃定，還曾一度聯合舉行勝利遊行。史達林表示與德國是「歃血同盟」。誰的血？其實大多是六萬多戰死波蘭士兵的血。[12]

有些城市，例如勒沃夫，附近有德國國防軍也有蘇聯紅軍駐紮，波蘭士兵就會面臨一個困難的選擇：該向誰投降？紅軍承諾，只要經過短暫的審問過後就會讓他們安全返鄉復員。時任蘇共中央政治局委員的赫魯雪夫（Nikita Khrushchev）隨軍進入波蘭，他屢屢保證信守承諾。波蘭藝術家兼作家約瑟夫・恰普斯基（Józef Czapski）當時是後備部隊的軍官，他跟許多波蘭人一樣都遭到這番謊言背叛。他的部隊遭德軍擊退，後來又被蘇聯的裝甲部隊包圍。紅軍承諾，會將他們帶往勒沃夫，就地釋放。沒想到到了該市的市集廣場上卻被迫擠進一輛輛卡車裡。許多淚眼婆娑的婦女丟香菸給他們，有個猶太年輕人跟水果攤買蘋果，丟給卡車上的戰俘們。在郵局附近，許多被俘士兵把寫給家人的簡短家書交給當地婦女。這批戰俘被運往火車站，搭上往東邊馳騁的火車。[13]

火車越過蘇聯邊界時，如同恰普斯基回憶道，感覺上好像進入「另一個世界」。恰普斯基身邊坐著另一位後備部隊的軍官，是個植物學家，烏克蘭大草原上又高又密的草叢讓他有大開眼界之感。另一輛火車上，出身波蘭農家的士兵們透過車廂裂縫瞥見蘇聯的集體農場，一個個都混亂不堪、疏於照顧，這不禁讓他們難過到直搖頭。火車開進烏克蘭首府基輔的某個車站時，波蘭軍官們受到意想不到的友善款待。看到這些被紅軍衛兵押送的波蘭軍官，烏克蘭民眾難過不已。看來，仍有些烏克蘭人企盼著有一天波蘭陸軍可以解放烏克蘭，讓他們免受史達林荼毒。這下反而是大約一萬五千名波蘭軍官遭送往內務人民委員部營運的三個蘇聯戰俘營，其中之一在烏克蘭東部的斯塔洛柏斯克（Starobilsk），另外兩個則是位於蘇俄境內的柯澤爾斯克（Kozelsk）與奧斯塔什科夫（Ostashkov）。[14]

這些人被迫離鄉背井，而且清一色都是男性。紅軍擄獲至少十萬波蘭戰俘，但釋放所有士兵，只拘留了所有軍官。這些軍官有三分之二以上都是後備軍人。例如恰普斯基與他的植物學家同僚，這些後備軍官都是受過高等教育的專家與知識分子，並非職業軍人。此舉讓波蘭失去了成千上萬的醫生、律師、科學家、教授與政治人物，這等於是奪走了波蘭的所有社會菁英。[15]

與此同時，在社會高層陷入真空狀態之際，進駐波蘭東部的蘇聯占領軍卻把原本處於社會底層的波蘭人扶植為新的領導階層。犯人全都獲釋，而大多是共黨分子的政治犯則獲准接管地方政府。蘇共派人煽動農民對地主採取報復行動。儘管大多數人不願為惡作亂，但光是有數千人趁機搞鬼，就足以讓全國陷入混亂。突然間，拿斧頭砍人的大規模謀殺案變成時有所聞。有個男人遭人綁在木樁上，身上部分肌膚被剝掉，傷口被撒鹽，接著他被迫目睹自己的家人慘遭處決。紅軍的紀律大致上不錯，不過有時候仍有士兵加入暴力作亂的行列。例如，有兩個士兵殺了某個地方官員，然後拔走他的一口金牙。[16]

在這背景之下，內務人民委員部派遣大批人員來到新的占領地。接下來的二十一個月裡面，該部在波蘭東部逮捕的人數比蘇聯全境還要高，有大約十萬零九千四百位波蘭公民被捕。最常見的刑期是到古拉格去做八年苦工，遭判死刑者差不多有八千五百一十三人。[17]

——

在《莫洛托夫—里賓特洛甫條約》議定的界線以西，德國政府在占領地的所作所為甚至更加明目張膽。在德國國防軍打敗波蘭陸軍後，親衛隊終於有機會把他們的一貫伎倆用來對付外國國民。

為了迫害波蘭人，親衛隊首腦希姆萊的親信萊茵哈德・海德里希（Reinhard Heydrich）打造出所謂的「特別行動隊」（Einsatzgruppe）。特別行動隊最初是一個由安全警察（Security Police，簡稱 SiPo，包括刑事警察與蓋世太保）所領導的特殊任務編組，成員還包括其他各類警察，其職責顯然就是為了在軍事擴張行動後針對占領區執行綏靖任務。一九三九年時，這支行動隊是隸屬於海德里希擔任部長的第三帝國國家安全部（Reich Security Main Office），該部把原本直屬於國家的安全警察跟親衛隊保安局（Sicherheitsdienst，簡稱 SD，是親衛隊的情治單位，因此是納粹黨的機構）予以合併。過去在占領了奧地利與捷克斯洛伐克之後，德國也曾派出特別行動隊，但在這兩個國家都沒有遭遇太多抵抗，納粹政府也沒有指示他們殘殺任何特定族群。但特別行動隊來到波蘭後卻扮演起「意識形態士兵」的角色，在波蘭部隊遭擊潰後要負責清除他們軍中的受教育階級（就某種意義上來說，他們等於是要殺掉跟自己一樣的知識分子：特別行動隊與其所屬的特遣隊〔Einsatzkommando〕總計有二十五位指揮官，其中十五人擁有博士學位）。海德里希策畫了所謂的「坦能堡行動」（Operation Tannenberg），目標是要讓特別行動隊打造出一個「完全無害的上層波蘭社會」，但為此必須要先殺掉六萬一千個波蘭人。如同希特勒所說：「想要把某個民族整個打入奴隸階級，就必須先毀掉他們的上層社會。」這個將波蘭菁英趕盡殺絕的計畫，最終的目標是「毀滅波蘭」，讓其社會無法正常運作。在德國種族歧視思想的癡心妄想中，只要特別行動隊殺掉那些最有成就的波蘭人，整個波蘭社會就沒辦法抵抗德國的統治。[18]

特別行動隊是一支活力十足又心狠手辣的部隊，但執行任務時卻欠缺內務人民委員部所具備的經驗與技巧。行動隊的確也會殘殺平民，而且通常是把人冠上游擊隊的罪名，以報復為行動的藉口。在比得哥什（Bydgoszcz），有大約九百個波蘭人遭特別行動隊殺害。在卡托維茲（Katowice）的某個庭院裡，他們又殺了七百五十人，其中許多是婦女和女童。在這些與戰鬥毫無關聯的行動中，特別行動隊總計可能殺了大約五萬個手無寸鐵的波蘭公民。不過，看來這些人並非坦能堡行動中六萬一千個受害者裡的頭五萬名。換言之他們並非計畫的一部分，很多群體往往是臨時被挑中。跟內務人民委員部很不相同的是，特別行動隊不會仔細遵循相關作業準則，而且他們來到波蘭後也不會謹慎記錄有哪些人遭處死。[19]

特別行動隊比較有績效的任務，在於對付猶太人，而這是一項比較不需要偵別能力的工作。某個行動隊被賦予的任務是恐嚇德國占領區的猶太人，讓他們可以往東逃進蘇聯占領區。儘管戰事在一九三九年九月仍持續進行，這任務還是可以辦到的。例如，特別行動隊就是因為這樣才會在本津鎮（Będzin）用火焰噴射器焚毀猶太教堂，兩天內就殘殺了五百個猶太人。行動隊所屬的特遣隊也是負責類似任務。某個特遣隊在海烏姆市（Chełm）的任務就是負責洗劫富有的猶太家庭。在街上，婦女只要長相看來像猶太人，就會被實施脫衣搜身，然後帶往隱密的地方進行體腔檢查。為了搶猶太人手上的婚戒，不惜拗斷他們的手指。在普熱梅希爾市（Przemyśl），從一九三九年九月十六到十九日之間，特遣隊槍殺了至少五百個猶太人。在殺雞儆猴的效應之下，果真有數十萬猶太人逃往蘇聯占領區。在盧布林市（Lublin），更是有超過兩萬猶太人直接遭到驅逐。[20]

征服波蘭的行動告一段落後，德、蘇兩個盟國的代表再次會晤，藉以重新界定兩國關係。一九三九年九月二十八日，德軍攻下華沙，兩國簽下《德蘇疆界與友好協約》，稍微變更了先前議定的各自地盤。華沙改由德國接管，蘇聯則是拿到立陶宛（這次條約所劃定的邊界也就是地圖上所謂的「莫洛托夫—里賓特洛甫線」）。根據此條約，只要在自己的占領區裡發現有波蘭的反抗勢力要在另一方的占領區裡活動，兩國都有責任予以打壓。十月四日，德、蘇兩方再次針對另一項協議達成共識，劃定雙方邊界。波蘭就此亡國。

幾天後，納粹政府正式將占領區內的某些地區併入德國領土，其餘則是一塊由所謂「總督府」（General Government）所管轄的領地。納粹政府將會把所有不受歡迎的族群，包括波蘭人與猶太人，都遣送到那裡。希特勒一直認為，可以把猶太人安置在一個位於德國以東的「自然保留區」。總督由希特勒的御用律師漢斯・法蘭克（Hans Frank）擔任，他在一九三九年十月底發布了兩道命令，清楚顯示了受壓迫人民的地位。其中一道命令表示，德國警察會負責維安工作，另一道則是指明：任何波蘭人的行為如果看來可能侵犯了德國或德國人的利益，警方就有權將其處死。法蘭克深信，波蘭人很快就會了解「他們的國族命運已徹底絕望」，就此接受德國的領導。[21]

——

莫洛托夫—里賓特洛甫線以東，蘇聯則是把自己的體系帶到了占領區。莫斯科政府將蘇聯所屬烏克蘭、白俄羅斯兩大共和國的國土往西擴張，逼使原來波蘭東部的居民親身參與這件事，促成自己的家鄉被併入他國。紅軍進入波蘭後，蘇聯政權把自己塑造成弱勢民族與農民的解放者，讓他們再也不用受波蘭政府統治，不用被地主打壓。就波蘭東部的人口而言，波蘭裔的占比是百分之四十三，烏克蘭裔則為百分之三十三，猶太裔、白俄羅斯裔各百分之八，其餘人數更少的還有捷克、德國、俄羅斯、羅姆人與韃靼人等各種族裔。但這時無論你出身哪個族裔、哪個階級，都必須努力演好一場支持新政權的大戲。一九三九年十月二十二日，蘇聯稱之為「西白俄羅斯」與「西烏克蘭」地區的所有成年人都必須投票選出兩個大會的代表，而這兩會共有的立法任務就是，要求蘇聯把波蘭東部的土地併為國家領土。到了十一月十五日，合併領土的種種儀式性舉措完成了。[22]

蘇聯漸漸把既有的體制與治理手法整套搬往波蘭東部。所有居民都必須申請一份國內用通行證，這意味著政府取得了所有新國民的相關紀錄。戶口登記的下一步就是徵兵：過沒多久，大約就有十五萬波蘭、烏克蘭、白俄羅斯、猶太裔的青年加入了紅軍。戶口登記也確保蘇聯的另一項重要社會政策得以順利進行：驅逐與流放。[23]

一九三九年十二月四日，蘇共中央政治局下令，由於某些特定波蘭族群對新政權恐怕會造成威脅，例如退伍軍人、林務人員、公務員、警察與前述人員的眷屬，因此內務人民委員部必須將他們驅逐流放。到了一九四〇年二月某晚氣溫零下四十度之際，內務人民委員部的人員持槍將這總計十三萬九千七百九十四人從家裡押走，送上沒有任何設備的貨運火車上，運往位於哈薩克或西伯利亞的偏遠特殊開墾聚落。在這些人還沒會意過來之前，他們的人生就已墜入深淵。十年前，蘇聯各地的富農就是遭遣送到這些隸屬於古拉格體系的特殊聚落去進行強迫勞動。[24]

因為內務人民委員部對於眷屬的定義非常廣泛，所以火車上除了載滿了那些具有潛在危險性的人以外，他們的年邁雙親與年幼子女也沒能倖免。在前往東邊的路途上，每逢停車，衛兵們都會逐個車廂詢問是否又有孩童死去。當時年僅十一歲的維斯瓦夫・亞當奇克（Wiesław Adamczyk）問母親：「蘇聯人是不是要把我們帶到地獄去？」提供食物與飲水的時間非常不固定，而且那些車廂原本是用來載運牛隻，沒有任何設施，冷冽無比。隨著時間過去，孩子們要是渴了，就會去舔鐵釘上的冷霜，他們也眼看著許多老人活活凍死。到這時，也開始有成人的屍體被搬下車，丟進匆匆挖好的亂葬坑裡。另一個男孩凝視窗外，試著記住他們，後來寫下這樣的話語：死者消逝，「但他們的夢想與希望還存活在我們的思緒裡」。[25]

接下來，光是在這趟路途上就會有大約五千人死去。到了隔年夏天，各屯墾聚落的死者更是高達一萬一千人。有個被送往西伯利亞的小女孩在學校道出家人的悲慘際遇：「我的弟弟生病，一週內就餓死了。我們把他安葬在西伯利亞草原上的一座小丘上。因為太難過，媽媽也病了，而且因為挨餓，身體腫脹，在營區裡躺了兩個月。直到最後，才有人送她到醫院去。媽媽在醫院裡躺了兩週，接著就去世了。聽到這消息時我們全家都陷入絕望。我們到二十五公里外去參加葬禮，也是在那小丘上。我們的兩個家人遺留在西伯利亞森林，森林的聲音讓人難忘。」[26]

跟先前的富農相較，這些遭遣送到中亞與俄羅斯北部的波蘭人由於是外國人，所以更加孤立無助。他們大多連俄語都不懂，更別說是哈薩克語了。在當地人眼裡（尤其是中亞居民），他們就是中央政府壓迫政策的一部分。某位波蘭人對於哈薩克人的看法是：「那裡的原住民不大會說俄語，對於這樣的安排也感到很厭惡，覺得我們會搶了他們的飯，所以一開始什麼也不肯賣給我們，任何忙也都不肯幫。」

波蘭人哪裡知道，僅僅才十年前，因為大饑荒的關係哈薩克就有三分之一的人口餓死。某個波蘭父親有四個小孩，結果因為他的靴子而遭同一個集體農場上的人謀殺。另一位父親則是餓死在西伯利亞。根據他兒子的回憶：「他身體腫脹。他們用床單把他的屍體裹起來，丟進地洞裡。」還有個父親死於斑疹傷寒，地點在俄羅斯北部的死亡之城——沃洛格達。他的兒子才十二歲就已經培養出某種哲學觀：「有生就有死。生與死都很自然。」[27]

遭遣送的波蘭人很可能從來沒聽過「富農」這個俄語詞彙，但這時他們也開始了解那段歷史了。在某個西伯利亞屯墾聚落，波蘭人發現了許多人骨，都是一九三〇年代初被遣送到那裡的富農所遺留。在另一個屯墾聚落，某位十六歲波蘭少年發現，他的工作營地領班就是個富農。那位少年回憶道：「他坦白告訴我他的心裡話」——他深信著天主。因為波蘭人在一般人印象中都是天主教徒，對基督有虔誠信仰，他們的到來引發烏克蘭、俄羅斯人做出信仰的告解。儘管遠在天邊，這些遭流放到東方的波蘭人只要顯露出一絲絲波蘭本性，蘇共當局也會以鐵腕進行處置。有個波蘭男孩到鎮上去賣掉衣服，換取食物，但警察用手一拍，把他的帽子弄到地上，只因那帽上有一隻白鷹：波蘭的國徽。警察不准男孩撿起帽子。波蘭已經亡國，再也不可能復興——蘇聯記者與教師口徑一致，不斷重申此一論調。[28]

蘇聯政府以精於算計、仔細分類、熟練無比的方式對波蘭人施加暴力，逼他們成為既成社經、政治

體系的一部分。歷經幾週的混亂後，蘇聯已將國境往西拓展，把所有最具威脅的「壞分子」也都處理掉。在莫洛托夫—里賓特洛甫線以西，德國政府在波蘭西部採取大不相同的手法。希特勒才剛在一年半以前與半年前分別合併了捷克斯洛伐克與奧地利，但他未曾接管過有這麼多非德裔人口的土地。與蘇聯不同的是，納粹政府甚至無法宣稱自己師出有名，是為了幫被壓迫人民、階級伸張正義與維護平等。世人皆知，納粹德國的作為是為了德國人與德裔民眾，而德國人對於這一點也毫不掩飾。

國家社會主義以「德國人是最優越的民族」為前提，但當這個假設顯然遇到波蘭文明的挑戰時，納粹就必須證明這項假設正確無誤——至少要向他們自己證明。在波蘭古城克拉科夫（Kraków），名校亞捷隆大學（Jagiellonian University）的所有教授全都遭遣送到集中營。市集廣場上，偉大浪漫主義詩人亞當·密茨凱維奇（Adam Mickiewicz）的雕像也被納粹從基座上拉下來，將廣場重新命名為阿道夫·希特勒廣場（Adolf-Hitler-Platz）。這類行動不只具有象徵性，也帶有實際面向的考量。亞捷隆大學的悠久歷史並無任何德國大學能出其右，而密茨凱維奇在世時備受歐洲人敬重的程度也不亞於日耳曼文豪歌德（Goethe）。這家大學與此一歷史人物的存在，跟波蘭的知識分子階層一樣，都足以阻礙德國的計畫，更足以對納粹的意識形態構成問題。[29]

波蘭特質將會在這些土地上銷聲匿跡，取而代之的是「德意志民族性」（Germandom）。如同先前希特勒在未出版的《第二本書》中寫道：德國必須「把那些異族的特性予以隔離，避免波蘭民族的血統再遭汙染，或者乾脆將波蘭人都除掉，把空出來的土地交給德國同胞」。一九三九年十月初，希特勒將一項新任務交付給希姆萊。先前他已經身兼親衛隊首腦與德國警察總長之職，這時身上又多了一個頭銜：強化德意志民族性帝國委員會專員（Reich Commissar for the Strengthening of Germandom），而這職務基本上就是主管種族事務的首長。在那些遭德國合併的土地上，原有的波蘭居民將會被希姆萊驅逐，安排德裔人口遷居當地。[30]

儘管希姆萊對這計畫懷抱滿腔熱血，但推動起來卻是難上加難。那些土地本來就是波蘭領土，在波蘭這國家仍存在時，本來就沒有多少德裔人口，他們可說是少數民族中的少數。蘇聯宣稱進占波蘭東部是為了保衛烏克蘭裔與白俄羅斯裔人口，這在人口比例上多少還有點根據，因為這兩類人口在波蘭的確高達六百萬。相較之下，德裔人口卻連一百萬都不到。在德國新取得的領土上，波蘭人與德裔人口的比例大概是十五比一。[31]

此時，德國媒體已經被希特勒的政宣首腦約瑟夫．戈培爾（Joseph Goebbels）一把抓，所以無論德國人或者相信納粹政宣的人都認為，波蘭西部住有大量的德裔人口，而且長期以來都受到波蘭的可怕打壓。但真相與此印象截然不同。而且，在這第三帝國的新增領土上，不只人數大約九百萬的波蘭人遠遠多於德裔人口，透過合併波蘭，希特勒還讓帝國境內新增了大量的猶太人（人數至少六十萬），這數字遠遠多過新增的德裔人口。如此一來，德國的猶太人口也暴增為三倍（從大概三十三萬人變成一百萬人左右）。如果把總督府所管轄領地的一百五十六萬猶太人包含進來，這時柏林當局所統治的猶太人已經遠遠超過兩百萬了。以烏茨市為例，猶太人口高達二十三萬三千，比柏林的八萬兩千七百八十八人與維也納的九萬一千四百八十人相加還多。就這時隸屬於總督府的華沙而言，當地的猶太人口比德國全國境內的猶太人還多。若把這次合併行動新增的德裔人口加上先前合併奧、捷兩國後新增的德裔人口相加，也比不上這次新增的波蘭裔人口。要是將總督府所屬的波蘭領土與波希米亞和摩拉維亞保護國（Protectorate of Bohemia-Moravia，原為捷克斯洛伐克領土）考慮在內，希特勒統轄帝國境內的波蘭人、捷克人與猶太人口分別多了兩千萬、六百萬與兩百萬。這時，除了蘇聯以外，歐洲沒有任何一個國家的斯拉夫人在數量上多於德國。儘管德國想打一場淨化民族血統的聖戰，但到了一九三九年年底，卻一躍成為歐洲第二大的多元民族國家。第一大國，當然還是蘇聯。[32]

阿圖爾・葛萊瑟（Arthur Greiser）受命管理德國最大的新領土，也就是所謂的「瓦爾特蘭帝國行政區」（Reichsgau Wartheland），而他對於「強化德意志民族性」這個概念特別敏銳。葛萊瑟所屬行政區的最西邊是波蘭大城波茲南（Poznań），往東一直延伸到另一個大城烏茨，人口中有大約四百萬波蘭人、三十六萬六千猶太人與三十二萬七千德裔人口。希姆萊提議，在一九四〇年二月以前將所有猶太人以及數十萬波蘭人全數驅逐出境。葛萊瑟執行「強化德意志民族性」計畫的第一步就是把三家精神病院清空，所有病人全部槍斃。位於歐溫斯卡（Owińska）的第四家精神病院病患，則是用截然不同的方式離開人世。一九三九年十到十一月間，蓋世太保把病患全都被帶往當地總部，用毒氣罐放出一氧化碳將他們毒死。這是德國政府第一次用毒氣進行大屠殺。大約有七千七百位精神病機構收治的病患遭謀殺，就此開啟了所謂的「安樂死」政策，隨後德國境內也開始實施。接下來的兩年之間，總計有七萬多德國公民會因為被認定為「不值得活下去的生命」而被用毒氣處死。「強化德意志民族性」可說具有對內與對外的兩個面向：對外發動侵略戰爭，為對內謀殺德國公民創造可能性。大屠殺就這樣開始，就這樣持續下去。[33]

納粹想要把猶太人從德國移除，但這與另一個具有優先性的意識形態政策有所衝突：重新安置蘇聯境內的德裔人口。蘇聯拿下波蘭東部，將邊境往西推進後，希特勒必然開始關切的是，那些原本是波蘭公民，如今落入蘇聯手裡的德裔人口該何去何從？希特勒的盤算是把這些人弄回德國。把瓦爾特蘭帝國行政區的波蘭人予以驅逐，讓那些德裔人口住在他們留下來的家園裡。但這意味著，德國首先必須驅逐的並非猶太人，而是波蘭農民，如此一來即將遷居瓦爾特蘭的德裔人口才有地方住。儘管這時當地猶太人尚未被納粹驅逐，他們還是受苦受難，面臨屈辱。在小城科傑尼采（Kozienice），信奉正統教派的猶太人被迫在燃燒的書堆旁起舞，嘴裡複誦著：「戰爭都是我們的錯。」一九三九年十一月七日，小城沃維奇（Łowicz）的所有男性猶太人全都被迫列隊前往監獄，並由整個猶太社群出錢把他們贖出來。[34]

一九三九年十二月一到十七日之間，瓦爾特蘭進行了第一次大驅逐任務，遭遷移到總督府領地的八萬七千八百八十三人絕大多數是波蘭人。首先被警方選中的，都是「對德意志民族會造成立即危險」的波蘭人。一九四〇年二月十日到三月十五日之間，進行第二次大驅逐，又有四萬零一百二十八人遭重新安置，大多數仍是波蘭人。這段路程並不長，從瓦爾特蘭的首府波茲南出發前往總督府領地的最大城市華沙，只需要幾個小時就能抵達。儘管如此，還是有數以千計民眾在火車上凍斃，他們往往就被擺在鐵軌旁，幾天都沒人收屍。希姆萊對此的評論是：「這只是當地氣候所致。」無庸贅言的是，波蘭的天氣與德國基本上別無二致。[35]

一九三九到四〇年之間，波蘭與德國的寒冬天氣異常冷冽。烏克蘭、俄羅斯與哈薩克北部的冬天甚至更冷。日照時間縮短，蘇聯各地特殊開墾聚落有數以千計波蘭人病死。波蘭戰犯被囚禁於俄羅斯、烏克蘭兩地的三個集中營（柯澤爾斯克、奧斯塔什科夫與斯塔洛柏斯克），他們自有一套實現政治與宗教價值的日程表。到了十一月十一日，三個營區的戰俘都設法慶祝波蘭獨立紀念日*，他們還計畫之後要慶祝耶誕節。這些人大多為天主教徒，但猶太人、新教教徒、東正教教徒與希臘天主教徒也不在少數。他們找到一些被蘇共毀棄的東正教修道院，在教堂的角落裡禱告或悄悄地進行領聖餐儀式。[36]

布爾什維克革命期間，那些東正教僧侶、修女的厄運，戰俘們都透過各種跡象而有所體認：淺淺墳塚裡的人骨，還有可以透過牆上彈孔描繪出來的人體形狀。斯塔洛柏斯克的某位戰俘表示，一群群黑色渡鴉在修道院始終盤旋不去，他實在無法不去注意。儘管如此，禱告還是會帶來希望。信仰各自不同的人在三個營裡由神父、牧師、猶太拉比帶領著一起祈禱，直到他們於一九三九年十二月二十四日全數遭帶走，從此杳然無蹤。[37]

想要觀察波蘭知識分子的所作所為，這三個營地堪稱最好的觀察指標。任誰到了柯澤爾斯克、奧斯塔什科夫與斯塔洛柏斯克，都有一種身處波蘭的感覺。戰俘沒有其他衣服可以穿，只有身上的陸軍制服，帽上有白鷹國徽。無庸贅言的是，在此時已變成蘇聯領地的波蘭東部，再也沒有人會在公開場合佩戴那種國徽，取而代之的是由榔頭、鐮刀與紅星組成的蘇聯國徽。儘管德國關閉了原本的波蘭大學，蘇

* 譯註：一戰戰後波蘭於一九一八年十一月十一日重新取得獨立國家的地位。

聯也將它們變成烏克蘭與俄羅斯的大學，但戰俘營裡的預備軍官不乏知名波蘭科學家與人文學者，所以就由他們帶頭組織一場場講座。軍官也發起了小規模的互助團體，如此一來比較窮的軍官就可以向手頭較寬的借貸。大家都在心裡默念著以往在學校學到的波蘭詩歌。甚至有些人可以憑記憶朗誦出那些篇幅特長的波蘭寫實主義小說。戰俘之間當然會有一言不合就打打鬧鬧的時候，偷竊也在所難免。少數人甚至選擇跟蘇聯合作，但人數少之又少。在耗時甚久的夜間偵訊期間，軍官們會做什麼、說什麼，每個人都不大一樣。不過，他們顯然可以維持住團結的民族精神，或許就連蘇聯人也感覺得到。[38]

儘管如此，這些戰俘總是寂寞難耐。他們可以寫信給家人，但信裡不能提及自己的處境。他們知道內部人民委員部會檢查每一封信，所以必須小心翼翼。在柯澤爾斯克，有個戰俘名為多比斯瓦·雅庫波維茨（Dobiesław Jakubowicz）在日記寫下他想要寫給妻子的家書，寫下他夢想著看著她穿上洋裝，想要陪女兒玩。根據規定，戰俘們寫給家屬的信不能透露自己在柯澤爾斯克集中營，回信地址只能寫上「高爾基安養院」，這真是讓他們感到痛苦又困惑。[39]

戰俘跟狗兒當起了好朋友，有些來自附近小鎮，有些甚至是警戒犬。這些狗可以從大門進入營區，不被警衛攔下，或是從鐵絲網下沒有人能鑽過去的小洞進去。斯塔洛柏斯克有個預備軍官名為馬克斯米連·瓦貝茨（Maksymilian Łabędź），他曾是華沙最有名的獸醫。瓦貝茨是個年長的紳士，前往營區的路途中差點死掉。他負責照顧狗兒，有時甚至會幫牠們動手術。他的寵物是一隻混種狗，被軍官們命名為「李涅克」——在波蘭文裡面是「小史達林」（Stalinek）的簡稱。常常出入營區的狗兒裡面，大家把最愛的那一隻取名為「福煦」（Foch），因為一九一八年率領英美法聯軍打敗德國的就是法國的福煦大元帥。這時正值一九三九年底到四〇年初，波蘭人在巴黎組了一個流亡政府之際，大家都期盼著法國能打敗德國，解救波蘭。他們巴望著能夠透過小狗狗福煦與外界取得聯絡，因為牠似乎是鎮上某戶人家養的。戰俘們常在福煦的項圈下藏著紙條，希望能獲得回應。一九四〇年三月某天，他們發現牠帶回一張紙條，上面寫著：「據說你們很快就會被釋放，可以離開斯塔洛柏斯克了。還有人說你們可以回家。但我們不知道有沒有那回事。」[40]

沒那回事。這個月在莫斯科，蘇聯祕密警察首長拉夫連季・貝利亞已經得出一個結論，靈感或許是來自他的主子史達林。貝利亞以白紙黑字表明，他希望能將波蘭戰俘都處死。三月五日，貝利亞在遞交蘇共中央政治局（因此實際上是給史達林）的一份備忘錄裡寫道：那些波蘭戰俘「都企盼著被釋放，只為了能夠加入與蘇聯政權戰鬥的行列」。他宣稱這時在蘇聯剛剛取得的領土上已有一些反革命組織出現，領導人都是當過軍官的波蘭人。跟兩年前的「波蘭軍事組織」有所不同的是，這次他提到的反革命組織並非子虛烏有。波蘭有一半的領土遭蘇聯占領、合併，絕對會有些人挺身抵抗。一九四〇年，加入類似反抗組織的人也許有兩萬五千人之多。而這些組織事實上很快就遭內務人民委員部滲透，大多數成員都被逮捕。不過，反對勢力的確是真實存在，而且有真憑實據。貝利亞利用波蘭人的反抗運動來印證自己的方案有必要：對戰俘「施以極刑，也就是槍斃」。[41]

史達林批准了貝利亞的建議案，於是大清洗的機器再次動了起來。貝利亞組織了一個特殊的三人小組，很快地把所有波蘭戰俘的檔案審閱完畢。這個小組獲得授權，可以完全忽略先前偵訊人員所做

卡廷森林慘案
（1940年4月）
蘇聯戰俘營
蘇聯屠殺地點
戰俘轉移路線
（1940年4月）
芬蘭
赫爾辛基
列寧格勒
塔林
蘇屬愛沙尼亞
諾夫哥羅德
波羅的海
奧斯塔什科夫
加里寧
里加
蘇屬拉脫維亞
莫斯科
蘇屬立陶宛
蘇屬俄羅斯
卡廷
斯摩棱斯克
柯尼斯堡
維爾紐斯
柯澤爾斯克
庫拉帕蒂
明斯克
蘇聯
比亞維斯托克
蘇屬白俄羅斯
莫洛托夫－里賓特洛甫線
華沙
庫斯克
德國
總督府
頓河
比奇維尼亞
基輔
哈爾科夫
克拉科夫
斯塔洛柏斯克
勒維夫
蘇屬烏克蘭
聶伯河
聶斯特河
史達林諾
匈牙利
蘇屬摩爾多瓦
基希涅夫
奧德薩
亞速海
蘇屬克里米亞
羅馬尼亞
黑海

出的建議，就算完全沒有跟戰俘接觸，也能做出最後判決。就像先前在一九三七、三八年那樣，貝利亞似乎針對應該槍殺多少人做出了規定：前述三個戰俘營的所有人都難逃一劫，還有囚禁於白俄羅斯西部、烏克蘭西部的六千人（兩處各三千），再加上部隊士官裡特別危險的壞分子（士官原本並未遭囚禁）。迅速將檔案審查一遍後，那三個戰俘營裡百分之九十七的波蘭人都遭判處死刑，人數約一萬四千五百八十七。倖免的少數人都是投誠蘇聯的探子、具有德裔或拉脫維亞裔血統，或是受到外國勢力保護的人。另兩個監獄的六千人也都遭判死刑，還有在四月被捕的一千三百零五人也是。[42]

那三個戰俘營的波蘭人原本期盼著能夠獲准返家。一九四〇年四月，第一批波蘭人被帶離柯澤爾斯克，臨行前還接受同袍們的招待。儘管沒有武器，但其他軍官還是打起精神，組織起一支儀隊，護送他們到巴士上。他們以每批幾百人的速度被火車送走，先經過斯摩棱斯克（Smolensk），再到格涅茲多沃（Gniazdovo）的較小車站。他們發現自己下了火車，馬上被一群內務人民委員部的士兵持槍看管起來，每個人的槍都上了刺刀。每一輛巴士都載了大概三十人，將他們帶往卡廷森林（Katyn）邊緣的山羊丘（Goat Hills）。他們在該部所屬的一座度假山莊裡被搜身，所有貴重物品都遭沒收。某位叫做亞當·索爾斯基（Adam Solski）的軍官直到這一刻還在日記裡寫道：「他們要我交出結婚戒指，那戒指是我……。」士兵把戰俘都帶往山莊所屬的一間建物裡槍斃。接著用卡車載往森林裡一個預先挖好的大型亂葬坑，每批可能運送三十具屍體。此一程序就這樣周而復始，直到來自柯澤爾斯克的四千四百一十名戰俘全都遭槍斃。[43]

在奧斯塔什科夫，戰俘離開時會有一支樂隊奏樂，幫他們加油打氣。他們搭火車離開，一次大概兩百五到五百人，前往位於加里寧（Kalinin，如今已改稱特維爾〔Tver〕）的內務人民委員部監獄。在那裡經過簡單的驗明正身後，這些不知厄運將至的人只能等待著，很可能到最後一刻都不疑有他。某位等待的戰俘孤身一人，身邊只有內務人民委員部的士兵看守著，一個該部軍官問他幾歲。那個少年戰俘微笑說：「十八歲。」那你的職務是什麼？「電話操作員。」先前從軍多久？少年掐指一數後答道：「六個月。」然後他跟經過這房間的六千三百一十四名戰俘一樣，被上了手銬，帶往一個隔音牢房裡。他身邊兩人架起他的手臂，另一個人朝他後腦杓的底部開了一槍。[44]

加里寧的主要行刑官是瓦西里．布洛欣（Vasily Blokhin），沒有任何戰俘見過他的臉。過去在大清洗時代，他就是主要的行刑官之一，當時他在莫斯科擔任一支行刑隊的指揮官。某些曾經位高權重的犯人在歷經作秀式公開審判後，就是由他行刑，但他也曾祕密槍決過數以千計的工人、農民。布洛欣來到加里寧，頭戴一頂皮革鴨舌帽，為了避免血液、血塊濺到身上與制服上，還身穿圍裙，手戴長手套。慣用德國製手槍的他可以一個接一個槍決，每晚大約兩百五十人。屍體都是用卡車載往附近的村莊麥德諾（Mednoe），那裡有幾間內務人民委員部的避暑房舍。屍體全都被丟進預先挖好的一個大型土坑，旁邊還停著挖土機。[45]

斯塔洛柏斯克的戰俘們則是搭火車離開，每批一兩百人，先到哈爾科夫，關押在內務人民委員部的監獄裡。他們不知道這監獄後來將成為蘇聯境內最大的波蘭人處決場地之一。這時輪到他們了，他們一直到死前都不知道先前發生了什麼事，不知道其他戰俘營的同袍們有何遭遇，不知道自己的下場如何。在監獄待了一天左右，他們會被帶到某個房間去驗明正身。接著又到另一個房間，而且這房間裡面漆黑無光，沒有窗戶。有個守衛會先朝房間裡問道：「可以開始了嗎？」然後把戰俘帶進去。據某位內務人民委員部人員回憶：「喀噠一聲，萬事俱休。」他們將屍身的外套往上翻，蓋住頭部，接著才把屍體堆上卡車，如此一來卡車的車斗才不會沾滿血漬。堆屍體時，上一具如果是頭上腳下，下一具就是頭下腳上，才能堆得穩。[46]

斯塔洛柏斯克的三千七百三十九個戰俘就這樣全遭槍斃，包括約瑟夫．恰普斯基的所有朋友和熟人：他回憶中那位特別冷靜的植物學家，還有某位滿懷恐懼但不願讓孕妻擔心的經濟學家、某位在華沙以喜歡上咖啡館與贊助藝術家聞名的醫生、某位能夠憑記憶朗誦戲劇與小說作品的中尉、某位對於推動歐洲組成聯盟特別熱心的律師，還有每一位工程師、教師、詩人、社工、記者、外科醫生與士兵；但並不包括恰普斯基本人──他是三個戰俘營的少數生還者之一，後來被送往另一座集中營，最終在劫後餘生。[47]

小說家杜斯妥也夫斯基（Fyodor Dostoevsky）以柯澤爾斯克的歐普廷修道院（Optyn Hermitage）為小說《卡拉馬助夫兄弟們》的重要場景，而這修道院後來在一九三九到四〇年之間成為蘇聯的戰俘營。小說中最有名的一次交流就在這裡發生：一位年輕的貴族與修道院的某位長老討論起這世上如果沒有上帝，是否還可能有道德存在？如果上帝已死，那是否任誰都可以為所欲為？對談是虛構的，但卻發生在真實的修道院裡，後來在一九四〇年這裡的住戶已非往日的修士，而是內務人民委員部的偵訊人員。他們代表蘇聯政府回答這個問題：只有讓上帝死去才能解放人性。但想必許多波蘭軍官心裡暗暗想著另一個答案：在一個誰都能為所欲為的世界裡，只有上帝能提供庇護。他們把囚禁自己的地方當成教堂，在裡頭禱告。許多人在被處死前都參加了復活節的儀式。[48]

這三個集中營的戰俘至少有一大部分認為，自己有可能在經過一番篩選後，獲選在蘇聯扮演某種角色。然而，他們可能不大清楚或壓根不知道，如果自己沒有獲選，就會被殺掉。他們根本不知道大清洗期間蘇聯曾針對波蘭裔族群採取行動，數萬名波蘭裔蘇聯公民慘遭槍斃也只是兩年前的事而已。不過，就算他們知道這是關乎生死的大事，似乎也很難想像有多少波蘭戰俘會改向蘇聯效忠，並且獲得信任。他們在營區只能讀蘇聯的報紙、看蘇聯拍的政宣電影、收聽擴音器放送的電臺新聞。他們大多覺得那一切實在太好笑，甚至太侮辱人。的確有些波蘭人會舉報自己的同袍，但即便他們也覺得蘇聯對待戰俘的方式荒謬無比。[49]

波、蘇兩種文化差異甚大，特別是在明顯缺乏共同利益的狀況下。如今史達林與希特勒狼狽為奸，更是難以想像波、蘇之間能有何溝通基礎。另一方面，誤解的可能性卻非常高。歷經集體化與工業化，蘇聯雖已現代化，但並不去注意資本主義式西方世界的民眾（或者說消費者）是怎樣過生活的。蘇聯人來到波蘭東部，成為高波蘭人一等的公民，但他們不大會騎腳踏車、把牙膏拿來吃、將馬桶當洗手槽來使用、手戴好幾隻錶、把胸罩當耳罩戴，或將內衣當睡衣穿。波蘭戰俘對於一些更關鍵的事情也是完全不了解。他們跟處境與他們類似的蘇聯人不同，深信自己不可能在沒有法律依據的情況下就被判刑或處死。從這裡我們可以看出，儘管許多蘇聯人和波蘭人過去一樣都是俄羅斯帝國的公民，但在蘇聯人歷經史達林主義的文明大改造之後，蘇、波雙方這時對彼此的理解有多麼貧乏。

柯澤爾斯克的偵訊官此時繼承了杜斯妥也夫斯基筆下那位修道院長老的住處，他根據非常細微的觀察如此宣稱：這是「兩種涇渭分明的哲學」。說到底，現在蘇聯人才是老大，所以是他們說了算。在波蘭東部若有蘇聯人被取笑，他們可以用一句話就叫對方閉嘴：你忘了這個國家現在叫做什麼了嗎？就算是被硬逼，集中營的波蘭人也不可能融入蘇聯的文明。他們的生活方式就是跟蘇聯人不同：據那些看過波蘭戰俘的俄羅斯、烏克蘭農民回憶，幾十年後他們還是記得那些波蘭人總是打扮得整齊乾淨，一副氣宇軒昂的模樣。誰也不能逼他們過起蘇聯人那種生活，至少在這麼短的時間內、在這樣的情況下辦不到：但蘇聯可以逼他們像蘇聯人那樣死去。許多波蘭軍官比逮捕他們的內務人民委員部人員更為健壯、受過更好的教育。但這些波蘭人手無寸鐵，搞不清楚狀況，被兩個人抓住後遭另一個人槍斃，最後埋骨之處看來也永遠不會有人發現。彷彿在死後他們就可以跟那些沉默的蘇聯公民一樣，成為蘇聯歷史的一部分。[50]

這第二波針對波蘭採取的大清洗行動，規模較小，總計處死了兩萬一千八百九十二個波蘭公民。儘管並非全部，但受害者的族裔絕大多數都屬於波蘭裔。遭合併前的波蘭是個種族多元化的國家，這也反映在軍官階層上，所以死者中有不少為猶太裔、烏克蘭裔與白俄羅斯裔。猶太人占受害者的比例為百分之八，大約相當於波蘭東部的猶太人占比。[51]

跟過去大清洗時代一樣，受迫害者的眷屬也會受到懲罰。在提議槍斃三個集中營所有戰俘的三天前，貝利亞已經先將他們的眷屬予以驅逐。眷屬有哪些人，都已在蘇聯政府的掌握之中：所以先前戰俘才會獲准與至親好友通信，主要就是為了蒐集姓名與地址。在白俄羅斯西部與烏克蘭西部負責行動的各地特殊三人小組，準備了一份六萬零六百六十七人的名單，要將他們發送到哈薩克的特殊開墾聚落。名單裡大多是那些戰俘的家屬，某道命令還把戰俘們稱為「舊時代遺民」。這些家庭通常都是已經失去了丈夫或父親。蘇聯政府用一貫的謊言欺瞞，說要帶她們去跟丈夫團聚。但事實上這些眷屬卻被丟在西伯利亞的針葉林（據一位十三歲波蘭少年回憶道，「那裡一年到頭總是泥濘不堪，大雪紛飛」），在此同時那些軍官分別在卡廷、加里寧、哈爾科夫、比奇維尼亞與庫拉帕蒂等地方慘遭槍決。一些波蘭兒童於一九四〇年五月二十日寫信給史達林，承諾自己會成為善良盡責的蘇聯公民，他們只抱怨了一件事：「爸爸不在身邊，日子很難熬。」隔天，內務人民委員部的人員獲頒現金獎賞，理由是三個戰俘營都清理得乾淨徹底，沒有漏網之魚。[52]

因為男丁都不在，這次驅逐流放的受害者處境遠比二月遭流放者更為艱困。一群婦孺被丟在哈薩克，而且很多婦女還帶著自己的年邁公婆。到了四月，又有另一群婦女臨時接獲驅逐通知，根本來不及準備足夠衣物，就算有帶去也得要賣掉換取食物。接下來的冬天，她們學會燃燒動物糞便取暖。死亡的女性數以千計，而且為了養活孩子，有很多人必須做出艱難決定。她們當然希望能把子女教養成波蘭人，但往往終究會發現，如果要讓他們有東西吃、能活下來，只能把他們丟在蘇聯的機關或機構。有個女人把五個孩子丟在內務人民委員部的辦公室，離開時只帶著懷裡仍在吃奶那個，自此音訊全無。某個經濟學家被關押在斯塔洛柏斯克，後來在哈爾科夫遭槍決，而他那憂心忡忡的孕妻在流亡途中生產，但嬰兒沒多久就夭折。[53]

在此同時，一九四〇年三月，內務人民委員部首長貝利亞下令將所有不願意領用蘇聯護照的人都驅逐流放。拒絕護照不只意味著拒絕蘇聯體系，對於該國官僚體系來講也產生一個實際的問題：如此一來這些波蘭公民就不會進入蘇聯的戶口紀錄中，官方也就無法非常有效地監控、懲罰他們。實際上，拒絕蘇聯護照的，大多數都是來自波蘭西部的猶太難民。他們逃離德國，但不希望成為蘇聯公民。他們的顧慮是，一旦接受了蘇聯護照，等到波蘭復國後他們就沒辦法回去了。這些猶太人想要藉此證明自己是忠於波蘭的公民，沒想到卻因此相繼遭到侵占波蘭的德、蘇兩國迫害。他們離鄉背井，躲開了親衛隊的劫掠，沒想到卻又在蘇聯遭內務人民委員部驅逐流放到哈薩克或西伯利亞。一九四〇年六月針對難民進行的驅逐行動總計有七萬八千三百三十九人被迫害，其中大約百分之八十四都是猶太人。[54]

波蘭猶太人大多沒有鄉居經驗，所以他們跟先一步遭流放的波蘭人一樣無助。工匠、鞋匠遭流放到俄羅斯北部去當伐木工。有個叫做約瑟夫的男孩清楚記得德國人去他的家鄉放火焚燒他家常去的猶太教堂，邊燒邊笑。他與家人逃往蘇聯占領區，但拒絕使用蘇聯護照。結果他的兄弟、父母等三人全在流放地死去。[55]

———

在西歐，這就是所謂的「假戰」（phony war）時期：似乎沒有任何戰事發生。嚴格來講，英、法兩國在一九三九年九月就已經對德宣戰，但從該年秋冬到隔年春天，波蘭慘遭擊潰與分割，數以萬計公民遭謀殺，數十萬人被驅逐流放，但西歐卻還沒開戰。德蘇同盟大可以為所欲為。

一九四〇年四月，德國入侵丹麥、挪威，除了取得斯堪地那維亞半島的豐富礦藏，也阻止了英國勢力進入北歐。等到德國於該年五月十日進攻荷、比、盧三國與法國，「假戰」時期才算是徹底結束。到六月十四日，就已經有大約十萬法軍與六萬英軍捐軀，德軍長驅直入巴黎。法國在轉瞬間陷落，時間遠比各界預料的還要快。一九四〇年六月，蘇聯也把帝國的領地往西擴張，正式併吞了波羅的海三國：愛沙尼亞、拉脫維亞與立陶宛。

三國中立陶宛最大、人口最多，而且不管國內的族裔問題或國際關係都最為複雜。一戰結束以來，立陶宛一直宣稱波蘭東北部的維爾紐斯市（Vilnius）與周圍地區是該國領土。儘管那裡的居民主要是波蘭人、猶太人與白俄羅斯人，但立陶宛人卻把維爾紐斯奉為該國首都，理由在於，從中世紀到早期現代期間那裡一直是頗具影響力的立陶宛大公國（Grand Duchy of Lithuania）的首都。一九二〇、三〇年代期間，已經獨立的立陶宛把考納斯（Kaunas）當成行政中心，但名義上的首都仍是維爾紐斯。一九三九年，史達林利用這種民族情緒來操弄國際情勢。他並未把維爾紐斯併入蘇聯，而是將其送還仍然獨立的立陶宛。立陶宛當然也要付出相應的代價，於是就允許紅軍在該國設置基地。已經駐軍該國的蘇聯部隊占有地利之便，於是便在一九四〇年夏天動手，不但速度比前一年占領波蘭東部更快，而且藉口更為假仁假義：蘇聯宣稱那是一場政治革命。許多立陶宛的政治菁英都選擇逃往納粹德國。[56]

時任大日本帝國駐立陶宛副領事的杉原千畝仔細觀察情勢演變，因為他在考納斯的任務就是緊盯德、蘇兩國的軍事行動。一九四〇年夏天稍早時，日本政府高層已經確立了清楚的戰略路線，打算與蘇聯簽訂互不侵犯條約。取得中國這個東北亞的跳板後，日軍已經規劃好要在一九四一年正式南進。法國陷落後，日本只留了少數幾位駐外官員持續觀察德、蘇關係，杉原就是其中一個。這時他身邊已無日本下屬，所以就招募那些逃過德蘇兩國逮捕的波蘭軍官當他的線民與助手。他提供的相應報酬則是發給日本護照，並讓他們使用他的領事館。杉原幫助波蘭人為他們的軍官規劃出一條逃亡路線。波蘭人發現他們可以使用某種日本簽發的出境簽證，橫跨蘇聯國境後抵達日本。透過這條路線逃亡的波蘭軍官不多，但其中至少有一位的確抵達日本，

德蘇互不侵犯條約下的歐洲
（1940年7月）

並且向日本政府報告他在穿越蘇聯國境期間的見聞。[57]

在此同時，猶太難民也開始找上杉原。他們都是在一九三九年九月德國入侵波蘭後逃亡的波蘭公民，但這時他們開始害怕蘇聯的迫害。他們聽說猶太人在一九四〇年六月遭到大規模驅逐流放，害怕自己遇上同樣厄運。這些猶太人的預感正確：一年後，蘇聯會從立陶宛與愛沙尼亞分別驅離大約一萬七千五百與六千名猶太人。在波蘭軍官們的幫助下，杉原幫助六千多位猶太人逃離立陶宛。他們搭乘火車穿越蘇聯的廣闊國境，然後搭船抵達日本，接著前往巴勒斯坦或美國。波、日之間長達十年的情報合作關係雖然極其低調，但卻堅定無比，不過也在這次行動過後畫下了句點。[58]

—

一九四〇年，納粹政府高層都想要擺脫那些住在波蘭占領區的大約兩百萬猶太人，但對於究竟要如何擺脫，卻無法達成共識。原先制定的戰爭計畫是畫出一塊猶太保留地，地點位於總督府轄下的盧布林地區。不過這一直不是個令他們滿意的解決方案，理由是波蘭占領區相對來講很小，而柏林市與兩個猶太人的主要居住地，包括華沙與烏茨分別相距六百與五百公里，與盧布林相距則不過區區七百公里，這讓遷移計畫沒有太大意義。占領地總督漢斯·法蘭克拒絕把更多猶太人送到他的管轄地區，因為從一九三九年年底到一九四〇年，希姆萊與葛萊瑟已經持續從瓦爾特蘭把波蘭人丟給總督府——人數多達四十萬零八千五百二十五人，與蘇聯驅逐流放的波蘭公民人數大致相當。這雖然讓波蘭人受盡苦難，但對於改變德國境內的人種比例卻沒太大效用，因為波蘭人實在太多。而且，把他們從某個波蘭占領區移往另一個占領區，只會讓局勢更混亂而已。這讓希特勒壓根就沒辦法按其理想在國境東邊幫德國農夫打造一個「生存空間」。[59]

阿道夫・艾希曼是負責驅逐流放政務的專家，他在一九三九年秋天被點名來改善相關行動的效率。先前透過驅離奧地利的猶太人，艾希曼已經充分展現出他在這方面的手腕。不過，艾希曼發現，把猶太人驅逐流放到總督府領地，與其說是效率不彰，不如說根本毫無意義。艾希曼知道法蘭克總督不樂見自己的領地裡出現更多猶太人。艾希曼設法把大約四千個奧地利、捷克猶太人送往總督府領地，然後在一九三九年十月，此一政策就喊停了。接著艾希曼肯定就此得出看來再理所當然不過的結論：德國應該把治下的兩百萬猶太人通通送往幅員廣大的盟國蘇聯境內。畢竟，先前史達林已經在偏遠的東北亞地區為猶太人設置了一個比羅比詹（Birobidzhan）專屬屯墾區。這時，德國政府注意到蘇聯比他們有更強大的國家量能、更大的國土來進行有效率的大規模驅離流放行動（稍後他們還會另一個有機會注意到這點）。一九四〇年一月，德國正式請求把歐洲的猶太人都送往蘇聯，但史達林興趣缺缺。[60]

如果總督府領地太接近德國，而且太小，不適合用來解決納粹非常在意的種族問題，而且蘇聯也沒有興趣接收那些猶太人，那該怎樣處理這些與德國人為敵的猶太人呢？納粹政府只能將他們控制於股掌之間，並且好好剝削利用，直到最終解決方案的執行時機來臨（此時納粹仍覺得該用驅離流放來執行這方案）。率先把應對模式建立起來的人是葛萊瑟，他在一九四〇年二月八日下令於烏茨建立一個供二十三萬三千名猶太人居住的「特區」（ghetto，又譯隔都）。同一個月，納粹派任的華沙市長路德維希・費舍（Ludwig Fischer）也把規劃猶太特區的工作委任給律師瓦德瑪・申恩（Waldemar Schön）。該年十到十一月間，華沙市區西北邊有超過十萬非猶太裔波蘭人遭遷移，改由原本散居全市各地的至少十萬個猶太人居住，因為該地區已經被劃為猶太特區。猶太人被迫戴上黃色星星徽章，藉此表明他們的族裔身分，此外還要接受各種羞辱他們的規定。他們位於特區外的房地產主要都讓德國人接手，有時候也被分配給波蘭人（他們在德國轟炸期間失去家園）。要是華沙的猶太人未經允許就離開特區，被捕後就必須處死。總督府其他領地的猶太人也承受了相同的厄運。[61]

一九四〇、四一年期間，華沙與各地的猶太特區變成某種另類的勞動集中營，彷彿關押待宰牲畜的地方。德國政府選出一個猶太居民委員會（Judenrat），成員大多是戰前當地猶太社群的意見領袖。華沙猶太居民委員會的會長是記者亞當・切爾尼亞科（Adam Czerniaków），戰前當過參議員。此一委員會是德國政府與猶太特區居民之間的溝通橋樑。德國政府還組織了一個沒有配發武器的猶太警隊，在華沙是由約瑟夫・澤金斯基（Józef Szerzyński）擔任隊長，而警隊的任務則是維護治安、防範有人脫逃，並且執行德國的脅迫任務。猶太人並不大清楚德國會怎樣脅迫他們，但假以時日他們也漸漸明白德國不會讓他們這樣永遠在特區裡生活下去。在此同時，華沙的猶太特區居然成為德國人的觀光景點。住在特區裡的猶太史家伊曼紐爾・林格布魯姆（Emanuel Ringelblum）表示：「遊客特別喜歡造訪的地方，是擺了幾十具待葬屍體的棚屋。」專門出版旅遊指南的德國貝德克爾出版社（Baedeker）將在一九四三年出版總督府領地的旅遊指南。[62]

一九四〇年夏天法國陷落後，納粹政府又開始構想那被稱為「最終解決方案」的遠程計畫。蘇聯拒絕接收猶太人，法蘭克也不願讓大批猶太人遷居到總督府領地。馬達加斯加島原為法國殖民地，已遭德國接收，但若要將猶太人運送過去，必然會受阻於英國皇家海軍。希姆萊寫下他的思考方向：「我相信，如果能把猶太人送往遙遠的歐洲或其他殖民地，我將會見證猶太人這個概念的徹底滅絕。」而希姆萊的野心當然遠遠不只如此，他繼續寫道：「經過一段較長時期，我們一定可以讓我國領土上再也沒有烏克蘭人、哥拉爾族（Górals）、蘭柯族（Lemkos）的概念*。以上對於這些民族的論述，同樣也可以非常適切地推而廣之，用於波蘭人身上……。」[63]

這時猶太人正以極高死亡率死去，尤其是在華沙的猶太特區，裡面有四十幾萬猶太居民。特區面積大約只有五點兩平方公里，所以人口密度居然高達每平方公里約七萬七千人。不過，在華沙死去的猶太人大多並非原本就住在華沙。德國政府將比較小的猶太聚落遷往較大的猶太特區裡，無論在華沙或總督府領地的其他地方都是如此。來自華沙附近地區的猶太人原本往往就比較貧窮，而且在遭遷移後更是變得一無所有。遷居前他們並未獲得太多準備時間，常常沒辦法攜帶自己的財物。這些來自華沙周邊區域的猶太人遷居猶太特區後變成猶太人裡的弱勢族群，容易挨餓生病。一九四〇、四一年之間大約有六萬猶太人死於華沙猶太特區，其中大部分都是遷居者與難民。每當德國政府以最嚴厲的政策對付猶太人（例如一九四〇年十二月，一整個月都不讓食物運入猶太特區），他們都是最大的受害者。經過長時間的磨難後，他們開始偷搶拐騙，最後的常見死因就是餓死。[64]

* 譯註：Górals 與 Lemkos：分別位於波蘭高原與烏克蘭山區的民族。

父母往往會先撒手人寰，獨留孩子們在陌生的城市。據姬特拉・蘇爾克曼（Gitla Szulcman）的回憶，父母死後她「漫無目的地在特區裡流浪，整個人被飢餓吞噬」。莎拉・史波洛（Sara Sborow）的母親跟她一起睡在床上時死去，接著她的姊妹身體變得腫脹，因為太餓而死去，她寫道：「我內心深處非常清楚，但不能說出來。」表達力超乎一般青少年的以色列・萊德曼（Izrael Lederman）說他知道「有兩場戰爭，一場子彈亂飛，另一場飢餓來襲。飢餓比較糟，因為讓我們煎熬折磨，子彈只是把人打死而已」。據某位醫生回憶：「到處都是為了吃麵包而賣掉自己的十歲小孩。」[65]

在華沙猶太特區裡，猶太社群為孤兒設置庇護所。有些孩子在絕望之餘竟然希望父母趕快死去，如此一來他們至少能夠獲得孤兒的食物配給。有些庇護所的景象讓人看了難過。據一位社工回憶道：孩子們「為了一鍋麥片粥，可以互相打罵推擠。已經奄奄一息的孩子躺在地上，因為飢餓而身體腫脹，還有一些屍體好幾天都沒有人來搬走」。她致力於恢復庇護所的秩序，未料卻看到孩子們染上斑疹傷寒。為了檢疫，她和他們都被關在庇護所裡。她以詭異的遠見在日記裡寫道：這時庇護所「簡直就像毒氣室」。[66]

一方面，德國政府保留戰前波蘭的猶太菁英，從中挑選居民委員會成員，讓他們在猶太特區裡執行德國的政策，但另一方面德國政府認為真正能在政治上帶來威脅的，反而是非猶太的波蘭菁英。一九四〇年初，希特勒做出結論：應該乾脆將總督府領地裡那些比較危險的波蘭人都處決。他告訴法蘭克總督，應將波蘭「領導階層成員」全都「消滅」。法蘭克把所有該消滅的族群列出來，他們的背景與坦能堡行動鎖定的對象很像：受過高等教育者、神職人員、政治上非常活躍的人士。一九四〇年三月二日，他向屬下宣布這個「消除」波蘭「精神領袖階層」的計畫，而一個引人入勝的巧合是，三天後貝利亞也在蘇聯展開他對波蘭戰俘的大清洗行動。法蘭克的基本政策跟貝利亞一致：把已遭逮捕者都處死，並進一步逮捕危險人物，也將其處死。跟貝利亞不同的是，法蘭克將會趁機清除一般罪犯，想必是為了清出監獄的空間。到了一九四〇年夏末，德國政府已經殺了三千個他們認為在政治上具有威脅性的人物，處死的一般罪犯人數也大致相當。[67]

與蘇聯政府相較，德國政府在行動時比較做不到協調統整、完美分工。這次殺戮任務史稱「特殊靖綏行動」（Ausserordentliche Befriedungsaktion，簡稱 AB Aktion），在總督府領地各處的執行狀況並不整齊劃一。在克拉科夫地區，儘管沒有判刑紀錄，執行人員還是在囚犯面前宣讀簡要的判決結果。判決結果是叛國罪，理當處以死刑：不過，話說回來，每個囚犯留下的紀錄都是在企圖逃亡時被擊斃，顯得極為矛盾。事實上，克拉科夫市蒙特路比監獄（Montelupi）的囚犯都被送往附近的克熱紹維采（Krzeszowice），而且在死前還要自己挖掘亂葬坑。一天後他們全遭槍斃，每一批三十到五十人。至於在盧布林地區，囚犯全都遭關押在城區的古堡，然後被帶往城南的某個地點。他們被卡車載過去後，行刑人員用車頭燈當照明設備，把站在亂葬坑前的他們全部用機關槍掃射處死。一九四〇年八月十五日晚上，遇害者竟達四百五十人。[68]

華沙地區的囚犯都是關押在帕維亞克監獄（Pawiak），然後被載往帕爾米里森林（Palmiry Forest）。在那森林裡，德國政府已經事先強迫另一批人做苦工，挖了幾道長長的壕溝，都是寬三公尺、長三十公尺。囚犯在破曉時被喚醒，要他們帶著自己的東西。至少在一開始他們以為自己會被送往另一個營區。到了卡車開進森林，他們才知道大事不妙。德國人在一九四〇年六月二十到二十一日那一晚大開殺戒，總計有三百五十八人被槍殺。[69]

在拉當市（Radom）那一帶，處決行動特別井然有序且殘酷。囚犯都被綁起來，聽著最後判決：「威脅德國國安。」跟在其他城市一樣，波蘭人一般都不了解這就是他們接受審判的過程。到了下午，他們分批被帶走，每批都很多人，某一份行程表是這樣寫的：「三點半，綁人；三點四十五，宣讀判決；四點，運送。」頭幾批犯人被載往琴斯托霍瓦（Częstochowa）北邊十二公里處一個多沙的地區，在那裡被蒙上眼睛後槍斃。某個犯人的妻子雅薇嘉・佛拉克（Jadwiga Flak）後來設法找到丈夫被槍斃的地點，在沙地上發現能夠反映事發經過的確切跡象：人骨與蒙眼布的碎片。她的丈夫馬里安（Marian）是個剛滿二十二歲的學生。四位本來是市議會議員的囚犯得以倖存，因為剛好希姆萊的某位姻親是拉當市的實際掌權者，他認為需要那四個人才能幫忙蓋好德國人專用的泳池與妓院各一座。[70]

來自琴斯托霍瓦的犯人後來都被分批帶往森林。一九四〇年七月四日，格林斯卡家（Glińska）的三姊妹，依蕊娜、雅妮娜與瑟拉菲娜因為拒絕透露自家兄弟的去向，慘遭槍斃。雅妮娜說德國人的統治「太可笑，只會是一時的」。她說她死也不會背叛「自家兄弟與波蘭同胞」。她的確沒有。[71]

在前往行刑地點的路上，囚犯往往會從卡車上丟下紙條，希望有人能看見，幫忙交給家人。這是當年波蘭人的習俗，令人感到詫異的是，紙條往往會送到該去的地方。那三座蘇聯戰俘營的波蘭戰俘對自己的厄運一無所知，但這邊的波蘭犯人卻清楚自己大限已到。柯澤爾斯克、奧斯塔什科夫與斯塔洛柏斯克的戰俘離開營地時也會從巴士上丟紙條下來，但上面大多是寫著類似這樣的文字：「我們無法判斷自己會被送往何處。」[72]

如此看來，蘇、德雙方的打壓行動的確有一個差別。「莫洛托夫－里賓特洛甫線」以東，蘇聯人行事往往低調神祕，為的是不希望節外生枝，出現意外。那條線以西的德國人，則並不總是希望祕密進行，而且就算希望保密，保密功夫往往也不到家。所以，「特殊靖綏行動」的受害者總是有時間安慰自己接受命運，甚或安慰家人。自知將死的人，對於自身遭遇有各種不同看法。米奇斯瓦夫・哈布洛斯基（Mieczysław Habrowski）寫道：「灑在土地上的鮮血將會讓波蘭更茁壯，養育出報仇雪恨的波蘭人，恢復自由而偉大的祖國。」瑞薩德・施密特（Ryszard Schmidt）雖然挺身攻擊偵訊他的人員，但卻不鼓勵大家報仇：「希望我們的後代不要報仇。冤冤相報何時了？」馬里安・穆辛斯基（Marian Muszyński）則只是跟家人道別：「願天主與你們同在。我愛大家。」[73]

某些「特殊靖綏行動」的受害者在死前想起了遭蘇聯俘擄的家人。儘管蘇、德雙方並未就打壓波蘭人的行動進行協調統整，但政策上雙方都是以打擊受過高等教育的階級為目標，瞄準同樣的幾類族群。蘇聯採取行動，以發動階級戰爭為藉口，凡是對蘇聯體系造成威脅者都予以清除。德國也必須固守剛剛攫取的土地，不過任何行動也都必須堅持他們的原則：打壓劣等種族，不容他們蠢動。說到底，雙方的

原則都很類似，多少都必須以驅逐流放為手段，大規模槍斃之舉多少也不可避免。

至少有兩個家庭的手足是分別被蘇聯與德國殺害的。雅妮娜・多博（Janina Dowbor）是唯一遭蘇聯逮捕的女性波蘭軍官。喜歡冒險犯難的她，少女時代就學會了駕駛滑翔翼與跳傘。她是第一個從距離地面至少五公里的高空上跳傘的歐洲女性。一九三九年，她接受了飛行員的訓練，成為波蘭空軍後備部隊的一員，官拜少尉。一九三九年九月，她被蘇聯俘擄。據說，她是因為飛機遭德軍擊落才會被俘。降落到安全地點後，她還是遭紅軍捕獲。她先被送往奧斯塔什科夫，然後移監柯澤爾斯克。她有自己的囚室，平常都是跟空軍同袍來往，他們讓她有安全感。在一九四〇年四月二十一或二十二日，她在卡廷森林遭槍斃，與四千四百零九位男性軍官一樣被埋在亂葬坑裡。她的妹妹阿格妮耶絲卡（Agnieszka）一直待在德國占領區裡。一九三九年年底，她跟一些朋友加入某個反抗組織。隔年四月她被逮捕，時間點與她姊姊遭槍斃之際差不多。到了這一年六月二十一日，她也在帕爾米里森林遇害。她們姊妹倆都是經過假審判就遭到槍斃，埋在淺淺的墳塚裡。[74]

伍奴克（Wnuk）兄弟生長於波蘭中部偏東部的某個區域，到這時他們的家鄉就位於德、蘇兩國邊界的不遠處。這對兄弟的厄運也類似：哥哥波列斯瓦夫（Bolesław）原來是個走平民主義路線的政治人物，戰前擔任波蘭國會議員。弟弟雅各（Jakub）學的是藥理學，也會設計防毒面具。他們都是在一九三二年結婚，也都有小孩。雅各與機構的同事們遭蘇聯政府逮捕，一九四〇年四月於卡廷森林遇害。哥哥波列斯瓦夫則是在一九三九年十月被納粹政府逮捕，隔年一月移監盧布林市的城堡，六月二十九日在「特殊靖綏行動」期間遇害。他在手帕上寫下遺言：「為祖國而死，我可以含笑九泉，但我是無辜的。」[75]

為了威嚇與操弄波蘭人，納粹政府在一九四〇年春、夏期間將規模不大的集中營體系予以擴張。該年四月底，希姆萊造訪華沙，下令將兩萬名波蘭人遷往各地集中營。埃里希・馮・登・巴赫－澤勒斯基（Erich von dem Bach-Zelewski）是西利西亞地區（Silesia）的「強化德意志民族性帝國委員會」負責人，他向該委員會專員希姆萊提出建議：在克拉科夫附近某個波蘭陸軍軍營舊址設置一座新的集中營，波蘭地名是Oświęcim，但後來以德文名稱「奧斯威辛」（Auschwitz）為世人熟知。隨著「特殊靖綏行動」告終，囚犯不再遭到處決，而是送往各個集中營，最主要的就是奧斯威辛。第一批被送往該處的，是原本關在克拉科夫的波蘭政治犯。他們在一九四〇年六月十四日移監該處，被編為三十一到七五八號囚犯。到了七月，波蘭政治犯被送往薩克森豪森（Sachsenhausen）與布亨瓦德（Buchenwald）集中營；十一月，又有兩批送往奧斯威辛。這一年八月十五日，納粹在華沙展開大規模圍捕行動，一開始數以百計，後來數以千計波蘭人都在街頭遭逮捕，送往奧斯威辛。一九四〇十一月，奧斯威辛開始處決波蘭人，在此同時德國法本公司（IG Farben）的投資者們也開始注意到這個地方。奧斯威辛成為一個巨大的強迫勞動營，規模堪比蘇聯的古拉格，差別在於奧斯威辛的犯人是為德國各大公司做苦工，蘇聯的犯人則是幫史達林實現計畫性工業化的夢想。[76]

德國誤以為已經消滅了波蘭受過高等教育的階級，但與此不同的是，蘇聯的確可說是在相當程度上做到這件事。在總督府領地，波蘭人的抵抗行動越演越烈，但蘇聯卻能在占領區迅速偵破反抗組織網絡，參與者遭逮捕流放，有時甚至是處決。在此同時，對於蘇聯統治的新挑戰也在烏克蘭裔波蘭人之間出現。波蘭的總人口裡大約有五百萬個是烏克蘭裔，這時幾乎都住在蘇聯的烏克蘭共和國。對於新政權他們並不見得都是心服口服。烏克蘭民族主義團體原本在波蘭就屬非法，所以他們向來知道該怎樣進行祕密運作。如今波蘭已經不存在了，他們的作為自然就得要改弦更張。先前，蘇聯的政策本來就已經讓某些烏克蘭當地人心裡的民族主義傾向開始萌芽。因為獲贈土地，部分烏克蘭農民對於蘇聯統治是歡迎的，但集體化運動之後他們很快就開始對蘇聯政權心存怨懟。[77]

烏克蘭民族主義者組織（Organization of Ukrainian Nationalists）這時開始對蘇聯政權的各單位採取行動。在戰前，某些烏克蘭民族主義領袖本來就跟德國軍情單位有所聯繫，也與海德里希領導的親衛隊保安局（親衛隊的情報機構）來往。史達林深知，這些民族主義領袖中有幾位仍在幫德國政府做情蒐工作。因此，蘇聯政府在新獲得領土（原本的波蘭東部）進行的第四次驅逐流放行動，主要是以烏克蘭人為目標。前兩次與第三次行動分別是針對波蘭人與猶太人。一九四一年五月，蘇聯把一萬一千三百二十八個波蘭公民從烏克蘭西部遷往各個特殊開墾聚落，他們主要都是烏克蘭裔。六月十九日進行的最後一次驅逐流放行動則是涉及兩萬兩千三百五十三個波蘭公民，大多是波蘭裔。[78]

一位來自比亞維斯托克（Białystok）的波蘭小男孩曾回憶道：「他們丟下炸彈，到處都起火了，因為列車車廂裡很多人都全身著火。」這一年六月二十二日，蘇聯被德國殺得措手不及，許多德國轟炸機炸到了蘇聯用來運送囚犯的火車。大約兩千囚犯在被流放途中死於列車車廂裡，他們同時是德、蘇兩個政權的受害者。[79]

史達林整飭新領土，本來就是為另一場戰爭做準備。但令他無法置信的是，戰爭居然來得如此之快。

—

一九四一年六月二十二日，德軍入侵蘇聯，波蘭與蘇聯突然間從敵人變成盟友，因為這時雙方都在反抗德國。不過，蘇波關係仍很尷尬。在前兩年，蘇聯已經壓迫了大約五十萬波蘭公民：約有三十一萬五千人遭驅逐流放，十一萬遭逮捕，三萬遭處決，另有兩萬五千多人在遭關押期間去世。波蘭政府知道很多人遭到驅逐流放，但不知道大量公民遭處決。儘管如此，散布於各地監獄、強迫勞動營與特殊開墾聚落的數十萬波蘭公民這時開始重組為波蘭陸軍。[80]

幾千名軍官下落不明，這一點波蘭軍方高層是很清楚的。曾遭關押在柯澤爾斯克、後來逃過一劫的藝術家兼後備軍官約瑟夫·恰普斯基被波蘭政府派往莫斯科尋找他那些軍官同僚的下落，他與他們都曾在同一營區當階下囚。他是個清醒鎮靜的人，接受這任務後一股使命感油然而生。這時波蘭有了再一次與德國作戰的機會，恰普斯基想要把那些軍官找回來，讓他們領導弟兄們作戰。前往莫斯科的途中，他的腦海時時浮現波蘭的浪漫主義詩歌，首先是深具自虐色彩的狂想，來自於詩人尤利烏什·斯沃瓦茨基

（Juliusz Słowacki），懇求天主持續讓波蘭被釘在十字架上，直到她有足夠的力量可以自己站起來。接下來是另一位直率而充滿魅力的波蘭詩人希普里安・諾維德（Cyprian Norwid），流亡外國的他用詩歌道出對祖國的望想：「我想念那些是就說是，不是就說不是的同胞們／想念沒有陰影的光明。」恰普斯基為人斯文又世故，來自於一個多元族裔的家庭，他非常認同波蘭的浪漫理想主義傳統，從中找到心理慰藉。[81]

恰普斯基的思緒間接與《聖經》產生關聯，因為諾維德的詩句引述了《馬太福音》的句子：「你們的話，是，就說是；不是，就說不是；若再多說，就是出於那惡者。」同樣的經文也出現在亞瑟・柯斯勒以大清洗為主題的小說《正午的黑暗》（*Darkness at Noon*）裡面。該本小說的故事場景在莫斯科的盧比揚卡監獄（Lubianka），不但是柯斯勒的友人亞歷山大・懷斯伯格在一九四〇年遭偵訊後獲釋的地方，也剛好是恰普斯基此行的目的地。懷斯伯格與妻子都在一九三〇年代末期遭逮捕，他們的經驗成為柯斯勒那本小說的題材。恰普斯基打算去盧比揚卡監獄找個偵訊人員問清楚：他的朋友們，就是那些失蹤的波蘭軍官，到底在哪裡？與恰普斯基有約的人是內務人民委員部的軍官列歐尼德・萊赫曼（Leonid Reikhman），就是他負責偵訊波蘭軍官。[82]

恰普斯基遞交一份報告給萊赫曼，裡面記載了那幾千位失蹤軍官的最後行蹤。萊赫曼似乎從頭讀到尾，讀到哪裡就用一支鉛筆指到哪裡，但並未做下任何記號。接著他語帶含糊地說了一些話，答應恰普斯基，要是發現什麼就會打電話去飯店給他。某天半夜，電話響了，來電的人是萊赫曼。他說他有急事必須出城一趟，沒有新的消息可以提供。他給了其他幾個官員的名字，請恰普斯基跟他們談，但波蘭政府早已跟那些人聯絡過了。甚至到這時候恰普斯基都還沒起疑，沒想到真相就是那些軍官都已遭謀殺。不過他知道，蘇聯政府肯定有所隱瞞。他決定離開莫斯科。[83]

隔天，回到飯店後在進房間前，恰普斯基感覺到有人盯著他看。自從來到莫斯科，他身上的波蘭軍官制服一直都很惹眼，所以他也不以為意。走到電梯時，有一位猶太老人上前來跟他攀談：「你是個波蘭軍官？」那位老人也是來自波蘭，但已經三十年沒有回到家鄉，他很希望有一天能回歸故里。「要真有那天，我就死而無憾了。」那位老人說。恰普斯基臨時起意，邀請那位猶太紳士到房裡，有意送他一本波蘭大使館出版的雜誌。第一頁剛好擺了華沙的照片：華沙不只是波蘭首都，也是猶太生活的中心，兩種文明的重鎮兼交匯點。城堡廣場已經毀了，上面有齊格蒙特國王（King Zygmunt）雕像的圓柱也已斷掉。照片捕捉到的是德軍轟炸後的華沙。猶太老人把身體靠在一張椅子上，低頭啜泣。那位年長紳士走後，恰普斯基自己也開始啜泣。他在莫斯科非常寂寞，每天只聽到官員對他說謊，在經過這一晚的短暫人性交流後，他被徹底改變了。他回憶道：「要不是那位可憐猶太人的熱切目光，我應該已經墜入絕望的深淵，再也不相信任何人了。」[84]

他們倆共感的悲傷，源自於一段剛剛逝去的短暫時期，也就是德、蘇共同占領波蘭的日子。一九三九年九月到一九四一年六月之間，德蘇同盟所殺害的波蘭公民，可能有高達二十萬人，遭到驅逐流放者更是約有一百萬人。大批波蘭人遭送往古拉格與奧斯威辛，而接下來的一年多歲月裡，在那裡又多死了幾萬人。在德國占領區，波蘭猶太人被迫困居於猶太特區，前途未卜，只能等厄運找上門。死於饑荒或疾病的猶太人已經有數萬之多。

波蘭之所以受傷特別深，是因為莫斯科與柏林都有意讓波蘭社會變成群龍無首的狀態，把波蘭人變成一群可以任意操弄的烏合之眾，不只是受殖民政府管理，更是被徹底玩弄於股掌之間。漢斯・法蘭克特別引述希特勒的話來描述他的任務：把波蘭的「領導階層」連根拔除。內務人民委員部的做法更是極度合理又有效：他們找了一本波蘭的名人錄來確認要向哪些人開刀。這種行徑無異於開倒車，讓西方世界回到前現代時期，回到啟蒙運動以前的社會。東歐社會向來以自己的「知識分子階層」（intelligentsia）為傲，他們是受過高等教育的社會領導階層，在無政府的艱困時期尤其如此，他們可以透過著作、演講與採取行動來保存民族文化。德文也有「知識分子階層」這個字，意義也如出一轍。希特勒下達的命令也是這個意思，一字不差：「徹底根除波蘭的知識分子階層。」柯澤爾斯克的主要偵訊官曾提及波蘭人與蘇聯擁有「兩種涇渭分明的哲學觀」；「特殊靖綏行動」的偵訊人員則是曾經下令處死某個老人，理由在於他表現出「波蘭的思維模式」。過去知識分子階層普遍被認為足以代表整個波蘭文明，波蘭的特殊思考方式都反映在他們身上。[85]

如此看來，波蘭知識分子階層之所以發生慘遭兩國占領者殘殺的悲劇，其實也反映出他們所肩負的歷史任務。

第五章

CHAPTER 5

德國入侵蘇聯的經濟動機

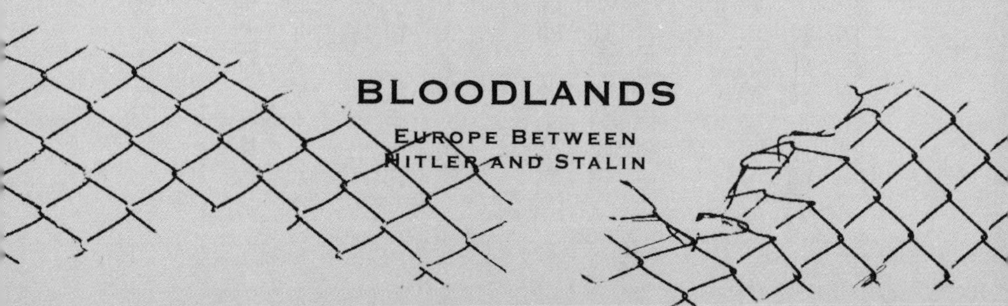

一九四一年六月二十一日，歐洲歷史上意義最重大的一天。德軍在這一天入侵蘇聯，而這個以「巴巴羅薩」為代號的行動（Operation Barbarossa），不只是讓蘇聯措手不及，盟友反目與敵人變成盟友，也不只是讓戰爭進入新階段。這天所開啟的，是一場無法定義的大災禍。德國國防軍（與其盟軍）和紅軍展開殊死戰，超過千萬名士兵戰死沙場，更別說另有數字大致相當的平民也遇害，他們都是在東線戰場上被飛彈炸死，或者餓死、病死。在這場發生在東邊的戰爭裡，納粹德國也恣意謀殺了大約一千萬人，其中包括五百多萬猶太人與三百多萬戰俘。

在血色大地的歷史上，巴巴羅薩行動標示著第三個階段的開始。第一階段（一九三三到三八年）的大屠殺幾乎都是蘇聯一國所為。到了第二階段（一九三九到一九四一年），德、蘇聯手，大屠殺的規模旗鼓相當。接著在一九四一到四五年的第三階段，遂行政治謀殺的幾乎都是納粹德國。

每次從上個階段發展為下一個階段，總有讓人感到納悶之處。從第一到第二階段，問題在於：蘇聯怎能與納粹德國結盟？從第二到第三階段，問題則是：德國為何和盟友反目？在莫洛托夫與里賓特洛甫代表莫斯科與柏林結盟後，一九三九到四一年之間的歐洲各國，包括比利時、丹麥、愛沙尼亞、芬蘭、法國、拉脫維亞、立陶宛、盧森堡、荷蘭、挪威、波蘭與羅馬尼亞，若非遭占領就是痛失國土。波蘭、羅馬尼亞與波羅的海三國的民眾更有千千萬萬人遭到驅逐流放甚至槍斃。不過，對於蘇聯與納粹來講，這段時期卻意味著經濟合作帶來豐碩果實，軍事上連戰皆捷，且在犧牲其他國家的前提下對外擴張。納粹與蘇聯的體系到底有什麼特色，能讓雙方在一九三九到四一年之間進行互惠合作，然後又在一九四一到四五年之間展開人類史上最具毀滅性的戰爭呢？

德國入侵蘇聯，常會引人用比較抽象的方式提問，認為問題事關歐洲文明。有些人主張，德國（與蘇聯）的殺戮政策是現代性的極致展現，而這種現代性又源自於法國大革命與拿破崙戰爭時期，政治自此成為啟蒙主義中「理性」概念的實踐。不過，如果現代性的追求是這麼一回事，就沒辦法解釋一九四一年的大災難，至少無法提供直截了當的解釋。啟蒙運動有一種樂觀主義的傾向，認為透過征服自然世界，科學終究會主宰社會往前發展與不斷進步的過程。但德、蘇兩大政權都拒斥這種精神，因為希特勒與史達林都信奉十九世紀末達爾文主義對於啟蒙精神的修正：進步是可能的，但只有透過暴力鬥爭才可能——希特勒認為是種族鬥爭，史達林則是階級鬥爭。所以史達林主義認為有充分理由摧毀波蘭的上層階級，而國家社會主義則是把波蘭人當成次等人，理應毀滅他們刻意假造出來的受教育階層。歐洲的啟蒙運動在波蘭開花結果，但卻因為德、蘇聯盟毀掉該國的大部分受教育階層而毀於一旦。這讓蘇聯得以在更廣大的領土上實踐共產主義的平等觀，讓納粹德國能夠強迫數千萬人接受其種族計畫，其中最具戲劇性的莫過於把猶太人關進一個個猶太特區，等待「最終解決方案」的降臨。如此一來，我們就能把納粹德國與蘇聯視為現代性的兩個案例，而且兩者都將強烈敵意發洩在第三者，也就是波蘭身上。但這兩個國家的所作所為，遠遠不只是用他們各自的方式去實現現代性而已。[1]

一九四一年這個問題的解答，與其說跟啟蒙運動的思想遺緒有關，不如說關鍵在於帝國主義的可能性。所以問題不在於現代性之都巴黎，反倒與倫敦這個帝國主義中心有關。希特勒與史達林兩人都想要與英國一較高下，用各自的方式回應十九世紀英國留下的兩大傳承：帝國主義就是世界政治的王道，還有大英帝國無可挑戰的海權地位。希特勒無法在海上與英國一爭長短，所以他想要把整個歐洲東部打造成一片新的陸上帝國。但歐洲東部並非一塊處女地：他必須把蘇聯政權與過去蘇共所成就的一切都清除掉。就像希特勒在一九四一年七月所說的，如此一來，歐洲東部就會變成一片「伊甸淨土」。史達林的前任掌權者列寧曾經對大英帝國念茲在茲，因為他深信帝國主義是資本主義的最高發展階段。身為列寧的繼任者，史達林面對著帝國主義與資本主義橫行的世道，他必須挺身捍衛社會主義家園。希特勒不願與英國的帝國主義硬碰硬，所以做出讓步，但史達林更是在希特勒上臺以前就讓步了：既然帝國主義勢不可擋，那社會主義陣營大可以不必以推動世界革命為主要願景，而是好好打造出一個蘇維埃國度。在提出「一國社會主義」的國策，於意識形態上做出讓步後，史達林與希特勒結盟只是一種手段而已。畢竟，為了把一個善良的國家打造得滴水不漏，不讓外面的邪惡世界入侵，任何妥協都是可以接受的，任何妥協都沒有好壞可言。史達林說，與德國結盟對於蘇聯極其有利。他的確知道這同盟關係總有一天會終結，只是沒想到那一天會在一九四一年到來。[2]

希特勒希望讓德國人都變成帝國子民，而史達林則是希望，無論帝國主義的歷史階段持續多久，蘇聯人民都可以繼續撐下去。雙方會產生矛盾，並非原則問題，而是領土問題。希特勒希望在不久後就打造出一個復古的伊甸淨土，但剛好史達林也把同樣的地方當成蘇聯人的應許之地，是個不惜一切代價都必須掌握住的領土，而這一點他在一九三八年的經典歷史著作《聯共（布）黨史簡明教程》（*Short Course*）裡面已有所論述。史達林以捍衛蘇聯，抵禦帝國主義陰謀為口號，藉此發展與強化蘇聯，不過他最初害怕的是日本與波蘭，或是日、波、德三國的聯手圍堵，反倒是忽略了德國會自己侵略蘇聯。與德國相較，日方與波蘭為了在蘇聯境內發展民族主義反抗勢力而下了更多功夫。史達林認定，因為蘇聯幅員廣大，所以任何勢力想要入侵，一定會先在蘇聯內部培養盟友，以裡應外合的方式進行。[3]

雙方的矛盾並不是在思想上的衝突所造成。希特勒想發動戰爭，但史達林至少在一九四一年還不想開戰。希特勒胸懷帝國願景，這對他來講很重要。不過，在這個非常態時刻，他也是奮力一搏，想試試看自己可以做到什麼，還有是否能夠突破種種局限。一九四〇年六月二十五日到一九四一年六月二十二日之間是個關鍵時期，先是德國出乎各界意料，很快就攻下法國，繼而入侵蘇聯，本來應該也是會速戰速決，取得勝利。到一九四〇年年中，中歐、西歐、北歐的大部分土地都已遭希特勒征服，他的敵人只剩下大不列顛。納粹政府獲得蘇聯方面供給小麥與石油，德國國防軍看來勢不可擋。既然與蘇聯結盟對於德國有那麼多實際的好處，希特勒為何還是選擇攻擊盟友呢？

一九四〇年年底到一九四一年年初，歐陸只剩下德、蘇兩大強權，但稱霸歐洲的不是只有他們。德、蘇重塑了歐洲，但在這之前大不列顛就已經重塑過整個世界。德、蘇在某些方面受彼此影響，而大不列顛非但不受制於德蘇同盟，還對他們有所影響。大英帝國與皇家海軍決定了世界體系的結構，而這個體系是納粹德國或蘇聯在短期之內都不打算顛覆的。德、蘇都接受的一個事實是，儘管大英帝國屹立昂揚，皇家海軍制霸海洋，兩者都必須贏得自己的戰爭、完成自己的革命、打造出自己的帝國。姑且不論雙方的意識形態截然不同，也不論雙方到底是敵是友，納粹與蘇共領導階層所面對的，都是因為英國霸權的現實環境所引發的同一個問題。在英國海軍阻擋，無法接近世界市場，而且也不打算靠自家海軍去挑戰英國的前提下，龐大的陸上帝國要怎樣才能蓬勃發展，稱霸現代世界？[4]

對於這個關鍵問題，史達林與希特勒所想出的初步解答是一樣的。這個陸上帝國必須有夠大的領土，自給自足的經濟體系，並且藉由均衡發展的工農業來養活數量龐大的公民，他們必須對國家完全順服，思想正確而充滿幹勁，足以實現史達林主義與納粹主義的歷史性預言：前者是要讓國內徹底工業化，後者則是在各個殖民地上普遍發展農業，人人皆有田地可耕種。史達林與希特勒都想打造出自給自足的封閉帝國，土地廣袤且食物、原物料、礦藏都不虞匱乏。史達林特別以「鋼鐵」（*stal*）為姓氏*，而希特勒則是特別緊盯著國家的鋼鐵產量。不過他們倆也都非常清楚，農業是他們能否完成革命的關鍵。他們深信資本主義頹廢破敗，他們自己創造的體系更為優越，而且如果能生產出足夠的食物，就能獨立於世界而存在。[5]

到了一九四〇年年底與一九四一年年初，儘管蘇、德領導人都盤算著這種經濟上的鴻圖大業，但蘇聯並不如德國那樣需要戰爭。這時史達林正忙著推展並維護一場經濟革命，但希特勒卻需要發動一場戰爭才能促進經濟轉型。史達林盤算著「一國社會主義」的國策，但希特勒卻想要讓好幾個國家同時實施國家社會主義。為了確保德意志民族的興盛，必須打造出龐大的德意志帝國，把其他民族當成達成這個目標的棋子。史達林所推動的集體化運動有雙重意義：一方面這運動就是國內的階級戰爭，另一方面也靠集體化來備戰，以防外國入侵。希特勒的經濟願景卻是需要透過真槍實彈的軍事衝突後才能夠實現，而且實際上就是要在戰爭中完勝蘇聯。史達林很久以前就意識到一個關於集體化的祕訣：它是向外擴張殖民的替代選項，所以是某種形式的國內殖民。與史達林不同，希特勒深信殖民地還是必須透過向外擴張來奪取；而且他心目中的殖民地就是農地廣袤的蘇聯西部，還有石油礦藏豐富的蘇聯所屬高加索地區。如希特勒所言，他希望德國成為「全世界最為自給自足的國家」。這個目的不見得需要靠擊敗英國來達成，但擊敗蘇聯卻有其必要。一九四一年一月，希特勒向軍方高層表示，若能奪取「物產豐隆」的蘇聯，那德國將會「無懈可擊」。[6]

一九四〇年六月法國陷落後，英國還願意孤軍奮戰，更是讓德、蘇之間的這些矛盾變得更為顯著。一九四〇年六月到一九四一年六月之間，英國是德國的唯一敵人，看來並不強大，但其實並非如此。美國尚未參戰，但小羅斯福總統用行動表明力挺英國的決心。一九四〇年九月，美國用五十艘驅逐艦與英方交易，自此可以在加勒比海的英國屬地設置基地。一九四一年三月，在《租借法案》（Lend-Lease Act）的授權下，羅斯福開始可以為英國提供戰爭物資。法國陷落時英國在歐陸的部隊也潰不成軍，但英軍設法在敦克爾克（Dunkirk）完成了大撤退的任務。一九四〇年夏天，德國空軍與英國皇家空軍正面對決，但德軍無法將其擊潰。德國空軍也對英國各城市狂轟濫炸，但英國人民寧死不屈。制空權是強國對外侵略時能否成功的關鍵，但德國卻遲遲無法在空戰中制霸。如果想要對英國展開兩棲登陸作戰，就必須完成橫渡海峽的艱鉅任務，將龐大人員與軍備運抵英倫三島，但德國的軍艦在數量上卻不足以控制海域，運輸船也不夠。一九四〇年夏天，納粹德國的海軍只有三艘巡洋艦與四艘驅逐艦，如此而已。

＊ 譯註：「約瑟夫・史達林」並非本名。他在幫自己重新命名時特別以Stalin（有「鋼人」的涵義）為姓氏，而且一開始是把它當成筆名（K. Stalin）來用。

一九四〇年七月三十一日，即便英倫空戰（Battle of Britain）才剛開打，希特勒卻已經決定要侵略盟國蘇聯。十二月十八日，他下令軍方制定侵略計畫，務求「速戰速決，擊潰蘇俄」。[7]

希特勒無法解決英國的問題，只好拿蘇聯開刀，而且是想辦法把現在的盟友變成未來的殖民地。在一九四〇年六月到隔年六月的關鍵一年期間，德國的經濟政策制定者們努力擘劃各種方案，希望能在征服蘇聯後設法實現希特勒的帝國願景，把德國打造成超級強權。主要經濟政策的規劃工作由希姆萊密切監督著，他的親信萊茵哈德·海德里希更是直接下指導棋。在親衛隊中官拜旗隊領袖（Standartenführer）的康拉德·邁爾教授（Konrad Meyer）為歐洲東部的廣大殖民地起草了一系列計畫，整體而言就名為「東方總計畫」（Generalplan Ost）。一九四〇年一月完成初版計畫，七月完成第二版，第三、第四版分別於一九四一年年底與一九四二年五月出爐。總計畫從頭到尾都貫徹著同樣的精神：當地住民將會遭德國驅逐，或乾脆處死，或將其同化與奴役，如此方能為將來征服過後的帝國邊境地區帶來安定與繁榮。人口的預估數字紛紜，但會遭到消滅的人數大致在三千一百萬到四千五百萬之間，且大多是斯拉夫人。根據其中某個版本，百分之八十到八十五的波蘭人、百分之六十五的西部烏克蘭人、百分之七十五的白俄羅斯人，還有百分之五十的捷克人都會從世上消失。[8]

用希姆萊的話說來，腐敗的蘇聯城市地區遭到全面肅清後，德國農民將會在東方殖民地建立「一個個明珠般的屯墾聚落」，這些彷彿烏托邦的農業社群將會為歐洲生產出不虞匱乏的糧食。在方圓十公里的範圍內，每個居民人數在一萬五到兩萬之間的德國聚落都會被許多德國農村環繞。到東方屯墾的德國人將會在烏拉山山區建立起歐洲的防線，把中亞的蠻族往東方逼退。透過在文明帝國的邊緣努力奮鬥，未來幾個世代的屯墾區德國居民將會證明他們是最優秀的民族。如此的殖民計畫必能將德國打造成足以與美國匹敵的大陸帝國，像美國一樣具有堅苦卓絕的拓荒精神，但前提是必須殺掉大批人口來進行殖民計畫，並造就人數龐大的奴工。納粹必須在東方實現其「昭昭天命」*。希特勒認為，「過去美國人征服北美大陸，我們則是在東方重演類似的歷程」。在希特勒的想像中，過去北美拓荒者們處理印地安人的經驗足堪借鏡，德國對斯拉夫人將會比照辦理。他曾宣稱，在未來，俄羅斯的窩瓦河（Volga River）之於德國，會像密西西比河之於美國。[9]

希特勒的想法不僅源自於他的意識形態，也是囿於現實處境的必然。只要英國屹立不搖，希特勒唯一可行的帝國方案就是往東推進，征服歐洲東部的領土。希特勒讓歐洲擺脫猶太人的方案也是如此：只要英國仍然與德國為敵，擋住了海域航道，那就沒辦法把猶太人送往馬達加斯加之類的遙遠島嶼，而是必須就地消滅他們。從一九四〇年年底到一九四一年年初，英國皇家海軍都讓希特勒無法透過海上交通完成最終解決方案。馬達加斯加島是法屬殖民地，法國雖然已經投降，但英國卻還掌控著航道。盟國蘇聯則是拒絕了德國的提案，不願接收兩百萬名歐洲猶太人。只要蘇、德雙方仍為盟友，德國就只能接受蘇聯的決定，等待時機來臨。但如果德國征服了蘇聯，自然可以隨心所欲地使用蘇聯的領土。下達入侵

* 譯註：昭昭天命（Manifest Destiny）原指十九世紀美國人的普遍信念，認為自己的國家被賦予了往西邊擴張，橫跨北美大陸的天命。在這裡則是指納粹以往東方擴張為其意識形態。

蘇聯的備戰計畫不久後，希特勒就於一九四一年一月在柏林體育宮對滿場群眾宣稱，世界大戰的到來意味著「往後猶太人這個角色在歐洲就消失了」。這時最終解決方案已與英國脫鉤，因為他已將入侵英國的計畫無限期延後。一九四一年六月二十二日入侵蘇聯後，最終解決方案也就此展開。入侵蘇聯，占領烏克蘭後，第一次大屠殺行動將會在那裡展開。[10]

想要餵飽德國與它所打造的西歐帝國，唯一的務實計畫就是拿下蘇聯，因為德國與西歐的糧食純粹都是仰賴進口。希特勒非常清楚，一九四〇年年底到一九四一年年初之際，蘇聯出口到德國與西歐的糧食有百分之九十都是以烏克蘭為產地。跟史達林一樣，在希特勒眼裡烏克蘭是個地緣政治的資產，而烏克蘭人不過都是農奴，是可以拿來交換或者直接拋棄的工具。史達林深知，若想實行史達林式的社會主義，就必須先征服烏克蘭，唯有如此才能證明他的勝利。所以烏克蘭曾經慘遭肅清、故意餓死，在集體化過程中飽受各種恐怖手段之苦，但也養活、保全了蘇俄與其餘蘇聯地區。希特勒覬覦著烏克蘭的千里沃土，他認為德國比蘇聯厲害，肯定可以從那裡榨取更多資源。[11]

無論是史達林想保持蘇聯領土的完整，或者納粹想把東方納入帝國領土，烏克蘭的糧食都是關鍵。對史達林來講烏克蘭是蘇聯的「堡壘」，對希特勒而言則是「麵包籃」。德國國防軍參謀本部於一九四〇年的某份報告總結道，烏克蘭是「蘇聯境內農業與工業價值最高的地區」。非軍職的政策制定者赫伯特·貝克（Herbert Backe）*於一九四一年一月向希特勒報告：「占領烏克蘭後將讓我們在經濟上從此高枕無憂。」希特勒則是表示：有了烏克蘭，「從此再也沒有人能讓我們挨餓」。征服烏克蘭後，德國首先可以不用再受制於英國的海上防堵，其次則是在烏克蘭執行殖民計畫後，就能讓德國成為規模與美國相當的世界強權。[12]

說到底，東方總計畫就是要搶奪農地、消滅原有的農民，把德國農夫遷移到農地上。但在此同時，希特勒深知他還在打仗，即便他想速戰速決，戰後初期他也是需要當地人產出糧食來餵飽德國部隊與平民。一九四〇年年底到一九四一年年初，總計畫的籌畫者們決定，一旦德國部隊征服了蘇聯土地，政府就必須使用史達林發明來控制食物供應鏈的工具，也就是集體化。某些德國的政治規劃人員希望在入侵戰爭期間就放棄集體農場制，因為他們深信如此一來烏克蘭人就會普遍支持德國。不過，經濟規劃人員卻認為必須維持集體農場，才能夠讓德國大軍與民眾的糧食不虞匱乏。結果在這場爭論中獲勝的是經濟規劃人員。在戈林主管的跨部會單位「四年計畫署」裡面，貝克是負責糧食業務的專家，據悉他就曾說過：「就算當年蘇聯沒有實施集體農場制，德國也有必要實施這種制度。」[13]

這些德國的規劃人員認為計畫的重點在於，繼蘇共之後，他們必須再次利用集體農場的制度之便來餓死數百萬人。事實上，這次他們所盤算的是餓死數千萬人。集體化運動曾造成烏克蘭大饑荒，一開始只是因為效率不彰與不切實際的農產目標而造成的無心之過，但到了一九三二年年底與一九三三年年初之際，卻是復仇般強奪烏克蘭人糧食的刻意後果。至於希特勒，則是**超前部署**，打算把他不想要的蘇聯人口刻意餓死。德國政府盤算著，這時該國所統治的歐洲地區需要額外進口糧食才能養活的人口有兩千五百萬。規劃人員認為，自從一次大戰結束以來，蘇聯的都市地區人口也剛好增長了兩千五百萬人。

* 譯註：貝克在一九四二年後成為納粹德國的糧食與農業部部長。

他們一眼就看出問題的簡單解答：如果要讓德國統治的人口存活，那麼蘇聯的都市居民就必須餓死。據其估算，集體農場的糧食產量剛好足以維持德國人口，如此一來就沒有足夠糧食可以養活廣大東方地區的居民。所以，就這方面來講，那些農場可說是能夠達成政治控制與經濟平衡的理想工具。[14]

這就是一九四一年五月二十三日定案的「大饑荒計畫」（Hunger Plan）：為了餵飽德國大軍與西歐地區的德國民眾，對蘇戰爭期間與戰後，必須把德國征服的蘇聯公民都餓死，尤其是大都市居民。所以德國不打算讓烏克蘭生產的糧食送往北方給俄羅斯與其他蘇聯地區的居民，而是會往西運送，讓德國與其餘歐洲地區有足夠糧食。從德國政府的角度看來，烏克蘭與俄羅斯南部某些地區是「生產剩餘地區」，食物供過於求，而俄羅斯與白俄羅斯則為「食物短缺地區」。如此一來，烏克蘭的都市居民，還有幾乎全部白俄羅斯與俄羅斯西北部民眾若不想餓死，就必須流亡他方。必須將都市地區都摧毀，讓整片大地回復為原始森林，介於一九四一與四二年之間的冬天，將會有大約三千萬人餓死。大饑荒計畫的內容涉及「將工業連根拔起，糧食短缺地區的大部分人口也得徹底清除」。一九四一年五月二十三日定案的這些行政方針都是以最直言不諱的納粹語言寫成，明白透露大屠殺的企圖：「這個地區將會有數千萬人成為多餘人口，若不想死就必須移居西伯利亞。如果把黑土區*的剩餘糧食拿來解救這個地區的民眾，不讓他們餓死，那遭到犧牲的就是歐洲地區的糧食供給。想要解救他們，那德國就不可能撐到戰爭結束那一刻，德國與歐洲就不可能抵抗英國的封鎖。關於這一點，我們是絕對必須徹底明瞭的。」[15]

這時希特勒最重要的親信是戈林，他是國家經濟政策的總規劃師。他的「四年計畫署」曾在一九三六到四〇年負責將德國經濟打造成戰爭機器，如今「四年計畫署」則是負責研擬大饑荒計畫。這個計畫與史達林的五年計畫類似，只是用意正好相反，變成要餓死俄羅斯人。五年計畫被模仿之處包括其企圖心（完成一場革命），生產工具（集體農場）也被拿來利用，不過目標徹底顛倒過來：五年計畫旨在守衛蘇聯與達成工業化，大饑荒計畫的願景是把蘇聯地區恢復到工業化之前的狀態，人口大幅減少，工業規模極小，也沒有大都市。德意志國防軍勇往直前，但執行的卻是一個倒轉時間的任務。國家社會主義將會扮演水壩般的角色，擋住史達林主義的洪流，讓歷史大河的流向逆轉。

德國的政策最主要就是兩條：大饑荒與殖民。經內部討論後達成共識，制定成計畫後普遍發給各政府部門知悉。大饑荒計畫的架構於一九四一年三月定案，相應的一整套「經濟政策方針」隨後於五月發布。該年六月，改寫得較為含蓄的文件於各級德國官員之間傳閱，總計一千份，一般稱之為「綠色檔案夾」。入侵蘇聯前不久，希姆萊與戈林所監督的政策規劃業務，對於戰後的安排都是至關緊要：希姆萊負責殖民地的種族政策，是長程的「東方總計畫」；戈林負責用大饑荒將幾千萬人口清除，是短程的「大饑荒計畫」。德國政府有意打一場毀滅戰，在清除當地人口後，讓歐洲的東部地區轉型成為一個農業殖民地。希特勒盤算著把史達林的一切政績連根拔除。「一國社會主義」消滅後，取而代之的是德國民族的另一種社會主義。這就是他的計畫。[16]

---

* 譯註：烏克蘭的大草原是世界馳名的黑土區之一。

不過，德國的確有另一個選項，至少在盟國日本看來是如此。《莫洛托夫－里賓特洛甫條約》簽訂後，日本政府曾經疏遠德國政府達十三個月之久，接著德日關係就在軍事同盟的基礎上重建。一九四〇年九月二十七日，日、德、義三國簽署了《三國盟約》（Tripartite Pact）。在這個時間點，歐戰的最主要戰事莫過於英國皇家空軍與德國空軍之間的空戰，而日本正是希望透過此一盟約把矛頭指向大不列顛。東京方面敦促德國政府能夠發動一場世界的政經革命，但目標與德國所規劃的願景截然不同。日方希望納粹德國可以與日本合作，一起打敗大英帝國，而不是設法殖民蘇聯。

日本是個島國，在往海外進軍、建立帝國的過程中，深諳海洋是擴張領土的路徑。日本若能讓德國相信兩國的最大共同敵人是英國，自然是大有好處，因為這共識有助於日本征服太平洋上的諸多英屬（與荷屬）殖民地。不過，有個願景倒是德國原本完全沒想到，因此日本可以獻計，而且此一願景堪稱鴻圖大業，不光是可以讓日本從英屬與荷屬殖民地取得亟需的礦藏而已。不同於德國入侵蘇聯的盤算，日本提出的大戰略是要德國往南發兵，把英軍驅離近東地區，與日軍在南亞會師，地點或許就在印度。日方主張，如果德、日雙方可以聯手控制蘇伊士運河與印度洋，那英國的海軍就不足為患了。德、日將會成為世界的兩大強權。[17]

希特勒對這個選項興趣缺缺。簽署《三國盟約》時德國知會了蘇聯，但希特勒從沒打算讓蘇聯加入此一同盟。要是德、日、蘇三方可以組成抗英同盟，日本也是樂觀其成，但這件事從來就完全不可能。在日本提出建議前，希特勒已經下定決心要入侵蘇聯。儘管日、義兩國此時已是德國盟友，希特勒並未把兩國囊括在他的軍國大計之中。他認定德國有實力自己擊敗蘇聯，也應該憑己力擊敗蘇聯。因為兩國對於主要目標與敵人有所歧見，雖然都是隱而不宣，但卻也讓德日的同盟關係變得極其有限。日本必須打敗英國，接著擊退美國，才能成為海軍稱霸太平洋的大帝國。德國則是為了成為歐洲的陸上帝國而必須摧毀蘇聯，接著才設法完成長期目標：與英、美爭霸稱雄。[18]

自一九四〇年夏季以降，日方一直就想與蘇聯簽訂中立條約，後來終於在一九四一年四月完成簽署。該年春天，日本情報圈的蘇聯專家杉原千畝都待在德國位於波羅的海海濱的東普魯士城市柯尼斯堡（Königsberg），想要設法探知德國入侵蘇聯的發兵日期。在幾位波蘭助手的陪伴下，他往來於德國東部各處，包括那些併吞自波蘭的土地。根據他對德軍動態的掌握，他估計時間點應該是一九四一年六月中。事實上，日本派駐歐洲與世界各地的情報人員向東京方面遞交了數以千計的情資，在在都顯示德國將會違背《莫洛托夫—里賓特洛甫條約》，在該年晚春到初夏之間入侵盟國蘇聯，而杉原的報告只是其中的一份。[19]

史達林自己收到的類似情資也有一百多件，但他選擇予以忽視。他一貫的策略都是鼓動德國在西歐發動戰爭，希望資本主義國家能因內訌而耗盡國力，等歐洲變弱之後蘇聯再來坐收漁翁之利。希特勒在西歐各地，包括挪威、丹麥、比利時、盧森堡、荷蘭與法國，已是連戰皆捷，而且速度極快，勢如破竹，完全出乎史達林的意料。不過他似乎不敢相信希特勒居然會放棄進攻大不列顛——該國當時是納粹與蘇聯兩方遠大目標的共同敵人，又是世界第一強權。他也預料到德、蘇之間終須一戰，但不會是在一九四一年。無論是對自己或他人，他都是說：那些德國即將入侵蘇聯的警訊全部是英國放出的假消息，想要藉此離間德、蘇這兩個明顯擁有共同利益的盟國。

史達林尤其無法相信的是，德軍居然會完全沒有攜帶冬天裝備就發動攻擊，而且這一點似乎在任何間諜的報告中也都沒有提及。[20]

——

這是史達林政治生涯的最嚴重失算。一九四一年六月二十二日，蘇聯被德軍殺了個措手不及，入侵行動剛開始看來是大獲全勝。三百萬德國國防軍雄師兵分三路，殺過莫洛托夫—里賓特洛甫線，往波羅的海地區、白俄羅斯、烏克蘭挺進，目標是拿下列寧格勒、莫斯科與高加索地區。參加德軍這次行動的包括芬蘭、羅馬尼亞、匈牙利、義大利與斯洛伐克等盟國，就連西班牙也派出一個師，克羅埃西亞則是有一團志願軍參戰。這次行動堪稱史上最大規模戰役。不過，跟波蘭遭蘇、德兩國東西夾擊不同，德國只從西邊進攻，最後導致戰線只有一邊，而且拉得很長。希特勒並未與盟國日本商議一起進攻蘇聯。日本政界高層也是有可能決定主動對蘇聯發動攻擊，但最後還是決定不要打破日、蘇之間的中立條約。先前已有幾位日本政界領袖敦促政府入侵西伯利亞地區，其中包括外相松岡洋右，但幾次建議都遭駁回。一九四一年六月二十四日，德軍攻入蘇聯的兩天後，日本陸海兩軍高層做出決議，「暫時不介入德、蘇兩國的戰事」。到了八月，日、蘇再次確認雙方所簽訂的中立條約。[21]

德國軍官很有自信能夠迅速擊潰紅軍。軍方有很多人深信希特勒是軍事上的天縱英才，因為過去成功拿下波蘭，尤其是因為法國也被打得毫無招架之力。在裝甲部隊的帶領下入侵蘇聯，德軍原本的目標

芬蘭
蘇屬卡累利阿
－芬蘭
芬蘭
軍隊
瑞典
拉多加湖
赫爾辛基
列寧格勒
1941年9月8日
始遭圍城的列寧格勒
塔林
波羅的海
蘇屬
愛沙尼亞
里加
蘇屬
拉脫維亞
寇瓦河
第4裝甲兵團
德文斯克
涅韋爾
勒熱夫
克林
蘇聯
但澤
第18軍團
第16軍團
xxxxx
特別行動隊A隊
北方集團軍
里布元帥
蘇屬立陶宛
維爾紐斯
莫斯科
蘇屬俄羅斯
德國
第9軍團
第3裝甲兵團
斯摩棱斯克
奧卡河
梁贊
xxxxx
特別行動隊B隊
中央集團軍
博克元帥
明斯克
圖拉
羅斯拉夫爾
第2裝甲兵團
巴布魯伊斯克
布良斯克
烏茨
華沙
蘇屬白俄羅斯
第2軍團
奧廖爾
平斯克
普里佩特
戈梅利
第2裝甲兵團
葉列茨
總督府
波里西亞濕地
第6軍團
切爾尼戈夫
庫斯克
沃羅涅日
克拉科夫
xxxxx
盧茨克
1941年9月1日
特別行動隊C隊
南方集團軍
倫德斯特元帥
羅夫諾
第1裝甲兵團
1941年10月1日
的前線
勒維夫
基輔
斯洛伐克
蘇屬烏克蘭
聶斯特河
第17軍團
聶伯河
文尼察
第1裝甲兵團
波塔瓦
哈爾科夫
匈牙利機械
化部隊
匈牙利
烏曼
克勒曼楚
第聶伯羅彼得羅夫斯克
佩爾沃邁斯基
第17軍團
羅馬尼亞
第3軍
德軍
第11軍團
基希涅夫
史達林諾
尼古拉耶夫
梅利托波爾
羅斯托夫
羅馬尼亞
第4軍
奧德薩
蘇屬摩爾多瓦
羅馬尼亞
亞速海
xxxx
貝爾格勒
特別行動隊D隊
羅馬尼亞軍隊
康斯坦丁元帥
克里米亞
塞爾維亞
刻赤
多瑙河
布加勒斯特
塞凡堡
索菲亞
保加利亞
黑海
希臘
伊斯坦堡
土耳其
德軍推進
（1941年6月22日到10月1日）
德軍裝甲師
其他軸心國
部隊的攻勢

是打一場「閃電戰」，在九到十二週內獲勝。德軍獲勝後，蘇聯的政治領導階層將會垮臺，德國就能順利取得蘇聯的糧食與石油。德國指揮官們曾說蘇聯只是「紙牌屋」，或是「軟腳的巨人」。希特勒預期這場軍事行動會如同「兒戲」般易如反掌，應該不出三個月就能大功告成，甚至更快。而這是希特勒政治生涯的最嚴重失算。[22]

冷酷無情並不等同於快速有效。納粹政府在做規劃時完全沒把人命當一回事，結果卻是魯莽失算、不切實際。事實上，德意志國防軍根本無法確實執行大饑荒計畫。問題並不在於他們有道德上的顧慮或擔心違法。希特勒早已跟部隊講清楚，在面對平民時不須遵守任何戰爭法的規定，德軍士兵對於手無寸鐵者也是絕不留情。入侵蘇聯後的頭幾天，他們的表現跟當年攻進波蘭幾乎沒有兩樣。到了第二天，德軍就開始利用平民來當人肉盾牌。跟過去在波蘭一樣，蘇聯士兵往往也是被德軍當成游擊隊，俘擄後立即槍殺，即便打算投降的人也是殺無赦。紅軍部隊有不少女性軍人，一開始會被殺正是因為她們是女性。德軍遇到的問題反而是，想要有條理地故意把大批平民餓死，本來就是艱難的任務。征服領土可以很簡單，但若要重新分配糧食，卻困難多了。[23]

八年前蘇聯之所以能夠刻意讓那麼多烏克蘭人餓死，是因為行動背後有強大的國家機器撐腰。當時史達林使用了大量的後勤與社會資源，但入侵的軍隊卻不能奢望擁有這等資源：蘇聯有經驗老到、知識豐富的國家警察，蘇共的地方黨部組織也深入鄉間，還有大批自詡馬列主義信徒的當地人願意配合。在他的統治下，即便已經餓到肚腹腫脹，烏克蘭（與其他地方）的農民也得要彎腰收割僅剩的幾束小麥，政府還不准他們自己吃。也許，更令人感到毛骨悚然的是，他們在收割時還會有好幾個通常來自於當地的黨國官員緊盯著。擬定大饑荒計畫的德國人以為，即便蘇聯國家政權崩潰了，既有的集體農場還是可以用來控制糧食的供給，奪糧後任由當地人餓死。或許納粹黨人很難想像，蘇聯的經濟管控能力居然會高過德國。如果是這樣，所謂的效率只是德國人因為意識形態而產生的一廂情願假設，並非事實。[24]

德國占領軍始終沒有能力按其想法，選擇在某時某地餓死當地人。若要執行大饑荒計畫，德國部隊就必須拿下每座集體農場，掌握各地作物產量，確保沒有人藏匿糧食，並將所有糧食都列入紀錄。德意志國防軍有能力掌控與穩住各個集體農場，親衛隊與通敵的當地人也可以，但效率絕對不及蘇聯共產黨。德國人不認識當地人，不熟悉當地收成的情形，也不知道哪裡可以偷藏糧食。他們的確能施行恐怖的高壓手段，但難以像蘇聯政府那樣做到有條有理，因為他們沒有蘇共的組織，也沒有共產主義帶來的信念與恐懼。德軍人數再多也沒辦法完全封鎖城市與鄉間之間的交通。而且，隨著戰爭時程拖得比原先計畫還要長，德國軍官們開始擔心，如果執行有組織的大饑荒計畫，恐怕會在他們掌控的區域裡激起反抗運動。[25]

巴巴羅薩行動本應是快狠準，最久在三個月內就必須用「閃電戰」帶來勝利。不過，儘管紅軍往後撤退，但卻並未崩潰。戰爭開打兩週後，德軍拿下了原來屬於立陶宛、拉脫維亞與波蘭東部的所有領土，還有大部分的白俄羅斯與一部分的烏克蘭。德國國防軍參謀長法蘭茲·哈爾德（Franz Halder）於一九四一年七月三日在日記中寫道，他覺得德國已經贏得這場戰爭。到了八月底，德軍又拿下愛沙尼亞、少許烏克蘭地區，也獲得了白俄羅斯全境。不過步調大亂，最重要的目標也都沒達成。蘇共政府領導階層仍安坐於莫斯科。如同某位德軍軍團指揮官在一九四一年九月五日用簡潔的語氣所說：「閃電戰並未帶來勝利，俄軍並未潰敗、蘇聯也沒瓦解。」[26]

德軍還是任由許多蘇聯民眾餓死，但理由不是像原先所盤算的，為了在政治上全面宰制，而是出於無奈。儘管大饑荒計畫的前提是不真實的政治假設，但此計畫仍為德國往東方發動戰爭提供道德基礎（譯按：亦即，若不發戰爭，那德國廣大領土的龐大人口就會挨餓）。到了一九四一年秋天，德軍之所以要任由大批民眾餓死，並不是為了在征服蘇聯後將其加以改造，而是為了讓戰爭能繼續打下去，但卻又不用讓德國民眾承擔任何成本。這一年九月，戈林發現新局勢慘不忍睹，完全出乎納粹政府原本的預期，因此他必須重新加以評估。他們曾夢想著戰敗後崩潰的蘇聯能提供龐大資源，但這下美夢破碎了。政治經濟學中有個經典的兩難命題：「軍事與民生能兼顧嗎？」納粹原本以為自己找到美妙的解決之道：用軍事行動來「創造」民生物資。但這時戰爭已開打三個月，衝鋒陷陣的德國士兵們亟需各種民生物資。戰爭沒按照計畫走，超過原先預計的十二週，德國士兵開始必須與本國民眾爭搶供給量有限的食物。原本蘇聯的穀物都是輸出到德國，如今因為戰爭也暫停了。三百萬德國士兵嗷嗷待哺，而且不能為了他們而減少德國本土的食物配給量。[27]

算盤打錯了怎麼辦？德國政府並未研擬應變計畫。部隊開始感覺到情況不妙：理由很簡單，因為他們沒有冬天外套可以穿，偏偏晚上守夜時又越來越冷。但就在德意志國防軍仍然往東挺進，希特勒依舊沾沾自喜之際，怎能跟德國民眾說這次侵略行動失敗了？不過，若是納粹高層不能承認戰爭計畫失敗，那他們就必須設法讓德國民眾免於承受入侵失敗的負面後果。如果肚子開始抗議，民眾可能也會開始抗議。絕對不能因為要照顧前線戰士，就讓德國民眾犧牲小我：至少犧牲不能太大，也不能太快就開始。如果國內糧食政策改變，大家就會發現真相，看出戰爭已經輸了，或至少戰爭並非按照政府高層所盤算的那樣順利進行。戈林麾下的糧食專家貝克對於該怎麼做，已經胸有成竹：必須搶走蘇聯人手上的食物，這樣德國人才不會挨餓。[28]

戈林的主要任務就是設法為德國的戰爭機器提供物資，但同時又不能影響德國經濟。他原本的計畫是在輕鬆獲勝後開始讓蘇聯人挨餓，如今卻必須隨機應變：因為戰爭沒有按照原本的計畫結束，士兵們必須繼續作戰，而且就地搶奪糧食。一九四一年九月十六日，原訂的「閃電戰」獲勝時程才超過幾天，戈林就通令德軍各個部隊，一切生活物資必須「就地取材」。在前線指揮的某位將軍把話講得更明白：德軍必須像「在打殖民地戰爭那樣」，自籌糧食。德意志國防軍持續苦戰，這時白天漸短、黑夜漸長，原本堅實的路面因為秋雨而變得泥濘不堪，士兵們還要想辦法照料自己的三餐。儘管原本的盤算有誤，戈林的命令讓戰爭持續下去，如此一來不但讓幾千萬蘇聯民眾挨餓甚至餓死，當然也造成德、蘇雙方部隊總計有數百萬人戰死。[29]

一九四一年九月時，希特勒親信戈林的行為模式很像史達林親信卡岡諾維奇於一九三二年十二月的表現，相似度令人驚詫。在他們下達一項關於糧食的政令後，幾個月內都讓數百萬人只有死路一條。他們倆對於這種政策導致大批民眾餓死的情況，也都不覺得是人間悲劇，而是敵方的滋擾手段。跟卡岡諾維奇一樣，戈林對下屬三令五申，表示敵人拿飢餓當武器，博取同情，讓德軍無法祭出必要的鐵腕措施。一九三二到三三年之間，史達林與卡岡諾維奇拿蘇共烏克蘭黨部當擋箭牌：他們不用直接面對烏克蘭民眾，讓烏共當局去承擔徵收穀物行動的後果，而且若徵收未能達標，就讓他們背黑鍋。到了一九四一至四二年，希特勒與戈林則是用德意志國防軍來面對飢餓的蘇聯民眾。一九四一年夏天，還有部分士兵會拿自己獲得配給的糧食來跟蘇聯當地饑民分享。也有少數德國軍官試著確保蘇聯戰俘有東西可吃。但到了秋天，德軍就沒有人這麼做了。軍方下令，如果德國士兵不想挨餓，那就得要任由駐地的居民餓死。他們必須想像一個畫面：只要蘇聯民眾有一口食物可以吃，那麼德國孩童的食物就會少一口。[30]

德軍指揮官們必須讓戰爭持續下去，這意味著要設法餵養部隊，也意味著要任由其他人餓死。這是出於政治邏輯的必然，但也讓德軍士兵與低階軍官陷入了一個道德困局：若是不想讓蘇聯人餓死，那就只能抗命或者叛逃到紅軍，但無論抗命或叛逃，對於一九四一年的德軍，或一九三三年的烏共黨員來講，都是無法想像的。[31]

一九四一年九月，新的糧食政策下達後，北、中、南三路德國國防軍的應對方式各自相異，因為所在位置不同。北方集團軍的任務是征服波羅的海三國與俄羅斯西北地區，新政策下達前他們已經展開列寧格勒圍城戰。中央集團軍於八月橫掃白俄羅斯。長久的停頓期間，部分中央集團軍部隊曾幫助南方集團軍攻打基輔，直到十月初這一路部隊才全員揮軍莫斯科。在此同時，南方集團軍則是穿越烏克蘭，往高加索地區邁進，速度遠比原先預期來得慢。德軍部隊士兵跟十年前蘇共派出的隊伍一樣，只要有機會就盡可能且盡快奪取烏克蘭當地的食物。

德國實施饑荒的主要地點
戰俘營
實施饑荒的城市
芬蘭
拉多加湖
瑞典
赫爾辛基
塔林
列寧格勒
波羅的海
里加
窩瓦河
但澤
東方總督轄區
維爾紐斯
德維納河
莫斯科
斯摩棱斯克
蘇屬俄羅斯
莫洛傑奇諾
明斯克
奧卡河
德國
白魯塞尼亞
總管轄區
莫吉廖夫
巴布魯伊斯克
布良斯克
蘇聯
華沙
烏茨
謝德爾采
奧廖爾
登布林
平斯克
戈梅利
波里西亞濕地
海烏姆諾
切爾尼戈夫
庫斯克
沃羅涅日
克拉科夫
札莫希奇
弗拉基米爾－沃倫斯基
羅夫諾
總督府
勒維夫
基輔
斯洛伐克
烏克蘭總督轄區
哈爾科夫
聶斯特河
霍羅爾
頓河
文尼察
聶伯河
匈牙利
克勒曼楚
基洛夫格勒
第聶伯羅彼得羅夫斯克
史達林諾
基希涅夫
頓河
羅斯托夫
奧德薩
亞速海
羅馬尼亞
克里米亞
塞爾維亞
布加勒斯特
多瑙河
塞凡堡
保加利亞
黑海

哈爾科夫與基輔兩地都曾是烏克蘭的首府，這時南方集團軍開始不讓兩地的居民有食物可吃。德軍於一九四一年九月十九日拿下基輔，時間比預定進度晚很多，而且之前德軍內部就已針對該怎樣處理這座城市而爭論不休。希特勒希望能按照東方總計畫的盤算，直接毀掉整座城市就好。現場指揮官們卻需要聶伯河（Dnipro）上的橋樑才能繼續往東邊進軍，所以最後德軍還是選擇發動猛攻。到了九月三十日，占領軍禁止糧食從城外輸入城裡，理由是要讓糧食保存於鄉間，留待軍方以及稍後德國派來的民政單位徵收。不過，基輔郊區的農夫們還是設法進城，甚至開起了市場。蘇聯曾於一九三三年嚴密封城，但德軍卻無法如法炮製。[32]

德意志國防軍無法執行原訂的大饑荒計畫，只有在饑荒策略似乎有用的地方施行。德軍未曾打算把所有基輔市民都餓死，他們只是要確保自己的糧食不虞匱乏而已。不過，即便如此，這還是一種草菅人命的政策，遭餓死的基輔人可能有五萬之多。有個市民表示，一九四一年十二月之際，德國人都在慶祝聖誕節，但當地人卻只能「像幽魂般四處遊蕩，大家都在挨餓」。在哈爾科夫，因為類似的政策而餓死的人數也許高達兩萬。其中有兩百七十三個是當地孤兒院的院童，死於一九四二年。在哈爾科夫附近則是有一家收留農夫小孩的克難孤兒院，曾在一九三三年有院童吃掉其他院童。這時，就連城裡也發生了如此悽慘的人吃人悲劇，只是數量比鄉間少多了。[33]

列寧格勒曾是俄羅斯帝國的帝都（原名聖彼得堡），希特勒對於這城市的盤算遠比史達林最恐懼的情況還要可怕。列寧格勒位於波羅的海海濱，離莫斯科甚遠，跟芬蘭首都赫爾辛基與愛沙尼亞首都塔林（Tallinn）相距反而比較近。過去在大清洗期間，史達林特意針對國內的芬蘭裔人口，導致他們成為死亡率最高的族群之一，理由是他深信芬蘭總有一天會想奪走列寧格勒。《莫洛托夫－里賓特洛甫條約》簽署後，芬蘭被劃為蘇聯地盤，而史達林在一九三九年十一月的入侵行動更是讓芬蘭人對他滿腔憤恨。在俄國發動的這場冬季戰爭（Winter War）中，芬蘭人奮勇抵抗，造成紅軍死傷慘重，名譽掃地。不過，芬蘭終究只能於一九四〇年三月割讓十分之一國土給蘇聯，讓列寧格勒與芬蘭之間有個緩衝區，史達林終於心滿意足。所以，一九四一年六月時，芬蘭樂於與希特勒結盟，因為芬蘭人自然想要收復失土，而且在這場他們稱為「繼續戰爭」（Continuation War）的戰役中報仇雪恨。不過，攻下列寧格勒後希特勒可不想再拱手送給芬蘭。他只想讓那個城市從地表消失。希特勒打算將所有列寧格勒人滅絕，整座城夷為平地，接著才把土地交給芬蘭人。[34]

一九四一年九月，芬蘭陸軍切斷列寧格勒往北邊的通道，德國北方集團軍也從南邊展開圍城戰，對城裡狂轟猛炸。儘管並非每一位德軍指揮官都了解希特勒對於蘇聯各大城市的最極端計畫，他們卻有個共識：非讓列寧格勒人都餓死不可。德國國防軍軍務長*愛德華・華格納（Eduard Wagner）在寫給妻子的家書裡面表示，這下列寧格勒的三百五十萬居民只能聽天由命了。陸軍的「軍需配給有限」，居民的人數則是太多，在這方面「也不適合表現得過於感情用事」。德軍在城市周遭都埋設了地雷，以免有人逃走。這城市不可能很快就投降，但就算他們投降了，德軍也不會接受。德軍的目標是讓列寧格勒斷

* 譯註：負責德國國防軍軍需補給的最高長官。

糧，最好全城居民都餓死。一九四一年九月八日對列寧格勒展開圍城戰的第一天，德軍就刻意用炮彈炸毀了城裡的糧食倉庫與油槽。到了這年十月，因為飢餓與相關疾病而死亡者，可能已達兩千五百人。到十一月，數字已攀升為五千五百；十二月時則已達五萬。到了圍城戰於一九四四年結束時，大約已有一百萬人喪生。[35]

列寧格勒人之所以沒有全部餓死，是因為當地蘇維埃政府仍維持運作，分配僅剩的麵包，也因為蘇聯領導高層願意為了取得補給品而涉險。等到拉多加湖（Lake Ladoga）湖面結冰，就有了一條逃亡與補給的路線。那年冬天的溫度降為零下四十度，整座城市都得在沒有糧食、熱氣與自來水的情況下面對寒冬。不過，城裡的蘇維埃政權仍沒垮臺。內務人民委員部依舊執行著逮捕、偵訊與囚禁等業務。他們利用拉多加湖的結冰湖面把犯人送出城——戰時全蘇聯大約還有兩百五十萬人遭遣送前往古拉格，裡面也有列寧格勒人。警方與消防隊也仍盡忠職守。大音樂家蕭士塔高維奇（Dmitrii Shostakovich）在創作第七號交響曲的第三樂章時，就是消防隊的義消。圖書館仍開著，借書來看的大有人在，甚至博士生也還在寫博士論文，並且進行答辯。[36]

十年前，烏克蘭與哈薩克等地居民在集體化運動造成的大饑荒期間面臨許多困境，如今同樣的命運降臨在各大城的俄羅斯人（與其他族裔居民）身上。據一位叫做汪妲·茲維列娃（Wanda Zvierieva）的年輕女性後來回憶道，列寧格勒圍城之戰期間，母親真是令她又愛又敬。她是個「美女，在我看來她的臉龐就像蒙娜·麗莎」。她的父親是個喜愛手工藝的物理學家，常拿摺疊小刀用木頭雕刻希臘女神像。一九四一年年底，當全家都在挨餓時，他父親去研究室找食物配給卡，想要換東西給家人吃。這一去就去了幾天。某晚汪妲醒來時看見母親拿著鐮刀站在她身邊。她說母親好像「只剩下一道鬼影」，她掙脫母親。她認為母親的行動是出於善意：只是想要讓她免去挨餓之苦，給她個痛快。隔天父親帶著食物回家，但卻已經來不及了，幾小時後母親就此逝世。家人把她捲在毯子裡，縫起來後擺在廚房，等到土地解凍才能夠下葬。因為公寓裡太冷，她的屍體並未腐化。隔年春天，汪妲的父親死於肺炎。[37]

在列寧格勒遭圍城期間，類似故事可能發生過千千萬萬次。許多列寧格勒的知識分子用日記把那一段恐怖的時代記錄下來，薇拉·科斯特羅維茨卡婭（Vera Kostrovitskaia）是其中之一。她是波蘭裔，幾年前才在大清洗期間失去了丈夫。這時她看著俄羅斯裔的鄰居們挨餓。她每天都會看到一個陌生人，到了一九四二年四月某天，她寫下了他的命運：

> 那位高高的男人背靠著柱子，坐在雪地上，衣衫襤褸，揹著一個背包。他把身子蜷縮起來，靠著柱子。顯然他是想要去芬蘭車站（Finland Station）*，走累了就坐下來。兩個禮拜了，我在醫院與家裡之間來來去去，他就一直「坐」在那裡：
>
> 一、背包不見了
>
> 二、破爛衣服不見了
>
> 三、身上只剩內衣褲

* 譯註：列寧格勒的車站，由芬蘭鐵路公司興建，並在俄國革命時被俄國接收。列寧當初便是由瑞士返抵此站，繼而開展革命。

四、半裸

五、變成一具內臟都被掏出來的人骨。[38]

所有寫日記的列寧格勒女孩裡面，最令人印象深刻的莫過於十一歲的塔妮雅．沙維契娃（Tania Savicheva）。她的日記就只有以下幾行內容：

珍妮雅死於一九四一年十二月二十八日，凌晨十二點三十分

奶奶死於一九四二年一月二十五日下午三點

萊卡死於一九四二年三月五號早上五點

瓦西亞叔叔死於一九四二年四月十三日凌晨兩點

萊夏叔叔死於一九四二年五月十日下午四點

媽媽死於一九四二年五月十三日早上七點半

我家的人都死了

大家都死了

只剩塔妮雅[39]

塔妮雅．沙維契娃死於一九四四年。

受到德意志國防軍控制程度越高的地方，餓死的人就越多。戰俘營因為完全落入德軍的掌握，所以餓死人數之龐大是前所未見的。在這類集中營裡面，我們看到的情況非常類似納粹原先擬定的大饑荒計畫內容。

在此之前，沒有任何一場現代戰爭會在如此短暫的時間內有那麼多戰俘遭到俘擄。在斯摩棱斯克附近一場戰役中，德國國防軍中央集團軍擄獲三十四萬八千名戰俘；在基輔附近的另一場戰役，南方集團軍則是擄獲了六十六萬五千名戰俘。光是在一九四一年九月的這兩場勝仗中，就有一百多萬人淪為戰俘，其中絕大多數是男性，女性只占一部分。到了一九四一年年底，德軍已經抓了大約三百萬紅軍戰俘。德軍對此並不感到意外。三路德國國防軍往東挺進的速度已經比原先預期還要慢，所以原本他們預期會擄獲的戰俘人數應該更勝於此。先前德軍已透過兵推預測出這種狀況。但德軍的準備工作並未把戰俘考慮在內，至少沒有想過要根據慣例來對待他們。根據慣用的戰爭法，擄獲戰俘後必須讓他們有東西吃，有地方住，獲得醫療照顧，藉此至少可以確保敵軍也如此對待己方戰俘。[40]

希特勒希望能夠逆轉這種傳統的邏輯。藉由虐待蘇聯士兵，他希望能讓德國士兵害怕遭到紅軍虐待，因此奮勇作戰，才不會落入敵軍手中。既然希特勒把紅軍視為由次等人組成，看來他應該無法忍受身為優越種族的德軍士兵向紅軍投降。史達林的觀點也與此相似，他認為紅軍士兵不應該容忍自己遭到活捉。紅軍士兵臨陣退卻與投降，是他絕對不能接受的。他們就應該勇往直前，奮力殺敵，捐軀沙場。史達林於一九四一年八月宣布，蘇聯士兵若是淪為戰俘，一律視為逃兵，他們的家人將遭逮捕。史達林的兒子遭德軍俘擄後，他逮捕了自己的媳婦。這等嚴酷的軍令反而讓許多蘇聯士兵在戰場上被俘。紅軍部隊指揮官們不敢下達撤退指令，以免惹禍上身（遭到清算與處決）。所以士兵們在陣地裡待的時間太久，最後反而遭德軍包圍後俘擄。希特勒與史達林的政策都導致大量蘇聯士兵變成戰俘，接著淪入非人的處境中。[41]

蘇聯戰俘投降後，立刻因為德軍的殘暴而感到驚駭莫名。被俘紅軍士兵排成長長的隊伍往前走，一路上遭到痛毆毒打，從戰場走向戰俘營。例如，在基輔遭俘的士兵們就在室外走了四百公里的路程。據其中一位士兵回憶，若有戰俘因為筋疲力盡而在路邊坐下，就會有押送戰俘的某位德軍「騎馬走過來，用皮鞭抽打。那戰俘還是低頭坐著，接著那位德軍就會從鞍袋中拿出一把卡賓槍，或從槍套裡抽出手槍」。受傷、生病或勞累不堪的戰俘都是當場遭到槍斃，任由他們陳屍路邊，等著蘇聯民眾發現後幫忙清洗屍體並下葬。[42]

有時德國國防軍用火車運送戰俘，但列車車廂都沒有車頂，無法抵禦嚴酷的天氣。等火車抵達目的地，車廂的門一打開，總會有數百具凍僵的屍體滾出來，有時候甚至多達數千具。運送途中的死亡率竟然高達七成。在死亡率如此高的行進與運送途中，死亡的戰俘可能有二十萬人。德軍在占領的蘇聯地區設置了大約八十座戰俘營，所有戰俘到營時都是又餓又累，其中許多人受了傷或生病。[43]

一般來講，戰俘營都是士兵為敵軍被俘士兵蓋的簡單設施，最起碼能讓他們在營區存活下去。士兵能使用的資源不多，對當地都不熟悉，但他們在興建這一類營區時心裡都知道，自己有一些同袍也正遭敵軍關押。不過，德軍在蘇聯蓋的建物，與一般戰俘營相去甚遠。他們蓋的戰俘營是用來終結人命的。原則上，德軍這類戰俘營主要分為三種：過渡戰俘營（Dulag）關押等待遣送的戰俘、大型戰俘營（Stalag）關押一般士兵與士官、軍官戰俘營（Oflag）規模較小，只用來關押軍官。實際上，無論哪一種戰俘營，常常都只是用帶刺鐵絲網圍起來的一塊空地而已。每個營區只記錄戰俘人數，不登記他們的名字。這種罔顧法律與慣例的情況實在令人髮指。在德國，即便集中營犯人的名字也都是登記在案。只有另一種德國人發明出來的設施會像這樣根本不登記姓名，但此時尚未問世*。德軍完全沒有預先幫戰俘準備食物、住所或醫護人員與醫療物資。營區沒有診所，甚至常常沒有廁所。營區裡沒有可以遮風避雨跟禦寒的地方，也是屢見不鮮。德軍所規定的卡路里攝取量極低，非但不足以維持戰俘生存的基本需求，甚至往往連那極低的標準也達不到。實際的狀況是，只有那些體格較為強健，獲選擔任守衛的戰俘才一定有食物可以吃。[44]

剛開始受到德意志國防軍這種待遇時，蘇聯戰俘都覺得很困惑。其中某人猜測，「德國人是要我們學乖，表現得像他們的同志」。他根本想像不到這是德軍軍方故意要餓死他們的政策，反而猜測這是德軍希望他們分享僅有的少量食物，表現出團結一致的精神。或許這位士兵壓根就無法相信，納粹德國居然跟蘇聯一樣，是個會透過政策將人故意餓死的國家。諷刺的是，這種德國政策的基本精神，就是沒把蘇聯戰俘當成等級相同的人類，所以在德軍眼裡他們根本連軍人都不是，更絕對不可能是德軍的同志。一九四一年五月，軍方用來規定德軍士兵的準則是，千萬別忘記俄國人在戰場上有多「殘暴而不人道」

* 譯註：即日後的滅絕營。

（至少德國軍方是這麼說的）。到了九月，戰俘營的德軍守衛甚至接獲通知，如果太少使用武器的話，將會受到懲罰。[45]

一九四一年秋天，所有過渡戰俘營與大型戰俘營的戰俘都已經開始挨餓。儘管戈林深知既定的大饑荒計畫實際上並不可行，但德國占領軍的優先政策之一還是確保蘇聯戰俘會挨餓，甚至餓死。德國政府模仿蘇聯的古拉格體系，並將其推展到極致，不能工作的人就沒東西吃，如此一來更是讓病弱戰俘加速死亡。一九四一年十月二十一日，不能工作的戰俘發現軍方給他們的食物配給量減少了百分之二十七。不過，對於不少戰俘來講，數字減少也沒有意義，因為許多營區本來就並未規律地配給食物給戰俘，大多數營區甚至常常不給病弱者吃東西。德國國防軍軍務長愛德華·華格納在這年十一月十三日講的一句話更是清楚道出德軍軍方的篩選政策：不能工作的戰俘就該「任由他們餓死」。所有戰俘營的戰俘都是在營區內盡量尋找尚可食用的東西：野草、樹皮或松針。除非有狗遭擊斃，他們根本無肉可吃。偶爾有些戰俘可以分得一點馬肉。為了爭舔鍋碗瓢盤，戰俘還會大打出手，德國守衛則是在一旁看得哈哈大笑。等到開始出現人吃人的情況，德國人就說這印證了蘇聯的文明水準有多低。[46]

戰況越激烈，德意志國防軍就越是與國家社會主義緊緊綁在一起。的確，從一九三三年希特勒上臺開始，德軍納粹化的情況已經日益加劇。一九三四年，希特勒化解了羅姆與其麾下納粹衝鋒隊的威脅，隔年就宣布將會把德軍重新武裝起來，並且徵兵。希特勒將德國工業的重點轉為軍火生產，並在一九三八到四〇年間締造了一連串的勝利，先併吞了奧地利與捷克斯洛伐克，隔年為波蘭，接著就是丹麥、挪威、盧森堡與比利時，當然還有最重要的法國。他有好幾年的時間可以仔細挑選軍方高層成員，如果被他認為太過傳統，就會被罷黜。一九四〇年戰勝法國後，德軍軍官更是普遍深信他是軍事上的天縱英才，整個軍方高層都對他服服貼貼。

不過，真正讓德意志國防軍與納粹政權無法脫鉤的，反而是德軍在蘇聯遲遲無法獲勝。一九四一年秋天，德國國防軍陷入一個道德困境：可以任由蘇聯人餓死嗎？唯一的脫逃之道，似乎只有國家社會主義。陸軍部隊在面對這種窘況之際，就算仍懷抱著僅剩的傳統軍人榮譽價值，也必須放棄，轉而擁抱當下對他們有幫助的毀滅性倫理觀。德軍士兵的確也需要糧食，但吃飽後他們所打的卻是一場已經輸掉的仗。若要餵飽德軍，的確只能從鄉間尋找卡路里的來源，這卻造成毫無意義的龐大餓死人口。陸軍高層與軍官在戰場上執行非法的殘殺政策，他們發現沒有任何藉口能為他們開脫，除了希特勒的說法：人類需要不斷補充卡路里才能生存，但既然斯拉夫人、猶太人、亞洲人、蘇聯各族裔民眾都是較為低等的人類，那犧牲他們也比較無所謂。跟一九三三年的烏共成員一樣，一九四一年的德軍軍官們也執行了一個任人餓死的政策。就這兩個例子而言，剛開始都有許多人反對或有所保留，但他們終究還是成為國家政權的幫凶，藉此也等於接受了雙方領導人的道德觀。在體系為人類帶來大災難之際，他們成為體系的一部分。

在希特勒的魔掌控制整個歐洲時，是德意志國防軍幫他設置並經營最初的集中營體系，營區的死亡人數從數千人增為數萬人，繼而是數十萬人，終究達到數百萬甚至上千萬人。

某些最惡名昭彰的戰俘營位於蘇聯境內的白俄羅斯，到了一九四一年十一月底，每天的死亡人數高達百分之二。在明斯克附近的三五二號大型戰俘營，根據某位倖存者回憶，「跟地獄沒兩樣」，他們被帶刺鐵絲網困在小小的空間裡，幾乎無法動彈。他們就在自己站著的地方大小便。那裡的死亡人數大約為十萬零九千五百。一八五號過渡戰俘營、一二七號過渡戰俘營與三四一號大型戰俘營位於白俄羅斯東部莫吉廖夫市（Mahileu），堆積如山的未下葬死屍就擺在帶刺鐵絲網的外圍。這三個營區的死亡戰俘人數大約為三至四萬。巴布魯伊斯克（Bobruisk）的一三一號過渡戰俘營總部失火，數千戰俘被燒死，另有一千七百名因為想要逃走而遭槍殺。在巴布魯伊斯克的死亡人數至少高達三萬人。在戈梅利（Homel）的二二〇號與一二一號過渡戰俘營，將近半數戰俘只能棲身於廢棄馬廄，但另一半卻連個棲身之處都沒有。一九四一年十二月，這些戰俘營的死亡率持續攀升，從每天兩百升為四百人，接著又變成七百人。在莫洛傑奇諾（Molodechno）的三四二號過渡戰俘營，情況更是慘無人道，戰俘甚至數度聯名請願，要求被槍斃。[47]

在烏克蘭的德軍占領區，戰俘營的情況也類似。在基洛夫格勒（Kirovohrad）的三〇六號大型戰俘營，德軍守衛向軍方報告：不少戰俘在遭槍斃後還被自己的同袍們吃掉，有時人還沒死透。羅莎莉雅・沃可夫卡雅（Rosalia Volkovskaia）曾被關押在古城弗拉基米爾－沃倫斯基（Volodymyr Volynskyi）的女性戰俘營，她目睹了當地三六五號大型戰俘營裡男性同袍們的遭遇：「我們女戰俘可以從上面看到許多戰俘都在吃屍體。」在克勒曼楚（Kremenchuk）的三四六號大型戰俘營，戰俘們每天最多只有兩百克麵包可以吃，每天早上屍體都會被丟進坑裡。跟一九三三年烏克蘭的情況一樣，有時候活人會跟死人一起遭埋葬。至少有兩萬人在那個營地遇難。位於史達林諾（如今已改名為頓內次克）市中心的一六二號過渡戰俘營，同一時間至少會有一萬個戰俘被圈禁在帶刺鐵絲網後面的擁擠營區裡。空間太小，所有人只能站著。只有垂死者才會躺下，因為一躺下就會被踏來踏去。大約有兩萬五千人死去，每次有人死去就會換一批人進來。烏克蘭西南部小城霍羅爾（Khorol）有個一六〇號過渡戰俘營，是營區規模較大的。儘管那是個廢棄的磚廠，但德軍卻不准戰俘們進室內棲身。如果遇到下雨或下雪，有人想逃進室內，就會遭槍斃。營區指揮官喜歡看戰俘爭搶食物的場面。他會騎馬闖進人群，把人撞死。包括這個營區，基輔附近所有戰俘營的死亡人數可能有三萬人。[48]

也有不少蘇聯戰俘被送往總督府所屬波蘭占領區的幾十個營區關押（入侵蘇聯後，總督府領地又往東南擴張了）。一九四一到四二年之間的冬季期間，根據波蘭反抗軍提出的報告，蘇聯戰俘的死亡人數多到令人膽戰心驚。光是**在十天內**，就有大約四萬五千六百九十個戰俘死於總督府領地的戰俘營裡。在登布林（Dęblin）的三〇七號大型戰俘營，整個戰爭期間的蘇聯戰俘死亡人數大約為八萬。在海烏姆市的三一九號大型戰俘營，約有六萬人遇難；在謝德爾采（Siedlce）的三六六號大型戰俘營，五萬五千人；在札莫希奇（Zamość）的三二五號大型戰俘營，兩萬八千人；在謝德爾采的三一六號大型戰俘營，兩萬三千人。總計在位於總督府領地的蘇聯戰俘營裡，大約有五十萬人死去。到一九四一年年底前，在德國占領的波蘭境內，遇難人數最多的族群既非當地波蘭人，也不是當地猶太人，而是遭俘擄後被運送到西邊波蘭占領區的蘇聯戰俘，德國人任由他們在營區裡凍死、餓死。儘管不久前蘇聯才入侵過波蘭，但波蘭農民遇到快餓死的蘇聯戰俘，還是會給他們食物。為了報復，德軍射殺了不少帶著牛奶罐的波蘭農婦，甚至有許多波蘭農村被摧毀。[49]

就算這些蘇聯戰俘全都很健康，也能吃飽，一九四一到四二年之間的死亡率還是會很高。許多德國人以為斯拉夫人生來就不怕冷，但其實不然。德軍沒有冬衣與裝備，但某些蘇聯士兵有，那他們的就會被奪走。這些戰俘往往沒有棲身之所與溫暖衣物，忍受著遠低於冰點的低溫。因為營地常位於曠野裡，所以沒有樹林或小丘抵擋無情的冬天寒風。戰俘會徒手把堅硬的土地挖成簡單的壕溝，睡在裡面。在戈梅利，有三個同單位的士兵想到辦法，睡覺時可以緊緊依偎在一起保暖。因為中間的位置最好，可以藉由另外兩人的體溫取暖，他們就輪流睡在中間。他們三人至少有一個最後得以倖存，把這個故事說出來。[50]

蘇聯戰俘裡面，有數十萬人是在八年內第二度於烏克蘭遇到國家政權為了政治目的而故意要把他們餓死。數以萬計來自烏克蘭的蘇聯士兵第二度餓到肚腹腫脹，或是第二度目睹人吃人的慘況。無庸置疑的是，不少第一次大饑荒的倖存者在這第二次饑荒中沒能再度逃過一劫。能夠設法兩度浩劫餘生的烏克蘭人不多，伊凡．舒林斯基（Ivan Shulinskyi）是其中之一。他父親是個遭到驅逐流放的富農，回想起一九三三年的大饑荒時，他告訴大家自己來自於那一片「饑荒的大地」。遭德軍擄獲後，他會唱這首烏克蘭傳統歌謠來幫自己打氣：

如果我有翅膀
我會高飛

飛到雲端
沒有痛苦，不受處罰[51]

無論是在一九三三年蘇聯政府刻意製造的大饑荒期間，或是一九四一年德軍實施大饑荒計畫時，許多烏克蘭當地人都盡力幫助垂死的人。有些女性偽稱男性戰俘是自己的親戚，設法把他們弄出戰俘營。比較年輕的女性會跟那些在營區外做苦工的戰俘結婚。德軍有時候默許這種情況，因為這意味著在德軍占領的地區裡面會有人幫他們生產糧食。克勒曼楚市的糧食似乎並非極度缺乏，所以一些戰俘早上會帶著空袋子出營工作，接受好心路人送的食物，晚上回營時袋子裡的收穫滿滿。一九四一年穀物豐收，所以願意幫忙的人特別多。戰俘無論是在前往行刑地點途中，或在營區裡，都有當地女性會試著給他們食物——而且根據資料看來，幾乎清一色都是女性。通常這些伸出援手的女性都會被衛兵開槍逼退，有時甚至遭槍殺。[52]

從德軍東征後管理這些戰俘營的情況看來，印證了納粹德國對於其他民族的人命不屑一顧，所以我們不難想像為何會有數量如此龐大的斯拉夫人、亞洲人與猶太人被活活餓死。整個戰爭期間，德軍轄下戰俘營裡紅軍士兵的死亡率竟然高達百分之五十七點五。巴巴羅薩行動後的頭八個月裡，死亡率一定更高於這個數字。相較之下，德軍轄下戰俘營裡西方盟軍的戰俘死亡率卻不到百分之五。一九四一年秋季，**任何一天裡**蘇聯戰俘的死亡人數，都能抵得上整個二戰期間英軍、美軍戰俘的所有死亡人數。[53]

納粹想將蘇聯人民都餓死，想將蘇共政府一舉擊垮，但兩者都不能如其所願。不過這兩者德國的確都嘗試過。透過「閃電戰」獲勝的這個構想，有一部分就是讓德意志國防軍迅速橫掃蘇聯的廣袤領土，讓士兵與尾隨其後的特別行動隊大規模殘殺蘇聯的政治菁英與紅軍軍官。一九四一年五月十九日，官方發布一份名為〈駐蘇部隊行為準則〉的文件，要求務必「掃蕩」四大族群：政宣人員、游擊隊員、滋事者、猶太人。六月六日，〈對蘇聯政委的處理準則〉則是明確指出，只要是捕獲敵軍的政戰軍官，一律格殺勿論。[54]

事實上，蘇聯當地的菁英早都往東逃離戰火，而且這些菁英的重要性越高，就越有可能獲得撤離當地的安排，或者是有辦法安排自己逃亡。蘇聯的國土實在是廣袤龐大，希特勒又沒有安排盟友守在東邊等著那些人自投羅網。儘管德國政府的政策是大規模屠殺蘇聯領導階層，但只有在德軍真正占領的地區才能辦到，包括烏克蘭、白俄羅斯、波羅的海三國，還有面積極為有限的一部分俄羅斯地區。這些德軍占領區對於整個蘇聯來講，占比並不高，而且會被德軍抓到的人，對於蘇維埃體制來講也並非不可或缺。德軍的確槍斃了不少人，但只對蘇聯政府造成最小程度的傷害。德意志國防軍所屬各部隊似乎都能對蘇聯政委格殺勿論，沒有窒礙難行之處，據百分之八十的部隊回報，他們都殺了當地部隊政委。德軍檔案庫裡有陸軍槍斃了兩千兩百五十二位這一類人員的紀錄，但實際上的數字應該更多。[55]

槍斃平民主要是特別行動隊的任務，而這就是他們在一九三九年於波蘭執行過的。跟當年在波蘭一樣，特別行動隊肩負的任務也是除掉某些政治菁英，希望能藉此讓蘇聯政府垮臺。總計有四個特別行動隊尾隨德意志國防軍進入蘇聯：A隊跟著北方集團軍進入波羅的海地區，揮軍列寧格勒；B隊跟著中央集團軍，橫掃白俄羅斯，向莫斯科挺進；C隊跟著南方集團軍進入烏克蘭；D隊跟著陸軍第十一軍團進入烏克蘭最南端。希姆萊的親信海德里希對特別行動隊下達幾道相關的口頭命令之後，還在一九四一年七月二日發出的一封電文中清楚指出，該隊的任務就是負責殺掉所有共黨人員、黨政組織中的猶太人，還有其他「危險分子」。已經遭到關押的蘇聯人，不但最容易成為大饑荒計畫的執行對象，特別行動隊在尋找政治上的危險分子時，也是首先找上他們。到了七月中，軍方已下令要大規模槍斃大型戰俘營與過渡戰俘營裡的戰俘。一九四一年九月八日，特別行動隊轄下的各個特遣隊接獲命令，要他們「篩選」戰俘，處決政府官員與共黨人員、各黨政機關政委、知識分子與猶太人。到了十月，陸軍高層下令，任何特遣隊人員與安全警察都能前往各個戰俘營執行任務。56

但對於蘇聯戰俘進行的篩選工作，特遣隊並沒有能力做到很仔細。蘇聯人一旦被俘，特遣隊立刻在戰俘營的圍欄裡對他們進行偵訊。特遣隊人員會先要求政委、共黨人員與猶太人先站出來。接著就把人帶走，槍斃後丟進亂葬坑裡。隊上的口譯人員很少，而根據這些人員的回憶，當年的篩選過程大多很隨便。德軍不大了解紅軍軍階與相應的臂章，剛開始甚至把號兵誤認為政戰軍官。他們只知道軍官不像一般被徵召入伍的士兵那樣有髮禁，可以把頭髮留得比較長，但光憑這一點去判斷其實並不可靠，因為已經很久沒有理髮師幫他們理髮了。這時能夠很輕易辨別出來的，只有猶太男性：德國守衛檢查戰俘們的包皮，只要接受過割禮的就是。偶爾有猶太人宣稱自己是接受過割禮的穆斯林，但更常見的是有些割了包皮的穆斯林被當成猶太人槍斃。德國醫生們似乎都自願配合進行檢查，由此看來，當年德國的醫學已是一個高度納粹化的行業。某個在霍羅爾的戰俘營服務的醫生回憶道：「在那個年代，每位官兵都覺得所有猶太人理所當然都必須被槍殺。」經過一番篩選後，至少有五萬蘇聯猶太人遭槍斃，另外大概五萬個非猶太人枉死。[57]

以死亡率而論，位於東線戰場上的戰俘營遠遠高於德國本土的集中營。事實上，一旦有戰俘入住後，那些既存集中營的性質也開始轉變。對蘇聯發動戰爭後，親衛隊開始把達豪、布亨瓦德、薩克森豪森、毛特豪森（Mauthausen）與奧斯威辛的集中營當成刑場，用來槍決蘇聯戰俘。奧斯威辛有大約八千蘇聯戰俘遭處決，毛特豪森有一萬，薩克森豪森有一萬八。一九四一年十一月，親衛隊用來殘殺大批蘇聯戰俘的手法像極了蘇聯政府在大清洗時代的行刑方式，只不過德國人的手腕把受害者騙得更慘，更為老練。他們將戰俘帶往馬廄裡的一個房間，四周吵吵鬧鬧。戰俘發現自己似乎置身於一個體檢室，身邊都是身穿白袍的人，但其實那些都是偽裝成醫生的親衛隊人員。他們會叫戰俘在某個地方靠牆站好，好像要幫他量身高。那一道牆上有一條橫向的切口，高度剛好與戰俘的脖子相當。在隔壁房裡有另一個拿著手槍的親衛隊人員。他從切口看到那位戰俘的頸部就了定位，便馬上開槍。接著他們把屍體丟進另一個房間，迅速清理「體檢室」之後，又將另一位戰俘叫進去。大概累積了三十五到四十具屍體，就會用卡車載走，而納粹比蘇聯在科技上技高一籌之處，是直接把車開往焚化爐。[58]

根據保守估計，德國人槍殺了五十萬個蘇聯戰俘。另外，故意讓他們挨餓或在運送途中不好好照顧他們，也讓兩百六十萬個蘇聯戰俘死去。遇害的蘇聯戰俘總計也許有三百一十萬之多。但這樣的暴行並未讓蘇聯政權瓦解，只是讓蘇聯人更加同仇敵愾而已。刻意殘殺政委、共黨人員與猶太人，也沒有意義。反正他們都已經是階下囚，殺掉他們並不會弱化蘇聯政權。事實上，讓戰俘餓死與殘殺特定人士的政策只是更加強化了紅軍的抵抗意志。要是士兵們知道淪為德軍戰俘後就會在飢餓中痛苦死去，那肯定只會更賣命打仗。要是共黨人員、猶太人與政委們知道他們會被槍殺，那他們就更加沒有理由投降。當德國的政策在蘇聯境內廣為人知以後，民眾開始覺得蘇聯政權也許是比納粹政府好一點的選擇。[59]

戰事進行到一九四一年十一月，前線德國士兵的傷亡人數越來越多，因此必須在德國本土徵兵，補充兵源。既然德國男性紛紛上了戰場，希特勒與戈林也開始意識到，必須利用戰俘來補充德國國內損失的勞動力。十一月七日，戈林下令戰俘營篩選身強體健的戰俘。到了戰爭結束之際，納粹政府把超過一百萬個蘇聯戰俘帶到德國去工作。但先前虐待戰俘，讓他們挨餓，帶來的負面效果並不容易克服。如同某位同情戰俘的德國人表示，「戰俘人數多達幾百萬，但能夠工作的只有區區幾千人。令人難以置信的是，有龐大數量的戰俘死去，罹患斑疹傷寒，其餘的則是瘦弱體虛，根本無法工作」。被遣送到德國的戰俘大約有四十萬死去。[60]

——

若以納粹德國原先擬定的計畫觀之，入侵蘇聯可說是徹底失敗。巴巴羅薩行動本該以「閃電戰」帶來全面勝利，但到了一九四一年晚秋，仍無勝利在望之感。入侵蘇聯本該可以解決所有經濟問題，但也沒有。到頭來，占領其他地方卻為納粹德國帶來更大經濟利益，比利時就是個例子。蘇聯人口本該遭到清除，結果蘇聯給予德國的最大經濟幫助，卻是勞動力。納粹原本寄望著征服蘇聯就能獲得廣袤的領土，藉此為所謂的猶太人問題執行「最終解決方案」。本來猶太人應該被送往蘇聯，做工做到死，或是將他們送往烏拉山區以東，抑或遣送流放到古拉格。蘇聯軍民在一九四一年夏天抵死保家衛國，這導致另一個最終解決方案又成為泡影。[61]

到了一九四一年底，納粹高層已經考慮過四個完全不同的最終解決方案，但最後都被迫放棄了。把波蘭東部盧布林市當成猶太人保留地的計畫於一九三九年十一月失敗了，因為總督府領地太接近德國而且過於複雜。將猶太人送往蘇聯的計畫則是於一九四〇年二月告吹，因為史達林對猶太移民計畫不感興趣。一九四〇年八月，把猶太人運往馬達加斯加島的計畫也告終，因為入侵波蘭後英國對德宣戰，封鎖了船運航道。藉由入侵蘇聯來解決猶太人問題的計畫也在一九四一年十一月畫下句點，因為德軍沒能摧毀蘇聯政權。入侵蘇聯不但沒讓納粹德國的猶太人「問題」獲得「解決」，反而更加惡化。德國轄下的東方占領區這時等於是全世界猶太人口最多的地方。自古以來，波蘭、波羅的海地區、蘇聯西部本來就是歐洲猶太人的大本營，如今三處都成為德國占領的地區。德國統治的猶太人這時已經高達五百萬人。到了一九四一年，納粹德國成為史上第一個統治那麼多猶太人的國家，能與其相提並論的只有早已不復存在的俄羅斯帝國。[62]

位於東方的戰俘營釋放了某些蘇聯戰俘，但他們隨後的人生際遇也預示了接下來數百萬猶太人即將面臨的悲慘命運。一九四一年九月初，奧斯威辛數以百計的蘇聯戰俘被一種叫做齊克隆B（Zyklon B，成分為氰化氫）的殺蟲劑毒死，而這種毒氣先前也曾在同一營區被用來毒死波蘭戰俘。接下來，還會有大約一百萬猶太人在奧斯威辛遭齊克隆B毒死。大約在此同時，關押在薩克森豪森的其他蘇聯戰俘則是被用來試驗一輛毒氣車（gas van）。將車輛排放的廢氣導入車內，被關在車裡的人隨即因為吸入過多一氧化碳而死去。同一年秋天，納粹德國用毒氣車在白俄羅斯、烏克蘭的德軍占領區內殺害猶太人。到了一九四一年十二月，被併入德國的波蘭海烏姆諾市也開始出現一輛毒氣車，許多波蘭猶太人在車裡因吸入過多一氧化碳而死去。[63]

從那些擔驚受怕、快要餓死的戰俘裡面，納粹德國至少招募了一百萬人加入陸軍與警察的工作。剛開始的構想是，一旦蘇聯政府垮臺後，這些人就可以幫德國控制剛剛取得的蘇聯領土。結果蘇聯政府沒垮臺，隨著戰事的進行，希特勒與他的黨羽們就把這些蘇聯公民變成他們在占領區裡面的大屠殺共犯。許多原本遭囚禁的戰俘獲釋後，拿起鏟子，奉命挖起溝壑，而德國人就在那溝壑邊槍斃猶太人。其他人則是加入警隊，負責追捕猶太人。某些戰俘被送往一個位於特拉夫尼基（Trawniki）的訓練營，在那裡受訓後成為警衛。這些蘇聯公民都是老兵，受訓後為納粹德國效力，到了一九四二年會被派往三個處決猶太人的營區工作，分別位於波蘭占領區的特雷布林卡、索比堡、貝烏熱茨，在這三處遇害的波蘭猶太人高達一百多萬人。[64]

原本要摧毀蘇聯的戰爭就此轉向，目標變成猶太大屠殺。在這過程中，某些躲過德國殘殺政策的倖存者，就此變成了另一次殺戮行動的共犯。

第六章

CHAPTER 6

最終解決方案

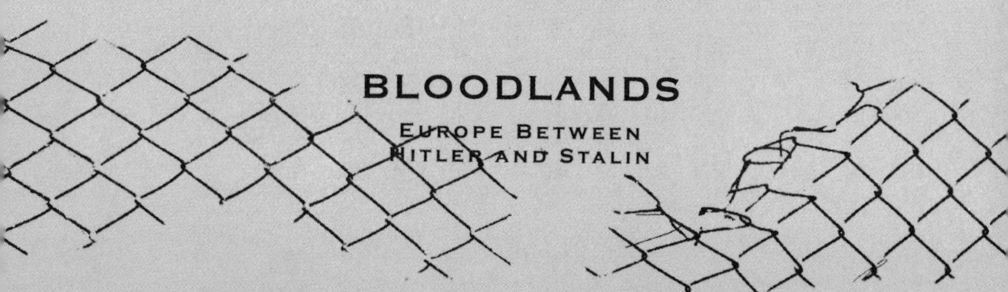

與蘇聯開戰後，希特勒的如意算盤馬上就化為泡影，但他的計畫並未遭到放棄，而是改弦易轍。他身為帝國「元首」的地位不可動搖，所以他的任何一位親信若想保住職位，就必須有能力揣摩上意，實現他的意志。要是遇到阻力，就像一九四一年下半年在東線戰場那樣，戈林、希姆萊、海德里希之流的人物就必須重塑希特勒的概念，以確保他的天縱英明不會受到挑戰，同時也確保他們自己在納粹的權力結構中仍有一席之地。一九四一年，納粹打的如意算盤有四大目標：一、以閃電戰在最多十二週內擊垮蘇聯。二、用大饑荒計畫在幾個月內刻意餓死三千萬人。三、戰勝蘇聯後，以某個最終解決方案讓猶太人徹底從歐洲消失。四、實現東方總計畫，把蘇聯西部國土納為德國殖民地。巴巴羅薩行動展開的六個月後，希特勒調整了戰爭的目標，徹底清除猶太人便成了當務之急。為了實現這個願望，他的親信們這時便開始採取各種必要的行政舉措，進行相應的思想工作。[1]

閃電戰並未帶來勝利。儘管數千萬蘇聯民眾挨餓，餓死者不在少數，但事實證明大饑荒計畫只是緣木求魚。無論是東方總計畫，或是各種在戰後要實施的殖民計畫，都必須再等等。隨著種種如意算盤漸漸幻滅，納粹政權的存續，就取決於是否能從原有的如意算盤中找出可以做到的部分。隨著計畫的苟延殘喘，戈林、希姆萊、海德里希都宣稱自己能有所作為，但原先負責督導德國經濟與大饑荒計畫的戈林卻是處境最為艱困。戈林本來號稱「第三帝國的二把手」，被視為希特勒的接班人，儘管在德國國內仍是威名赫赫，但在東方占領區扮演的角色卻日趨弱化。這時，納粹經濟政策的重點與其說是為了在戰後實現某種鴻圖大業，不如說是要想辦法隨機應變，以便讓戰爭能持續下去。戈林喪失了經濟政策的主導地位，取而代之的是納粹建築師亞伯特·史佩爾（Albert Speer）。海德里希與希姆萊的處境與戈林不同，他們能夠把戰場失利的局勢轉化為自己的優勢，做法是重塑最終解決方案，讓納粹能在這個已經失控的戰爭中按照原先的預期，把猶太人處理掉。他們深知這場戰爭已經變成希特勒於一九四一年八月所說的，「一場反猶太人的戰爭」。[2]

希姆萊與海德里希都以消滅猶太人為己任。一九四一年七月三十一日，海德里希獲得戈林的正式授權，負責規劃最終解決方案。這時，海德里希的計畫仍是要讓猶太人都變成奴工，做工做到力竭而亡，所以為了配合這計畫，必須先將猶太人驅逐流放到德軍占領的蘇聯西部地區。到了這年十一月，海德里希試圖安排納粹高層在柏林郊區的萬湖（Wannsee）集會，討論最終解決方案之內容，他心裡盤算的還是原來的計畫。先將沒有工作能力的猶太人處理掉，能做體力活的則是送往蘇聯西部的德軍占領區某處進行強迫勞動，直到死去。儘管執行此一計畫的時機不是特別恰當，但海德里希的計畫所代表的是德國政府內部的高度共識。甫於一九四一年九月成立、負責統治占領區的非軍方部門「東方領土事務部」（Ministry for the East）就認為，猶太人是理所當然必須加以清除的。該部部長阿佛烈·羅森堡（Alfred Rosenberg）曾於十一月提及要讓「猶太人在歐洲滅種」。具體措施是把猶太人都驅逐到歐洲東側邊界烏拉山以東。但海德里希的立場到了這個月卻開始鬆動起來，理由是德國並未摧毀蘇聯，史達林仍控制著該國的絕大部分領土，所以他不確定是否仍要驅逐所有猶太人，讓他們都變成奴工。[3]

就在海德里希於柏林安排會議與構思最終解決方案之際，最有能力從希特勒原先理想計畫中找出可行之處與精華要素的，非希姆萊莫屬。從大饑荒計畫中，他擷取了「多餘人口」與「無用的食物消耗者」兩大元素，隨後更會主張完全不用提供食物給猶太人。儘管透過閃電戰獲勝的目標未能達成，希姆萊計畫徵調尾隨部隊行動的四大特別行動隊，調整其任務。這四個大隊原本的任務是殺戮蘇聯的菁英階層，藉此促成蘇聯的瓦解。特別行動隊原有的任務並非殺掉所有猶太人，侵略戰爭開打之際也並未獲得此一指令，更何況他們的人數太少，力有未逮。不過這個部隊曾於波蘭有過殘殺平民的經驗，有辦法在當地找人幫忙，做事時也絕不手軟。希姆萊從東方總計畫中擷取了秩序警察的編制，並利用當地數以千計的通敵者，他們原本的功能是協助德國掌控位於蘇聯的占領區。計畫改變後，這些單位就提供了現成的人力，讓德國可以從一九四一年八月起進行大規模槍決猶太人的行動。到一九四一年年底前，在德意志國防軍與憲兵的支援之下，這些單位於莫洛托夫－里賓特洛甫線以東的蘇聯地區殘殺了大約一百萬猶太人。[4]

希姆萊的成功之處在於，即便希特勒的意志遭遇外在世界抵死不從的抗爭，但善於揣摩上意的他就是有辦法清楚掌握納粹原有如意算盤的極端之處。希姆萊把原有的最終解決方案升級，推到極端，讓方案實施時程從原本的戰後改為戰時，而且在前四個驅逐流放猶太人的計畫都失敗後，他指出了一個可行新方向：大規模槍斃猶太平民。儘管閃電戰並未帶來勝利，大饑荒計畫也失敗了，但卻幾乎無損於他的威望，因為該負責任的是德意志國防軍與政府的經濟相關部門。即便他已經找出了可行的最終解決方案，他仍然不忘繼續勾勒納粹的東方總計畫美夢，主張終將在東方建立希特勒所謂的「伊甸淨土」。他持續命令屬下修改計畫，以總督府轄下盧布林市一帶為實驗對象，進行大規模驅離流放行動，伺機敦促希特勒把各個城市夷為平地。[5]

一九四一年夏季至秋季期間，希姆萊都在努力構思這項計畫：把莫洛托夫－里賓特洛甫線以東，居住在波蘭東部占領區與波羅的海三國的猶太人全都殺掉。他無視計畫中不可行的部分，只在乎計畫能成就的無上光榮，以及如何盡快執行。在德國的實力遭到蘇聯挑戰的那幾個月，由於深諳如何實踐納粹的信條，希姆萊與其麾下親衛隊的權力終將更上層樓，足以超越蘇聯占領區的所有軍方與非軍方單位，影響力甚至擴及整個第三帝國。如同希姆萊所說：「東方已是親衛隊的天下。」[6]

——

不久前，德國以東的這一片大地仍是由蘇聯內務人民委員部管轄。而希姆萊能成功的祕訣之一，就是他接收了蘇聯政權才剛剛在這個地區完成的相關布建。

巴巴羅薩行動展開後，德軍攻占的那些土地是在兩年內第二度遭到外國勢力占領。那些土地原屬波蘭東部、立陶宛、拉脫維亞與愛沙尼亞，原本是根據《德蘇疆界與友好協約》，在一九三九年九月劃歸蘇聯所屬的區域，但到了一九四一年夏天，又成為德軍首先攻占的土地。這些區域在德軍抵達之際已被併入蘇聯領土。換言之，巴巴羅薩行動的德軍部隊必須先經過幾個曾於一九三九或四〇年還是獨立國家的地區，接著才會進入戰前就屬於蘇聯的區域。與德國結盟的羅馬尼亞部隊，則是負責奪回該國於一九四〇年遭蘇聯搶走的國土。[7]

這種遭蘇聯與德國先後占領的經驗，讓這些地方的居民面臨更複雜危險的處境。光是遭到占領一次，都有可能讓任何社會在隨後數十年間變得支離破碎，而這種兩度遭占領的經驗，只會讓社會變得更為痛苦與分化。莫洛托夫—里賓特洛甫線以西的人民絕對無從體會這種情況所帶來的風險與誘惑。某個外國統治勢力的離開，只是意味著另一股勢力的到來。當外國部隊撤離時，人們無暇享受平靜生活，而是得要設法適應下一個統治者的新政策。如果效忠前一個統治者，那等到下一個來臨之際，就得擔心是否會被清算；在面臨統治者即將換人之際，也得要設法做出各種選擇。對於不同的族群來講，這種改朝換代的情況也可能會有不同意義。例如，蘇聯於一九四一年離開後，立陶宛的非猶太人可能會覺得德軍解放了他們，但猶太人的看法可就不會那麼樂觀。

在德軍於一九四一年六月底開抵立陶宛之際，該國其實已經歷經了兩次重大轉變。一九三九年八月，還是個獨立國家的立陶宛看來將受惠於新簽訂的《莫洛托夫—里賓特洛甫條約》。但到了九月，《德蘇疆界與友好協約》卻將立陶宛劃歸蘇聯，只是該國無從得知這項祕密協議。這時立陶宛政府高層只看到表面：自一次大戰以降始終與立陶宛為敵的波蘭因為納粹德國與蘇合作而再次亡國。如第四章所述，兩國恩怨源於維爾紐斯市，該市在一九三九年時雖是波蘭屬地，但立陶宛仍將其奉為名義上的首都。立陶宛在一九三九年九月時未發一兵一卒，但卻取得了部分波蘭領土：該年十月，蘇聯將維爾紐斯市與部分鄰近區域送給立陶宛（土地面積兩千七百五十平方英里，人口四十五萬七千五百）。蘇聯利用維爾紐斯市與部分前波蘭領土，換取紅軍駐紮立陶宛的權利。[8]

拜史達林之賜，立陶宛的國土面積有所成長，但蘇聯其實是黃鼠狼給雞拜年，半年後就征服了立陶宛。一九四〇年六月，史達林取得立陶宛與波羅的海地區另兩國（拉脫維亞與愛沙尼亞）的掌控權，隨即將三者都併入蘇聯。接著，蘇聯將大約兩萬一千人逐出立陶宛，許多人都是該國菁英，包括前總理與外交部長都被迫出亡。為了避免遭遣送到古拉格，某些立陶宛的政治與軍事領袖逃往德國。這些人大多先前就與柏林當局有點關係，而且他們全都因為蘇聯入侵而受苦受難。德國政府支持立陶宛海外流亡人士中的右翼民族主義者，讓其中一部分接受訓練，參與入侵蘇聯的行動。[9]

因此，到了德軍於一九四一年六月入侵蘇聯之際，立陶宛的地位可說是獨一無二。先前，立陶宛曾經因為《莫洛托夫—里賓特洛甫條約》的簽訂而受惠，但後來還是遭紅軍征服，這時又換成德軍來占領。蘇聯占領期間以慘無人道的方式統治，所以許多立陶宛人都歡迎

德軍的到來，甚至包括一部分猶太裔民眾。一九四一年六月時，立陶宛的猶太人口有二十萬，與德國的猶太人口相當。不少立陶宛的民族主義者流亡海外，德國人從中精挑細選，帶其重返祖國。這時選擇與德國合流的立陶宛人不在少數，他們願意相信猶太人必須為蘇聯的倒行逆施負責——至少他們必須假裝相信這個論調。就在這個月稍早，不少立陶宛人遭蘇聯政府驅逐流放，而且就在德軍入侵的幾天前，內務人民委員部的人員都還在各地監獄槍決立陶宛人。跟著德軍返國的立陶宛外交官凱西斯・斯基爾帕（Kazys Škirpa）就充分利用同胞的苦難，多次透過廣播談話來鼓動暴民殺害猶太人。在七月初的歷次血腥屠殺中，遇害的猶太人大約有兩千五百人之多。[10]

那些民族主義者都受過德國的訓練，再加上當地人提供奧援，德國人得以在立陶宛大開殺戒。編號A的特別行動隊先前就跟著北方集團軍來到立陶宛，儘管他們原來接獲的指導方針是只要殺掉具有某些特定身分的猶太人，但這A隊的隊員與該隊所招募到的通敵者卻很快就將此一方針擴大解釋。A隊轄下的第三特遣隊負責在立陶宛大城考納斯執行任務，招募到的幫手令其在人力方面不虞匱乏。第三特遣隊原本只有一百三十九人，其中還包括四十四位祕書與司機。結果在接下來的數個禮拜到數個月的時間裡，有許多立陶宛人陪著德國人到考納斯市各處大肆殘殺猶太人。到了七月四日，已開始有一些立陶宛的行刑隊選擇自己動手，過程中接受德國人的監督與命令。十二月一日，A隊轄下的第二特遣隊就回報已徹底解決立陶宛的猶太人問題。據該隊報告指出，遭處決者總計十三萬三千三百四十六人，其中猶太人人數大約為十一萬四千八百五十六。儘管斯基爾帕期盼這些行動有助於確保立陶宛人的政治地位，但終究未能得償所願。他企圖宣布立陶宛復國未果，下場是遭軟禁於家中。[11]

過去在波蘭仍未遭德、蘇瓜分期間，維爾紐斯市是該國東北部的大都會。後來史達林將該城贈送給立陶宛，作為其短暫的新首都，直到立陶宛遭併入蘇聯仍是如此。維爾紐斯市當然歷經了許多的滄海桑田，但過去五百年來這座城市其實始終保持著另一個身分：它是猶太文明的中心，向來有「北邊的耶路撒冷」之稱。德國發動入侵戰爭時，城裡大約有七萬猶太居民。特別行動隊A隊負責執行任務的地區是波羅的海三國的所有領土，唯獨維爾紐斯以及白俄羅斯落入B隊手中，而受命殘殺維爾紐斯城猶太居民的則是該隊的第九特遣隊。大批猶太人在該城西南方郊區的波納里森林（Ponary Forest）遭到槍決。到了一九四一年七月二十三日，B隊已經召集到足夠的立陶宛人，組成了一支援助隊伍，負責把一批批猶太人帶往波納里森林。他們把猶太人押到亂葬坑旁邊，每次十二到二十個，令其交出貴重物品與衣物，若有金牙則是硬生生拔下。在波納里森林遭槍殺的，是大概七萬兩千位來自維爾紐斯與其他地方的猶太人，還有約略八千個非猶太裔波蘭人與立陶宛人。[12]

倖存的維爾紐斯猶太人不多，伊妲·史特拉茲（Ita Straż）是其中之一。她被立陶宛警察拉到某個裡面已經堆滿屍體的亂葬坑旁。當時芳齡十九的她心想：「這下我死定了，但我還沒看夠這世界啊。」她並未遭擊中，但卻因為害怕而跌入坑裡，被緊接著往下掉的屍體掩蓋起來。有人走到屍堆上方，往下補開了好幾槍，以免留下活口。儘管一隻手遭子彈擊中，但她忍著沒有出聲，後來才偷偷爬開。她說：「我打著赤腳，走過一堆又一堆屍體，屍堆似乎沒有盡頭。」[13]

鄰國拉脫維亞在德軍入侵之際，也是在一年前才剛遭併入蘇聯。蘇聯政府將大約兩萬一千位拉脫維亞公民於以驅逐流放（其中有許多是猶太裔），接著才幾週後德軍就來了。就在德意志國防軍兵臨首都里加之際，內務人民委員部的人員還在忙著槍決拉脫維亞囚犯。在拉脫維亞，最主要的通敵者是一位名為維克多．阿拉斯（Viktor Arajs）的民族主義分子（其母為德國裔），因為他剛好認識德國警方帶來里加的那一位譯者。他獲准成立所謂的「阿拉斯特遣隊」，在一九四一年七月初將猶太人關在某個猶太會堂里活活燒死。在幫助德國人大規模屠殺猶太人之際，阿拉斯特遣隊精心挑選的拉脫維亞槍手都是來自於曾經慘遭蘇聯毒手的家庭。這年七月，在特別行動隊A隊幾位指揮官的監督之下，阿拉斯特遣隊將大批里加的猶太人押往市郊的比克涅基森林（Bikernieki Forest）槍決。德國人先示範槍決的手法，其餘工作就大多交給阿拉斯特遣隊完成。在這些拉脫維亞人的協助之下，到了一九四一年年底，該國全部不過八萬的猶太人口已遭德國殘殺了至少六萬九千七百五十人。[14]

另一個波羅的海國家愛沙尼亞在遭蘇聯占領後，蒙受羞辱的程度可說是一點也不亞於立陶宛與拉脫維亞。跟另外兩國的情況有所不同之處在於，愛沙尼亞首都塔林的執政當局在一九四〇年對於蘇聯根本就是不戰而降。愛沙尼亞比另外兩國更早屈服於蘇聯的淫威，因此也讓波羅的海三國無法結為同盟來對抗蘇聯。大約有一萬一千兩百名愛沙尼亞人遭蘇聯驅逐流放，其中大多是政治領袖。來到愛沙尼亞後，特別行動隊A隊一樣也找到充足的當地人願意通敵。原先潛伏在森林裡抵抗蘇聯的愛沙尼亞人這時加入了一支自衛特遣隊，聽從德國人的指導。這特遣隊的成員裡也不乏先前與蘇聯合作的通敵者，他們想要藉此洗白自己過去的汙名。

愛沙尼亞人把德軍的入侵視為愛沙尼亞的解放，而德國人對此的回報是，不只把愛沙尼亞人當成優於猶太人的人種，甚至也優於波羅的海另外兩國的人民。這國家的猶太人口本來就不多，所以自衛特遣隊只找到九百六十三個猶太人，在德國人的授意之下將其全部槍決。儘管沒有太多猶太人口，但遭到謀害與屠殺的愛沙尼亞人仍不在少數：大約有五千個非猶太裔愛沙尼亞人遇害，只因為他們是表面上與蘇聯政權合作的通敵者。[15]

在莫洛托夫—里賓特洛甫線以東，蘇聯將過去曾是波蘭東部的地區打造成蘇維埃社會，而德國人一直到發動這次侵略戰爭、開始拓展殖民帝國的領土之際，才算是真正見識了那種社會景象。這種蘇維埃化的跡象，在波蘭東部又比在波羅的海更為顯著。巴巴羅薩行動的一年以前，愛沙尼亞、拉脫維亞與立陶宛才剛在一九四〇年六月後陸續遭併入蘇聯；至於波蘭東部則是早在一九三九年九月就遭蘇聯吞併。德國入侵蘇聯轄下的波蘭東部後，發現處處都是社會遭改造過的跡象。除了工業全被收歸國有，私人農場都已改為集體農場，當地的菁英階層幾乎都已遭摧毀殆盡。遭蘇聯政府驅逐流放的波蘭公民超過三十萬人，被槍斃者也多達數萬人。在德軍入侵之際，內務人民委員部於匆促間槍斃了大約九千八百一十七位波蘭囚犯，只因不想讓他們落入德軍之手。一九四一年夏天，德軍來到蘇聯西部，發現許多人陳屍於各地的內務人民委員部監獄裡，都是剛死不久。德軍必須把屍體都清空才能把監獄納為己用。[16]

蘇聯大肆屠殺波蘭人，這讓德國得以趁機進行政治宣傳。納粹的說法是，波蘭人在蘇聯統治底下所遭逢的苦難，帳都應該算在猶太人頭上，而且也有些人信了這套說法。就算沒有德國人鼓吹，兩次大戰之間本來就有許多歐洲人把猶太人跟共產主義掛鉤在一起。戰間期的各國共產黨成員的確有許多人具猶太血統，領導階層的猶太成員更是不在少數，而過去二十年來也常有歐洲各國媒體拿這件事來大做文章。各國右翼政黨也紛紛提出一套魚目混珠的說法：因為許多共產黨員都是猶太人，所以猶太人中有大量人口都是共產黨員。這兩個命題其實相差甚遠，因為就算許多共產黨員都是猶太人，事實上歐洲並沒有哪個地方真有許多猶太人都是共產黨員。甚至在二戰開打前，就已有不少人怪罪猶太人害民族國家無法於歐洲各地普遍建立起來。到了二戰開打後，許多民族國家因為蘇聯或德國的入侵而垮臺，讓大家更有誘因把猶太人當成導致民族國家失敗的代罪羔羊。愛沙尼亞、拉脫維亞、立陶宛與波蘭都是在一戰後建立起來的民族國家，因為德、蘇兩國的入侵，它們不但慘遭滅國，其人民也失去了原有的獨立地位以及地方威信。他們放棄自己的國家與地位，很多時候根本就是束手就縛，未曾抵抗。正因如此，納粹的政治宣傳在兩方面來講對各國人民極為動聽：一來，因為蘇聯共產黨有猶太人在世界各地推動的龐大陰謀撐腰，所以輸給蘇共就不算是奇恥大辱。二來，既然共產主義的惡行惡狀最終必須歸咎於猶太人，那麼這時候就算殺掉一些猶太人也只是討回公道而已。[17]

一九四一年六月的最後一週到七月的頭幾週之間，殘殺虐待猶太人的怒火在各地延燒，範圍北起波羅的海，南至黑海。在立陶宛與拉脫維亞，德國人帶著兩國的民族主義者們返鄉，因此至少暫時得以扮演起解放全國的角色，他們的政治宣傳也就獲得更多迴響，有更多當地人加入迫害猶太人的行列。在過去隸屬於波蘭東部的某些重要地方，像是比亞維斯托克，德國人以自己的部隊進行大屠殺，也藉此樹立起一套「榜樣」。比亞維斯托克位於莫洛托夫—里賓特洛甫線以東不遠處，原本是波蘭東北部大城，遭併入蘇聯後隸屬於白俄羅斯。德意志國防軍在六月二十七日占領這城市後，德國秩序警察三〇九大隊開始洗劫與殺害平民。這些德國警察殺害了大約三百個猶太人，任由死者陳屍城裡各處。接著他們把另外幾百個猶太人趕進一座猶太教堂裡，放火燃燒，企圖逃亡者全都遭到槍斃。接下來的兩星期，比亞維斯托克地區的波蘭居民參與了大約三十次類似的屠殺行動。這時希姆萊也來到比亞維斯托克，下令將猶太人一律視為游擊隊員，格殺勿論。於是，從七月八到十一日之間，秩序警察將一千位猶太男性帶往比亞維斯托克的郊區槍斃。[18]

比亞維斯托克以南，在同樣曾經隸屬於波蘭東部的某些地區，居民以烏克蘭裔為主，德國人則是訴諸於民族主義。德國人把蘇聯殘害烏克蘭人的陳年舊帳都算在猶太人頭上。在克列緬涅茨（Krementets），德軍發現有一百多個囚犯遭蘇聯殺害，接下來他們殺了大概一百三十個猶太人。在盧茨克（Lutsk），有兩千八百個囚犯遭蘇聯以機關槍射殺，於是德國人也殺了兩千個猶太人，並聲稱許多烏克蘭民眾遭猶太共產黨人冤殺，所以才殺猶太人幫他們復仇。在勒維夫（Lviv），德國人發現內務人民委員部的監獄裡有大約兩千五百個囚犯遇害，於是特別行動隊C隊與當地民兵組織共同進行了一次持續數日的反猶屠殺行動。德國人表示，那些遇害的烏克蘭人都是死於蘇聯的猶太祕密警察之手，但事實上那些遇害者裡面有一部分是波蘭裔與猶太裔（而且蘇聯祕密警察大多是俄羅斯與烏克蘭裔，並非猶太人）。另一支特別行動隊的某位人員在日記中留下他親眼所見的景象，事情發生在一九四一年七月五日：「數百個臉上沾滿鮮血的猶太人在街頭狂奔，許多人頭部中彈，甚至連眼睛都掉了出來，掛在臉上。」無論是否有德軍的種種奧援與鼓動，德國入侵後的頭幾天裡，當地的民兵組織就已經大開殺戒，也唆使民眾殺害猶太人，遇害者大約有一萬九千六百五十五位。[19]

這些屠殺行動的起因當然是出於德國的政治宣傳，還有各地居民原本所承受的苦難，但原因不止於此。對猶太人暴力相向，能夠讓當地非猶太人口拉近與德國人的距離。如德國人所願，民眾並未把憤怒發洩到那些與蘇聯合作的通敵者身上，而是找猶太人出氣。對德國的鼓動策略有所回應的人深知，無論自己是否相信猶太人該為他們的苦難負責，總之找猶太人出氣就能取悅他們的新主子。他們透過行動來確認納粹的世界觀正確無誤。許多人枉死在內務人民委員部之手，接著人們卻藉著屠殺猶太人來復仇，那就證明了納粹的理解無誤：蘇聯就是個猶太人主掌的國家。至於那些曾與蘇聯沆瀣一氣的愛沙尼亞、拉脫維亞、烏克蘭、白俄羅斯與波蘭當地人，也能透過對猶太人施暴而僥倖擺脫通敵者的罪名。不是只有來自德國的占領者們希望大家相信只有猶太人曾協助共產黨的暴行，占領地的某些當地人也希望如此。[20]

不過，要是民眾並未親身體驗過蘇聯的暴行，納粹想要他們接受這種想法，肯定會困難許多。猶太人遭到大規模殺害的地方，都是蘇共政府先前派員抵達、權威剛立不久之處：蘇聯的壓迫性國家機器才在先前幾個月內逮捕、槍斃與驅逐流放了許多人。也就是說，這種納粹化其實是蘇、德兩方面合作的結果：在的確存在的蘇聯暴行之上，納粹進行了他們想要的詮釋。[21]

蘇聯在莫洛托夫－里賓特洛甫線以東的種種倒行逆施，對納粹親衛隊與其高層大有好處。在入侵蘇聯以前，希姆萊與海德里希總是認為，生命中無處不存在著不同意識形態之間的衝突，他們也深信，為了要摧毀東方那些在種族與意識形態都與納粹相異的敵人，就必須把傳統歐洲的法治觀念拋諸腦後，代之以無情的暴力手段。德國警察所扮演的角色不再是傳統上的執法者，而是「意識形態的馬前卒」。因此，在對蘇聯開戰前，希姆萊與海德里希就已經把那些他們認為不可靠的警察予以清算革除，鼓勵警察加入親衛隊，並將親衛隊與安全警察（也包括秩序警察與蓋世太保）納入單一的指揮體系下。他們的目標是打造出一支統整的部隊，為即將來臨的種族戰爭進行超前部署。等到德軍入侵蘇聯之際，大約有三分之一德國警官都已加入親衛隊，而具有納粹黨員身分者更是多達三分之二。[22]

德軍的奇襲讓內務人民委員部措手不及，這導致莫洛托夫－里賓特洛甫線以東的地區看來像是個全無法治的地區，有待德國人前來建立新秩序。原本向來謹慎隱密的內務人民委員部因為走得匆忙，遭德軍發現他們殺了許多囚犯。過去在一九三〇到三三，三七到三八年期間，該部曾在蘇聯犯下遠比這次更令人髮指的罪行，但都因為行事神祕又隱晦、而且善於掩飾而無人知曉，這下卻因為德軍入侵而破功。蘇聯未曾遭人以這種方式侵門踏戶，德軍（與其盟軍）的入侵還是史上第一遭，這也讓德國人得以率先把史達林屠殺人民的鐵證公諸於世。這些發生於監獄裡的謀殺案因為是由德國人揭露，所以在納入史冊以前，德國人就先把那些案件拿來進行政治宣傳。即便是事實，一旦用於政治宣傳，就幾乎不可避免會戴上宣傳者本身的濾鏡。

正因為蘇聯的暴行留下了可見的紀錄，即便德國治安部隊的犯罪行為也不在少數，他們還是可以扮演起伸張正義的角色。因為這些德國人都是受過納粹的思想教育後才來到這個先前遭蘇聯占領的地區，眼前所見到的一切讓他們特別有感。在受到訓練後，他們對於將會見識到的一切已有心理準備，而親眼目睹後似乎也印證了先前的想法：蘇聯的罪行簡直罄竹難書，而且都是由猶太人為了自己的利益而犯下。由於蘇聯的作為令人髮指，這讓德國的親衛隊、警察與士兵更有充分理由去接受他們即將負責執行的政策：殺害猶太婦孺。不過，儘管曾遭蘇聯殘害的當地人把大批囚犯遭槍斃當成大事，對於納粹高層來講，那只是用來鼓吹當地人與他們配合的誘因，伸張正義從來不是他們的首要目標。

一九四一年七月，因為急於向主子希特勒證明自己深諳國家社會主義的黑暗面，希姆萊早已準備好全力推進種種毫不留情的政策。他統領的親衛隊與警察部隊，還有德國軍方以及非軍方的民政占領當局，都把剛剛獲得的東方占領地當成地盤，形成三方相互競逐掌控權的局面。他自己也必須與戈林競逐希特勒的榮寵，而隨著戰事的時間漸漸拉長，戈林的經濟擴張計畫也開始失去了層峰的信任。接下來希姆萊將會證明，與其把猶太人餓死、驅逐流放、讓他們淪為奴工，不如將他們通通槍斃來得容易。希姆萊身上有「強化德意志民族性帝國委員會專員」的頭銜，是納粹政府掌管種族事務的最高主管，但其權力原本只能及於波蘭占領區，無法把手伸進剛剛占領的蘇聯。隨著德軍往東進入戰前隸屬於蘇聯的地區，希姆萊的種種表現彷彿他就是新占領地的老大，因為他利用警察首長與親衛隊首領的職權來推進一項改變種族結構的政策，主要手段就是殘殺猶太人。[23]

一九四一年七月，希姆萊親赴蘇聯西部傳達新的指令：除了猶太男性之外，猶太婦孺也必須通通殺光。駐守各地區的部隊很快就動了起來。與進駐波羅的海三國的特別行動隊A隊、進駐立陶宛維爾紐斯市和白俄羅斯的B隊相較，跟隨南方集團軍進入烏克蘭的C隊比較晚才開始大規模槍斃猶太人。但在希姆萊的唆使之下，C隊後來於八月和九月之間所殺的猶太人卻高達六萬人左右。他們對猶太人並非胡亂屠殺，而是井然有序地進行槍斃。事實上，C隊轄下的第五特遣隊還曾於七月二十一日抱怨，由於當地烏克蘭人與德軍士兵胡亂殺人，阻礙了他們在烏曼市（Uman）槍斃猶太人的工作。不過，在接下來的兩天內，第五特遣隊終究還是槍殺了大約一千四百個烏曼市猶太居民（只有少數猶太婦女得以倖存，她們受命到某個猶太墓園去把墓碑拆走，用來鋪設一條新路）。C隊轄下的第六特遣隊似乎是在希姆萊親自下達命令後，才開始殺害猶太婦孺。[24]

剛開始，希姆萊的手下對於殺害婦孺當然有著無法跨越的心理障礙，但他還是設法幫他們克服。就在特別行動隊一般來講只殺猶太男性之際，希姆萊早已派出武裝親衛隊（親衛隊的戰鬥部隊）前往各地殺光猶太人，連婦孺也不放過。一九四一年七月十七日，希特勒命令希姆萊務必設法「綏靖」各個占領區。兩天後，希姆萊派出武裝親衛隊的騎兵旅前往位於沼澤地帶的波里西亞地區（Polesia，介於烏克蘭與白俄羅斯之間），並且對其下達明確命令：所有猶太男性都槍斃，女性則是全數丟進沼澤裡。希姆萊下達命令時，說的只是要清除各地的游擊隊。但到了八月一日，騎兵旅旅長就已經幫他把命令講得更清楚：「不能讓猶太男性留下任何一個活口，也不能讓村裡的任何家庭逃過一劫。」武裝親衛隊也很快就明白了希姆萊的指令，甚至幫他把訊息傳出去。到了八月十三日，遇害的猶太男性與婦孺已高達一萬三千七百八十八人。希姆萊還將武裝親衛隊第一步兵旅派往烏克蘭去協助特別行動隊與警察部隊。整個一九四一年期間，在莫洛托夫—里賓特洛甫線以東命喪武裝親衛隊之手的猶太人，就超過五萬名。[25]

為了確保特別行動隊能夠殺死所有他們能追查到的猶太人，希姆萊還持續派出增援隊伍。自一九四一年八月以降，他派出了十二支秩序警察大隊，他們可說是德國進行殺戮行動的主力。希姆萊原本盤算著把蘇聯全境都占領後，把這些秩序警察都派往各地，但因為軍事行動的進展速度不如當初預期，在戰線後方的占領區裡面，秩序警察的配置人數之多已超出預期。到了八月，莫洛托夫－里賓特洛甫線以東所部署的大屠殺人力已達大約兩萬人。在這屠殺行動已於各地展開之際，希姆萊似乎已經授權相關單位招募各地警察來幫助槍斃猶太人。幾乎從一開始，立陶宛、拉脫維亞與愛沙尼亞就都有當地人參與。到了一九四一年年底，獲招募加入各地警隊的烏克蘭人、白俄羅斯人、俄羅斯人與韃靼人已有數萬人。德國人最希望能招募到的是德裔蘇聯人，而他們也的確是殺戮猶太人行動的要角。在有足夠當地人協助德國秩序警察的情況下，在蘇聯占領區內已有充裕的人力能用來處決所有猶太人。[26]

在這件事上面希姆萊表現得積極主動，直接下達各種屠殺命令，調度所需的各種部隊人力。希姆萊獲得希特勒的充分授權，因此得以任憑己意組織占領區的警察部隊。他將多位「親衛隊與警隊高級領袖」（Higher SS and Police Leaders）派往蘇聯占領區。在德國本土，這些高級領袖跟其他官僚組織的領導階層幾乎沒什麼兩樣，但到了東方占領區，他們終於滿足了希姆萊一直以來的期待，扮演起他個人的分身，在占領區裡用來壓迫民眾的簡化警察組織裡擔綱要角。北方、中央、南方集團軍各自有一位隨軍的高級領袖，另外還有一位也已獲得指派，等部隊打到高加索山區就會前往赴任。理論上來講，這幾位領袖應該是聽命於一九四一年九月成立的非軍方占領區政府，也就是北邊的東方總督轄區政府（Reichskommissariat Ostland）與南邊的烏克蘭總督轄區政府（Reichskommissariat Ukraine）。但事實上，這幾位高級領袖卻都是聽命於希姆萊，他們也都深知自己必須殺光猶太人才能討主子歡心。在布萊切利莊園（Bletchley Park）負責破解德國人通訊內容的某位英國情報人員甚至表示，這些高級領袖「為了讓自己的『業績』好看，甚至有點相互較勁的味道」。[27]

一九四一年八月底，在烏克蘭西南部卡緬涅茨—波多利斯基市（Kamianets-Podilskyi）的大規模槍斃猶太人行動中，我們可以看出德國部隊的協作方式。那是個因為戰爭爆發而有大批猶太難民湧入的地方。

先前，德國允許其盟友匈牙利把原本屬於捷克斯洛伐克東部偏遠處的外喀爾巴阡魯塞尼亞地區（subcarpathian Ruthenia）併入國土。匈牙利政府並未把當地的猶太人納為公民，而是將他們當成「無國籍人士」而往東驅趕到德國的烏克蘭占領區。德國占領區裡生活物資本來就有限，又有大量猶太難民湧入，物資供給的情況更是雪上加霜。派駐當地的高級領袖是弗里德里希·耶克爾恩（Friedrich Jeckeln），他決定採取積極主動的策略，可能是為了讓自己在八月十二日由希姆萊接見時能有一項功績可以報告。他親自搭飛機前往當地進行各種安排。德國人選中卡緬涅茨—波多利斯基郊區某處，將當地猶太人都趕往那裡。他們站在坑洞邊遭秩序警察三二〇大隊與耶克爾恩的隨從一一槍斃。從八月二十六到二十九日，四天內遇害的猶太人約有兩萬三千六百人。事後耶克爾恩透過無線電向希姆萊報告數字。截至此時，這是德國人屠殺猶太人的最高人數，也建立起一個往後可供遵循的模式。[28]

在這些槍斃猶太人的行動中，德意志國防軍扮演了協助、教唆的角色，有時候甚至主動提出要求。到了一九四一年八月底，戰事已經進行了九週，德國軍方開始對食物供給與後方的安全問題感到極為憂慮。從納粹的角度看來，殺光猶太人不但能避免食物消耗太快，也能避免游擊隊作亂。在卡緬涅茨—波多利斯基的大屠殺過後，德軍很有組織地與特別行動隊和警察部隊合作，協力摧毀各地的猶太社群。每當攻下某個小鎮或城市，要是有警察部隊隨軍行動，警方就會先圍捕部分猶太男性，將他們都槍斃。接著由軍方把剩餘的居民列冊登記，標註出猶太人。然後再由軍方與警方進行協商，討論該怎樣殺掉剩餘的猶太人口，還有要在猶太特區裡留下多少活口，逼迫他們去做工。經過這篩選程序後，警方會進行第二次大規模槍殺行動，由軍方提供卡車、彈藥與衛兵。如果沒有警察隨軍，那麼軍方就會先把猶太人口都登記起來，自行安排他們去做苦工。隨後等警力抵達才開始殺人。隨著高層下達的命令越來越明確，軍警

雙方也把這些合作程序確立起來。正因如此，到了一九四一年八月，死亡的猶太人人數是七月的兩倍。這個數字到了九月再次翻倍。[29]

一九四一年九月在基輔，德軍與蘇聯政府的剩餘勢力發生進一步衝突，這讓德國人有藉口升高屠殺行動的情勢：第一次試圖把某個大都市的猶太居民全都殺光。

一九四一年九月十九日，南方集團軍攻下基輔。儘管獲得中央集團軍的增援，還是比原訂時程晚了好幾週。九月二十四日，基輔市中心的幾棟樓房發生了一連串的炸彈與地雷爆炸事件，毀了德國人設立的占領政府辦公室。有些爆裂物是定時炸彈，時間是在紅軍撤離基輔前就設定好的，但也有些爆裂物是手動引爆，所以看來仍有些內務人民委員部的人員留在城裡。德國人把死傷者從斷垣殘壁中拖出來，開始覺得基輔不再安全。問題的根本在於，基輔是個大都會，但德軍必須把大多數人力用於繼續往東推進，所以只能利用少數人員來掌控城市，這下又有數十人被炸死。據一位當地人回憶，微笑從德國人臉上消失了。德國人向來有一條非常清楚的意識形態路線必須遵循：如果壞事是內務人民委員部幹的，那麼就必須把帳算在猶太人頭上。在九月二十六日的一場會議上，軍方與警方、親衛隊派出的代表達成共識：為了爆炸案而大規模屠殺猶太人，是適當的報復方式。儘管在德軍攻下基輔之前，大多數猶太人都已棄城而去，但留下者仍有數萬人。接下來他們都會遇害。[30]

整個屠殺行動的關鍵是先放出假消息。軍方派一組政宣人員四處張貼傳單，命令基輔所有猶太人到城西的某個街區轉角處集合，違者都會遭處死。軍方向猶太人表示將為他們重新安排住所，所以他們必須帶上身分證明文件、現金與貴重物品。這謊言也成為後來所有大屠殺行動前的標準說詞。一九四一年九月二十九日，基輔城裡剩餘的猶太人大多乖乖前往指定地點報到。某些猶太人告訴自己，明天就是贖罪日（Yom Kippur，最重要的猶太節日），所以他們不可能會受到傷害。許多人甚至在破曉前就抵達定點，希望待會兒搭上前往新住處的列車時能夠占到比較好的座位——他們不知道根本沒有火車會來。大家都為了長途旅行而打包，不少老太太還把洋蔥串起來掛在脖子上，以免沒有食物可吃。集合後，這三萬多人依照命令沿著梅爾尼克街（Melnyk Street），朝某個猶太墓園往下走。據附近公寓裡的目擊者回憶：「那川流不息的隊伍擠滿了整條街與兩旁的人行道。」[31]

抵達猶太墓園時，只見德國人已經設下路障，一一查驗文件後把非猶太人趕回家。過了路障之後，所有繼續往下走的猶太人都由手持自動武器與帶著軍犬的德國人押送。就算先前還懵懂無知，到了這檢查站，其實已有不少猶太人猜到自己真正的命運。三十歲的荻娜．普羅尼契娃（Dina Pronicheva）走在家人的前面，到了某處她聽到了槍聲，立刻明白這是怎麼一回事。但她選擇不跟父母講，以免他們擔心。她只是跟著父母一直走下去，走到擺了很多桌子的地方，有德國人要他們交出貴重物品與衣物。她母親的婚戒遭某個德國人拿走，接著她才明白，原來母親跟她一樣已經知道自己將有何遭遇。等到母親突然低聲對她說，「妳看起來不像猶太人」，她才想到該設法脫逃。這種直白的交流相當罕見，特別是在這種情境底下。因為事到臨頭時人腦往往會拒絕接受現實，而且人的意念總是傾向於模仿與服從他人，也因此走上滅絕之路。荻娃嫁給俄羅斯裔丈夫，也因此冠上了俄羅斯姓氏，她對附近一張桌子邊的德國人說她不是猶太人。那個人叫她到一旁去，等他們把那天的事辦完。[32]

荻娜・普羅尼契娃就這樣看著父母與一位姊妹，還有基輔的所有猶太人走向他們的厄運。交出貴重物品與身分文件後，他們被迫脫光衣服。德國人出言恐嚇，甚至對空鳴槍，把他們分批趕往娘子谷（Babi Yar）的邊緣，每批十人。很多人都遭到毒打。據荻娃回憶：「在那些人遭槍斃時，身上早就已經鮮血淋漓。」他們必須趴在地上的一堆堆屍體上，等著德國人從後面或上面開槍。接著又換下一批人。連續三十六小時內，不斷有猶太人過來赴死。每個人垂死與死亡的模樣也許大同小異，但在最終一刻來臨前，每個人還是有所不同：心裡有著不同的念想與預感，直到自知難逃一死與人死如燈滅。有些人死前心裡想的不是自己，而是他人，例如十五歲美麗少女莎拉的母親就哀求德國人，務必讓自己能跟女兒一起赴死。即便到了最後，這位母親心裡唯一的掛念，仍是見著女兒的最後一面：意思是，如果她親眼看到自己的女兒被槍斃，就能確定女兒沒被先姦後殺。還有個母親，即便已經脫到身上一絲不掛，自知難逃一死，還是把人生最後的短暫時光用來餵嬰兒吃奶。眼見著自己的嬰兒被丟下娘子谷，她也隨即跳下去尋死。只有到了谷底，他們的人生才真的歸於虛無，被化約為三萬三千七百六十一分之一。德國人後來還把屍體都挖出來，用柴火燒掉，沒有燒掉的骨頭也都敲碎，跟砂土混在一起，所以他們真可說是屍骨無存，在世上只剩下這個死亡數字。[33]

入夜後，德國人決定殺掉荻娜・普羅尼契娃。關於她究竟是否為猶太人，他們也沒有定論，但畢竟她是那些惡行的證人。她跟其餘幾人在黑夜中被帶往山谷邊緣。她並未被迫脫去所有衣物，能夠倖存完全是憑藉那九死一生的選擇：德國人一開槍，她就自己主動跳進山谷裡，然後裝死。她忍受著那個德國人踩踏在她身上的重壓，當靴子踩過她的胸部與手部，還是一動也不動，「就像個死人」。當砂土不斷灑落在身邊，她設法保留住一個小小的通氣孔。她聽見有個小孩哭叫著媽媽，想起自己的孩子。她開始對自己喊話：「荻娜，起來，趕快逃走，逃回妳的孩子身邊。」也許人的隻字片語的確能夠發揮力量，就像如今埋在谷底某處的母親，死前對她低聲說的那句話。她奮力挖出一條路，靜靜地爬了出來。[34]

在基輔，跟荻娜・普羅尼契娃一樣倖存的猶太人少之又少，而且他們的處境艱難無比。德國頒布的法令規定，凡發現猶太人必須向政府舉報。德國人還提供獎勵，有時候是獎金，有時候甚至是把猶太人的公寓送給舉報者。蘇聯各地的人口，包括基輔等地在內，當然早就已經習慣於告發所謂的「人民公敵」。才幾年前，在一九三七到三八年之間，當地人會向內務人民委員部告發的都是「波蘭間諜」。這時，內務人民委員部的辦公室已經改由蓋世太保進駐，人民公敵變成了猶太人。要舉報猶太人，得先經過一位戴著納粹卐字臂章的警衛，而警衛身後的牆壁上往往有「鎚子與鐮刀」的雕紋。處理猶太事務的辦公室很小，因為這種「身為猶太人」的罪名不大需要複雜的調查程序：只要蘇聯政府發的文件上寫明某人是猶太人，或是被查出已經接受過猶太割禮，那就必死無疑。猶太婦女伊莎・貝洛佐夫斯卡雅（Iza Belozovskaia）帶著自己的幼子伊格爾躲藏起來，她兒子對這一切感到很困惑。他問母親：「什麼是猶太人？」答案只有兩種：由德國警方憑藉蘇聯頒發的文件來認定，或是由德國醫生幫伊格爾這類小男孩做「體檢」。[35]

伊莎・貝洛佐夫斯卡雅感到死亡的氛圍於四處瀰漫。她回憶當年自己的想法：「我好想在頭上、在全身撒滿灰粉，這樣就能化為塵土，什麼也聽不見。」但她還是撐下去，活了下來。有些人雖已放棄希望，但卻能存活，因為他們獲得非猶太裔的配偶或家人的呵護。助產士索菲亞・艾森斯坦（Sofia

Eizenshtayn）就是個例子：丈夫在庭院的後面挖了一個坑洞，並把她打扮成乞丐，帶她到那個坑洞躲藏起來，每天遛狗時都去找她。他跟她講話，但假裝是在跟狗講話。她求丈夫把自己毒死，但他還是不斷帶食物和水去看她。猶太人只要遭警方捕獲後必死無疑。他們被關押的基輔牢房，三年前關押的都是大清洗行動的受害者。等到整個監獄都滿了，猶太人與其他犯人會在破曉時被一輛篷布卡車載走。這種內務人民委員部所屬的卡車人稱「黑色渡鴉」，過去在開出監獄大門後令人望之喪膽，到這時基輔居民還是對這卡車感到很害怕。這種卡車會把猶太人與其他犯人載往娘子谷，他們在那裡也被迫脫去所有衣物，在山谷邊緣跪下，等著被槍斃。[36]

德國人先在卡緬涅茨—波多利斯基市建立起大規模屠殺猶太人的模式，希望烏克蘭中部、東部、南部各大城都能如法炮製，而娘子谷的大屠殺就是遵循此一模式。因為南方集團軍很晚才拿下基輔，再加上德國人的殘暴政策很快就傳了開來，烏克蘭中部、東部、南部的大多數猶太人早已往東逃命，因此能夠存活下來。選擇留下者幾乎無一倖存。一九四一年十月十三日，大約一萬兩千位猶太人在第聶伯羅彼得羅夫斯克遇害。德國人在各地建立起行政組織，利用組織的力量來集合並殺害猶太人。在哈爾科夫，特別行動隊C隊轄下的4a特殊小隊（Sonderkommando）的要求之下，德國人組成的市政府把剩下的猶太人安排到某個地區居住。十二月十五、十六兩天，有超過一萬個哈爾科夫的猶太人被帶往城市邊緣的一座拖拉機工廠。到了一九四二年一月，他們就在那裡被德國秩序警察三一四大隊與4a特殊小隊分批槍斃。德國人還設計了一種毒氣卡車，把廢氣排進卡車後面的貨物拖車裡，所以被鎖在裡面的猶太人也就必死無疑。德國人在基輔也試著使用毒氣廂型車，但卻因為安全警察的抱怨而作罷：那些猶太人在死前因為太痛苦而把自己弄得渾身鮮血與排泄物，警察不喜歡處理這樣的屍體。在基輔，德國警方比較偏好的方式是把人帶到山谷或坑洞邊處決。[37]

白俄羅斯占領區位於中央集團軍的戰線後方，大屠殺的進行時間點稍有不同。在開戰的頭八週（至八月底），在阿圖爾·內貝（Arthur Nebe）的帶領下，特別行動隊B隊在維爾紐斯與白俄羅斯殺掉的猶太人人數之多，高過其他任何特別行動隊。不過，大屠殺行動後來在白俄羅斯的推進卻有所延遲，這多少是因為軍事上的考量。一九四一年九月，希特勒決定從中央集團軍抽調幾個師去基輔幫南方集團軍作戰。中央集團軍原本的主要任務是揮軍莫斯科，希特勒的這個決策也因此拖延了該軍團的進度。[38]拿下基輔後，不但中央集團軍可以緊接著往莫斯科推進，大屠殺也能夠繼續下去。一九四一年十月二日，中央集團軍第二度對莫斯科展開攻勢，代號「颱風行動」（Operation Typhoon）。位於中央集團軍後方的警方與維安人員也開始清除猶太人。此集團軍總計有七十八個師，是一支一百九十萬人的大軍。接著，白俄羅斯全境也開始屠殺所有猶太人，男女老幼皆不例外。一九四一年整個九月，特別行動隊B隊轄下的4a特殊小隊與第五特遣隊已經把手伸進各個村莊與小鎮，準備要將猶太人清零。到了十月初，連各個城市也開始執行此一政策。[39]

一九四一年十月，莫吉廖夫成為白俄羅斯占領區第一個猶太居民幾乎遭屠殺殆盡的大城市。某位德國（奧地利）警察在寫給妻子的家書裡提及該月頭幾天在城裡屠殺猶太人的感受與體驗：「第一次嘗試殺人時，我的手在開槍時稍稍顫抖，但後來就習慣了。到了第十次，我已經可以冷靜地瞄準，射殺任何婦孺嬰孩時都不會猶豫。我心裡想著：家裡還有兩個嬰兒，這些猶太畜生對待他們的手段就算沒有比我凶殘十倍，至少也會跟我一樣。我讓他們死得乾淨俐落。相較之下，那些在蘇聯國家政治保衛總局監獄裡的千千萬萬人卻要遭受生不如死的折磨。我們把嬰兒拋往天空，還沒有落入坑洞裡或水中就在空中被打成血肉模糊。」一九四一年十月二日與三日，在烏克蘭輔警的幫助之下，德國人槍殺了兩千兩百七十三個莫吉廖夫猶太市民，男女老幼皆有。十月十九日，又殺了三千七百二十六人。[40]

德國將中央集團軍後方的那一片白俄羅斯平原劃分為「俄羅斯中部」，歸一位名為埃里希・馮・登・巴赫-澤勒斯基的親衛隊與警隊高級領袖管轄，由他下達殺害婦孺的明確命令。巴赫曾被希特勒譽為「能夠跋涉通過血海的男人」，他可說是希姆萊在此地的分身，所作所為當然都是順應著主子的心願。在對猶太人下毒手時親衛隊與陸軍部隊往往合作無間，但在這白俄羅斯占領區裡特別明顯。古斯塔夫・馮・貝托爾斯海姆（Gustav von Bechtolsheim）將軍是負責明斯克地區維安工作的步兵師指揮官，他極力主張，屠殺猶太人是防患未然之舉。有一句話他老是掛在嘴邊：要是哪天蘇聯人入侵歐洲，那猶太人就會把德國人殺光。他說，「根據歐洲人的標準，猶太人已經不算人類」，所以「應該全都清除」。[41]

早在一九四一年七月，希姆萊已經批准殘殺婦孺，接著又在八月下達將猶太人清零的命令，算是要

在希特勒預示的伊甸園願景實現以前，預先淺嚐樂園的滋味。這是一個得意洋洋的戰後願景，冀望著人世在末世後重生，大規模屠殺將帶來新生，猶太民族的滅絕將會造就雅利安族的崛起。親衛隊的種族主義思想與此一致，也服膺希特勒的憧憬。一部分秩序警察也共享這種願景，或者在參與屠殺的過程中遭到這種思想的汙染。德意志國防軍的軍官與士兵們通常在這些觀點上與親衛隊成員大同小異，不同之處在於他們的看法是從軍人的實用思維出發：在戰局愈趨艱難的情況下，若能消滅猶太人就可以宣稱獲得重大勝利，此外也能預防猶太人組成游擊隊來反抗，或至少可以改善糧食供給不足的狀況。的確有軍人不認同屠殺猶太人的行徑，但他們堅信自己別無選擇，因為希姆萊才是希特勒的親信，他們不是。不過，隨著時間過去，這一類軍官往往也會改變想法，深信有必要殺光猶太人。但他們會這麼想的理由是因為德國隨時都可能戰敗，而不是像希姆萊與希特勒在一九四一年夏天仍舊認定的那樣，德國已勝利在望。[42]

蘇聯政權從未垮臺，納粹並未如願。一九四一年九月，歷經兩個月的入侵行動後，內務人民委員部很明顯開始針對國內最敏感的族群，也就是德裔蘇聯人展開雷厲風行的清算。史達林於這一年八月二十八日下令，接著在九月的前兩週便有四十三萬八千七百個德裔蘇聯人遭遣送到哈薩克，他們大多是窩瓦河畔某個自治區的居民。史達林的行動又快又狠，顯示出把整個地區的人都驅逐流放的能耐，就像是在打臉德國人，凸顯德國於先前兩年內歷次驅逐流放行動的混亂與自相矛盾。就在史達林毫不屈服的這個時刻，希特勒於一九四一年九月中做了一個耐人尋味、意圖含混不清的決策：把德國猶太人往東邊遣送。到了十月、十一月，德國開始把德國猶太人都驅逐到明斯克、里加、考納斯與烏茨。先前，德國猶太人早已失去各種公民權與財產，但失去性命者並不多。這時，儘管高層並未下達誅殺令，但卻把他們送往先前猶太居民遭大規模屠殺的四座城市。也許希特勒是想要復仇。他不可能沒有注意到，窩瓦河未能如願成為德國的密西西比。德國人非但沒能以勝利者之姿前往窩瓦河流域殖民，該處甚至還有大批德裔同胞遭受驅離，以蘇聯公民的身分飽受屈辱與打壓。[43]

希特勒的內心深處擺盪於絕望與狂喜之間，所以我們也可以試著從另一個截然不同的角度去詮釋他的決策。希特勒之所以開始驅逐流放猶太人，完全有可能是因為他想說服自己，或說服他人一件事：一九四一年十月二日對莫斯科展開的第二波攻勢（颱風行動），將會終結這場戰爭。十月三日演講時，希特勒甚至得意洋洋地說出這種想法：「敵軍已經潰敗，再無可能捲土重來！」要是戰爭真的結束了，那麼預計在戰後展開的大規模驅逐流放計畫，亦即「最終解決方案」，也可以就此展開。[44]

雖然颱風行動並未帶來最後勝利，德國還是把國內猶太人都流放到東方占領區，這也引發了連鎖效應。由於有必要讓那四座城市的猶太特區騰出空間，德國人把一座城市的屠殺方式原封不動帶往另一座城市（帶往拉脫維亞占領區的里加市），而且也很可能加速了另一種屠殺方式的開發（是在波蘭占領區的烏茨開發出來的）。

這時里加警方的指揮官已經由出身當地的弗里德里希·耶克爾恩擔任，因為他是派駐東方總督轄區政府的「親衛隊與警隊高級領袖」。先前於八月時，耶克爾恩已經在卡緬涅茨－波多利斯基安排過第一次大規模屠殺猶太人的行動，當時他仍是派駐烏克蘭總督轄區政府的親衛隊與警隊高級領袖。在調職後，他把過去那套有系統的槍斃手法原封不動帶往拉脫維亞。首先，他要求大批蘇聯戰俘在里加市倫布

芬蘭
瑞典
赫爾辛基
芬蘭軍隊
拉多加湖
列寧格勒
波羅的海
塔林
季赫溫
第18軍團
第18軍團
諾夫哥羅德
北方集團軍
里布元帥
1941年12月5日
的前線
里加
第16軍團
窩瓦河
加里寧
東方總督轄區
涅韋爾
克林
德維納河
但澤
第9軍團
第3裝甲兵團
莫斯科
考納斯
維亞濟馬
第四軍團
奧卡河
維爾紐斯
斯摩棱斯克
德國
第4裝甲兵團
梁贊
明斯克
圖拉
韋尼奧夫
中央集團軍
博克元帥
第2軍團
華沙
布良斯克
第2裝甲兵團
烏狹
1941年10月1日
蘇聯
布列斯特
奧廖爾
平斯克
普里佩特河
波里西亞濕地
戈梅利
切爾尼戈夫
沃羅涅日
克拉科夫
總督府
盧茨克
庫斯克
羅夫諾
勒維夫
羅姆內
基輔
日托米爾
別爾哥羅德
聶斯特河
頓河
第6軍團
哈爾科夫
文尼察
第17軍團
聶伯河
波塔瓦
南方集團軍
烏克蘭總督轄區
匈牙利
洛佐瓦
倫德斯特元帥
第聶伯羅彼得羅夫斯克
第1裝甲兵團
史達林諾
頓河
基希涅夫
尼古拉耶夫
羅斯托夫
奧德薩
第11軍團
馬里烏波爾
梅利托波爾
亞速海
羅馬尼亞
別爾哥羅德
刻赤
布加勒斯特
克里米亞
多瑙河
塞凡堡
索菲亞
黑海
保加利亞
進擊的德軍
（1941年10月1日到12月5日）
希臘
伊斯坦堡
德軍裝甲師
德軍步兵
土耳其

拉森林（Rumbula Forest）的萊特巴茨基林地（Letbartskii woods）挖好一個個大坑洞。一九四一年十一月三十日，在許多當地拉脫維亞人的幫助之下，德國人在一天之內把大約一萬四千個猶太人帶往行刑地點，逼他們緊鄰著彼此，躺在大坑裡，然後從上面開槍。[45]

烏茨市落入阿圖爾・葛萊瑟手裡，他負責管理德國最大的新領土，也就是先前隸屬於波蘭、後來改稱瓦爾特蘭帝國行政區的地方。先前烏茨就曾是波蘭國內猶太人口第二多的城市，這時則是整個第三帝國境內猶太人口最多的大城。在德國猶太人被遣送到這裡之前，烏茨的猶太特區本來就已是人口稠密。也許是因為有必要把烏茨的猶太人口移除掉，才會促使葛萊瑟或瓦爾特蘭親衛隊與安全警察指揮官們尋找更有效率的屠殺方式。在實施「強化德意志民族性」政策時，瓦爾特蘭地區向來帶有示範性。一九三九年年初，為了迎接那些蘇聯轄下的數十萬德裔人口*，數十萬波蘭人已遭驅逐流放他地（事後看來，德國還是入侵了蘇聯，讓這次把德裔人口往西遷移的行動顯得毫無意義）。納粹規劃讓這塊新的德國領土居民身上都留著德國人的血，並視驅逐此地的猶太居民為計畫中不可或缺的一環，但事實證明這件事卻是最難實踐的。葛萊瑟在這塊領土上遇到的問題，其實就是希特勒在整個第三帝國遇到的問題：所謂的「最終解決方案」，照官方說法是將猶太人都予以驅逐，但這些猶太人根本就無處可去。到了一九四一年十二月初，第一輛毒氣廂型車出現於海烏姆諾市。[46]

* 譯註：這些德裔人口原本為波蘭公民，後來因為德蘇聯手入侵波蘭而落入蘇聯手裡，因為他們住在蘇聯瓜分到的領土上。此事之原委曾於第四章提及。

一九四一年十月，希特勒下令驅逐德國猶太人。面對納粹高層的靈機應變，各地執行者就只能盡量圖自己方便。被送往明斯克與烏茨的德國猶太人並未遭殺害，而是安置於猶太特區。被送往考納斯的德國猶太人卻是一抵達當地就盡數遇害，第一批被送往里加的德國猶太人也無一例外。無論希特勒有何企圖，這時已開始有大批德國猶太人遭到槍斃。也許這時希特勒已經決定要殺光歐洲所有猶太人，德國猶太人也不例外。要是他真的這麼想，那麼就連希姆萊也還沒能夠掌握主子的思想。耶克爾恩在那些德國猶太人抵達里加就殺了他們，但希姆萊那時還沒打算痛下殺手。

不過，也是在一九四一年十月，希姆萊的確開始研擬更有效的大屠殺新手法。希姆萊諮詢的對象是他的親信奧迪洛．格洛博奇尼克（Odilo Globocnik）——被派往總督府領地的親衛隊與警隊高級領袖。格洛博奇尼克立刻著手興建一個新型的屠殺設施，地點在貝烏熱茨。到了一九四一年十一月，儘管概念還沒完全成熟，所需的設施也尚未到位，但已經可以隱約看出希特勒所想像的最終解決方案。在蘇聯占領區，德國槍斃猶太人的手法已經達到了工業化的規模。在瓦爾特蘭帝國行政區與總督府領地（原本都屬於波蘭，前者被併入第三帝國直轄行政區，後者則是占領區），毒氣設施已正在海烏姆諾與貝烏熱茨兩地興建。在德國，政府正把猶太人往東方運送，有些在抵達東方後就遭殺害。[47]

原本只有在莫洛托夫—里賓特洛甫線以東，才把大屠殺視為最終解決方案。這個方案如今開始往西邊拓展。

一九四一年十一月，中央集團軍正在往莫斯科挺進。德軍深信，儘管最後的勝利遲到了，但榮耀非他們莫屬：在終結蘇聯體系後，在末世般的大屠殺過後，他們將把曾經悽慘無比的蘇聯大地轉化成光榮無比的德意志帝國新邊疆。不過，實際的狀況卻是德軍士兵們正走進一種更傳統的末世景象。秋雨過後地面泥濘不堪，卡車、坦車都寸步難行，部隊的行動也因為缺乏冬衣和熱食而放緩。德軍軍官一度能用野戰望遠鏡看到克里姆林宮的一座座尖塔，但攻取蘇聯首都的行動終究功敗垂成。部隊弟兄們的補給見底，忍耐也到了極限。但紅軍的抵抗卻越來越堅強，戰術也更為睿智。[48]

一九四一年十一月二十四日，史達林下令，把原本出於戰略目的而擺在蘇聯東部的後備部隊抽調來西部，與德意志國防軍的中央集團軍決一死戰。他堅信自己可以冒這個險。史達林獲得線民的密報：日軍不會揮軍攻打西伯利亞，而這情報除了來自於某位日本政府的高層人士，當然還其他來源。一九四一年夏天，他曾拒絕相信德國會攻打蘇聯，結果跌了一跤；到了一九四一年秋天，他又拒絕相信日本會攻打蘇聯，這回卻賭對了。他的表現真可謂處變不驚。十二月五日，紅軍在莫斯科發起反攻。德軍士兵初嘗戰敗的滋味。部隊的馬匹都已筋疲力竭，無法及時撤回裝備。寒冬降臨，部隊卻只能在野外紮營，冷到相擁取暖，物資匱乏到極點。[49]

史達林的情報沒錯。日軍即將發動關鍵性的太平洋戰爭，這讓日本幾乎已不可能在西伯利亞另闢戰場。日本帝國的南向政策早在一九三七年就已經定案。到了一九四〇年九月日軍揮兵法屬印度支那，這政策更是昭然若揭。先前希特勒曾勸退盟友日本，不想與其一起入侵蘇聯；這時，巴巴羅薩行動失敗了，日軍卻已經朝南往另一個方向挺進。

一九四一年十二月六日，就在紅軍往西進軍之際，一支肩負偷襲任務的航空母艦艦隊航向珍珠港，目標是美國太平洋艦隊的基地。十二月七日，某位德國將軍在家書中描寫莫斯科周遭地區的戰況：他和他的部隊弟兄們「無時無刻都在為求生而奮戰，對手是一支在各方面都更占優勢的敵軍」。這一天，日軍的飛機對美國艦隊發動兩波攻勢，摧毀大批戰艦，另有兩千位美軍喪生。隔天美國對日宣戰。又三天後，在十二月十一日，納粹德國也對美國宣戰。這讓美國的小羅斯福總統毫無懸念地對德宣戰。[50]

此時史達林在東亞站上了絕佳的戰略地位。如果日本真要在太平洋與美國一決雌雄，那就不可能來到西伯利亞對蘇聯叫陣。史達林不再需要擔心遭德、日兩邊夾擊。此外，珍珠港事件後，美國不可能繼續置身事外，勢必會成為蘇聯的戰友。到了一九四二年年初，美軍就已經在太平洋與日軍交戰。不久，美國的補給艦就會開始停靠在蘇聯所屬的太平洋海港，而且日本的潛艦不能對這些船艦發動攻擊——因為日、蘇兩國簽有中立條約，日本不能偏向德、蘇的任一方。過去紅軍擔心日軍從東邊發動攻擊，但此時卻反而能從東海岸取得美國提供的物資。史達林只需要好好利用美援，並且鼓動美國人在歐洲開拓第二戰場即可。如此一來，德國就會在東西兩側遭到包夾，也確保了蘇聯的勝利。

自一九三三年以來，在希特勒與史達林的較量與豪賭算計中，日本始終扮演著關鍵攪局者的角色。儘管各有不同理由，但他們倆都希望日本能在南邊開戰：在陸地開啟中日大戰，在海上痛擊歐洲殖民強權以及美國。希特勒對日軍偷襲珍珠港可說歡迎至極，他深信美國受此重擊後要花很久時間才能整軍經武，而且準備好後也會在太平洋開戰，而非歐洲。即便在巴巴羅薩行動與颱風行動雙雙失敗收場**以後**，希特仍希望日本能夠與美國開戰，而非對上蘇聯。他似乎深信自己有辦法在一九四二年年初就拿下蘇聯，然後再去對付因為太平洋戰爭而變弱的美國。史達林也冀望日本能往南進軍，而且他縝密地擬定的外交與軍事政策也都以此為目標。他的思維跟希特勒基本上沒兩樣：日本最好滾遠一點，因為蘇聯的土地是我的。柏林與莫斯科當局都希望把日本困在東亞與太平洋，結果日本政府真的遂了兩者的心願。但這個發展最後會讓誰得利，最終取決於德、蘇雙方誰能在交戰過後勝出。[51]

要是德國的入侵行動跟當初的計畫一樣順利，靠閃電戰取勝後希特勒如願把蘇聯的各大城市夷為平地，取得糧倉烏克蘭與油田高加索山區，那麼對於柏林當局來講，日軍偷襲珍珠港也許就會是一則好消息。這樣的劇本意味著日本將會讓美國分神，而德國就能好整以暇地在新的殖民地穩固勝利者的地位。如此一來，德國就能推進「東方總計畫」或類似的政策，把自己打造成一個糧食與油料都能自給自足的陸上帝國，就算受到英國皇家海軍的海上圍堵，或遭到

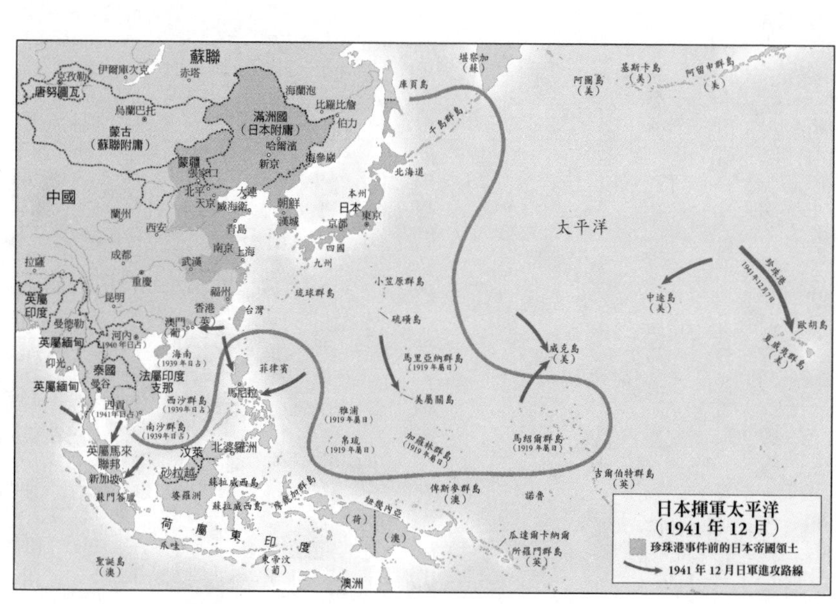

美軍的海陸兩棲攻擊，也能立於不敗之地。這個劇本向來就過於夢幻，但只要德軍還在前往莫斯科的征途上，任誰都不能斬釘截鐵地說那只是癡人說夢，完全沒有現實基礎。

就在日軍發動攻擊之際，東征莫斯科的德軍卻開始撤退，珍珠港事變的意義對於德國來講就變得截然不同了。這意味著德國被困在最糟糕的局勢裡，不但沒能成為足以威嚇英國、準備挑戰美國的龐大陸上帝國，反而變成一個同時與英、美、蘇三國開戰的國家，所有的盟國若非積弱不振（義大利、匈牙利、羅馬尼亞與斯洛伐克），就是並未介入熱戰正酣的歐洲東線戰場（日本、保加利亞）。日本似乎比德國更加了解這種局勢。他們冀望希特勒能與史達林單方面講和，然後為了亞洲與北非的掌控權而與英、美兩國開戰。日本希望能藉德國之力打破英國皇家海軍的霸權，但德國卻只是試圖在陸上的地盤裡爭鬥。這讓希特勒在面對世界局勢時只剩一種策略可以選擇，而且他也貫徹始終：摧毀蘇聯，在蘇聯的廢墟上打造出一個陸上帝國。[52]

———

面對這種極端不利的戰略困局，希特勒在一九四一年十二月找到了一個奇怪的解套方式。先前他就屢屢向麾下將領表示，務必在一九四一年年底解決「歐陸的所有問題」，如此一來德國才能夠準備好在全球與英、美開戰。沒想到不但問題沒解決，德國反而遭遇了從古迄今沒人想面對的戰略夢魘，也就是在兩個戰線上同時開戰，還對上了英、美、蘇三大強權。但希特勒的個性畢竟就是敢衝敢賭，再加上政治頭腦敏捷，他馬上重新詮釋眼下的情勢，把現況跟納粹的反猶主義掛鉤——至於是否能對得上原有的戰爭規劃，那又是另一回事了。難道希特勒不是因為規劃過於好高騖遠、打錯算盤、傲慢的種族歧視思想或愚蠢的賭徒性格，才帶著德國走上與英、美、蘇三國開戰的道路？希特勒告訴大家：都不是。德國的困境要歸咎於猶太人的全球陰謀。[53]

早在一九三九年一月的某次演講，希特勒就語帶威脅地表示，要是猶太人膽敢煽動釀成另一場世界大戰，那他一定會讓他們滅絕。自一九四一年夏天以來，德國政府的政治宣傳就不斷鼓吹一個論調：猶太人已與英、美、蘇三國勾結，其陰謀無所不在。一九四一年十二月十二日，時值紅軍在莫斯科發動反攻的一週後、日軍偷襲珍珠港四天後，以及美國為回應德國宣戰而對德宣戰的一天後，希特勒又重提那次演講的論調。他說，那是自己的一次預言，如今已然成真。這一天他對大約五十位親信的同志表示，「世界大戰已經到來」，還說「必然的結果，就是要消滅猶太人」。這天以後，他的幾位心腹就已經明白自己該怎麼做了：無論在哪裡，都要盡可能把猶太人殺光。幾天後，波蘭總督漢斯・法蘭克回到華沙，替希特勒布達此一政策：「各位，在此我必須請大家把同情心都拋諸腦後。無論在哪裡，只要發現猶太人，就必須將他們全數消滅，如此才能維持帝國的結構完好無缺。」[54]

這時，猶太人被點名必須為一場即將來臨但無以名狀的災禍負責。納粹成員很快就抓住要點：猶太人都是敵人，是導致德國輸掉的戰犯。若是他們能接受希特勒的觀點，他們就會深信，上一次世界大戰中德國並不是在戰場上失敗，而是因為被猶太人的陰謀與其他國內敵人「在背上刺了一刀」。到了這英、美、蘇三國結盟的時刻，帳也必須算在猶太人頭上。根據希特勒的思維，資本主義與共產主義竟然能組成「聯合陣線」，唯一的可能就是由倫敦、莫斯科、華府的那些猶太陰謀集團促成。猶太人是罪犯，德國人是受害者。若要避災解難，就必須鏟除猶太人。希特勒的政宣首腦戈培爾在日記中寫下那種完全顛倒是非、與道德相悖的立場：「我們無須同情猶太人，該被同情的是我們整個德意志民族。」[55]

隨著戰局開始轉向有利於史達林，希特勒也重新調整目標。原本他是打算以戰爭摧毀蘇聯，繼而消滅猶太人。如今，摧毀蘇聯的目標看來需要無限期延後，戰時國策就變成了徹底消滅猶太民族。因此，真正構成威脅的反倒不是斯拉夫族以及他們那些照理說都是猶太人的統治者，而是猶太民族本身。一九四二年，就在更多斯拉夫人來到德國工作之際，政府放鬆了反斯拉夫人的政宣基調。促使希特勒決定殺光猶太人（而不是徹底壓榨他們的勞動力）的，應該是他同時決定了要好好利用斯拉夫人的勞動力（而不是把他們殺光）。這些轉變意味著原先那些關於戰爭進展的假設都已遭摒棄，儘管希特勒當然不會承認當初他想錯了。不過，要是能夠把猶太人殺光，至少納粹在表面上還能維持住最初想在東方建立邊疆帝國的願景。[56]

殺光猶太人的決策其實與這願景相互矛盾，因為一旦採用大屠殺為最終解決方案，就等於默認了驅逐流放的方案行不通：因為德國再怎樣也不可能取得流放猶太人所需的廣大土地了。就後勤安排而言，大屠殺也比大流放來得單純。希特勒若要履行自己的預言，那麼此時他唯一的選擇就是大屠殺。他所掌控的是個陸上帝國，並非海權帝國，但他手裡又沒有大片荒原可以把猶太人送過去，眼不見為淨。截至目前為止，唯一能在最終解決方案上取得進展的只有希姆萊，他展示了一種不需要驅逐流放的解決方案：屠殺。屠殺方案的實施並非表示德國人勝利在望，而是他們需要某種實績來當勝利的替代品。

一九四一年七月底，就在閃電戰並未如同預期帶來勝果之際，各地就開始有猶太人遭大規模屠殺。十二月以後，隨著德國的敵對聯盟逐漸強化，屠殺猶太人的目的開始轉為要令其整個民族滅絕。希特勒尋思並找到了內心更深處的情緒，大聲說出幾個更為邪惡的目標，而此時的德國領導階層深知政府陷入困局，因此也接受了他的說法。[57]

希特勒把德、蘇的軍事衝突定義為「世界大戰」，一方面可以轉移焦點，讓大家忘記他沒有取得閃電般勝利，另一方面可以避免讓大家因為吃了這次敗仗就聯想到一些不祥的歷史教訓。一九四一年十二月，德國部隊簡直就是看到拿破崙麾下大軍團（Grande Armée）的命運降臨在自己身上：一八一二年的法軍甚至比一九四一年的德軍以更快速度抵達莫斯科郊外。拿破崙最終選擇撤軍，以免因為遭遇寒冬與帝俄援軍而損失慘重。仍然堅守陣地的德軍難免會想到，自己是否被捲入了彷彿一次大戰重演的那種戰事？也就是為了躲避槍林彈雨，只能鎮日躲在戰壕裡，一拖好幾年的戰事只帶來了無數傷亡，各種軍事行動毫無意義？既然希特勒是個軍事天才，照理說應該不會再讓那種戰事重演，但他們卻又遭捲入其中。德軍參謀總部曾經預測，到了九月獲勝時部隊陣亡人數應該在五十萬左右；如今十二月已至，不但勝利遠去，損失也已逼近一百萬。[58]

出師不利，原本預設的期限一個個跳票，戰爭的前景不容樂觀，但希特勒想到了如何為這種屈辱開脫：德意志國防軍打的不是一場思慮不周的殖民入侵戰爭，而是一次保衛文明的世界大戰，就算是一場悲劇，也是光榮無比的悲劇。德軍是一支胸懷鴻圖的正義之師，因為他們所對抗的是整個世界的強權，是被猶太陰謀集團操控的英、美、蘇三國。這時德軍的確從入侵戰爭轉而要開始打一場保衛戰，那麼原本的入侵者的角色就必須改由別人扮演。在這一套說法裡面，猶太人剛好可以扮演入侵者的角色——相信這說法的至少還有那些納粹信徒與期待父兄丈夫返鄉的德國平民。無論是否相信猶太人必須為這次戰爭負責，德軍士兵們需要意識形態修正的程度很可能比納粹政客與平民還要少。他們的處境危急，但仍是鐵血雄獅。他們將會恪盡軍人天職，持續戰鬥下去，至少要撐到讓希特勒實現其預言。即便這時德意志國防軍已經不可能取得傳統意義上的勝利，但無論是過去或將來，德軍還是整個歐洲戰區最有效率的精銳部隊。

儘管這時勝利的可能性已化為烏有，納粹的種族思維簡直像變魔術，把屠殺猶太人這件事轉化成德國的勝利。英、美、蘇是德國的敵人，猶太人也是，那麼根據納粹的偽三段論，英、美、蘇三國都是受猶太人操弄。如果這些國家都是猶太人掌控，那麼歐洲的猶太人就都是這些國家的間諜。如此一來，殺光歐洲的猶太人就等於是直接與間接攻擊德國的敵人，不僅在道德上站得住腳，從軍事思維的角度來看也有必要。到了一九四一年十二月，希姆萊已經發現希特勒想要清除歐洲猶太人，因為他們「都是游擊隊成員」，是潛藏在大後方的敵軍探子。先前，納粹已經發展出一套能將殺害猶太人合理化的邏輯：殺他們是為了「報復」游擊隊的攻擊。希姆萊就是抱持這種邏輯，才會從一九四一年七月開始，在白俄羅斯與烏克蘭之間的波里西亞沼澤區殘殺猶太人，不分男女老幼。同樣的邏輯使三萬多個猶太人在蘇聯籌畫的基輔爆炸案過後，遭德國以復仇之名殘殺。就連遠在南歐的塞爾維亞，德軍在此比在蘇聯更早就碰上抵抗，猶太人一樣也遭殃。[59]

塞爾維亞的例子或許特別值得一提。德軍對東南歐地區開戰的時間點稍稍早於入侵蘇聯，而且在東南歐受到的教訓也讓德國學到一些往後可以應用的道理。一九四一年春，就在巴巴羅薩行動展開的不久前，德軍入侵了南斯拉夫與希臘，主要是為了解救發動巴爾幹半島戰爭卻慘敗的笨拙盟國義大利。雖說德軍很快就擊潰南斯拉夫陸軍，並建立了一個由克羅埃西亞人當家的傀儡政權，但在塞爾維亞占領區裡德、義兩國部隊都遭受強烈軍事反抗。有些游擊隊是共產黨員。於是，德國的塞爾維亞駐軍將領便下令，只要有德軍在與游擊隊交戰時身亡，就會殺人來報復，但報復對象僅限於猶太人與羅姆人——只要有一個德軍遇害，就殺一百個來償命。正因如此，等到希姆萊宣稱猶太人「都是游擊隊」，應該予以清除之際，幾乎所有塞爾維亞的猶太男性都已遭槍斃殆盡。納粹把他們在塞爾維亞的模式普遍化，猶太人因此成為德國報復英、美、蘇同盟的對象。但無論是猶太人與英、美、蘇同盟都無法理解這種邏輯。只有抱持納粹世界觀的人才能接受此一邏輯，而且這世界觀剛剛才被希特勒為了順應未來情勢發展而調整過。[60]

最終解決方案的第五個，也就是最後一個版本，便是大屠殺。在納粹的術語中，所謂**強迫移居**已經從一個描述詞變成意指屠殺的委婉說法。多年來，德國政府高層都認為他們可以把猶太人遷往他處移居，藉此來「解決」歐洲的猶太人「問題」。無論遭遷移何處，猶太人都必須做苦工做到死，而且或許要幫他們做節育手術，令其無法繁殖後代。但這與直接屠殺還是不一樣。所以，雖說所謂**強迫移居**並非百分之百精確，但的確可以用來描述德國在一九四〇至四一年間的猶太政策。四一年後，**強迫移居**或是**強迫移居到東方**就此變成「大屠殺」的潛臺詞。之所以保留「**強迫移居**」一詞來暗指大屠殺，除了象徵政策延續性，還能讓納粹暫時忘卻一件事：政府的政策不只改變，還是因為戰況不如預期才被迫改變。

也許這可以讓德國人逃避現實，忽略他們是因為軍事災難而必須修改猶太政策。[61]

到了一九四一年十二月，事實證明，德國人有能耐對猶太人做出極度惡劣的暴行，而不只是把他們驅逐流放到波蘭、馬達加斯加或蘇聯。德國人可以把治下的所有猶太人都殺光，並且將這厄運歸咎於受害者本人。儘管德國人拒絕把**強迫移居**一詞的涵義講清楚，但只要看看德國人怎樣措詞，一切早已昭然若揭：「強迫移居的地點：強迫移居的地點有八道深溝。每一道深溝旁都配置一支總計十名官兵的小隊，小隊每兩個小時休息一次。」[62]

早在希特勒於一九四一年十二月做出屠殺猶太人的選擇之前，希姆萊手下的親衛隊與警隊（在德意志國防軍與各地警方的協助下）已經在蘇聯占領區殺了大約一百萬猶太人。從現在回顧當年的歷史，會以為猶太大屠殺是不可避免的發展。彷彿就某種意義說來，殺光歐洲猶太人雖說是德國政府的新政策，但只不過是實現了一個理所當然的目標。希特勒在規劃歐洲的未來時確實認為他的願景中理應沒有猶太人存在，而且希姆萊越來越激烈的大屠殺舉措想必也是遂了希特勒的夙願，但希特勒「決定」說出他想要滅絕所有猶太人，仍然是一個重要的轉捩點。說到底，其他可能性還是存在的。[63]

德國的盟友羅馬尼亞就是個例子，印證了即便局勢改變，還是有可能懸崖勒馬，逆轉原有的屠殺政策。羅馬尼亞政府早就在推行種族淨化的政策。一九四一年十二月之際，羅馬尼亞治下猶太人的苦難甚至更勝於納粹統治的猶太人。羅馬尼亞以盟軍身分參與了德國入侵蘇聯的行動，而且跟納粹一樣，該國政府也是透過政治宣傳把共產主義與猶太人掛鉤在一起。因為協助德軍入侵，羅馬尼亞才得以把一九四〇年遭蘇聯搶走的比薩拉比亞（Bessarabia）與布科維納（Bukovina）兩個地區拿回來。此外，羅馬尼亞獲得了一塊原本隸屬於烏克蘭南部的新領土，將其命名為「聶斯特河沿岸地區」（Transnistria）。一九四一年，在這塊新的領土上，羅馬尼亞政府的猶太人政策之凶殘與納粹相較可說不相上下。在攻下奧德薩（Odessa）之

後，由於在城裡設立的總部遭炸毀，羅馬尼亞部隊在「幾次復仇行動」中殺了大約兩萬個當地猶太人。一九四一年十二月底，短短幾天內羅馬尼亞人在波達尼夫卡地區（Bohdanivka）槍斃了四萬多個猶太人。在聶斯特河沿岸地區，羅馬尼亞也會把猶太人遷居到固定的猶太特區，並設立勞動營，數萬來自比薩拉比亞與布科維納的猶太人死於營地。羅馬尼亞政府殺害的猶太人總計大約三十萬之譜。[64]

不過，在遭遇戰局改變時，羅馬尼亞政府高層的應變方式卻與希特勒有所不同。儘管對待猶太人的政策依舊殘暴無道，但卻逐漸放軟，而非愈趨凶狠。一九四二年夏天以後，羅馬尼亞不再繼續把猶太人遷往聶斯特河沿岸地區。納粹開始在各地廣設滅絕營之際，羅馬尼亞甚至拒絕把猶太人交給納粹處理。到了一九四二年年底，就猶太人政策而言，羅馬尼亞已與納粹分道揚鑣。羅馬尼亞會在日後轉換陣營，拋棄德國，屆時那些剩餘的猶太人能否活命，將攸關該國手裡的籌碼。如此看來，一九四二年真是德、羅兩國猶太人政策走向截然不同方向的轉捩點。德國因為戰敗而殺光所有猶太人，但同樣是因為戰敗，卻使羅馬尼亞在那一年年底饒了某些猶太人一命。羅馬尼亞獨裁者揚・安東內斯庫（Ion Antonescu）沒有把事做絕，保留了與英、美兩國協商的空間。希特勒卻讓德國人無可推託，犯下猶太大屠殺的重罪。[65]

——

一九四二年期間，占領區內剩餘的猶太人已大多遭納粹屠殺殆盡。莫洛托夫—里賓特洛甫線以西，德國人會改用毒氣設施來進行大屠殺。莫洛托夫—里賓特洛甫線以東，德國仍持續用槍斃來大規模屠殺猶太人，但也開始使用先前曾拿蘇聯戰俘來測試的毒氣廂型車。在烏克蘭占領區，等到大地解凍，地面軟到可以開挖大坑洞，大屠殺又持續進行——有時候若有機器可用於挖坑，那就可以更早進行。烏克蘭東部仍掌控在占領的德軍部隊手上，大規模槍斃猶太人的行動則是從一九四一年年底到隔年年初未曾停歇。一九四二年一月，在德意志國防軍的協助下，特別行動隊把第一次掃蕩行動後仍殘存的較小猶太人社群盡數清除，一些猶太勞動隊伍也不能倖免。到了該年春天，屠殺行動從東部推進到西部，從部隊占領區擴展到民政單位治理的烏克蘭總督轄區。在西部，屠殺行動都是由各地的駐地警隊，也就是各個德國秩序警察大隊進行，並由當地烏克蘭

民兵協助。在數萬各地通敵者的助紂為虐之下，德國人所需的人力可謂不虞匱乏。[66]

德國最先攻下的領土反倒是最後才成為大屠殺的實施地區。一九四一年六月，入侵行動才剛展開十天，德軍就已在當時的波蘭東部地區橫行無阻，但許多波蘭東南部的猶太居民卻仍倖存到一九四二年（這時他們住的地方已經是烏克蘭總督轄區的西部）。等到希姆萊開始下令把各個猶太社群徹底消滅之際，德軍早已經過前述地區。再等到官方政策改弦易轍，德軍部隊大多已經離開當地。一九四二年，德國人在烏克蘭總督轄區的西部各地發動二次大屠殺，只是這次槍斃猶太人的行動是由占領區的各個民政單位主導，交給警方去執行，各地的輔警都大力幫忙。[67]

這些烏克蘭西部地區有許多典型的小鎮小城，過去曾是隸屬於波蘭東部。猶太人占各地人口比例大約一半，有時少一點，有時多一點。猶太人的住所通常位於市中心，是城裡廣場周圍的石造房舍，而非郊區的木造簡陋小屋。猶太人已經在這些聚落生活了五百年以上，統治他們的政府不停更替，他們的生活也屢屢歷經起落榮枯，但光從住家建築這種簡單之處就能看出猶太人都過得不錯。在兩次大戰之間的波蘭，絕大多數猶太人仍篤信猶太教，與外界處於高度隔絕的狀態。他們使用的語言依舊為意第緒語和（為了宗教目的而保留的）希伯來語，與基督宗教教徒通婚的比例很低。波蘭東部至此時還是阿胥肯納吉（Ashkenazi）猶太文明的重鎮，當地居民講意第緒語，但政治勢力較大的還是與其敵對的其他猶太氏族，這些氏族信奉的是推崇靈恩運動的哈西迪猶太教（charismatic Hasidim）。這個猶太傳統的濫觴始於波蘭—立陶宛聯邦，而且在邦聯瓦解後仍然存續。後來統治這些猶太人的俄羅斯帝國與兩次大戰期間的波蘭共和國也都陸續覆滅，但此一猶太傳統仍舊屹立不搖。[68]

在《莫洛托夫－里賓特洛甫條約》簽訂，德、蘇聯手入侵波蘭後，這些猶太人在蘇聯政府治下於一九三九到四一年間獲得了蘇聯公民的身分，所以他們往往被歸類為納粹殺害的猶太裔蘇聯公民。在蘇聯國境往西擴張、把波蘭東部併入國土後，這些猶太人的確短暫在蘇聯境內生活過，各方面都必須遵守蘇聯政策。跟這片大地上的波蘭裔、烏克蘭裔與白俄羅斯裔居民一樣，他們也會遭蘇聯政府逮捕、驅逐流放與槍斃。不少猶太人失去他們原先經營的事業，猶太教學校也遭關閉。除了那些剛剛出生沒有幾年的幼兒以外，羅夫諾（Rivne）等聚落的猶太居民當蘇聯公民的時間都不長，他們畢生大多數時間都是波蘭、立陶宛、拉脫維亞或羅馬尼亞等國家的公民。在蘇聯境內遇害的猶太人大約有兩百六十萬，其中有一百六十萬左右變成蘇聯公民時間才不到兩年。一九三九到四一年間，這些居民的猶太文明已經因為蘇聯統治而遭嚴重弱化。到了他們落入第三帝國手中後，則是整個文明都難逃被消滅的厄運。[69]

對這個地區的城市來說，羅夫諾聚落顯得極不尋常：該城於一九四一年已經歷經過一次大屠殺。儘管駐烏克蘭的德國警方主要是把資源與人力投放在基輔市，但羅夫諾在一九四一年曾是烏克蘭總督轄區的首府。烏克蘭總督埃里希．科赫（Erich Koch）的凶殘成性向來是惡名遠播的。希特勒的顧問們幫科赫取了一個「史達林第二」的外號，而且這是對他讚譽有加。早在一九四一年秋天，羅夫諾的大多數猶太人早就因為科赫一聲令下而喪命。那年十一月六日，警方要求所有並未持有工作許可的猶太人前往指定地點報到，準備要幫他們另外安排住處。結果大概有一萬七千人就這樣被載往附近的索森基森林（Sosenky），在蘇聯戰俘預先挖好的一個個大坑洞旁遭到槍斃。倖存的大約一萬猶太人全都被迫遷居猶太特區，位於城裡環境最惡劣的地方。[70]

一九四二年初，即便絕大多數猶太人已經遇害，羅夫諾的猶太居民委員會還是設法讓倖存者們至少能享有某種程度的溫飽。然而，德國政府已經決定不讓猶太人繼續活下去。那年夏天，眼看著城裡出現糧食短缺的問題，科赫採取進一步措施，要求其下屬務必「百分之百解決」猶太人問題。七月十三日夜裡，德國警方與烏克蘭輔警把猶太特區的居民都趕出來，逼他們徒步前往火車站，上了密閉的火車車廂。火車開了兩天，他們都沒吃沒喝，最後來到東北方小鎮科斯托比爾（Kostopil）外圍森林區附近的一個採石場。他們在那裡全數遭到德國安全警察與輔警槍斃。[71]

盧茨克（Lutsk）的猶太人口將近一萬，約占當地人口的一半。一九四一年十二月，這些猶太人被迫遷居猶太特區，德國政府還指定成立了一個猶太居民委員會。一般來講，猶太居民委員會的功能就是向居民收取錢財，藉此延緩行刑時間，有時候是詐財，也有時候真能辦到。德國人往往也會安排成立一支猶太警隊，用來把猶太人遷移到猶太特區，最後要把人清出來時也靠他們。一九四二年八月二十日，盧茨克的猶太警察全面出動，搜索任何可能還躲起來的猶太人。同樣在這天，當地的猶太男性全都被送往盧茨克七公里外的吉爾卡．波隆卡（Hirka Polonka），到附近的森林裡去挖掘大坑。在一旁戒護的德國人壓根就沒打算掩飾接下來猶太人的厄運。他們要那些猶太男性把坑洞挖好，因為明天他們的老婆或母親會用到。到了二十一日，盧茨克的婦孺全都遭帶往吉爾卡．波隆卡。德國人在一旁吃吃喝喝，呵呵大笑，逼猶太婦女大聲說：「因為我是猶太人，我不配活著當人。」接著她們被迫脫光衣服，跪在坑洞旁，每次五人。等第一批婦女被槍斃倒下後，下一批必須裸身趴上前人的屍體，等待槍聲響起。同一天，所有猶太男性都被帶往盧茨克當地古堡的庭院裡，在那裡遇害。[72]

在科維爾（Kovel），猶太人也是占當地人口的一半，人數約一萬四千。一九四二年五月，德國人把城裡的猶太人分成兩批，其中一批是工人，兩批人分別安置在不同的猶太特區。猶太工人都住在新城區的猶太特區，另一批則被安置在舊城區。某位當地猶太人明白納粹措詞的涵義，知道德國人把舊城區的猶太人都當成「無用的食物消耗者」。六月二日，德國警方與當地輔警把舊城區的猶太特區包圍起來。六千位猶太居民遭帶往卡明—卡希爾西基（Kamin-Kashyrskyi）附近的一處林間空地，全數遭到槍斃。到了八月十九日，另一個猶太特區的居民也難逃同樣的命運，遭槍殺者多達八千多人。接下來是一場追捕行動，目標是把躲藏的猶太人都抓起來，然後把他們都關在當地的猶太大教堂（Great Synagogue），對他們斷糧斷水，接著全都槍斃。在這其中一部分人曾來做安息禮拜的教堂裡，有少數幾人在死前用石頭、刀子、筆或指甲在牆上用意第緒文或波蘭文寫下遺言。[73]

某個妻子寫下自己對「親愛的丈夫」的誠摯愛意，如此一來丈夫也許能夠知道妻子與他們那「可愛」孩子的最終厄運。兩位女孩一起寫下她們對於生命的熱愛：「有人渴望活下去，但他們硬是不准。要復仇。要復仇。」有個年輕女子的語調就比較認命：「儘管在二十歲就死掉讓人難受，但我異常冷靜。」一對夫妻要孩子們幫他們倆唱誦猶太喪禮的神聖祈禱，並代他們好好慶祝猶太節日。有個女兒對母親留下告別的遺言：「親愛的媽媽！我無路可逃。他們從猶太特區外面把我們帶來這裡，這下我們就要慘死了。我們很遺憾妳沒跟我們在一起，為此我無法原諒自己。媽媽，我們感謝妳如此深愛我們。我們想親妳，一遍又一遍。」

第七章

CHAPTER 7

大屠殺與復仇

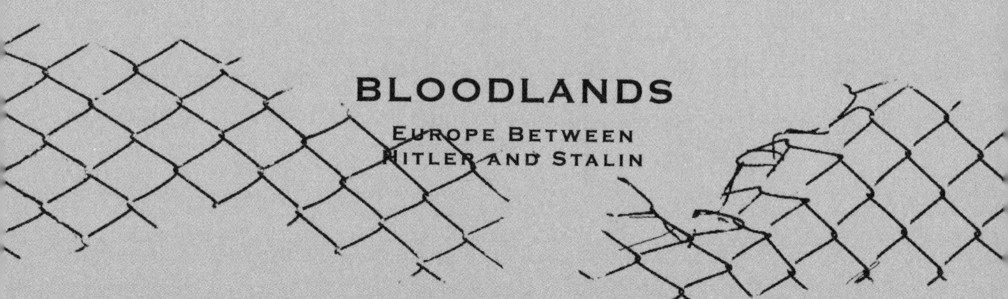

納粹德國與蘇聯之間軍事衝突的主戰場，在白俄羅斯。德國於一九四一年六月入侵蘇聯後，倖存的白俄羅斯居民見證了德、蘇兩國使出越來越暴力的手段來求勝。他們曾隸屬於蘇聯的家園成為德軍占領區，未來還會再恢復為蘇聯的共和國。雙方的大軍在各個城市裡進行拉鋸戰，部隊時進時退，原本位於小鎮核心地帶的猶太社區因為大屠殺而遭摧毀殆盡。德軍在原野裡設置許多戰俘營，在營裡餓死的蘇聯士兵少說幾萬，多則數十萬。在森林裡，蘇聯游擊隊與德國警隊、武裝親衛隊進行殘酷的游擊戰。整個白俄羅斯彷彿成為希特勒與史達林對弈的棋盤，他們的棋子不只包括戰線後方的士兵、森林裡的游擊隊、亂葬坑旁的警察，就連遠在柏林與莫斯科，還有近在白俄羅斯首都明斯克的政宣人員都是。

面對意在毀滅蘇聯的納粹政府，明斯克首當其衝。一九四一年六月二十四日，德國空軍把整個城市炸到投降，空襲後德意志國防軍必須等到四處的大火熄滅才能進城。到了七月底，德軍已經槍決了數以千計知識分子，並把猶太人都趕往城裡的西北地區，集中管束。接下來納粹將在明斯克設立一個猶太特區，幾處集中營與戰俘營，還有許多刑場。最後，德國人把明斯克變成一個死亡劇場，在裡面藉由殘殺猶太人來演出一場虛偽的勝利大戲。[1]

一九四一年秋天，儘管莫斯科仍然屹立不搖，德國人還是在明斯克慶祝想像中的勝利。十一月七日是布爾什維克革命的紀念日，德國人安排了比大規模槍斃猶太人更為戲劇性的活動。那天早上，他們把猶太特區的數千猶太人都趕出來，逼他們穿上最好看的衣物，好像是為了慶祝蘇聯節日而盛裝打扮。接著他們把猶太人排成一個個隊伍，拿蘇聯國旗發下去，逼大家唱起革命歌曲。當場有攝影機在拍攝，猶太人被迫強顏歡笑。隊伍離開明斯克之後，這六千六百二十四個猶太人就被卡車載往附近村落圖欽卡

（Tuchinka），帶到一個過去屬於內務人民委員部的倉庫裡。當晚，外出做苦工的猶太男性回到家才發現所有家人都不在了。據其中一位回憶：「我老婆、三個小孩、我年邁的母親和她的兩個小孩，一共八個人，連個鬼影都不留！」[2]

這一類恐怖的事件在當地其實不算新鮮。不久前，在一九三七到三八年之間，就常有人被內務人民委員部的「黑色渡鴉」從明斯克載往圖欽卡。即便在史達林治下大清洗時代的高峰期，內務人民委員部總是行事隱密，在深夜把人帶走，每次才一兩個。相較於此，德國人則是在光天化日之下動手，刻意讓大眾知曉，宣示意味濃厚，更是政宣影片的最佳題材。這次安排好的遊行意在證明納粹的主張無誤：共黨人士就是猶太人，猶太人就是共黨人士。根據納粹的思維，既然此一主張無誤，那麼消除猶太人不僅能夠確保中央集團軍的後方安全無虞，屠殺行動本身更是一種勝績。不過，這種勝利的演出根本空洞無比，其目的只是為了掩飾一個事實：德軍顯然失敗了。到了一九四一年十一月七日，中央集團軍本該按照進度拿下莫斯科，本該。[3]

史達林仍然安坐在蘇聯首都的大位上，他也在安排蘇聯的慶祝活動。歷經了一九四一年六月的巴巴羅薩行動，還有十月颱風行動的第二波攻勢，他始終沒有棄城而去。不過，為了安全起見，經過防腐手續處理且原本安厝在克里姆林宮的列寧屍體倒是先被運往他處存放。但史達林仍守在崗位上統治蘇聯。列寧格勒遭德軍團團圍住，明斯克、基輔都已不保，但莫斯科在史達林的指揮若定下仍然固若金湯。十一月六日，史達林用極度不屑德國人的口氣對蘇聯民眾宣示，既然德國把這次戰事稱為「毀滅戰」，那他倒要看看被毀滅的是誰。第一次，也是僅此一次，他把德國人稱為「謀殺猶太人的凶手」。但他只是表示納粹政權是個對猶太人「恣意殘殺」的帝國，這樣的描述過於輕描淡寫，遠遠不及大屠殺的真實樣貌。十一月七日是蘇聯的假日，明斯克的猶太人全都遭帶往圖欽卡，兩天後十一月九日（納粹的假日）遇害。十一月二十日，又有另外五千個猶太人遭屠殺。歷史上任何一個帝國都未曾對治下的猶太人做過這種事。一九四一年下半年，無論在哪一天裡面，納粹所槍斃的猶太人人數都多過整個俄羅斯帝國史上所有被殘殺的猶太人。[4]

從蘇聯官方的角度看來，猶太人遭德國屠殺並不會對這場戰爭造成太大影響。史達林認為，重要的不是大批猶太人遭屠殺，而是這件事有可能被納粹拿來在政治上大做文章。德方把猶太人與共產主義掛鉤在一起，並非只是反映出納粹的意識形態，也不只是要以此為藉口來進行大屠殺，而是可以拿來對付蘇聯的政宣利器。倘若蘇聯真的只是猶太人掌控的帝國，那麼按照納粹的邏輯，絕大多數的蘇聯公民壓根就沒有理由挺身保衛蘇聯政權。一九四一年十一月，史達林要幫蘇聯準備好的，是軍事與意識形態上的雙重防衛工作。他必須大聲疾呼，蘇聯才不是像納粹所說的那樣，是個猶太人掌控的國家，而是由俄羅斯人帶頭領導，屬於全體蘇聯人民的國家。十一月七日，就在明斯克的猶太人大遊行後走向死亡之際，史達林在莫斯科大閱兵。為了幫蘇聯人民打氣，也為了讓德國人知道他信心滿滿，他甚至還把駐紮莫斯科以西的紅軍，據守防禦位置的許多師召回，要他們在莫斯科的大街上參加大閱兵。他在當天的演說裡呼籲蘇聯人民要以「偉大的先賢先烈」為典範，提及六位十月革命以前的偉大軍人，而且每一位都是俄羅斯人。在這生死存亡的時刻，史達林特別以俄羅斯民族主義為精神號召。[5]

這次談話中，史達林把他的人民跟過去的俄羅斯帝國連結在一起，可是在一天前，他才剛提及帝俄政府殘殺猶太人的歷史。身為蘇聯共產黨的中央委員會總書記，他召喚的那些偉大軍人都來自於十月革命以前的帝俄時代，他必須向他們的英靈喊話。既然他肯定了俄羅斯民族在歷史上的關鍵地位，那麼他就是隱然貶低了蘇聯其他民族的角色，包括在德國占領區裡那些處境比俄羅斯人更為悲慘的其他族裔。在德國入侵蘇聯的那天，史達林的親信莫洛托夫問道：如果這是一場「偉大的衛國戰爭」，那什麼是祖國？是俄羅斯？還是蘇聯？如果這次軍事衝突是一場俄羅斯人保衛自己的戰爭，那麼該如何看待德國對於猶太人進行的大屠殺呢？

希特勒的反猶太言行可謂明目張膽，這讓史達林與其他同盟國領袖都陷入了一個極其兩難的困境。希特勒說，同盟國是為了猶太人而戰，而為了避免國人聽信此一說法，同盟國則必須堅稱自己是為了解放被壓迫民族而戰，不光只是為了猶太人。史達林對於希特勒那些政治宣傳的回應方式，可說形塑了往後整個蘇聯歷史的發展方向，直到其瓦解：所有德國的殺戮政策之受害者都是「蘇聯公民」，但蘇聯各族群中最偉大的，莫過於俄羅斯人。他的政宣首長亞歷山大．謝爾巴科夫（Aleksandr Shcherbakov）於一九四二年一月把這個立場講得更清楚：「蘇聯這個大家庭由各族組成，但各族以俄羅斯人為首，我們共同承擔著重責大任，與竊占我國領土的德國人拚鬥。」等到謝爾巴科夫說出這番言論之際，德國人已在莫洛托夫—里賓特洛甫線以東殺害了一百萬個猶太人，其中包括十九萬白俄羅斯猶太居民。[6]

天寒地凍之際，明斯克的猶太特區沒有電力與燃料，猶太人稱自己住的地方「彷彿死城」。一九四一到四二年之間的冬天，在戰前隸屬於蘇聯的地區裡，明斯克擁有最大的猶太特區，可能有七萬猶太人坐困其中。根據上一次（一九三九年）人口普查，該市的二十三萬九千居民中有大約七萬一千人是猶太人。一九四一年六月底，在德軍攻下明斯克以前，有些當地的猶太人已經逃走，後來在這一年的夏、秋兩季，又有幾千留在當地的猶太人遭槍斃。雖然逃走與死去者皆不少，但因為先前有不少波蘭猶太難民湧入城裡，猶太人口仍是人滿為患。這些難民都是一九三九年德軍入侵波蘭後逃過來的，但到了一九四一年德軍來犯後，他們已無法繼續逃難。往東逃亡的路線此時已遭封閉。一旦蘇聯政權從這片大地撤離，波蘭猶太人就再也沒機會遭蘇聯驅逐流放——在流放地的死亡率雖高，但至少不用吃德國人的槍子。一九四〇年杉原千畝曾在拉脫維亞救了不少猶太人，到這時也不可能安排那種拯救行動了。[7]

占領白俄羅斯後，德國將其部分區域改稱白魯塞尼亞總管轄區（General Commissariat White Ruthenia），首府設在明斯克。這個總管轄區只包含蘇聯時期白俄羅斯國土的四分之一：白俄羅斯東部仍由德軍統治，南部納入烏克蘭總督轄區，至於比亞維斯托克則是併入德國本土。白魯塞尼亞總管轄區加上波羅的海的三個占領區，就構成了東方總督轄區。無論是隸屬於白魯塞尼亞的非軍方政府治下，或是在東部占領區由軍方統治，白俄羅斯的猶太人都是生活在颱風行動戰線的後方。每當德意志國防軍順利往東挺進時，這些猶太人都會大量遇害；要是戰局不順，進度停滯，他們就還能繼續存在，不過也只是暫時存在。一九四一年年底，因為德軍無法拿下莫斯科，反而暫時救了明斯克這些猶太人一命。就在蘇聯把紅軍駐紮遠東地區的許多師調來防守莫斯科之際，德國也下令各個秩序警察大隊到前線去增援。這些警察原本的任務是在各地槍斃猶太人。十一月底，德國的攻勢依舊沒有進展，這時軍方終究明白一件事：就算把被俘或戰死紅軍士兵的靴子、外套都搶來給德軍用，他們也撐不過即將來臨的酷寒冬天。

軍方需要明斯克的猶太工人們加緊趕工，所以姑且就讓他們活過冬天。[8]

因為莫斯科撐住了，德國人就必須放棄他們原先對明斯克的安排：不能把明斯克人都餓死，也不能把城郊的農民都清除掉，必須讓一部分猶太人暫時存活下去。德國人在明斯克展示統治權威的方式是安排大批戰俘在猶太特區、在城裡列隊遊行。一九四一年年底，就在大批戰俘們很可能都快餓死之際，有一部分逃進猶太特區求生。與戰俘營相較，猶太特區仍是比較安全。一九四一

年的最後幾個月間，城郊各個過渡戰俘營、大型戰俘營的死亡人數還是多於城裡猶太特區的死亡人數。三五二號大型戰俘營的營區廣闊，可能是所有戰俘營裡死亡率最高的，該營所轄的關押設施有些在明斯克城裡，有些在城郊。該戰俘營在市中心施洛卡雅街（Shirokaia Street）有個營區，關押戰俘與猶太人。先前隸屬於內務人民委員部，位於圖欽卡的倉庫這時被德國人改為監獄與刑場。[9]

德國在明斯克占領區所實施的政策除了慘無人道，更讓人覺得死神隨時會找上門。一九四一年十一月七日那場慶祝蘇聯革命後把人全部處死的遊行只是各種屠殺事件之一，讓當地猶太人驚懼莫名，也對於自己會有何下場感到無所適從。戰前備受尊崇的猶太名人往往是德國人刻意羞辱的對象。有個知名科學家被逼著爬過位於猶太特區中心的銀禧廣場（Jubilee Square），背上頂著一顆足球。最終他還是遭到槍斃。德國人把猶太人當成家奴，要他們幫忙打掃家裡，清洗衣物。德國（奧地利）醫生伊爾姆弗里德．埃貝爾（Irmfried Eberl）先前巡迴德國各地，負責用毒氣了結殘障人士，來到明斯克後寫信回家告訴妻子，他根本用不到錢，那裡簡直像「天堂」。希姆萊造訪明斯克期間，當地德國人安排他欣賞猶太人遭處決的過程，還用攝影機拍成影片。後來他似乎還曾看過那影片，觀賞自己在片中的模樣與那一次大屠殺。[10]

猶太婦女所承受的苦難特別令人難熬。儘管納粹規定不得碰猶太女人，以免「玷汙雅利安血統」，但某些德國人卻很快就愛上了先姦後殺的變態滋味。至少曾有一次，德國人先舉辦了猶太婦女的「選美比賽」，帶往墓園後逼她們脫光衣服才殺光。在猶太特區，德國士兵常在夜裡找樂子，要猶太少女脫衣裸舞，到了清晨那些女孩已變成一具具冷冰冰的屍體。蓓拉・愛琴斯卡雅（Perla Aginskaia）曾回憶起一九四一年秋天某晚，她在明斯克猶太特區一間黑漆漆公寓裡的見聞：「小房間裡有一張茶几，一張床。那女孩的胸口有好幾道很深的傷口，已經發黑，血液還不停汩汩流出。顯然她是被先姦後殺的。她的外陰部四周都是槍傷傷口。」[11]

暴力並非自信心的展現，恐怖手段也無法證明德國人掌控一切。從一九四一年夏天到隔年初春，德國人在占領明斯克的頭九個月期間恣意謀殺強姦，但還是沒辦法取得壓倒性的掌控。

明斯克是個特別的城市，當地的社會結構對納粹的思維不屑一顧，這跟過去德國人在波蘭的遭遇很像。在這個蘇聯大都會裡，猶太人的歷史轉了個彎，與波蘭猶太人截然不同。歷經二十年的社會機會與政治脅迫，在白俄羅斯的猶太人已與往昔差異甚大。城裡這些高度都市化的猶太人並未生活在傳統的猶太社群裡，因為從一九二、三〇年代以來猶太的宗教與社群體制已遭蘇聯政府摧毀殆盡。年輕一代猶太人融入一般社會的程度甚高，甚至有許多人在蘇聯發給的文件裡是把自己登記為「白俄羅斯人」或「俄羅斯人」。儘管這件事在一九四一年之前對他們或許沒有太大意義，但到了納粹德國治下，卻可能救了他們一命。某些明斯克猶太人的交友圈大多為白俄羅斯人或俄羅斯人，同事也不會在意他們的宗教信仰與族裔背景。這種把自身猶太背景拋諸腦後的顯著案例之一，就是以撒・卡吉涅茲（Isai Kaziniets）：他組織了遍及明斯克全城的共產黨地下組織，但無論是他的朋友或敵人都不知道他的猶太人身分。[12]

蘇聯政府對猶太人抱持容忍態度，他們也樂於融入社會，但相應的代價是，養成了對當局指令全然屈服聽命的習慣。史達林當政期間，任誰若是對政治太過投入，都沒有好處。無論政治情勢為何，或有哪些政治路線存在，只要過於熱忱就必須承擔風險，因為政局與路線是會改變的。正因如此，在蘇聯統治底下，特別是一九三七至三八年的大清洗期間，人們已經學會了不要走在風頭浪尖。一九三〇年代的明斯克，只要有人太過招搖就會被內務人民委員部拖到庫拉帕蒂林地去槍斃。即便莫斯科當局深知，明斯克的蘇聯公民有充分理由抵抗德國人，當地共黨人士還是心知肚明，這也不足以保證他們在蘇聯政府回來後不會受到政治迫害。對於成立反抗組織，卡吉涅茲與所有當地共黨人士都有所猶豫，因為他們很了解史達林主義顧忌任何底層人士因為採取行動而鋒頭太健。要是由他們自己來做決定，他們會寧願選擇忍受希特勒，也不要史達林未來找他們算帳。[13]

敦促明斯克共產黨人士與猶太人採取行動的，反而是個外地人：來自波蘭的猶太裔共黨人士赫許·史莫勒（Hersh Smolar）。他在波蘭與蘇聯兩地都生活過，這奇特經驗讓他有足夠能力（或說有一股傻勁）可以不斷往前衝。一九二〇年代初期他在蘇聯求學工作，精通俄語——明斯克的主要用語。共產國際派他返回波蘭，當時共黨在該國是非法組織，這讓他習慣於從事地下工作，懂得怎樣對抗各地政府。因為他遭到波蘭警方逮捕監禁，反倒讓他躲過史達林當時在明斯克進行的大清洗行動，沒遭槍斃。一九三七到三八年間，史達林邀請波共黨員前往蘇聯，其實是要槍斃他們，但史莫勒仍在獄中，所以逃過一劫。一九三九年九月，蘇聯入侵波蘭，史莫勒不但獲釋，還進入蘇共政府服務。一九四一年六月他徒步逃離德軍魔爪，來到明斯克。德軍入城後他在明斯克猶太特區成立地下組織，並且說服卡吉涅茲，蘇共當局應該也會允許他們的地下組織遍及全城。卡吉涅茲問史莫勒：你有獲得誰授權嗎？他實話實說，那只是他的個人意見。史莫勒否認到底，反而讓卡吉涅茲深信他實際上是來自莫斯科的代表，但身分是高度機密，不能曝光。他們倆在猶太特區裡外都找到很多同志願意加入組織，所以到了一九四一年初秋，包括猶太特區與整個明斯克都已經被一個矢志抗德的地下運動組織給滲透。[14]

德國人成立猶太居民委員會與猶太警隊來掌控猶太人，但地下組織與之抗衡。在蘇聯占領區，跟波蘭占領區一樣，德國當局強逼猶太人移居猶太特區，接受猶太居民委員會的管理（德文稱為*Judenrat*）。在波蘭占領區的各大城，這委員會的成員通常都是戰前在猶太人社會中有頭有臉的人物，通常就是原有猶太社會體制中的領導人，那些體制過去在波蘭仍獨立期間都是合法的。不過在明斯克，這種猶太領導階層卻不可能在蘇聯治下繼續存在，因為蘇共政府已經徹底摧毀了猶太人的社群生活。德國人很難找到在猶太菁英階層中具有代表性的人物，所以也就不可能透過這類通常習慣於與政府妥協的人物來治理與掌控猶太人。明斯克最初的猶太居民委員會成員，看來是德國人隨意挑選的，而且也選錯了。整個委員會都與地下組織合作。[15]

一九四一年年底到四二年年初，只要有猶太人想要逃出猶太特區，猶太居民委員會就是可靠的管道。猶太警隊的駐紮地往往遠離委員會安排好的逃亡路徑。因為明斯克猶太特區只用有刺鐵絲網與外界隔離，只要警隊稍有疏忽，猶太人就能逃到近郊的森林裡。他們把幼童從鐵絲網圍欄裡帶出來，交給非猶太人家庭扶養，或幫忙送去孤兒院。某些年紀較長的孩子們熟知逃亡途徑，居然就當起了「嚮導」，帶人前往近郊的森林。希瑪・費特森（Sima Fiterson）就是這種帶路人，她隨身攜帶一顆球，只要她拿球出來玩，跟在她身後的人就知道有危險。孩子們適應得又快又好，但一樣也是身處恐怖險境。埃里希・馮・登・巴赫—澤勒斯基是管轄白俄羅斯的親衛隊與警隊高級領袖，在德國占領白俄羅斯的第一個聖誕節之前，居然把當地孩童的手套、襪子搶走。數以千計的手套、襪子就這樣送回德國，給親衛隊成員家中的小孩當禮物。[16]

跟其餘德國占領區的猶太人不同，明斯克的猶太人有處可逃。他們可以去近郊的森林投靠蘇聯游擊隊。他們知道有無數蘇聯戰俘遭德軍俘擄，其中有部分已經逃進森林裡。這些軍人知道自己若不逃，就會遭德國人槍斃或餓死，所以他們躲在森林深處。早在一九四一年七月，德國入侵蘇聯不久後，史達林就公開呼籲忠勇的共產黨員應該在敵後組織游擊隊，希望藉此在這自動自發的反抗運動開始壯大以前，就能獲得某種程度的掌控權。想要由中央來集體掌控此時仍然不可能，因為士兵們都躲在森林裡，而那些沒有逃走的共產黨員也必須盡力掩藏自己的黨員身分，不讓德國人知曉。[17]

不過，明斯克地下組織的反抗志士們還是試著支援那些手裡有武器的同志。至少曾有一次，猶太特區的地下組織成員營救了施洛卡雅街上戰俘營區裡的某位紅軍軍官；脫逃後他成為附近森林裡游擊隊的重要領導人，還反過來救了許多猶太人。德國人的工廠裡為中央集團軍的德軍士兵生產衣服與靴子，一部分遭猶太工人偷走，轉交給游擊隊使用。更了不起的是，兵工廠裡的工人們也會做同樣的事。德國人要求猶太居民委員會必須固定從猶太特區徵收定額「獻金」，但其中有一部分也被轉交給游擊隊。後來，納粹得出一個結論：整個蘇聯的游擊隊運動都是由猶太特區資助。這當然是因為在刻板印象中，猶太人都很有錢，但明斯克猶太特區對於游擊隊的幫助倒是真有其事。[18]

夢魇般的游擊戰嚴重破壞了德國的軍事計畫，軍方先前就對軍官三令五申，要他們對游擊隊毫不留情。軍方灌輸的觀念是：蘇聯士兵對紅軍政戰官員言聽計從，政戰官員往往教士兵們以「充滿亞洲野蠻風味」的非法方式進行游擊戰。當時游擊戰是非法的（現在還是），因為當身穿制服的兩軍交戰時，一個不成文的規範是只能對敵軍暴力相向，不能針對戰場周遭的平民。理論上來講，游擊隊會保護平民，免於敵對占領者的侵犯；但實際上，他們跟占領者一樣，也是要奪取平民的物資才能存活。因為游擊隊躲藏於平民之間，他們難免會招來占領者對當地居民採取報復行動——有時候甚至會故意引來報復，藉此用「以牙還牙」的口號來招募民眾加入游擊隊，或是讓占領者報復過後的倖存者別無選擇，只能進入森林當游擊隊。由於德軍軍力總是有限，而且一直會遭徵調遠赴前線，這更讓德國人對游擊隊的擾亂戰術多畏懼三分，無論駐紮占領區的德軍或民政當局皆然。[19]

白俄羅斯有許多森林與沼澤，是進行游擊戰的理想地點。德國陸軍參謀長後來曾妄想用核武來把這個沼地的人口徹底清除。當然，那時候還沒開發出核武的技術，但這種狂想卻一方面讓我們看到德國人的計畫有多無法無天，另一方面也反映出當地地勢不利於占領者，所以德國人心生恐懼。德軍用來嚇阻游擊戰的政策是：「讓當地人居民感到顫慄膽寒，完全失去抵抗的意志。」親衛隊與警隊高級領袖巴赫後來曾表示，希姆萊以反游擊戰為藉口來殘殺平民，終究只是想要藉此殺光猶太人與三千萬斯拉夫人而已。為了預防游擊戰而採取此一恐怖手段，對於德國人來講似乎也沒什麼壞處，因為無論是根據「大饑荒計畫」或「東方總計畫」，猶太人與斯拉夫人終究都是要被活活餓死。希特勒則是認為游擊戰的出現讓他能趁機把潛在的反對勢力都摧毀，所以當一九四一年七月史達林呼籲各地共產黨員反抗德國人，希特勒的反應也很激烈。即便在正式入侵蘇聯以前，他就已經跟德軍士兵們明說，他們就算對平民下手也不用負擔任何法律責任。這時他更是要求士兵與警察，「就算遇到斜眼看我們的人」，也務必要殺光。[20]

一九四一年年底，德國人打壓游擊運動時沒有遇到多少阻礙，更以「適當程度的報復行動」稱呼正在進行中的猶太大屠殺。一九四一年九月，德方在莫吉廖夫市附近召開了一次反游擊戰講習會，會議的高潮就是槍斃三十二名猶太人（其中十九人是女性）。會上的一般立場是：「有猶太人的地方就有游擊隊，有游擊隊的地方就有猶太人。」德國人想為此自圓其說，但卻不是那麼容易。不過，把猶太人視為懦夫與騙子的納粹種族主義思想卻有助於提供某種解釋：德軍指揮官們不大可能相信猶太人會真的拿起武器作戰，但卻常常認為游擊行動背後有猶太民眾撐腰。負責明斯克地區維安工作的貝托爾斯海姆將軍就深信：「如果有破壞行動源自於某個村莊，那只要把村裡所有猶太人清除，就等於是除掉所有犯人，或至少那些在犯人背後撐腰的人。」[21]

當時的氛圍是游擊隊不成氣候，德國人的報復行動又常拿猶太人開刀，所以明斯克猶太特區的大部分居民都不急著逃進森林當游擊隊。而且，儘管明斯克是個讓猶太人朝不保夕的地方，但至少他們還能待在家裡。大屠殺行動的確時有所聞，但到了一九四二年年初，至少有一半明斯克猶太居民仍能倖存。

情勢在一九四二年起了變化，不僅宣判白俄羅斯猶太人的死刑，也讓蘇聯的游擊行動獲得了新的力量。一九四一年十二月，面對「世界大戰」全面開打的局勢，希特勒公開表示希望殺光歐洲所有猶太人。德國在白俄羅斯變得不如以往強勢，還有希特勒挑明要殺光猶太人的主因之一，都是由於紅軍步步進逼。在一九四二年年初，往西挺進的紅軍部隊甚至能夠把德國的戰線打出一道缺口。這道北方集團軍與中央集團軍之間的缺口，史稱「蘇拉茲大門」（Surazh Gates），有半年的時間都是敞開的。直到一九四二年九月間，蘇聯政府都能夠把值得信賴的人員與武器運往白俄羅斯，藉此控制與援助當地游擊隊。蘇聯政府也藉此建立起相對可靠的聯繫管道。一九四二年五月，游擊運動中央司令部（Central Staff of the Partisan Movement）於莫斯科成立。[22]

希特勒明確表達殺光歐洲所有猶太人的決定，進而把猶太人與游擊隊之間的關係提升到抽象的層次：猶太人支助德國的敵軍，所以必須預先將其清除。希姆萊與希特勒都把猶太人的威脅跟游擊隊的威脅掛鉤。猶太人與游擊隊密不可分之說邏輯模糊，含混不清，但由於白俄羅斯是游擊戰的核心地帶，這對當地猶太人有何意義可說是清楚無比。在中央集團軍後方，由軍方掌控的占領區裡，猶太人於一九四二年一月再度開始遭到屠殺。一支特遣隊在卡車上漆有象徵猶太人的六芒星，沿街放送他們的任務目標：把猶太人都找出來殺光。特別行動隊B隊決心在一九四二年四月二十日以前殺光該隊責任區裡面的所有猶太人，藉此為當天生日的希特勒祝壽。[23]

明斯克的非軍方占領政府也遵循這一道新政策。一九四二年一月十九日，白魯塞尼亞的總管威廉．庫伯（Wilhelm Kube）與他的政策首長們開會。大家似乎都接受庫伯的說法：儘管德國在東方地區的偉大「殖民與政治任務」是殺光所有猶太人，但暫時還是必須留下少數猶太人，逼迫他們工作。明斯克的屠殺行動會在三月展開，趁猶太工作隊白天離開猶太特區去工作時，針對留在區內的居民下手。[24]

一九四二年三月一日，德國人對猶太居民委員會下令：隔天必須交出五千個猶太人給他們處決。猶太特區的地下組織要求委員會千萬不得出賣同胞，不過該會可能本來也沒打算那麼做。某些猶太警察不但並未幫忙把指定名額的猶太人交出去，甚至還對同胞們提出預警，要大家躲起來。三月二日，委員會交不出五千人，結果德國人開始槍殺孩童，把猶太孤兒院裡所有的院童都用刀子戳死。他們甚至還殺了一部分返家的猶太工人。當天總計有三千四百一十二人遇害。這次大屠殺有個倖存的猶太孩子叫做菲利克斯．立普斯基（Feliks Lipski）。早在史達林進行大清洗的時代，他的父親就已被指控為波蘭間諜而遭殺害，跟當時許多人一樣都消失無蹤，從此音訊杳然。這時那孩子看到許多他認識的人都已淪為深溝裡的屍體。他說，當下那各種各樣的白色令他難以忘懷：白皮膚、白內衣、白雪。[25]

一九四二年三月的行動失敗後，德國人瓦解了明斯克的地下組織，加速進行猶太大屠殺。到了三月底到四月初之間，遭德國人逮捕、槍殺的抗德志士大約有兩百五十一人，其中有非猶太人也有猶太人，甚至包括猶太居民委員會的主委（到了七月，連地下組織領袖卡吉涅茲也遭處決）。大約在此同時，海德里希造訪明斯克，顯然對部屬下了興建滅絕設施的命令。親衛隊隨即著手在明斯克郊外的瑪麗．特羅斯特內茲村（Maly Trastsianets）興建一個新營區。一九四二年五月以降，大約會有五萬人在那裡遇害。據德國官員的妻子們回憶，那裡是個騎馬的好地方，還可以拿到不少（猶太婦女遭槍斃前從身上脫下來的）毛皮外套。[26]

一九四二年七月底最後幾天，遇害的明斯克猶太人為一萬人左右。七月三十一日，珍妮塔・維西妮亞史嘉雅（Junita Vishniatskaia）寫了一封訣別家書給父親：「臨死前，我在此向您道別。這種死法令我好害怕，因為他們居然會把小孩活活丟進亂葬坑裡。永別了。我親吻您，我親吻您。」[27]

德國人有時的確不會槍殺幼童，而是把他們跟屍體一起拋進坑裡，任由他們悶死在地底。他們還能選擇另一種處決方式，藉此避免見到孩子們斷氣。毒氣廂型車在明斯克街頭巡邏，司機一路找尋無家可歸的猶太孩童。幾年前大清洗期間內務人民委員部的卡車曾被冠上「勾魂車」的別號，這別號到現在又給了那些廂型車。[28]

男孩女孩都知道自己要是被抓了會有何下場。在從斜板走進卡車赴死以前，他們往往會乞求一丁點最後的尊嚴：「拜託了，先生們。不要打我們，我們可以自己走進去。」[29]

到了一九四二年春天，明斯克的猶太人漸漸改觀，開始認為森林比猶太特區稍微沒那麼危險。赫許・史莫勒本人也被迫逃離猶太特區，投靠游擊隊。明斯克大約有一萬猶太人投靠蘇聯游擊隊，其中也許有一半倖存至戰後，史莫勒就是其中之一。不過，並非所有游擊隊員都歡迎猶太人。游擊隊成立的目的是打敗德國占領政府，而不是幫助民眾安然渡過占領時期。猶太人若沒有自備武器，往往會遭拒絕加入，遭拒者還有女人、小孩。猶太男性就算有武器有時候也會遭拒，其中甚至有些遭殺害搶走武器。

游擊隊首領深恐來自猶太特區的猶太人是德國間諜。這種指控聽來荒謬，其實不然。德國人的確會把猶太丈夫的老婆和小孩抓起來，要求他們到森林裡去找游擊隊，若是想與妻小重逢，就得要帶情報回來交換。[30]

逃進森林後，猶太人的處境於一九四二年期間逐漸改善，因為在游擊運動中央司令部終於批准後，某些猶太人也開始自組游擊隊。以色列．拉彼都斯（Israel Lapidus）組了一支五十人的游擊隊。修倫．佐林（Sholem Zorin）的一〇六小隊更有高達十倍的人力，屢屢奇襲明斯克，從猶太特區救人出來。雖然案例不多，但蘇聯游擊隊偶爾會聲東擊西，藉此幫助猶太人逃出猶太特區。某次，德國部隊要去血洗猶太特區的路上遭到游擊隊攻擊。在米爾鎮（Mir），歐斯瓦．魯非伊森（Oswald Rufeisen）為當地德國警隊擔任翻譯，他會幫忙偷渡武器進入猶太特區，等到警方接獲血洗猶太特區的命令時，他也會跟居民示警。[31]

圖維亞．畢耶爾斯基（Tuvia Bielski）是其中一支猶太游擊隊的領導，他所拯救的猶太人人數可能居所有游擊隊之冠。他非常明白，要在德、蘇兩強之間進行游擊戰有種種難處，這可說是他的強項。畢耶爾斯基的家鄉是原本的波蘭東北部，後來在一九三九年遭史達林併入蘇聯，屬於白俄羅斯西部，接著在一九四一年又被希特勒占領。他曾在波蘭陸軍服役，所以受過一些軍事訓練。他和家人都非常熟悉當地森林，可能是因為他們本來就會做一些走私的小生意。不過，應該說他本來就具有謀略天分，不光是憑經驗值取勝。一方面，他很清楚自己的目標是拯救猶太人而非殺死德國人。他和手下一般都會盡量避免與德方進行戰鬥。他總是說：「找死嗎？別急著開戰。」或是：「我們的人已經所剩無幾，所以要把這條命留下來。多救幾條猶太人命，這可比殺德國人重要多了。」另一方面，只要遇上了蘇聯游擊隊，即便對方就是以殺德國人為任務，他還是有辦法與他們好好合作。儘管他那四處遷移的游擊隊營區大多是以婦孺為成員，他的游擊隊領導地位還是受到蘇聯人認可。這種「解救重於反抗」的策略讓他得以拯救一千多條猶太人命。[32]

蘇聯的游擊運動越來越強大，但莫斯科當局的掌控程度也越來越高，在這情況下畢耶爾斯基可說是個特例。據蘇聯估算，一九四二年年初在白俄羅斯，游擊隊人數可能有兩萬三千人。等到游擊運動中央司令部於五月成立，人數也許已經翻倍，到了年底更再次翻倍。一九四一年的游擊隊員很少有辦法存活下來，但到了四二年，他們已經有辦法摧毀一些具有軍事與政治價值的目標。他們會埋設地雷來摧毀鐵軌與火車頭。他們的任務也包括阻止德國人的食物補給，並設法破壞德國占領政府的運作。實務上，想要破壞德國占領政府的運作，最安全的方式莫過於殺掉那些參與非軍方政府的通敵者，像是小鎮鎮長、教師、地主與他們的家人，因為這些人往往手無寸鐵。這並非「濫殺無辜」，而是蘇聯游擊運動到一九四二年十一月以前的官方政策。游擊隊往往能夠完全掌控一些他們稱之為「游擊共和國」（partisan republics）的營區。[33]

游擊運動有時的確能達到功效，但無論是猶太或非猶太的白俄羅斯民眾，卻也不可避免地受到致命的波及。要是蘇聯游擊隊阻止農夫上繳食物給德國人，那幾乎就意味著農夫會遭德國人的毒手。他們受蘇聯槍枝的威脅，然後死於德國槍枝的槍口下。若是德國人認定有哪個村落已經受游擊隊控制，就會放火將農舍、農田盡數燒毀。就算德國人無法可靠地獲得穀物，他們也一定可以破壞收成，讓穀物不會落入蘇聯人手裡。每次只要有火車遭到游擊隊破壞，那破壞地點附近的居民幾乎絕無可能保住性命。埋設地雷時，游擊隊也知道地雷可能炸傷蘇聯公民。德國人掃雷的方式，是逼迫白俄羅斯人與猶太人手牽手走過雷區。一般來講，蘇聯領導階層並不大在意這種人命損失。死去的蘇聯人本來就已經落入德國占領政府手中，因此都有通敵之嫌，所以他們的性命甚至比一般蘇聯民眾更不值得一提。不過，德國人的復仇行動也導致游擊隊人數激增，因為倖存者已無家可歸，沒有家人，也無謀生之道，自然別無選擇。[34]

蘇聯領導階層自然也不大在意猶太人的苦難。一九四一年十一月以後，史達林就再也沒提過猶太人是希特勒魔爪的受害者。的確有某些游擊隊指揮官設法保護猶太人。不過，跟英、美兩國一樣，蘇聯似乎並未認真思考直接採取軍事行動來拯救猶太人。蘇聯體系的思維向來是極力打壓人民的獨立行動，而且也向來不大看重人命的價值。猶太特區的居民遭強逼為工人，為德國的戰爭出力，所以莫斯科高層自然選擇漠視他們在亂葬坑旁遭大批處死的事實。至於那些阻礙德國人的猶太人則是被視為潛在的威脅，因為他們有能力自己採取積極行動，也許會阻止蘇聯回去重建政權。根據史達林的思維，這兩種猶太人都很可疑：無論他們是選擇留在猶太特區，並為德國人工作，抑或是選擇離開，展現出採取獨立行動的能力。事實證明，明斯克當地共產黨人採取猶豫態度是有道理的：莫斯科的游擊運動中央司令部認為他們的反抗組織是假的，背後受到蓋世太保操弄。他們解救明斯克的猶太人，也為蘇聯游擊隊提供補給，到頭來卻遭貼上希特勒打手的標籤。[35]

根據列夫・克拉維茲（Lev Kravets）回憶，許多猶太人光是獲准加入游擊隊，「就有一種獲得解放的感覺」。猶太女性的處境一般而言更加艱難。游擊隊員往往謔稱隊上女孩與女人為「妓女」，女游擊隊員別無選擇，只能找一個人罩她們。也許就是因為這樣，參加過游擊隊後全身而退的蘿莎・格拉希莫瓦（Rosa Gerassimova）回憶起當年的生活，才會說：「生活真的很煎熬，但我真的是靠游擊隊員才能活下來。」某些游擊隊指揮官，無論是不是猶太人，的確試著保護老弱婦孺居住的「家庭營地」。有幸生活在家庭營的孩子們自創某種捉迷藏遊戲，玩法是由「德國人」追捕「猶太人」，「游擊隊」扮演保護者的角色。這些孩子的確是受到游擊隊保護，游擊隊的確也拯救了大約三萬猶太人，但總體看來他們的行動到底是刺激德國人殺害更多猶太人，或者真有阻止德國暴行的功效，仍然有待釐清。發生在德軍後方的游擊戰讓德國不得不把部分警隊與軍隊調離前線。而回到敵後地區的警察與士兵幾乎總是覺得，與其跟游擊隊員追逐交戰，不如直接拿猶太人開刀還比較容易。[36]

一九四二年下半年，德國的反游擊隊行動幾乎與屠殺猶太人之舉密不可分。那年八月十八日，希特勒下令：年底前務必將白俄羅斯的所有游擊隊盡數「殲滅」。先前他也已經通令各個占領區，在同樣的期限內要殺光猶太人。「特別處理」這個委婉用詞開始出現在許多報告中，其實就是槍斃。被處理的對象包括猶太與白俄羅斯一般民眾。屠殺這兩類人的理由有點互為因果，但邏輯大致上站得住腳：在一九四一年，原本猶太人是因為「游擊隊員」的身分而遭屠殺，但那時候還沒真正具有威脅性的游擊運動存在；等到一九四二年游擊運動真的成了氣候，那麼所有村民也必須「比照猶太人」，一律予以清除。納粹不斷強調猶太人就等同於游擊隊，這種修辭成了惡性循環，唯有兩個族群全都消失殆盡，才能了結一切。[37]

到一九四二年年中，猶太人的數量快速減少，但游擊隊員的人數卻驟增。這並未改變納粹的思維，唯一的差別是，納粹人員對待白俄羅斯一般民眾的方式越來越像是在對待猶太人。游擊隊員與猶太人都變得難以追查，前者是因為勢力太過強大，後者則是出於人數過於稀少，德國人只好轉而鎖定非猶太的白俄羅斯民眾，進行一波波前所未見的殺戮行動。對這時的德國警方來說，最終解決方案就是反游擊行動，兩者已無分別。

在此只舉一次行動為例：一九四二年二月二十二至二十三日這兩天，秩序警察三一〇大隊受命摧毀三個村落，官方說法是村民與游擊隊有關。到了第一個村落博基村（Borki），警隊逮捕全村居民，要男女老幼走上七百公尺，然後拿鏟子給他們幫自己挖墳。從早上九點到晚上六點，警隊持續槍斃村民，未曾停歇，總計有兩百零三個男性、三百七十二個女性、一百三十個孩童遇害。警隊放一百零四人一馬，理由是他們「善良可靠」，不過實在很難想像他們在看過如此慘劇後依舊能保持「善良可靠」。凌晨兩點，三一〇大隊接著前往下一個村落札博洛伊澤村（Zabloitse），在五點半將其包圍。他們逼所有當地居民到附近學校集合，然後槍斃了兩百八十四個男女老幼。第三個村落是柏瑞索沃卡村（Borysovka），據大隊的報告看來，遇害的男女老幼總計一百六十九人。四週後，該大隊受命前往另一個工作營區消滅猶太人。十月二十一日，他們用非常相似的手法殺了四百六十一個猶太人：唯一的差別是，這回不需要採取奇襲策略，因為營地本來就有警衛，他們無法預先逃走。[38]

儘管持續推進新的攻勢，但在一九四二年德國人只贏了這一場針對猶太人的「戰爭」。北方集團軍持續圍攻列寧格勒，中央集團軍進軍莫斯科的行動持續膠著。而南方集團軍早該奪下窩瓦河流域，取得富含油礦的高加索山區。一九四二年八月，南方集團軍有些部隊開抵窩瓦河流域，但卻無法拿下史達林格勒。德軍部隊的確以很快速度穿越俄羅斯南部，進入高加索地區，但到了冬天卻無法拿下該處的關鍵區域。這會是德軍在東線戰場所發動的最後一次重大攻勢。到了一九四二年年底，德國人已於白俄羅斯殺了至少二十萬零八千零八十九人。不過，殺了再多猶太民眾也擋不下紅軍，甚至也無法阻礙游擊隊。[39]

一九四二年秋天，因為後方人力不足，再加上前方戰情吃緊，無法抽調部隊來後方，德國人必須讓反游擊隊行動更加有效率。希姆萊任命當地的親衛隊與警隊高級領袖巴赫為反游擊隊行動的首長，管轄範圍包括各個非軍方政府治理的地區。實際上，這個職務就落在巴赫的副手庫爾特・馮・哥特堡（Curt von Gottberg）身上。哥特堡是個酒鬼，要不是有希姆萊親自出面包庇，他早就遭親衛隊開除。哥特堡的左腿膝蓋以下遭截肢，但那並非因為他是一戰老兵，而是因為他開車撞上果樹，事後遭親衛隊革職。希姆萊不但付錢讓哥特堡裝義肢，還幫他復職。派他來白俄羅斯是讓他有機會證明自己能有所作為，他也能把握良機。僅僅接受一個月的警察訓練後，他受命成立自己的「戰隊」（Battle Group），該單位活躍於一九四二年十一月到隔年十一月。在戰隊投入行動的頭五個月裡，根據該隊自己的報告指出，總計殺了九千四百三十二個「游擊隊員」，一萬兩千九百四十六個「疑似游擊隊員」，還有大約一萬一千個猶太人。換言之，戰隊平均每天要槍斃兩百人，幾乎全是老百姓。[40]

手段最凶殘的單位莫過於親衛隊所屬的迪勒萬格特遣隊（Special Commando Dirlewanger），這隊伍先前於一九四二年二月就已經來到白俄羅斯。無論是在白俄羅斯，或在二戰期間的所有戰區裡，很少人像奧斯卡·迪勒萬格（Oskar Dirlewanger）那樣殘暴。他是個有暴力傾向的酒鬼兼毒蟲。一戰戰後，他參與德國右翼民兵組織的戰鬥，整個一九二〇年代初期除了折磨過許多共產黨人，還寫了一本以計畫經濟為主題的博士論文。一九二三年，他加入納粹黨，但因為屢屢發生交通事故，又曾與一位未成年少女發生性關係而危及自己的政治前途。一九四〇年三月，他自告奮用，負責帶領一支特殊的盜獵者大隊（Poachers' Brigade），隊裡的成員都是一些因為在他人土地上打獵而遭囚禁的罪犯。某些納粹高層把這些罪犯美化，認為他們是最純粹的原始日耳曼人，是抵抗法律暴政的法外之徒。這些獵人一開始奉派前往波蘭東部的盧布林市，在那裡招募了更多罪犯，其中甚至有殺人犯與精神病患。到了白俄羅斯，迪勒萬格的確會與游擊隊交戰，但受害者更多都是村民，只因為村落地點而遭害。迪勒萬格偏好的手法是把村民趕進穀倉，點火後用機關槍掃射任何企圖逃走的人。奉派前往白俄羅斯各地執行任務期間，這親衛隊所屬的迪勒萬格特遣隊殺了至少三萬個當地民眾。[41]

在正規軍部隊力不從心之際，包括迪勒萬格特遣隊在內，好幾個武裝親衛隊與秩序警察大隊奉派前往白俄羅斯增援。到了一九四二年年底，德軍士兵都已身心俱疲，意識到部隊節節敗退。軍方表明他們可以隨意對待民眾，不受法律拘束，如果抓到游擊隊員則是要以最殘暴的手段處置。奉派參與反游擊隊行動的士兵往往感到焦慮，因為敵人神出鬼沒，而且比他們更懂得運用地利之便。德意志國防軍的部隊這時正與警隊和親衛隊合作，這兩種非軍方單位先前已有一段時間的主要任務就是大規模屠殺一般民眾，並特別鎖定猶太人。各界都知道他們的職務就是將游擊隊鏟除殆盡。綜合這些情況看來，平民死亡數字會那麼高就顯得理所當然，無論德國人採用的殺人手段為何。

一九四二年年中以降，德國人主要採用所謂的「大作戰」（Large Operations），事實上這類任務就是為了屠殺白俄羅斯平民與當地猶太人而**特地設計**的。德國人無法擊敗游擊隊，於是便殺了所有可能幫助游擊戰的民眾。各單位每天都有必須達成的殺人數額，而他們達標的方式通常就是包圍村落後把大多數居民槍斃。他們在亂葬坑旁行刑，也有不少人看到迪勒萬格的手法後就起而效尤，把人全都趕進穀倉裡燒死，或是逼村民去掃雷後炸死。一九四二年秋天到隔年年初，凡是與游擊隊有瓜葛的猶太特區與村落都遭到消滅。一九四二年九月的「沼澤熱行動」（Operation Swamp Fever）期間，迪勒萬格特遣隊殺了仍然生活在巴拉諾維奇（Baranovichi）猶太特區裡的八千三百五十個猶太人，接著又了結了三百八十九個「盜匪」與一千兩百七十四個「疑似盜匪」。這些行動的指揮官是弗里德里希·耶克爾恩——派駐東方總督轄區的親衛隊與警隊高級領袖，而且先前在烏克蘭卡緬涅茨—波多利斯基市的猶太大屠殺，還有拉脫維亞里加市猶太特區居民的大滅絕，他都是主謀。一九四三年二月，「霍農行動」（Operation Hornung）首先拿斯盧茨克（Slutsk）的猶太特區開刀，全數居民大約三千三百人都遭槍斃。在該市西南方的某個地區，德國人又多殺了大約九千人。[42]

到了一九四三年年初，德軍與蘇聯游擊隊互相較勁，導致被捲入的許多白俄羅斯人民（尤其是年輕男性）無辜死去，這讓德、蘇雙方的意識形態都顯得毫無意義。德國人欠缺人手，就招募當地人加入警隊，然後到一九四二年下半年，又讓這些人成立肩負「自衛任務」的民兵部隊，而這些當地人裡面有不少人在戰前都是共黨黨員。在游擊隊方面，則是從一九四三年開始招募德國警隊裡的白俄羅斯警員，因為這些人至少有一些武器，也接受過最起碼的訓練。[43]

等到白俄羅斯人有機會做出選擇時，左右他們選擇幫蘇聯或德國而戰的動機，並非任何地方的政治情勢或意識形態的偏好，而是德意志國防軍的潰敗。南方集團軍的夏季攻勢失敗，導致整個第六軍團（Sixth Army）在史達林格勒圍城戰期間遭到殲滅。等到德意志國防軍潰敗的消息於一九四三年二月傳到白俄羅斯，德國掌控的警隊與民兵部隊裡有多達一萬兩千人叛逃，加入蘇聯游擊隊。根據一份報告指出，光是在二月二十三日當天就有八百人改投蘇聯陣營。這意味著，那些原本在一九四一到四二年幫忙納粹殘殺猶太人的白俄羅斯人，到了一九四三年就加入了蘇聯游擊隊。更特別之處在於，負責招募這些白俄羅斯警察的游擊隊政戰軍官，有時候居然是那些差點被白俄羅斯警察殺死、僥倖逃離猶太特區的猶太人。奮勇逃離猶太大屠殺的倖存猶太人，招募了許多屠殺他們同胞的劊子手。[44]

在一九四三年，只有猶太人（或說仍然留在白俄羅斯的少數猶太人）有清楚的理由，讓他們只能選擇蘇聯那一邊。因為德國的立場再明確不過，把他們當成這場戰爭的死敵。既然德國是只想殺光他們的敵國，那就算游擊隊過著九死一生的日子，他們還是有加入蘇聯那一方的強烈動機。對於白俄羅斯人（還有俄羅斯人與波蘭人）而言，無論加入哪一邊，風險幾乎一樣高，但容許他們不選邊站的可能性已經漸漸消失。無論白俄羅斯人最後選擇戰在哪一邊，甚至為此戰死，他們的選擇往往是出於機遇：因為有蘇聯游擊隊或者德國警察到他們村裡去招募人手，剛好在村裡的人就加入了——尤其是年輕人，往往都是被趕鴨子上架。既然雙方都知道成員的加入都只是機遇使然，新成員往往必須接受可怕的忠貞度測驗：好比若有自己的親友為另一方效力但卻遭捕獲，甚至必須親手殺掉他們。隨著越來越多白俄羅斯人被迫加入游擊隊，或是被匆促成軍的各種德國警隊與民兵部隊招募入伍，這一類事件正足以反映出當時的情況：在外力的介入之下，白俄羅斯變成一個分裂對立的社會。[45]

德國在每個地方的政策都會受制於經濟考量，在白俄羅斯也不例外。到了一九四三年，相較於食物短缺的問題，德國人更為擔心的反而是勞動力短缺，所以他們在白俄羅斯的政策也做出相應調整。隨著對蘇戰事持續進行，德意志國防軍每個月都遭逢嚴重損失，納粹已經開始需要把農場與工廠裡的德國人徵調到前線。為了確保德國的經濟體系能夠保持正常運作，那就必須找到頂替這些人的勞動力來源。一九四二年十月，戈林下達一條特別的指令：可疑村落裡的白俄羅斯男性不用槍斃，而是要饒他們一命後送往德國去強迫勞動。有工作能力的人就不會遭槍斃，而是在經過「篩選」後去做工，就算他們先前曾拿起武器反抗德國人也不例外。到了這時，戈林似乎認為勞動力是這些人對第三帝國的最大貢獻，這也比白白殺死他們有意義。因為蘇聯游擊隊控制的領土更勝於以往，再加上游擊隊本來就會阻礙食物供應，德國人能取得的食物數量也來到新低點。要是白俄羅斯農民無法在他們的家鄉幫德國工作，那倒不如把他們遣送到德國去做工。死神在此露出猙獰面目。戈林的命令有其弦外之音，希特勒於一九四二年十二月幫他一語道破：婦孺是比較沒有用的勞動力，所以應該槍斃。[46]

這是德國在東方地區徵集勞動力的特殊案例，令人大開眼界。這類行動原本以總督府徵集波蘭勞工為濫觴，後來擴及烏克蘭，最後在白俄羅斯達到血腥的最高點。到戰爭結束前，被強迫前往第三帝國工作的東方外勞（大多為斯拉夫人）約有八百萬之譜。這個發展相當詭異，特別是考慮到納粹的種族主義：數以百萬計德國人遠征國外，殺了數百萬納粹所謂的「次等人」，結果到頭來還要把數百萬剩餘的「次等人」運回德國去，做那些本來該由德國人做的工作——若非出國去殺人，他們本來大可以自己做那些工作。這一切到底所為何來？納粹在國外殺了一堆人，結果卻是讓德國國內的斯拉夫人比例來到歷史新高。（詭異的狀況將在一九四五年的頭幾個月達到最高點。屆時德國會把倖存的猶太人送回德國本土的強迫勞動營去工作。德國人把五百四十萬猶太人當成種族大敵殺光後，卻把僅存的猶太人送回本土工作。要不是那些德國人都出國殺人，這些工作本來可以他們自己做。）

在這項新政策之下，德國警察與士兵將會把白俄羅斯婦孺殺光，然後讓他們的父兄、丈夫淪為奴工。如此看來，一九四三年春、夏兩季的反游擊行動可說是前所未見的戰事，本質上是一種徵集奴工的行動。不過，這種追捕奴工並殺光妻小的行動偶爾會遭遇蘇聯游擊隊抵抗，有時候還會造成德國人的傷亡。一九四三年五、六月的「神槍手行動」與「吉普賽男爵行動」（Operations Marksman and Gypsy Baron，兩次行動名稱分別源自於歌劇與輕歌劇）期間，德國人的目標是確保明斯克地區鐵路的掌控權，同時在該地區拉伕回德國工作。據報告指出，最後他們殺了三千一百五十二個「游擊隊員」，將一萬五千八百零一位勞工遣送德國。不過，也有兩百九十四個德國人喪生：德、蘇兩方的死亡率是低得極其荒謬的一比十——前提是我們必須相信報告中的所有游擊隊員都真的是游擊隊員（並不是），而非一般民眾（大多是）。無論如何，這數字還是相當驚人。[47]

一九四三年五月的「科特布斯行動」（Operation Cottbus）期間，德國人企圖在明斯克北方一百

芬蘭
瑞典
赫爾辛基
拉多加湖
芬蘭軍隊
列寧格勒方面軍
塔林
列寧格勒
季赫溫
波羅的海
沃爾霍夫方面軍
諾夫哥羅德
北方集團軍
屈希勒元帥
傑米揚斯克
窩瓦河
里加
霍爾姆
西北方面軍
加里寧
東方總督轄區
大盧基
涅韋爾
勒熱夫
考納斯
德維納河
加里寧方面軍
莫斯科
維爾紐斯
奧卡河
斯摩棱斯克
德國
梁贊
明斯克
西方面軍
中央集團軍
克魯格元帥
布良斯克
華沙
奧廖爾
白俄羅斯方面軍
蘇聯
布列斯特
普里佩特河
戈梅利
平斯克
盧布林
波里西亞濕地
切爾尼戈夫
庫斯克
沃羅涅日
總督府
盧茨克
羅夫諾
沃羅涅日方面軍
勒維夫
日托米爾
基輔
別爾哥羅德
聶斯特河
草原方面軍
頓河
哈爾科夫
文尼察
聶伯河
伊久姆
西南方面軍
南方集團軍
烏克蘭總督轄區
匈牙利
曼斯坦元帥
第聶伯羅彼得羅夫斯克
史達林諾
南方面軍
頓河
基希涅夫
塔甘羅格
尼古拉耶夫
梅利托波爾
馬里烏波爾
羅斯托夫
奧德薩
亞速海
羅馬尼亞
北高加索方面軍
A集團軍
克萊斯特元帥
克里米亞
刻赤
布加勒斯特
多瑙河
新羅西斯克
塞凡堡
索菲亞
黑海
保加利亞
希臘
伊斯坦堡
土耳其
東線戰場情勢
(1943年7月)
蘇聯在1943年初的攻勢

四十公里處的某地區殲滅所有游擊隊員。各個村落輪流遭殃，所有村民遭德軍趕進穀倉後活活燒死。隔天，其他村落的居民會看到那些已經沒有主人的豬狗，嘴裡叼著燒焦的人類手腳。官方紀錄裡的死亡人數為六千零八十七，但在這次行動中光是迪勒萬格特遣隊回報的「戰果」就高達一萬四千人。死者絕大多數都是婦孺，大約有六千個男性遭遣送到德國去做工。[48]

一九四三年夏天，根據戈林的名字命名的「赫曼行動」（Operation Hermann），可說是反映出這種經濟思維的絕佳範例。七月十三至八月十一日期間，德國各戰隊都必須選擇一個區域，把居民中的老弱婦孺殺光，只留下可望提供生產力的男性，能夠帶走的財產全數充公，所有建物與帶不走的物品都焚毀殆盡。從白俄羅斯、波蘭各地人口選出勞工後，婦孺與老人都遭到槍斃。這個行動在白俄羅斯西部進行——這一大片土地原本隸屬於波蘭，先是在一九三九年遭入侵後併入蘇聯，接著又在一九四一年被德國入侵後占領。[49]

這個地區的森林裡也有波蘭游擊隊，隊員都認為應該把那些土地歸還給未來復國後的波蘭。因此，德國在此進行的反游擊活動必須同時對付蘇聯游擊隊（代表一九三九到四一年之間統治當地的政權）與波蘭地下組織（組織成員都是為了恢復波蘭獨立而戰，力求祖國能夠恢復到一九一八到三九年之間的原狀）。這些波蘭部隊隸屬於波蘭救國軍（Polish Home Army），受流亡於倫敦的波蘭政府監督。因為波蘭是同盟國的一員，所以原則上波蘭與蘇聯的部隊應該要聯手抗德。不過，因為蘇、波兩方都宣稱自己對於這些土地擁有主權，實際情況就複雜了起來——蘇聯認為那是「白俄羅斯西部」，波蘭人卻認定那裡是「波蘭東北部」。波蘭戰士們發現自己被同樣無法無天的蘇、德兩國部隊夾殺。當波蘭部隊拒絕聽命於莫斯科，波蘭民眾就會遭蘇聯游擊隊屠殺。例如，蘇聯游擊隊就曾在一九四三年五月八日槍殺了一百二十七個納里波基村（Naliboki）村民。[50]

一九四三年夏天，紅軍軍官邀請波蘭救國軍軍官談判，然後趁對方前往會面地點途中予以殺害。蘇聯游擊隊的指揮官深信，對付波蘭救國軍的最好方式，就是向德國人舉報他們，讓他們遭到槍斃。波蘭游擊隊也會受到德國人的攻擊。波蘭指揮官們在不同時間點都曾與蘇、德雙方聯絡過，但卻無法真正與任何一方結盟：畢竟，波蘭人的目標就只是恢復波蘭的獨立地位，取回該國在兩次大戰之間的原有土地。隨著希特勒的力量漸漸消退，史達林如日中天，他們的心願看來還是很難達成。至於到底有多難，游擊隊活躍的白俄羅斯沼澤地區就提供了最清楚的範例。[51]

一九四三年，「赫曼行動」與隨後幾次行動把某些地區的人口清空後，便成為德國人所謂的「死亡地區」（dead zones）。在這些地區若有倖存的白俄羅斯人被發現，按德國人的說法，就是「眾人皆可殺之」。一九四三年四月的「復活節兔子行動」（Operation Easter Bunny）期間，德意志國防軍的第四十五維安團（45th Security Regiment）在此任意殘殺民眾。於一九四三年春天被派往白俄羅斯的特別行動隊D隊殘部也參與了這次行動。先前，這支部隊在俄羅斯南部與烏克蘭南部行動，那兩個地區是南方集團軍在史達林格勒遭擊潰後殘部往回撤退的地方。當時特別行動隊D隊在那裡負責掩護撤退的德軍，只要哪裡據報有抵抗活動，就會前往該處殘殺民眾。到了白俄羅斯，即便沒有遇到村民抵抗，特別行動隊也會焚村殺人，搶走所有家畜。這時D隊已用不著掩護德意志國防軍的撤退行動了，因為德軍已經往更南方而去，但D隊則是要為自身的撤退做準備。[52]

會在這些死亡地區採取那麼多行動，意味著德國人已經意識到蘇聯政權很快就會重返白俄羅斯。這時南方集團軍的軍力已經大幅減退，歷經多次重新編組，並且繼續向後撤退。北方集團軍仍然包圍著列寧格勒，但也只是苦撐而已。白俄羅斯本身仍然位於中央集團軍的陣線後方，但這條陣線也維持不了多久。

占領白俄羅斯期間，德國軍方與非軍方的領導人都多次意識到大屠殺的恐怖政策已經行不通：如果要打敗紅軍，就必須想辦法來提升當地民眾的士氣，光靠恐怖手段並無法促使他們支持德國的統治。事與願違。在蘇聯占領區的每個地方，德國人的惡行惡狀都已讓大多數人民企盼著蘇聯政權的歸來。獲派前往白俄羅斯的某位德國政宣官員坦言，若要對當地民眾進行政宣，他可說是計無可施。[53]

在所有爭取當地人支持的嘗試中，背後有德國撐腰的俄羅斯人民解放軍（俄文的縮寫是RONA）堪稱最為戲劇性。該部隊的指揮官布羅尼斯拉夫．卡明斯基（Bronislav Kaminskii）是蘇聯公民，文件上登記的族裔是俄羅斯，但有波蘭甚或德國血統。他顯然曾於一九三〇年代遭遣送到蘇聯的特殊開墾聚落，總是強調自己強烈反對集體化運動。由於獲得德國特准，卡明斯基得以在俄羅斯西北部小鎮洛科特（Lokot）成立一個半自治區，並負責那個地區的反游擊行動。相較於其他地方的農民，當地人可以保留多一點自己生產的穀物。在戰局開始不利於德國之後，卡明斯基與他的整支部隊獲派前往白俄羅斯去扮演類似角色。卡明斯基的職責是與當地游擊隊交戰，但他與手下的實力只夠勉強保住自己駐紮的營地。這不難理解，因為白俄羅斯當地人都把俄羅斯人民解放軍當成外國人，嘴裡大談財產權的概念，但卻來搶別人的地盤。[54]

一九四二到四三年，白魯塞尼亞的總管威廉・庫伯為了鼓勵當地人反抗紅軍，有些做法其實違背了德國殖民主義的基本原則。他嘗試過的手段包括：給予當地人德國籍、贊助白俄羅斯學校、組織各種白俄羅斯人組成的委員會與民兵部隊。一九四三年六月，他甚至廢除了集體化農業制度，宣布白俄羅斯農民可以擁有自己的土地。此一政策在兩方面來講可說荒謬無比：一方面，鄉村地區大多已由游擊隊控制，他們會殺害集體化耕作制度的反對者；另一方面，德國軍警則是用更極端的手段毀了私有財產制，包括打劫、燒毀農莊，殺害農家民眾，還有把農民遣送到德國去強迫勞動。既然德國人連白俄羅斯農民的生存權都不重視了，農民自然難以相信德國人承諾給予私有財產權的新政策。[55]

即便庫伯的種種政策能起到某種程度的效果，最終仍然反映了德國不可能成功殖民東方地區。原本應該要被餓死、被取代的斯拉夫人，庫伯卻希望治理他們，在他們的幫助下對抗蘇聯。原本維持集體農場是為了奪取農場生產的食物，但庫伯卻提議解散集體農場，讓白俄羅斯農民依其意願進行耕種。庫伯的做法同時違反了德、蘇兩方的政策，但卻恰好反映出雙方在鄉間政策方面的相似性。無論是蘇聯強調自給自足的殖民方式，或德國以種族政策為前提的殖民方式，最終目的都是進行有意識的經濟剝削。不過，因為納粹德國比較嗜殺，也因為德國殺人的惡行惡狀讓人民記憶猶新，兩害相權取其輕的狀況下，蘇聯政權就變得可以期待，甚至被視為解放者。蘇聯游擊隊的阻礙讓庫伯的實驗以失敗告終：一九四三年九月，他被女傭在他床下擺的炸彈炸死。[56]

白俄羅斯堪稱德、蘇兩國體系發生最多重疊與互動的地方。該地領土相對較小，卻是交戰激烈、游擊隊活躍與大規模暴力橫行的地方。白俄羅斯處在德國中央集團軍的戰線正後方，承受該軍為了奪取莫斯科而不計代價的剝削。蘇聯紅軍所屬的白俄羅斯方面軍（Belarusian Front）各師部隊則是磨刀霍霍，隨時準備要重返當地。無論是德國占領當局或游擊隊組織都無法完全掌控當地，而且在沒有可靠資源能運用，也沒有道德誘因能促使民眾效忠己方的情況下，雙方的行動也都是以恐怖手段為後盾。白俄羅斯是全歐洲猶太人口最稠密的地方，注定遭來毀滅的命運，但反抗的程度卻也異常激烈。看來，有最多猶太人反抗希特勒的地方非明斯克與白俄羅斯莫屬——不過除了少數例外，他們絕大多數都是選擇效忠蘇聯政權後才有能力抵抗納粹。畢耶爾斯基與佐林的游擊隊是全歐洲兵力最多的猶太游擊組織。[57]

從社會學角度討論大屠殺時，往往會使用「灰色地帶」，「兩邊討好的模糊空間」（閾限），或「邊緣地帶」等令人欣慰的陳腔濫調，但前述三者在這裡都不可能存在。在白俄羅斯，只有黑上加黑。德國人把猶太人當游擊隊員殺害，結果許多猶太人變成游擊隊。變成游擊隊的猶太人為蘇聯政權效力，因此也會對民眾施以報復手段，因為那就是蘇聯的政策。白俄羅斯的游擊戰是希特勒、史達林兩人較勁而產生的病態後果，只因他們倆都完全忽略戰爭法，拉高戰線後方的衝突情勢。一旦巴巴羅薩行動與颱風行動都失敗，德國就再也不用妄想控制後方了。一如德國人的各種事前規劃，最開始的反游擊政策只有在快速獲得全面勝利的狀況下才能奏效。德國有足夠的人力殘殺猶太人，但卻不足以對抗游擊隊。由於人手不足以掌控占領區，德國人只能靠殺雞儆猴的威嚇手段。恐怖手段原本是要用來強化德國人的掌控力，但沒想到最後獲得強化的，卻是史達林的權力。

蘇聯的游擊運動崛起後，德國人曾試著予以打壓。不過，德國人採取的政策實際上就只是大屠殺，再無其他。根據一份德意志國防軍的報告，一萬零四百三十一個游擊隊員遭槍斃，但繳獲的槍枝卻只有九十支。這意味著遇害者事實上幾乎都是一般民眾。就在迪勒萬格特遣隊的殺人數字達到一萬五千人之際，特遣隊的人員傷亡卻僅有九十二人，而且其中許多人還是遭友軍誤殺或死於酒後事故。敵我之間的死亡數字能夠如此懸殊，可能性只有一個：受害者都是手無寸鐵的民眾。德國人假反游擊行動之名，總計在白俄羅斯的五千兩百九十五個不同地點殘殺白俄羅斯裔、猶太裔、波蘭裔或俄羅斯裔的民眾。這些地點裡有數以百計的村落與小鎮遭焚毀殆盡。整體而言，德國人在反游擊行動中殺了大概三十五萬人，其中至少有九成手無寸鐵。白俄羅斯總計有五十萬猶太人慘遭納粹毒手，其中包括死於反游擊行動的三萬人。我們無從得知當時德國怎樣歸類這三萬人：是死於最終解決方案的猶太人？或是當成報復游擊隊而殺掉的白俄羅斯民眾？德國人往往無法做出確實的區別，理由也很實際。如同某位德軍指揮官在日記中坦承：「在房舍與煤倉中燒死的盜匪與猶太人並沒有被納入計算。」[58]

一九四一年，蘇聯白俄羅斯地區的九百萬居民裡，大約有一百六十萬在戰場外的地方遭德國人毒手，包括七十萬戰俘、五十萬猶太人與三十二萬被冠上游擊隊員罪名者（其中絕大多數是手無寸鐵的平民）。這三大屠殺行動堪稱德國在東歐所犯下的三大最嚴重暴行，三者相加起來可說讓白俄羅斯受到最嚴厲與最惡劣的打擊。另外還有幾十萬白俄羅斯人是紅軍成員，在作戰時死於德軍之手。[59]

一部分死亡人數其實是蘇聯游擊隊造成的。據其報告指出，在一九四四年元旦前，各個游擊隊在白俄羅斯所殺的通敵者人數高達一萬七千四百三十一，而且這個數字並未包括他們因為其他理由而殺害的民眾，也不包括他們在那年隨後幾個月裡殺的老百姓。總計，白俄羅斯各個游擊隊在各類報復行動中殺害了數萬人（其中有一部分受害者死於原先屬於波蘭的白俄羅斯西部，被蘇聯游擊隊當成階級敵人而遇害）。此外，蘇聯在一九三九到四一年占領這個原屬於波蘭的地區，也逮捕並殺害了另外幾萬人，尤其是一九四〇與四一年的驅逐流放行動。這些人或死於半途，或在流放地哈薩克遇害。[60]

粗估起來，如今屬於白俄羅斯的地區在二戰期間總計有兩百萬人遇害。這數字不僅合理，似乎還相對保守。另外還有一百萬人在德國入侵時逃走，兩百萬人則是被遣送到德國去強迫勞動，或是因為其他理由而被迫離開原居地。從一九四四年開始，蘇聯會再把另外二十五萬人驅逐流放到波蘭，數萬人到古拉格。到了戰爭結束時，白俄羅斯有一半人口若非已遇害，就是已經離開。這是任何歐洲國家都沒有過的遭遇。[61]

德國人原有的計畫可說是罪大惡極，但終究沒能完全實現。位於明斯克的三五二號大型戰俘營，或其他戰俘營都有大批戰俘餓死，但跟大饑荒計畫原本打算餓死的人相較，只是九牛一毛而已。東方總計畫原本研擬把白俄羅斯的所有人口清空，但最後所清除的農民人口在規模上也遠遠不如本來的計畫。大約有一百萬白俄羅斯人淪為奴工，這也跟東方總計畫有所差異，因為德國原先打的算盤是讓他們全都做工做到死。莫吉廖夫是都市猶太人口最先遭大規模清除的地方，是德國人那一場反游擊戰講習會的舉辦地點，本來會被德國人拿來當成一個大型屠殺營區。結果不如預期，因為親衛隊為莫吉廖夫設計的大型火葬場最後落腳於奧斯威辛。明斯克原本就有火葬場，因此本來也計畫要改建成大型屠殺營區。一旦把人殺光了，明斯克就會遭夷平。威廉．庫伯曾妄想著用一個他稱為阿斯嘉（Asgard）的德國人屯墾區來取代明斯克，屯墾區的名字源自於古代北歐神話中眾神的居住地。[62]

納粹做了許多美夢，但到頭來只做到了清除猶太人，不過還是跟原本的盤算大不相同。無論是在白俄羅斯或其他地方，在納粹種種令人髮指的暴行中，只有最終解決方案是實際執行時比原本的規劃更為極端。原本納粹只是想要讓蘇聯猶太人做工做到死，藉此幫忙把德國打造成一個大帝國，或者是將他們驅逐流放到更東邊的地區。事實證明這並不可能。住在東方的猶太人，大多就在自己的居住地遇害。明斯克的猶太人則是兩類少數的例外：一類是逃走的猶太人，往往得加入游擊隊才能倖存，並付出在大規模暴行中沉淪的代價。另一類則是具有勞動力而逃過一劫的猶太人，但他們也只是把死期稍稍延後，有時候反而死在比故鄉更遠的地方。一九四三年九月，明斯克僅存的少數猶太人遭往西遣送到波蘭占領區，來到了一個叫做索比堡的營區。[63]

他們也許以為在白俄羅斯已經走過了最為可怕的人間煉獄，豈料來到索比堡之後，卻見識到一個過去連想都沒想過的屠殺工具：「死亡工廠」。

第八章
CHAPTER 8

納粹的死亡工廠

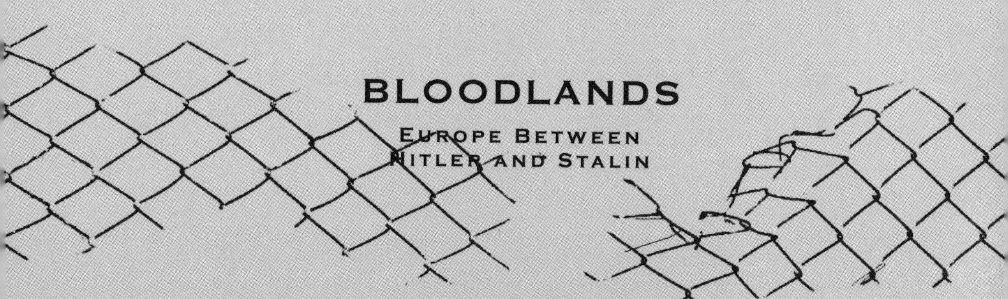

在占領區裡，大約有五百四十萬猶太人慘遭德國人殺害。其中有一半都是在莫洛托夫—里賓特洛甫線以東遭屠殺，通常是遭槍斃，有時候則是被毒氣殺害。莫洛托夫—里賓特洛甫線以東，光是一九四一年下半年就有一百萬猶太人遇害，那段時間是蘇聯領土遭德國占領的頭六個月。一九四二年又有一百萬猶太人被屠殺。莫洛托夫—里賓特洛甫線以西，猶太人落入德國人手中的時間早了將近一年九個月，但卻是比較晚遇害。在東方，最具經濟生產力的猶太青年往往是立刻就遭槍斃，在入侵蘇聯的頭幾天或幾週就淪為戰爭冤魂。接著就輪到老弱婦孺遭害，因為從戰爭經濟的角度來看，他們都是所謂「無用的食物消耗者」。莫洛托夫—里賓特洛甫線以西，猶太人遭趕進猶太特區後，原本都會被流放到盧布林、馬達加斯加島或俄羅斯，但這計畫後來胎死腹中。一九三九到四一年之間，納粹政府始終未能將最終解決方案予以定案，也因此只能暫時安排莫洛托夫—里賓特洛甫線以西的猶太人都去做苦工，以至於有人從經濟生產的角度主張應該留下猶太人。

等到總督府領地與併入德國的各個波蘭地區開始有猶太人遭大規模屠殺之際，德國已經占領這些地方兩年多，也把猶太人都趕進猶太特區去居住一年多了。這些波蘭猶太人主要都是在六座「死亡工廠」遭到毒殺，其中四座在總督府領地，兩座位於先前遭併入德國的波蘭地區，所在地點包括：海烏姆諾、貝烏熱茨、索比堡、特雷布林卡、馬伊達內克、奧斯威辛。從一九四一年十二月到四四年十一月之間，這些工廠屢屢以協作的方式運行。在莫洛托夫—里賓特洛甫線以西，納粹以「萊茵哈德行動」（Operation Reinhard）之名進行大肆屠殺猶太人，於貝烏熱茨、索比堡與特雷布林卡毒殺了一百三十萬猶太裔波蘭人。此一行動的終章在奧斯威辛展開，毒殺了大約二十萬猶太裔波蘭人與七十萬其他歐洲各國的猶太人，他們大多死於一九四三與四四年。[1]

萊茵哈德行動可說是希姆萊揣摩上意的結果。在蘇聯戰俘營嘗試以毒氣殺害戰俘後，希姆萊得知實驗成功了，於是便在一九四一年十月十三日前後囑託心腹奧迪洛·格洛博奇尼克，要他興建一座新的毒殺工廠。格洛博奇尼克是總督府所屬盧布林市的親衛隊與警隊高級領袖，而他的管轄地是納粹種族烏托邦的一個重要試辦地點。格洛博奇尼克原本以為會有數以百萬計的猶太人遭驅逐流放到他的轄區，因此盤算著把他們分配到各個勞動殖民地去做苦工。德國對蘇聯發動攻擊後，格洛博奇尼克就肩負著執行東方總計畫的任務。後來這個原擬餓死龐大猶太人口的龐大計畫被束之高閣，因為蘇聯政權並未如預期般崩潰，但格洛博奇尼克還是在轄區裡小規模實施了該計畫，把十萬波蘭人驅離家園。他希望能將「總督府領地的猶太人，還有波蘭人都予以徹底清除」。[2]

到了一九四一年十月底，格洛博奇尼克就決定了要將新的毒殺工廠設在盧布林市東南方不遠處的貝烏熱茨。這塊地點在用處上的改變，忠實反映出納粹原本規劃的是把殖民地的猶太人餓死，這下要改為直接毒殺了。先前在一九四〇年，格洛博奇尼克已於貝烏熱茨設立過一個做苦工的地點，預想著把兩百萬猶太人都派往那裡徒手挖掘反坦克戰壕。之所以會這樣異想天開，是因為最終解決方案有個初期版本的確規劃要把歐洲猶太人送往他的轄區盧布林。該方案並未實現，格洛博奇尼克最後只能把最多僅三萬人的猶太奴工派往貝烏熱茨做苦工。一九四〇年十月，他終於放棄了反坦克戰壕的計畫。過了一年，在接獲希姆萊的命令後，他為該地點想到另一個用途：猶太人的葬身處。[3]

在莫洛托夫—里賓特洛甫線以西，德國一來沒有足夠人力進行大規模槍斃，二來又不想讓波蘭人有機會拿到武器，充當輔警。因此，經過一番尋覓，格洛博奇尼克終會為德國找到屠殺猶太人的方式。貝烏熱茨的死亡工廠只需要幾位德國指揮官就能運作，而廠區的基本人力只靠猶太奴工就能補足。德國人從盧布林地區的特拉夫尼基訓練營選擇非德國人力，主要由他們負責貝烏熱茨的戒護任務與機器操作。第一批來自特拉夫尼基的人員是從戰俘營調來的紅軍士兵。他們大多為烏克蘭人，但也有一部分來自蘇聯的其他族群，像是俄羅斯裔，甚至偶有猶太裔——不過，這些人會中選當然純屬巧合。如果有得選擇，德國人偏好德裔蘇聯人。[4]

跟貝烏熱茨的用途改變一樣，特拉夫尼基培訓人員的任務改變也反映出希特勒對猶太人的想法轉變。格洛博奇尼克最初是想安排這些人前往各個蘇聯占領區，去當聽命於德國人的警察。不過，既然納粹未能全面占領蘇聯，那就讓這些人員為另一個任務做好準備：負責運作毒殺猶太裔波蘭人的死亡工廠。這些來自特拉夫尼基的人員被招募時並不知道德國人的盤算，對於此一政策也沒有任何政治評價或個人觀感。他們只覺得波蘭是另一個國家，而猶太裔波蘭人都是外國人。想必他們對於保住自己的工作都有強烈意願，因為這項工作能讓他們逃離很可能會餓死的險境。即便他們有抗拒德國人的道德勇氣，也知道自己返回蘇聯後無法安生度日。一旦離開了過渡戰俘營與大型戰俘營，他們身上就已經烙上了通敵者的印記。

一九四一年十二月，這些身穿黑色制服，來自特拉夫尼基的人員協助德國人興建一條坡道與一條鐵路支線，讓火車可以開往貝烏熱茨。這些蘇聯公民為德國的大屠殺政策提供了勞動力。[5]

貝烏熱茨不是一座集中營。因為無論是哪一種營地，入營的人至少都會過夜，但送往貝烏熱茨的猶太人，卻是一下車就要被處死。貝烏熱茨是一座死亡工廠。

這種死亡工廠並非沒有先例。過去德國境內也有這種地方，許多人被騙去那裡，說是要他們先洗澡，結果卻是用一氧化碳予以毒殺。一九三九到四一年之間，納粹德國用六座這類殺人設施來處決所謂「不值得活下去的人」，包括身心障礙人士等。希特勒的總理府先在瓦爾特蘭帝國行政區針對波蘭的身心障礙人士試辦此一措施，接著就安排了毒殺德國身心障礙公民的祕密計畫。這計畫的成員包括許多醫護人員與警察首長，主其事者還包括希特勒的私人醫生。大屠殺所需的醫學原理很簡單：與氧氣相較，一氧化碳更容易與血液中的血紅素結合，而大量一氧化碳

會阻礙紅血球的正常功能，導致體內細胞組織無法獲得氧氣。受害者被騙來做「體檢」，遭帶往「淋浴間」後就因為罐子裡釋放出來的一氧化碳而窒息。如果受害者有金牙，背上就會用粉筆打一個叉叉，好讓人在他們死後把金牙拔掉。孩童是第一批受害者，父母則會接獲醫生來信，誆稱孩子在治療過程中死亡。這「安樂死」計畫的受害者大多是非猶太裔的德國人。不過，猶太裔的德國身心障礙人士則是未經篩選就全遭殺害。在某個這一類殺人設施裡，在火化第一萬具屍體時還特別用花卉裝飾屍體，以示慶祝。6

就在這項「安樂死」計畫宣告終結之際，格洛博奇尼克也剛好受命尋找毒殺猶太裔波蘭人的新技術。唯恐引發國內民眾反彈，希特勒於一九四一年八月宣布終止計畫，但根據統計已有七萬零兩百七十三人遇害，並且建立起騙人入甕、死於毒氣的殺人模式。「安樂死」計畫終止後，留下一群徒有殺人技巧卻失業的警察與醫生。這年十月，格洛博奇尼克召集一群這類人員前往盧布林地區，把計畫中要用來清除猶太人的死亡工廠交給他們營運。格洛博奇尼克總計召集四百五十人左右來毒殺猶太裔波蘭人，其中大約九十二人先前曾參與過「安樂死」計畫。最關鍵的人物莫過於曾經督導過「安樂死」計畫的克里斯蒂安．維爾特（Christian Wirth）。如同希特勒麾下的總理府祕書長所言，「我所掌握的組織有一大部分」致力於「解決那最終會導致各種可能後果發生的猶太問題」。7

並非只有格洛博奇尼克將那些「安樂死」計畫人員的經驗予以善加利用。在位於瓦爾特蘭帝國行政區的海烏姆諾死亡工廠，他們的技術與經驗也有發揮的餘地。格洛博奇尼克在轄下的盧布林地區殘殺猶太裔波蘭人，藉此實驗希姆萊的「強化德意志民族性」計畫；相較於此，阿圖爾．葛萊瑟管轄的瓦爾特蘭，則是驅逐流放計畫真正付諸實行的地點：除了數十萬波蘭人從總督府領地遭流放至此地，另外還有數十萬德裔蘇聯人也從占領區被遷徙來這裡。葛萊瑟面臨的問題跟希特勒一樣，只是問題的嚴重程度較小：他們把猶太人四處遷移，但人數始終沒有減少，而且到了一九四一年年底，他們也看出顯然已經沒有可以用來流放猶太人的地方了。葛萊瑟的確設法把幾千猶太人遷往總督府領地，但他還是接收了那些被驅逐離開德國其餘地區的猶太人。[8]

葛萊瑟轄下瓦爾特蘭地區首府波茲南市的親衛隊保安處首長，先前曾於一九四一年七月十六號提出解決方案：「今年冬天面臨的風險是，糧食恐怕無法餵飽所有猶太人。我們該認真考慮，是否該用某種速戰速決的方式來人道毀滅這些無法工作的猶太人？畢竟這總比讓他們活活餓死來得好。」所謂「速戰速決的方式」就是跟「安樂死」計畫一樣，把一氧化碳當成毒殺工具。這年九月，他們先安排一輛毒氣廂型車，以一批蘇聯戰俘來試驗；此後白俄羅斯與烏克蘭的各個占領區也啟用毒氣廂型車，尤其是用來殺害兒童。在海烏姆諾使用的是一輛停在殺人工廠的毒氣廂型車，主其事者赫伯特・蘭格（Herbert Lange）過去也曾在「安樂死」計畫中毒殺過身心障礙人士。到了十二月五日，德國人已經在瓦爾特蘭地區的海烏姆諾死亡工廠毒殺猶太人。一九四一或四二年間，在這家工廠裡遇害的猶太人總計約有十四萬五千三百零一人。這家死亡工廠持續運作，到最後將瓦爾特蘭地區的猶太人口全數清除，基本上只剩下烏茨市猶太特區裡一個運作狀況良好的勞動營區。一九四二年四月初，海烏姆諾的屠殺猶太人行動暫時停止，但這時盧布林市的猶太大屠殺才正要開始。[9]

貝烏熱茨的死亡工廠將會成為新典範，比海烏姆諾更有效率，運作時間也更久。很可能是在諮詢了維爾特之後，格洛博奇尼克才決定要興建一座常設的死亡工廠：一方面可以用毒氣室同時毒死許多人（跟「安樂死」計畫一樣），另一方面又可以透過內燃機持續、穩定地製造出一氧化碳（這點與毒氣廂型車相同）。過去在海烏姆諾是把車停在死亡工廠裡，但這時改而將引擎卸下，連接上通往某個特製毒氣室的一根根管子，用圍欄把毒氣室四周包圍起來，然後鋪好鐵軌，讓各個住了許多猶太人的地點能通往死亡工廠。貝烏熱茨的創新之處僅止於此，但已足夠了。[10]

—

一直以來，納粹高層都深知猶太裔波蘭人就是所謂「猶太人問題」的核心。德國占領波蘭後，猶太裔波蘭人便被一分為三，分屬三個不同的政治區域：瓦爾特蘭、莫洛托夫—里賓特洛甫線以東，以及總督府。瓦爾特蘭與另兩塊波蘭領土遭併入第三帝國，到了一九四一年十二月已有約三十萬猶太裔波蘭人口居住此地。這時他們已遭分批送往海烏姆諾毒殺。另有一百三十萬左右的猶太裔波蘭人住在莫洛托夫—里賓特洛甫線以東，他們則是自一九四一年六月德國入侵蘇聯以降開始遭槍斃，到一九四二年已所剩無幾。德國各個占領區之中，最大批的猶太裔波蘭人莫過於總督府領地裡各個猶太特區的居民。直到一九四一年六月，戰前的猶太裔波蘭人有一半人口都在總督府轄下，人數在一百六十一萬三千人之譜。（等到德國入侵蘇聯，又將原本在莫洛托夫—里賓特洛甫線以東的加利西亞地區〔Galicia〕劃歸總督府，該府轄下猶太人口總數將會達到兩百一十四萬三千人。這些住在加利西亞地區的五十萬名猶太人將遭槍斃）。[11]

一九四二年三月，當希姆萊與格洛博奇尼克開始屠殺總督府轄下的猶太裔波蘭人，他們是在執行徹底清除歐洲猶太人口的明確政策。一九四二年三月十四日，希姆萊在盧布林過夜，與格洛博奇尼克深談。兩天後，德國人開始把該市的猶太人驅逐到貝烏熱茨。十六日晚間，大約一千六百位沒有工作能力證明的猶太人在盧布林遭圍捕，運走後被毒氣殺害。一九四二年三月的下半月，德國人開始把盧布林地區的猶太人清零，所有村落與小鎮的猶太居民都逐一抓走。格洛博奇尼克把這次名義上為「遷居」的行動交給副手赫曼・霍夫勒（Hermann Höfle）執行。霍夫勒於是帶領一隊人馬，開發出一套「遷居」的程序：他們先把較小猶太特區的居民強制遷往較大猶太特區。接著再將帶有危險性的猶太人，例如疑似共黨分子、波蘭陸軍老兵等槍斃。最後的準備步驟則是篩選人口，發放新文件給比較年輕或看來適合勞動的猶太人。[12]

在莫洛托夫—里賓特洛甫線以西，德國人透過一些特殊安排讓他們自己較少親手殺人。他們安排了猶太居民委員會與猶太警隊，讓猶太人自取滅亡。每當格洛博奇尼克的手下要開始對某個小鎮或城市下手時，總是先聯繫當地安全警察，然後再找來一支德國警隊來幫忙。各地猶太社群無論人口多少，德國人都會組織猶太警隊，接著就是把需要出力的差事交給猶太警察，要他們把猶太同胞聚集起來，以便運送。在各個城市，猶太警察的人數都遠遠多過那些對他們發號施令的德國人。既然猶太警察手裡沒有武器，只能用蠻力來對付同胞。有時候還會找那些來自特拉夫尼基的蘇聯戰俘來幫忙。[13]

德國警方下令，要猶太警察在某個時間把猶太居民聚集在某個地點。一開始，他們往往謊稱要發放食物，或要提供「位於東方」的更誘人工作機會，把猶太人都騙過去。接著，在為期數天的圍捕行動中，德國人與猶太警察會把幾個街區或某些房舍包圍起來，逼迫居民前往某個集合地點。幼童、孕婦、老人與身障者會當場就遭德國人槍斃。有些城鎮與城市需要進行不只一次的圍捕行動，前述措施就會越來越暴力。德國人的目標是達成火車載運人數的每日指定數額，有時候也會把數額的壓力轉嫁在猶太警察身上，威脅若無法讓火車裝滿猶太人，他們的職位與性命就會不保。圍捕行動進行時，以及圍捕行動結束之後，猶太特區都會保持無人可以進出的狀態，如此一來德國警察就能好好洗劫一番，不受當地人的阻撓。[14]

猶太人一旦抵達貝烏熱茨，厄運就已注定。手無寸鐵的他們來到一座封閉且警衛森嚴的死亡工廠，沒有太多機會了解自己的處境，更沒有能力抵抗德國人與那些手持武器的特拉夫尼基蘇聯戰俘。跟那些在「安樂死」中心遇害的病人一樣，他們都被騙進某座建物裡去消毒。他們還受命脫去衣物與交出貴重物品，說是消毒後一併交還。接著，全身赤裸的他們魚貫前行，走進那灌滿了一氧化碳的毒氣室。在貝烏熱茨下車的猶太人只有兩三位得以倖存，遇害的則在四十三萬四千五百零八人左右。一九四二年夏天，這座工廠都由維爾特監工。他的表現看來極為優秀，此後還會擔任總監督，同時管理三座死亡工廠——除了貝烏熱茨那一座，還有後來兩座依循同樣模式興建的工廠。[15]

在總督府轄下的盧布林市，此一體系的運作幾近完美。不久後，克拉科夫的猶太人也開始被德國人驅逐到貝烏熱茨，並遭逢同樣的厄運。加利西亞的猶太人飽受德國人兩種屠殺手段的荼毒：一九四一年夏天起，他們遭大批槍斃；接著在一九四二年三月以後，他們在貝烏熱茨遭毒殺。這是因為加利西亞位於莫洛托夫—里賓特洛甫線以東，所以當地猶太居民先是遭槍斃；接著該地又改隸屬於總督府，所以猶太人才會變成被毒殺。倖存的加利西亞猶太人湯瑪斯・赫克特（Thomas Hecht）回憶起家人如何遇害，充分反映出當地猶太人可能有好幾種死法：他的兩位姑姑、一位叔父、一位堂親都是在貝烏熱茨遭毒殺；他的父親、一位兄弟、另一位姑姑、另一位叔叔與另一位堂親則是遭槍斃；他還有個兄弟死於勞動營。[16]

在此同時，格洛博奇尼克的手下與他那些來自於特拉夫尼基的人員又根據貝烏熱茨的模式，興建了另一座死亡工廠，地點就在盧布林市東北不遠處的索比堡。自一九四二年四月建廠後，索比堡的死亡工廠運用跟貝烏熱茨一樣的手段，屠殺了大約十八萬猶太人，只有四十個人左右倖存。格洛博奇尼克與手下如今已摸熟殺人所需的幾個關鍵步驟：一、在猶太特區裡由霍夫勒的手下、德國警察與當地人執行圍捕。二、抵達工廠廠區後則由一隊特拉夫基尼的人員、幾個德國人與大批猶太工人來維持秩序。三、大規模屠殺，靠著一具不停產生一氧化碳的內燃機，就能不斷讓人窒息而死。[17]

在貝烏熱茨與索比堡的死亡工廠讓死亡率達到百分之九十九點九九後，希姆萊於一九四二年四月十七日下令興建第三座工廠，這次位於總督府轄下的華沙地區。一組曾參與「安樂死」計畫的德國人，隨同一隊來自特拉夫基尼的人員被派往特雷布林卡村附近的某個廠區，該處的死亡工廠於一九四二年六月一日起造。建築工人都是來自該地區的猶太人，工廠完成後就都遭殺害。跟貝烏熱茨與索比堡兩處死亡工廠的指揮官們一樣，督導興建工程的人也參與過「安樂死」計畫。不過，跟督導索比堡工廠的法蘭茲・施坦格爾（Franz Stangl）與督導貝烏熱茨工廠的克里斯蒂安・維爾特有所不同的是，特雷布林卡的負責人伊爾姆弗里德．埃貝爾是醫生出身而非警察首長。先前他就督導過兩座「安樂死」設施。[18]

埃貝爾似乎對於他的新工作感到雀躍。「我的近況極佳，」特雷布林卡的死亡工廠興建期間他曾在信中對妻子表示，「要做的事情很多，一切都很有趣。」在工廠將近完工之際，他還說自己「對於此一成就深感愉悅與驕傲」。格洛博奇尼克在盧布林地區建立起來的模式能拓展到華沙地區，他對此樂觀其成。[19]

華沙是波蘭很大一部分受教育階級的居住地，而且全歐洲最大的猶太社群就位於這裡，但在納粹的世界觀裡實在容不下華沙這樣的大都會。到了一九四二年春天，仍有超過三十五萬猶太人住在華沙猶太特區。

華沙是總督府的最大城市，但並非行政中心。漢斯．法蘭克總督偏好從古城克拉科夫統治他的轄區，把古代波蘭王室的古堡當官邸，以優等民族之姿扮演現代貴族的角色。雖有人屢屢建議把猶太人遷居總督府轄下的盧布林地區，藉此解決猶太「問題」，但這類提案都被他在一九三九年十月給擋下來。到了一九四一年十二月，法蘭克才跟手下說他們「非得要擺脫猶太人不可」，儘管當時他仍不清楚有何擺脫之道。直到一九四二年春天，法蘭克終於想到，盧布林就是他的解決之道。他不愁再有人想要把猶太人送來總督府轄下的盧布林，因為盧布林可以用來把總督府的所有猶太人殺光。一九四二年二月與四月，來自特拉夫尼基的人員陸續抵達華沙。這一年夏天，法蘭克先是把猶太特區裡招募猶太工人的掌控權移交給親衛隊，繼而把整個特區都交出去。[20]

就在這時，親衛隊指揮官海德里希遭到暗殺，成了納粹升級屠殺行動的藉口。海德里希位高權重，是滅絕猶太人政策的最重要推手，僅次於希特勒與希姆萊。從他身肩多職看來，我們也可以知曉納粹政權傾向於把好幾個官署交給同一人統籌。海德里希原本已是第三帝國國家安全部部長，在一九三九年又被任命為波希米亞和摩拉維亞保護國（兩者原為捷克斯洛伐克領土）的總督。一九四二年五月二十七日，英國情報機構雇用捷克與斯洛伐克刺客各一名將其暗殺，導致他在六月四日傷重不治。因為深受捷克人歡迎，海德里希認為自己出巡時不須帶著維安人員，而希特勒與希姆萊對此都深感懊惱。相較於對付波蘭、蘇聯占領區人民的凶殘手段，德國人在捷克並未實施高壓統治，且海德里希甚至還特別強調他很喜歡捷克的工人階級。[21]

海德里希遇刺身亡後，最終解決方案就此失去一位計畫師，但納粹卻多了一位烈士。一九四二年六月三到五日，連續三天希特勒與希姆萊都會面晤談。希姆萊在悼詞中表示：「我們肩負為他復仇的神聖使命，除了要接續他手頭的辛苦工作，還要摧毀我國人民的敵人，絕不留情，絕不示弱。」德國人的復仇行動是把一個叫做利迪策（Lidice）的捷克村落徹底摧毀。所有男性村民當場槍斃，女性送往位於拉文斯布呂克（Ravensbrück）的集中營，孩童則是在海烏姆諾遭到毒殺。[22]

為了向海德里希致敬，納粹遂將總督府轄下猶太裔波蘭人徹底清零的政策命名為「萊茵哈德行動」。以這次暗殺行動為藉口，德國人再次變成受害者，大規模屠殺猶太人的行動也能以復仇之名進行。在納粹的世界觀之中，一九四二年五月的海德里希暗殺事件，就相當於一九四一年十二月的珍珠港事變。表面上看來好像是納粹遭到攻擊，所以義憤填膺的德國人就該團結起來，一如對日本宣戰的美國人。這種想法也是在轉移焦點，讓人無法認清德國陷入困境與導致政策轉向的真正原因。海德里希成為所謂「猶太人國際陰謀」的顯赫「受害者」，而德國人會捲入戰爭，也都是被猶太人的陰謀所害。[23]

——

猶太人遭大屠殺，是因為希特勒把殺害猶太人定義為戰爭目標。但即便希特勒的意圖已表露無疑，猶太人會在何時死去仍舊受制於德國人對於戰爭局勢演變的觀察，以及與戰爭密切相關的經濟考量。每當德國人擔心食物短缺，猶太人遭處決的機率就會升高。反之，當德國人擔心勞力短缺時，機率就會降低。

希特勒決定讓蘇聯戰俘充當苦力，而非殺死或任其餓死，隨後他才宣布應該把猶太人都殺光。一九四二年年初，德國將倖存的蘇聯戰俘整合起來，安排他們到德國做苦工，而漢斯·法蘭克則是把總督府領地打造成一套由波蘭人提供勞力的殖民地經濟體系。在勞動力暫時無虞的狀況下，食物成為主要考量，無論是在德國境內或波蘭占領地都是如此。一九四二年四月，戈林不得不向德國民眾宣布，食物配給數量將會減少，同一年，德國人民透過食物所獲得的平均熱量果真大幅降低。至於法蘭克所關切的，則是該如何改善他轄下波蘭勞工的食物供給狀況。[24]

德國人在一九四二夏天的經濟考量，反而加速了屠殺所有猶太裔波蘭人的計畫。每當德國人對食物短缺的擔憂壓過了勞動力需求，猶太人就成為「無用的食物消耗者」，就連那些為了德國經濟或德意志國防軍的利益而勞動的猶太人也有被殺的危險。到了一九四二年年底，漢斯・法蘭克再次認為勞動力需求凌駕於食物需求之上，於是希望留下那些倖存猶太人的性命。不過，這時猶太裔波蘭人其實已經所剩無幾。德國的經濟狀況就像是一條宛如刀鋒般銳利的高空繩索，而猶太人被迫赤腳蒙眼地踩了上去。繩索底下沒有安全護網，他們不得不直面死亡。這是段凶險的血腥旅程，而且注定失足摔落。[25]

———

一九四二年七月十一日，特雷布林卡的死亡工廠完工。八天後，希姆萊在十九日下令：「一九四二年十二月三十一日以前，務必將總督府轄下猶太人口全數遷移。」這命令的最重要訊息是，要把人都送往華沙。[26]

一九四二年七月二十二日在華沙，格洛博奇尼克的「遷移」專家赫曼・霍夫勒與霍夫勒手下那群負責將猶太特區人口清零的親衛隊人員，向華沙當地安全警察進行簡報，接著去找華沙猶太居民委員會的會長亞當・切爾尼亞科。霍夫勒要求切爾尼亞科隔天必須交出五千個猶太人，要他們集結到所謂的「轉運點」（Umschlagplatz）*。切爾尼亞科深知先前盧布林地區的猶太特區也都是這樣遭遇清零的命運，他似乎已明白大難臨頭。不願成為屠殺同胞的共犯，於是他選擇自殺。切爾尼亞科死後，德國人只能

* 譯註：所謂的「集合地點」通常是火車站旁的廣場（platz），以便直接把人用火車運走。

改採欺騙策略，命令猶太警隊四處懸掛告示招牌，表示只要前往指定地點就可以獲得麵包與柑橘醬的配給。第一批從華沙運往特雷布林卡的猶太人為數大約五千，在七月二十三日上路。根據倖存者布魯馬．柏格曼（Bluma Bergman）的回憶，大家都快餓死了，為了一點食物可說什麼都願意做，「即便心裡很清楚自己有去無回」。[27]

華沙猶太特區的屠殺行動就這樣展開，德國人稱之為「大行動」（Large Action）。霍夫勒與手下就在駐紮在特區裡，進駐澤拉茲納街一零三號（Żelazna 103）。這時他們與當地安全警察開始改用脅迫的伎倆，跟過去在盧布林、克拉科夫、加利西亞等總督府領地的其他市鎮一樣。幾百位特拉夫尼基人員與兩千猶太警察從旁協助，接下來兩個月德國人幾乎每天都在華沙猶太特區裡進行圍捕。把饑民都清理掉之後，猶太警察鎖定的下一波目標都是孤苦無依者，包括孤兒、貧民、遊民、囚犯。老人與幼童一樣也毫無機會。十五歲以下的孩子們就此從特區裡完全消失。只要是幼童、病人、身障人士與老人，都是當場槍斃。[28]

一開始，德國人不大需要特別監督，猶太警隊就能完成任務。幾天後，饑民與孤苦無依者都遭到遷移，德國人把過去在別處慣用的三道程序應用在華沙：突襲包圍某棟公寓或某個街區、查驗證件，然後驅逐沒有勞動力的猶太人。一九四二年七月二十九日，猶太警隊在德國警方的監督之下執行第一次圍捕。圍捕行動執行的地點與時間點都是由德國人決定，猶太警察只有在破曉時刻打開彌封的信封後才知道當天接獲哪些指示，要去哪些區域行動。一般而言，德國人會規劃一天兩次行動，以完成一定數額為目標。[29]

被視為勞動力者就能保命，但這也阻礙猶太人凝聚反抗的團結精神。有沒有證明文件到底有何不同？儘管德國人無法觀察到這兩種人之間的差異，但篩選之舉的確在持有文件的猶太人與其他猶太人之間創造出某種重大的社會區隔，同時讓所有猶太人都把心思投注在自己的安危之上。猶太人普遍相信，只要自己能做某些特定工作、持有某些文件，那就能讓自己與家人持續住在特區裡。這種帶有冀望的私心讓猶太社群無法團結一致。他們把剩餘的精力都用在攫取文件，而不是團結起來抵抗德國人。到這時為止，德國人與猶太警隊仍是猶太特區裡的唯二掌權者，還沒有人試著與他們爭鬥。只要沒有猶太人團結起來抵抗猶太警隊，圍捕與驅逐行動就會繼續下去，只要幾個德國人在場監督就能搞定。[30]

到了一九四二年八月，德國人要求每個猶太警察每天都必須抓五個猶太人出來驅離，要不然就得交出自己的家人來充數。此一命令的效果是，所有無法保護自己的人很快就都被抓光了。八月五日，所有主要的孤兒院都遭清空。知名教育家雅努什・柯札克（Janusz Korczak）親自帶著他的孩子們去「轉運點」。他的雙手牽著兩個孩子，走路時抬頭挺胸。那天跟他一起遭驅離的其餘六千六百二十三人，都是特區裡各家孤兒院的老師與托育人員，包括他的同事史蒂芬娜・維琴絲卡（Stefania Wilczyńska）與其他許多人。有個猶太母親出門辦事，結果她的年幼女兒就遭猶太警察帶走。在被遷移到特雷布林卡之前，那警察把她的遺言寫了下來：「先生，我知道你是個好人。所以請別把我帶走。我媽媽只是離開一下而已。她馬上就回家了，我怎麼能不在家呢？行行好，別把我帶走。」[31]

「大行動」開始後的前兩個月內，有二十六萬五千零四十個猶太人遭帶往「轉運點」，另有一萬零三百八十人在特區裡遇害。倖存的猶太人人數可能有六萬，都是體格強健的年輕男性。[32]

華沙猶太大屠殺的每個階段都是如此恐怖，以至於讓人懷抱一絲希望，認為最恐怖的時刻已經過去。某些猶太人還真的深信，到東方去做苦工再怎樣也比生活在猶太特區裡還好。一旦到「轉運點」集合後，也難怪猶太人寧願上車，也不想繼續在大太陽下等待火車，不知道何時能離開，沒水沒糧，也沒有廁所可上。猶太警隊負責監督「轉運點」，所以偶爾會有警察把熟人或賄賂他們的人放走。如同猶太史家伊曼紐爾．林格布魯姆的記載，除了要求現金之外，猶太警察有時會要求「實際回報」——也就是要求他們解救的女人跟他們上床。[33]

上了火車後，任何幻想都破滅了。某些猶太人儘管深信他們的目的地是「位於東方」的強迫勞動營，但這時肯定也懷疑自己受騙上當：畢竟，領有勞力證明文件的猶太人卻能留在華沙的猶太特區。若他們是要被送去工作，那為什麼最早被送走的卻是老人與幼童？運送的列車在整個鐵路系統裡沒有優先行車權，走走停停，以至於要花數天才能抵達一個事實上與華沙相距不遠的地點：特雷布林卡就位於華沙東北方大約一百公里處。列車上的猶太人沒有水也沒食物，很多班次都有人大量死去。孩子們渴到去舔彼此身上的汗水。偶爾有母親會把小孩從火車上丟下，心想無論列車開往哪裡，孩子在野外的存活率應該還高一點。有些在特區裡出生的孩子們年紀太小，以至於父母還在跟他們解釋從窗口或門縫看到的景象。他們的年紀小到沒有機會見過原野或森林，但這也是他們最後的機會。[34]

波蘭人常對經過的火車大呼小叫。根據少數倖存猶太人帶著厭惡的回憶，有些波蘭人會用一根手指劃過喉嚨，意思是猶太人搭上了死亡列車──不過並不是每個波蘭人都希望他們去死。有些波蘭人是要他們丟錢下車，有些則是同情他們，或有其他需求，才會要他們把孩子丟下火車。倖存的揚凱爾．維爾尼克（Yankiel Wiernik）是最早搭車離開華沙的猶太人之一，回想起自己那班火車時，他說：「我能看到每個人與一切事物，但所有的不幸多到我無法盡收眼底。」誰有辦法呢？[35]

每一班火車都有五十七到六十節車廂，等於是有五、六千人。抵達最接近特雷布林卡的火車站後，火車停了下來。接下來就是幾個小時甚或幾天的等待，最後才見到另一輛火車頭開過來。這輛火車頭是逆向行車，透過鐵路支線把列車車廂朝著特雷布林卡死亡工廠的方向推過去，一次推動十九或二十列車廂與一千七到兩千人。如此一來火車司機自己就不用面對工廠或進入廠區。[36]

面對那些特拉夫尼基來的人員揮舞槍枝威脅，或以皮鞭驅離，沒在列車裡死掉的猶太人紛紛被趕下車。遭驅離前往特雷布林卡的猶太人幾乎在頭幾週內就死亡殆盡，但殺害他們的過程不像以往在貝烏熱茨與索比堡那樣順利，也不如德國人原先的預期。因為大量猶太人一批批湧入，特雷布林卡那幾間小小的毒氣室很快就不敷使用，所以德國人與那些來自特拉夫尼基的人員必須開始用槍殺人。這些人並未受過槍殺猶太人的訓練，因此表現不佳，但還是硬著頭皮做了。到了八月，特雷布林卡死亡工廠的鐵軌旁已經開始堆起一疊疊屍體。

奧斯卡．伯格（Oskar Berger）在八月二十二日搭火車抵達，據其回憶：「數以百計的屍體到處堆疊著。」揚凱爾．維爾尼克同樣回憶起他在八月二十四日抵達時目睹的景象：「廠區裡到處亂堆著屍體，有些身上還穿著衣服，有些赤身裸體，扭曲的臉龐流露出驚恐訝異的表情，臉色發黑且臉龐浮腫，死不瞑目，吐著舌頭、頭顱被擊碎，身體殘破不全。」有個猶太人在前一天（二十三日）抵達，但並未成為屍堆的一分子。他被選去做工，主要的工作內容就是處理遺體。他回憶起特雷布林卡工廠開始運作後的頭幾週是怎樣殺人的：「從車廂下來後，手拿皮鞭的德國人與烏克蘭人把我們趕到一座院子裡，命令我們面朝下趴著。然後他們在人群裡走來走去，一一朝我們的後頸開槍。」二十五日抵達的亞當．克熱皮基（Adam Krzepicki）所記錄下來的印象大同小異：「從那些擺著不同姿勢的屍體看來，死者來自各年齡層，嚥下最後一口氣時臉上表情都不一樣。四周只見土地、天空，還有屍體！」根據愛德華．韋恩斯坦（Edward Weinstein）的回憶，隔天的景象是：「我往外看，看到了地獄。在斜坡坡道上，屍體堆到跟運牛車車廂的窗戶同高。」德國（奧地利）警官法蘭茲．施坦格爾是索比堡死亡工廠的指揮官，上級這回指派他到特雷布林卡去調查為何情況如此混亂。想必他不是那種會被慘死景象嚇倒的人，而且跟那些初來乍到的猶太人不同，他已有心理準備。儘管如此，他還是對自己的見聞感到震驚不已：「那氣味難以名狀。到處都堆著數百，不對，應該說數千具正在腐爛化膿的屍體。」37

特雷布林卡的指揮官是德國（奧地利）醫生伊爾姆弗里德．埃貝爾，他想證明自己的價值，希望自己達成的殺人數字能超越其他死亡工廠的指揮官，也就是貝烏熱茨與索比堡的那兩位警察首長。一九四二年八月，工廠的毒殺量能已經不足，但他還是不停接收新的猶太人。廠區只能把殺人地點從毒氣室往外拓展到庭院裡的等待區，接著逐步拓展到在車站等待的火車列車、鐵軌，或是波蘭占領區裡遙遠的某處。猶太人還是大批死去，幾乎難以倖免，但開始有少數幾人能逃離車廂，而這在過去載運猶太人前往索比堡與貝烏熱茨時幾乎是未曾發生過的。[38]

逃走的猶太人回到華沙猶太特區裡，往往很清楚他們到底逃過了什麼厄運。這混亂的情況也引起一些旁觀者的注意。因為火車常常誤點，搭火車前往東線戰場的德國士兵就有較高機率可以看見那些從旁邊開過或走在前面的死亡列車。有些士兵拍了照片，也有些因為臭味而嘔吐。其中有些士兵正要前往蘇俄西南部去參與史達林格勒圍城戰。這些德軍士兵看到開往特雷布林卡的死亡列車，如果他們願意相信自己親眼所見，這下都已經知道部隊到底是為何而戰。[39]

埃貝爾因為指揮不力而遭免職，他的職位於一九四二年八月由施坦格爾接手。施坦格爾很快就讓特雷布林卡的業務變得井井有條，後來他甚至還說毒殺猶太人是他的「職志」，說這份志業幹起來「很過癮」。他暫時停止把猶太人運往死亡工廠，命令猶太工人先把屍體都埋好。等到工廠於同年九月初重新開張，就能按照原先的規劃運作。[40]

施坦格爾指揮時，往往有助手庫爾特・法蘭茲（Kurt Franz）從旁協助。法蘭茲生性特別變態，還被猶太工人們取了一個「玩偶」的綽號，因為他一表人才卻很虛榮浮誇。他喜歡看猶太人互相鬥毆，喜歡看他的狗撕咬猶太人，還喜歡看各種動物：某次他曾要求猶太工人幫他蓋一座動物園。襄助德國人的是幾十位特拉夫尼基培訓的人員，他們不僅擔任警衛，也負責把猶太人趕進毒氣室、釋放一氧化碳等廠內的基本運作。其餘工作由幾百個猶太苦力完成，而這些人能逃過一劫全是因為他們成為大屠殺與洗劫財物的幫凶，只要稍稍示弱就會立刻遭處死。跟貝烏熱茨、索比堡一樣，特雷布林卡工廠在設計時就預計以猶太人力來運作，特拉夫尼基的人員出力不多，而德國人更是幾乎不用做事。[41]

隨著特雷布林卡的流言傳了開來，德國人便以政治宣傳來應對。先前，流亡倫敦的波蘭政府就已經向英、美兩大盟國提出猶太人遭毒殺、德國正用各種方式屠殺波蘭公民之事。整個一九四二年夏天，波蘭流亡政府持續敦促英、美兩國對德國公民採取報復措施，但徒勞無功。反抗組織「波蘭救國軍」的軍官們曾考慮過進攻特雷布林卡，但並未付諸行動。德國政府否認有毒殺之情事。華沙的猶太警隊隊長約瑟夫．澤金斯基是德國官方指派的「遷移工作首長」，他甚至謊稱自己收到許多來自特雷布林卡的明信片。華沙猶太特區裡的確還有一家郵局，即便在德國人進行清零的那幾週之間仍維持運作。郵差必須戴上帶有亮橘色帽緣的帽子，才不會在追捕行動中一併被捕。他們所投遞的信件裡面，當然沒有半封來自特雷布林卡。[42]

把華沙猶太人送往特雷布林卡的行動於一九四二年九月三日恢復。九月二十二日，「大行動」載運的最後一批猶太人也包括猶太警察與其眷屬。快到站時，警察們把警帽與能夠識別警察身分與社會地位（猶太警察通常來自富有的家庭）的物件都從窗戶丟出去。他們如此謹慎，是擔心自己可能會受到集中營裡的猶太同胞狠狠修理。然而，特雷布林卡不是集中營，而是死亡工廠，所以這動作可說是多此一舉。這些警察與他們的眷屬也都遭到毒殺，跟其他猶太人沒有兩樣。

短短幾個月光景，施坦格爾已經改變了特雷布林卡的樣貌，提高這座死亡工廠的效率。到了一九四二年年底，抵達特雷布林卡的猶太人已經不會看到堆滿死屍的簡陋坡道，而是會在一座幾可亂真的假火車站裡下車，站體是由某位猶太工人繪製出來的：時鐘、時刻表與售票櫃檯，一應俱全。離開

「車站」的過程中可以聽見悠揚樂音，由華沙音樂家阿圖爾．戈爾德（Artur Gold）指揮的管弦樂隊演奏。這時，跛腳走路、步履蹣跚或看得出身體虛弱的猶太人會被帶往一家「診所」。戴著紅色臂章的猶太工人攙扶他們走進一棟畫有紅十字的建築裡。這些羸弱的猶太人在建物後方的壕溝旁遭瞄準後頸，一槍斃命，下手的德國人都身穿醫生的白袍。主要的行刑官是奧古斯特．米耶特（August Miete），猶太工人都稱他為「死亡天使」（*Malakh Ha-Mavet*）。行動自如的猶太人走沒幾步就進入一座庭院，被分成兩邊，男右女左，下命令的人講德語跟意第緒語。[43]

猶太人聽見的理由是，他們在「前往東方」以前要先消毒，不得不在庭院裡脫去衣物。他們必須把衣物整齊摺好，兩隻鞋用鞋帶綁在一起。他們還必須交出貴重物品，女性得要接受體腔檢查。某幾次運送過程中，到了這個時間點就會有少數女性因為頗具姿色而遭強暴，也有少數男性被挑出來做工。事後那些女性當然跟其他人一樣難逃厄運，那些男性則是能以奴工的身分多活幾天，幾週，甚或幾個月。[44]

所有女性進入毒氣室時都是赤身裸體，頭髮遭剃。她們必須坐在一位猶太「理髮師」前面。就連恪守教規、在婚後剃髮並改戴假髮的女性，也必須交出假髮。即便到這死前的最後片刻，每個人的反應也都大不相同。有些女性仍然認為，既然要「消毒」，那當然免不了要剃光頭髮。也有人認為這印證了她們即將遇害。這些頭髮將會成為材料，用來製作德國鐵路工穿的長襪，或是德國潛艦官兵腳上拖鞋的襯裡。[45]

這些赤身裸體的猶太人被迫帶著羞辱、無助的心情，分成兩批跑過一條隧道，女先男後。隧道寬幾公尺，長約一百公尺，德國人都稱之為「天堂路」。到了隧道盡頭，他們會看見一面山牆上有個大大的六芒星標誌，牆下入口通往一個漆黑的房間。入口掛著宗教儀式用的簾幕，上面用希伯來文寫著：「這是通往上帝之路。唯有義者能通過。」會注意到這些細節的人可能是極少數，因為他們都是被入口兩旁的特拉夫尼基警衛趕進去，只能匆匆瞥見。有個警衛手持管子，另一位拿著刺刀，兩者都對猶太人不停打罵。接著其中一人會將門關上鎖好，大叫一聲「沖水！」這是他們一系列謊言的最後一道程序。要騙的不是鎖在毒氣室裡的那些人，因為他們已經插翅難飛。要騙的是在後頭等待的其他人。那兩個警衛以外的另一位特拉夫尼基人員負責啟動一具火車頭引擎，把一氧化碳打進毒氣室裡。[46]

過了大概二十分鐘，幾位來自特拉夫尼基的人員把毒氣室的後門打開，由猶太工人把屍體搬出來。因為瘋狂掙扎，死狀甚慘，屍體全都糾結在一起，手腳交纏，有時相當易碎。曾在特雷布林卡做工的猶太人希爾·賴赫曼（Chil Rajchman）回憶道，那些受害者「被虐死，變得不成人形」。屍身與毒氣室裡滿是鮮血與屎尿。猶太工人必須把毒氣室打掃乾淨，以免下一批猶太人發現被騙，一進來就開始驚慌恐懼。接著他們必須把屍體一具具分開，臉部朝上，在地上排好，讓一組猶太「牙醫」來拔金牙。有時候屍體全身發黑，宛如燒焦，而且死前緊咬牙關，以至於「牙醫們」必須使勁才能撬開嘴巴。拔掉金牙後，猶太工人再把屍體拖往亂葬坑埋掉。這些原本活生生的猶太人從下車到最後淪為屍體，整個過程耗費不到兩小時。[47]

一九四二到四三年之間的冬天期間，德國人開始把猶太人分成三組，而非兩組：男性、年長女性、年輕女性。他們讓年輕女性最後進毒氣室，藉此可以好好欣賞她們在寒風中的胴體。因為天寒地凍，屍體無法挖坑埋葬，就改以火化處理。用來燒柴的巨大格網是以鐵軌為材質，鋪在水泥柱子上，格網大概有三十公尺寬。到了一九四三年春，特雷布林卡工廠裡的火全天候燒著，有時燒的是工人從土裡挖出的腐屍，有時則是不久前才窒息的屍體。女性因為身上脂肪較多，比男性更易燃，所以工人們學會了把她們的屍體擺在最底層。孕婦的屍體容易爆開，並露出體內的胎兒。一九四三年春天的寒夜裡，德國人就常聚在這類火堆旁，一邊喝酒，一邊取暖。人類再次淪為卡路里，成為熱量的計算單位。火化屍體是為了湮滅犯罪證據，但猶太工人們就是有辦法讓德國人無法得逞。他們把整具遺骨完好無缺留下，還把紙條放進瓶中埋起來，希望有朝一日能被發現。[48]

除此之外，受害者很難留下任何遺跡。希爾·賴赫曼與妹妹一起來到特雷布林卡。他一看見工廠就把手上幾件行李放下，妹妹不明白他的舉動。他對妹妹說的最後一句話是：「用不上了。」他被選去做工。他在整理死者衣物時，「碰巧看見我妹妹穿的洋裝。我停下來，把洋裝拿在手裡看了好久」。然後他必須放下洋裝，繼續做事。伊妲與塔瑪拉是威廉伯格家的姊妹檔（Itta and Tamara Willenberg），她們在被毒殺前把疊好的衣服排在一起。家中排序介於她們兩者之間的撒繆爾（Samuel）被選為工人，碰巧發現她們的衣服交纏在一起，「彷彿姊妹倆深情擁抱彼此」。因為她們倆在剃髮後有短暫時刻能與其他猶太人交談，那些同胞也許得以倖存（只是有可能而已），記住她們的遺言。露絲·多夫曼（Ruth Dorfmann）透過理髮師得知死亡不會太過緩慢痛苦，欣慰之餘還有機會與他一起哭泣。漢娜·勒文森（Hanna Levinson）則是勸她的理髮師逃走，以便把特雷布林卡的納粹劣跡公諸於世。[49]

就算是極有先見之明的猶太人，也僅能在極其有限的範圍內保住自己的財物。一般而言，若是他們仍有貴重物品都會覺得該隨身攜帶，希望往後可以用來交換食物或靠賄賂求生。有時候，猶太人一旦發現自己難逃厄運，就會把錢與財物從火車窗口丟出去，以免便宜了加害者。通常他們都是快到特雷布林卡才這麼做。在死亡工廠裡，搜刮財物的工作是由猶太工人負責，而他們當然也會中飽私囊。他們用財物來賄賂那些能夠自由進出廠區的特拉夫尼基人員，換取來自附近村莊的食物。來自特拉夫尼基的人員則是把財物送給當地婦女，或是給顯然遠從華沙而來的娼妓。染上性病後，那些來自特拉夫尼基的人也會找某些猶太工人治病，因為他們曾當過醫生。這就是當地極其封閉的經濟循環體系，曾有某位知情人士表示，這反映出一個用財物進行交易的墮落「歐洲」。[50]

透過這樣的人際連結，到一九四三年仍倖存的猶太工人得以了解部分的世界情勢與戰局。那些特拉夫尼基的人員通常能讀俄文，也會設法弄來一些蘇聯的政宣文件與報刊。此時，為德國人提供各種不同勞動服務的蘇聯公民為數好幾百萬，所以總是能聽到一些傳言。他們知道德軍於該年二月兵敗史達林格勒，猶太工人也察覺到了。到了一九四三年，猶太工人自己也都看出運送猶太人的速度減慢了，所以他們唯恐自己能夠存活的唯一理由已經消失，而這想法的確也沒錯。到此時，絕大多數猶太裔波蘭人都已遇害。某些猶太工人猜想死亡工廠即將關閉，於是選擇在一九四三年八月二日搶奪武器起義，並在部分廠區縱火。數百個工人從圍欄的破洞逃走，其中有數十人倖存到戰後。希爾．賴赫曼與其他倖存工人在回憶錄中寫下了他們於特雷布林卡死亡工廠裡的見聞。[51]

一九四三年十一月十七日，這座工廠的確關閉了。最後一批受害者，是負責拆除工廠的最後三十位猶太工人。他們遭分批槍斃，每五人一批，每一批都由仍然暫時存活的猶太人火化。最後一批五人的火化工作則是交給那些特拉夫尼基來的人員。就在此時，其他仍在總督府轄下集中營裡工作的猶太工人則是遭到大規模槍斃。這次大屠殺名為「豐收節行動」（Harvest Festival），約有四萬兩千名猶太人遇害。[52]

索爾・庫伯罕（Saul Kuperhand）是總計約五十個特雷布林卡的倖存者之一，據他看來，那死亡工廠裡「數字最重要」。「大行動」期間遭驅離的華沙猶太人一批批都留下精細數字，總計有二十六萬五千零四十人。八月四日到十一月中這大約十四週之內，至少有三十一萬個來自總督府轄下拉當地區（Radom）的猶太人於特雷布林卡遭毒殺。在特雷布林卡遇害者總計約有七十八萬零八百六十三人，絕大多數都是總督府轄下的猶太裔波蘭人。總督府轄下的猶太人即便能躲過貝烏熱茨或索比堡的毒殺，最後大多還是在特雷布林卡遭遇相同命運。「萊茵哈德行動」總計奪去大約一百三十萬名猶太裔波蘭人的性命。[53]

隨著戰事持續進行，特雷布林卡死亡工廠的任務目標顯得愈加清楚：在殖民帝國領土縮水之際，把徹底清除猶太人當成僅有的薄弱勝績，摘取血腥的戰果。德國人藉火化屍體來取暖，或用屍體來滋養土裡的微生物，造就一片沃土。即便是骨灰也能當肥料。特雷布林卡工廠拆除後，德國人可說物盡其用，把毒氣室的磚頭拿來砌成一間農舍，殺人工廠夷為平地後改建成農莊。幾位來自特拉夫尼基的人員同意留守原地，當起了農夫。這正好實現了納粹的暗黑狂想：藉由毀滅猶太民族來讓大地重生。猶太人的屍體、骨灰滋潤了土地上的作物，作物再由德國人全數吃掉。然而，收成的時刻從未到來。[54]

特雷布林卡工廠關閉後，猶太大屠殺的重鎮往西邊遷移，來到奧斯威辛的一處特殊設施，地處已遭併入第三帝國的波蘭領土。將波蘭的部分領土併入德國後，納粹於一九四〇年在這裡設了一座集中營。在奧斯威辛集中營運作了將近一年後，德國才入侵蘇聯；開營一年多之後，希特勒才把最終解決方案的內容講清楚。跟位於特雷布林卡、索比堡與貝烏熱茨的死亡工廠有所不同，奧斯威辛營區的功能並非只是用來處決猶太裔波蘭人：隨著德國對待猶太人等對象的政策有所更迭，奧斯威辛的營運方向也隨之調整。透過奧斯威辛營區的發展，我們可以看出納粹在東方建立殖民帝國的美夢，如何轉變成消滅猶太民族的計畫。

德國人於一九四〇年在奧斯威辛興建營區，原本是用來威嚇波蘭民眾。一九四一年夏天對蘇聯發動侵略戰爭後，營區裡囚禁的除了波蘭人又多了蘇聯戰俘，兩種囚犯都會在這裡遭處決。希姆萊曾希望奧斯威辛成為親衛隊殖民經濟體系的示範營區，把攫取自敵國的領土交給某間德國公司，利用奴工來生產德國所需的戰爭物資。因為供水充足且鄰近鐵路，所以希姆萊與德國法本公司的高層都認為奧斯威辛是用來生產人造橡膠的理想地點。希姆萊希望斯洛伐克能提供猶太勞動力，該國政府也樂於擺脫猶太人。一九四一年十月，希姆萊提出這項主張，隨後一年內斯洛伐克就驅逐了該國的五萬七千六百二十八位猶太公民。他們最後幾乎都會死去。[55]

一九四二年，奧斯威辛營區裡增設了第二座重要設施，自此變成一個融合死亡工廠、集中營與行刑場的綜合營區。營區指揮官魯道夫・霍斯（Rudolf Höss）是管理集中營的老手，待過達豪與布亨瓦德兩座營區，但並未在「安樂死」計畫的屠殺設施工作過。在霍斯的指揮之下，奧斯威辛成為一種特別的混合營，算是一個附設死亡工廠的強迫勞動營。非猶太裔的勞工持續被送來奧斯威辛，在極其惡劣的環境中工作。這時若有猶太人來到此地，有些會被選去做工，但絕大多數都遭認定為不堪勞動，所以很快就被毒殺。一九四二年，約有十四萬零一百四十六個猶太人因為被判定不適合工作而死於奧斯威辛的兩間毒氣室，也就是「一號地堡」與「二號地堡」。一九四三年二月以後，大多數遇害的猶太人都是在奧斯威辛附近位於比克瑙（Birkenau）的幾間新建毒氣室裡遭毒殺，屍體隨後於附屬的火葬場火化。在奧斯威辛―比克瑙的毒氣室裡，顆粒狀的殺蟲劑齊克隆B遇到空氣就會揮發為毒氣，只須七十毫克劑量就能在兩分鐘內殺死體重六十八公斤的人。這種氰化物能殺死人類細胞，原理是讓細胞內的線粒體失去作用，無法生產細胞存活所需的能量。[56]

跟其他五座死亡工廠一樣，奧斯威辛營區也是位於波蘭占領區。不過，在這裡遭到處決的卻多半是來自波蘭**以外**的猶太人。波蘭以外的猶太人的確有部分死於其他五座死亡工廠，但那些工廠裡的受害者絕大多數都是猶太裔波蘭人。在這六座死亡工廠裡，只有奧斯威辛的受害者並非以猶太裔波蘭人為主體。奧斯威辛營區增設死亡工廠的時間，大約就是德國滅絕政策從波蘭與蘇聯占領區往外拓展、開始針對其他歐洲國家的猶太人口的同一時間。一九四二年，負責驅逐法國、比利時與荷蘭三國猶太人的是第三帝國國家安全部，業務由該部猶太人事務部門首長阿道夫・艾希曼統籌。一九四三年，艾希曼負責把希臘與義大利占領區兩地的猶太人予以驅逐。義大利的法西斯政權在墨索里尼當權、且德、義兩國尚為盟國之際，並未把國內猶太人交給希特勒。後來英、美、加、波四國聯軍於南義登陸，義大利政府宣布投降。這就讓德國占領了義國北部，開始自行將猶太人送往奧斯威辛。總計約有二十二萬義大利在該營區遭毒殺。[57]

一九四四年，因為德軍被迫撤離蘇聯占領區，再加上「萊茵哈德行動」的幾座死亡工廠也都已因紅軍逼近而關閉，納粹再也無法槍殺蘇聯的猶太公民。正是在這一年，奧斯威辛成為最終解決方案的執行場所。德國人在該年屠殺了大約六十萬猶太人，他們幾乎都是在奧斯威辛遇害。跟義大利一樣，與德國結盟的匈牙利這時仍保有主權國家地位，也沒有把該國猶太人送往德國人經營的諸多死亡工廠（猶太人在德國占領區裡的遭遇一向悽慘無比，但在德國的盟國境內卻沒那麼慘）。一九四四年三月，匈牙利政府高層企圖投靠同盟國陣營未果，德國於是自己成立了一個傀儡政權。這個新的匈牙利法西斯政權隨後於五月開始驅逐猶太人，僅僅八週內就將大約四十三萬七千名猶太人運抵奧斯威辛。其中有十一萬人左右在篩選後成為勞工，許多人因此倖存；不過，遭毒殺的至少也有三十二萬七千人。二次大戰期間，總計有大約三十萬猶太裔波蘭人遭驅逐到奧斯威辛，其中二十萬左右遇害。死於奧斯威辛的猶太人，主要都來自匈牙利與波蘭兩國。[58]

奧斯威辛堪稱猶太大屠殺的最高峰，但在這時刻來到以前，納粹治下的大多數蘇聯與猶太裔波蘭人都已經遭屠殆盡。大屠殺期間大約有一百萬蘇聯猶太人遇害，但死於奧斯威辛的還不到百分之一。同一時期也有三百萬左右猶太裔波蘭人遇害，但死於奧斯威辛的也只有約百分之七。在莫洛托夫—里賓特洛甫線以東，猶太裔波蘭人遇害者將近一百三十萬，通常都是遭槍斃。另外又有一百三十萬左右猶太裔波蘭人在「萊茵哈德行動」期間於總督府領地遭毒殺，在特雷布林卡有七十多萬，在貝烏熱茨、索比堡、馬伊達內克分別是大約四十萬、十五萬、五萬。在併入第三帝國的領土上，又另有三十五萬以上猶太裔波蘭人遭毒殺——除了在奧斯威辛死了二十萬人，在海烏姆諾則有十五萬人左右遇害。剩下的波蘭猶太裔受害者，要不是在猶太特區的清零行動或「豐收節行動」期間遭槍斃（前者死了約十萬人，後者四萬兩千人），就是在其他一些規模較小的行動中被槍斃，或是遭個別處決。更多猶太特區的居民，以及集中營裡面的勞工，則是死於飢餓或疾病。[59]

奧斯威辛有大量的死難者並非猶太人，人數在二十萬以上：其中包括大約七萬四千非猶太裔波蘭人與一萬五千名左右的蘇聯戰俘，他們若非遭處決就是勞動至死。這些人都不是死於毒氣室，唯一的例外是某些蘇聯戰俘成為毒氣實驗的受害者。除此之外，羅姆人與辛提人（Roma and Sinti，也就是吉普賽人）同樣都是被送進毒氣室處死。

相較於猶太人，羅姆人與辛提人並非納粹政權最執著的屠殺對象。但他們同樣在納粹勢力往外拓展時深受其屠殺政策之害。在蘇聯占領區，這兩種族群普遍遭特別行動隊槍斃（登記在案者有八千例）。每當德國人對白俄羅斯游擊隊的攻勢採取報復行動時，這兩個族群也會遭殃。他們在波蘭占領區也會遭警方槍斃，在塞爾維亞則會被德國人連同猶太人一起槍斃。德國在克羅埃西亞扶植成立傀儡政權後，也大約有一萬五千個羅姆人與辛提人死於集中營。德國的盟國羅馬尼亞透過武力對外征伐，所到之處也會對這兩個族群進行種族大清洗。到了一九四二年一月，有大約四千四百個羅姆人與辛提人在海烏姆諾遭毒殺，然後在奧斯威辛，於一九四三年五月和四四年八月，又分別毒殺了大約一千七百人與四千人——

不過，最後這個數字並未包括因為飢餓、疾病與虐待而死的一萬五千多人。羅姆人與辛提人遭德國人毒手的人數至少十萬，而且實際數字很可能高達兩三倍。[60]

—

奧斯威辛的毒氣室並未留下倖存者，不過同名的勞動集中營卻有超過十萬人得以存活到戰後。「奧斯威辛」這個名號在戰後始終留存於世人心中，像一道藏在鐵幕後的陰影。西方人只能依稀從中窺見，在更遠的東方曾有更暗黑的過往。那些在「萊茵哈德行動」的幾間死亡工廠做工的猶太人，戰後得以倖存者還不到一百人。但就算是在特雷布林卡，那些受害者也曾留下過些許痕跡。

特雷布林卡的囚犯會唱歌，有時是聽命於德國人，有時則是為自己而唱。每天到了猶太人遇害之際，就會聽見有人替他們清唱〈慈悲的神〉（El male rachamim）。親衛隊的人員會站在外面聆聽。那些特拉夫尼基的人員從東方帶來的，如同某位猶太工人所說的，是「演唱優美歌曲」的「奇特天賦」。猶太工人往往唱著波蘭流行歌曲，雖然沒那麼激昂，卻能讓人回想起死亡工廠外的生活，幫助他們鼓起勇氣，準備大逃亡的計畫。那些歌曲讓人想起世間的情愛和愚言愚行，想起了生活與自由。特雷布林卡也曾舉辦過幾場婚禮，猶太工人和那些幫德國人操辦家事的女傭在此成為新人。[61]

曾幫數千位女性剃髮的猶太理髮師們，心中也總是難忘那些美麗的面容。

第九章

CHAPTER 9

反抗與焚毀

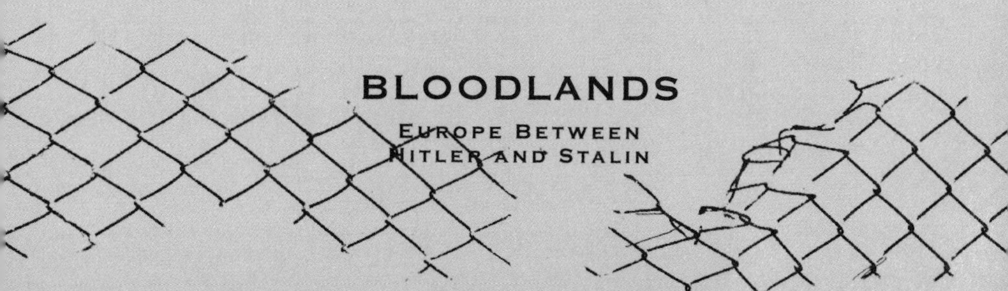

一九四四年六月二十一日晚間，是屬於白俄羅斯蘇聯游擊隊的一晚。三年前，德意志國防軍在進軍莫斯科的路途上快速橫掃白俄羅斯，但攻取莫斯科的行動最後終究功敗垂成。此時紅軍正朝莫洛托夫－里賓特洛甫線挺進，並且打算接著揮軍華沙與柏林。德意志國防軍的中央集團軍已經回到白俄羅斯，但這是一次撤退行動。紅軍指揮官們已經策畫好一次大規模的夏季攻勢，將會在巴巴羅薩行動三週年當天展開。這刻意挑選的時間點是為了提醒德國人，別忘記野心為他們自己帶來多少災難。蘇聯游擊隊已經在白俄羅斯境內的各處鐵軌裝設了數以千計的炸彈。等到紅軍士兵展開攻勢時，德國部隊無法及時獲得增援，也不可能快速撤退。所以一九四四年六月二十二日這一天，則是屬於白俄羅斯紅軍第一、第二、第三方面軍的日子。他們與另外兩支方面軍相加，兵力遠遠超過百萬，而德國中央集團軍能召集起來的全部兵力，最多還不到敵軍的一半。這次被稱為「巴格拉基昂行動」（Operation Bagration）的攻勢將會為蘇聯帶來大戰期間最重要的勝績之一。[1]

兩週前，美軍才剛投入歐洲戰場。一九四四年六月六日之後，因為已在太平洋地區壓制了日軍艦隊，美國開始有餘力在歐洲開闢第二個主戰場。美軍於法國諾曼第海灘登陸，與英軍和其他西方盟軍的兵力相加，總計有十六萬人。即便是遠在歐洲內陸的白俄羅斯，也能感受到美國所投射的軍事力量：不幸的德軍遭蘇聯的摩托化部隊團團圍住，這些紅軍部隊配備的是美國的卡車與吉普車。紅軍開始如火純青地使用德軍過去的包圍戰術，甚至青出於藍，反過來用於對付德軍。相較於美軍在法國勢如破竹，紅軍在白俄羅斯的斬獲更是驚人。德軍兵力不但在數量上遠不如敵方，軍官也不像紅軍軍官那樣指揮若定。德軍指揮官原本認定紅軍會穿越烏克蘭而非白俄羅斯，結果導致德軍四十萬兵力失蹤或傷亡，中央集團軍遭擊潰。一條通往波蘭的道路就此打開。[2]

紅軍很快就越過莫洛托夫—里賓特洛甫線，進入了隸屬於總督府管轄領地的盧布林地區。紅軍的隨軍記者瓦西里·格羅斯曼在征途中思索著一個問題：德國人留下了些什麼？一九四四年七月二十四日，紅軍發現了位於馬伊達內克的滅絕營。到了八月初，格羅斯曼發現了更恐怖的地方，一個如果想像力沒那麼豐富，可能無法理解的地方。一到特雷布林卡，他很快就意識到先前發生什麼事：波蘭的猶太人在毒氣室裡遭大屠殺，遺體燃燒後剩餘的骨灰、骨頭都埋葬於原野中。他踏上了那一片「跟海面一樣不平穩的土地」，發現了許多遺物，包括華沙與維也納兒童的幾張照片、一件烏克蘭刺繡作品與一袋頭髮——內有金髮與黑髮。[3]

此時，波蘭國土已遭德國竊占將近四年之久。華沙的猶太人應該都會認為巴格拉基昂行動是一場解放之戰，可惜他們絕大部分都已無緣親睹。超過二十五萬華沙猶太人都已化為骨灰與骨骸，在特雷布林卡由格羅斯曼發現。

然而，對於華沙那些密謀抵抗德國統治的非猶太裔波蘭人而言，巴格拉基昂行動的紅軍恐怕並非盟友，而是紅軍在二戰期間二度入侵波蘭領土的象徵。畢竟，一九三九年占領波蘭的就是德、蘇兩國。

這就是波蘭人與猶太裔波蘭人之間對於戰爭的不同看法。德國與蘇聯占領軍對於非猶太裔波蘭人所施加的暴行，在程度上可說不相上下。想要反抗外侮的非猶太裔波蘭人偶爾還是可以做出選擇：選擇要抵抗哪一方占領勢力，還有在什麼情況下反抗。

然而，僅存的猶太裔波蘭人卻有充分理由痛恨德國，歡迎蘇聯，並將紅軍視為解放部隊。一九四二

芬蘭
瑞典
赫爾辛基
拉多加湖
列寧格勒
1944年1月
列寧格勒方面軍
塔林
波羅的海
季赫溫
諾夫哥羅德
1944年1月
波羅的海第3方面軍
XXXXX
北方集團軍
普斯科夫
傑米揚斯克
窩瓦河
里加
霍爾姆
波羅的海第2方面軍
加里寧
大盧基
涅韋爾
勒熱夫
蘇聯
但澤
東方總督轄區
波羅的海第1方面軍
莫斯科
維捷布斯克
1944年6月
考納斯
維爾紐斯
1944年7月
德國
斯摩稜斯克
白俄羅斯第3方面軍
奧卡河
梁贊
XXXXX
中央集團軍
1944年8月
19日的前線
明斯克
1944年7月
比亞維斯托克
1944年7月
白俄羅斯第2方面軍
巴布魯伊斯克
布良斯克
華沙
奧廖爾
烏茨
布列斯特
1944年7月
普里佩特河
戈梅利
白俄羅斯第1方面軍
平斯克
波里西亞濕地
盧布林
1944年7月
切爾尼戈夫
庫斯克
沃羅涅日
克拉科夫
盧茨克
總督府
羅夫諾
1944年2月
勒維夫
1944年7月
基輔
1943年12月
別爾哥羅德
烏克蘭第1方面軍
日托米爾
頓河
烏克蘭第4方面軍
哈爾科夫
1943年8月
1943年7月17日
的前線
聶斯特河
文尼察
聶伯河
匈牙利
XXXXX
北烏克蘭
集團軍
切爾諾夫策
烏克蘭總督轄區
烏克蘭第2方面軍
第聶伯羅彼得羅夫斯克
史達林諾
頓河
塔甘羅格
基希涅夫
尼古拉耶夫
梅利托波爾
馬里烏波爾
羅斯托夫
XXXXX
南烏克蘭
集團軍
奧德薩
亞速海
烏克蘭第3方面軍
羅馬尼亞
克里米亞
刻赤
布加勒斯特
塞凡堡
1944年5月
新羅西斯克
多瑙河
索菲亞
黑海
保加利亞
蘇聯進軍路線
(1943-1944年)
希臘
伊斯坦堡
土耳其
1944年
夏季攻勢
1944年
春季攻勢
1943年
秋季攻勢

年夏天「大行動」過後人數只剩六萬左右的華沙猶太特區居民裡面，許多人的確選擇進行反抗。只不過他們無法選擇反抗的時間與地點。他們唯一能做的，就是盡力拚鬥。

—

在遭到納粹占領的歐洲地區，華沙可說是都市反抗組織的中心。一九四二年九月，特雷布林卡死亡工廠已經奪走大多數華沙猶太居民的性命；到了一九四四年九月，格羅斯曼才有機會以〈特雷布林卡地獄〉（Treblinka Hell）一文揭露曾發生在死亡工廠裡的種種暴行。夾在前述兩個時間點的兩年期間，波蘭人與猶太人其實都曾組織武裝起義，反抗德國人的占領，有時各行其是，有時一起合作。起義發生在一九四三年四月與四四年八月。

無論是猶太裔或非猶太裔波蘭人，在華沙進行反抗的後果大同小異：都會遭遇德軍的無情毀滅。等到紅軍（與隨軍記者格羅斯曼）於一九四五年一月進城時，舉目所及大多為廢墟與灰燼。市民有一半死亡，倖存者也都不見蹤影。格羅斯曼用了一個他的讀者群想必都能懂的文學典故：他說，那些他發現一起住在某棟樓房裡的猶太裔與非猶太裔波蘭人，都是華沙的「魯賓遜一族」：跟丹尼爾．笛福（Daniel Defoe）筆下小說《魯賓遜漂流記》（*Robinson Crusoe*）一樣，他們彷彿被遺留在孤島般的城裡生活了好幾年，完全與文明世界隔絕。波蘭詩人切斯瓦夫．米沃什（Czesław Miłosz）於戰時就是住在華沙，還花了一點時間幫笛福那本小說寫了書評。他認為《魯賓遜漂流記》一書堪稱「孤島傳奇」，還說作者主張人類的一切道德缺陷都來自於群居的經驗，因此如果能離群索居，任誰都是好人。不過在這篇書評中，還有他那些關於猶太裔與非猶太裔華沙居民的詩歌作品裡，米沃什都提出相反的主張：唯有每個人都牢記著其他人孤寂自處的時刻，那我們才能冀望這世間有倫理存在。[4]

從某些方面來看，二戰期間居住在華沙的猶太裔與非猶太裔居民都是孤立無援的，外界無法提供幫助，就連那些他們視為朋友與盟友的人也愛莫能助。不過，他們孤立無援的情況也有些不同之處，使其在同一場戰爭中面臨截然相異的命運。他們所身處的城市，曾扮演著波蘭兼猶太文明重鎮的角色。到了一九四四年，他們的城市已如灰飛煙滅，徒留傳奇。或者應該說，是波蘭人與猶太人的雙重傳奇，介於團結與孤寂之間，彼此都知道對方的情況，卻也只能獨自面對這被戰火蹂躪的世界。

其實，猶太裔與非猶太裔波蘭人密謀反抗德國統治的行動，早自一九三九年九月德國入侵波蘭就已開始，且兩者時而分進，時而合擊。

一九三九年九月七日，在某家銀行地下室，八個人展開了後來發展成波蘭地下反抗軍的密謀，他們有男有女，大多為共濟會成員。這組織剛開始名為「為波蘭的勝利而戰」（Servants of the Victory of Poland），主其事者是個受命在全國發起地下反抗組織的將軍。到了一九四〇年，波蘭在法國成立了流亡政府，這留在本土的武裝反抗組織並命名為「武裝抗爭聯盟」（Union of Armed Struggle）。一九四〇到四一年，這組織的主要任務是把數百個已在波蘭成立的較小反抗組織聯合起來，並為波蘭與其盟國蒐集情報。武裝抗爭聯盟活躍於德國占領區裡，但想在蘇聯占領區建立行動與情報網絡，卻屢屢遭內務人民委員部瓦解。一九四一年六月德國入侵蘇聯後，波蘭反抗組織才得以在占領區的全境活動。[5]

一九四二年年初，武裝抗爭聯盟改組為波蘭救國軍。成立救國軍的用意，是在本土建立武裝部隊，其地位相當於在西線戰場上與盟軍並肩作戰的波蘭陸軍。跟此時已經流亡到倫敦的波蘭政府一樣，救國軍是波蘭所有政治與社會勢力的代表，其使命是幫助波蘭復國，除了確保能取回戰前所有領土，還要建立一個全民平權的民主共和國。大多數波蘭人如果有心抗德，就能成為救國軍成員，不過極左的共產勢力與極右的民族主義勢力卻成立了自己的游擊隊。共黨組成「人民衛隊」（People’s Guard），也就是戰後共產政權所屬波蘭人民軍（People’s Army）的前身，且與蘇聯和內務人民委員部保持密切聯繫。民族主義者則認為，共黨分子與蘇聯比德國危害更烈，他們自己組織了「民族武裝部隊」（National Armed Forces）。[6]

華沙猶太人的反抗運動走的是另一條路線，儘管他們一開始並無明顯反抗跡象。德國於一九三九年入侵波蘭後的頭幾個月裡，要猶太人自組反抗組織似乎沒太大意義。起初，還沒有人看得出猶太裔波蘭人的命運會與非猶太裔同胞有太大不同。許多因為德國入侵而深感遭到威脅的華沙猶太人已逃往蘇聯占領區，其中有不少人遭驅逐流放到哈薩克。即便德國在一九四〇年開始廣設猶太特區，猶太裔波蘭人還不見得能看出自己的遭遇將會比非猶太裔同胞更為慘烈：因為這時大批非猶太裔波蘭人正遭到槍斃或被囚禁於集中營裡。猶太特區外的波蘭人有許多於一九四〇年遭送往奧斯威辛，而猶太人卻無此遭遇。

不過，因為遭限制住居於猶太特區，那就意味著猶太人若要發起反抗運動，必定是因為他們遭遇了猶太民族特有的困境。這一年十月，德國人把華沙的猶太與非猶太居民強制隔離，這不但創造出新的社會現實，也把兩種人歸屬於不同範疇，創造出兩種不同命運。[7]

不過，即便同樣遭困在特區裡，並不意味著猶太人能就此針對「是否反抗」與「如何反抗」形成共識。兩次大戰期間，波蘭猶太人社群內部的政治活動極為活躍，這也讓華沙猶太人在遷居特區以前就形成了各自的政治觀。波蘭的地方與全國性選舉都有猶太人參與，各猶太社群也會自辦選舉。政黨的人多勢眾，且黨員都忠貞不渝。在政治光譜的最右端是修正猶太復國主義者，他們在戰前就已經準備在巴勒斯坦武裝反抗英國殖民政府。這個陣營率先主張，儘管被困在特區裡，但武裝反抗仍有可能，而且有必要。早在一九四一年夏天，猶太復國主義陣營與內部青年組織「貝塔爾」（Betar）就透過黨內同志得知維爾紐斯的猶太人遭大規模殘殺。一九四二年春天盧布林猶太特區的清零行動進行之際，他們也在差不多時間就有所耳聞。他們依稀意識到最終解決方案已從莫洛托夫－里賓特洛甫線以東擴張到以西的地區，而且原本的槍斃手段已改為毒殺。[8]

然而，一直要等到四二年七到九月間華沙發生了「大行動」，猶太復國主義陣營才大受刺激，真正組織了一個「猶太軍事聯盟」（Jewish Military Union）。這聯盟的軍事指揮官為帕維爾·弗蘭克爾（Paweł Frenkel），政治委員會的成員包括米哈爾·史崔科沃斯基（Michał Strykowski）、里昂·羅達爾（Leon Rodal）以及大衛·維多溫斯基（Dawid Wdowiński）。根據戰前的傳統，這個組織與波蘭政府有過密切合作的經驗。或許就是因為這樣，該組織才會配備了充足的武器。一九三〇年代晚期，波蘭政府曾希望把大多數猶太人口遷移到近東地區，政府高層因此與修正猶太復國主義運動發展出密切關係，而該運動也是希望幫助大多數猶太裔波蘭人遷居巴勒斯坦。為了建立猶太人的國家，這些修正主義者就算動用武力也在所不惜，波蘭政府也能理解此一策略。戰前波蘭隸屬於修正猶太復國主義陣營的青年組織貝塔爾已經做好準備，必要時可以為巴勒斯坦而戰。部分貝塔爾的成員加入了巴勒斯坦的反抗組織「伊爾貢」（Irgun），而這兩個組織的青年戰士有時候都是接受過波蘭陸軍的訓練。一九四二年遷居猶太特區後，修正主義者們也會四處籌錢，甚至搶奪猶太富人的財物，藉此募集資金，向特區外的人士購買軍火。[9]

從發展史看來，猶太軍事聯盟可說是一個走武裝活動路線的右翼政黨，因為遭遇未曾預料的惡劣處境而必須調整路線。至於華沙猶太特區內的另一支反抗團體——「猶太戰鬥組織」（Jewish Combat Organization），則是由幾個中間路線與左派的政黨聯合組成，主張只有軍事行動才能造福猶太人。

跟右派的猶太軍事聯盟一樣，猶太戰鬥組織也是因為「大行動」而崛起。年紀太大或太小的猶太人幾乎都已在驅離中死去。從驅離行動的結果看來，儘管各猶太群體都蒙受損失，但就政治上來講，遭消滅的只有保守派的中間路線組織：信奉正統猶太教且在政治上較懂得與現實妥協的「以色列聯盟」（Agudas Israel）。這個組織在戰前曾與波蘭政府積極合作，藉此換取猶太族群與猶太教自治。後來到了一九三〇年代末期，波蘭出現反猶太暴亂與反猶太立法行動，該黨的妥協路線也受到挑戰，但華沙老一輩的猶太教徒仍然堅守這條路線——然而，這時他們幾乎都已經死於特雷布林卡。以色列聯盟在戰前的波蘭可以用妥協換來生存，但遇到納粹後妥協換來的只有死亡。[10]

一九四二年九月後，華沙猶太特區基本上就是個居民主要由年輕人組成的猶太勞動營地。許多男性失去妻小後不用再害怕會危及家人，他們變得義無反顧起來。左派政治立場開始成為主流。在戰前的波蘭，猶太的左派陣營曾因幾個基本問題而分裂，例如：應該前往巴勒斯坦或留在波蘭？是否該信任蘇聯？還有，到底該用意第緒語、波蘭語抑或希伯來語來鼓動群眾？共產主義處於左派政治光譜的最極端，這時又在華沙猶太人之間流行起來。波蘭共黨本已於一九三八年遭史達林解散，但在一九四二年一月之後，又獲准以「波蘭工人黨」（Polish Workers' Party）之名重新建黨。某些猶太裔的波蘭共產主義人士偷偷進入華沙猶太特區，鼓動居民進行武裝反抗。規模最大的猶太社會主義政黨「聯盟」（Bund）則是比較不願走暴力路線。一般而言，這些組織仍是持續分頭行動。納粹採取「大行動」的三個月後，各方猶太勢力達成共識，認為有必要進行武裝反抗，猶太戰鬥組織也就因此於一九四二年十二月創立。組織成員幾乎都是完全沒有軍事背景的政治人物，也手無寸鐵，所以當務之急就是取得軍火。他們採取的第一個行動就是向波蘭救國軍調集武器。[11]

在華沙猶太特區外，「大行動」迫使波蘭救國軍採取解救猶太人的措施。先前在一九四一年，由於部分猶太人在集中營當起了守衛，波蘭反抗勢力也與他們劃清界線，斥之為「賣國賊」。不過，一九四二年夏天前的波蘭救國軍傾向於認為，波蘭人才是波蘭的苦難之承受者，不包括猶太人。但受到波蘭猶太人在東方遭到大規模槍斃的影響，救國軍於該年二月成立了猶太支隊。這個支隊負責蒐集大屠殺的情資，於四月送交同盟國於英國國家廣播公司（BBC）。一九四二年夏天的驅逐行動則是促使波蘭天主教團體成立了一個營救組織，到了十二月進一步接受波蘭流亡政府資助，以「熱戈塔委員會」（Żegota）的名義匿名運作（波蘭人若遭查獲協助猶太人，會被判處死刑）。某些救國軍的軍官也參與該組織：負責情報業務的救國軍軍官們提供偽造的身分證件，讓猶太人可以躲藏在特區外。猶太戰鬥組織於一九四二年十二月請求提供武器，救國軍提議先幫助猶太人逃出特區，武裝反抗之事大可從長計議。猶太戰鬥組織拒絕了，因為組織的領袖們都希望放手一搏，所以不願選擇出逃。[12]

華沙的波蘭救國軍指揮官們自有戰略上的考量，導致他們不願提供任何武器給猶太人。儘管救國軍正走向游擊戰的路線，但還是擔心猶太特區裡的起義行動會鼓動全市人民起義，反而讓德國人出兵進行血腥鎮壓。一九四二年年底的救國軍尚未準備好跟德軍全面開戰。在救國軍的指揮官們看來，共產主義人士鼓動的起義行動為時過早，應予避免。他們深知波共背後有蘇聯撐腰，正在鼓動華沙當地人民即刻拿起武器反抗德國人。蘇聯想要鼓動波蘭人投身游擊戰，無非是要弱化德國的力量，但另一方面也是借刀殺人之計：藉此削弱反抗勢力，以免未來蘇聯重返波蘭時遭遇抵抗。德國部隊在游擊戰中傷亡慘重，就能節省紅軍的力氣；波蘭菁英階層若因為反抗德國而遭殺害，也可以讓內務人民委員部省事。猶太戰鬥組織內部的波共成員遵循蘇共路線，深信波蘭應該唯蘇聯馬首是瞻。不過，救國軍的高層當然無法忘記，二次大戰是因為德、蘇聯手入侵波蘭才開打，所有戰事進行的頭兩年期間波蘭有一半國土是落在蘇聯手中。除了討回波蘭東半部，蘇聯希望的或許更多。從救國軍的角度看來，受蘇聯統治比納粹統治好不到哪裡去。救國軍的目標是尋求獨立。無論在什麼情況之下，任何有意尋求波蘭獨立的組織似乎都不該為波蘭的共產主義人士提供武器。[13]

儘管有前述諸多考量，波蘭救國軍還是在一九四二年十二月提供了幾把手槍給猶太戰鬥組織。該組織充分利用那幾把槍，在華沙的猶太特區內立威與累積實力。若要反抗猶太居民委員會和只有配備警棍的猶太警隊，手槍與狠勁就已綽綽有餘。從一九四二年年底到隔年年初，猶太戰鬥組織在特區裡殺害（或試圖殺害）猶太警察與蓋世太保的線民，藉此建立起一種氛圍，讓人感受到新的道德秩序正在崛起。猶太警隊隊長約瑟夫·澤金斯基遭人從後頸開了一槍，但並未斃命。遭該組織暗殺身亡的，包括雅各·列金（Jakub Lejkin）與米奇斯瓦夫·布熱津斯基（Mieczysław Brzeziński）：前者是負責大驅逐行動的警隊領導人，後者則是在「轉運點」把猶太同胞趕上火車的惡徒。該組織印刷傳單，讓民眾知道通敵是死罪。華沙的猶太居民委員會的地位因此遭該組織取代，委員會會長被迫坦承他「在猶太特區裡已無威信可言，特區內部出現了另一個權威組織」。當猶太居民委員會失效，猶太警隊的威脅性也蕩然無存，德國人也就無法在特區內繼續為所欲為。[14]

無論如何，特區裡的猶太人都不可能理解德國政府決定特區內剩餘居民命運時背後的種種考量。一開始，德國人把華沙猶太特區當成一個轉運地點，以便最終能把所有猶太人流放到盧布林地區、馬達加斯加島或是蘇聯。接著，德國又把華沙猶太特區當成某個暫時的強迫勞動營，最後又變回轉運地點，這回特區猶太人大多遭送往特雷布林卡。一九四二年年底到隔年年初，特區再度變成勞動營，但只是暫時的安排，而且倖存人數也已大不如前，居民都是「大行動」期間獲篩選為勞工的猶太人。儘管希姆萊未曾改變心意，始終想殺掉德國治下的所有猶太人，但至少在這個時間點，德國政府的其他機關都希望讓一定數量的猶太工人能保命幹活。漢斯・法蘭克擔心他的總督府轄區出現勞力短缺問題。許多波蘭人都已遭送往德國工作，所以在德國占領的波蘭地區，猶太勞動力就變得更加重要。猶太勞工對德國的戰爭經濟體系有所貢獻，所以德意志國防軍也樂見他們能保住一命。[15]

希姆萊是個懂得妥協的人。一九四三年年初，他決意讓華沙猶太特區裡剩餘的居民再多活一段時間，但同時也想要把特區消滅，因為他已把特區當成反抗運動的重鎮，還有混亂與疾病的淵藪。希姆萊想要殺光那些並未持有工作文件，但卻非法居住在特區裡的猶太人。接著他想把剩餘猶太人驅逐流放到其他集中營去做工。一九四三年一月九日，希姆萊造訪華沙，下達了解散特區的命令。大約八千左右的非法猶太居民將會遭運往特雷布林卡毒殺，剩下的大約五萬人則是送到各地集中營。不過，等到德國人於九天後進入特區執行希姆萊的命令，猶太人要不是躲起來，就是死命反抗。第一批進入特區的德國人遭幾個猶太人開火，被殺了個措手不及、自亂陣腳。大約有一千一百七十個猶太人在街上遭德國人槍斃，被驅離者可能有五千。四天後德國人不得不暫時撤離，重新思考。華沙的救國軍指揮官們對此表現留下深刻印象。他們交給猶太戰鬥組織的幾把手槍發揮了極大效用。[16]

波蘭猶太人抵抗德國的事蹟並非以此為開端。許多波蘭救國軍成員就有猶太血統。儘管該部隊的指揮官們都知道，但幾乎未曾有人討論此事。許多有猶太血統的波蘭救國軍成員都把自己當成波蘭人而非猶太人。也有人刻意隱藏自己的猶太人身分，因為在戰時華沙最好別聲張自己的猶太血統。雖說反猶太分子在救國軍內部是少數，但只要猶太人的身分被揭露出來，就會遭生命威脅。一九四三年一月的新情勢是，猶太人拿起武器抗德，並且公開高舉**猶太人的**反抗運動旗幟。無論是救國軍內部或波蘭社會都有不少人認為猶太人不會反抗，但這反猶太的刻板印象因為猶太起義而遭大幅沖淡。事到如今，儘管華沙的波蘭愛國軍自己的軍火儲備量本來就不多，但還是把其中一大部分給了猶太戰鬥組織，包括槍枝、彈藥與爆裂物。[17]

希姆萊在柏林簡直氣炸了。一九四三年二月十六日，他決定不只要把猶太特區清空，還要徹底摧毀。對於優等民族德國人來講，華沙的那個地帶毫無價值可言，因為如同希姆萊所說，那裡的房舍已經遭「次等人使用過」，再也無法供德國人居住。德國人計畫於四月十九日突襲猶太特區，不過任務的目標仍非殺光猶太人，而是要把猶太工人都轉移到其他集中營，然後毀掉整個特區。對於這個計畫能否成功，希姆萊毫不懷疑，他已預先想好特區原址的用途：在戰時，仍是持續當集中營使用，到戰後才改建為公園。華沙的猶太工人在被遷移到其他地點後，最後的命運就是做工做到死。[18]

就在突襲華沙猶太特區的計畫進行前夕，德國政府的政宣首長戈培爾做出了特殊的貢獻。先前在一九四三年四月，德國人已發現了卡廷森林是內務人民委員部在一九四〇年用來槍斃波蘭戰俘的地方。據戈培爾的描述：「卡廷是我的戰績。」他選擇在一九四三年四月十八日將發現那些波蘭軍官屍體一事公諸於世。藉由公布此一發現，就可以在蘇聯人與波蘭人之間，以及猶太人與波蘭人之間製造矛盾。一如戈培爾的預期，這一萬多波蘭軍官遭蘇聯祕密警察槍斃的證據將會讓波蘭流亡政府更不可能與蘇聯合作。就算蘇、波雙方真能結盟，緊張關係也無法解除，更何況波蘭政府對大批失蹤波蘭軍官的下落始終掛懷，蘇聯方面也仍然無法提供滿意解答。藉由卡廷森林大屠殺，戈培爾也希望能印證納粹所謂蘇聯的猶太領導高層的確執行了各種反波蘭人的政策，進一步分化波蘭人與猶太人。進攻華沙猶太特區前夕，德國人就是如此進行政宣。[19]

猶太戰鬥組織也有自己的諸多盤算。即便一九四三年一月德國人想將猶太特區清零未果，此事也確認了猶太領袖們先前預期的厄運：最後清算的日子來臨了。目睹德國人陳屍街頭後，猶太人跨越了恐懼的障礙，而且獲得波蘭救國軍的第二批軍火，更讓他們信心大增。特區裡的猶太人認定，如果再有驅逐流放之舉，德國人就是會把他們直接送進毒氣室。不過他們的想法並非百分百正確：要是接下來並未發動起義，他們大多會遭送往集中營做工，但也只能多活幾個月而已。迄今倖存的華沙猶太人做出了基本上正確無誤的判斷。如同其中一位居民先前寫道：「遷居的最後階段就是死亡。」他們之中只有少數會死在特雷布林卡，但大多數都會在一九四三年年底前就死去。他們認為自己的存活機率原本就不高，就算起義反抗也不會降得更低，而這想法是正確的。若是德國打贏戰爭，將會把帝國境內僅存的猶太人都殺光。如果德國打輸，在紅軍往西進軍的過程中，猶太勞工也都會性命不保，因為他們可能危及德國人的安全。要是紅軍往西揮軍，但距離尚遠，那麼猶太人就能暫時苟延殘喘，因為德國需要他們的勞動力。不過，要是紅軍已經步步進逼，那麼猶太人就只有兩種下場：進毒氣室或吃槍子。[20]

正因為普遍深信死亡厄運已經到來，猶太人才能夠團結合作，起義反抗。只要德國能透過政策讓猶太人相信某些人能存活，那某些人就會冀望自己是例外，如此一來社會分化的狀況就在所難免。如今，德國的政策已讓華沙猶太特區的剩餘居民深信自己必死無疑，這也讓特區裡的猶太社群展現出令人刮目相看的大團結。一九四三年一到四月間，猶太人利用地窖造出無數碉堡，某些還以祕密通道相連。猶太戰鬥組織也建立了指揮高層。最高指揮官是莫德哈伊．阿涅萊維奇（Mordechai Anielewicz），而

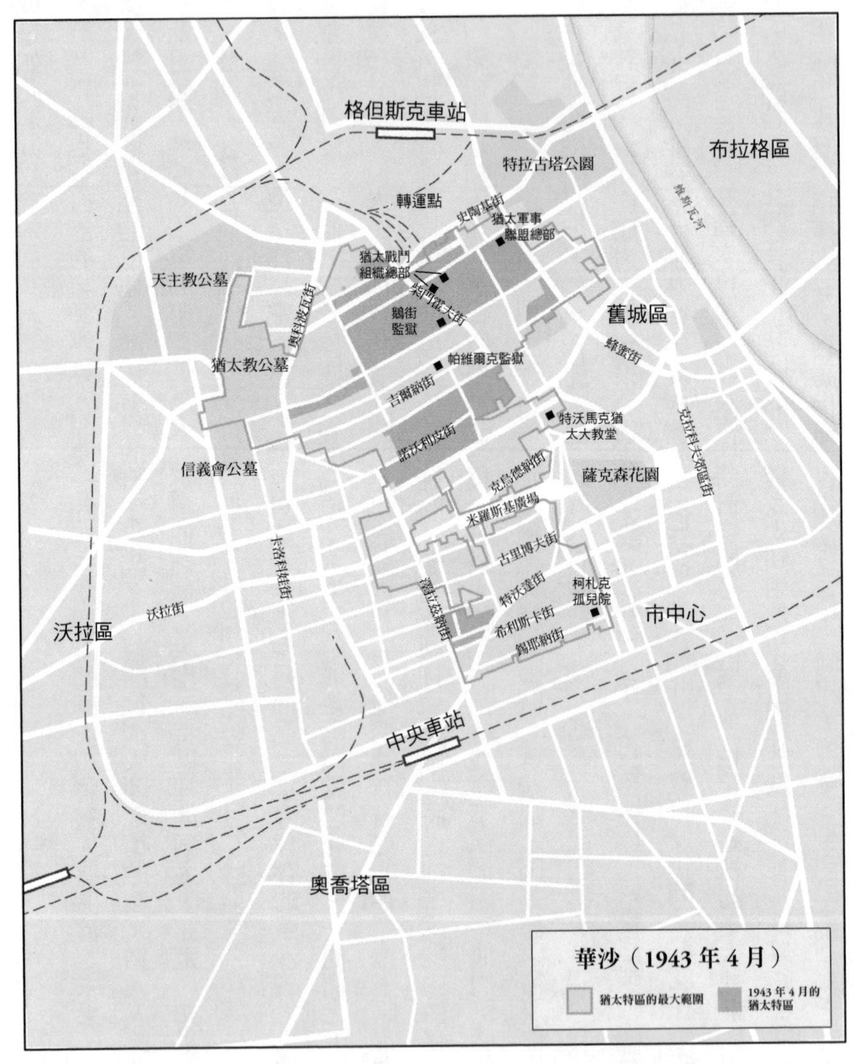
格但斯克車站
布拉格區
特拉古塔公園
維斯瓦河
轉運點
史陶基街
猶太軍事
聯盟總部
猶太戰鬥
組織總部
柴門霍夫街
天主教公墓
奧科波瓦街
鵝街
監獄
舊城區
蜂蜜街
猶太教公墓
帕維爾克監獄
吉爾納街
特沃馬克猶
太大教堂
克拉科夫郊區街
諾沃利皮街
信義會公墓
克烏德納街
薩克森花園
米羅斯基廣場
卡洛利娃街
古里博夫街
特沃達街
柯札克
孤兒院
澤拉茲納街
沃拉街
希利斯卡街
市中心
沃拉區
錫耶納街
中央車站
奧喬塔區
華沙（1943 年 4 月）
猶太特區的最大範圍
1943 年 4 月的
猶太特區

特區內既有三大地區的指揮官則分別是馬雷克・埃德爾曼（Marek Edelman）、以色列・卡納夫（Izrael Kanał），還有伊札克・祖克曼（Icchak Cukierman），但祖克曼在起事前由埃利澤・蓋勒（Eliezer Geller）頂替。該組織取得更多武器，並訓練成員如何使用。透過某些在兵工廠工作的猶太人，他們取得了土製爆裂物的材料。在德國人發動進攻的一天前，猶太戰鬥組織得知他們的計畫，所以等他們真的找上門，猶太人都已有所準備。[21]

這次起義讓某些波蘭救國軍成員深感敬佩，在意外之餘稱之為「猶太對德國之戰」。[22]一九四三年四月十九日，親衛隊、秩序警察與一批來自特拉夫尼基的人員進入華沙猶太特區，招呼他們的是狙擊手的子彈還有一顆顆土製燃燒彈。他們居然不得不從特區撤退。據德國指揮官們的報告，一次交戰中己方有十二人死亡。莫德哈伊・阿涅萊維奇寫了一封信給當時人在特區外的猶太戰鬥組織同志伊札克・祖克曼：猶太人的反擊攻勢「帶來我們做夢都想不到的戰果：德國佬兩度逃出特區」。波蘭救國軍的官媒則是寫道：「這次反抗攻勢展現出無比力量與決心。」[23]

右翼的猶太軍事聯盟奪取特區裡的最高樓房，在制高點豎起兩面旗幟：波蘭的白鷹旗與猶太復國主義的黃色六芒星旗。聯盟的各部隊死守著總部附近的穆拉諾斯卡廣場（Muranowska Square）。到了四月二十日，華沙地區的親衛隊與警隊高級領袖斐迪南・馮・薩默恩—法蘭肯內格（Ferdinand von Sammern-Frankenegg）遭解職。取代他的尤爾根・施特魯普（Jürgen Stroop）接到希姆萊打過來飆罵的電話：「無論付出任何代價都要把那兩面旗幟給我弄下來！」後來到了四月二十日（希特勒生日），德國人的確達成任務，不過也付出了相應損失。這天德國人設法進入猶太特區，並留了下來，只不過看來暫時不可能完成將人口清零的任務。大多數猶太人都躲了起來，許多人手上還握有武器。德國部隊必須改採新的戰術。[24]

從華沙猶太特區起義的第一天起，就有猶太人在戰鬥中捐軀。無法工作的猶太人若遭德國人發現，也都一律遇害。鵝街（Gęsia Street）上的醫院是特區裡僅存的一家醫院，德國人知道院裡的病人對他們沒有用。馬雷克．埃德爾曼在院裡發現了數十具身穿病人裝的屍體。在婦產科病房，孕婦、剛生完小孩的產婦、新生兒也都遇害。在鵝街與柴門霍夫街（Zamenhof Street）的交叉口，有人把活嬰兒擺在女屍的赤裸胸前。從外界看來，儘管猶太人的起義行動似乎是一場戰爭，但德國人在特區內卻並未遵循任何戰爭法與戰時慣例。對於親衛隊來講，那些猶太次等人的存在本身就是罪過，而他們的反抗行動更是令人髮指，無論採取何等反制作為都不為過。[25]

親衛隊與警隊高級領袖施特魯普決定，想要把地下碉堡與房舍清空的唯一方式就是全部燒掉。既然希姆萊早已下令將猶太特區徹底摧毀，那麼將區內民居燒光可說毫無損失。事實上，原本希姆萊還沒想到要怎樣將特區摧毀，所以這火攻的計策可說同時幫納粹解決了兩個問題。一九四三年四月二十三日，施特魯普的手下開始將特區裡各個街區的房舍輪流燒毀。德意志國防軍在這場戰役裡並未出太多力，但派出工兵與火焰噴射器來支援，幫忙燒毀民居與地下碉堡。據埃德爾曼的回憶：「我們寧願中槍身也不想被燒死。」一困在樓房裡較高樓層的人不得不跳樓。許多猶太人遭俘擄時都是斷了腿。經過一番偵訊後，他們全遭槍斃。能夠逃開這縱火攻勢的猶太人，都是在白天從一個地下碉堡逃往另一個，或是在夜裡從一間房舍逃往另一間。一連幾天，親衛隊成員都覺得在黑暗的特區街道上行動並不安全，所以猶太戰士與平民可以在入夜後行動與重整部隊。但既然這火攻攻勢不可擋，他們所剩的時日已是屈指可數。[26]

德國人在一九四三年四月十九日攻擊特區，那天是逾越節前夕。下一個禮拜天則為二十五日，剛好是復活節。待在特區外的波蘭詩人切斯瓦夫．米沃什（Czesław Miłosz）用詩作〈花卉廣場〉（Campo di Fiori）來追想那個基督宗教節日：在克拉辛斯基廣場（Krasiński Square）上人們騎著旋轉木馬，但僅僅一牆之隔的猶太特區裡，猶太人卻一個個奮戰死去。米沃什寫道：「接著我想起了，死去的人有多寂寥。」猶太特區起義期間，旋轉木馬每天轉個不停，但這卻凸顯出猶太人處於孤絕隔離的狀態：他們在自己的城中之城裡死去，牆外的波蘭人卻照常生活，有說有笑。許多波蘭人根本不關心特區裡猶太人的死活，但也有波蘭人是關心的，有些甚至試著幫忙，少數人因為伸出援手而死去。[27]

華沙猶太特區起義的整整一年以前，波蘭救國軍就已示警英、美盟國，表示有大批猶太裔波蘭人遭毒殺。救國軍提交了關於海烏姆諾死亡工廠的幾份報告，波蘭流亡政府也設法讓讓英國媒體報導。西方各盟國並未進行任何有用作為。早在一九四二年，救國軍已通知倫敦與華府當局，表示大批華沙猶太特區居民遭驅離並被送往特雷布林卡屠殺。事實上，波蘭政府總是強調波蘭全體國民所遭遇的悲劇，此類事件只是其中一部分。不過，最重要的資訊還是向外界傳達出去了。無論非猶太裔或猶太裔波蘭人都曾錯誤深信，只要把這些驅離事件公諸於世，納粹就會停手。波蘭政府也曾敦促盟國，既然德國人殘殺波蘭公民（包括猶太人），那就該殺死德國平民來以牙還牙，但英、美兩國政府還是沒有行動。波蘭總統與波蘭駐梵蒂岡大使也籲請教宗譴責猶太大屠殺，但一樣徒勞無功。[28]

在同盟國陣營中，只有波蘭一國政府採取直接行動來阻止猶太大屠殺（美國總統小羅斯福後來也成立了「戰爭難民委員會」，採取措施拯救數以千計的猶太人）。到了一九四三年春天，熱戈塔委員會已經幫助了大約四千個猶太人躲藏保命。波蘭救國軍也公開宣稱，若有波蘭人敢出賣猶太人，將會遭槍斃。五月四日，華沙猶太特區起義戰事持續進行著，波蘭總理瓦迪斯瓦夫・西科爾斯基（Władysław Sikorski）發表公開聲明：「我要籲請同胞們為那些正遭到殘殺的人提供幫助與庇護，在此同時也要在長期以來保持緘默的全人類面前，譴責那些暴行。」猶太裔與非猶太裔波蘭人都心知肚明，就算用所有部隊與武器跟德國人拚命，救國軍的華沙高層也救不了猶太特區。在當時，波蘭救國軍幾乎可說沒有任何戰鬥經驗可言。儘管如此，駐華沙波蘭救國軍的最初八次武裝行動中，就有七次是用來支援猶太特區的戰鬥。特區起義行動之初，就有兩個非猶太裔波蘭人因為試圖破壞特區圍牆而捐軀。後續又有好幾次破壞圍牆的行動，但都功敗垂成。總計波蘭救國軍為了幫助猶太人而行動了十一次。蘇聯的政宣人員見縫插針，竟然宣稱波蘭救國軍拒絕幫助特區的猶太人進行戰鬥。[29]

在猶太戰鬥組織與波蘭救國軍之間的重要聯絡人，是個叫做艾瑞・威爾納（Aryeh Wilner）的猶太人，救國軍的波蘭同志們都稱他為「尤瑞克」（Jurek）。起義期間他捐軀了，但死前他還是把一則重要訊息傳遞給他的波蘭同志，此事宛若傳奇。他所描述的猶太反抗行動，波蘭救國軍不但深有同感，也會幫忙大肆宣傳。威爾納表示，猶太人並非為了保命而在特區起義，而是為了保全人類的尊嚴。透過波蘭的浪漫主義思想很容易就能理解這個道理：不以成敗論英雄，而是必須用意圖來評斷行動，而人類透過自我犧牲來表現高貴品格，犧牲性命更是讓人百世流芳。不過，威爾納想要傳達的重點卻往往遭忽略或遺忘：猶太人在華沙的反抗行動不只是為了維護猶太人的尊嚴，也是為了保全波蘭人、英國人、美國人、蘇聯人的尊嚴，而這所有人大可以有更多作為，卻沒能做到。[30]

什穆爾・齊格耶博伊姆（Shmuel Zygielbojm）是猶太社會主義大黨「聯盟」派駐倫敦流亡政府的代表，他知道猶太特區會遭焚毀殆盡。他透過揚・卡爾斯基（Jan Karski）清楚得知猶太大屠殺的概況，而卡爾斯基就是在一九四二年把大屠殺情資告知同盟國領袖的波蘭救國軍情報員。齊格耶博伊姆並不知道細節，但他掌握了事件的概況，並且透過自殺來向全世界發聲。一九四三年五月十二日，他留下遺言給波蘭總統與總理，同時也有意與其他同盟國領袖分享：「雖說謀殺整個猶太種族的罪名應該歸咎於所有加害者，但全人類也該背負共犯的罵名。」隔天他就在英國國會大廈前面自焚身亡，如同他在遺言中所說的，追隨那些在華沙的猶太同胞，走上厄運之路。[31]

華沙的猶太人在絕望中持續奮戰。到了一九四三年五月，施特魯普呈報給上司的幾份報告內容已變得較為平靜而有條理，大多用數字來表現。在地下碉堡中被燒死或自殺者不計其數；被逮捕者約有五萬六千零六十五人，其中七千人左右當場遭槍斃；另外有六千九百二十九人遭送往特雷布林卡，其餘大多數則是遣送到強迫勞動營，像是馬伊達內克。五月十五日，施特魯普炸毀華沙猶太特區裡的特沃馬克猶太大教堂（Tlomackie Synagogue），藉此宣示勝利。依照希姆萊的命令，德國人立即著手摧毀本已殘缺不全的特區。他們把剩下的所有建物盡數毀壞，將地窖與溝渠填起來。到了六月一日，希姆萊下令興建一座新的集中營，場址就選在斷垣殘壁仍然冒著煙的特區土地上。[32]

猶太特區起義後的確有少數猶太人倖存，但卻發現外面世界對他們頗為冷淡。一九四三年，波蘭救國軍對於共產主義問題比前一年更感憂慮。那年夏天，一場空難奪走波蘭總理的性命，某位指揮官則是遭逮捕，取代他們的是兩位比較不能同情猶太人的繼任者。儘管波蘭救國軍曾承諾把華沙猶太特區起義的參與者組織成一支猶太支隊，但卻言而無信。整個一九四三年期間，某些救國軍的部隊有時還會把鄉間持有武器的猶太人當成盜匪，將其槍斃。少數救國軍士兵則是為了搶奪猶太人財產而痛下殺手。另一方面，救國軍的確也處決了一些出賣或試圖勒索猶太人的波蘭人。[33]

德國政府到處抓人進行強迫勞動的行動不但刺激了華沙猶太特區起義的發生，也導致波蘭人反抗行動方向有所改變。一九四三年一月造訪華沙期間，希姆萊不僅首次提出要將猶太特區徹底摧毀，還下令圍捕大批波蘭人，將他們抓去做工。接下來，隨意拉伕的情事便屢見不鮮，對波蘭社會帶來極大衝擊，許多婦孺突然間發現自己失去丈夫與父親的依靠。一九四三年的頭三個月，大約有三千個華沙波蘭人遭遣送到馬伊達內克。該年五月，華沙猶太特區起義失敗後，被送往馬伊達內克做工的猶太人則是數以千計。華沙的波蘭人與猶太人原本在一九四一到四二年都被猶太特區的圍牆分隔著，到了四三年卻發現他們都被關在同樣的鐵絲網圍欄裡。當時馬伊達內克跟奧斯威辛一樣，已是個附設毒氣室的強迫勞動營，只是規模遠遠不及奧斯威辛。大約有五萬猶太裔波蘭人死於馬伊達內克，非猶太裔波蘭受害者則是可能有一萬人。[34]

許多波蘭人得知同胞遭遣送到馬伊達內克後都加入了波蘭救國軍，不分男女。理由在於，若在華沙過一般的生活則隨時可能有被拉伕的危險，那麼加入地下反抗組織似乎反而比較安全。加入地下反抗組織也能感受到同志情誼，減緩恐懼情緒，而參與復仇行動則是讓人不再那麼無助。為了避免有人把大眾組織起來，反抗他們的拉伕行動，德國人先前在一九三九年入侵波蘭時就已先行殘殺了數以萬計波蘭菁英，後來到了四〇年的「特殊靖綏行動」又殺了數千人。無論是先前或是現在，籌畫這類屠殺行動的德國人心裡所擔心的問題是一樣的：只要有人有能力領導波蘭群眾反抗德國人，那麼德國就會不斷遇到反抗，無法把波蘭當成一個群龍無首的勞動力來源。不過，德國人恐怕是想錯了：波蘭的菁英階層遠比他們預想的還要龐大，而且在遇到外侮之際，願意跳出來擔任領袖者，更是不在少數。

救國軍的指揮官們傾向維持祕密運作，偷偷招兵買馬與籌措軍火，等待最佳時機才發動一次全面起義。在一九四三年，這樣的耐心等待與謹慎盤算已經變得越來越困難。蘇聯利用廣播與政宣傳單鼓動波蘭人盡早起義。波蘭人深知他們的猶太同胞遭到大屠殺，唯恐德國人繼續統治的話，總有一天也會拿他們開刀。特別令他們感到驚駭的是，總督府領地所屬盧布林地區執行了「東方總計畫」。儘管其他地區一般都將德國政府那龐大的殖民計畫予以推遲，但希姆萊的親信奧迪洛·格洛博奇尼克還是照樣執行。計畫在一九四二年十一月展開，直到四三年前半年都持續進行，為了將札莫希奇地區打造成德意志民族的殖民地，當地有三百個波蘭村莊慘遭清零。這次「札莫希奇行動」中大約有十萬波蘭人遭遣送到馬伊達內克與奧斯威辛。因為札莫希奇行動開始的時間點剛好在萊茵哈德行動收尾之際，而且進行的地區跟萊茵哈德行動一樣，不少波蘭人因此認為德國開始推進「波蘭人問題」的「最終解決方案」。這當然並非百分之百正確，因為東方總計畫的願景是清除大多數波蘭人，但並不是要斬草除根。不過，在當時的情境下，波蘭人會覺得自己有被斬草除根的危險，也可說是合情合理。[35]

所以，就在德國勞動政策改變，還有華沙猶太人起義之際，華沙與其他地方的波蘭人反抗也變得更為明目張膽。猶太特區居民是因為別無選擇才想跟德國人拚個魚死網破，但非猶太裔波蘭人卻有能力針對他們的反抗方式進行調整，從地下組織密謀到公開戰鬥之間，有很多條路可以選擇。一九四三年三月，波蘭救國軍改變過往的祕密運作方式，改採暗殺行動與進行游擊戰。最開始，他們屢屢嘗試幫助猶太特區戰士，儘管手法還不純熟，但已經算是公開的武裝反抗行動了。隨著時間過去，反抗行動已漸有成效。他們暗殺的對象包括德國警察，還有那些與蓋世太保合作的波蘭公民。根據德國人的統計，一九四三年八月間總督府領地的華沙地區總計發生了九百四十二樁游擊隊反抗的案件，而整個總督府領地來講，類似案件則是高達六千兩百一十四起。[36]

針對波蘭救國軍轉向武裝反抗路線，德國方面肯定會有所回應。到了隔年，雙方就這樣被捲入恐怖與反恐行動之間的循環輪迴。一九四二年夏季的「大行動」期間，德國人已經把封街戰術練得爐火純青，於是從隔年十月十三日開始，就把這種戰術用來對付猶太特區以外的華沙各地區。德國人在街頭隨意抓捕波蘭男性，公開槍斃，只為震懾群眾與嚇阻逐漸壯大的反抗勢力。執行的時間與地點會預先公告，每次逮捕五或十人，蒙上眼睛後由行刑隊槍斃。常有人在臨刑前高喊：「波蘭萬歲！」德國人隨即往他們嘴裡塞東西，或用絲襪蒙住他們的頭部，抑或是把他們的嘴貼起來。波蘭人的確會聚集起來觀看同胞遭槍斃，但這樣一來他們真的學到了德國人所期望的教訓嗎？那也不一定。槍決後常有女性把沾染鮮血的土壤放進瓶罐中，帶去教堂。[37]

德國人也知道威嚇策略沒有用，但仍繼續在華沙大規模槍斃波蘭人：有時是與反抗行動相關的人士遭處死，有時死者其實是無端遇害。德國人把處決地點移往已遭徹底摧毀的猶太特區，不再當街公開槍斃。特區舊址的圍牆仍在，關押波蘭人的主要監獄就在圍牆內。一九四三年秋季，在猶太特區的舊址幾乎每天都有很多人遭槍斃，同樣遇害的還有少數躲在廢墟裡卻遭發現的猶太人。例如，該年十二月九日，遭槍斃的包括一百三十九個波蘭人，還有十六位猶太婦女跟一位猶太兒童。一九四四年一月十三日，一天內有超過三百個波蘭人遭槍斃。嚴格來說，雖然禁止圍觀，這些發生在猶太特區舊址的槍斃行動仍算是「公開處決」，家屬也會獲得心愛家人已死的通知。但自從該年二月十五日以後，就常有波蘭人在家裡或街上遭帶走，並未留下任何公開紀錄就在猶太特區舊址遭槍斃。從一九四三年十月到四四年七月，在特區舊址裡遭槍斃者約有九千五百人，其中少數是原本倖存的猶太人，絕大部分都是非猶太裔波蘭人。[38]

被蒙眼與綑綁之後，這些波蘭人都壓根兒就不知道自己會被送往希姆萊最新設立的集中營槍斃。這座設立在猶太特區廢墟上的華沙集中營於一九四三年七月十九日開始營運，是納粹政府最可怕的創造物之一。[39]

從時序上看來，德國人最初是把猶太人強迫遷居華沙某個地區，並稱之為猶太特區。接著，又把鄰近區域的猶太人驅逐到這個已經過度擁擠的特區，當然也造成數千人死於飢餓或疾病。然後，超過二十五萬猶太特區居民遭送往特雷布林卡的毒氣室處死，歷次驅逐過程中大約有一萬七千人淪為槍下亡魂。德國人採取的下個步驟則是將他們創造出來的特區清零。清零行動招致猶太人起義，於是又有一萬四千多名猶太人死於槍下。接下來，他們把華沙猶太特區的所有建物燒光。最後在這個已經面目全非的舊址興建一個新的集中營。

這就是所謂的華沙集中營。在華沙這個死亡之城裡，這座集中營是一個生活體驗極其特別的孤島。舉目所及，四周都是一排又一排被燒毀的建物，內有許多殘缺不全的遺體腐爛著。大大的猶太特區舊址被高牆包圍，裡面有個面積不大的華沙集中營，外圍設有鐵絲網與哨塔。營裡面的犯人只有波蘭人與猶太人各幾百個。那些猶太人大多不是猶太裔波蘭人，而是來自歐洲的其他地方。這些人從家鄉遭驅逐前往奧斯威辛，被篩選出來做工而沒有送進毒氣室，接著來到華沙集中營。他們來自希臘、法國、德國、奧地利、比利時與荷蘭，到一九四四年連匈牙利猶太人也被送過來。華沙集中營的生活條件實在太不人道，以至於其中有些人要求讓他們回到奧斯威辛的毒氣室去送死。[40]

華沙集中營的猶太工人，主要有三項工作，都是要在廢墟裡完成：把一九四三年四到五月間遭德國縱火燃燒後仍然屹立的猶太特區建物拆毀，搜尋猶太人可能留下的貴重物品，以及引誘仍然藏匿其中的猶太人現身，乖乖自投羅網。某些身穿條紋制服與木鞋的猶太工人也會被送到猶太特區舊址的圍牆外去工作。儘管語言不通，但這些外國猶太人與波蘭人卻在華沙建立起友誼。據其中一位猶太工人回憶他在特區圍牆外的經歷：「有個衣衫襤褸的男孩，大概十四歲，拿著一個小籃子站在我們身邊，籃裡有幾個小蘋果。他看著我們，猶豫了一下，然後就拿起小籃子，丟向我們。接著他衝向其他販賣食物的男孩們，突然間麵包與水果像下雨般從四面八方往我們丟過來。一開始那些看守我們的親衛隊人員不知所措，因為這展現團結精神的舉動突然發生，他們也感到錯愕。接著他們對著男孩們大吼，用機關槍指著他們，也以接受食物為由毒打我們。但我們沒有受傷，也根本不在意。我們對那些男孩揮手道謝。」[41]

一九四三年十月後，華沙集中營的猶太人被迫執行另一項任務：在華沙波蘭人被抓到猶太特區廢墟裡去處決後，屍體要交由這些外國猶太人來處理。波蘭人被卡車載來這原本是猶太特區的大片廢墟，每批五六十人，當地親衛隊或其他警隊用機關槍將他們掃射處決，地點就在華沙集中營附近。接著那些猶太工人必須組成一支「敢死隊」，負責消滅該次處決的任何痕跡。他們從特區廢墟裡就地取材，堆成火葬柴堆後在上面把屍體與木頭一層層堆疊起來。接著那些猶太人在柴堆上澆淋汽油與點火。不過，所謂「敢死隊」的真正意思其實是，一旦那些波蘭人的屍體燒起來後，親衛隊人員也會將搭建柴堆的猶太工人槍斃，將他們的屍體丟進火海裡。[42]

詩人米沃什在一九四三年寫了詩作〈一位看著猶太特區的可憐基督徒〉（A Poor Christian Looks at the Ghetto），詩中提及有一股超自然的力量足以從燒成一片灰黑的瓦礫與灰煤中區別出「每個人的灰燼」。但事實上，灰燼就是灰燼，這世間任誰都無法區別其中哪一部分是猶太人，哪一部分是波蘭人。

一九四四年夏天，這城市的際遇如此慘無人道，反抗行動幾乎是不可避免。但反抗的形式與走向卻煞費思量。無論是波蘭救國軍的指揮官或倫敦的波蘭流亡政府都必須做出一個非常艱難的決定。華沙人民所承受的苦難更勝於任何同盟國首都的居民，但波蘭救國軍與政府面臨的戰略處境卻極其艱困。波蘭人必須考慮的，除了當下遭德國占領的處境，還有未來可能遭蘇聯占領的威脅。六月底紅軍的巴格拉基昂行動成功後，七月在華沙就能看見德國士兵匆忙後撤的景象。看來德國好像就要兵敗，這當然是好消息。但看來紅軍似乎很快就要取而代之，入主華沙，這卻是個壞消息。如果波蘭救國軍公開與德國人戰鬥，而且還打贏，那他們就能夠以自家主人的姿態歡迎開抵波蘭的紅軍。如果公開與德國戰鬥卻輸了，那麼等紅軍到來時，他們就會顯得軟弱無力。如果他們什麼都不做，那無論是跟蘇聯或跟西方盟國，他們也都沒有談判籌碼。[43]

英、美盟國對於史達林能抱持著美麗的幻想，但波蘭軍官與政治人物卻沒有本錢做那種美夢。他們不曾忘記史達林曾於一九三九到四一年間與納粹德國結盟，而且占領波蘭東部期間也是殘忍無情，極盡壓迫之能事。波蘭人深知有許多同胞遭驅逐流放到哈薩克與西伯利亞，他們也知道卡廷森林裡死了大批波蘭軍官。卡廷的劣跡東窗事發後，史達林切斷與波蘭政府的外交關係，這又是另一個不能信任蘇聯的理由。如果史達林能夠因為自己的大屠殺行徑來切斷與波蘭政府的關係，那怎能期待他可以開誠布公地和波蘭人協商任何事？還有，如果在兩國一致對抗納粹德國的戰爭中，蘇聯都不願承認波蘭政府的正當性，那麼等到戰爭結束，蘇聯的強權地位更為穩固後，蘇聯支持波蘭獨立的機會豈不是更微乎其微？

英、美兩國要顧慮的遠遠大過波蘭一國的利益。在東線戰場上，紅軍把德意志國防軍打得節節敗退，因此史達林是比波蘭政府更重要的盟友。對於卡廷森林的大屠殺，英、美兩國寧願接受蘇聯說的謊，把事件歸咎於德國人。要試著壓倒史達林實在太難，所以英、美就選擇鼓勵盟國波蘭與現實妥協，這畢竟相對簡單。英美希望波蘭人能接受蘇聯的謊言，把德國而非蘇聯當成殺死大批波蘭軍官的凶手；如果有必要，他們甚至希望波蘭能把東半部領土拱手讓給蘇聯。但又有哪個手握主權的政府可能乖乖聽話呢？

就這議題而言，倫敦與華府當局已於一九四三年年底取得共識，在戰後把戰前的波蘭東半部領土還給蘇聯。蘇聯的西邊國界是經過史達林與希特勒商議後訂下，這時又獲得邱吉爾與羅斯福的首肯。倫敦與華府當局都同意把莫洛托夫－里賓特洛甫線當成未來蘇、波兩國的國界，只有進行微調。就此而論，波蘭不只遭蘇聯背叛，西方盟國也對其背信忘義。波蘭人可能連想都沒想到自己的收穫會被打對折，但英、美兩國就是希望他們能做出妥協。在他們未參與討論的情況下，一半的國土就這樣遭割讓出去。[44]

在遭到同盟國背棄的情況下，流亡倫敦的波蘭政府把壞消息告訴華沙的波蘭戰士們。波蘭救國軍也看出反抗是他們能夠重建波蘭主權的唯一希望，於是選擇在華沙起義，發起日訂在一九四四年八月一號。

一九四四年八月華沙起義的進行方式，是以「暴風雨行動」（Operation Tempest）的架構為根據：此一全國性的起義行動經過長遠規劃，行動目的是讓波蘭部隊在解放戰前波蘭領土的過程中取得重要角色。然而到了七月底，暴風雨行動卻已宣告失敗。波蘭救國軍本來計畫要在原本的波蘭東部與那些遭紅軍擊退的德國部隊作戰。但因為史達林已經切斷蘇、波兩國的外交關係，波蘭方面自然無法在行動前就與蘇聯達成政治協議，談好合作行動的條件。一九四四年夏天，波蘭指揮官的確設法與各地的紅軍指揮官達成協議，但卻付出慘痛代價。要進行談判就意味著必須離開躲藏地點，洩漏身分，而蘇聯方面也充分利用波蘭救國軍的這項弱點。起身參與反抗德國的波蘭人，這下在蘇聯眼裡成了未來會反抗蘇聯統治的人。救國軍以促成波蘭獨立為己任，但蘇聯從未打算支持這種組織。對於蘇聯領導階層與內務人民委員部而言，所有波蘭政治組織都是反蘇陰謀的一部分，只有波共除外。[45]

一九四四年七月，紅軍進攻戰前波蘭的兩座大城維爾紐斯與勒維夫，波蘭部隊獲准協助，但事成後卻遭表面上的盟國蘇聯繳械。這些波蘭士兵只有兩個選擇：聽從蘇聯指揮，不然就得坐牢。過去曾參與政治活動的不只需要交出武器，還被內務人民委員會逮捕。蘇聯游擊隊獲准參加打敗德軍的關鍵戰役，但波蘭游擊隊卻不能參加。事實上，蘇聯游擊隊背叛波蘭游擊隊的案例也不在少數。例如，白俄羅斯猶太裔游擊領袖圖維亞・畢耶爾斯基的部隊就參與了將波蘭救國軍繳械的行動。暴風雨行動的結果是一樁三重的悲劇：救國軍失去了人員與武器，波蘭政府的軍事策略也一併失敗，而最慘的莫過於波蘭人犧牲了性命或自由，卻無法奪回波蘭的土地，因為邱吉爾與羅斯福已將土地割讓給史達林。[46]

不過，來自德國的消息還是讓華沙的波蘭指揮官們抱持一絲希望。一九四四年七月二十日，一群德國軍官暗殺希特勒未果。這個消息讓救國軍的指揮官們相信，德國人已經失去戰鬥意志，因此只要放手一搏就能將他們逐出華沙。七月二十二日，蘇聯公開表示在盧布林扶植成立了波蘭臨時政府，此舉讓波蘭反抗運動再次大受打擊。納粹用來進行滅絕政策實驗的場所，此時搖身一變成為戰後波共傀儡政權的重鎮。史達林伸出黑手，想要決定誰可以在波蘭政府裡當家作主。如果救國軍不想想辦法，那麼他的傀儡就會被安插在華沙，波蘭也會從納粹占領的狀態直接改為由蘇聯占領。如此看來，波蘭徒有西方盟國但卻意義不大不甚或沒有意義，無論在一九三九年或四一年都是如此。局勢到了一九四四年七月已很清楚，紅軍已經占領了超過一半的波蘭領土，蘇聯的部隊將會扮演解放波蘭的角色。到了七月底，美軍還差一個月才能解放巴黎（而且他們會支持法國人在首都起義），所以美國的部隊不可能解放波蘭。想要對蘇聯的計畫進行政治反抗，波蘭人只能靠自己。[47]

一九四四年七月二十五日，波蘭政府開了綠燈，允許華沙的波蘭救國軍伺機在首都起義。原本在執行暴風雨行動時，華沙是被排除在外的，所以該地區的救國軍將許多武器運往波蘭東部，結果全遭蘇聯繳獲。想要立刻在華沙發動起義，道理何在？當時不是每個人都能想通。當時，在西線戰場上作戰的波蘭陸軍由瓦迪斯瓦夫・安德斯（Władysław Anders）將軍統轄，但他的指揮體系對起義這件事完全沒有置喙餘地。從德國一貫的反游擊戰術看來，許多人會覺得起義跟自殺沒兩樣。二次大戰期間，德國已經在大規模報復行動中殺了許多波蘭人。華沙的某些指揮官認為，要是起義失敗，受苦受難的會是所有居民。支持起義的人則是主張，反抗德國人無論如何都不會失敗，因為不管是否能擊敗德國人，反正紅軍正往西邊快速移動，幾天內就會來到華沙。根據這種普遍被接受的想法，唯一的問題似乎就只剩：波蘭人是否會開第一槍，設法解放自己的首都？[48]

在步步進逼的紅軍與德國占領軍之間，波蘭人顯得左右為難。他們的實力不足以自己打敗德軍，所以他們只能期望蘇聯進軍促使德國人撤退，而且在德意志國防軍撤軍與紅軍抵達之間會有時間差。這個時間差還不能太短，必須長到讓他們得以在紅軍抵達前就能自己把波蘭政府重建起來。

結果，這段時間差實在是太長了。

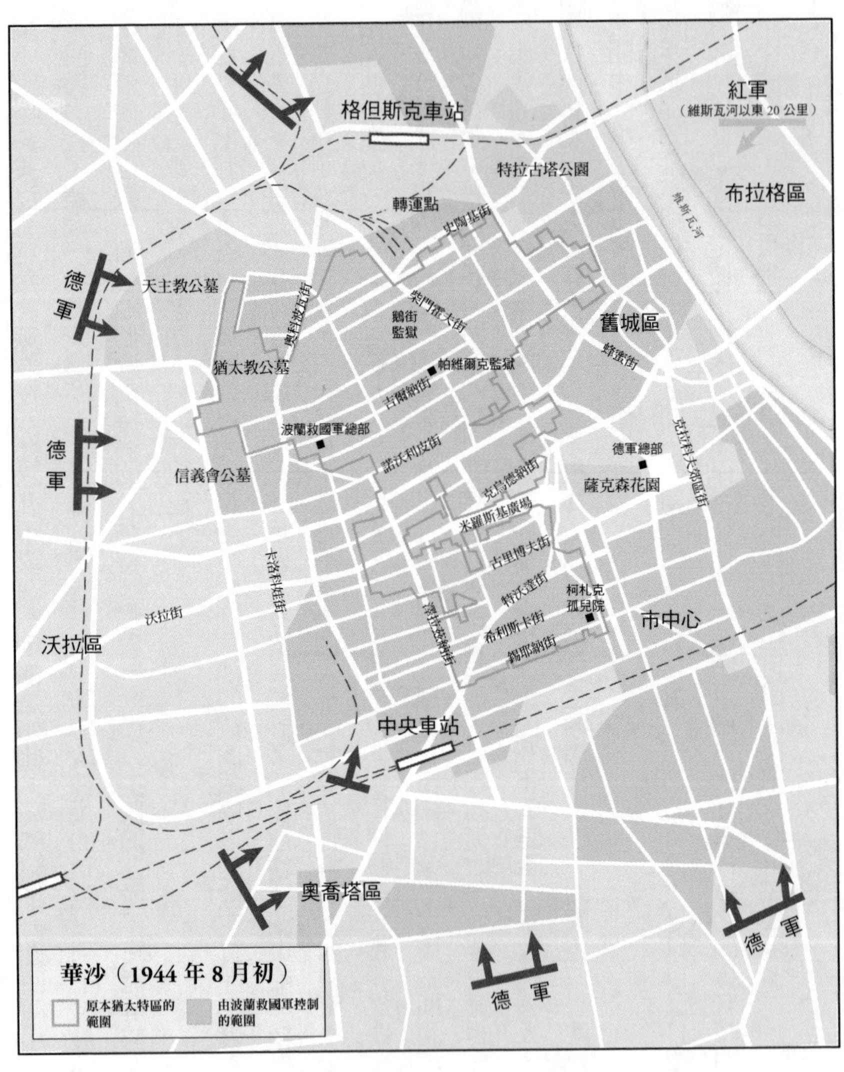
格但斯克車站
紅軍
（維斯瓦河以東 20 公里）
特拉古塔公園
布拉格區
轉運點
維斯瓦河
史陶基街
德軍
天主教公墓
柴門霍夫街
鵝街
監獄
舊城區
猶太教公墓
蜂蜜街
帕維爾克監獄
吉爾納街
德軍
波蘭救國軍總部
德軍總部
諾沃利皮街
克拉科夫郊區街
信義會公墓
克烏德納街
薩克森花園
米羅斯基廣場
古里博夫街
卡洛利維街
特沃達街
柯札克
孤兒院
沃拉街
希利斯卡街
市中心
沃拉區
錫耶納街
中央車站
奧喬塔區
德軍
德軍
華沙（1944 年 8 月初）
原本猶太特區的範圍
由波蘭救國軍控制的範圍

波蘭士兵穿上制服、戴上臂章，於一九四四年八月一日下午開始對德軍陣地發動攻擊。他們大多是波蘭救國軍成員，極右派的民族武裝部隊與波共的人民軍也加入戰鬥行列，但兵力較少。這次華沙起義的第一天，救國軍就拿下了一大部分的市中心與整個舊城區，但無法攻下大部分的重要軍事據點。德軍做的準備工作不多，但並不完全算是被殺了個措手不及。想在城裡進行軍事動員是很難掩人耳目的。在起義正式發動的一個半小時以前，也就是四點半，德軍就已經提高了警覺。波蘭人選擇在日照時間較長的夏天下午發動攻擊，結果導致許多死傷。波蘭部隊經驗不足，只配備著輕武器，所以那些有重兵防守與防禦工事的目標特別難拿下來。儘管如此，戰士們士氣高昂，城裡居民也都歡欣鼓舞。[49]

一九四四年八月初，波蘭政權一度取代德國政權。原本躲在波蘭人之間的倖存猶太人在此時現身，其中許多人要求加入戰鬥行列。根據米哈爾·齊爾柏柏格（Michał Zylberberg）的回憶：「猶太人絕對不會想著作壁上觀。既然波蘭人都已經拿起武器與死敵對戰了，我們身為受害者與同胞，都有責任挺身幫助。」華沙起義的其他戰士則是一九四三年參與華沙猶太特區起義的老兵。那些猶太人大多加入了波蘭救國軍，也有人加入波蘭人民軍，甚至反猶太的民族武裝部隊。某些猶太人（或是有猶太血統的波蘭人）本來就是救國軍或人民軍的成員。我們幾乎可以確定的是，猶太人在一九四四年八月華沙起義中參戰的人數，絕對多於一九四三年四月在華沙猶太特區起義的人數。[50]

八月初，儘管波蘭救國軍無法拿下德軍在華沙的重要據點，但戰士們還是勇奪一項勝績。為了攻擊某個重兵防守的據點，軍官們徵集了一支敢死隊。八月五日，救國軍的士兵們進入猶太特區廢墟，攻擊華沙集中營，擊退了駐守營區的九十名親衛隊隊員，解放了剩餘的三百四十八名囚犯，他們大多是來自外國的猶太人。參與此役的其中一位士兵是斯坦尼斯瓦夫．阿隆森（Stanisław Aronson），過去曾一度從華沙猶太特區被遣送到特雷布林卡，但在途中脫逃。據另一位戰士回憶，有個猶太人看到他們時已經淚流滿面。還有個戰士說，某位猶太人要求他們配發武器與制服給他，讓他加入戰鬥行列。這些被解放的猶太奴工裡面的確有許多人都加入救國軍，穿著條紋囚服與木鞋參與戰鬥，而且根據某位救國軍士兵的說法，他們打起仗來「完全不顧死活」。[51]

跟過去在華沙猶太特區起義期間一樣，這時希姆萊再次看到有機可乘，大可贏得一場象徵性的勝仗來證明他的力量。與波蘭方面的預期有所不同，原本快速揮兵西方的紅軍減緩了速度。位於華沙市中心東邊不遠處，維斯瓦河河畔的數個據點由德意志國防軍死守著，所以華沙起義就得要靠親衛隊與德國警隊來平定。這兩支部隊都歸希姆萊統轄，而他希望能讓希特勒看到是他殲滅了起義的部隊，再次證明他能以鐵腕掌控局勢。[52]

不過，與過去猶太特區起義有所不同之處在於，德國人需要增援部隊。德軍撤出白俄羅斯之後，老練的德國反游擊戰部隊剛好可以投入這次戰事。埃里希．馮．登．巴赫－澤勒斯基是德國反游擊部隊主帥，過去在白俄羅斯有豐富的反游擊戰經驗，於是就由他負責平定華沙起義。其他反游擊戰老手也都奉派來到華沙。親衛隊旗下的迪勒萬格特遣隊與布羅尼斯拉夫．卡明斯基的部隊也分別遠從波蘭東北部與西南部馳援華沙。增援的部隊還包括一支來自波茲南的警隊還有幾百位外國戰士，他們大多是叛離紅軍的亞塞拜然人。在華沙為納粹德國戰鬥的人竟有一半都不會說德語。這也許不會讓接下來的行動變得更血腥，但的確讓局面變得更混亂，即便對德國人自己來講也是如此。[53]

希姆萊特准卡明斯基與手下的俄羅斯人到處打劫，而他們也欣然把這件事當成他們的任務。一九四四年八月九日，他們來到華沙西南方郊區的奧喬塔（Ochota）。接下來十天內，他們一方面專心洗劫財物，一方面也殺了幾千個波蘭民眾。據卡明斯基麾下某位軍官回憶：「當時我們的任務重點之一，是未經調查就處決大批民眾。」這批士兵最為惡名昭彰之處還包括先姦後殺，不放過一人。他們焚毀瑪麗．居禮學院（Marie Curie Institute）的附設醫院，殺光所有人，但動手前強姦了所有護士，無一人倖免。某個卡明斯基的手下如此描述這次在奧喬塔的行動：「他們強姦修女，能拿得動的貴重物品全都搶走或偷走。」德國指揮官們抱怨卡明斯基與他的手下們只在意「搶劫、喝酒跟強姦婦女」。巴赫－澤勒斯基下令逮捕與處決卡明斯基，但理由不是他姦淫擄掠，而是他偷來的東西都中飽私囊，並未上繳。[54]

迪勒萬格特遣隊的惡行惡狀甚至更令人髮指。這特遣隊的人員由一群罪犯、外國人與剛剛被關禁閉的親衛隊隊員組成。迪勒萬格本身就不聽訓令，希姆萊甚至要二度下令他才肯前往華沙。這支特遣隊剛剛歷經白俄羅斯的反游擊戰，在各個鄉村與小鎮殺了數以萬計民眾。這時他們來到大都市，可以殺的人更多了。過去在白俄羅斯最惡名昭彰的武裝親衛隊部隊這下來到了波蘭。迪勒萬格特遣隊是一支人數龐大的戰鬥部隊，由海因茨．賴內法特（Heinz Reinefarth）指揮。賴內法特是瓦爾特蘭地區的親衛隊與警隊高級領袖，該地區在原屬波蘭後來被併入德國的領土中，是面積最大的一塊。[55]

希姆萊對賴內法特下達了一道特別命令，命令有三項：一、務必槍斃所有波蘭戰士。二、一般波蘭民眾也都要槍斃，連婦孺也別放過。三、將華沙夷為平地。一九四四年八月五到六日，各個警隊與親衛隊的迪勒萬格特遣隊徹底執行這特別命令，兩天內就槍殺了大約四萬民眾。這些部隊肩負的軍事任務是穿越華沙中西區的沃拉地區（Wola），馳援位於薩克森花園（Saxon Gardens）的德軍總部。在沃拉街（Wola Street）上，德國人逼婦女兒童走在隊伍最前面當人肉盾牌，並且要波蘭人動手把救國軍設置的街壘清除掉，有些婦女還慘遭強姦。往西邊進軍的過程中，他們用汽油與手榴彈逐一摧毀每棟經過的建物。沃拉街北側不遠處剛好就是猶太特區廢墟，而且還穿越了特區最南端的一部分地區。這摧毀之舉也把鄰近的許多街區都化為廢墟。[56]

三間尚有病患住院的醫院也遭迪勒萬格特遣隊焚毀。在其中某間醫院，有些正在接受治療的患者剛好是德國人，他們請求不要傷害波蘭醫護人員，但遭拒絕。特遣隊殺了所有波蘭傷患。當晚他們照例把大批護士帶回營區，隨後每天晚上挑幾個出來由軍官鞭打，輪姦後殺掉。這天晚上他們的作為跟往常一樣令人髮指，但卻更為詭異。在笛聲的伴奏下，他們建了一座絞刑架，然後把醫生與裸體的護士們都吊死。[57]

沃拉區的房舍一間間遭焚毀，民眾逃進去避難的工廠卻剛好成為納粹親衛隊與警隊的刑場。在兩個工廠裡，分別有兩千人與五千人遭槍斃。汪妲．盧瑞爾（Wanda Lurie）是烏爾蘇斯工廠（Ursus factory）大屠殺的幾位倖存者之一，當時她還是孕婦。她說：「我是最後進去，一直待在後面，故意慢慢走，希望他們不會殺孕婦。不過，等到最後一群人要過去時，我也在裡面。我看見一堆屍體，疊了大概有一公尺高。」她回憶幾個孩子死去的經過：「他們一開槍，子彈就打中我的長子，接著我也中彈，然後是我那幾個年紀較小的孩子。」她受傷後跌倒，但隨後設法從屍堆裡爬出來。事後她生下一個健康的嬰兒。八月六日，大屠殺的速度放慢，可能是因為德國部隊的子彈短缺，其他地方更需要彈藥。[58]

沃拉區大屠殺的遇害人數遠遠高於戰鬥中死亡的人數。德國方面有六人死亡，殺了大約二十個波蘭救國軍士兵，但卻謀殺了至少三萬民眾。即便把雙方部隊的死亡人數加起來，士兵與一般民眾的死亡人數比例還是高於一比一千。八月十三日，巴赫—澤勒斯基不再遵行希姆萊的屠殺命令，大規模槍斃民眾的行動就此告終。不過，波蘭人的遇害人數還是持續攀升，但比較不像先前那樣死於有計畫的屠殺。在攻占華沙舊城區一役，德國人在各家野戰醫院總計殺死七千名傷者，若非槍殺就是用火焰噴射器燒死。等到起義結束之際，舊城區民眾遇害的人數將會高達三萬左右。[59]

沃拉區是受到這次大屠殺危害最慘烈的地方，事後必須到處找尋並清除屍體。德國人召集了一支他們稱之為「焚屍特遣隊」的波蘭奴工隊伍。一九四四年八月八到二十三日期間，這些人受命在整個沃拉區的廢墟裡尋找並拖出已經腐爛的屍體，用柴堆燒掉。他們來到沃拉區，發現到處都是猶太特區的遺跡。這些奴工行走的路線與當初德國警隊與迪勒萬格特遣隊的動線相反，這時他們是沿著沃拉街、伊萊克托拉納街（Elektoralna Street）與克烏德納街（Chlodna Street），由東往西走。他們用來焚燒屍體的前五個柴堆就堆在猶太特區廢墟東邊不遠處，接下來的十三個則是位於廢墟西邊不遠處。就在這些波蘭奴工（其中一位是猶太人）焚燒屍體之際，幾個親衛隊警衛們就在旁邊玩牌，開懷大笑。[60]

華沙起義並未扳倒德國人，但蘇聯方面對這次失敗的惱怒也只是稍縱即逝。由於德軍出乎意料地頑強抵抗，紅軍已在華沙東方不遠處停下腳步。德國人在波蘭負隅頑抗，德意志國防軍負責守住維斯瓦河，華沙交給親衛隊與警隊。事與願違，納粹政權並未像波蘭人期待的那樣，在希特勒遭暗殺未果後垮臺。德軍反而在東線戰場上重新集結。巴格拉基昂行動擊潰了德國的中央集團軍，但德意志國防軍尚未潰散。該次行動過後，隨軍記者瓦西里．格羅斯曼最遠只能到華沙猶太人遭遣送屠殺的地方，沒能抵達華沙本身。在此同時，紅軍的烏克蘭方面軍（Ukrainian Front）被調往東南方的戰場去參與幾次重大行動。一九四四年八月，史達林並沒有馬上得要攻下華沙的迫切需求。

站在史達林的角度，鼓動起義是完全合理的，但沒有必要提供協助。直到最後一刻，蘇聯仍用政宣攻勢呼籲華沙人民起義，承諾蘇聯會提供援助。人們的確起義了，但援助並未到來。儘管我們沒有理由相信史達林是故意暫停他在華沙的軍事行動，但紅軍暫時停在維斯瓦河卻剛好順應了史達林的政治利益。蘇聯當然樂見華沙人民起義，因為除了可以殺掉一些德國人，那些願意為了獨立復國而犧牲的波蘭人也會死傷慘重。德國人有必要鏟除波蘭救國軍，而其中有些人剛好就是剩餘的波蘭知識分子，也是他們除之而後快的對象。救國軍的士兵們一拿起武器，在史達林眼中他們就變成冒險分子與罪犯。後來，等到波蘭落入蘇聯掌握，「反抗希特勒」會變成一項罪名，理由在於：凡是並非由共產主義者掌控的武裝行動都有可能用來推翻共產主義，而只有共產政權才是唯一有正當性的波蘭政權。

英、美兩國政府幾乎無法為華沙波蘭人提供任何重大協助。邱吉爾的固執個性向來對戰局有關鍵影響，但這時他可以做的不多，只能力勸盟友波蘭與蘇聯妥協。早在一九四四年夏天，邱吉爾就建議波蘭總理斯坦尼斯瓦夫・米科瓦伊奇克（Stanisław Mikołajczyk）造訪莫斯科，設法為恢復蘇、波兩國外交關係做出一些努力。這年七月底，米科瓦伊奇克抵達莫斯科，英國駐俄大使卻要他徹底讓步：不但要答應奉送波蘭東半部國土，還要接受蘇聯對卡廷大屠殺提出的辯解（凶手是德國人，而非蘇聯人）。如這位總理所知，羅斯福也是傾向於接受蘇聯的說法，不要繼續追問。華沙起義發生時他剛好在莫斯科。在這出乎意料的處境下，米科瓦伊奇克不得不向史達林求助，但卻遭拒絕。不過，接著邱吉爾的確請求史達林幫助波蘭人民。八月十六日，史達林對他的請求置之不理，還說自己無意援助那種「愚蠢的冒險行徑」。[61]

誓言幫波蘭恢復獨立，是五年前大英帝國對德宣戰的理由，但如今英國卻無法勸阻盟友蘇聯侵害波蘭。英國媒體常常與史達林的路線唱和，把波蘭人描繪成喜歡冒險又剛愎自用，但事實上他們只是想要奪回祖國首都的英國盟友。喬治・歐威爾與亞瑟・柯斯勒都提出抗議：歐威爾表示許多英國人不願履行同盟國援助起義行動的責任，是「騙子和懦夫」；柯斯勒批判史達林，說他按兵不動，堪稱「這場戰爭中最無恥的行徑之一」。[62]

美國人的運氣也沒比較好。假使美國的飛機可以在蘇聯的國土上加油，那麼就能從義大利飛往波蘭執行任務，轟炸德軍據點與提供物資給波蘭人。一九四四年八月十六日，就在史達林峻拒邱吉爾那天，美國外交官把一些位於波蘭的地點列入美軍要在東歐、東南歐轟炸的範圍——此即「狂暴行動」（Operation Frantic）。美、蘇雖為盟國，但史達林卻拒絕讓參與這次行動的飛機在蘇聯落地加油。當時喬治・肯楠仍是資歷尚淺的美國外交官，但卻也看得出這拒絕的舉動「與惡意挑釁無異，而且還得意洋洋」。史達林等於是直接跟美國人宣告：他將拿下波蘭的掌控權，所以寧願任由波蘭戰士們送死，讓起義失敗。一個月後，起義幾乎等同失敗了，史達林才展現出自己的力量與才智，藉此混淆歷史紀錄。到了九月中，他終於允許美軍進行轟炸，蘇聯也出了幾趟轟炸任務，但這一切已經完全無法逆轉華沙的局勢了。[63]

這時波蘭救國軍在華沙能掌控的地區已經太小，連許多物資都落入德國人手上。波蘭大軍已經縮水成幾支反抗軍。他們跟先前的猶太戰士一樣，試著利用下水道逃亡。鑑於一九四三年的經驗，德國人已有所準備，用火燒或放毒氣把他們逼出來。

一九四四年十月初，希姆萊向華沙的親衛隊與警隊高級領袖保羅．蓋貝爾（Paul Geibel）表示，希特勒非常樂意摧毀整個華沙市。沒有一塊石頭會被留在石頭上*。這也是希姆萊自己的心願。德國顯然已經輸掉二次大戰：英軍已經解放安特衛普，美軍則是逼近萊茵河地區，紅軍即將圍攻布達佩斯。不過，希姆萊認為他有機會完成自己在這場戰爭中想要達到的目標之一：根據東方總計畫的精神，摧毀斯拉夫人與猶太人的各大城。

希姆萊顯然分別是在十月九日與十二日下令，要求將整個華沙市徹底摧毀，任何一座建物，任何一個街區都不得留下。其實這時整個城市已有幾個地區淪為大範圍廢墟，包括猶太特區、緊鄰特區的沃拉區，還有一九三九年九月與四四八月兩度遭德國轟炸的地區——而且後面這一次德國飛機還是從華沙市的機場起飛。不過，城裡大多數建物仍屹立不搖，許多居民還沒逃走。這時德國人把倖存者都撤往普魯斯科夫（Pruszków）的一個暫時營地，接著大約有六萬人被送往各地集中營，另外大約九萬人派往德國去做苦工。帶著炸藥與火焰噴射器執行任務的德國工兵曾有摧毀猶太特區的經驗，這時改把城裡的商店、學校與民宅一間間燒毀。[64]

希姆萊摧毀華沙的決定符合納粹提出的東方總計畫願景，但與德國在二次大戰期間的策略目標並不相符。從一些跡象看來，巴赫—澤勒斯基的確想招安波蘭救國軍，在未來並肩與紅軍決一死戰。八月中，看來在無權作主的情況下，他違抗希姆萊下達的必殺令，接著在九月底同意與潰敗的敵手波蘭救國軍談判。根據一九四四年十月二日談妥的投降條件，波蘭救國軍的成員，從軍官到士兵，無論男女都能夠獲得國際法所保障的戰俘權利。因為同樣的理由，巴赫—澤勒斯基也反對希姆萊偏好的起義結果：也就是徹底摧毀華沙市。

華沙的波蘭人不大可能與巴赫—澤勒斯基結盟，就像在白俄羅斯也不會有太多人會是他的盟友，理由都相同：迪勒萬格特遣隊與其他德國反游擊部隊的手法太過血腥，令人顫慄恐懼。德國反制起義的手段實在可怕到超乎想像，所以波蘭戰士們別無選擇，只能等待紅軍的解放。就像某位救國軍士兵透過詩作表達的想法：「我們等著你，紅色瘟疫／等你來趕走黑死病。」德意志國防軍跟巴赫—澤勒斯基一樣反對希姆萊的政令。德國部隊把紅軍擋在維斯瓦河，希望能把華沙用來當碉堡，或至少利用城裡的建物作為掩體。不過這一切都無所謂了：希姆萊將巴赫—澤勒斯基調職，不理會國防軍。他如願摧毀了一座

*　譯註：典出《聖經・馬太福音》，耶穌用這句話表示聖殿將會被拆毀。

歐洲都城。在紅軍進城的前一天，德國人燒毀了最後一座圖書館。[65]

華沙就這樣遭到徹底摧毀，被奪走一半人口，而且沒有任何其他歐洲都城遭逢此一厄運。光是在一九四四年八到九月的華沙起義期間，慘遭德國人毒手的一般波蘭民眾可能就高達十五萬人。這個數字大約相當於先前已經遇害的非猶太華沙居民總和：他們或死在各個集中營、猶太特區廢墟裡的各個刑場，或死於德國飛機轟炸，抑或在戰鬥中死亡。無論是用絕對人數或用相對比例算來，華沙猶太人的死亡人數都是更為慘重。華沙猶太居民死亡者超過九成，遠遠超過非猶太人的死亡比例（大約百分之三十）。只有位於更東邊的城市，諸如明斯克或列寧格勒能與華沙的慘況相提並論。華沙在戰前的人口約一百三十萬，結果總計大約有一半以各種方式死去。[66]

這種波蘭人與猶太人之間的分野，就某些受害者而言只是人為的區別。例如，路德維克·蘭道（Ludwik Landau）身為波蘭救國軍軍官，又極力鼓吹波蘭獨立復國，大有可能是因此遇害。結果，他遭德國人毒手的真正理由到頭來只是因為他的猶太人身分。某些命運永遠是糾纏不清的。猶太史家伊曼紐爾·林格布魯姆在猶太特區裡偷偷建立了檔案庫，讓後世書寫戰時華沙猶太人的歷史成為可能。猶太特區起義失敗後，他遭帶往某個集中營，但有個波蘭救國軍軍官救了他。幾位波蘭人安排他藏身於華沙某處，但後來遭另一位波蘭人出賣給德國人。結果，他和窩藏他的幾個波蘭人都在華沙猶太特區的廢墟裡遭槍斃。波蘭救國軍追查到出賣他的那個波蘭人，將其正法。[67]

儘管猶太裔與非猶太裔波蘭人的命運看似交纏在一起，但等到起義結束，德國政權取代波蘭人的勢力後，猶太人特有的悲慘命運又再度變得非常顯著。隨著城市遭徹底摧毀，他們真是連個可以躲藏的建物都沒有。他們竭盡全力，隱身在流離失所的波蘭難民之中，還有些人則是找上並加入了蘇聯部隊。華沙起義前，猶太特區圍牆外的波蘭居民之間，大約還有一萬六千個猶太人隱身其中。起義結束後，仍倖存的可能有一萬兩千人。[68]

德國人二度打贏了華沙爭奪戰，但在政治上卻是蘇聯得利。華沙起義期間，德國人使用的戰術與先前在白俄羅斯沒兩樣，指揮階層一樣是由巴赫—澤勒斯基傳達希姆萊的命令，交由迪勒萬格特遣隊執行。這次，德國人打了一場成功的反游擊戰，但並非因為波蘭救國軍的決心不如白俄羅斯的游擊隊，而是因為波蘭人的處境更為孤絕。共產主義游擊隊接受蘇聯控制，因此也獲得援助；至於非共產主義的游擊戰士因為不受控，就會遭蘇聯排斥。波蘭人對抗的不僅是德國人，也是在為自己的自由而戰。這就注定了他們的厄運。史達林樂於援助規模遠遠不及救國軍的波蘭人民軍，因為他們是起義行動中的共產主義部隊。當初領導起義的若是人民軍而非救國軍，他的態度也許會截然不同。

然而，只有在一個大不相同的波蘭才會有那種狀況發生。人民軍的確有些群眾支持的基礎，但遠遠不及救國軍。戰時的波蘭跟所有遭德國占領的歐洲地區一樣，政治立場都往左翼傾斜。不過，共產主義並不受歡迎。戰時波蘭東部的居民就已經體驗過蘇聯共產主義的可怕滋味。在波蘭享有主權的狀況下，是絕對不可能成為共產主義國家的。整個世代的波蘭英才與勇士有一大部分已死於華沙起義期間，而這的確大大增加了波蘭人未來要進行反抗的難度。儘管如此，就像起義軍某些較有眼力（也較冷靜）的指揮官們所預期的，華沙起義也讓美、英兩國注意到史達林的冷酷無情。美國外交官喬治．肯楠說得沒錯：史達林對波蘭救國軍的不屑一顧，等於是打了英、美盟國一巴掌。就此而論，華沙起義雖以失敗告終，卻也為二次世界大戰結束後的另一波對立衝突埋下導火線。

——

從一九四四年八月初到四五年一月初，紅軍在維斯瓦河東岸不遠處躊躇不前，而德國人則是在西岸屠殺猶太人。那五個月間，紅軍駐紮地才不到一百公里外，就是這時波蘭僅剩的最大猶太人聚落——烏茨；同樣不到一百公里外，則是仍在毒殺波蘭與歐洲各地猶太人的奧斯威辛死亡工廠。紅軍在這河岸停下腳步，不只注定了華沙所有波蘭戰士與民眾的厄運，也讓烏茨的猶太人走向死亡。先前在一九四一年十二月到四二年九月間，烏茨的猶太人陸續遭遣送到海烏姆諾死亡工廠，以致人數大減。不過到了一九四三、四四年，這裡的猶太人口數量卻相對穩定，包括九萬猶太工人與他們的家屬。此處的德國民政當局有時候雖然寧願殺害猶太人而不是讓他們做苦工，這兩年卻讓猶太人活著，時間比其他地方還久。烏茨的猶太人幫忙製造武器，所以德國軍方也寧願他們活著工作。

從巴格拉基昂行動開始，直到紅軍終於跨越維斯瓦河，往西挺進，大多數倖存的烏茨猶太居民都已經遇害。這次軍事行動隔天，也就是一九四四年六月二十三日，烏茨的民政當局終於向希姆萊與親衛隊屈服，允許他們將烏茨猶太特區清零。海烏姆諾的死亡工廠又重新開張一小段時間，從六月二十三到七月十四日，大約七千一百九十六個猶太人遭毒殺。然後這間死亡工廠終於停止運作。在此同時，烏茨的猶太人也知道紅軍正步步進逼。他們深信，要是他們能在猶太特區裡多堅持幾天或幾週，就有機會倖存。八月一日，波蘭人發動華沙起義，德國人告知猶太居民委員會：所有猶太人都要「撤離」。烏茨市長（是個德國人）甚至想要勸猶太人相信，他們該趁紅軍開抵以前速速登上火車，因為戰時他們曾幫德軍製造武器，會是蘇聯士兵報復的對象。華沙起義期間德、波雙方熱戰，紅軍袖手等待，因此八月間有大概六萬七千烏茨的猶太居民遭遣送到奧斯威辛。他們大多在抵達後就遭毒殺。[69]

——

一九四五年一月十七日，紅軍終於跨越維斯瓦河，進入廢墟般的華沙，發現仍然聳立的建物寥寥可數。不過，華沙集中營仍完好無缺。內務人民委員部接管營區，基本上沿用其原有功能。就像德國人在一九四四年所做的那樣，到了四五年，蘇聯也在此偵訊與槍斃波蘭救國軍士兵。[70]

一九四五年一月十九日，紅軍開抵華沙兩天後，蘇聯部隊終於進入烏茨市。一月二十七日，部隊抵達奧斯威辛。接著紅軍又花了比三個月稍多的時間才殺進柏林。就在紅軍持續往西挺進之際，奧斯威辛的親衛隊守衛將猶太人遣送到德國各地的勞動營區。在匆忙又殘暴的趕路過程中，又有幾千個猶太人丟掉性命。僅存的猶太人就這樣來到德國本土，而在路途中害死大批猶太人則是納粹的最後暴行。紅軍所屬白俄羅斯方面軍（Belarusian Front）於一九四五年四月二十日開始炮轟柏林。到了五月，白俄羅斯與烏克蘭兩大方面軍在德國都城會師。柏林陷落，大戰告終。先前希特勒就命令手下將德國燒成一片焦土，但他們並未聽命。儘管希特勒害許多德國年輕人死於柏林守衛戰，但他再也無法推進任何大屠殺政策了。[71]

一九四五年一到五月，大戰的最後幾個月期間，各地的德國集中營裡的囚犯大批遇害。這段時間可能有高達三十萬人因為各種原因死於德國的各地營區，例如餓死或疏於照料而死。德國各地營區裡奄奄一息的大批囚犯是由英、美士兵解放，他們深信自己發現了納粹政權的恐怖行徑。隨軍攝影師在貝爾根—貝爾森（Bergen-Belsen）與布亨瓦德兩大集中營用相機、攝影機所拍到大批屍體與彷彿活骷髏的囚犯，似乎把希特勒最惡劣的罪行傳達到世人眼前。不過，無論是華沙的猶太人、波蘭人，或紅軍士兵與隨軍記者瓦西里·格羅斯曼都知道，真正令人髮指的劣跡遠遠不止於此。最可怕的犯罪現場在廢墟般的華沙，在已經變成農場的特雷布林卡，在白俄羅斯的沼澤區，或是在娘子谷的亂葬坑。

紅軍解放了前述各地，還有整片血色大地。歐洲人脫離了希特勒的魔掌，但又落入解放者史達林手裡，各個大屠殺地點與恍如死城的都市隨即落入鐵幕之中。

就在紅軍部隊停滯於維斯瓦河東岸，冷眼旁觀德國人平定華沙起義之際，格羅斯曼完成了他那一篇關於特雷布林卡的文章。華沙的灰燼仍是溫熱的，但冷戰卻已開始。

第十章

CHAPTER 10

種族清洗

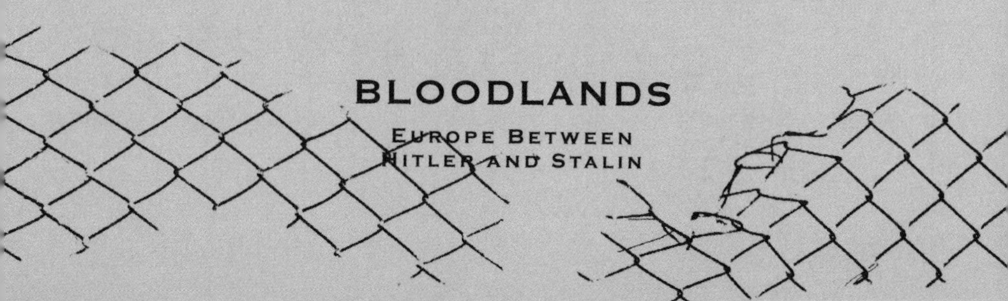

史達林想要打造怎樣的波蘭？一九四五年一月紅軍進入廢墟般的華沙時，他對答案已瞭然於胸。他知道國界該怎樣劃分，知道應該逼迫哪些人生活在國境裡，也知道該把哪些人驅離。他將把波蘭打造成共產國家，而且是個單一民族的國度。儘管史達林並不會在他所預見的東歐帝國推進大屠殺政策，但波蘭依舊會被變成一個種族結構單純的重點地區。德國是德意志民族的德國，波蘭是波蘭人的波蘭，蘇屬烏克蘭的西部則歸屬烏克蘭人。他希望波共（包括那些認為自己屬於少數民族者）能夠將國內的少數民族清除掉。早先史達林就已重建波蘭共黨，親手挑選黨的領導階層，派他們前往波蘭。他深知不是只有波蘭人會支持他把大批德國人與德裔人口趕走，英、美也會贊成。戰時希特勒將德裔人口大規模遷移的政策已經預示了戰後他們會受到什麼待遇。為了在戰時遂行殖民計畫，德國將人口強制遷移的舉措看似不可避免。僅剩的兩個問題是：要被遷移的德裔人口有多少？要遷移哪些地區的德裔人口？即便英、美兩大盟國不知道問題的答案，但史達林倒是一清二楚。[1]

一九四五年二月，英、美、蘇三國舉行雅爾達會議，史達林把話講得很清楚，也知道任誰都沒有反對他的理由。羅斯福與邱吉爾不反對史達林取回先前希特勒給他的三處領土：波蘭東部、波羅的海三國、羅馬尼亞東北部。為了補償他所打造的共產波蘭，史達林會要求德國割地。波蘭的領土將會往西擴張，取得部分德國領土後，德、波兩國改以奧得河（Oder River）與尼薩河（Lusatian Neiße River）為界。在史達林認為該劃歸波蘭的土地上，德裔人口為數至少一千萬。把他們遷走，或把他們阻絕於那個區域之外，這個任務將交給波共所主導的政府。因為許多波蘭人都希望趕走德裔人口，此舉將會讓波共受益。而且到了大戰結束之際，大多數波蘭政界領袖都認定此一種族淨化目標合情合理，若能達標就將是波共的一大功勞。把德國人留下來的土地分給波蘭人，將會使波共廣獲支持，波共還能藉此不斷提醒波蘭人：只有紅軍能夠阻止德國人再次入侵，保護他們的財產。[2]

戰爭結束前，波共就已經接受這重劃的國界，也知道該黨必須執行人口大遷移的計畫。一九四五年五月，波共總書記瓦迪斯瓦夫．哥穆爾卡（Władysław Gomułka）表示：「我們必許把他們都掃地出門，因為建立所有國家的各種原則都是以單一民族，而非多個民族為基礎。」但就算把國界往西拓展，也不能將波蘭打造成這種意義下的「民族國家」：國界遷移只是意味著，原有的少數民族烏克蘭與白俄羅斯被劃歸蘇聯，同時新增了數量龐大的德裔人口。為了要讓波蘭成為哥穆爾卡心目中的那種「民族國家」，政府必須進行一個龐大的遷移計畫。其中的一百五十萬人，是被派來殖民政府任職或者進行墾拓工作的德國人，要不是希特勒發動戰爭，他們也不會來到此地。許多波蘭人在戰時遭驅逐（或殺害），或者猶太人被殘殺後，這些德國人就占用了他們的房舍或公寓。另有至少五十萬人是原本為波蘭公民的德裔人口，戰前他們就是住在波蘭的領土上。另外大約有八百萬人則是道道地地的德國人：他們甚至在希特勒的擴張計畫啟動前，就已經住在這時要併入波蘭的德國領土上。千百年來這些居民主要都是德意志民族的成員，如今即將失去自己的家園。[3]

史達林用來幫波蘭復國的藍本，基本上就是把希特勒的東方總計畫給顛倒過來。過去希特勒想把德國往東擴張，建立起龐大的陸上帝國，但這時的德國會被圈限在西邊。英、美、蘇三國（譯按：與法國）一起占領德國，接下來這國家的走向為何，還蒙昧未明。唯一確定的是，德國將會是德國人的德國，但與希特勒的理解大不相同。這個中歐國家的領土將會大為縮水，與奧地利分離，也必須把蘇台德地區（Sudetenland）還給捷克斯洛伐克，而且必須接收來自東方的大批德裔人口，不像戰前那樣是把他們派往東方去墾拓殖民。希特勒心目中的「德國人」是一個優越種族，在征服而來的壯麗邊疆地區宰制大批奴工；史達林的「德國人」，則只不過是另一個單一族裔的民族。不過，希特勒所謂的「強迫移居」其實只是大屠殺的委婉語，但史達林則是打算照字面理解。他完全明白在人口大規模遷移的過程中多少會有一些人死亡，但他無意徹底毀滅德意志民族。

無論是否隸屬於波共陣營，所有波蘭政界高層都同意史達林的看法：應該讓波蘭的國土能夠盡可能往西擴張，而且要把所有德裔人口趕走。一九四四年八月一日，波蘭救國軍發動華沙起義當日，流亡倫敦的波蘭政府就已經撤銷所有德裔波蘭人的公民身分，並要求他們必須離開波蘭。到了戰後局勢必須重新洗牌時，這些德裔波蘭人應該面對怎樣的命運？對於這個問題，流亡政府總理斯坦尼斯瓦夫・米科瓦伊奇克的態度之強硬，可說一點也不遜於他的波共政敵：「我們受夠了那些內賊，也飽受德國占領手段的凌虐，所以不可能繼續容忍德裔人口與波蘭人居住在同一片國土上。」此一立場不但代表波蘭的社會共識，也獲得同盟國的各領袖同意。先前羅斯福就曾說過，那些德裔人口若遭到威嚇驅逐，可說「一點也不無辜」——過去在大戰期間討論歐洲戰後局勢時，羅斯福的前一任美國總統胡佛（Herbert Hoover）也說人口遷移是「神奇的解藥」。在此之前，邱吉爾也向波蘭人保證過，絕對會把德裔人口「一掃而空」。[4]

到了一九四五年二月的雅爾達會議，英、美已經原則上同意把波蘭的國土往西遷移，但還沒接受將國界一路遷移到奧得河與尼薩河。儘管如此，一如史達林的預料，到了七月在波茨坦舉行下一次峰會時他們終究讓步，接受了他的立場。這時他已經透過戰場上的勝利來確保自己大多數的政策得以實踐。先前在三月，紅軍已經征服了史達林打算劃歸波蘭的所有德國領土。到了五月，紅軍已經攻入柏林，歐戰就此告終。蘇聯部隊以暴力橫掃德國東部，勢如破竹，突然間一切似乎都有可能了。紅軍抵達以前，六百萬左右德國人已先行被德國政府疏散或者自行逃離，為史達林的波蘭政策提供了種族單一化與國土變更的先決條件。德國投降後有許多德國人想要回去，但能夠成功者可謂寥寥無幾。[5]

一九四五年二月，喬治·歐威爾在英國最後一次高聲疾呼，這種將德國人大批驅逐的計畫堪稱「惡行重

波蘭與德國的領土變化（1945 年）

1937年德國　1937年波蘭

戰前的其他邊界以灰色顯示

大」，不可能「得逞」。但他錯了。他的政治想像只有這麼一次與後來的實際發展不符。[6]

揮兵柏林的路途中，在那一大片將要劃歸波蘭的第三帝國東部國土上，紅軍的作為遵循一條簡單但又慘無人道的原則：強姦所有德國婦女，把所有德國男人（還有部分婦女）抓去做苦工。即便到了那些在戰後將會留給德國的國土，甚至最後到了柏林，紅軍士兵的暴行仍未停歇。在波蘭、匈牙利，甚至在共產革命即將讓共黨上臺、加入蘇聯盟友行列的南斯拉夫，紅軍士兵一樣姦淫婦女。南斯拉夫共黨向史達林抱怨他們的劣行惡狀，反而被訓斥了一頓：他說士兵本來就該那樣，「找點樂子」也無妨。[7]

等紅軍士兵到了德國本土，姦淫婦女的惡行變本加厲，不過我們很難確定理由何在。也許蘇聯雖以平等主義為立國精神，但並未強調對於女性身體要有最基本的尊重。姑且不論紅軍士兵對德國人的痛恨（但這一定有所影響），他們可說是蘇聯體系的產物，而且往往深受那些最惡劣制度的影響。大約有一百萬古拉格囚犯提前獲釋，以便讓他們投入前線戰事。對他們來說，蘇聯人民已經夠窮了，德國為什麼還要攻擊他們？這全無意義的舉動似乎讓所有紅軍士兵感到惱火。所有德國勞工的房舍都比紅軍士兵的家還要舒適。有時候他們會說自己只是在攻擊「資本主義分子」，但在他們看來，在德國光是一介農夫也遠比他們富有。儘管德國人的生活水準已經比蘇聯人民高出許多，他們還是去蘇聯燒殺擄掠。也許紅軍士兵認為，藉由強姦德國婦女可以羞辱德國男人，挫其銳氣。[8]

紅軍揮兵西征的途中死傷慘重，所以部隊缺員就由徵召自白俄羅斯與烏克蘭的士兵補上，而這些人都是飽受德國人欺凌，遭德國人占領的經驗對他們的年輕生命造成莫大影響。許多紅軍士兵基於個人經驗而選擇相信他們所見所聞的政宣，有時候把蘇聯的悲劇歸咎於整個德意志民族。絕大多數紅軍士兵並非為了猶太大屠殺而復仇，但他們所閱讀的政宣讀物，作者的確都是一些因為猶太大屠殺而與德國有血海深仇的人。例如，猶太裔蘇聯作家伊利亞・愛倫堡這時任職蘇聯陸軍官媒《紅星報》（*The Red Star*），是個擅長進行仇恨宣傳的記者。他曾於一九四二年寫道：「從現在起，我們已經知道德國人根本都不是人。」[9]

無論動機為何，總之紅軍士兵的暴力一股腦宣洩在德國女性身上。若有男人挺身保護自己的妻女，就會遭到一頓毒打，甚至遭殺害。而且能夠保護女性的男人也不多了，他們大多死在戰場上（這時大約已有五百萬德國男丁戰死）、被徵召進入德意志國防軍、加入平民緊急組成的護國部隊，或是遭紅軍抓去當奴工。仍在家鄉的男人大多非老即殘。甚至在某些村莊，每個女性都慘遭強暴，無論年紀多大。德國小說家鈞特・葛拉斯到了年紀較大才知道，他母親為了避免他妹妹遭強暴而主動獻身。結果母女倆都難以倖免。輪暴可說司空見慣。許多女性都因為接連遭強暴，受傷過重而死去。[10]

常有德國女性自殺或自殺未果，只為避免遭強暴或是因為遭強暴過後羞愧難當。某位女性回想起她如何逃過一劫：「入夜後四周陷入一片驚懼莫名。許多女人與女孩就這樣慘遭蘇聯人強暴。」她和一位姊妹聽到尖叫聲後選擇割腕，但卻都活了下來：很可能是因為天候太冷所以她們才沒有流血過多而死，也因為隔天有個蘇聯醫生醫治了她們。那天晚上她們能倖免於難，可能是因為都暈了過去，看來就像已經死去。事實上，能夠避免遭強暴的自保方式不多，死亡就是其中一種。瑪塔・克爾茲曼（Martha Kurzmann）與她的姊妹能逃過一劫，只是因為姊妹倆正在幫母親辦後事。她說：「我們剛把母親的大體清洗乾淨，想要幫她穿上壽衣，就有個俄國人來我們家，想強暴我們。」結果他只是吐了一口口水就轉身離開。但這是少有的例外。[11]

有些女性在慘遭強暴後還被帶去做苦工，但被押走後遭強迫勞動的大多還是男性。蘇聯抓走大約五十二萬德國人去做苦工，大約相當於被德國抓去做苦工的蘇聯人數的十分之一。蘇聯還在東歐各國抓了大約二十八萬七千人去做苦工，此外還有至少四萬波蘭人遭驅逐流放，因為他們有威脅蘇聯政權或未來波共政權之嫌。在布達佩斯，許多匈牙利民眾遭拘捕，當成戰俘送往各個營地去工作。許多德國人被遣送到波蘭的西利西亞地區、烏克蘭東部、哈薩克或西伯利亞，在不見天日的礦坑裡做危險的苦工。德國人的死亡率之高遠遠超過蘇聯人。例如在卡累利阿（Karelia）的五一七號營地，德國人的死亡率是古拉格平均死亡率的五倍。[12]

在戰爭結束時被當成戰俘或遭抓去做苦工的德國人裡面，大約會有六十萬人死去。戰時與戰後因為遭蘇聯關押而死去的德國民眾可能有十八萬五千人，另外也許還有三萬德國民眾死於波蘭的各個營地裡。在蘇聯的各個營區，還有大約三十六萬三千德國戰俘死去，死亡率為百分之十一點八；相較之下，蘇聯士兵在德國各種營區裡的死亡率則為百分之五十七點五。此外，在前往營區的路上死去的戰俘也不少，甚或有些人是投降後還沒有被登記為戰俘就遭到槍斃。[13]

如前幾章所見，希特勒的政策往往為史達林創造出犯罪的條件。在很大程度上，德國男性會被拉伕、女性慘遭強暴，是因為納粹政府沒能進行條理有序的撤退計畫。在戰爭最後幾週期間，德國軍隊加速往西行軍，為的是要去向英軍、美軍投降，以免落入紅軍手中。不過，一般民眾卻往往沒能有這樣的機會。

「戰爭是意志的展現」向來是希特勒的論調，因此在戰時總能看出他寧願硬撐也不承認戰敗的傾向，所以結果總是更為惡化。在他看來，武力衝突是對於德意志民族的試煉：「德國若不是成為世界強權，就是世上不再有德國。」他對於民族主義總有一套特殊見解：深信德意志民族具有成為偉大民族的潛力，但需要歷經一連串挑戰才能把墮落的可能性排除掉。只要戰爭持續進行且進展順利，那德意志民族就會受到他的青睞。如果德國人沒辦法克敵制勝，用敵人的鮮血滌淨自己，那就是德國人的錯。希特勒認為自己已經為民族指出一條正道，但德國人卻沒能遵循。若是德國人輸掉這一場自我救贖的戰爭，那也就沒有理由繼續留存於世。在希特勒看來，若真有一天德國人受苦受難，那也是他們自己的弱點所致，怪不得別人：「如果德國人沒有準備好為自己的存續挺身奮戰，那也無所謂。就一起自取滅亡吧！」[14]

希特勒選擇自殺，他並未從任何務實的角度去思考該如何保存老百姓的性命。掌管德國東部民政的幾位大區區長（Gauleiter），他們都是忠貞的納粹黨員，也是希特勒最死忠的追隨者；三個關鍵大區的長官都沒能安排與執行撤離平民的計畫。東普魯士的大區長官是曾任烏克蘭總督的埃里希・科赫，他曾放話，任何有資格與他同桌進餐的烏克蘭人都該槍斃；到了一九四五年一月，一支主要由烏克蘭人組成的部隊大軍壓境，來到他主掌的大區，他似乎不敢置信。波美拉尼亞（Pomerania）的大區長官法蘭茲・許威德—科堡（Franz Schwede-Coburg）甚至還試圖阻止難民的逃亡潮。在下西里西亞（Lower Silesia），卡爾・漢克（Karl Hanke）還擔心逃亡潮會破壞他的大計，讓他沒辦法把布雷斯勞（Breslau，如今已改名為樂斯拉夫〔Wrocław〕）打造成阻擋紅軍的碉堡。沒想到紅軍很快就將布雷斯勞包圍，也困住了民眾。要是德國民眾能快一點出逃，也許就不會死那麼多人。德國動員了七百九十艘船隻來撤離波羅的海地區的德國人，其中有兩百零六艘遭蘇聯海軍擊沉。後來，鈞特・葛拉斯的小說《蟹行》（*Crabwalk*）就是以德國郵輪「威廉・古斯特洛夫號」（*Wilhelm Gustloff*）的船難為故事背景。[15]

德國人若從陸路逃亡，通常會被困在德意志國防軍與紅軍的「交叉火網」裡。屢見不鮮的狀況是，紅軍部隊將坦克開進德國民眾與馬車組成的逃亡潮裡，任意衝撞。伊娃・揚茨（Eva Jahntz）回憶表示：「為數不多的男人都遭槍斃，女人被強暴，小孩遭受一頓毒打後被帶離母親身邊。」當時年方十八的葛拉斯是武裝親衛隊的少年兵，他說自己「看到有個女人尖叫，但壓根聽不見她的叫聲」。[16]

等到德國人主動逃難變成遭被動遣送驅離，新的波蘭就誕生了。敵對狀態結束後，波蘭開始進行有

組織的種族清洗行動，地點在剛從德國取得的西邊國土，也就是正式名稱為「復國國土」的那一片土地。一九四五年五月二十六日，波共中央委員會決議將波蘭境內所有德裔人口驅離。這時已經有許多德國人陸續返家。他們是為了躲避紅軍而逃亡，自然不希望失去自己所有的房宅、田產與家當，也不希望離鄉背井。他們當時無從得知此一返鄉之舉根本沒有意義，也不知道自己的家鄉已經變成波蘭國土，甚至連家產都已經落入波蘭人手中。到了該年六月，原先逃走的大約六百萬德國難民中也許有高達一百萬返鄉。波共決定派共黨掌控的新建陸軍驅離這些德國人，將他們認定的波蘭領土予以「清洗」一番。[17]

一九四五年夏天，波共焦慮地期望最後的和平條約趕快簽訂。要是波共不能把德國人阻擋在奧得河與尼薩河以西，也許波蘭就沒辦法獲得那些新領土了。他們所遵循的典範是剛剛在南邊建立起民主國度的捷克斯洛伐克。在戰時，主張驅逐德裔人口最力的，莫過於該國總統愛德華·貝奈斯（Edvard Beneš）。他在一九四五年五月十二日向國民表示德意志民族「已非人類」。前一天，捷克斯洛伐克共黨領導人表示戰後該國將會成為「捷克人與斯洛伐克人的共和國」。該國的德裔少數民族約有三百萬（占人口的四分之一），這些德裔捷克斯洛伐克公民自五月開始已遭分批驅逐到邊境之外。在這些驅逐行動中，慘遭殺害的德裔人口高達三萬；整個一九四五年，捷克斯洛伐克一共有五千五百五十八個德裔公民自殺。當時鈞特·葛拉斯以戰俘身分被關押在捷克斯洛伐克一處由美軍監管的戰俘營，他曾想過：那些美國大兵到底是去那裡看守他，還是保護他們免受捷克人侵害？[18]

波蘭新建陸軍的軍官們下令將德國農夫視為敵人。所有德意志民族成員都是罪人，無須憐憫。擔任指揮官的將軍下令：「用當初他們對待我們的方式回敬。」波蘭人並未真的落實這句話，但一九四五年六月二十到七月二十日間的驅逐行動卻依舊極其匆忙、冷漠無情，一切以高層的政治思想為指導原則。距離奧得河、尼薩河邊境最近的居民遭波軍驅逐，藉此造成那些領土隨時可以轉移到波蘭手上的印象。軍隊包圍各個村落，只給村民幾小時時間打包家當細軟，接著就要他們列隊走過邊界，進入德國。據波蘭陸軍報告，遭如此驅離者大約一百二十萬人，儘管這數字可能有很大一部分是灌水。可以確定的是，有些人遭驅離後又趁機溜回家，結果隨即遭二度驅離。[19]

不過，波蘭政府在一九四五年夏天的種種作為很可能是白忙一場。儘管英、美達成協議，打算拒絕史達林把波蘭國境往西拓展的計畫，兩國到了該年七月的波茨坦峰會上還是讓步了。他們接受史達林針對波蘭國界提出的方案，以奧得河、尼薩河為新國界：唯一的條件就是要讓下一屆波蘭政府由民主程序選出，而史達林可能覺得這只是討好波蘭裔美國選民而做做樣子。英、美、蘇三強達成共識，波蘭、捷克斯洛伐克（與匈牙利）應該持續驅逐德裔人口，但前提是必須先暫緩一下，藉此確保那些遷居人口能得到比較人道的對待。德國國土此時由各國軍隊共同占領，英、美、蘇分別占領該國的東北部、西部與南部。英、美兩國擔心，要是人口遷移造成進一步的混亂狀況，恐怕會讓他們占領的德國西部與南部陷入動盪不安。[20]

波茨坦峰會後，波蘭政府反其道而行，以不人道的方式對待波蘭境內的德國人，藉此把他們逼走。先前史達林就曾吩咐哥穆爾卡，說他「應該創造出讓德國人自願逃走的條件」。一九四五年七月以後，波蘭政府照做了，但美其名為「自願遣返」。這種把人逼走的政策執行得最惡劣之處，可能是在西利西亞：該地區行政長官禁止居民於公共場所使用德語、關閉德語學校、沒收德國人的財產，甚至強迫德國人到礦坑裡工作。最直截了當或最充滿嘲諷意味的手法是奧士廷市（Olsztyn，原本隸屬於東普魯士）的作為：市政府呼籲德國人在十月底前「自願」遷居德國，同時還告訴他們：「若有不從者將會遭送往集中營。」[21]

波蘭各地監獄、暫時性的懲戒營區、勞動營這時都關滿了德國人，他們與其他囚犯同遭虐待。監獄與各種集中營的管轄權隸屬於蘇共所控制的公安部（Ministry of Public Security），而非法務部或內政部。這段時間波蘭仍由一個聯合政府治理，但真正當家的是波共，該黨總是確保能把公安部等部門掌握在手裡。各類營區的指揮官往往不受上級約束，所以營內可說是混亂叢生，謀殺已成家常便飯。波蘭中北部農村涅沙瓦（Nieszawa）竟有三十八個男女老幼遭丟進維斯瓦河：成年男女先遭槍斃，孩童則直接拋下河。在盧布拉涅茨（Lubraniec）一處集中營裡，有個德國婦女慘遭毒打，無法動彈，營地指揮官竟在她身上跳舞。他大呼小叫，聲稱這樣「我們就可為一個新波蘭奠立基礎」。[22]

在某些地方，常有人明目張膽地復仇。在萬比諾維策（Łambinowice）的營區，指揮官切斯瓦夫・格博爾斯基（Czesław Gęborski）不顧政府禁令，故意按照德國人的方式進行管理，公開宣稱他就是想復仇。一九四五年十月四日，萬比諾維策有四十個囚犯遭謀殺。從一九四五到四六年，總計約有六千四百八十八個德國人在那裡死去。格博爾斯基曾待過德國人設置的集中營，至於其他波蘭集中營的指揮官們則是有各自復仇的理由。博圖里策（Potulice）集中營的猶太裔指揮官伊濟多爾・塞德羅斯基（Izydor Cedrowski）是奧斯威辛的倖存者，他的家人全遭德國人槍斃。德國人與集中營其他囚犯死於曝曬、疾病與虐待，每天數以百計。在波蘭的集中營裡總計有大約二十萬德國人在做苦工，其中死於四五或四六年者眾，也許有三萬人。[23]

──

到了一九四五年下半年，德國人已有充分理由「自願」離開波蘭。只不過，事實證明離開跟留下一樣危險。這時波蘭政府開始使用火車來遷移德國人，不過用的是貨車，車廂往往沒有頂蓋。但德國人也害怕搭乘封閉式的車廂，因為擔心自己會遭毒殺。這種事當然沒發生過，但他們的想法卻也反映出德國人的確知道不久前許多猶太人曾被帶進封閉空間裡毒殺。事實上，施圖特霍夫（Stutthof）是這時候波蘭政府驅逐德國人的地方之一，過去德國人就曾在這裡用火車車廂充當毒氣室。[24]

火車車速很慢，導致原本應該只有幾個小時的車程變成可怕的煎熬。搭上火車的德國人常常飢腸轆轆，生病者也不在少數。波蘭政府只准許他們攜帶能夠揹在身上、拿在手裡的家當。不過他們的家當很快就遭盜匪偷走或搶走，有時對他們下手的，正是那些應該保護他們的波蘭民兵。火車開開停停的理由之一，就是為了要讓盜匪有機會搶走乘客僅剩的財產。在這種情況下，原本應該幾乎無人傷亡的火車旅程卻有許多人死掉。德國人必須沿路安葬死去的同胞、親友，在那些根本沒有地名、前不著村後不著店的地方，所以並無標示可以讓他們日後回來尋得屍骨。在波蘭，沒有人會幫忙照顧他們的財物或物業；到了德國，也往往沒有人會歡迎他們回去。一九四五年下半年，大約六十萬德國人就這樣抵達德國國土。[25]

一九四五年十一月，同盟國達成共識，計畫把更多人遷移回德國，所以英、蘇兩國事先準備好迎接、照料那些在四六年抵達的德國人。因為死傷與混亂的情況大多發生在搭車與下車時，所以英、蘇兩國這時便派代表到波蘭境內監督驅離作業。同盟國的期望是，載運德國人的時候若能更有秩序，到了德國境內就比較不會那麼混亂，監督大致上起到效果。一九四六年一整年間，大約又有兩百萬德國人搭上火車抵達英軍與紅軍占領的德國地區；隨後在四七年，又有六十萬人遷居德國。儘管德國人的待遇還是不大人道，但至少遷移途中的死亡率已經大幅降低，死者在幾千人以下，或者最多也只剩幾萬人。[26]

到了一九四七年年底，總計已有大約七百六十萬人離開波蘭：其中一半左右是躲避紅軍的難民，另一半則是遭強制遷離。不過精確的比例與人數到底是多少，沒有人能確定，因為許多人都是逃走後又回去，接著又遭到強制遷離，也有人被遷離不只一次。許多人在戰時（甚或在戰前）表明自己的德裔身分，但這時又宣稱自己是波蘭人，得以躲過強制遷離的命運。（到了這時候，波蘭政府更關切的已經是勞動力是否足夠，而不是種族單一化，所以遇到有人聲稱自己是波蘭人但卻沒有明確事證時往往會給個方便。此外，這時不少先前聲稱自己是波蘭人的，反而改口說自己是德裔，因為他們深信德國的經濟前景比波蘭更好。）不過，我們可以清楚看出人口移動的狀況：絕大部分認定自己是德國人的，都已在一九四七年年底以前離開波蘭。從一九四五到四七年的大逃難與大遷徙期間，原本住在遭併入波蘭的土地上的那些德國居民可能有四十萬人死去：大多是死在蘇聯與波蘭設置的集中營，另外最主要的死因則是在兩軍交戰時遇害，或是溺死於海上。[27]

無論是在戰爭的最後幾週，或那些慢半拍的撤退行動，都遠比戰後的驅離行動危險。過去四年，東線戰場上的波蘭與蘇聯民眾每每遇到德意志國防軍東進或撤退就會受苦受難，後來到了戰爭的最終四個月，同樣的命運轉而降臨在德國民眾身上。一九四一年，數百萬人為了躲避德軍攻擊而逃難；四一到四四年之間，另有數百萬人遭遇拉伕的命運；到了四四年德意志國防軍撤退之際，又有更多人遭強制撤離。不過，為了逃離德軍而死去的蘇聯、波蘭公民人數，遠遠多於為了逃離紅軍而死去的德國人。儘管像這樣東奔西跑與各種故意殺人的政策大相逕庭（正因如此，幾乎沒有人去研究那些流離失所的人），但無論是逃亡、撤離或強迫勞動，都直接或間接造成了大量蘇聯與波蘭公民死去，為數幾百萬（但別忘記**還有**一千萬人因為德國蓄意的大屠殺政策而遇害）。[28]

希特勒以整個德意志民族之名發動戰爭，但卻不關心真正德國人的死活。正因如此，逃難與驅離而衍生的死亡大多必須歸咎於納粹政權。德國民眾很清楚德國政府在戰時的惡行惡狀，所以他們深知自己必須逃亡，但德國政府卻並未幫忙安排有秩序的撤離行動。儘管紅軍士兵姦淫擄掠，但蘇聯指揮高層卻睜一隻眼、閉一隻眼，而這一切甚至都在史達林的預期之中。然而，要不是德意志國防軍入侵蘇聯，紅軍也不會來到德國。史達林想要貫徹種族單一化的政策，但要不是當初希特勒推進他的各種種族政策，或許也不會走到這個地步，而且抱持這種態度的並非只有莫斯科當局。各個戰勝國與納粹受害者之間已有共識，才會發生驅離行動。

——

到頭來，驅離行動讓史達林得以展現是他打贏了希特勒發動的戰爭。史達林把一大部分德國領土劃歸波蘭，這確保了波蘭人必須對軍事強權蘇聯感恩戴德，無論是否樂意。畢竟，要是德國有一天東山再起，除了紅軍之外，還有誰能夠為波蘭保衛西邊的疆土？[29]

在那幾年期間，波蘭是個變動不居的民族國家。就在德國國土往西遷移、德國人必須往西遷居之際，波蘭國土也跟著往西遷移，所以大批波蘭人也必須往西遷居。就在波共掌權的波蘭將德國人掃地出門之際，蘇聯也把波蘭人逐出國境。儘管包括波共在內的各波蘭政黨一心光復戰前故土，蘇共政府還是逕自將波蘭東部領土再度併入蘇聯。於是，接下來遭「遣返」（根據史達林的委婉用語）的波蘭東部居民自然對共產主義或史達林都沒有好感。不過，這時他們的確都已受制於共產體制。波共有權奪人土地或贈與土地，可以將人驅逐也能提供庇護。過去痛失家園的民眾如今獲贈新家，他們只能仰賴任何能保衛他們的人。而這角色只能由波共扮演，因為波共有紅軍當靠山，足以承諾他們能保障波蘭在戰後的收穫。對於波蘭人來講，共產主義沒有多少思想內涵可言，在民間的支持度從來都不高。不過，史達林以種族的地緣政治取代階級鬥爭，為新建立的波共政權創造出可長可久的群眾基礎——姑且不論該黨是否有正當性可言。[30]

英、美兩國在波茨坦峰會上支持史達林的驅逐主張，希望能藉此換取波蘭的民主選舉。結果民主選舉非旦從未舉行，由波共當家的第一任戰後政府還大肆恐嚇與逮捕政敵。接著，美國開始把奧得河與尼薩河這條國界當成可以用來對付蘇聯的議題。一九四六年九月，美國國務卿伯恩斯（James Francis Byrnes）針對奧得河—尼薩河國界是否該永久維持下去提出質疑。由於當時許多德國人對於損失大片國土與同胞痛失家園同感憤慨，伯恩斯的舉動在提高美國對德國的影響力之餘，也削弱了蘇聯在該國的力量。不過，這同時也鞏固了蘇聯在波蘭的勢力。一九四七年一月，波蘭政府舉辦國會大選，但波共靠選舉舞弊獲勝。接著英、美兩國就眼睜睜看著自己對波蘭的影響力完全消失。波蘭流亡政府的總理米科瓦伊奇克返國，以某個農民政黨的黨魁身分投入選戰；這下他也不得不再度出逃。[31]

波共政府大聲疾呼：只有盟國蘇聯可以保障西疆的新國土，避免被德國人搶回去，而美國只會站在德國人那邊。很多波蘭人相信這番話。到了一九四七年，無論他們對波共的觀感如何，幾乎都不敢想像那些國土「失而復得」後再度失去的滋味。波共總書記哥穆爾卡打的算盤沒錯：驅逐德國人將會把「整個國家跟共產體制綁在一起」。共黨意識形態政宣天才雅各·貝爾曼（Jakub Berman）深信，波共應該充分利用他們推進的種族大清洗行動。「國土失而復得」後讓許多戰時受苦受難的波蘭人獲得更好的房舍，或更大的農莊。這讓波蘭得以進行土地改革，而土改正是所有共產政權上臺後的第一要務。最重要的可能是，這讓來自波蘭東部的移民有地方可去（他們的家園已經被併入蘇聯）。正因為波蘭在東邊的國境損失慘重，剛獲得的西邊國境才會顯得更為珍貴。[32]

戰爭結束時波蘭獲得新的土地，並在種族大清洗行動中將德裔人口掃地出門。但這只能算是某個蘇聯政策的延續，而該政策實際上更早就已開始：於二戰時就已經在莫洛托夫－里賓特洛甫線以東，戰前

原為波蘭東部的土地上進行了。在德國領土被併入波蘭後，德國人必須離開他們的土地。同樣的，在波蘭領土被併入蘇聯後，波蘭人也非走不可。儘管波蘭嚴格來講算是二次大戰的戰勝國，該國卻有將近一半的戰前領土（百分之四十七）落入蘇聯手中。到了戰後，隸屬於蘇聯西部的白俄羅斯與烏克蘭兩大共和國、立陶宛共和國的維爾紐斯地區也不再歡迎波蘭人（與波蘭猶太人）。[33]

早在戰時，因為猶太裔與非猶太裔波蘭人的減少，就已經造成波蘭東部的人口結構改變。一九四〇到四一年，蘇聯在第一次占領波蘭期間就已經將數十萬人驅逐流放，其中有一大部分都是波蘭人。這些人裡面有許多得以從古拉格逃往伊朗與巴勒斯坦，最後到西線戰場上偕同盟軍並肩作戰，某些人甚至在戰爭結束後回到了波蘭。不過，他們幾乎都沒能回到自己位於波蘭東部的家鄉。一九四一到四二年之間，透過當地警察的幫助，德國人在原本是波蘭東部的土地上屠殺了大約一百三十萬猶太人。這些當地的警察都是烏克蘭裔，他們在一九四三年出力組建了一支烏克蘭裔游擊隊，在烏克蘭民族主義分子的領導之下，將波蘭人逐出原本的波蘭東南部（在他們看來是烏克蘭西部）。這支游擊隊以烏克蘭民族主義組織的班德拉派（OUN-Bandera）為骨幹，長期以來都誓言要把烏克蘭的少數民族予以清除。烏克蘭游擊隊殺害波蘭人的本領來自於德國人的訓練，而他們之所以決心殺光波蘭人，是因為想先把烏克蘭地區的潛在敵人都清除，最後才能專心對付紅軍。這支名為烏克蘭反抗軍（UPA）的游擊隊殺害了數萬波蘭人，也引發波蘭人報復烏克蘭民眾。[34]

儘管烏克蘭反抗軍堅決反共（而且可能是反共勢力中立場最堅決的），但這支游擊隊所發起的種族衝突卻反而強化了史達林的帝國。烏克蘭民族主義者發起種族清洗行動後，將由史達林收尾。他持續清除波蘭人，把蘇、波兩國競逐的領土納入蘇聯的烏克蘭地區。一九四四年九月，波共簽約同意讓波蘭與烏克蘭（還有與白俄羅斯和立陶宛）交換人口。在蘇屬烏克蘭地區，波蘭人對於幾年前蘇聯統治的鐵腕記憶猶新，這時又持續面對烏克蘭民族主義者的威脅。因此他們有充分理由藉由這些「遣返」行動遷居他處。總計大約有七十八萬波蘭人遭遷移到波共掌政的波蘭，被安頓在波蘭剛剛獲得的領土上，而來自白俄羅斯與立陶宛的波蘭人人口也差不多。到了一九四六年年中，離開蘇聯的波蘭人已有大約一百五十一萬七千九百八十三人，另外並未透過官方管道離開者，還有幾十萬。這些人裡面有十萬左右是猶太人：蘇聯的政策是要讓先前為波蘭東部的新領土

上再也沒有波蘭人與波蘭裔人口，也沒有猶太人，但白俄羅斯人、烏克蘭人與立陶宛人可以留下。大約一百萬波蘭公民就此遷居原本為德國東部、如今隸屬於波蘭西部的「失而復得」領土上。在此同時，一九四四到四六年之間，則是大約有四十八萬三千零九十九位烏克蘭裔波蘭人離開共產國家波蘭，前往蘇聯的烏克蘭地區，而他們大多是被迫的。[35]

就在蘇聯政權將波蘭人與猶太人逐出國境之際，蘇聯公民仍不斷遭送進各種集中營與特殊開墾聚落。這些新的古拉格囚犯大多來自於史達林於一九三九年經過希特勒同意而取得、然後又在一九四五年奪回的土地。例如在一九四四到四六年之間，就有高達十八萬兩千五百四十三名烏克蘭人從烏克蘭遭遣送到古拉格：他們沒有犯罪，甚至也不是烏克蘭民族主義者，而是因為與烏克蘭民族主義者有關或熟識。一九四六到四七年，另有十四萬八千零七十九位紅軍老兵遭送往古拉格，罪名是通敵，為德國人效力。二次大戰後是史上有最多犯人遭囚禁於古拉格的時期。事實上，從一九四五年到史達林於五三年死去，各種集中營與特殊開墾聚落裡蘇聯公民的人數每年都持續增加。[36]

波共掌政的波蘭沒有古拉格，但政府高層的確曾在一九四七年針對該國的「烏克蘭人問題」提出「最終解決方案」：把剩餘的烏克蘭裔人口驅離家園，強制遷居波蘭境內深處。該年四到七月之間，波蘭政權再次針對境內的烏克蘭裔人口採取行動，行動代號「維斯瓦」（Vistula）。大約有十四萬零六百六十個住在波蘭南部與東南部的烏克蘭裔波蘭人（有些是被當局認定為烏克蘭裔）遭強制遷居到西部和北部，也就是不久前「失而復得的國土」。這次維斯瓦行動的目標是強迫波蘭的烏克蘭裔人口（或至少他們的孩子）與波蘭人同化。在此同時，波蘭軍隊也把波蘭境內的烏克蘭反抗軍（烏克蘭游擊隊）打得節節敗退。因為許多烏克蘭人不想遭強制驅離，所以這些波蘭境內的烏克蘭民族主義鬥士的新使命就是保衛他們。不過，一旦烏克蘭裔波蘭人都已幾乎遭驅離殆盡，烏克蘭反抗軍在波蘭的地位就無以為繼了。某些反抗軍鬥士逃往西方，其餘則是前往蘇聯持續戰鬥。[37]

原先名為「東方行動」（Operation East）的維斯瓦行動完全由波蘭部隊執行，波蘭境內的紅軍部隊只出了一點力。不過，這次行動的主要籌畫者都是蘇聯派駐波蘭的代表，而且當然也與莫斯科當局保持協調聯繫。維斯瓦行動進行的同時，蘇聯也正在緊鄰波蘭的領土上推進幾個行動，連使用的代號都類似。相關性最明顯的非「西方行動」（Operation West）莫屬，地點就在與波蘭毗鄰的烏克蘭。維斯瓦行動收尾之際，蘇聯政府下令將烏克蘭西部的居民驅逐流放到西伯利亞與中亞。一九四七年十月的幾天內，七萬六千一百九十二個烏克蘭人遭遣送到古拉格。在烏克蘭西部，蘇聯的特種部隊與烏克蘭反抗軍血腥酣戰。雙方都訴諸於殘暴行徑，例如公開展示敵人或與敵人合作者的屍體。不過，「精良的」遣送技術還是讓蘇聯政府獲得關鍵性的優勢。古拉格的囚犯人數持續增加。[38]

在烏波邊境一帶大獲全勝後，蘇聯政府的下個目標是其他位於歐洲的蘇聯邊疆地帶，利用類似手段進行類似行動。一九四八年五月間進行的「春天行動」（Operation Spring）中，約有四萬九千三百三十一個立陶宛人遭驅逐流放。隔年三月的「岸浪行動」（Operation Priboi）則是在立陶宛、拉脫維亞、愛沙尼亞分別帶走了三萬一千九百一十七、四萬兩千一百四十九與兩萬零一百七十三人。從一九四一到四九年之間，史達林總計將波羅的海這三個小國的大約二十萬人予以驅逐流放。跟莫洛托夫—里賓特洛甫線以東曾經三度遭占領（遭蘇聯占領後又遭德國占領，最後又落到蘇聯手裡）的那些地區一樣，這三國在一九四五年被迫加入蘇聯後不但大部分的菁英遭奪走，甚至還失去了很多人口。[39]

——

在史達林治下，雖說一路上走走停停，但原為馬克思主義革命國家的蘇聯已慢慢演化為一個多民族的龐大帝國，以馬克思主義意識形態為其門面，但骨子裡跟傳統的帝國沒兩樣，緊盯著邊疆的安全問題，且對少數民族疑神疑鬼。史達林承繼、維持了革命年代遺留下來的國安體制，且加以完善，最後因為前述兩種焦慮而在一九三七到三八年之間，還有一九四〇年兩度爆發了一連串血腥殺戮行動。至於從一九三〇年展開的驅逐流放則是在史達林去世前未曾停歇過，且兩者都是以少數民族為目標。即便在戰時，蘇聯的驅逐流放政策也進行了相當程度的演化：原本是把那些被定位為敵對階級成員的人強迫遷居，後來漸漸轉型成民族大清洗行動，把某些人口遷往邊疆地區。

在戰前，將蘇聯公民驅逐流放到古拉格之舉總是為了達成兩大目的：促進蘇聯經濟成長，還有調整蘇聯人口。一九三〇年代期間，蘇聯開始驅逐流放大批公民則是著眼於族群問題，將邊疆地區帶有安全疑慮的少數民族遷往內地。基本上這一類著眼於少數民族的驅逐流放行動不該被視為針對個人的懲罰，而是建立在某個假設之上的政治措施：一旦這些人離鄉背井，就能更徹底地融入蘇聯社會。針對少數民族的大清洗行動在三七到三八年之間殺害了二十五萬人，也驅逐流放了數十萬人到西伯利亞與哈薩克去勞改。即便蘇聯到了四〇至四一年併吞波蘭東半部、波羅的海三國與部分羅馬尼亞領土後將當地人民予以驅逐流放，還是可以當成蘇聯所定義的階級戰爭行動。來自菁英世家的男性在卡廷森林等地遭殺害，他們的妻兒、父母則是被流放到哈薩克大草原上，任其自生自滅。要是那些老弱婦孺無法融入當地的蘇聯社會，自然也不可能存活。

在戰時，少數民族因與納粹德國有所關聯而遭史達林鎖定，慘遭懲罰。一九四一到四二年，德裔蘇聯人遭驅逐流放者大約有九十萬，芬蘭人遭驅逐流放的則是八萬九千人左右。一九四三年初，紅軍在史達林格勒的戰事告捷、往西揮軍之際，史達林麾下的安全首長拉夫連季・貝利亞建議將所有遭控訴通敵、與德國人合作的蘇聯人都驅逐流放。他們大多是高加索山區與克里米亞地區的穆斯林少數民族。[40]

紅軍重新奪回高加索地區後，史達林與貝利亞就讓維安機器動了起來。一九四三年十一月十九日，一天之內蘇聯政府就將整個卡拉洽伊族（Karachai）遣送到哈薩克與吉爾吉斯，總計大約六萬九千兩百六十七人。到這年十二月二十八到二十九日，兩天內蘇聯政府就將九萬一千九百一十九個卡爾梅克人（Kalmyk）驅逐流放到西伯利亞。隔年二月二十日，貝利亞甚至親赴格洛茲尼（Grozny），監督遣送車臣人與印古什人（Ingush）的工作。他帶領著一支大約十二萬人的特遣部隊，短短一週內就將四十七萬八千四百七十九人予以圍捕驅逐。他手裡掌握了美國在戰時提供的斯圖貝克牌（Studebaker）卡車車隊。因為不能留下任何一個車臣人與印古什人，所以只要是無法移動者就遭到槍斃。四處可見被燒個精光的村落，在某些地方，甚至有整座穀倉的村民遭燒死。一九四四年三月八到九日，兩天內蘇聯政府就將整個巴爾卡爾族（Balkar）、總計三萬七千一百零七人遣送到哈薩克。該年四月間，等紅軍開抵克里米亞，貝利亞就立即提議遷移該地區的所有韃靼人，並獲史達林首肯。一九四四年三月十八日至二十日，三天內總計有十八萬零十四個韃靼人遭強迫遷移，大多前往烏茲別克。那一年稍晚，貝利亞又將大約九萬一千零九十五個麥斯赫特突厥人（Meshketian Turks）驅逐流放到喬治亞。[41]

有鑑於史達林本來就像這樣持續迫害少數民族，他會延續一貫的政策方向、決定在蘇波邊界進行大清洗可說一點也不令人意外。在蘇聯政府看來，烏克蘭、波羅的海地區與波蘭的游擊隊都只是在邊疆惹是生非的盜匪，只要透過優勢武力彈壓後予以驅逐流放即可。不過，蘇波邊界的大清洗仍有項重要差異。過去在一九三〇年代，富農與少數民族成員都是遭遣送到遠處，但至少流放地仍是在蘇聯境內。戰爭結束不久後遭驅逐流放命運的克里米亞地區、高加索地區與波羅的海地區人口也是如此。然而，到了一九四四年九月，史達林卻鎖定波蘭人（包括猶太裔波蘭人）、烏克蘭人、白俄羅斯人，進行**跨越國界**的遣送行動，藉此遵循種族單一性的原則。波蘭的德國人也是因為同樣的邏輯而遭驅離，只不過人數遠遠多於其他驅逐流放行動。

蘇共與波共政權往往同時間採取行動，有時甚至協同合作。兩者在一九四四到四七年之間取得一項奇異的勝績：改變蘇波邊界兩側原本各族混居的狀況，將少數民族予以清除。在此同時，那些民族主義戰士雖曾為了種族單一化的理想而戰，但卻也是因為同樣的理想而遭蘇聯鏟除。共產主義者承接了敵人的使命。共產統治變成了種族大清洗——連過去那些進行種族清洗的人都要被清洗掉。

二次大戰結束後，史達林進行種族大清洗行動的最主要地區莫過於戰後的波蘭境內。在這次行動中，德國人是所有痛失家園者裡面的最大族群。到了一九四七年年底，離開波蘭的德國人已有七百六十萬左右。此外，從民主國家捷克斯洛伐克遭驅離的德裔人口則約有三百萬。二戰期間窩瓦河地區的德裔居民遭驅離流放到蘇聯其他地區者大約是九十萬人。從戰時到戰後，德裔人口痛失家園者總計超過一千兩百萬。

前述數字雖龐大，但在戰時到戰後被迫顛沛流離的所有人口中，所占比例卻不高。戰後同一段時間裡，遭蘇共政府（或波共政府）驅逐流放的非德國人口大約有兩百萬。在同一時期另有八百萬人回到蘇聯，他們大多是在戰時遭納粹德國拉伕，曾到別處去做工（被拉伕的人就算不是大部分，至少也有很多人寧願不回蘇聯，所以實際上的數字可能高達兩倍）。在蘇聯與波蘭，超過一千兩百萬烏克蘭人、波蘭人與白俄羅斯人與其他各族裔人口，則是因為戰爭或戰後的紛擾而逃難或是被迫遷移。這還不包括慘遭納粹德國蓄意殺害的一千萬人左右，他們在被謀殺前大部分都歷經了各種被迫顛沛流離的經驗。[42]

德國人逃難以及遭到驅離一事雖然不是大屠殺政策，但卻是戰後種族大清洗行動的主要事件。隨著紅軍在一九四三到四七年間逐漸西進，直接或間接導致民間發生了許多衝突事件，大批民眾逃難、遭驅離、離鄉背井，過程中大約有七十萬德國人死亡，同樣死去的還有至少十五萬波蘭人，可能另有二十五萬烏克蘭人逝世。蘇聯政府驅逐流放了高加索地區、克里米亞、摩爾多瓦（Moldova）與波羅的海三國的大批公民，過程中或流放不久後死去的最少也有三十萬人。蘇聯政權重回波羅的海地區時，三個國家的民族主義勢力都極力反抗。至少在某個程度上他們反抗的確實是蘇聯的驅逐流放政策，所以我們應該可以把反抗中死去的大約十萬人納入與種族大清洗行動相關的死亡總數之中。[43]

相對而言，遭驅離的德國人占所有德國人口的比例遠遠不如那些遭驅逐流放的高加索與克里米亞地區蘇聯公民：因為那些少數民族幾乎是全體都被驅逐流放，不留一人。若同樣以比例來計算戰爭結束時因為蘇聯占領而導致的各國顛沛流離人數，則德國人的比例（包括主動離開或遭驅離）其實是高於波蘭人、白俄羅斯人、烏克蘭人與波羅的海人的比例。不過，若是把這些數字再加上戰時因為德國占領而導致的各國顛沛流離人數，那麼前述的比例差異就不存在了。換句話說，如果把計算時間拉長，從一九三九到四七年之間，波蘭人、烏克蘭人、白俄羅斯人、波羅的海人遭強制遷移的機率（其中有些國家高一點，有些低一點），跟德國人遭強制遷移的機率大約相同。差別在於前述各國人民必須同時面對德、蘇兩國政策的敵意，但德國人除了少數例外，所承受的只有蘇聯方面的壓迫而已。

到了戰後，同樣有大批德國人與波蘭人被迫往西邊的國境遷居，而這兩個族群遷居過程中的死亡率也大致相當，但遠遠低於那些遭蘇聯驅逐流放的烏克蘭人、羅馬尼亞人、波羅的海人、高加索與克里米亞地區的少數民族。在逃難、流亡或遭驅離的德國人或波蘭人中，大約每十名就會有一人（或更少）在過程中死亡，或因為這三類事件直接導致死亡；但對波羅的海人與蘇聯公民來講，則是相當於每五人中就會有一人死亡。原則上，要是遭驅逐流放的地區越東邊，那麼蘇聯政權的涉入也越直接，死亡率就會越高。德裔人口的遭遇顯然反映出此一原則：他們若是主動從波蘭與捷克斯洛伐克逃走，絕大多數都能倖存；相反的，若是在蘇聯境內遭往東遷移，或是往東遷移到蘇聯境內，最後大部分都會死去。

所以，被送往西邊好過被送往東邊，被送往原本的民族國家懷抱好過被送到某個遙遠又陌生的蘇聯轄下共和國。被送往開發程度較高的德國（儘管已被空襲轟炸與戰火蹂躪得體無完膚）好過被送往各個流亡者必須自行開墾的蘇聯荒地。被送往英、美兩國政府占領的地區，也好過被送往內務人民委員部各個分部掌管的哈薩克或西伯利亞地區。

——

史達林在戰後兩年不到就打造出他的新波蘭與全新的蘇聯西疆，並透過種種驅逐行動將各個民族遷徙到各自的民族國家。到了一九四七年，戰爭總算是真正落幕，而蘇聯在軍事上對德國與其盟友真可說是大獲全勝，在政治上也擊倒了東歐各國的共產主義敵人。

這時，在蘇聯看來永遠只會惹禍的波蘭人已遭驅離，集中在新的共產波蘭。至於波蘭，則是與蘇聯這個全新的共產帝國綁在一起，成為其附庸。波蘭看來只能完全臣服於蘇聯：這國家曾二度遭到入侵，兩次入侵都導致龐大人口遭驅逐流放與殺害，這時則是歷經國界與人口的大幅改變，並由一個完全聽命於莫斯科當局的政府掌政。德國不但遭徹底打敗，且蒙受奇恥大辱。一九三八年以前固有的德國領土遭瓜分成好幾個占領區，而且隨後分裂並隸屬於五個主權國家：德意志聯邦共和國（西德）、德意志民主共和國（東德）、奧地利、波蘭與蘇聯（加里寧格勒劃歸蘇聯）。日本則是遭美軍擊潰，各大城被轟炸成斷垣殘壁，到最後更有兩座城市遭原子彈夷為平地。日本不再是雄踞亞洲大陸的強權。史達林長久以來的心腹大患終於消除。他不用再像戰前那樣，為了德、波、日三國的聯手圍堵而寢食難安了。

蘇聯西部與東歐
（約 1945 年）

在人類的戰爭史上，沒有任何國家像蘇聯那樣在二戰期間有那麼多公民死去。在國內，蘇聯的政宣專家們充分利用人民的死難來證明史達林政權的正當性：為了在「偉大的衛國戰爭」中獲勝，人命的犧牲只是必要的代價。這裡的「祖國」指的不只是俄羅斯，更是蘇聯。眾所皆知的是，戰爭結束後不久，史達林曾於一九四五年五月舉杯對大家說：「敬偉大的俄羅斯祖國。」他主張是俄羅斯人打贏了這場戰爭。蘇聯人口的確有一半是俄羅斯人，所以純粹從數字看來，俄羅斯人對戰勝所做出的貢獻可說大於其他任何一個民族。不過，史達林其實是在故意偷換概念，因為蘇聯境內的決勝戰場並非在俄羅斯，而是在白俄羅斯與烏克蘭。死於戰爭的猶太裔、白俄羅斯裔、烏克蘭裔民眾也都遠多於俄羅斯人。無論是在戰爭爆發之初與戰爭結束之時，死傷慘重的紅軍都仰賴白俄羅斯與烏克蘭當地兵源補充空缺。就這方面而言，高加索與克里米亞地區民眾雖遭大規模驅逐流放，但他們的子弟死於紅軍部隊中的人數實際上高於俄羅斯裔的年輕人。至於猶太裔士兵獲頒英勇勳章的比率更是高於俄羅斯士兵。

戰後蘇聯政府在編造勝利神話的過程中，尤其無法把猶太人的悲劇納入蘇聯的經驗。也就是說，猶太悲劇會威脅到蘇聯神話。德國人與羅馬尼亞人殺害了五百七十萬猶太人，其中大約兩百六十萬是蘇聯公民。這不但意味著猶太民眾遭殺害的絕對人數比其他各族裔蘇聯人還高，還表示猶太大屠殺的慘劇有一半以上都發生在戰後蘇聯國界以外的地方。從史達林主義的觀點看來，蘇聯政府憂心的不是遭大屠殺的猶太同胞，反而是這件事意味著能讓蘇聯猶太人接觸到外面的世界。蘇聯將波蘭東半部併入國土且尚未受到德國入侵的一九三九到四一年間，蘇聯猶太人開始與猶太裔波蘭人有了交流的機會，並藉此想起自己的宗教與語言傳統，回憶起祖父母那一輩的世界。在那短暫卻關鍵的時刻，蘇聯與波蘭的猶太人同住在一起，接著也因為德國入侵而一起遇害。正因為族群滅絕對於猶太人來講是不因國界而有所隔閡的共同經驗，所以對於那經驗的回憶才無法被納入蘇聯想編織的神話中，成為「偉大的衛國戰爭」的一部分。

即便史達林已經把他的共產體系成功「外銷」到東歐與中歐的幾個國家，這種接觸西方世界的機會仍讓他感到憂心忡忡。兩次大戰期間，蘇聯公民的確一度自認生活優渥，不像西方群眾慘遭資本主義體系的剝削。如今美國在二戰後以經濟強權之姿崛起，無人能敵。一九四七年的馬歇爾計畫（Marshall Plan）為歐洲提供美援，任何國家只要在貿易、金融政策的一些基本事務上願意互相合作，就可以受惠。史達林的確能拒絕美援，也能逼迫他的附庸國拒絕，但卻無法讓蘇聯公民忘掉那些在二戰期間獲得的知識與印象。每個返鄉的蘇聯士兵與曾被德國拉伕的蘇聯人都知道歐洲其他國家的生活水準有多高，即便是羅馬尼亞與波蘭等相對較窮的國家，生活水準也遠高於蘇聯。烏克蘭人返國後更是發現饑荒又開始肆虐：戰後兩年間可能有一百萬人餓死。饑荒之所以沒造成更多人死亡，是因為烏克蘭西部保留了私有的農業部門，蘇聯還沒時間將其集體化，這才舒緩了烏克蘭其他地區的荒災。[44]

對於史達林的二戰神話來講，俄羅斯民族是相對比較穩固的基礎。紅軍在莫斯科與史達林格勒都打了勝仗。俄羅斯是蘇聯的最大族群，其語言與神話又居於主流的地位，而且俄羅斯共和國的地理位置又距離西方較遠，無論所謂的西方是以納粹德國或美國為代表。俄羅斯共和國廣大無邊：德國人當初所設想的殖民計畫最多只包括俄羅斯西部的五分之一面積，後來實際征服的面積最多甚至還不到十分之一。這時仍住在波羅的海三國、白俄羅斯或烏克蘭的每一位老百姓都曾領教過經年累月遭全面占領的滋味，但俄羅斯絕大多數居民都沒有。猶太大屠殺在烏克蘭或白俄羅斯為害之慘烈，都遠遠超過在俄羅斯造成的影響，而這只是因為德軍比較晚才抵達俄羅斯，能夠殺害的猶太人也比較少（大約六萬人，相當於猶太大屠殺全部死亡人數的百分之一）。這也是俄羅斯對於其他人的戰爭經驗比較不熟悉的理由之一。

戰爭結束後，蘇聯政府的當務之急就是阻止俄羅斯民族（當然也包括其他民族）受到外來文化汙染。史達林當然希望蘇聯民眾只接受他對戰爭的詮釋，所以他最忌憚的思想危害之一，就是那些與他相左的看法。

蘇聯式共產主義在東歐的勝利固然讓蘇聯得意洋洋，但同樣程度的焦慮也隨之而起。政治上，共產主義的勝績當然是令人印象深刻：到了一九四七年，阿爾巴尼亞、保加利亞、匈牙利、波蘭、羅馬尼亞與南斯拉夫都是由共產主義政黨掌政，一方面是得益於蘇聯援助，但另一方面也要歸功於各國共黨的訓練有素、冷酷無情與足智多謀。事實證明，共產主義分子擅長進行人力動員，可以藉此面對戰後亟需重建的問題，例如華沙就是如此。

但這些新生共產國家都比蘇聯更為工業化（早在蘇聯於一九三〇年代進行第一次五年計畫時就是如此），這些國家的人民對於生活水準都有更高的期待。然而，蘇聯快速工業化的經濟模式需要多久才能在各國帶來經濟成長？在東歐各國共黨領袖顯然都以蘇聯這個外國強權馬首是瞻的情況下，社會大眾要多久的時間才能接受共產主義、認為是共黨促成了民族解放？既然美國看來更像是繁榮與自由的表率，莫斯科當局難道還能持續把西方描繪為永遠的敵人？為此，史達林需要他所指定的東歐各國領袖遵循其意願，充分利用各國的民族主義，並且把人民與西方世界隔離。而想要同時完成這兩大任務並不容易。

史達林幾年前才任命的政宣首長安德烈・日丹諾夫（Andrei Zhdanov）就是要完成這一不可能任務的人。日丹諾夫必須構思出一套理論，說明戰後蘇聯將會獲得最終勝利，同時他還得要保護俄羅斯民族的思想純正，不受外在世界影響。一九四六年八月，蘇共通過一個決議案來譴責西方對於蘇聯文化的影響。思想汙染可能來自於西歐或美國，也可能來自於那些跨國文化，像是猶太、烏克蘭或波蘭文化。日丹諾夫還必須為美、蘇之間新興的對立提供解釋，而且說詞必須讓東歐各國領袖都聽得懂，讓他們能夠轉告自己的東歐同胞。

一九四七年九月，歐洲各國共黨領袖齊聚波蘭，聆聽日丹諾夫提出的新路線。他們聚會的地點是原本隸屬於德國的度假小鎮施萊伯豪（Schreiberhau），不久前才改名為什克拉爾斯卡－波倫巴（Szklarska Poręba）。日丹諾夫在會上宣布，各國共黨都要加入一個叫做「共產黨情報局」（Communist Informational Bureau，簡稱 Cominform）的新組織。莫斯科可以透過這組織傳達黨的路線，並針對政策進行溝通協調。與會的共黨領袖們得知，世界將會被劃分成「兩大陣營」，一個是進步陣營，另一個則是反動陣營，而蘇聯所肩負的必然使命就是領導東歐各國新成立的「人民民主政權」。至於美國，則會承繼墮落資本主義的所有缺點，走上先前納粹德國的老路。歷史的鐵則將會確保進步力量終究獲勝。[45]

各國共黨只需要各自扮演好在進步陣營裡的角色，服膺於蘇聯領導，避免受到一時誘惑而用妄圖走自己的社會主義路線，如此一來，一切就會妥妥當當。

不久，日丹諾夫心臟病發，後來又發作了好幾次。這樣看來，好像一切都不大妥當。

第十一章
CHAPTER 11

史達林的反猶主義

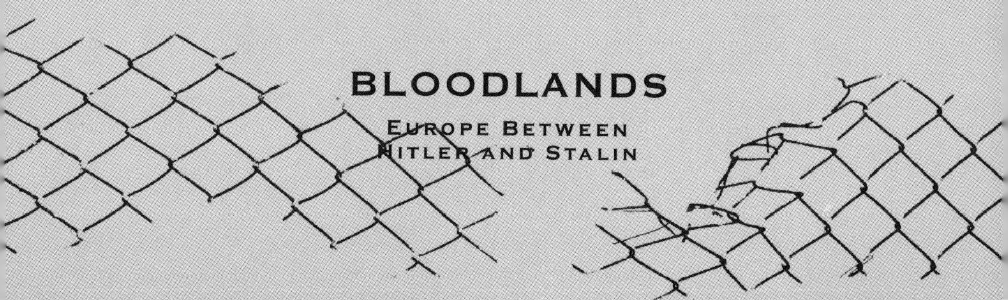

一九四八年一月，史達林正要處死某個猶太人。索羅門．米霍埃爾斯（Solomon Mikhoels）是猶太人反法西斯委員會（Jewish Anti-Fascist Committee）主席兼莫斯科意第緒劇院（Moscow Yiddish Theater）藝術總監，先前他以「史達林獎」評審的身分獲派前往明斯克評選一部戲。抵達後，白俄羅斯國家警察的首長拉夫連季．札納瓦（Lavrenty Tsanava）就邀請他前往鄉間別墅，但卻下令將他殺害，同時遇害的還有一位身分尷尬的目擊者*。

不過短短幾年前，明斯克猶太人才剛歷經德國人對他們的大屠殺。這件事的最大諷刺在於，蘇聯政府居然也在明斯克殺起了猶太人。札納瓦本人是警察兼史學家，不可能沒有意識到這一點。他正要寫完一本白俄羅斯的游擊隊反抗運動史，但書的內容完全忽略了當時猶太人在德國占領下的特有困境與抗爭。先前已有個蘇聯作家寫出了一部猶太游擊隊的反抗運動史，但接著就遭到打壓，不得出版。戰時明斯克居民中承受最多苦難的族群莫過於猶太人，但顯然蘇聯政府解放了明斯克之後並未結束猶太人的苦難。蘇聯的猶太大屠殺歷史看來就要湮滅，無法形諸筆墨了。[1]

米霍埃爾斯最在意的那些議題，都是史達林想要忽視的。他與史達林身邊那些猶太裔人士都有一點交情，像是中央政治局成員卡岡諾維奇，還有另外兩位成員，包括莫洛托夫與克利門特．伏羅希洛夫（Kliment Voroshilov）的猶太裔妻子。更糟的是，先前米霍埃爾斯曾試圖與史達林聯絡，希望能跟他訴說戰時猶太人遭逢的厄運。跟瓦西里．格羅斯曼一樣，米霍埃爾斯在戰時也參與了蘇聯官方成立的猶太人反法西斯委員會。在史達林的指示之下，米霍埃爾斯還曾將蘇聯猶太人的苦難詔告世人，藉此為蘇聯募集軍費。戰後，米霍埃爾斯認為自己不能讓猶太大屠殺就此走入歷史，遭世人遺忘，而且他也不願把猶太人的苦難簡化成蘇聯人民苦難的一部分。一九四五年九月，他曾帶著一只水晶瓶去基輔演講，瓶裡裝著娘子谷遇難者的骨灰，戰後數年之間也持續公開談論德國用亂葬坑殺害猶太人的往事。一九四七年，米霍埃爾斯曾向史達林的宣傳首長日丹諾夫請願，希望能出版《蘇聯猶太人黑皮書》（*Black Book of Soviet Jewry*）——這本書由格羅斯曼與伊利亞．愛倫堡等人編輯，收錄的文獻與證詞都與猶太大屠殺相關。這當然是徒勞無功，因為在日丹諾夫時代的蘇聯文化無法為一本戰時猶太人的史書背書。戰後蘇聯所興建的方尖紀念碑上都不能有六芒星，只能出現紅色五角星。在蘇聯於戰時併吞、接著在戰後又失而復得的西部地區，大約有一百六十萬個猶太人遇害，但猶太人的墓碑卻遭拿來鋪成臺座，上面豎立著一個個列寧紀念碑。牆上留有許多猶太人遺言的科維爾市猶太教堂則是淪為穀倉。[2]

史達林的女兒斯韋特蘭娜．阿利盧耶娃（Svetlana Allilueva）無意間聽見父親吩咐札納瓦，要把米霍埃爾斯的死偽裝成「車禍」。米霍埃爾斯在蘇聯算是有相當身分地位的人，他所提倡的政治理念卻不受當道歡迎。不過，史達林對於米霍埃爾斯之所以懷有強烈敵意，一方面當然是因為政治立場不同，另一方面則是因為史達林容不下猶太人的文化傳承。史達林的兒子在從軍前幾年先與猶太妻子結婚，後來到戰時遭俘擄後死於德國的集中營。斯韋特蘭娜的初戀是個猶太演員，但他遭史達林冠上英國間諜之名後被遣送到古拉格。斯韋特蘭娜的第一任丈夫也是猶太人，史達林批評他小氣又懦弱，逼兩人離婚，要

* 譯註：米霍埃爾斯是被他的朋友葛魯伯夫—波塔波夫（Vladimir Golubov-Potapov）騙過去。葛魯伯夫—波塔波夫是白俄羅斯國家警察的線人，但因為他目擊這次謀殺經過，所以也一同遇害。

她改嫁，而這次她的公公就是日丹諾夫——負責淨化蘇聯文化的宣傳首長。這次婚姻帶有政治聯姻的味道，感覺上很像建立王室家庭，但她在情感上還是比較喜歡猶太人。史達林身邊總是不乏猶太同志，其中最著名的莫過於卡岡諾維奇。不過現在史達林已年近古稀，心裡肯定也越來越在意繼任人選的問題，看來他對猶太人的態度正在改變。[3]

米霍埃爾斯死後，這時已改名為國安部（Ministry of State Security, MGB）的蘇聯政治警察部門才回頭為這樁謀殺案提供一個符合蘇聯利益的理由：猶太民族主義。國安部首長維克多·阿巴庫莫夫（Viktor Abakumov）在一九四八年三月總結全案時指出，米霍埃爾斯是個危險的親美猶太民族主義者。根據蘇聯的標準，要幫他安上這種罪名實在太容易了。身為猶太人反法西斯委員會的成員，在戰時米霍埃爾斯曾接受蘇聯高層指示，訴諸於猶太民族情感，呼籲猶太人團結抗戰。一九四三年他前往美國募款，在當地發表過認同猶太復國主義的言論。純粹出於巧合，他搭的飛機在巴勒斯坦的機場跑道上停歇了幾個小時，他還承認自己親吻了「聖地」的空氣。在蘇聯於一九四三年將克里米亞半島那些有國家公敵之嫌的穆斯林清除後，米霍埃爾斯在四四年二月開始與其他人提倡將該半島打造成「猶太人的社會主義共和國」。位於黑海地區的克里米亞半島，鎮守著蘇聯的海洋邊疆。屢屢有人提起要在那裡建立猶太裔蘇聯公民的家園，某些猶太裔美國名流也支持。不過，史達林偏好的蘇聯猶太人解決方案則是在遠東地區建立一個猶太自治區。[4]

有鑑於二次世界大戰對於所有東歐人、蘇聯人、各個新成立衛星國家的國民而言都是特別重要的經驗，所以蘇聯在打造出新的共產歐洲後，當務之急就是要讓這一部分歐洲人知道俄羅斯民族跟其他民族沒兩樣，也是拚命奮戰、受苦受難。從現在到未來，蘇聯政權都必須把俄羅斯人塑造成同時是最偉大的勝利者與最悽慘的受害者。在其他蘇聯共和國與東歐各個衛星國家的護衛之下，位於蘇聯核心地帶的俄羅斯也許能夠不受危險的西方國家侵擾。任誰都能一眼看出以上論述的矛盾：既然俄羅斯人以外的人民都被當成人肉盾牌，那他們怎麼可能相信史達林那一套「俄羅斯人都是純潔烈士」的說法？在那些二次大戰開打之初與結束時遭到蘇聯二度占領的國家，像是愛沙尼亞、拉脫維亞與立陶宛，史達林的主張特別不具說服力。在烏克蘭西部，因為民族主義游擊隊在戰後仍與蘇聯爭鬥多年，這種說法一樣難以提倡。波蘭人也不大可能忘記二次大戰會爆發，就是因為德軍與紅軍聯手入侵波蘭。

說服前述地區的民眾尚且不易，要說服猶太人就更是難上加難。雖然納粹德國確實是先拿猶太裔蘇聯人開刀，但接著又殺了波蘭猶太人，繼而是歐洲各國猶太人，所以幾乎不可能只把猶太大屠殺納入蘇聯的二戰史裡面——更何況蘇聯版本的歷史企圖把戰時最悲慘的地方移往東邊的俄羅斯，但那裡猶太人的死亡人數相對較少。大多數猶太人的確把蘇聯政權的回歸當成解放，但想要說服他們認為另一個蘇聯民族所承受的苦難比他們多，那又是一回事了。猶太人之所以把紅軍當成解放者，**正是因為**納粹制定了滅絕猶太民族的政策。由於這種感激情緒的來源很特別，所以並不會讓猶太人自然而然相信俄羅斯民族就是偉大祖國戰爭英雄的政治神話。畢竟，紅軍裡也有不少猶太人，而且一般而言受頒英勇勳章的比率比其他任何蘇聯民族都高。[5]

蘇聯政府把納粹德國殺害的猶太裔蘇聯人人數當成國家祕密。猶太裔蘇聯人死在德國人手上者約有一百萬，另外還有一百六十萬左右波蘭、立陶宛與拉脫維亞猶太人遇害，他們是在一九三九年或四〇年因為國家遭蘇聯併吞才成為蘇聯人。遭羅馬尼亞人毒手的猶太人，則主要是居住在戰後被劃入蘇聯的羅馬尼亞領土上。這些數字顯然非常敏感，因為它們反映出一個事實：就算其他蘇聯族群各有各的慘痛遭遇，都仍不同於猶太人所碰上的特殊厄運。猶太人占蘇聯總人口不到百分之二，俄羅斯人則是超過一半；但在德國占領的蘇聯地區，遇害的猶太民眾卻比俄羅斯民眾還要多。即使與承受的苦難更勝於俄羅斯人的斯拉夫各族相較（例如烏克蘭人、白俄羅斯人與波蘭人），猶太人的經歷還是自成一格。蘇共政府高層對此一清二楚，居住地曾遭德國人占領過的蘇聯公民也知道。猶太大屠殺就是無法融入蘇聯的二戰戰史。[6]

這些猶太大屠殺的高額數字凸顯出一個問題：德國人哪有可能在這麼短的時間裡殺害占領區裡的民眾？答案也令人尷尬：因為有蘇聯公民幫忙。歷經戰爭的人都知道，德軍兵力雖說龐大，但跟在後面的占領部隊卻只有單薄人力。德國的民政當局與警力根本不足以充分宰制蘇聯西部，更別說是要全面執行大屠殺政策。在新主子的監督之下，各地官員還是待在原來的工作崗位上，當地青年自願加入警隊，猶太特區也有猶太人擔負起壓制同胞的工作。莫洛托夫－里賓特洛甫線以東，德國人大肆槍斃猶太人，數十萬蘇聯公民以各種方式從旁協助。（順道一提，莫洛托夫－里賓特洛甫線以西，位於波蘭的各處死亡工廠裡，重要的營運工作大多也是由蘇聯公民負責。一個不能說的祕密是，許多蘇聯公民就是特雷布林卡、索比堡與貝烏熱茨滅絕營的員工。）德國人需要通敵者，也找得到願意配合的人，這一點也不令人意外。不過，有人通敵的事實毀滅了蘇聯人一致抵禦外侮的神話：並不是每個人都為了祖國的榮耀而與仇敵似的法西斯入侵者拚命。通敵者無所不在，而這又是必須讓蘇聯民眾忘卻猶太大屠殺的另一個理由。

在戰時，蘇聯與各個盟國的共識是：不會把戰爭當成解放猶太人之戰。儘管理由不同，但蘇、波、英、美各國領導高層都認為，應該把猶太人的苦難當成德國占領惡行的某個面向。儘管同盟國領袖深知猶太大屠殺正在發生，但他們都不認為這是對納粹德國宣戰的理由，也沒想過特別關注猶太人的苦難。政宣活動一般都會避開猶太人的議題。一九四三年十月，史達林、邱吉爾與羅斯福在莫斯科聯合發表了〈關於德國暴行的宣言〉（Declaration Concerning Atrocities），其中一項納粹罪行是「槍斃全數波蘭軍官」，指的其實是卡廷森林的大屠殺，但實際上卻是蘇聯所為。該宣言還提到「處決法國、荷蘭、比利時或挪威人質」，還有「克里特島農民」，但就是不提猶太人。宣言提及波蘭與蘇聯的「各個民族」，但並未特別指出兩國的猶太少數族群。到了此篇簡述各種納粹暴行的宣言發布之際，已有超過五百萬猶太人遭槍斃或毒殺，就只因為他們是猶太人。[7]

這種不願從種族角度來將大屠殺予以分類的態度，反映出了兩種截然不同原則：某些人的思想比較開明，所以對於希特勒充滿種族歧視的世界觀有所猶豫；這類人的想法是，猶太人本來就不是某個單一國家的公民，要是把他們歸於一類，就是承認猶太民族為一個整體，那恐怕就是接受了希特勒式的種族世界觀。另一種思想沒有那麼開明，代表一種跟時下反猶主義妥協的觀點，而這種反猶心態在蘇、波、英、美各國都很普遍。對於倫敦與華府當局而言，這兩種態度之間的緊張關係因為同盟國在一九四五年戰勝而消解了。英軍與美軍解放的地區，都不是戰前猶太人口密集的區域，他們也沒見識過德國的死亡工廠。戰後西歐地區在政經軍事方面的合作亟需透過政治運作的方式達成，但這一切相對來講都跟猶太人問題不大相關。

德國人遂行殺戮的地點大多位於經過大幅擴張的蘇聯國土上，而且所有死亡工廠都坐落於戰後史達林共產帝國的範圍內（包括共黨掌政的波蘭）。戰爭結束後，因為蘇聯強權向外擴張，史達林與他的中央政治局成員必須面對持續性的反蘇抗爭，也因此讓戰時猶太人的厄運不可避免地變成與意識形態和政治問題息息相關。就兩方面來講，蘇聯西部地區在戰後對蘇聯政權的反抗，可說是二戰的延續：這些領土原本就是蘇聯征服而來的，而且當時也有大批民眾拿起武器來抗爭。在波羅的海三國、烏克蘭與波蘭，有些游擊隊員公開表達反猶態度，而且持續用納粹的方式把蘇聯政權跟猶太人綁在一起。

在這種政治處境下，蘇聯的人民與政權都有充分理由持續跟猶太人的苦難保持距離，而且特別努力要反猶太分子別把蘇聯政權的回歸等同於猶太人的回歸。立陶宛重回蘇聯後，該國共黨總書記把猶太大屠殺的受害者稱為「共和國之子」，換言之他們就是為共產主義而犧牲的立陶宛烈士。蘇共中央政治局成員兼烏共總書記赫魯雪夫的言論甚至更過火。他先前負責擊潰那些盤踞在原屬波蘭東南部的烏克蘭民族主義游擊隊，該地區在戰前是猶太人與波蘭人雜居的人口稠密區。猶太人都遭德國人屠殺，波蘭人則是被蘇聯驅逐流放。赫魯雪夫表示，蘇聯政權從波蘭手上把土地搶過來，藉此「統一」烏克蘭共和國，並且幫忙「清除」那些波蘭地主，為此烏克蘭人應該心存感激。因為深知那些民族主義者就是希望達成種族單一化的目標，所以他才會特別用這種方式去塑造蘇聯政權的形象。[8]

史達林能敏銳察覺民心，所以才會設法重塑戰史，一方面吹捧俄羅斯人，另一方面則是將猶太人

（還有蘇聯其他各民族）的角色邊緣化。蘇聯政權所謂「偉大的衛國戰爭」就是建立在一個觀點上：戰爭起始於一九四一年，也就是德國入侵蘇聯那年，而非蘇德聯手入侵波蘭的一九三九年。換言之，蘇聯官方的論述必須把原為波蘭東半部、蘇聯在三九年入侵後取得的那些領土當成蘇聯的固有領土，而非史達林幫助希特勒發動戰爭後取得的戰利品。否則蘇聯就會被當成戰爭的兩大始作俑者之一，是入侵他國的強權——史達林當然不會接受這個形象。

莫洛托夫—里賓特洛甫線以東地區的人民遭戰爭蹂躪的程度更勝於歐洲其他地區，因為他們曾先後遭德國與蘇聯占領。假使他們只有歷經過德國的單獨占領，那或許承受的苦難會比遭德、蘇兩國先後占領來得少一點。然而，蘇聯的戰爭論述絕對不會強調這項重要事實。從蘇聯的觀點看來，即便這個地區的民眾遇害時也才當了幾個月的蘇聯公民，其中有些人甚至是死在內務人民委員部而非親衛隊手上，但蘇聯還是可以把他們算進蘇聯的死亡人數裡。正是透過這種方式，波蘭、羅馬尼亞、立陶宛、白俄羅斯與烏克蘭的死亡人數有時雖是蘇聯自己而非德國造成，但卻能讓蘇聯的二戰戰史看來更為悲慘——若有人不能詳加明辨，甚至會強化俄羅斯民族的苦難。

蘇聯猶太人的死亡人數確實龐大，但只是因為那些猶太人幾乎都住在蘇聯不久前才入侵的土地上。他們是波蘭、羅馬尼亞、波羅的海三國的猶太裔國民：以波蘭猶太人為例，他們是遭紅軍征服而被劃入蘇聯治下，才二十一個月後又開始歷經德國的占領；以羅馬尼亞東北部與波羅的海三國的猶太人而言，面對蘇聯統治更是只有短短十二個月，接著德國人就來了。戰時在德國人手裡遭遇最悲慘的蘇聯公民，都是不久前才遭蘇聯武力征服、統治，而且最初還是蘇聯與德國聯手入侵。這個史實讓蘇聯政權極度尷尬，所以蘇聯戰史必須是從一九四一年開始，而那些民眾都必須是「愛好和平的蘇聯公民」。一九四一年，當希特勒背棄史達林、德國入侵蘇聯之際，納粹特別行動隊最先找上的就是住在莫洛托夫—里賓特洛甫線以東的猶太人，他們才剛剛被蘇聯征服、統治沒多久。從一九三九到四〇年，他們因為蘇聯媒體禁止報導，所以壓根就不知道納粹德國的猶太人政策。而且，因為史達林死都不肯相信德國會入侵，所以他們幾乎沒有時間先往東邊逃難。在史達林與希特勒還是盟友的三九到四一年間，他們在蘇聯剛取得的國土上飽受恐怖清洗與驅逐流放；然後在德蘇同盟瓦解後，他們又慘遭德國部隊蹂躪。這個地區雖然不大，猶太人的死亡人數卻占猶太大屠殺遇害人口的四分之一以上。

若要讓史達林的二戰史觀獲得普遍接受，就必須先讓大家忘卻猶太人是主要受害者的事實。二戰在一九三九年爆發時蘇聯是德國的盟友，以及四一年時蘇聯對於德國入侵完全沒有準備，這兩件歷史也得一併遺忘。猶太大屠殺不光是一段令人難堪的回憶，而且還會讓人憶起其他難堪過往。蘇聯治下的人們必須忘掉猶太大屠殺。

———

二次大戰後，蘇聯政府高層要對民眾進行思想控制已經遠比以往困難。儘管審查制度仍是無所不在，但曾經在蘇聯以外生活過的人實在太多，以至於蘇聯的規範看來已不可能是唯一規範，蘇聯的生活方式也不必然是最棒的生活方式。無論「祖國」指的是俄羅斯或蘇聯，蘇聯政府都無法再說這是一場只在祖國範圍內發生的戰爭。這場戰爭影響了太多民族，且戰爭的悲慘後果所形塑的非只一國，而是整個世界。以色列的建國，更是讓蘇聯政府無法繼續讓人民維持政治失憶的狀態，忘卻猶太人的厄運。即便是在猶太大屠殺過後，蘇聯的猶太人人口仍是多過巴勒斯坦，但巴勒斯坦已成為猶太民族的家園。對於猶太人建立民族國家一事，蘇聯政府到底應該支持——因為這對英國的帝國主義會是一大打擊，還是應該感到害怕——因為這會讓蘇聯猶太人產生二心？[9]

一開始，蘇聯政府高層似乎期待以色列成為與蘇聯友善的社會主義國家，讓共產陣營能夠以其他國家都做不到的方式予以援助。到了一九四七年下半年，約有七萬猶太裔波蘭人獲准移民以色列，其中有許多人是前不久才被蘇聯驅逐到波蘭。獲得聯合國批准後（蘇聯投的是贊成票），以色列於四八年五月正式建國，旋即遭鄰近的阿拉伯國家入侵。剛剛建立的以國陸軍不但足以自保，還把幾十個地區的阿拉伯人都趕走。共產波蘭在國內訓練猶太士兵，接著就派往巴勒斯坦。共產捷克斯洛伐克提供武器。如同亞瑟．柯斯勒所言，獲得那些武器「讓許多猶太人都對蘇聯心懷感激」。[10]

等到一九四八年年底，史達林終於認定，猶太人對於蘇聯的影響力已經大過蘇聯人對於以色列的影響力。自發性支持以色列的招牌在莫斯科到處可見，甚至出現在史達林的自宅庭院裡。莫斯科人似乎都很崇拜新任的以色列駐蘇聯大使戈爾妲．梅爾（Golda Meir），她是在帝俄時代出生於基輔，成長於美國。猶太人的至聖節日也紛紛出現洋洋喜氣。猶太新年期間，莫斯科出現了二十年以來僅見的最大規模公開集會。莫斯科合唱猶太教堂（Choral Synagogue）的裡裡外外被大約一萬猶太人擠得水洩不通。等到羊角號的號聲響起，大家互相約定「明年在耶路撒冷見」，現場洋溢著歡快的氣氛。一九四八年十一月七日的布爾什維克革命紀念日，剛好就在猶太教的「敬畏十日」（Days of Awe）期間，位於猶太新年之後，贖罪日之前。在這天，蘇聯外交首長莫洛托夫之妻波林娜·熱姆楚任娜（Polina Zhemchuzhina）與戈爾妲·梅爾見面，她還鼓勵梅爾去一趟猶太教堂。更糟的是，她居然用梅爾與她的母語，也就是意第緒語交談。在猶太人動輒得咎的緊張氛圍中，這麼做無異於強調猶太人之間跨越國界的民族情感。另外，還有人聽見另一位中央政治局成員伏羅希洛夫的妻子艾卡特芮娜·戈布曼（Ekaterina Gorbman）大聲說：「這下我們也有自己的祖國了！」[11]

結果到了一九四八年年底與四九年年初，蘇聯政府開始把輿論風氣帶往反猶主義。一九四九年一月二十八日，蘇共黨報《真理報》以間接但可明顯察覺的方式為新的路線定調。一篇文章點名批判「某些劇評毫無愛國精神」，「內心充滿無視祖國的世界主義」，就此為批鬥各個職業領域的猶太人拉開序幕。三月初，《真理報》把所有猶太員工都開除。紅軍也將所有猶太軍官解職，蘇共所有猶太黨務主管全部都被解除職務。幾十位猶太裔詩人、小說家發現他們的真名或之前用的名字在刊登時都會擺在括號裡。先前對意第緒文化或猶太大屠殺有興趣的猶太作家通通遭逮捕。如同格羅斯曼在回憶中所反諷：「看來，整個蘇聯只有猶太人會當小偷和收賄，只有猶太人對於病人的苦難無動於衷、令人髮指，也只有猶太人會寫邪惡或文筆拙劣的書。」[12]

一九四八年十一月，猶太人反法西斯委員會正式解散，一百多位猶太作家與社運人士旋即遭逮捕。作家德爾·尼斯特（Der Nister）就在一九四九年遭警方逮捕羈押，隔年死於看守所。如今看來，他的長篇小說《馬胥伯兄弟們》（*The Family Mashber*）簡直像是預言之書，道出了蘇聯政府似乎逐漸向納

芬蘭
奧斯陸
挪威
赫爾辛基
列寧格勒
斯德哥爾摩
塔林
蘇屬俄羅斯
蘇屬愛沙尼亞
諾夫哥羅德
窩瓦河
瑞典
加里寧
丹麥
里加
蘇屬拉脫維亞
哥本哈根
波羅的海
莫斯科
蘇屬立陶宛
維捷布斯克
加里寧格勒
考納斯
斯摩棱斯克
蘇聯
格但斯克
布萊梅
維爾紐斯
明斯克
斯塞新
布良斯克
比亞維斯托克
柏林
蘇屬白俄羅斯
波茲南
波蘭
華沙
庫斯克
沃羅涅日
東德
平斯克
烏茨
樂斯拉夫
拉當
切爾尼戈夫
頓河
盧布林
布拉格
盧茨克
基輔
維斯瓦河
西德
克拉科夫
日托米爾
勒維夫
哈爾科夫
捷克斯洛伐克
聶伯河
多瑙河
慕尼黑
聶斯特河
蘇屬烏克蘭
維也納
布拉提斯拉瓦
史達林諾
第聶伯羅彼得羅夫斯克
蘇屬摩爾多瓦
奧地利
布達佩斯
匈牙利
克盧日
奧德薩
基希涅夫
亞速海
札格雷布
威尼斯
的里雅斯特
羅馬尼亞
蘇屬克里米亞
貝爾格勒
塞凡堡
雅爾達
布加勒斯特
南斯拉夫
義大利
多瑙河
塞拉耶佛
黑海
羅馬
索菲亞
史高比耶
保加利亞
地拉那
伊斯坦堡
阿爾巴尼亞
安卡拉
希臘
伊士麥
土耳其
雅典
科尼亞
阿達納
阿勒坡
敘利亞
地中海
貝魯特
的黎波里
西奈
黎巴嫩
大馬士革
約旦河西岸
以色列
特拉維夫
安曼
耶路撒冷
班加西
加薩地帶
加薩
的黎波里塔尼亞
昔蘭尼加
約旦
開羅
埃及
西奈
沙烏地阿拉伯
尼羅河
東歐與以色列
（約1949年）
蘇聯附庸國
其他共產國家

粹看齊：蘇聯彷彿「一列載著沉重貨物的長長列車，後面的車廂清一色是紅的，黑色的輪子以相同速度不停滾動，但看來卻停滯不前」。全蘇聯的猶太人都悲痛苦惱。據國安部的人員回報，烏克蘭的猶太人都焦慮不已，因為他們知道反猶太政策來自於層峰，他們還擔心「不知道接下來會怎樣發展，沒有人說得準」。被德國占領也不過是五年前的事。同樣的，蘇聯大清洗也只有十一年之遙。[13]

蘇聯猶太人有被貼上兩種標籤的風險：「猶太民族主義者」與「無祖國的世界主義者」。這兩種罪名看起來互相矛盾，因為民族主義者肯定熱愛祖國，但根據史達林主義的邏輯兩者卻能相容。猶太人對於蘇聯文化和俄語有不夠熱衷之嫌，所以是「世界主義者」。如此說來，猶太人根本不值得信賴，無法阻擋西方潮流滲透進入蘇聯或俄羅斯民族。根據這樣的託詞，猶太人生來就容易親美，因為猶太人去那裡之後就能變有錢（史達林深信猶太人都是這麼想的）。蘇聯人顯然都能看出美國的工業實力，因為當初蘇聯政府就是用美製的斯圖貝克牌卡車來驅逐流放人民。美國在戰爭末期以原子彈攻擊廣島與長崎，不僅顯現出科技上的優勢，還表示美國人的冷血無情。

最能展示美國實力的事件，莫過於一九四八年下半年爆發的柏林危機。當時德國仍由戰勝的英、法、美、蘇四國分別占領。柏林市雖位於蘇聯的占領區，但西柏林仍是由英、美占領，蘇聯只占領了東柏林。西方盟國宣布將在他們控制的地區發行名為德國馬克的全新德國貨幣。蘇聯為此封鎖西柏林的對外交通，目標顯然就是要逼迫西柏林居民接受蘇聯提供的物資，進而接受蘇聯控制他們的社會。在西柏林遭圍困的情況下，美國肩負起提供空運物資的任務。莫斯科當局聲稱美國絕無可能辦到，結果卻不得不在四九年五月放棄封鎖政策。事實證明，英、美的空軍有能力每天載運數千噸物資到西柏林。光憑此一行動，美國已將其善意、經濟繁榮與國力嶄露無遺。到了冷戰開始，美國與美國人似乎更能做到蘇聯先前任何敵手都辦不到的事：為世人提供某種所有人都適合且充滿魅力的美妙生活。蘇聯政府大可以把美國人與納粹都歸類於同一個反動「陣營」，但猶太人絕對不可能聽信這種說法（其他族群當然也是）。

蘇聯猶太人被貼上了「猶太復國主義者」的標籤，因為與他們的蘇聯家園相較，他們可能更喜歡猶太民族新建的國家以色列。跟戰前的波蘭、拉脫維亞或芬蘭一樣，戰後的以色列也是單一民族國家，所以一樣可能會變成離散在蘇聯境內的少數民族之效忠對象。在一戰與二戰之間的戰間期，蘇聯政策一開始是支持各個族群的文化發展，但接著政策出現大轉彎，改以嚴厲手段對付波蘭裔、拉脫維亞裔與芬蘭裔等少數民族。蘇聯政府可以設法教育、同化猶太人（還有其他族群），但要是這些受過教育的蘇聯猶太人在以色列建國和美國充分展現國力後，覺得兩者都比蘇聯還好的話，又該怎麼辦？

在這套蘇聯的觀點看來，只要以色列被當成美國的附庸，那麼蘇聯猶太人就可能背負「無祖國世界主義者」與「猶太復國主義者」兩大罪名。親美的猶太人也許就會支持美國的新附庸國，而親以色列的猶太人也會支持以色列的新靠山。無論是前述兩種情況之一，或兩者都成立，總之蘇聯猶太人再也不是可靠的蘇聯國民。也許史達林就是這麼想的。

既然猶太民族性與猶太人和美國的關係都讓猶太人背負罪嫌，在猶太人反法西斯委員會解散後，國安部部長阿巴庫莫夫就開始試著要把先前參加該會的社運分子都打成美國間諜。就某方面而言，這差事再簡單不過。該委員會成立的目的是要讓蘇聯猶太人向全世界猶太民族發聲，所以很容易就能把委員會成員貼上民族主義者與世界主義者的標籤。不過，這套託詞並不足以立即成為大屠殺或一九三七、三八年間那種種族清洗行動的理由。層峰的反應讓阿巴庫莫夫倍感挫折。若是史達林並未公開開綠燈，他不但無法將任何一位猶太權貴入罪，更別說展開大規模行動。

一九三七、三八年間的種族清洗行動期間，所有的中央政治局成員都不是出身被鎖定的少數民族。但如今若是要鎖定猶太人，情況就大不相同了。到了一九四九年，卡岡諾維奇已非史達林的親密戰友與指定接班人，但仍是中央政治局成員。若是要聲稱蘇共層峰遭猶太民族主義者滲透（就像三七、三八年間聲稱層峰被波蘭民族主義者滲透），那麼罪魁禍首當然就是卡岡諾維奇，別無他人。他是中央政治局的唯一猶太裔成員，但史達林拒絕讓他接受調查。在這時，蘇共中央委員會兩百一十名委員與候補委員中，有五人是猶太裔，但他們也都沒有遭受調查。

然而，在追查猶太間諜的過程中，阿巴庫莫夫還是把手伸向了中央委員會成員的家人。一九四九年一月，莫洛托夫之妻熱姆楚任娜遭逮捕。她拒絕承認多項叛國罪指控。在妻子的譴責案投票時，莫洛托夫以棄權表達不滿。不過後來他還是致歉了：「對於不能防範我的至親熱姆楚任娜犯錯，避免她與米霍埃爾斯之流的反蘇聯猶太民族主義者建立關係，我在此表達最深的悔意。」她的妻子就在隔天遭到逮捕。熱姆楚任娜遭判處勞改，莫洛托夫也與她離婚。她遭流放哈薩克五年，身邊的富農在一九三〇年代被流放到當地時，她前夫可說是幫凶。看來他們仍幫助她存活下來。至於莫洛托夫，則是失去外交部長之職。他在一九三九年能夠獲得這個職務，理由之一就是他跟前任的李維諾夫不同，並非猶太人，如此一來他才能符合史達林的需求，與希特勒協商談判。而他會在一九四九年丟掉這工作，至少有一部分是因為他的妻子**就是**猶太人。[14]

那些遭到調查的人都不大配合。最後，國安部選擇在一九五二年五月將十四個沒那麼有名的蘇聯猶太人交付審判，結果整個司法審判過程卻混亂異常。調查過程中，只有兩位被告承認了國安部為他們安上的全部罪名；其他人也只是承認部分罪名，或全盤否認。接著，到了真正開庭時他們每個人都聲稱自己無罪。就連長期以來擔任警方線民、審判期間被檢方找來當證人的依奇克．菲佛（Itzik Fefer），到最後也拒絕配合。不過，到了同年八月，十四名被告還是有十三人遭判處死刑後行刑。儘管這次審判開了先例，讓猶太人因為美國間諜的罪名而遭處決，但在政治上卻沒有太大價值。涉案者的知名度太低，不足以引發大眾關心，而且他們拒絕認罪的行徑也不足以達成作秀式公開審判的效果。[15]

如果史達林真要把猶太人的問題搞大，那麼他得要從別處尋找目標。

——

若要找一個地方來進行反猶太的作秀式公開審判，共黨掌政的波蘭看似最為恰當。不過史達林最終並未如願。與莫斯科相較，猶太人問題在華沙更為敏感。戰前，波蘭曾是三百多萬猶太人的家園；到了一九四八年，波蘭已被打造成一個由共黨統治、人民都出身波蘭民族的國家，只有一小部分還帶有猶太血統。波共用波蘭西部原屬德國人與城市裡原屬猶太人的土地財產來收買波蘭人，波蘭文甚至出現一些新詞彙來指涉「原屬德國人」和「原屬猶太人」的土地財產。不過，儘管共黨掌政的波蘭得以把烏克蘭人、德國人掃地出門，實際上卻被迫接納了為數大約十萬的猶太人口：他們都是從蘇聯被驅離到波蘭。即便歷經一輪種族清洗，波蘭人也很難不去注意到一項事實：共黨與國安機構的高層成員其實仍是出身自各族群。而且就人口比例來講，猶太裔共黨領袖與祕密警察高官的人數相當高。戰後選擇留在波蘭的猶太人往往是有強烈使命感的共產黨人，他們深信能夠改革國家，藉此造福所有國民。[16]

波蘭曾有過五百年非常輝煌繁榮的猶太人民史，但那段歷史至今看來已告結束。戰前波蘭猶太裔人口已有大約九成遇害，倖存的猶太裔波蘭人則大多已在戰後幾年內移居他國。其中有許多人是無論如何都無法返回家園了，因為他們本來是住在這時已遭併入蘇聯的波蘭東部。根據蘇聯的種族清洗政策，烏克蘭人、白俄羅斯人與立陶宛人都能繼續住在那些各自以打著他們族名的共和國，但猶太人跟波蘭人一樣，卻得要遭強制遷居波蘭。試著返家的猶太人往往不受信賴，甚至遭暴力對待。有些波蘭人也許害怕猶太人會跟他們爭搶土地財產，因為那些土地財產的確是他們在戰時用各種方式從猶太人手上偷來的（往往是在他們自己的家園遭摧毀後）。不過，此類爭議不會發生在最多猶太人遷居的地方，那就是原來屬於德國的西利西亞地區，因為這是波蘭「失而復得」的領土之一。即便如此，戰後無論是在波蘭的哪一個地區，猶太人遭毒打、殺害、威脅可說是屢見不鮮，以至於大多數倖存者寧願遠走他國。當然，重點是他們有地方可以去：美國或以色列都願意接納他們。前往該兩國以前，他們必須先前往德國，待在專為流離失所者設置的營區。

這些猶太大屠殺的倖存者竟然自願前往德國，不只是個令人憂鬱的歷史諷刺，也反映出猶太人與其他族群在這歷史旅程中面對了多少可怕的政策。如今，這趟旅程又來到一個新階段。在德國那些專為流離失所者設置的營區裡，猶太人往往是原本住在波蘭西部與中部，於一九三九年逃離德國人或在四〇年遭蘇聯人驅逐遣送到古拉格，在戰後回到波蘭才發現自己的財產土地慘遭奪走，還被當地人把蘇聯統治的禍害歸咎在他們身上。戰後波蘭對於猶太人來講真是危邦無誤——不過，處境跟他們差不多危險的還有反共地下組織的烏克蘭裔、德裔或波裔成員。這些其他族裔的成員一般都想要留在故鄉，但猶太人雖身處自己原本的國家，卻會因為一個特別的理由而猶豫躊躇：不久前，他們的三百萬同胞才遭占領波蘭的德國人殺害。

要不是有那麼多波蘭猶太人前往以色列與美國，猶太裔波共成員在波蘭政治圈的角色可能就會更低調一點。波共政權如今面對一個雙重困境：從地緣政治的角度來講，波蘭不夠民族主義，因為國家仰賴莫斯科的支持；但從種族的角度看來，一樣不夠民族主義，因為政府高層有些顯赫的代表性人物根本就是猶太人（而且這些人於戰時都是待在蘇聯）。[17]

猶太裔波共黨員能夠在一九四九年晉升高位，其實是因為冷戰初期的國際政治環境使然。理由與波蘭一國無關，而是因為共產陣營內部在一九四八年夏天出現了一個更大的裂痕，讓史達林更關切各個共產國家內部多數族群的民族主義傾向，而顧不了猶太「世界主義」或「復國主義」的風險。

因為史達林試圖讓一眾新的共產國家盟友能配合他，並且受他控制，所以莫斯科當局特別留意東歐各國是否出現不忠於蘇聯的意識形態路線。史達林自己肯定已經察覺，在戰後要讓各個共產政權高層聽命於他，比在戰前要困難多了：他必須放手讓這些同志們進行統治，也必須為了因應美國強權帶來的現實問題而調整意識形態路線。讓史達林感到焦慮的潛在問題於一九四八年夏天成真，所以猶太人問題暫時被他拋諸腦後。這對於波蘭來講十分關鍵，因為此一情勢讓猶太裔共產黨員可以掌權，也就不可能出現反猶太的作秀式公開審判。

一九四八年夏天，讓史達林最感憂慮的東歐共產國家莫過於南斯拉夫。在這巴爾幹半島大國，信奉共產主義者必然仰慕蘇聯，但不必然聽命於蘇聯的權勢。南斯拉夫強人狄托（Josip Broz Tito）是該國共黨與游擊隊領袖，當初沒靠蘇聯援助就成功奪權。戰後，狄托的外交政策也出現與史達林相左的跡象。史達林放棄推動巴爾幹半島成立邦聯的構想後，狄托仍繼續高談闊論。他幫助鄰國希臘的共產主義分子推動革命，但偏偏史達林認為該國是英、美的勢力範圍，不該過度干涉。杜魯門總統曾在一九四七年三月發表的「杜魯門主義」演講中宣示，美國會採取行動，阻止共產主義擴張到希臘。史達林不想冒險推進更多革命，只在乎保有他在歐洲的勝績。顯然他深信自己可以扳倒狄托，以更聽話的南斯拉夫領導高層取而代之。[18]

狄托與史達林的決裂造就了國際共產主義的新格局。狄托的自行其事導致南斯拉夫遭逐出共產黨情報局，這讓他成為「民族共產主義」這種負面共產主義路線的樣板。一九四八年四到九月間，莫斯科當局敦促各個衛星政權好好處理的，並非猶太世界主義的（左傾）風險，而是所謂「民族主義的（右傾）風險」。波共總書記哥穆爾卡拒絕遵循蘇共的這個新路線，就此讓自己背負各種罪名，成為民族主義「右傾分子」。該年六月，在日丹諾夫的授意指示下，哥穆爾卡遭敵對的波共成員打倒。波共中央政治局成員雅各・貝爾曼也同意，波蘭共黨出現了民族主義的右傾問題。同一年八月，哥穆爾卡的總書記職務遭撤換。八月底波共中央委員會的集會上，他必須公開進行自我批判。[19]

哥穆爾卡的確是個民族共產主義者無誤，而且猶太裔的波共同志們害怕他恐怕也是正確的。他不是猶太裔（不過娶了一位猶太裔妻子），而且與同志們相較，他更關注的是非猶太裔波蘭人的利益。與雅各・貝爾曼和其他幾位波共高層人士不同，戰時他一直都待在波蘭，所以莫斯科領導高層比較熟識的是他那些逃往蘇聯的同志，而不是他。哥穆爾卡當然曾得益於蘇聯執行的民族大清洗政策：把德國人與烏克蘭人趕出波蘭的行動就是由他督導，他甚且親自安排，把波蘭同胞遷居到西部那些「失而復得的領土」。在某次對中央委員會進行的演說中，他甚至還嚴厲批評波蘭左翼政治勢力的某些傳統，理由是對猶太人付出過多關注。

哥穆爾卡倒臺後，代之而起的是博萊斯瓦夫・貝魯特（Bolesław Bierut）、雅各・貝爾曼與希拉里・明克（Hilary Minc）三巨頭共治的局面，而且貝爾曼與明克都是猶太人。波共三巨頭共治的新局面來得正是時候，使波蘭避開了反猶太行動。讓他們倍感不安的是，莫斯科路線改變的那幾週剛好就是他們試著要穩住權位之際。到了一九四八年秋季，儘管民族主義右傾的危險仍在，史達林下達的最明確指令都是關於猶太人在東歐各國共黨中所扮演的角色。據其清楚指示，各共黨再也不得容納猶太復國主義者與世界主義者。也許是因為意識到這樣的新氛圍，哥穆爾卡才會在十二月向史達林請命：波共領導高層裡有太多「猶太裔同志」，他們「無法與波蘭民族同聲一氣」。哥穆爾卡表示，這讓波共與波蘭社會疏離，恐怕會演變成「民族的虛無主義」。[20]

到了一九四九年，某種特殊的史達林主義在波蘭誕生。猶太裔的史達林主義者仍是位高權重，但他們卻夾在史達林的反猶主義和波蘭民間很普遍的反猶主義之間左右為難。這兩者都沒有重要到妨礙他們的統治，但他們必須確保兩者不會結合起來，對他們形成阻力。猶太裔共黨高層必須強調他們對於波蘭民族有強烈認同，導致他們已經抹去自己的猶太人身分，也不可能制定出任何給予猶太人差別待遇的政策。

足以反映出這種傾向的一個驚人例子，是猶太裔波共高層竟然重寫了一九四三年華沙猶太特區起義的歷史：這場猶太人反抗大屠殺的最重要行動居然變成是由共產主義分子領導的波蘭民族反抗行動。赫許．史莫勒（Hersh Smolar）曾是明斯克猶太特區起義時的英雄，如今已不像當年在反抗納粹時一樣充滿猶太民族主義情操。他遵循日丹諾夫的意識形態路線，改寫了華沙猶太特區起義的故事：他說當年特區裡有「兩大陣營」，分別走進步與反動的路線。會提起以色列的當時都是反動陣營成員，現在也是。走進步路線的是共黨分子，真正反抗納粹的就是他們。這可說是徹底扭曲了歷史，即便當年共黨分子的確也在特區裡鼓動武裝起義，但獲得較多民眾支持的卻是左翼的猶太復國主義者與名為「聯盟」的猶太社會主義政黨，至於右翼的猶太復國主義者則是持有較多武器。史莫勒斬釘截鐵地說，若有猶太裔政治人物不能接受波蘭的民族共產主義，那他一定會將其全數予以肅清：「要是我們猶太族群中還有人像蒼蠅嗡嗡鳴響那樣高談所謂更高遠、更重要的猶太民族目標，那我們就會把那些人從社會清除，就像當年那些猶太特區鬥士把那些意志不堅的懦夫拋開。」[21]

根據波共的定義，所有反抗法西斯的行動都是由共黨人士領導；反之，若不是共黨人士領導，那就不是反抗行動。猶太裔領導高層必須重寫一九四三年華沙猶太特區起義的歷史，以便讓那次起義看來像是共黨人士帶領波蘭猶太人所進行。同樣的道理，也是共黨人士在帶領全波蘭人的反納粹抗爭。二次大戰後，在符合波共政治正確標準的歷史論述中，猶太特區起義並非猶太人遭大屠殺後被逼得起義，而是因為勇敢的共產黨人士領導大家一起行動。這樣模糊焦點的說法，等於抹煞了猶太人的戰爭經驗，因為猶太大屠殺變成只是法西斯主義的惡行惡狀「之一」。猶太裔波共人士就是必須構想出這類錯誤詮釋，並向大眾傳達，如此一來才不會有人指控他們只注意猶太人的目標，棄波蘭人的目標於不顧。為了讓自己看來像是波共的領導人，這些猶太裔波共人士必須改寫歷史：任何帶有猶太人特殊動機、由猶太人領導的反納粹行動都必須消失。史達林在政治陷阱中使用的誘餌，便是由希特勒所留下來的。[22]

以上論述是波共陣營中猶太裔史達林主義者的自保措施，以免自己遭史達林的反猶主義傷害。要是那些猶太裔反抗英雄願意否認希特勒的反猶主義對於猶太族群生活與政治的重要意義，甚至像某些志士一樣，願意否認自己主動抵抗德國的占領，而是接受波共領導，那麼他們當然就證明了自己的黨性堅強。史達林主義的重要內涵之一，就是必須否定各種理所當然的史實，還有這些史實背後最迫切的個人意義：以一九四三年華沙猶太特區起義為例，波共的猶太裔成員就做到了前述的雙重否定。相較之下，要毀謗密切相關的波蘭救國軍與一九四四年華沙起義，只顯得更加容易。既然這次行動並非共黨帶頭，那就不可能是起義。既然波蘭救國軍士兵並非共黨人士，那就是反動分子，所有行動都違背了苦難群眾的利益。那些企圖解放首都未果、犧牲性命的波蘭愛國者們因此淪為法西斯主義者，比希特勒好不到哪裡去。抵抗德國時戰鬥意志比波共堅強的波蘭救國軍，就此淪為「遭人唾棄的反動侏儒」。[23]

在一九四九年，雅各．貝爾曼是負責意識形態與國安業務的波共中央政治局成員。為了遂行恐怖統治，他屢屢重申一套重要的史達林主義理論：在革命即將完成之際，敵人肯定會負隅頑抗，所以同心同德的革命分子就必須採取比以往更為極端的措施。他對蘇聯的路線充耳不聞，把波共的作為定位為反民族主義右傾的鬥爭。誰有立場責怪貝爾曼對民族主義沒有提高警覺？畢竟真正搞民族主義的是與史達林決裂的狄托。而且，儘管貝爾曼是猶太人，他還是想盡一切辦法讓猶太人忘記納粹德國在占領波蘭時進行的猶太大屠殺。雖說貝爾曼的近親大多就是在一九四二年死於特雷布林卡，他還是當上了波蘭民族共產主義的推手，讓那些毒氣室才幾年的光景就走入歷史的背景，遭波蘭人遺忘。[24]

猶太大屠殺促使許多猶太人信奉共產主義，因為那是蘇聯解放者的意識形態。不過，為了統治全波蘭與迎合史達林，這時波共的猶太裔高層卻必須全盤否定猶太大屠殺的重要性。早在一九四六年十二月，貝爾曼就已經朝這方向踏出重要第一步：他命令波蘭政府大大提高非猶太裔波蘭人的死亡數字，同時降低猶太人的死亡數字，如此一來這兩個數字才能相等：各有三百萬死者。猶太大屠殺就此成了政治問題，而且既危險又艱難。為了服膺史達林的意識形態路線與這時的政治需要，猶太大屠殺跟其他歷史事件一樣，必須用「辯證」的方式去理解。也許猶太裔波蘭人的死亡人數高於非猶太裔波蘭人是千真萬確，但這個事實卻可能政治不正確。所以，也許最好能讓雙方的數字相等。如果有人覺得這與史實不符，或對猶太人不公平，因而反對如此的辯證式調整，那就沒資格當共產主義者。任誰若想回憶那些死在毒氣室裡的家人，就是陷入布爾喬亞階級的濫情。成功的共產黨人士必須放眼未來，就跟貝爾曼一樣，著眼於每個當下需要哪一種事實，謀定而後動。二次世界大戰跟冷戰一樣，是進步陣營與反動陣營之間的鬥爭，如此而已。[25]

貝爾曼是個聰明人，他完全了解這些道理，並據此採取行動。他親自督導某個國安機構，逮捕一群當年負責拯救猶太人的波蘭救國軍成員。史達林的世界觀容不下他們與他們的行動，因為史達林認為猶太人承受的苦難並沒有多過別人，而這些波蘭救國軍的士兵就跟法西斯主義者一樣不是好東西。

從史達林的角度看來，貝爾曼最惹眼的錯誤，就是他的猶太裔出身（儘管他證件上登記的是波蘭裔）。他結婚時採用的是猶太婚禮，而這也算是個公開的祕密了。一九四九年七月，蘇聯駐波蘭大使在寫給莫斯科當局的短信中抱怨，波共高層可說是貝爾曼之流的猶太人當道，國安機構也都由猶太人掌權——這項說法的確有誇張之嫌，但也不算是全無根據。一九四四到五四年之間，波蘭公安部所有四百五十名高階軍官中，有一百六十七個自稱是猶太人（或並未自稱為猶太人但卻是猶太裔），所以比例大概是百分之三十七，但波蘭的猶太裔人口卻只有不到百分之一。儘管並非全部，但大部分猶太裔國安機構高層人員的確都在身分證件上登載自己是波蘭裔。不過，這不見得就能真實反映出他們自己的身分認同到底為何，箇中原由可說極為簡單。不過，即便護照真的能忠實反映持有人是真心認同波蘭的國家或民族，出身猶太裔的人還是難免會被大多數波蘭民眾或蘇聯高層視為猶太人。[26]

身為波共黨內最為位高權重的猶太人，貝爾曼顯然很可能會被反猶太的作秀式公審拿來開刀。他自己也心知肚明。更糟的是，他還與冷戰初期重大情勢發展的兩位顯赫人士有所牽連，那就是諾爾・菲爾德與赫曼・菲爾德（Noel and Hermann Field）這對兄弟檔。這對兄弟是美國人，當時正分別遭捷克斯洛伐克與波蘭當局羈押。諾爾・菲爾德曾當過美國外交官，但卻為蘇聯提供情資。他與美國情報首長艾倫．杜勒斯（Allen Dulles）交好，因為戰時杜勒斯曾在瑞士伯恩市擔任戰略情報局分局長。戰後，諾爾．菲爾德也曾經營過一個援助共產黨人士的組織。諾爾在一九四九年來到布拉格，或許是他認為史達林再次需要他的服務，不過卻遭逮捕。他的弟弟赫曼赴歐探望他，卻也在華沙遭逮捕。經過一番刑求後，他們承認曾在東歐組織過一個龐大的情報網。[27]

儘管菲爾德兄弟倆未曾遭審判，他們涉嫌進行的間諜活動卻為整個東歐地區正在進行的幾場作秀式公審提供了起訴內容。例如一九四九年九月，拉茲洛．拉依克（László Rajk）歷經作秀式公開審判後遭處決，罪名就是為諾爾．菲爾德當間諜。匈牙利當局還聲稱，調查後發現了菲爾德兄弟檔間諜組織的幾個據點，且都設在其他共產國家。結果，赫曼．菲爾德竟然認識貝爾曼的女祕書，他還一度央請那位祕書幫忙轉交一封信給貝爾曼。這對兄弟之所以危險，正是因為他們真的認識很多共黨人士，而且事實上也與美國情報機構有所關聯。經過刑求後，什麼話都可能從他們嘴裡吐出來。某次史達林還親自向貝爾曼探詢菲爾德的事。[28]

雅各．貝爾曼的背景也與某種再也無法見容於共黨的猶太政治活動有關。他認識猶太人反法西斯委員會的成員米霍埃爾斯與依奇克．菲佛，因為他們在一九四三年訪美之前曾與他見面。至於他的家世背景，更與波蘭的各種猶太政治活動有關。他的兄長在死於特雷布林卡之前，曾是右翼錫安工人黨（Poalei-Zion Right）的成員，該黨是服膺猶太復國主義的社會主義政黨之一。他的弟弟阿道夫．貝爾曼（Adolf Berman）是華沙猶太特區的倖存者，也是左翼錫安工人黨（Poalei-Zion Left）成員——屬於猶太復國主義陣營的左派。阿道夫．貝爾曼曾為猶太特區裡的孩童提供社會服務，戰後主持波蘭猶太人中央委員會。波共掌政後，他仍維持左翼猶太復國主義的立場，深信左派立場與猶太復國主義能夠並存。[29]

到了一九四九年，戰後波蘭顯然已經容不下阿道夫·貝爾曼這種人。事實上，史莫勒痛批猶太復國主義的反動性質，還有需要消滅波蘭社會上所有懦弱猶太人的那一番話，就是針對阿道夫·貝爾曼。史莫勒此舉其實是拿史達林自己的理論來堵史達林的嘴：如果波蘭的猶太裔共黨人士願意這樣高調反對猶太復國主義、支持波蘭民族主義，那他們就能躲過猶太復國主義與世界主義的雙重指控。不過，即便雅各·貝爾曼如此堅定支持波共，還是沒人知道他是否會受到弟弟阿道夫的牽連。猶太人就算再怎樣忠黨輸誠，還是無法輕易抵擋史達林的反猶主義。

雅各·貝爾曼能夠存活，純然是因為有好友兼政治盟友博萊斯瓦夫·貝魯特幫他辯護。貝魯特時任波共總書記，是波蘭共治三巨頭中的非猶太裔門面。史達林曾問貝魯特：另外兩人之中你比較需要哪個？是貝爾曼抑或希拉里·明克？貝魯特很聰明，沒有落入史達林的話術陷阱。貝魯特幫貝爾曼擋住史達林，這當然是有風險。一般而言，儘管捷克斯洛伐克、羅馬尼亞與匈牙利的共黨內鬥凶殘，但波共卻幾乎未如此對待黨內同志。即便哥穆爾卡在垮臺後也沒有被迫簽下羞辱他的自白書，或者面對審判。一九四〇年代晚期，執政的波共高層大多曾親眼目睹他們的同志在三〇年代有何遭遇。當年史達林只要傳達訊息給波共，黨內就會乖乖聽話、交相指責，最後引發大屠殺，連黨都滅了。儘管各國共黨人士在大清洗時代都受到傷害，但這卻是波共獨有的經驗，也許就此讓他們特別關注自己親密同志的性命。[30]

隨著來自於蘇聯的壓力越來越大，貝爾曼終於在一九五〇年允許國安機構遵循反猶太人的蘇共路線：波蘭猶太人隨時有可能被冠上美國或以色列間諜的罪名。這種情況不能說毫無尷尬之處可言，因為那些負責辦案整肅波蘭猶太人的國安人員，自己本身就是波蘭猶太人。波蘭各國安機構的某些猶太裔軍官也遭整肅。由於這常常涉及猶太人之間的相互整肅，執行這任務的國安機構部門也就被外界戲稱為「自我消滅局」。主持此一業務的人是約瑟夫・施維托（Józef Światło），他自己家中就有個姊妹在一九四七年前往以色列。[31]

不過，貝爾曼、明克與貝魯特這三人組最後還是挺住了，堅持主張他們是正正當當的波蘭人、共黨人士與愛國者──儘管社會上不少人對此存疑，尤其史達林更是充滿疑慮。無論在波共黨內或黨外，猶太人確實在那些年頭被迫暫時忘卻猶太大屠殺，但波蘭政府卻並未大肆以猶太復國主義者與世界主義者的罪名來整肅猶太人。貝爾曼做出讓步，再加上有忠貞盟友貝魯特相挺，才有辦法主張波蘭的民族主義右傾威脅來自於波蘭民族，而非猶太族群。到了一九五一年七月，哥穆爾卡終於被捕，他很可能清楚記得，那兩位來抓他的軍官都是猶太裔出身。

──

一九五〇到五二年，就在波蘭人不情不願地隨蘇聯起舞之際，冷戰轉熱，韓戰爆發。這起軍事衝突讓史達林對美國的強權更加憂心。

一九五〇年代初期，蘇聯的地位似乎變得比戰前更為穩固。德國、波蘭與日本等三個在戰前包圍著蘇聯的國家，如今都已經變得積弱不振。波蘭成了蘇聯的衛星國家，該國國防部長甚至是一位蘇聯將領，只是出生於波蘭。紅軍開抵柏林後就駐紮在當地。一九四九年十月，蘇聯在紅軍占領的德國地區扶植成立了德意志民主共和國，自此該國也變成德共掌政的蘇聯衛星國。東普魯士地區原本是德國位於波羅的海的領土，結果遭共產國家波蘭與蘇聯瓜分。日本在三〇年代一度是史達林的心腹大患，在二戰戰敗後遭解除武裝。在同盟國對付日本的戰爭中，蘇聯的實質貢獻較少，所以也很少參與對日占領行動。相較之下，美國在日本蓋了許多美軍基地，還教日本人打棒球。[32]

日本雖然是戰敗國，但卻也促成了東亞政局的改變。日軍於一九三七年侵華，到最後卻只是幫助中共壯大而已。日軍在一九四四年對中國國民政府的部隊發起一場成功的地面作戰。這並未改變戰爭的結果，但卻瓦解了國民政府的實力。等到日本投降、日軍自中國大陸撤軍，中共就此迎來該黨的黃金時代，就像三十年前的蘇共一樣。日本在二次世界大戰扮演的角色與德國在第一次世界大戰扮演的角色如出一轍：兩者都沒能變成強盛帝國，而只是催生了鄰國的共產革命。一九四九年十月，中共宣布成立中華人民共和國。[33]

儘管在華府看來，中共上臺就像是蘇共在全世界推動革命的證明，但對於史達林而言這卻是條喜憂參半的新聞。中共中央委員會主席毛澤東跟許多東歐共黨領袖不同，他並非史達林欽點的傀儡。儘管中共黨員接受史達林式的共產主義，但史達林本人卻未曾有能力控制中國共產黨。史達林深知毛澤東難以預測，且頗有野心，會成為他的敵手。他說：「中國之戰尚未結束。」史達林在擬定東亞政策時，必須確保蘇聯能夠持續擔任共產世界的領頭羊。這方面的擔憂首先源自於朝鮮半島的情勢：半島上也是剛有一個共產國家立國。日本在一九〇五年併吞朝鮮半島，直到二戰結束後才撤軍。戰後，朝鮮半島被劃分成兩個占領區，北半邊與南半邊分別有紅軍與美軍駐紮。一九四八年，北韓共黨建立了朝鮮民主主義人民共和國（即北韓）。[34]

一九五〇年春天，北韓共黨領導人金日成向史達林請示能否入侵半島南半邊的大韓民國（即南韓），這讓史達林必須做出決定。史達林深知美國政府在日本與環太平洋地區建立起防禦圈（即島鏈），但朝鮮半島並未在那防禦範圍之內——因為美國國務卿先前在一月就是這麼說的，美軍在一九四九年也已自半島撤軍。金日成向史達林表示他的部隊能很快擊潰大韓民國。史達林對金日成開綠燈，並把蘇聯武器運往北韓，讓北韓部隊於一九五〇年六月二十五日揮師南侵。史達林甚至從

東亞（約 1950 年）

中亞地區調派了幾百個朝鮮裔蘇聯公民加入北韓軍隊，而這幾百人是僅僅十三年前才遭史達林下令驅逐流放到中亞的。[35]

韓戰很快就演變成共產主義與資本主義兩大陣營的武裝衝突。美國的回應又快又猛，從日本與太平洋各地把駐軍派過去，甚至一度把北韓部隊逼退到半島最北邊。一九五〇年九月，美國總統杜魯門批准了國家安全會議第六十八號密件，正式確認了要在全世界圍堵共產主義的大戰略，而這套戰略概念最初的發想者就是喬治・肯楠。到了十月，中共方面派部隊介入，幫助北韓。直到一九五二年，美軍與盟軍持續與北韓、共產中國交戰，雙方以美製坦克、戰機與蘇製坦克、戰機交戰。

史達林似乎害怕戰事擴大，擔憂要面對歐亞兩邊同時開戰的局面。一九五一年一月，他召集各個東歐衛星國的領袖聚會，要他們整建部隊，為歐戰做好準備。紅軍兵力在一九五一到五二年間暴增成兩倍。[36]

似乎就是在這兩年間，史達林心底開始認定蘇聯猶太人是美國的臥底間諜。由於遭到東柏林當局挑戰，波蘭的政局也對他不利，如今又陷入韓戰泥淖，至少在史達林自己越來越不安的想像中，他再次受到了各方敵軍的包圍。跟過去在三〇年代一樣，對付蘇聯的國際陰謀彷彿已經在五〇年代重現，不過這回的主謀已非柏林、華沙、東京當局（同時有倫敦當局在背後撐腰），而是換成了華府（一樣有來自倫敦的支持）。顯然史達林深信第三次世界大戰已經不可避免，所以就像在三〇年代末期看到威脅找上門時一樣，他又做出了回應。

就某些方面而言，這次他所面對的國際局勢似乎比十幾年前更嚴峻。當年資本主義世界因為經濟大蕭條而貧困，如今獲得西方強權解放的各國似乎將會走上經濟迅速復甦的道路。一九三〇年代的各個資本主義強權分裂內鬥，但到了四九年四月，最重要的幾個資本主義國家已經組成了一個名為「北大西洋公約組織」（NATO）的軍事聯盟。[37]

史達林幻想著猶太人將陰謀顛覆蘇聯，於是在一九五一年七月終於下令國安機構出動。這類所謂的「陰謀」在該年下半年開始「浮現」，據稱有兩個部分：一、猶太人謀殺了許多可能有反猶太傾向的俄羅斯人。二、這些謀殺案都遭到蘇聯國安機構的內部掩飾。

亞歷山大．謝爾巴科夫（Aleksandr Shcherbakov）就是所謂的「受害者」之一。他在二戰時負責政治宣傳，並曾宣稱俄羅斯民族「承擔了戰爭的最多苦難」。他曾監督猶太人反法西斯委員會，並且在史達林的命令之下將所有報社的猶太裔記者都予以開除。另一位「受害者」就是負責幫史達林淨化蘇聯文化的日丹諾夫，《蘇聯猶太人黑皮書》的出版就是遭他擋下。他們的死被詮釋成猶太裔醫界人士恐怖行動的開端，行動由美國人資助，不把蘇聯領導高層都害死就不會善罷干休。

被塑造成凶手的人眾多，包括猶太醫生亞可夫．艾廷格（Yakov Etinger），他在遭警方羈押後於一九五一年三月死去。國安部部長阿巴庫莫夫也遭指控共謀，所以才沒有把這陰謀向上級呈報。指控者宣稱，正是阿巴庫莫夫殺了艾廷格，為了掩蓋自己的共謀身分；又因為阿巴庫莫夫殺了艾廷格，艾廷格才沒辦法將自己犯下的罪行全盤托出。[38]

這些奇怪的指控是首先在呈交給史達林的一份報告中簡要勾勒出來的，呈交報告者米哈伊爾．留明（Mikhail Riumin）嚴厲斥責他的國安部上司阿巴庫莫夫。選擇艾廷格是揣摩上意的結果，證明了史達林的憂慮無誤。艾廷格之所以遭逮捕並非因為參與了醫界陰謀，而是因為猶太民族主義者的身分。史達林近來最擔心的正是猶太民族主義，過去則是很在意醫界的恐怖行動，而留明就把兩者綁在一起。留明的每一項指控當然都禁不起考驗。謝爾巴科夫是因為不聽醫囑，執意參加莫斯科勝利日閱兵才過世。日丹諾夫也是不聽醫生的勸告，沒能好好休養。至於艾廷格，殺他的根本不是阿巴庫莫夫，而是留明在一九五一年三月**親自下毒手**。留明利用所謂「接力偵訊法」讓艾廷格筋疲力竭，即便幾位醫生都說那樣會害死艾廷格，留明也沒停手。[39]

然而，留明確實是碰巧抓到一個史達林會深信不已的辦案方向：猶太醫生以殺害（俄羅斯裔）共黨高層來遂行恐怖行動。此後的調查方向就再清楚不過：務必去除國安部的所有猶太人與他們的走狗，並揪出更多殺人的猶太醫生。阿巴庫莫夫的確就在一九五一年七月四日遭逮捕，副部長留明取代他的職位，並開始在國安部內部進行反猶太大清洗。接著，中央委員會於七月十一日下令深入調查「艾廷格的恐怖主義活動」。五天後，國安部逮捕了心電圖專家索菲亞·卡帕依（Sofia Karpai）。她是整個調查行動的關鍵：在所有與蘇聯領導人的死亡相關的猶太醫生裡，只剩她一個仍在世。她的確曾兩度幫日丹諾夫做心電圖檢查並判讀結果。但她遭逮捕後並不願為醫生謀殺領導人的故事背書，也拒絕把任何人牽扯進來。[40]

這案子的證據很薄弱，但若要找出猶太陰謀的證據，史達林接下來還可以從其他地方下手。

波蘭不願進行反猶太的作秀式公審，但蘇聯的另一個衛星國捷克斯洛伐克卻願意配合演出。菲亞・卡帕依遭逮捕一週後，在一九五一年七月二十三日，史達林示意捷克斯洛伐克的共黨籍總統克萊門特・哥特瓦爾德（Klement Gottwald），要他把親近盟友魯道夫・斯蘭斯基（Rudolf Slánský）貼上「猶太資產階級民族主義」的標籤，將其鏟除。九月六日，斯蘭斯基果然遭解除了捷共總書記之職。[41]

莫斯科顯然已疏遠斯蘭斯基，而這還引發了一次貨真價實的間諜案，只不過最後功敗垂成。為美國情報機構工作的捷克人發現，莫斯科當局沒有為五十歲生日發送賀函給斯蘭斯基（他是在一九五一年七月三十一日滿五十歲）。為此他們採取行動，鼓勵斯蘭斯基叛離捷克斯洛伐克。十一月初，美國情報單位轉送一封信函給他，提議讓西方國家為他提供政治庇護。只不過信差卻是個效力於捷克斯洛伐克國安單位的雙面間諜。他把信交給上司，接著又轉交到蘇聯手裡。一九五一年十一月十一日，史達林派個人代表去找哥特瓦爾德，要求立即逮捕斯蘭斯基。儘管哥特瓦爾德到此時都還沒見過那封信（就連斯蘭斯基也沒見過），但這下哥特瓦爾德似乎也相信他別無選擇。斯蘭斯基在十一月二十四日遭逮捕，而後被偵訊了長達一年。[42]

斯蘭斯基間諜案最後的結局極其引人注目：捷克斯洛伐克進行了一次作秀式公審，全然遵循一九三六年史達林主導的蘇聯審判模式，只是加上了毫不掩飾的反猶主義訊息。儘管當年的莫斯科審判有幾位受害者是猶太裔的權貴，但猶太裔身分並非他們受審的理由。這回在布拉格，十四位被告卻有十一位是猶太裔，而且審判紀錄裡還特別載明此事。「世界主義者」一詞也派上用場，彷彿它就是個所有人都明瞭的法律用語。一九五二年十一月二十日，斯蘭斯基彷彿被那些當年在莫斯科遭判死刑的共黨先賢先烈附身，開始用他們的口吻發言：「我承認所有罪名，而且會老老實實地交代我所做的每一件事、我所犯下的每一項罪行。」顯然有人預先幫忙寫好稿子，讓他照著唸。在審判過程中，即便檢察官忘了問某項問題，他還是能夠憑空回答。[43]

據斯蘭斯基的供詞，他犯下的陰謀包含了當時蘇共政權絕對不肯放過的各種罪行，且同謀的還有狄托主義者、猶太復國主義者、共濟會會員以及只招募猶太人的美國情報官員。他被安上的眾多罪名包括試圖用醫療手法謀殺哥特瓦爾德。另一位被告魯道夫・馬戈柳斯（Rudolf Margolius）則是必須譴責早已死於奧斯威辛的雙親。當年在大清洗期間，各種陰謀到最後都可以歸結為某個「核心」，所以在這場審判中也用了「反國家陰謀核心」的名號。十四位被告都要求將自己處死，最後有十一人如願以償。一九五二年十二月三日，斯蘭斯基被戴上絞刑索套之際，他還特別感謝行刑者：「我罪有應得。」十一位被告的遺體全遭火化，骨灰稍後被用來填補路面。[44]

———

在這樣的時刻，任誰應該都能看出：蘇聯境內的猶太人作秀式公審恐怕已經是箭在弦上。不久前，才剛有十三位蘇聯公民於一九五二年八月遭處決，罪名是幫美國當間諜，但起訴之根據並非可靠情資，而是以世界主義與猶太復國主義為羅織罪名之基礎。他們都是經過嚴刑拷打後被取證入罪，以猶太民族主義者與美國間諜的身分遭祕密審判。一九五二年十二月，十一位捷克斯洛伐克公民於布拉格遭處決，罪名大致相同，不同之處在於他們歷經了一場讓人想起大清洗時代的公開審判。到了這時，就連波共政權也開始用以色列的間諜為罪名來逮捕人民。[45]

一九五二年秋天，又有幾名蘇聯醫生遭到調查。他們都與日丹諾夫或謝爾巴科夫毫無關聯，但有幾位蘇聯與外國共黨政要在死前曾接受過他們的治療。其中一位遭調查者甚至是史達林的御醫，他曾在該年年初建議史達林及早退休。經過史達林屢屢表達明確命令後，他們慘遭毒打，其中幾位被屈打成招，供詞都是由辦案人員預先擬定。米隆．沃斯（Miron Vovsi）醫生恰巧是米霍埃爾斯的表弟，他的供詞像是照本宣科，充滿史達林主義的語彙：「如今回想起來，我得出的結論是，儘管我罪無可赦，但還是必須向調查人員透露恐怖的實情，而我的惡行就是要把幾位蘇聯國家領導人的健康毀掉，縮短其壽命。」[46]

對於持續衰老的史達林來講，供詞到手就表示下手的時機已到。史達林出手前往往會經過縝密籌畫，但這回他似乎顯得特別急切。一九五二年十二月四日，斯蘭斯基遭處決的隔天，蘇共中央委員會認可這就是一場「多位醫生的陰謀」，由幾個「猶太民族主義者」主導。據稱，籌畫陰謀者之一正是史達林的俄羅斯裔醫生，猶太裔出身的幾位就被列為「猶太民族主義者」。史達林的御醫先前曾建議他結束政治生涯，史達林就想方設法結束那位御醫的生命。從其他跡象看來，史達林在政治方面的憂慮也與他個人的健康恐懼有關。一九五二年十二月二十一日，在七十三歲生日宴會上與女兒斯韋特蘭娜共舞時，他可說是幾乎趴在她身上。[47]

史達林在這年十二月大肆發動清洗，好似要設法清洗死神。身為共產主義信徒，他不可能相信自己能長生不死，但肯定相信「命定的歷史」：這種歷史屢屢反映在生產模式的改變與無產階級的崛起之上，而且經過史達林思想的淬鍊，共產黨得以成為此一歷史的代表。因此，歷史實際上是由史達林的意志創造出來的。若說生命無非是一種社會建構，那麼死亡可能也是，而且無論生死，都能透過充滿勇氣與意志的辯證法來逆轉。在他的辯證法看來，這些醫生帶來死亡，而非延緩死亡；警告他大限已到之人是個殺人凶手，而非他的健康顧問。這類指控無須證明，只要能夠符合史達林腦中的幻想大戲。米霍埃爾斯最擅長扮演的李爾王就是個太早把權力交出的愚蠢統治者，而且所託非人。這時已遭謀殺的米霍埃爾斯就像被放逐的無能幽靈。無疑的，米霍埃爾斯的猶太民族與他們所代表的一切都有玷汙蘇聯的風險，都有創造出另一種二戰史論述的風險，更有讓未來走錯路的風險。只要擺脫猶太人，就能擺脫這一切風險。[48]

高齡七十三的史達林堅持己見，聽不進任何人的意見，於是在病中他還是朝清洗的目標邁進。他在一九五二年十二月說：「每個猶太人都是民族主義者兼美國人的間諜。」即便跟過去他自己的言論相較，這句話聽起來都充滿偏執。同一個月他還說：「猶太人都相信美國解救了他們的民族。」儘管當時還沒有這種迷思存在，但史達林這番話並非完全錯誤。憑其特有的洞見，史達林正確地預測出冷戰時代的某項重要迷思，且這一迷思在冷戰結束後的幾十年都尚未消散。同盟國其實沒有為解救猶太人出多少力，美國人甚至未曾親眼見證那些大屠殺發生的地點。[49]

一九五三年一月十三日，蘇共黨報《真理報》揭露了美國人企圖利用醫學手段謀殺蘇聯領導高層的陰謀。據悉，幾位醫生都是猶太人。俄國新聞機構塔斯社（TASS）把那些「遂行恐怖主義的醫生們」

描繪為「衣冠禽獸」。儘管用語尖酸刻薄，令人聯想到大清洗時代，但其實準備工作尚未完成。作秀式公審的先決要件是被告必須承認各項指控，但報導裡提及的那些人尚未全部招認。必須先讓被告在偵訊時私下認罪，等他們到法庭上才會公開認罪：這是史達林主義入罪於人時的最低要件。要是被告在偵訊室裡面還沒有認罪，那就不能期待他們接受公開審判時會在法庭上認罪。[50]

心臟科醫生索菲亞・卡帕依仍是最主要的被告，而她完全還沒承認任何一項指控。她是猶太裔女性，也許偵訊人員原本以為她會第一個心防潰堤。到頭來，她卻是所有被告裡面最硬頸的。她始終堅持自己的說法，捍衛自己的清白。一九五三年二月十八日，她還是明確堅守立場，明確拒絕任何指控，結果這就是她所接受的最後一次偵訊。她跟史達林一樣又老又病，但跟史達林有所不同的是，她肯定知道自己的時日無多。她似乎深信，講實話才是最重要的事。藉此她延緩了偵訊過程，最後活得比史達林還要久。儘管只多活了幾天，她卻可能因此幫到了其他人，讓他們也都能活得比史達林還要長久。[51]

一九五三年二月，蘇聯高層正在研擬一份讓大批猶太人自我批判的公開信。他們屢屢修改，部分措辭可能還直接來自納粹的政宣文字。稿子完成後將會交給一些顯赫的蘇聯猶太人連署，刊登在《真理報》。瓦西里・格羅斯曼也是遭受威脅、必須連署的猶太人之一。經過媒體的連番惡毒攻擊，他剛剛出版沒多久的戰爭小說《正義之師》（*For a Just Cause*）突然間被批評不夠愛國。《正義之師》是一本以史達林格勒保衛戰為背景的大部頭小說，內容大多不脫史達林主義的傳統。（格羅斯曼的觀點後來改變了。在這本小說的續集，也就是《生活與命運》裡，他寫到某個納粹偵訊人員在沉思時這麼想：「今天，我們對猶太人的痛恨讓你們感到驚駭。明天，你們也許會以我們的經驗為借鏡。」）在世人所知的最近一個版本中，也就是一九五三年二月二十日完成的公開信草稿裡，連署人必須承認猶太人之間的確有進步與反動「兩大陣營」存在：以色列屬於反動陣營，其領導人都是「與美國壟斷實業家關係良好的猶太百萬富翁」。蘇聯猶太人也必須承認，解救全人類與猶太人的，「是蘇聯各民族，尤其是偉大的俄羅斯民族」。[52]

那封信除了痛批帝國主義，還指名道姓，把涉及醫生陰謀的猶太人都列了出來。從史達林主義的角度看來，有了這公開信，蘇聯就有充分理由整肅那些不夠積極反抗帝國主義的蘇聯猶太人，甚至是籲請大眾群起而攻之。參與連署的蘇聯公民必須表明自己的猶太人身分（他們並不是每個都被當成猶太人，或把自己當猶太人）。身為猶太族群的領袖，他們顯然都已陷入險境。作家伊利亞・愛倫堡跟格羅斯曼一樣是猶太裔，先前他曾允許史達林把他列為幾篇批評以色列的文章的作者，這時要連署這公開信時便開始猶豫不決。他寫了一封言不由衷的信給史達林，詢問他該怎麼辦。他寫的自辯之詞跟幾年前貝爾曼和其餘猶太裔波共人士的說法一樣：既然猶太人不是個民族，且我們每個都是忠貞共產黨員，我們怎麼可能擔當所謂猶太族群的代表，從事反對我們自己的活動？[53]

史達林未曾回信。一九五三年三月一日，他被發現陷入昏迷，四天後辭世。史達林到底想怎樣？答案我們只能用猜的。也許，連他自己也都還不是完全確定。也許，他只是想要藉這前幾次攻擊來刺探，等待蘇聯大眾會怎樣回應。死亡陰影與繼位者的疑慮令他倍感困擾，而猶太人在蘇聯體系裡的影響力又令他憂心忡忡，而且他還要在冷戰中跟一個自己不大了解的強敵爭鬥。到頭來，他只能訴諸於傳統的自衛手段：審判與肅清。從當時流傳的種種謠言看來，蘇聯老百姓已開始揣摩最後可能有何結果：幾位醫生，還有涉嫌與他們交好的蘇聯領袖會接受作秀式公審。國家警察機構與紅軍的剩餘猶太人都會遭開除。三萬五千位蘇聯的猶太醫生（也許還有科學家）也許會遭驅逐流放勞改營。就連整個猶太族群都會遭強制移居，甚或大規模槍斃。[54]

要是當年局勢真是按照這些揣測發展，那也是在延續過去那一系列針對少數民族的肅清槍斃與驅逐流放行動：那類行動在一九三〇年首先拿波蘭裔蘇聯人開刀，後來到大清洗與二次大戰期間都仍持續進行。這一切將會符合史達林的既定做法，服膺他一貫的思考邏輯。少數民族只要與蘇聯以外的世界存在著明顯的關聯，就會是史達林恐懼與懲治的對象。二次大戰雖然導至五百七十萬猶太人喪生，但也促成了猶太民族國家的建立，而那裡是史達林的影響範圍之外。或許在史達林心中，這時的猶太人就跟一九三〇年代被當成敵人的少數民族一樣，也有充分理由對蘇聯充滿怨言（因為歷經四年的肅清與政府的反猶主義），在蘇聯以外又有靠山存在（以色列），還能在國際政治的鬥爭裡扮演角色（參與美國那一方）。這一切前提是如此清楚，而史達林主義的思維邏輯又是眾所皆知，局勢看起來就是要朝這個路子走。只不過，史達林主義的末日即將來臨。

若把在蘇聯與東歐的所有審判都列入考慮，也把所有死於警方羈押期間的人算進去，史達林一生最後幾年歲月中所殺的猶太人不會超過幾十個。我們完全不清楚他是否想要針對猶太民族進行最後一次的

大清洗行動，但即便他真有這想法，最後也無法親眼看到行動完成。我們不禁如此想像：是因為他的死亡才阻止了猶太人大清洗，阻止蘇聯實施另一場規模堪比一九三〇年代、針對少數民族的肅清行動。不過，現有的證據無法完全支持這項猜想。史達林自己的行動猶豫至極，麾下權力機構的反應也很緩慢。

國家主人史達林在一九五〇年代的地位遠非一九三〇年代時可以比擬，而且蘇聯到了五〇年代也已大不相同。史達林越來越少公開露面，變得宛如某種隱身幕後的邪教領袖。二次大戰後，他不再造訪工廠、農場或政府公署，一九四五到五三年之間只曾三度公開致詞。到了一九五〇年，史達林不再以獨夫之姿領導蘇聯，情況與先前十五年大部分時候都不一樣。到了一九五〇年代，在他長期遠離莫斯科的情況下，中央政治局的主要成員們仍照常固定開會，且在蘇聯官僚體系裡也各自有一群聽命於他們的手下。跟一九三七到三八年之間的大清洗一樣，若真的要對猶太人進行大規模死亡整肅，就會在整體蘇聯社會創造出向上流動的各種可能性。不過，儘管肯定有許多蘇聯民眾反猶太人，但我們不清楚人們是否真的會出於這種機會誘因而讓猶太人付出慘痛代價。[55]

最驚人的地方在於，任誰都很難做到令他滿意。大清洗期間，史達林的建議會直接轉化成命令，命令中必定包含需要達成的數額，每個數額都代表著死亡，最後又化為統計數字。不過，儘管生命中最後五年史達林始終關注猶太人問題，他卻找不到能夠幫他取得充分起訴理由的國安首長。在過去，歷任國安首長在完成某次大規模行動後就會遭史達林拋棄，把殺戮太過的罪名安在他們身上。所以，我們或許不難理解國安部的官員這回似乎有所猶豫，一開始就不願全力以赴。首先，儘管貝利亞是國安首長，史達林還是選擇阿巴庫莫夫負責猶太人的案子。接著他讓留明鬥倒阿巴庫莫夫，而留明本人則是在一九五二年十一月倒臺，他的繼任者在上任第一天就心臟病發。最後，接手調查工作的是貝利亞的心腹謝爾蓋・戈格利澤（S. A. Goglidze）。[56]

史達林已經沒有能力像以前那樣，把人民拉進他虛構出來的世界裡。他也發現自己常威脅國安首長們，而不是只須下令。史達林的手下都知道，他希望能取得足以用來當證據的供詞和巧合。不過，在各方對於官僚體系正當性，甚至某種程度上對於法律的關注之下，證據取得往往無法那麼順利。將猶太人反法西斯委員會判刑的法官甚至提醒幾位被告有上訴的權利。在起訴這些蘇聯猶太人的時候，國安首長們有時候很難讓屬下、乃至於讓被告（這也許是最重要的）知道他們該做什麼。偵訊過程儘管殘暴嚴厲，但卻並不總是能取得所需的證據。的確會用到嚴刑拷打，但那是最後的手段，而且是在史達林本人堅持下才會採用的手段。[57]

—

史達林深恐二次大戰與西方會對蘇聯產生太大影響，也怕蘇聯體系無法照他打造出來的樣貌存續下去。他的確該擔心。二戰後的那幾年，已經有很多蘇聯公民認為，就算國家在一九四〇年代真的遭到入侵，也不能證明三〇年代的各種整肅行徑都是對的；就算最終戰勝德國，也不能以結果論的方式證明壓迫蘇聯公民是正確的。三〇年代大清洗行動的思維方式當然就是這樣：戰爭即將來臨，所以必須將所有危險分子都除去。到了五〇年代，史達林可能覺得就要跟美國開戰了，所以該預先採取另一輪的壓制行動。我們不是很清楚蘇聯社會是否願意跟進。儘管許多人在一九五〇年代初期參與了這次反猶太熱潮，例如拒絕讓猶太醫生看病、不願讓猶太藥師配藥，但這不代表他們願意回到那人心惶惶的三〇年代。

史達林死後，蘇聯又延續了將近四十年，但政府所屬的國安機構再也沒有故意將民眾餓死或進行大規模槍斃。史達林的歷任繼位者儘管依舊殘暴，但已放棄了史達林式的大規模整肅路線。赫魯雪夫在史達林死後的繼位爭奪戰之中勝出，隨即把十年前遭他遣送到古拉格的大部分烏克蘭囚犯釋放。赫魯雪夫並非沒有能力做到大屠殺：一九三七到三八年的大清洗期間，還有二次大戰後重新征服烏克蘭西部時，他都曾有過非常嗜血的表現。他只是如今深信，再也不該用過去的方式來主掌蘇聯國政。一九五六年二月在蘇共二十大致詞時，他甚至揭發了史達林的某些罪狀。不過，他還是選擇強調許多蘇共菁英慘遭迫害，而非人數遠遠多過於此的苦難群眾：農民、工人，還有少數民族成員。

東歐各共產國家仍是蘇聯的衛星國，但各國在作秀式公審後並未接著進行大屠殺（這種審判在一九三〇年代晚期就是大清洗的前奏）。除了波蘭以外，各國大都採行集體化農業，但並未禁止農民保有私人的小塊土地。各衛星國也未曾像過去蘇聯那樣發生大饑荒。一九五六年，赫魯雪夫治下的蘇聯入侵了衛星國匈牙利。儘管緊接而來的內戰造成數千民眾死亡，蘇聯介入後也更換了匈共領導高層，但事後並未持續進行更血腥的大規模肅清。一九五三年後，東歐各共產國家遭政府殺戮者相對來講較少。與蘇聯大屠殺時代（三三到四五年）與種族大清洗時代（四五到四七年）相較，死亡人數只有數十甚至數百分之一。

史達林死後，史達林式的反猶主義像幽靈般盤踞東歐，久久不去。很少人會把反猶太人的措施當成統治工具，但每逢在政治上遭遇壓力，這就是現成的政治利器。反猶主義讓各共產國家領袖得以改寫二次大戰的歷史，把各族群的苦難簡化成斯拉夫民族的苦難，甚至也被用來改寫史達林主義本身的歷史，將其描繪為一種猶太人主導的畸形共產主義。

史達林死後十五年，波蘭為了鞏固民族共產主義而在一九六八年回顧猶太大屠殺的歷史。哥穆爾卡這時已經重新掌政。一九五六年二月，赫魯雪夫批判了史達林政權的某些面向，藉此也導致那些親近史達林主義的東歐共黨領袖們垮臺，強化了那些自稱改革者的力量。貝爾曼、貝魯特、明克的三人共治局面就此終結，哥穆爾卡出獄後經過一番休養，獲准在十月接掌波蘭政權。對於某些波蘭人來講，他代表透過共產主義進行改革的希望；其他人則是期盼他推行更具民族主義色彩的共產主義。歷經戰後重建，波蘭正快速推進工業化。然而，幾次改善經濟體系的嘗試都碰上失敗，要不是效果適得其反，就是會衍生政治風險。在一次次經濟改革都失敗過後，只有民族主義仍屹立不搖。[58]

一九六八年，哥穆爾卡的政權展開了一場反猶太復國主義的肅清行動，讓人想起了史達林晚年所使用的託詞。在哥穆爾卡第一次下臺二十年後，他對猶太裔波共人士採取報復行動，但遭殃的都是當年那些人的下一代。跟過去蘇聯在一九五二年與五三年一樣，到了一九六七年與六八年，波蘭也浮現了接班人選的問題。哥穆爾卡已經掌政甚久。跟史達林一樣，為了讓政敵身敗名裂，他可以用猶太人問題抹黑對方，尤其是批評他們對猶太復國主義的威脅表現得太過軟弱。

一九六七年六月，以色列打贏六日戰爭，「猶太復國主義」一詞又重新出現在共產波蘭的媒體上。在蘇聯看來，這場戰爭印證了以色列就是美國的衛星國，隨後東歐各共產國家也遵循這條政策路線。不過，波蘭人有時候會支持以色列（波蘭人常說「我們的那些小猶太」），反對那些有蘇聯當靠山的阿拉伯國家。當時某些波蘭人對以色列的看法跟對自己國家的看法差不多：都是遭受迫害的弱者，不被蘇聯喜愛，也都是西方文明的代表。在這些人的幻想中，以色列打敗阿拉伯各國就像是波蘭打敗了蘇聯。[59]

波共的官方立場自然是與民間截然不同。該黨領導高層認為，以色列好比納粹德國，猶太復國主義與國家社會主義無異。官方主張往往來自於歷經過二次大戰的人，他們有時甚至還曾親自打過戰鬥。不過，這些詭異可笑的比喻當然是源自於此時波共甚至蘇共領導高層都接受的政治邏輯。在共產主義的世界觀裡，二次大戰的要角並非猶太人而是斯拉夫人（在蘇聯是俄羅斯人，在波蘭則是波蘭人）。在這充滿苦難的敘事裡，猶太人總是個大問題，他們在戰後已經被高度同化，有必要時在蘇聯會被當成「蘇聯公民」，在波蘭則被當成「波蘭人」。在過去，猶太裔波共人士已經盡其可能改寫德國占領波蘭的歷史，將猶太人抹去。在一九五六年完成此一任務後，猶太裔波共人士就此失勢。波共的確充分利用了此一「波蘭民族無辜受害」的神話，但得利者卻是非猶太裔的哥穆爾卡。

這種重寫二次大戰的論述在冷戰期間也是某種政治宣傳的立場。波蘭人與俄羅斯人是德國前次侵略戰爭的受害者，因此也仍然遭受德國威脅，而這時所謂的德國當然是指西德以及在背後幫其撐腰的美國。在冷戰的格局底下，此一論述並非完全沒有說服力。當時西德總理曾是納粹黨員。德國教科書地圖上的德國領土，還是包括在一九四五年遭併入波蘭的地區（上面註記著「由波蘭統治」）。波蘭在戰後復國，但未曾獲得西德的外交承認。在當時，西德等西方民主國家很少有人討論德國犯下的戰爭罪。美國在一九五五年允許西德加入北約組織後，等於是接納了前不久的敵國，忽略該國犯下的種種暴行。

根據一九五〇年代的反猶主義，以色列可說是冷戰時代中一個背信棄義的國家。一九六七年一月，波蘭媒體借用了五三年一月蘇聯媒體的主題，表示西德已把納粹意識形態傳遞給以色列。許多政治漫畫將以色列陸軍描繪成德意志國防軍。因此，儘管以色列聲稱其建國在道德上有充分理由、一切都可以從猶太人在二戰與大屠殺期間的經歷獲得印證，但波共的說法卻與此相反：資本主義導致帝國主義，而國家社會主義（納粹主義）就是兩相結合的例子。這時的帝國主義陣營是由美國領頭，而以色列與西德都是美國的附庸。以色列只不過是帝國主義存在的另一例證，它所幫助維持的世界秩序只會殘害人類。以色列並不是一個因為受害者身分而有特殊歷史地位的小國——共產人士希望能壟斷受害者的身分，只有他們能自稱受害者。[60]

一九六七年六月「六日戰爭」爆發後，波蘭開始出現這種把猶太復國主義比擬為納粹主義的論調，但真正發揮效用卻是在隔年春天，讓波蘭政權用以壓制反對人士。為了抗議某齣戲遭禁演，許多波蘭大學生號召於六八年三月八日進行和平示威，抗議政府。政府隨即將學生領袖貼上「猶太復國主義者」的標籤。前一年，波蘭猶太人才剛被稱為「第五縱隊」，是外國敵人的支持者。這時波蘭也把所有問題全都歸咎於猶太人，跟十五年前的蘇聯一樣，猶太人一律被打成「猶太復國主義者」和「世界主義者」。如同在蘇聯，這兩者只是看來矛盾、實際上卻能說得通：「猶太復國主義者」據稱支持以色列，「世界主義者」據稱親美，而這兩國在帝國主義陣營裡是盟友，因此也都是波蘭的敵人。猶太人是叛國賊，是對波蘭與波蘭民族性無動於衷的外人。[61]

波共的動作迅速，他們開始將政敵安上了「猶太布爾什維克主義」（Judeobolshevism）的帽子。這種反猶太的刻板印象最早源自於希特勒，認為共產主義就是猶太人的陰謀。這套概念在戰前波蘭流傳甚廣。波共政權早期確實是猶太人當道，而這儘管是特殊歷史條件促成，但卻無法阻止人們把猶太人與共黨人士聯想在一起。波共在一九六八年春天充分利用這一刻板印象，主張史達林主義的問題就是猶太問題。共黨掌政的波蘭在一九四〇到五〇年代若有什麼地方是錯的，就是錯在波共遭猶太人控制得太過嚴密，以至於整個體系遭到扭曲。這主張的涵義是，某些共黨人士可能傷害了波蘭人的利益，但那些人都是猶太人。波蘭的共產主義可以把那些人都清除掉，或至少可以清除他們的兒女。透過這種方式，哥穆爾卡試圖讓共產主義成為波蘭民族的共產主義。

問題的唯一解方，就是打倒所有猶太裔的公眾人物，不准猶太人位居政界要職。問題是，哪些人是猶太人呢？在一九六八年，那些從姓氏可看出是猶太人、或父母是史達林主義者的學生們，都獲得媒體的大幅關切。波蘭政府利用反猶情緒把這些學生孤立於波蘭社會之外，組織許多工人與士兵的抗議活動。在國家領袖的強調之下，波蘭勞工階級變成族裔清一色是波蘭人的階級。迫害並不僅止於此。哥穆爾卡政權很樂意利用猶太人的標籤來免除外界對於政權的各種批評。根據波共的定義，所謂猶太人並不一定是指父母是猶太人。波蘭這次反猶運動的特色在於，對猶太人的定義保有相當程度的模糊性：只要是知識分子，或不受政府歡迎的人物，往往都可能被貼上「猶太復國主義者」的標籤。[62]

這場反猶太運動用盡心機，除了不公不義，還故意煽動群眾，最荒謬之處在於無中生有出許多「歷史」。不過，還不至於把人弄死。波共的各種反猶太修辭讓人聯想到晚期的史達林主義，因此也很像納粹德國的刻板印象。但波共未曾打算屠殺猶太人。雖說至少有一起自殺案件與這場「反猶太復國主義運動」有關，也有許多人遭警察毒打，卻沒有人真的遭殺害。波共政權逮捕了大約兩千五百九十一人，強制把幾百個學生送往遠離華沙的軍營去當兵，某些學生領袖則是遭判刑入獄。大約一萬七千位波蘭公民（多數為猶太裔，但並非全部）接受了政府提供的單程旅行文件，被迫遷居他國。[63]

華沙居民不禁注意到他們搭車離開的火車站不遠處就是「轉運點」：二十六年前華沙猶太人遭驅逐前往特雷布林卡滅絕營時搭火車的地方。二次大戰前至少有三百萬猶太人住在波蘭。歷經這次波共主導的反猶太運動後，繼續留下來的猶太人也許還有三萬。對於波共與其追隨者來講，無論在一九六八年或在其他任何時候，猶太人都不是受害者，而是密謀偷走波蘭人應有聲譽的僭越者：真正無辜受害且有過英勇表現的，不是猶太人，而是波蘭人。

數萬波蘭民眾的人生，就這樣因為波共在一九六八年推動史達林式反猶主義而一夕變天。東歐的許多青年才俊，不分男女，則是不再信奉馬克思主義。當然，馬克思主義還有其他問題。此時在波蘭這樣的共產國家，史達林主義政經模式的經濟潛力早已耗盡，在其他共產國家亦然。集體化對於仰賴農業經濟的國家沒有好處，強迫工業化也只能帶來有限的快速成長。十幾二十年後，各共產國家多少都可以清楚看出西歐比共產世界更為繁榮，且差距正在擴大。波共領導人擁抱反猶主義，而這多少也可以看出他們沒有能力改善波蘭的體系。許多先前深信共產主義可能帶來改革的人不再懷抱希望，他們自己也不知道該如何改善整個體系。一九七〇年，哥穆爾卡因為企圖調漲物價而失去政權，取而代之的是個完全不憑意識形態治國的繼任者，只可惜他想要試著靠舉債來維繫波蘭的繁榮。此一政策失敗後，最終在一九八〇年引發了團結工聯運動（Solidarity movement）。[64]

一九六八年三月，波蘭學生遭警棍毒打，在此同時，捷克斯洛伐克的共黨則是試圖改革東歐的馬克思主義——史稱「布拉格之春」（Prague Spring）。這次運動期間，共黨政權容許民間大鳴大放，希望能促使大家支持經濟改革。可以預見的是，捷共政權並未預料到各種討論會延伸到其他方向。不顧蘇聯施壓，捷共總書記亞歷山大·杜布切克（Aleksandr Dubček）允許集會與爭辯持續下去。這年八月，紅軍率領波蘭、東德、保加利亞與匈牙利的部隊入侵捷克斯洛伐克，粉碎了這場布拉格的春之夢。

蘇聯此舉無疑是在透過政宣表示，波共領導人的反猶太實驗並未偏離蘇共路線。反觀蘇聯媒體大肆批判捷共那些改革派領導人的猶太裔出身（有些人的確是猶太裔，但其他人則根本不是）。一九七〇、八〇年代在波蘭，祕密警察向各界強調的訊息是：反對陣營的某些成員是猶太人。一九八五年，戈巴契夫（Mikhail Gorbachev）以改革者之姿成為蘇聯領袖，許多反對改革的人也試圖利用俄羅斯的反猶主義為舊體系辯護。[65]

東歐猶太人曾慘遭德國蹂躪，但他們身為受害人的歷史定位卻遭史達林主義奪走，在共產主義對抗帝國主義的論述中，成了所謂帝國主義陰謀的幫凶。在這套論述底下，只需要再稍加操弄，就可以聲稱猶太人自己也有一套陰謀詭計。這也是為什麼，戰後共黨人士寧願不把希特勒的大屠殺罪行予以清楚定義。幾十年下來，這也讓他們在無形中肯定了希特勒的一部分世界觀。

史達林的反猶主義只導致莫斯科、布拉格與華沙的少數人遭到殺害，但卻混淆了全歐洲的歷史。史達林想要塑造出一套蘇聯全體民眾都蒙受苦難的故事，但猶太大屠殺的歷史卻挑戰這套敘事。在蘇聯的故事裡，受到最多苦難的群體，變成了俄羅斯人與斯拉夫人。共黨人士與他們忠實的斯拉夫族（與其他民族）追隨者被改寫為二次大戰的勝利者兼受害者。這套斯拉夫人無辜受害、西方國家才是入侵者的故事，也被應用在冷戰敘事。根據此一史觀，猶太人居然被當成侵略者，因為他們與帝國主義西方陣營裡的以色列和美國有所關聯。

過去共黨在大部分歐洲地區掌政期間，猶太大屠殺的原貌始終無法如實呈現。就因為的確有數以百萬計非猶太裔東歐人死在戰場上、死在過渡戰俘營與大型戰俘營裡、死在一場場圍城戰役中，或是在村里鄉間的報復行動裡遇害，共黨想要強調的非猶太人苦難往往確實有其歷史基礎。從史達林以降的所有共黨領導人屢屢表示，西方國家很少有人能體會紅軍擊敗德意志國防軍的貢獻，還有東歐各國在納粹占領期間承受了多少苦難，而這項說法也的確沒錯。共黨人士只要稍稍做個手腳，就能把猶太大屠殺的特殊性抹滅，將其納入一個各民族共同承受苦難的宏大故事，並藉此把一度對東歐來講如此重要的猶太文明排拒在東歐之外。冷戰期間，西方各國理所當然的回應方式都是強調史達林主義讓蘇聯公民承受了巨大苦難。這也是真的，不過就像蘇聯所說的故事一樣，這並非唯一的真相，或者說並非真相的全貌。在這場重塑記憶的競逐中，猶太大屠殺、納粹德國的其他大屠殺政策，以及史達林的大屠殺，已成為三段截然不同的歷史。儘管在歷史上，這三件事都是發生在同一段時間的同一塊地方。

猶太大屠殺就發生在血色大地上，納粹與蘇聯政權大規模殘殺民眾的暴行，也幾乎都出現在這裡。歐洲猶太人的傳統家園在二戰後都落入共產政權的掌握，而那些死亡工廠與殺戮地點也是。史達林為這世間創造了一種新的反猶主義，藉此掩蓋了很大一部分猶太大屠殺的史實。等到猶太大屠殺的集體記憶在一九七〇、八〇年代期間於國際社會湧現，人們所回憶的大多是德國與西歐猶太人的經歷（這兩者反而是人數較少的受害者群體），還有奧斯威辛的往事（那裡的猶太人死亡人數只占所有猶太人死亡人數的六分之一）。為了矯正史達林主義的扭曲，西歐與美國的史家與紀念者們往往會在其他地方犯錯，太快就跳過在奧斯威辛以東遭殺害的將近五百萬猶太人，也忽略了遭到納粹毒手的五百萬左右非猶太人。猶太大屠殺這段史實，不但在東歐剝奪了猶太人的特殊地位，在西歐也沒有人強調那些屠殺事件的發生地點。即便後來歐洲與世界各國逐漸有了共識，覺得世人都不該忘掉猶太大屠殺，但這段過去卻從未真正成為歐洲歷史的一部分。

史達林與希特勒的帝國曾在不同時間點相互交疊。鐵幕落下後，將西歐與東歐隔開，也隔開了倖存者與死難者。如今鐵幕早已揭開數十年，只要我們願意，應該就能看見希特勒與史達林之間那一片歐洲大地的真實歷史。

結語
CONCLUSION

人性

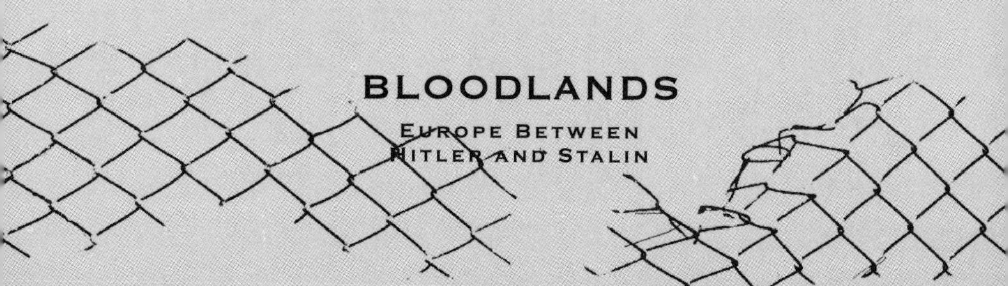

每個人活著時都有名字。那一位以為自己看到田裡有小麥的幼童，名叫約瑟夫．索伯列夫斯基（Józef Sobolewski）。後來他跟母親與五位兄姊都死於一九三三年的烏克蘭大饑荒。他唯一倖存的兄長後來還是在一九三七年史達林的大清洗行動中遭槍斃。只有他姊姊漢娜存活於世，時時回憶著他與他的希望。名為斯坦尼斯瓦夫．維格諾斯基（Stanisław Wyganowski）的年輕人在妻子瑪麗亞被捕時就知道大事不妙，他說：「我將與她在地下重逢。」果真他們都在一九三七年遭列寧格勒的內務人民委員部槍斃。提及自己的婚戒遭沒收者，是波蘭軍官亞當．索爾斯基（Adam Solski）。一九四〇年他在卡廷森林遭槍斃，後來日記連同遺體一起出土。他可能試圖藏起婚戒，但終究還是被劊子手給發現。一九四一年列寧格勒圍城戰期間，用一行行簡單文字記錄親人死亡時間的十一歲小女孩，名叫塔妮雅．沙維契娃（Tania Savicheva）。她的一位姊姊穿越結凍的拉多加湖湖面，得以脫逃倖存，但塔妮雅與其餘家人皆無一倖免。一九四二年在白俄羅斯寫信給父親告別並提及亂葬坑的十二歲猶太女孩，名為珍妮塔．維西妮亞史嘉雅（Junita Vishniatskaia）。她身旁跟她一起寫信的母親名為莎拉塔（Zlata）。她們倆都遭槍斃。珍妮塔那封信的最後一句話是這樣寫的：「永別了。我親吻您，我親吻您。」

每個人死後都淪為數字。在血色大地上遭納粹與史達林兩大強權毒手的人超過一千四百萬。大屠殺由史達林最先發動，導致三百多萬烏克蘭居民死於一場充滿政治性的人為大饑荒。接下來史達林又在一九三七到三八年之間發動大清洗，遭槍殺者約在七十萬之譜，遇害的人大多為農民或者少數族群成員。一九三九到四一年間，德、蘇兩國聯手入侵波蘭，為了刻意毀滅該國的受教育階層而殺了大約二十萬人。後來希特勒背棄史達林，下令攻打蘇聯，刻意餓死大批蘇聯戰俘與被圍困在列寧格勒市的大量居民，一共奪走了四百多萬條人命。德國人還在蘇聯、波蘭、波羅的海三國占領區裡，槍斃、毒殺了大約五百四十萬猶太人。德、蘇兩強較勁，過程中為了爭奪掌控權又刺激對方犯下更嚴重的罪行。例如在爭奪白俄羅斯與華沙的游擊戰中，德國人又殺害了大約五十萬一般民眾。

這些暴行都在同一時期發生於同一個地區，也就是一九三三到四五年之間的血色大地。描述這個過程，就是帶出歐洲歷史的關鍵事件。若不先解釋這些大屠殺政策背後共同的歐洲史背景，就無法適切地針對納粹德國與蘇聯進行比較。我已講完了血色大地的歷史，接下來的課題就是進行比較。

之所以要比較納粹與蘇聯的體系，與其說是為了更加了解納粹或蘇聯，不如說是為了理解我們的時代與我們自己。早在一九五一年，漢娜．鄂蘭就提出過這一類觀點，把兩個政權都納進她所謂「極權主義」的理論框架裡。她從十九世紀的俄國文學汲取靈感，提出了「多餘之人」（superfluous man）的概念。她也受到歷史學家勞爾．希爾伯格（Raul Hilberg）的啟發，藉由希爾柏格針對猶太大屠殺所做的開創性研究，明白二十世紀的國家機器究竟是如何清除她所謂的「多餘之人」。鄂蘭描繪了群眾社會的擠壓，以及能夠以進步與愉悅之名合理化屠殺的極權政府，為這些現代的「多餘之人」勾勒出永垂不朽的面貌。如今後世對大屠殺時代的理解，就是源自於鄂蘭的描繪：無論是受害者或加害者，那個時代的人都在逐漸喪失人性，先是在匿名的群眾社會喪失個性，然後才是在集中營裡失去生命。此一圖像固然充滿力量，但若想要針對納粹與蘇聯的大屠殺歷史進行比較，就必須得先修正鄂蘭的說法。[1]

最能符合前述理論架構的屠殺地點，莫過於德國的蘇聯戰俘營。就德、蘇雙方而言，只有這種設施把人類集結在一起後，唯一的目的就只是要把他們殺光。數萬蘇聯戰俘像沙丁魚般擠在一起，沒有食物也不能就醫，很快就大批死去：死者約有三百萬人，且大多是在頭幾個月裡就逝世。不過，像這種把人集結在一起後任其大批死去的重大案例，卻與鄂蘭的現代社會概念無涉。她的理論分析讓我們把目光聚焦在兩大典型極權體系國家，也就是柏林與莫斯科當局，著眼在兩者如何加害其本國公民。然而，蘇聯戰俘的死亡卻是兩大極權體系**互動**的後果。鄂蘭對於極權主義的論述集中在現代工業化群眾社會**內部**的去人性化現象，而不是德、蘇兩國之間因為野心與霸權交疊所產生的歷史後果。對這些戰俘來說，遭到俘擄才是關鍵所在：掌控權從蘇聯軍官與內務人民委員部移交到德意志國防軍與親衛隊手上，他們的命運也就此注定。這樣的厄運並非現代社會內部疏離化程度越來越高的結果，而是肇因於兩強相爭，肇因於德國在蘇聯占領區裡執行種種違反戰爭法的政策。

在蘇聯戰俘營以外的其他地方，把人集中起來後，下一步往往並非殺掉，而是要進行思想改造或強迫勞動。除了德國人所設立的蘇聯戰俘營這個重要例外，德國人與蘇聯人都不會刻意用集中的手法來殺人。把人遣送到這一類營地，往往並非殺戮的前奏，而是殺人的替代方案。像是在蘇聯的大清洗時代，犯人所面臨的判決只可能有兩種：處死或遣送到古拉格去。前者意味著後頸會吃槍子，後者則是到遙遠的地方去做苦工，地點可能是不見天日的礦坑、天寒地凍的森林或是廣闊無邊的大草原——但無論遭遣送到何處，都仍有機會倖存。在德國統治下，集中營與死亡工廠也是根據不同的原則在運作。判刑後遭遣送到貝爾森的集中營是一回事，但被載往貝烏熱茨的死亡工廠卻是另一回事。到貝爾森是去挨餓、做苦工，最終仍有可能倖存；到貝烏熱茨則會立刻遭到毒殺，幾乎毫無生還機會。諷刺的是，這也就是為何世人只記得貝爾森，卻遺忘了貝烏熱茨。

就政策面來看，滅絕計畫也不是集中營的衍生。蘇聯的政治經濟體制向來以延續自身的存在為目的，因此既然集中營體系是蘇聯體制的一部分，自然也會持續存在。一九三〇年代初期的人為大饑荒以前，古拉格就存在了，大饑荒期間與之後，它一樣存在；一九三〇年代末期的大規模槍斃行動以前，古拉格就存在了，槍斃行動期間與之後，它也一樣存在。古拉格的規模於一九五〇年代初期來到最高點，理由之一就是蘇聯不再大規模槍斃公民。一九四一年夏天，德國人開始在蘇聯占領區大規模槍斃猶太人：都是在亂葬坑旁開槍，而他們從八年前就建立起來的集中營體系則都是位於遙遠的距離之外。一九四一年下半年，僅僅幾天內德國人在東方所屠殺的猶太人數量就多過他們所設立全部集中營裡關押的猶太人。最先開發出毒氣殺人這一技術的也不是集中營，而是為了讓精神病機構的病患「安樂死」才開發出來。「安樂死」計畫推行後，德國人才開始在蘇聯占領區用毒氣廂型車殺害猶太人，才開始在被併入德國前屬於波蘭國土的海烏姆諾市用毒氣廂型車殺害波蘭猶太人，也才開始設立建有毒氣設施的營區，地點位於總督府所屬的貝烏熱茨、索比堡與特雷布林卡。德國人是先在蘇聯占領地用毒氣室來大規模屠殺猶太人，接著才把同樣的手法擴及莫洛托夫—里賓特洛甫線以西。猶太大屠殺期間遇害的猶太人，大多未曾見識過任何集中營。[2]

「德國集中營是國家社會主義的最惡劣產物」其實是個錯誤印象，就像是一片未知沙漠裡的暗黑海市蜃樓。納粹德國在一九四五年的頭幾個月裡垮臺，親衛隊掌管的集中營裡面有大批囚犯隨之陷入垂死狀態。這些人多半並非猶太人，他們的厄運比較像是一九四一到四三年之間的蘇聯古拉格犯人：受到侵略與部分國土遭占領的蘇聯政府，選擇用更毒辣的手段對付人民。英、美人士把部分受害者幾乎餓死的景象拍攝成影片，影像的力量導致歐美民眾對德國的體制做出錯誤論斷。到二戰結束前，的確有數十萬人死於納粹集中營，但那種營區設立的最初功能並非用來殺人——滅絕營才是。雖然某些猶太人是以政治犯的身分遭關入集中營，其他猶太人則是被送進去做苦工，但關在集中營裡的主要都不是猶太人。戰後倖存的猶太人，就是被送往集中營的猶太人。這又是世人會對集中營比較熟悉的另一個理由：因為我們可以看到倖存者的描述，他們本來都會在營裡做工做到死，但因為撐到戰爭結束才獲得解放。德國用來殺光歐洲猶太人的政策手段並非集中營，而是亂葬坑旁的槍斃行動、毒氣廂型車，還有位於海烏姆諾、貝烏熱茨、索比堡、特雷布林卡、馬伊達內克與奧斯威辛的滅絕營。[3]

如同鄂蘭所體認到的，奧斯威辛是工業化營區與殺人設施的特異綜合體。奧斯威辛同時給人集中營與滅絕營的印象，也因此造成了某種混淆的後果。這個營區一開始是用於關押波蘭人，接著是蘇聯戰俘，再來才是猶太人與羅姆人。廠區裡增設了死亡工廠之後，某些來到此地的猶太人就被挑選為工人，做工做到筋疲力竭，然後就將他們用毒氣處死。光以奧斯威辛而言，我們就大致可以看到鄂蘭所勾勒出的現代社會景象：人面對越來越疏離的狀況，最後以死亡告終。這樣的解讀與奧斯威辛倖存者們所寫文字作品裡的描述相符，例如塔德烏斯．博羅夫斯基（Tadeusz Borowski）、普利摩．李維（Primo Levi）或埃利．維瑟爾（Elie Wiesel）都是如此。不過，能歷經這種過程的人畢竟是例外。這樣的描述與猶太大屠殺的一般狀況並不相符，即便在奧斯威辛也不是那樣。大多數猶太人是在來到奧斯威辛後就遭到毒殺，壓根就沒有在營區待過。在奧斯威辛營區裡，只有少數猶太人是先待在營區，然後才被送進毒氣室，但這樣的過程卻被誤認為是猶太大屠殺的一般樣貌，甚至讓人以為一般的大屠殺都是這樣。沒錯，奧斯威辛的確是猶太大屠殺的主要進行地點：六個遇害的猶太人中就有一位命喪於此。不過，儘管奧斯威辛的死亡工廠是最後一個開始運作的殺人設施，但這設施卻不是屠殺科技的最高峰，因為最有效率的槍決隊伍殺人的速度更快，大饑荒殺人更快，還有特雷布林卡營區也是。奧斯威辛也不是波蘭猶太人與蘇聯猶太人兩大歐洲猶太社群遭到屠殺的主要地點。在奧斯威辛成為最主要的死亡工廠以前，大多數蘇聯與波蘭占領區的猶太人早就已經慘遭德國人毒手。等到比克瑙的毒氣室與火葬場於一九四三年春天開始運作，所有猶太大屠殺的受害者裡面有四分之三都已經死去。同樣的，在比克瑙的毒氣室開始殺人之前，慘遭蘇聯與納粹兩大政權毒手的受害者也絕大部分都已死去，比例遠高於九成。奧斯威辛可說是這一首死亡賦格的終曲。

也許，納粹與蘇聯大屠殺正如同鄂蘭所主張，是現代社會更深層次失序而產生的表徵。但在我們用如此理論性的方式來針對現代性或其他問題進行總結以前，我們必須了解在猶太大屠殺事件中，還有更普遍地在血色大地上，實際上到底發生了什麼事。就目前而言，關於歐洲大屠殺時代的理解還是太過理論化，也蘊藏太多誤解了。

想當年，在可掌握的文獻如此有限的情況下，鄂蘭已經展現出她異於常人的超高理解程度。如今在大量文獻可以運用的情況下，我們沒什麼藉口可以空談理論，忽略知識。現在我們已經可以取得各種死者的人數，儘管有時比較精確，有時不是，但至少我們有充分的資料可以大致描繪出納粹與蘇聯兩大政權造成的破壞。納粹德國執行了各種以殺害民眾與戰俘為本意的政策，導致血色大地上大約有一千萬人遇害；在同樣區域裡，史達林治下的蘇聯也殺了四百多萬人（若再算上血色大地之外，則這兩個數字可能會多達一千一百萬人與六百萬人）。如果把那些沒有馬上死掉，但不難想像會因為饑荒、種族清洗與長期待在各種營區而於後來死掉的人數加進來，那麼史達林手下冤魂的數量也許會升高為九百萬人，納粹殺的人數可能會增為一千兩百萬之多。我們永遠不可能把這些龐大的數字搞得清清楚楚，尤其是因為二次大戰間接造成數以百萬計民眾死亡，而那些人無論死法為何，帳也都要算在這**兩個**政權頭上。

納粹與蘇聯兩大政權為禍最深的地方，莫過於血色大地：其範圍相當於如今的聖彼得堡與俄羅斯聯邦西部的邊緣地帶，還有波蘭的大多數地區、波羅的海三國、白俄羅斯與烏克蘭。這裡是納粹與蘇聯兩大政權遭遇與互動的地方，雙方都盡情展現出其蠻力與惡意。血色大地之所以重要，不只是因為大多數受害者都是當地居民，也是因為德、蘇兩國的重要屠殺政策主要就是在這裡執行，許多來自別處的人也在此處喪命。例如，德國在這裡殺了大約五百四十萬猶太人。當然，其中的確有四百多萬猶太人本來就是血色大地的居民，包括波蘭、蘇聯、立陶宛與拉脫維亞的猶太人。另外一百多萬人多半來自其他東歐國家，例如匈牙利。匈牙利猶太人原本不住在血色大地，但卻是在血色大地上遇害的最大猶太族群。他們死於奧斯威辛。如果也把羅馬尼亞和捷克斯洛伐克考慮在內，那麼猶太大屠殺的受難者裡面有將近九成都是東歐猶太人。被遣送到血色大地處決的西歐、南歐猶太人數量較少。

跟猶太受害者一樣，非猶太受害者裡有當地人，也有被送來這裡處死的外地人。在戰俘營，在列寧格勒與其他城市裡面，德國人把四百多萬人活活餓死。因為這些人為饑荒政策而遇害的人，並非每個都是血色大地原有的居民。可能有一百萬是來自於其他地區的蘇聯公民。史達林大屠殺政策的受害者遍布於蘇聯這世界第一大國境內的四面八方。即便如此，因為史達林最殘暴手段而遭殃的蘇聯西部邊疆地區，就是位於這片血色大地上。強推集體化運動期間，蘇聯政府將五百多萬人餓死，他們大多住在烏克蘭地區。根據蘇聯政府的紀錄，一九三七到三八年的大清洗期間，遇害者總計為六十八萬一千六百九十一人，其中有相當大比例是波蘭裔蘇聯人與烏克蘭農民，而這兩個族群就是住在蘇聯西部，因此也是在血色大地上。光憑這些數字本身無法讓我們比較德、蘇兩個體系，但卻是個出發點，而且是我們不得不選擇的起點。[4]

一九四一年五月，漢娜・鄂蘭逃抵美國，開始把她所受過的嚴謹德國哲學訓練用來研究納粹與蘇聯兩大極權政府的起源。鄂蘭身處的歐洲，見證了納粹德國與蘇聯各自崛起，互結為盟。就在她離開歐洲的幾週後，納粹入侵了蘇聯。

對納粹與蘇聯的第二種比較方式，是由瓦西里．格羅斯曼首創，後來也建立起傳統。在格羅斯曼所身處的那個歐洲年代裡，蘇聯與納粹已經開戰。格羅斯曼是個小說家，後來當起戰爭記者，親臨東線戰場上的許多關鍵戰役，也見證了德國（與蘇聯）所犯下的重大罪行。跟鄂蘭一樣，他試著從比較普世的詞彙來理解納粹在東方大規模屠殺猶太人的罪行。鄂蘭理解那種罪行的方式是去批判現代性本身，但對格羅斯曼來講，首先他要譴責的是法西斯主義與德國。就在鄂蘭出版她的《極權主義的起源》（*Origins of Totalitarianism*）一書之際，格羅斯曼也透過他在蘇聯親身體驗到的反猶主義，打破了鄂蘭的政治框架。接著他打破了整個二十世紀的禁忌，把納粹與蘇聯政權的諸多罪行放進同樣的頁面與故事場景裡，而且隨著時間流逝，他以此主題寫成的兩本小說只有獲得越來越多好評。格羅斯曼刻意不想用單一的社會學架構來分析德、蘇兩大政權（像鄂蘭那樣，把兩者同樣納入極權主義的架構下），而是把兩者的意識形態面紗都揭開，讓它們露出面紗下一樣非人性的真面目。

在一九五九年完稿，到一九八〇年才出版的小說《生活與命運》（*Life and Fate*）裡面，格羅斯曼讓他筆下一個被人稱為「神聖愚夫」（holy fool）的角色在回憶時，一口氣說出德國在白俄羅斯大規模槍斃猶太人，還有烏克蘭大饑荒期間人吃人的往事。在格羅斯曼一九六四年去世時尚未完成，到一九七〇年才在國外出版的小說《萬物流逝》（*Everything Flows*）裡面，他把自己親眼看見的德國集中營場景移花接木，用來介紹烏克蘭大饑荒：「至於那些小孩——你看過報上刊登過那些德國集中營裡小孩的照片嗎？看起來就跟照片中那些小孩一樣：頭顱像炮彈一樣沉重；脖子細小，跟鸛鳥的脖子沒兩樣；他們手臂與腿上的每一根骨頭都清楚可見。你可以看見在皮膚下面移動的每一根小小骨頭，還有骨頭之間的關節。」格羅斯曼屢屢重新提及這個納粹與蘇聯之間的比較。他無意引發爭議，而是要開創一種比較的觀點。[5]

如同格羅斯曼筆下某位角色的呼籲：國家社會主義與史達林主義最厲害之處，是兩者都有辦法任意剝奪一整個族群被當成人類的權利。因此唯一的應對之道，就是必須一遍又一遍重申，這是不對的。猶太人與富農，「都是人。他們都是人類。現在我可以看得清清楚楚，我們都是人類」。在鄂蘭看來，極權主義有能力依其意願創建出虛構的世界，但格羅斯曼所做的，就是用文學來對抗。鄂蘭表示，史達林與希特勒之流的領袖之所以能夠大規模屠殺人民，是因為他們能夠想像出一個沒有富農或沒有猶太人的世界，然後依照其願景改造真實世界——儘管改造往往不能百分之百成功。垂死者之所以失去他們在道德上的重要性，與其說是因為這些道德重量被刻意掩蓋，不如說是因為道德寓意太過浮濫，在進步的敘事中無所不在。死者失去了人性特色，他們只能無助地投胎，一再地重新加入那齣以進步為主題的戲碼，即便這戲碼的故事受到敵對意識形態的抵抗（或者應該說，越是遇到抵抗，戲就上演得更順利）。格羅斯曼把這些受害者從一整個世紀的嘈雜噪音中解放出來，讓他們在持續不斷的爭辯中取得發言權。

將鄂蘭與格羅斯曼的論述整合起來，我們可以得到兩個很單純的概念。首先，若想要適切地比較納粹德國與史達林治下的蘇聯，除了對兩者的暴行提出解釋之外，也必須承認各種相關人物，包括受害者、加害者、旁觀者與領導者等，都具有人性。其次，若要適切地比較兩者，必須從「生」而不能從「死」出發。死亡並非解答，而是叩問的主題。比較必須引發焦慮與不安，絕對不能帶來滿意的解答。最重要的是，絕對不能提供完滿華麗的說詞，把一個故事帶往已經定義好的尾聲。因為只有「生」才能為「死」賦予意義，而不是「死」讓「生」有意義，所以重要的問題不是在於：透過大屠殺的事實，我們要怎樣才能從政治、知識、文學或心理的角度得出一個結論？結論是一種看來和諧的假象，是一首被偽裝成天鵝之歌的賽倫女妖之歌。

真正重要的問題是：為什麼當年會有這麼多人因為暴力而死於非命，而且今日依舊有人因此喪失性命？

——

蘇聯與納粹德國都提出烏托邦式願景，其中夾帶著一部分事實，然後以大屠殺為實現手段：史達林於一九三二年秋天提出，而希特勒則是一九四一年秋天做出決定。史達林的願景是在九到十二週內將全蘇聯予以集體化，希特勒則是預計花同樣的時間征服蘇聯。以事後之明觀之，兩者的計畫看來都極度不切實際，但卻還是都在瞞天大謊的掩飾之下實施。即便明眼人都能看出失敗，他們仍是執迷不悟。造成民眾大量死亡後，這些死者竟還被他們用來證明自己的政策正確無誤。正因如此，希特勒、史達林兩人可說使出了同樣的暴政手段：明明是因為自己的選擇而帶來大災難，但卻怪罪敵人，接著用數百萬人的死亡來主張他們的政策有其必要，或至少是值得嚮往的。他們倆都勾勒出改造世界的願景，在事實證明願景無法實現時也找了某個族群當代罪羔羊，接著施展出大屠殺的政策，並以大屠殺來充當某種勝績。

領袖犯錯是絕對不可想像的，所以當他們的集體化與最終解決方案雙雙出錯時，就必須犧牲大批民眾來保住他們倆。集體化政策在烏克蘭遇到民眾抵抗，有饑荒出現，史達林就把帳算在富農、烏克蘭人與波蘭人頭上。在德意志國防軍進軍莫斯科的攻勢卡關，美軍加入二次大戰戰局之際，希特勒則是歸咎於猶太人。富農、烏克蘭人與波蘭人成為阻礙蘇聯體系實現的代罪羔羊後，希特勒怪罪猶太人，宣稱就是他們保護蘇聯體系免於崩壞。史達林的錯誤決策是集體化，而希特勒則錯在選擇戰爭：不過，對於他們倆與麾下同志而言，在犯錯後的便宜之計就是把大災難的責任轉移到別處。史達林提出他的詮釋，試圖替烏克蘭饑荒乃至接下來的富農與少數族群大屠殺賦予正當性；至於希特勒則是把他的詮釋用來證明猶太人應該全數槍殺或毒殺。在集體化導致數百萬人餓死後，大饑荒居然讓史達林援引為階級鬥爭勝利的證據。至於猶太人遭槍斃在前，繼而被毒殺，則是被希特勒用比先前更為清楚的說詞詮釋為戰爭的目標，甚至猶太大屠殺就是戰爭本身。在戰敗後，希特勒把猶太大屠殺當成自己的勝利。

史達林有能力重新擘劃他的願景。史達林主義本身就是個打了折扣的願景：原本在一九一七年激勵布爾什維克黨人的願景是，革命烽火將在全歐洲各地燃起，但在這願景並未實現後，史達林將革命的衝動轉化成固守蘇聯本土。一九二〇年，紅軍沒能將共產主義推展到全歐洲，史達林遂提出他所謂「一國社會主義」的替代計畫，也就是只在蘇聯實現社會主義。在他為實現社會主義而推動的五年計畫帶來災難後，史達林選擇用大饑荒餓死數百萬人。不過，他把大饑荒詮釋為政策的一部分，甚至坐收豐碩成果，成為令人畏懼的蘇聯之父，並在蘇共中央政治局扮演獨斷乾綱的角色。一九三七到三八年之間，他利用內務人民委員部對付富農與少數族群，並聲稱這是為了確保社會主義國土安全無虞的必要之舉。無論是在一九四一年紅軍往東撤退時，甚或是在一九四五年紅軍戰勝後，他都訴諸於俄國民族主義。冷戰開始後，他又把蘇聯的種種弱點歸咎於猶太人（當然還有其他人）。

希特勒的願景也是可以改弦易轍的。大饑荒計畫與東方總計畫原本預期餓死數千萬人，但後來卻變成導致數百萬人死去的饑荒政策與驅逐流放手段。若說他的思維因為戰爭而被迫產生什麼重大改變，應該就是納粹所謂「最終解決方案」的性質變得有所不同。希特勒沒有等到戰爭勝利後再「解決」猶太人的「問題」，而是為一個在戰時就殺光猶太人的政策背書。一九四一年七月，戰爭開打一個月後卻沒有重大進展，屠殺猶太人的行動於是升級；後來到一九四一年十二月，德軍並未攻下莫斯科，屠殺行動再次升級。一開始，屠殺某些猶太人的政策是以軍事上的必要性為說詞，而且與政治經濟的規劃稍有關聯。不過，在戰局改變與既有計畫遭放棄或終止後，屠殺行動再次升級。這也顯示對於希特勒來講，消滅猶太民族這件事本身就是他的目標，並非出於軍事必要或政經規劃。

跟史達林的種種應變手段一樣，最終解決方案的最終版本並非設計出來保護領袖或獨裁體制。與其說最終方案是某個合理計畫中的一個步驟，不如說它的功能只是要美化納粹的願景。納粹放棄了原本那些用來屠殺猶太人的理由，轉而高呼他們始終沒有揚棄的反猶太論調：猶太人進行的是一場全球性的陰謀，而對抗這陰謀正是德國人的美德。對於史達林來講，政治鬥爭總是有政治涵義。他在這方面的成就幾乎可說與希特勒完全相反。希特勒將威瑪共和國改造成一個向外殖民的革命帝國；史達林則是把浪漫的革命馬克思主義轉化為一種可長可久的日常政治方案。任何階級衝突一旦由史達林發起，就會變成蘇聯政府的官方路線，並向公眾布達；他用非常合理的方式把自己跟蘇聯公民與外國的共產黨人綁在一起。對於希特勒而言，鬥爭本身就是美德，任何可以毀滅猶太民族的鬥爭都值得稱頌。如果德國人吃了敗仗，那只能是德國人自己的錯。

史達林有辦法將他的虛構世界予以實現，但在有必要時從那虛構世界抽身。至於希特勒，則是在一眾厲害心腹（例如希姆萊與海德里希）的襄助之下，放棄原有的虛構世界，往下一個虛構世界邁進，並帶著泰半德國人跟他同行。

我們只有毫不掩飾地接受納粹與蘇聯體系之間的種種相似性，才能確實了解兩者之間的許多不同之處。兩者的意識形態都反對自由主義與民主體制。在兩者的政治體系中，「**政黨**」一詞的意義都遭到扭曲：所謂政黨，原義是眾多政治團體根據各方都接受的規則一起競逐政權，但卻變成自己決定規則的唯一政治團體。納粹德國與蘇聯都是一黨專政的國家，兩國體制內的獨大政黨都扮演主導意識形態與社會規訓的角色。兩者的政治邏輯都主張有必要排除外人，兩個體制的經濟菁英也都認定某些特定族群是多餘或有害的。兩國政府的經濟政策制定者都認為，鄉間沒有必要保留那麼多人口。因此史達林的集體化政策將多餘鄉農送往都市或古拉格去做工。就算他們因此餓死，那也無關宏旨。希特勒的殖民計畫則是預想著將數千萬人餓死與驅逐流放。[6]

蘇聯與納粹的政經體系都建立在集體制的基礎上，並以此控制社會群體，壓榨他們的資源。一九三〇年以降，史達林就以集體農場為工具來推動蘇聯鄉間的鉅變，後來德國於一九四一年入侵蘇聯後，占領區的政府也沿用集體農場制。在波蘭、立陶宛、拉脫維亞占領區和蘇聯各大城市，德國人推行一種新的集體制：猶太特區。儘管城市裡的猶太特區本來只是猶太人遭強制遷居的地點，後來也被用來壓榨他們的財產與勞動力。特區以猶太居民委員會為名義上的治理機構，但這委員會卻往往只能扮演募集「獻金」與組織勞動隊伍的角色。猶太特區與集體農場都是由當地人管理。納粹德國與蘇聯都籌建龐大的集中營體系。要是當年希特勒成功占取足夠的蘇聯土地，那麼他肯定會把猶太人與任何他所宣稱的敵人送到蘇聯建立的集中營去做工。

德、蘇兩國用來壓榨人民的地方體制看起來一樣，有時候也真的一樣，但兩者背後卻隱含著不同的未來願景。根據國家社會主義，各個社會群體之間的不平等是天生的，而且納粹也樂於接受這種不平等。例如，他們認為世界上的各種不平等，還有富有德國與貧窮蘇聯之間的不平等，都應該予以擴大。蘇聯體系則是在向外擴張的過程中把社會主義的平等觀強加在其他人身上。再也不需要更激烈的計畫，而社會主義本身的計畫就已經夠激烈了。游牧民族在進入蘇聯體系後被迫定居，蘇聯農民則是被迫為國家提供食物。若是其他國家被納入蘇聯，該國原有的上層階級就會遭消滅，慣用的手段包括招安、驅逐流放，甚或謀殺。原本就自給自足的社會若是被納入蘇聯，就會被迫接受蘇聯的社會體制，承認那是全世界最好的社會。就這層特別的意義而言，蘇聯體制是極具容納性的。納粹德國讓帝國的絕大多數民眾無法享受平等的公民權，但蘇聯卻是把幾乎所有人都容納在社會主義式的平等體制中。

史達林跟希特勒一樣，也老是把消滅與清除掛在嘴邊。不過，每當史達林要採取消滅行動時，總是以保衛蘇聯的國家或推進社會主義為藉口。在史達林主義的體制下，大屠殺的進行就只是為了要有效防衛社會主義，或只是在達成社會主義的進步故事中扮演某種角色。大屠殺從來就不是政治勝利本身。史達林的計畫是自給自足的國內殖民，只有在情況許可下才會往外擴張。相較之下，納粹的殖民卻完全仰賴一個極快達成的全面征服計畫，在東方建立一個龐大的邊疆帝國，讓德國的國土面積在戰後遠遠超越戰前。此一鴻圖大業的前提是，必須毀滅數千萬民眾。就實際狀況而言，遭納粹德國殺害者一般都不是德國人與德國裔，但蘇聯所殘殺的卻往往是蘇聯公民。

蘇聯大屠殺的高峰發生在承平時期，反觀納粹德國在戰爭開始前所殺的人數不會超過數千。但到了征服戰爭期間，納粹德國卻殺害了數百萬人，且殺人的速度在那時可說是史上最快。[7]

如今時移事易，對於是否要比較納粹與蘇聯體系，我們能夠有所選擇。但當年那些遭兩大政權衝擊的數億歐洲人，卻沒有選擇的餘裕。

對於兩大領袖與其體系的比較，自希特勒上臺之初就已開始。一九三三到四五年之間，數億歐洲人必須根據自己對國家社會主義與史達林主義的了解做出評估，且最後的選擇往往會深深影響自己的命運。對於一九三三年年初的廣大德國失業勞工來講，當然是如此，因為他們必須決定要把票投給社會民主黨、共產黨抑或納粹黨。這時，對於那些已經快餓死的烏克蘭農民也是如此，其中甚至有某些人冀望著德國能夠入侵烏克蘭，拯救他們於水深火熱之中。一九三〇年代後半，許多歐洲政治人物一樣也必須決定他們是否要加入史達林的人民陣線。波蘭政府在那幾年想必強烈感受到進退兩難，波蘭外交官也都極力與德、蘇兩強之間保持相等的距離，希望藉此避免遭到入侵的橫禍。

等到一九三九年德、蘇真的聯手入侵波蘭，該國軍官則是必須決定自己要向哪一邊投降，而波蘭猶太人（與其他波蘭公民）也得要決定到底是要逃往德國占領區，抑或蘇聯占領區。一九四一年德國入侵蘇聯後，某些蘇聯戰俘開始評估，到底該與德國合作，淪為通敵者，還是留在戰俘營面對餓死的可能性？哪個風險較高？白俄羅斯青年必須決定該加入蘇聯游擊隊或是德國警隊，必須趕在其中一方找上門來拉伕之前做出決定。一九四二年，明斯克猶太居民必須選擇留在猶太特區，或逃進森林裡投靠游擊隊。到了一九四四年，波蘭救國軍的指揮官們必須決定是否該試著憑自己的力量解放華沙，或者是要等待紅軍到來。一九三三年烏克蘭大饑荒的倖存者們後來大多會在德國的占領下過活；一九四一年的蘇聯戰俘若沒死於德國戰俘營，大多會回到蘇聯；猶太大屠殺的倖存者如果選擇留在歐洲，則大多會體驗到共產主義的生活方式。

這些歐洲人在關鍵時刻生活在關鍵的歐洲地區，背負著不得不選擇的宿命。如果我們願意，當然可以把這兩種體系分開，各自予以評估考量。但生活在兩種體系下的人民卻會體驗到兩者的交疊與互動。納粹與蘇聯有時是盟友，像他們入侵波蘭時就是。有時兩者雖是敵人，但目標卻維持一致：就像一九四四年華沙起義抗德，史達林就是選擇不予協助，因此也讓德國人先把那些叛軍殺掉，免得他們日後起身反抗共產黨統治。此即史家弗朗索瓦·傅勒（François Furet）所謂「既交戰又共謀」（belligerent complicity）的關係。無論是德國或蘇聯，兩者往往會因為對方的刺激而殺害更多人，數量更勝於本國政策造成的死亡人數。游擊戰堪稱這種狀況的極致：兩位領袖都促使對方採取更殘暴的手段。一九四二年以降，史達林明明知道游擊行動過後德國採取的大規模復仇行動會害蘇聯公民遭殃，他還是鼓吹白俄羅斯居民在占領區內進行游擊戰。希特勒對這個能夠趁機殺人的機會倒是大表歡迎，他說：「就算遇到斜眼看我們的人」也不要放過。[8]

二次大戰期間，血色大地所遭遇的入侵行動不是只有一次，而是兩次甚或三次。來到這片大地的占領政權也不是只有一個，而是兩個甚或三個。德軍入侵血色大地後開始大規模屠殺猶太人，但這個地方才在幾個月前遭併入蘇聯，數萬當地人遭到驅逐流放也不過才數週之久，而數千人在監獄裡遭槍斃更是只在幾天以前。蘇聯內務人民委員部屠殺大批囚犯，而納粹特別行動隊也充分利用這件事引發的怒火來動員當地人。在當地人的配合下，德國人殘殺了多達兩萬人左右，但這數字與猶太大屠殺的受害者數字相較只是九牛一毛，甚至不到百分之零點五。不過，正是因為德、蘇兩國的強權在這地區交疊，才讓納粹能夠更大聲宣傳他們的主張：布爾什維克主義就是猶太人的陰謀。

納粹與蘇聯的統治力道在這地區不斷累積，也衍生了其他大屠殺事件。遭德國占領後，白俄羅斯人甚至自相殘殺，有些凶手是德國警隊成員，也有些是蘇聯游擊隊隊員。在烏克蘭占領區，有烏克蘭警員逃離德國人的警隊，加入同胞所組成的游擊隊。接下來，藉著社會與民族革命的名義，這些警員殺了數萬波蘭人與烏克蘭同胞。這種累積的狀況也可能波及到距離血色大地數千里之遠的地方，使數百萬人生活大受影響，甚至因此送命。大批血色大地的蘇聯公民往東逃到蘇聯的核心地帶，但政府卻沒有相應的資源可以照顧他們的生計。古拉格的死亡率在戰時大增，正是因為德軍入侵後所帶來的食物短缺與運輸補給困難等問題。結果這造成至少五十萬人死亡，他們既是戰爭的受害者，也是兩個政權底下的冤魂。

即便如此，受到最激烈衝擊的地方，應該非那些連續遭占領好幾次的區域莫屬：希特勒在一九三九年簽訂《德蘇互不侵犯條約》後把那些地方讓給了史達林，一九四一年入侵蘇聯沒幾天後又通通搶了回去，最後在一九四四年又盡數被紅軍拿下。二次大戰前，這些地方本來是尚未遭併吞的愛沙尼亞、拉脫維亞、立陶宛，還有波蘭東部。雖說統治這些地方的都是獨裁的民族主義政權，而且民族主義的民粹氛圍當然也日趨嚴重，但一九三〇年代期間這些國家遭政府殺害或死於內鬥的人數全部加起來不會超過幾千人。到了一九三九至四一年蘇聯統治期間，這地區已有數十萬人遭驅逐流放到哈薩克與西伯利亞，被槍斃者也高達數萬人。由於猶太居民在這個區域居全歐洲之冠，到了德國於一九四一年入侵這片蘇聯才剛取得的領土後，當地猶太人就此落入德國人手中，插翅難飛。原本就住在這地區的猶太居民幾乎都遭殺光。後來到了一九四三年，烏克蘭游擊隊又把當地的波蘭裔人口都清除掉。接著蘇聯部隊於一九四四年入主此地後，再次進行種族清洗，烏克蘭裔與波蘭裔人口都性命不保。

這個位於莫洛托夫—里賓特洛甫線以東的區域，就是猶太大屠殺展開的地方，**也是**蘇聯兩度將其疆界往西拓展之處。在血色大地上這片具有特殊地位的領土裡，不但猶太大屠殺的受害者有超過四分之一是在這裡慘遭德國人毒手，大部分遭內務人民委員部處決的人也都是這裡的居民，而這裡更是大規模種族清洗行動的發生地。以莫洛托夫—里賓特洛甫線劃分的歐洲，可說是德、蘇兩國共同促成的結果。

希特勒與史達林的願景都是希望能夠透過改革帶來經濟成果，但對於兩者經濟政策後果有最痛苦領悟的人，就是這片血色大地上的居民。雖說國家社會主義與史達林主義的意識形態基本上南轅北轍，但兩套體制的經濟政策規劃者關切的卻是某些同樣的基本問題，而且兩國領袖所面對並想要改變的也是同樣的世界政經體系。脫離經濟，意識形態就無法運作，而在當年的時空背景下，經濟問題的關鍵基本上就在於能否掌握領土。當年無論是農耕或打仗，仍舊仰賴動物與人類提供勞動力。那時候的資本不但較難移動，也比較稀缺。食物被視為天然資源，油料、礦物與貴金屬也都是。因為第一次世界大戰，全球化已經停滯，全球性的經濟大蕭條也妨礙了自由貿易的進展。

從馬克思主義的角度觀之，現代世界裡沒有農民社會的容身之地。從納粹主義的角度看來，斯拉夫農民則是多餘人口（但德國農民不是）。德國農民將會靠自己留的汗來重新取得千里沃土，但在此之前必須先讓他人流血。這些當然是充滿意識形態的觀點，但就跟所有意識形態一樣，這些看法也是衍生自關於經濟利益的某種理解，並與那種理解進行對話。隨著兩大極權體制把理論付諸實現，若要讓納粹的殖民與蘇聯的自我殖民能行得通，那麼經濟利益與意識形態假設就必須能夠彼此印證。無論是領袖、經濟規劃者或行刑者，行動時都是著眼於經濟利益，心懷相應的思想。希特勒與史達林的大屠殺政策都展現出三個經濟面向：（一）都是政經改革大計的一環。（二）經濟因素都導致大屠殺政策的規模有所調整，以至於殺了更多或更少人。（三）在大屠殺期間與之後，都發生經濟底層成員洗劫富人的狀況。

根據史達林的鴻圖大業，農業集體化將會讓蘇聯脫胎換骨成為工業強國，且此舉有助於該國守住其固有疆域。但集體化卻帶來大饑荒，因為史達林故意將廣大烏克蘭民眾餓死。集體化也導致了大清洗行動，一開始的行動目標是那些不願配合、所以當外國勢力入侵時也許會通敵的農民。希特勒的遠大計劃，某種程度上可說是恰好相反。他打算在國外展開恐怖行動，毀掉那個被他認定領導著蘇聯的族群，繼而讓蘇聯政權垮臺。接著他會好好壓榨集體農場，把剩餘的穀物都提供德國使用。他的長期計劃則是建立一個由德國人統治的龐大邊疆帝國，境內完全沒有猶太人，且只有少量充當奴工的斯拉夫人。消滅猶太人向來就是希特勒的心願，但若非他以軍事力量實現此一在東方建立殖民地的願景，那麼數以百萬計的波蘭、蘇聯與波羅的海三國猶太人也不會落入他的手裡，最後遭其毒手。

當食物短缺的情況出現，無論這情況是否在計劃之內，希特勒與史達林都必須決定讓誰來承擔短缺的後果。這同時也會反映出，在他們的意識形態中哪些人是可以被犧牲的。一九三三年，史達林比較在意的是出口穀物牟利，就算犧牲數百萬農民也在所不惜。他決定讓農民送死，最後更決定了應該讓哪裡死最多農民：烏克蘭。這些農民眼睜睜看著原本可以救他們一命的大批穀物被裝上南下的火車，運往黑海的各個港口。一九四一年秋天，大批蘇聯士兵成為德意志國防軍的俘虜，他們大多將會死於飢餓或相關疾病。不過，即便是在過渡戰俘營與大型戰俘營裡，儘管絕大多數人都會丟掉性命，但還是可以看出一套殺人順序：猶太人立刻就遭槍斃，俄羅斯人、白俄羅斯人被餓死的可能性較高，至於德裔（還有烏克蘭裔）戰俘則是比較可能被徵召去做工。

即便是納粹的猶太人政策，也會因為情勢發展而做出某種程度改變。希特勒向來都想要消滅歐洲猶太人，只是直到一九四一年底他才清楚宣示必須殺光猶太人的政策。但就算這全面毀滅的政策已公開宣示，還是可以接受調整，藉此因應當時的種種經濟需求。例如，一九四一年冬天，為了要明斯克的猶太居民幫遭到圍困的德意志國防軍縫製冬天所需的外套與軍靴，納粹饒了他們一命。這顯然不是因為納粹的同情心，而是因為希特勒發動戰爭時沒讓陸軍攜帶冬裝，導致殺光猶太人的使命突然變得沒那麼重要，還是先避免德軍凍死比較要緊。後來這些猶太工人大多還是遭到殺害。一九四二年夏天，食物供給問題似乎比勞動力更為急迫，納粹也因此有理由加速進行毒殺波蘭占領區猶太居民的政策。一九四三年以降，勞動力似乎又變得比食物更重要，因此納粹讓某些仍然留存的猶太人活得更久一點，並不直接槍斃或毒殺，而是容許他們做工做到死。

大屠殺讓某些人得以奪取財物，甚至提升社會地位。從中得利者自然會對政權死心塌地，有時候甚至真心接受其意識形態。蘇聯在一九三〇年驅逐流放比較有錢的農民，十年後則驅逐流放了波蘭菁英階層，兩批遭流放者的財物都被洗劫一空。大清洗期間，比較資深的黨員遭槍斃或流放，這也為青年黨員騰出了晉升的空間。大屠殺也讓非猶太人有機會奪取猶太人的公寓與樓房，而極權政府本身當然也會逕行將財物充公。波蘭人與其他東歐人奪走了猶太人的財物，但到頭來這些掠奪者往往會遭德國人掠奪。波蘭軍官在卡廷森林遭槍斃前必須把身上的手錶與婚戒都交出來。明斯克的猶太兒童遭槍斃後，他們的襪子都留給了德國兒童。大批猶太男性在娘子谷遇害後，他們的手錶就落在德國男性手裡。猶太女性在瑪麗．特羅斯特內茲村慘遭毒手後，她們的毛皮外套全都交給德國女性挑選拿走。

法籍保加利亞裔哲學家茨維坦．托多洛夫（Tsvetan Todorov）曾宣稱：「從史達林與希特勒為自己設定的目標看來，他們所做出的選擇，還真是理性啊！」這句話並不總是正確，但大致上是對的。托多洛夫所謂的理性，是經濟學上的狹義理性：只要能為達成某個目的而選擇正確的手段，就是理性。至於那個目的為何，領袖想達成的是什麼，則不在考慮之列。但政治目標與經濟目標不同，必須另以某種倫理判準來論斷。理性的手段不見得就是正確的：「理性與否」跟「正確與否」是兩回事。不能因為納粹（與蘇聯）致力追求經濟目的，就對政權所犯下的道德錯誤從輕發落。那些罪行只是反映出兩者一樣草菅人命，以及兩大政權的統治方式有多少令人髮指之處。我們甚至應該說，正因為德、蘇政權都會微調其手段，也容許掠奪受害者的財物，那就更有理由對兩大政權進行道德譴責。不能因為種種經濟考量就寬容那殘殺成性又帶有強烈種族歧視色彩的意識形態。那些經濟考量反而印證了意識形態的影響。[9]

在殖民的過程中，意識形態與經濟因素會交互影響；在施政過程中，與意識形態交互影響的則是機會主義和恐懼。無論是從納粹或蘇聯的例子看來，大屠殺時代若非行政體系表現最積極的時代，至少也是行動最為一致的時代。若說行政機關內部曾有人抗命，那也只出現在民眾大規模死於非命的初期：在隸屬蘇聯的烏克蘭地區，就曾有共黨人士試圖把大饑荒的訊息往外傳達。不過他們很快就遭到開除黨籍、逮捕甚或驅逐流放的威脅，隨即選擇噤聲。這些勇於提出質疑的人後來有一部分出現一百八十度的大轉變，成為餓死民眾的積極幫凶。一九三七到三八年的大清洗期間，還有一九四一年首波屠殺猶太人行動進行時，指令從上級下達，基層往往會要求加碼，提高殺害的人數。在此同時，內務人民委員部本身也正遭逢清算鬥爭。在一九四一年來到蘇聯西部的親衛隊軍官們總會比較誰殺的人比較多，藉此證明自己能幹又忠心，行徑跟幾年前的內務人民委員部軍官如出一轍。為了讓他們在跟上級報告時能夠暫時得意洋洋，多少人丟了性命！

親衛隊與內務人民委員部的成員當然都算是某種菁英，兩者都經過特意篩選，且接受過思想教育。至於其他各種單位內的人員，如警員、士兵、投入警隊或民兵部隊的當地通敵者，有時候就不是只靠由上而下的命令就能促使他們配合行動。希特勒與史達林都善於讓手下的各種組織陷入道德上的兩難困境，進而讓大屠殺行動看來就像是兩害相權取其輕。一九三二年，烏共黨員在徵集穀物的行動上猶豫不決，但他們也深知若是無法達標，不但自己在黨內的前途堪虞，恐怕還會小命不保。德意志國防軍也不是每一位軍官都願意把蘇聯各城市的居民餓死，但當他們深信自己是在蘇聯民眾與德軍弟兄之間進行選擇，就會做出看似無可爭辯的決定。希特勒與史達林就是懂得利用這種關於戰爭的說詞來逼使人民服從他們（更精確說來，他們都把戰爭美化成預防性自衛），至少說服力要足以先發制人，避免手下抗命。[10]

歐洲的大屠殺年代結束後，幾十年之間各界都把責任歸咎於所謂的「通敵者」身上。最具代表性的通敵行徑，應該就是二戰期間效力德國，擔任警察或衛兵的蘇聯公民，而他們的職責之一就是屠殺猶太人。這些人通敵的理由，幾乎都不是因為他們真的信服敵人的意識形態，而且其中也只有一小部分看得出來通敵背後確有政治動機。沒錯，真有一些通敵者與正在進行占領的政權結成政治同盟：例如，因為蘇聯占領而流亡海外的立陶宛民族主義者，就是德軍在一九四一年帶往立陶宛占領區的盟友。在東歐，在政治上與德國人合作的通敵者，幾乎在先前都歷經了蘇聯統治的相關經驗，很難找到例外。不過，即便政治利益與觀念相通是促進雙方合作的關鍵，但要在意識形態上契合卻絕無可能：納粹不可能對非德國人平等視之，而且任何有自尊的非德國民族主義者也不可能接受納粹的雅利安民族至上論。納粹與各占領區的民族主義者往往都是出於共同利益與部分意識形態相符，才會一起致力於摧毀蘇聯與屠殺猶太人（但各地民族主義者中想要屠殺猶太人的較少）。相較之下，有遠多於此的通敵者只是選擇說一些中聽的話，或保持緘默，聽命行事。

在烏克蘭與白俄羅斯為德國人效力的當地警察都是權力結構底層的人物，他們並非納粹政權內部的要角，或根本就沒有權力可言。雖然猶太人的地位比他們更低，那些沒有警職的當地人亦然，但這些當地通敵者的地位已經低到無須對其通敵行徑提出更多解釋，至少不用比對親衛隊人員、黨員、士兵與警員的解釋更多。這種當地人通敵的行徑，跟一般人屈從權威一樣易於理解，有時他們甚或更容易屈服。德國人如果拒絕槍斃猶太人，至少不用面對嚴重後果。若當地人拒絕加入警隊，或是選擇離開警隊，卻又是另一回事：德國人不須面對的風險，像是餓死、驅逐流放與做苦工，都可能發生在他們身上。蘇聯戰俘如果接受德國提出的合作要求，也許可以避免餓死。為警方效力的蘇聯農民知道他們可以安居家中，保有自己的收成，不用看著家人餓死。這是一種負面的機會主義，也就是希望自己能避開更糟糕的厄運。猶太特區的猶太警察堪稱這種負面機會主義的代表——不過，這些人的投機選擇到頭來可能救不了任何人，包括他們自己。

在蘇聯體系裡，所謂「通敵者」就比較難定義。跟德國不同之處在於，蘇聯政府於承平時期所殺害的民眾人數遠高於戰時，而且不會光是長時間占領某個地區，不將其納入蘇聯國土或容許該地區享有正式的主權。話說回來，蘇聯政府在國內推行某些政策時本來就將其等同於「戰役」與「戰爭」。舉例說來，蘇聯就是在這樣的氛圍下鼓勵烏共幹部將其他烏克蘭同胞餓死。把快餓死的人手裡的食物奪走，算不算是「通敵」？這當然有討論空間，但無論如何蘇聯政權的例子都讓人大開眼界，居然有辦法促使許多人與政府合作，幫忙推動這種簡直像鄰居自相殘殺的政策。故意將人餓死是低級又殘暴的手段，而且耗時費日，所以這些共黨幹部與當地官員必須親眼目睹自己害死那些過去就認識的人。在鄂蘭看來，集體化帶來大饑荒，就此開啟了一種把人隔絕孤立於道德之外的情況，千千萬萬人在強而有力的現代國家面前都覺得自己絕望無助。不過，若按照另一位政治哲學家萊謝克．科拉科夫斯基（Leszek Kolakowski）的理解，鄂蘭只說對了一半：事實上，幾乎所有人都參與了這種把人餓死的行動，從把食物搶走的官員，到食用那些食物的人都是，這創造出一種「在道德上統一的全新物種」。[11]

任誰如果效力於某個政權時，心裡還是偏向先前的意識形態，那麼就不會真心真意為該政權付出。在血色大地上選擇與納粹合作的人，絕大多數接受的都是蘇聯的教育。莫洛托夫—里賓特洛甫線以東，那些原本獨立但遭納入蘇聯、後來又被德國占領統治的國家，某些人與德國人合作的原因是他們先前在蘇聯治下已經當過通敵者。占領政權由蘇聯人改為德國人當家後，先前幫蘇聯當過民兵者轉投納粹政權，成為警員。一九三九到四一年之間在蘇聯治下通敵的當地人深知，殺害猶太人就可以清除納粹對他們的疑慮。更早之前，某些烏克蘭民族主義分子也先後投效蘇聯與德國。在白俄羅斯，任何年輕人會加入蘇聯游擊隊或是德國警隊，往往只是取決於機緣湊巧。不少受過共產主義思想教育的蘇聯士兵在被俘後，成為德國所設滅絕營的工作人員。某些受過種族主義思想教育的猶太大屠殺凶手，則是加入了蘇聯游擊隊。

別忘了，對於任何拒斥意識形態的人，意識形態還是深具吸引力。要是因為事過境遷，或因為黨派偏見，就把跟意識形態相關的那些政治與經濟因素排除掉，那將會變成純粹從道德的角度去解釋大屠殺，如此一來也便宜行事地把意識形態的宣揚者跟殺人凶手給切割開來。要是我們把那些加害者當成想法錯誤、因此與我們截然不同的人，那未免也太過輕巧。無視經濟的重要性與政治因素的複雜性，的確能營造令人寬心的假象，但事實上卻沒有人能夠自外於政經因素而存在。無論是這段歷史的加害者，或我們這些思考大屠殺的人，都會受到那些因素影響。至少如今在西方，要認同受害者相對容易，但要去理解血色大地上的脈絡卻相對困難，即便那是受害者、加害者與旁觀者都共同身處其中的歷史場景。彷彿只要認同受害者，就能與加害者徹底切割，心裡就會有這樣的想法：啟動毒氣設施開關的特雷布林卡滅絕營守衛或負責行刑的內務人民委員部軍官，都不是我這種人；是他們那種人，殺害了像我這樣的普通人。不過，只是認同受害者，就能加深我們對此事的理解嗎？還有，這般與加害者徹底切割，難道就是合乎倫理的立場嗎？這兩個問題我們並無清楚解答。換言之，就算我們將歷史簡化為一齣齣道德劇，也不能確保自己就能變得比較道德。

不幸的是，就算宣稱自己站在受害者的立場，任誰也不能保證自己做的選擇都合乎倫理。史達林與希特勒兩人自從政以來到最後，不也都是宣稱自己是受害者？兩人還說服治下千千萬萬人口，說他們也都是受害者，都遭到資本主義或猶太人的國際陰謀欺壓。德國入侵波蘭時，甚至有德國士兵把某位波蘭人死亡時露出的扭曲表情，解讀為對德國人的非理性怨恨。烏克蘭大饑荒期間，也有烏共黨員表示他家門口堆了太多餓莩的屍體，擋住了他的出路。他們倆都把自己描繪為受害者。在二十世紀，所有大戰或大屠殺行動的發動者或加害者全都是一開始就聲稱自己無辜受害，沒有任何例外。到了二十一世紀，我們又在第二波侵略戰爭中看到這種自封為受害者的話術。發動戰爭的領袖不僅聲稱本國人民都是受害者，還明確提及他們所受的侵害，與二十世紀的那些大屠殺事件無異。人類這種自封為受害者的本領顯然沒有任何極限，而一旦有人深信自己是受害者，就有對別人施暴的強烈動機。一如那位在莫吉廖夫市槍殺嬰兒的奧地利警員，心裡只一心一意想著蘇聯會怎樣殘殺他的孩子們。

受害者是人，所以對他們真正的同情理解應該是去了解他們的人生，而非只是去審視他們的死亡。

根據定義，受害者都已死去，就算有人濫用他們的死亡，他們也無法為自己申辯。任何政策或身分只要與受害者之死綁在一起，就很容易獲得不容質疑的神聖地位。相反的，雖說大家都不願花時間去理解加害者的行為，這樣的理解在道德上反而更為迫切。畢竟，在道德上有危險的並非任何人都可能成為受害者，而是每個人都可能成為加害者或旁觀者。宣稱納粹加害者的存在超乎常理，一直都深具吸引力，因為這讓人有充分理由對德國人展開報復——例如，捷克斯洛伐克總統愛德華・貝奈斯（Edvard Beneš）與蘇聯的猶太裔作家伊利亞・愛倫堡（Ilya Ehrenburg），即便是像他們那樣傑出的政治人物與知識分子在戰時也不禁宣揚過這種論調。認定別人是次等人者，自己就是次等人。不過，要是我們否定這種惡徒的人性，那等於也否定了倫理學的可能性。[12]

要是忍受不了這種誘惑，宣稱其他人不配當人，那我們其實並沒有遠離納粹的立場，而是向著納粹而去。認定其他人無法了解，那就是放棄了尋找理解的方式，因此也無異於放棄了歷史。

要是我們認定無法從人性的角度去探討納粹或蘇聯的加害者，或無法從歷史的角度去理解他們，那就是掉進了他們的道德陷阱。比較安全的方式是先承認一件事：儘管促使他們大規模屠殺人類的那些動機令人感到厭惡，但對他們來講卻是合情合理。希姆萊曾表示，他樂意見到一百具，或五百具，甚至一千具屍體躺在一起。他的意思是，殺人等於是犧牲了殺人者靈魂的純粹性，而藉由此一犧牲，殺人者也將自己提升到更高的道德層次。這種說法反映出極其投入的精神。這例子儘管非常極端，卻讓我們看出納粹的價值觀並非全然無法理解：以群體之名，犧牲了個人。戈林曾說，他的良知名為阿道夫・希特勒。對於認定希特勒為「元首」的廣大德國群眾而言，信念是很重要的。儘管在選擇信任的對象時犯下罕見的大錯，但無可否認的是他們的確具有信仰的能力。聖雄甘地曾說，如果沒有惡，善也不存在：意思是跟行善的人一樣，群聚為惡者肯定也是把彼此視為同志，並且對他們的理念深信不疑。德國人的投入與信仰並沒讓他們成為善人，但至少讓他們證明自己還是人類。跟其他任何人一樣，他們也有進行倫理思考的能力，即便他們的想法受到嚴重誤導。[13]

史達林主義也是如此。史達林主義除了是一種政治體系，也是個道德立場。根據這套主義，無罪與有罪除了是兩個法律範疇，也是精神思想的範疇，而道德思考是無所不在的。某個烏共年輕幹部曾說：「我相信，正是因為我願意相信。」如此看來他當然有辦法搶走快餓死者的糧食，因為他認定自己的作為能夠促進社會主義的勝利。他仍然保有道德的感知能力，即便他的道德觀大錯特錯。具德共黨員身分的作家瑪加蕾特．布貝—諾伊曼（Margarete Buber-Neumann）遭囚禁於加拉干達（Karaganda）的古拉格集中營時，有個獄友曾對她說：「要煎蛋總得打破幾顆蛋。」許多史達林主義者與認同其理念的人一心以建設公正又安全的蘇維埃國家為目標，所以認定大饑荒與大清洗造成的損失有其必要。從那龐大的死亡人數看來，那目標對他們來講應該有非常強大的吸引力。

不過，用這種方式為大屠殺尋找藉口，也就是把「當下的惡行」包裝成「未來的善行」，非但失之於太過浪漫，而且根本就是錯誤的。就算他們選擇什麼也不做，或許結果還遠勝於做了一堆壞事。採取比較溫和的政策路線，或許更有可能達成目標。要是有人相信這種「偉大進步必定伴隨著龐大苦難」的論調，那就是接受了某種神祕主義式的被虐待狂：有人感到痛苦，就表示這是一件好事，或者隨後會有好事出現。要是宣揚這種自我思考的方式，則是一種神祕主義式的虐待狂：之所以讓別人感到痛苦，那是因為我想達成一個更高遠的目標，對這目標我一清二楚。因為工人階級代表歷史進步的力量，蘇共代表工人階級，蘇共中央委員會代表蘇共，蘇共中央政治局代表中央委員會，而史達林又代表中央政治局，那麼他就擁有某種特殊話語權，彷彿他所說的一切就是歷史的必然。這種特殊地位讓他得以免責，無論犯什麼錯都可以歸咎於別人。[14]

無可否認的是，大饑荒的確帶來了某種政治穩定。但同樣不能迴避的問題是：這難道是人們所希冀的，或是應該希冀的安穩平靜嗎？從古迄今，大屠殺的行刑者就與下達命令的政權密不可分，但這種政治忠誠正確無誤嗎？有些政權的確可以靠恐怖手段來維穩與團結，但這種政權是我們樂見的嗎？殘殺民眾也的確是符合了某類領袖的利益與旨趣，只是我們該問的並非「這一切在歷史上是否真確無誤？」而是該問：我們所樂見的到底是什麼？這些領袖都是善良的領袖，而這些政權都是善良的政權嗎？如果不是，那麼問題就在於：此等殘殺成性的政策要怎樣才能避免？

在強調「紀念」的當代文化氛圍下，論者每每以為只要我們能做到「勿忘死者」，就能避免大屠殺再次發生。當我們面對如此龐大的死亡數字時，往往會傾向於這樣的想法：他們肯定是因為某種超驗的價值而死去，而只要我們透過政治活動來予以紀念，就能夠將那種價值予以彰顯、發揚與保存。結果，所謂的超驗價值就變成民族的價值。數以百萬計的受害者肯定是為國捐軀，他們讓蘇聯贏得一場「偉大的衛國戰爭」，或是讓美國贏得一場正義之戰。歐洲必然已經學到了姑息養奸的教訓，波蘭則是因為爭取自由而留下歷史傳奇，烏克蘭在戰時出了許多英雄，白俄羅斯想必也證明了自己的品格，至於猶太人則是實現了錫安主義的復國宿命。不過，前述一切都只是事後的合理化，儘管那些說法的確都道出了關於民族政治與民族心理的某些事實，但卻都幾乎與記憶本身無涉。死者不會遭到遺忘，但人一死就什麼也記不得。掌權的是別人，決定他們如何死去的也是別人。隨後，為他們因何理由死去提出解釋的，又是另一批人。當有人要為殺戮事件賦予意義，就會產生「殺得越多，意義越大」的風險。

這或許就是歷史的功能所在：歷史既不僅止於對死亡的記錄，也不只是對該紀錄不斷地重新詮釋，歷史介於這兩者之間。唯有寫一部關於大屠殺的歷史，可以把數字與記憶聯繫起來。沒有歷史，記憶都只是私己的記憶，而如今這種記憶都帶有民族性；沒有歷史，數字變成公開的數字，淪為各國援引的工具，用於國際間競相扮演殉道者的角色。換言之，記憶是我的，所以我有權任意處置記憶；數字是客觀的，所以無論你喜歡與否，都必須接受我所計算出來的數字。這樣的思考方式讓民族主義者得以用一隻手擁抱自己，同時伸出另一隻手來攻擊鄰國。二次大戰告終後，血色大地之上（與之外）的民族主義者們耽溺於統計受害人數，盡情誇大數字，好似能藉此證明自己的清白之身——到共產主義垮臺了，同樣的事又重演了一遍。

到了二十一世紀，為了強調自己的受害者角色，俄國政府高層一再重申蘇聯在二戰期間的死亡人數：軍方有九百萬人捐軀，而民眾的死亡人數則是介於一千四百萬到一千七百萬之間。這些數字大致上算是官方數字，但仍具有高度爭議性。跟我在這本書裡面提出的大部分數據有所不同，前述數字是根據人口數字而得出的估算值，並非真正加總出來的數字。不過，無論這些數字是對是錯，怎樣都應該算是

全蘇聯的死亡人口，不單只是俄羅斯的。無論正確的蘇聯死亡人數為何，**俄羅斯**的死亡人數一定遠遠不及。蘇聯的死亡人數如此之高，是因為其中包含了烏克蘭、白俄羅斯與波羅的海三國。死亡人數尤其高的地方在蘇聯於一九三九年占領的那些地區與國家：波蘭東部、波羅的海三國與羅馬尼亞東北部。若把總人口數考慮進去，那些地方的死亡人數實在高得離譜，而且很多死者並非慘遭德國人毒手，而是被入侵者蘇聯殺掉。除了六萬名死去的俄羅斯猶太人，猶太人在死亡人數中占相當高的比例，特別是烏克蘭與白俄羅斯的猶太裔蘇聯人（將近一百萬），還有那些家園先是遭蘇聯占領，接著又死於德國人手上的猶太人（另有一百六十萬人）。

德國人謀殺的蘇俄民眾與戰俘人數可能高達三百二十萬，如果用俄羅斯**本身的人口數**來算，此一數字比烏克蘭與波蘭都還要低，因為這兩個國家都比俄羅斯小多了，人口規模都只有俄羅斯的五分之一左右。偶爾有人會提出比較高的俄羅斯民眾死亡人數，要是那些數字正確無誤，那就可能從兩個角度來進行詮釋。首先，蘇聯士兵的死亡人數實際上可能高於蘇聯的統計，而這些人雖說被劃歸到民眾死亡人數，但實際上都是士兵。另一個可能的角度是，這些人雖說被劃歸到龐大的戰死人口，但實際上並非遭德國人殺害，而是在戰時死於饑荒、身心耗弱或者**蘇聯政府的**打壓。第二種詮釋反映出，戰時較多俄羅斯人死於非命的地方可能並非希特勒治下的土地，反而是史達林掌控的區域。儘管這些人的死亡必須歸咎於德、蘇雙方，但此一狀況很可能是事實。[15]

我們就來看看古拉格的例子。大多數蘇聯集中營都位於俄羅斯，與德國人所占領地區域相距甚遠。德國於一九四一年六月入侵蘇聯之際，大約有四百萬蘇聯公民遭囚禁於古拉格。在戰時，蘇聯政府又把另外兩百五十萬公民流放到古拉格去。在德國的勢力不及之處，內務人民委員部的影響力可說無所不在，就連遭到圍城且市民都快被餓死的列寧格勒也不例外。一九四一到四三年之間，官方所登記的古拉格囚犯死亡人數約為五十一萬六千八百四十一，但實際數字可能更高於此。要是德國並未入侵蘇聯，這數十萬人也許不會死；但話說回來，要是他們並未被關在古拉格，也就不會如此容易死去。即便希特勒的入侵戰爭導致蘇聯集中營的許多人加速死去，但這些死亡人數並不能直接被歸類為慘遭德國毒手。[16]

其他人，像是烏克蘭的居民，若與俄羅斯的居民相較，死於史達林與希特勒之手的人數都比較多。在戰前的蘇聯，少數族群遭史達林大清洗行動迫害的可能性遠高於俄羅斯人（但仍有不少俄羅斯人受到迫害），而烏克蘭人或哈薩克人受大饑荒威脅的可能性也遠高於俄羅斯人（但一樣也有不少俄羅斯人受此威脅）。入侵戰爭期間，烏克蘭居民大多數時間都生活在德國占領政府之下，這時當地的死亡率遠高於俄羅斯地區。在整個大屠殺時代期間，今天屬於烏克蘭的廣大土地始終是史達林與希特勒屠殺政策針對的區域。一九三三到三八年之間，史達林的政策害死了大約三百五十萬人；後來到了一九四一到四四年之間，希特勒的政策又害死了三百五十萬人。戰時可能還另有三百萬烏克蘭居民因為德、蘇雙方交戰而死亡，或者因為戰爭而間接遇害。

即便如此，烏克蘭在獨立後有時候還是會為了政治目的而誇大其詞。烏克蘭是一九三二到三三年之間史達林刻意餓死廣大民眾的地方，也是一九四一到四四年之間納粹進行猶太大屠殺的地方。然而，大饑荒的烏克蘭人死亡人數已經被灌水，甚至多過大屠殺害死的猶太人。二〇〇五到〇九年之間，與各個國家機構有關的烏克蘭史家屢屢提及大饑荒的死亡人數高達一千萬，但卻無意對這數字詳加說明。二〇一〇年年初，官方所提供的大饑荒死亡人數驟降為三百九十四萬。這不尋常的下修之舉值得讚許，讓官方的立場變得比較趨近於真實狀況（二〇一〇年以來的人口統計證實了這一估計的合理性）。[17]

白俄羅斯是德、蘇兩國戰時激烈角力的舞臺，因此德國掌控下狀況最慘烈的占領區莫過於白俄羅斯。若把人口數考量進去，白俄羅斯因戰爭而導致的死亡率甚至高於烏克蘭。白俄羅斯菁英階層遭連根拔起的狀況甚至比波蘭更慘：首先是內務人民委員部在一九三七到三八年之間以間諜罪名大肆捕殺知識分子，後來到了一九四二到四三年之間，蘇聯游擊隊又以通敵之名殺害了許多中小學老師。德軍轟炸、難民與饑民外逃，再加上猶太大屠殺，在在都導致首都明斯克的人口大減，一直要到戰後才重建，重新成為蘇聯的重要都會。即使如此，白俄羅斯也遵循前述的潮流，誇大傷亡。白俄羅斯各地區有百分之二十的戰前人口死於第二次大戰期間，但迄今學校教育灌輸給學生的數字並非五分之一，而是多達三分之一。而且白俄羅斯年輕人似乎也相信此一數字。由於該國政府以蘇聯的遺緒為傲，所以拒絕承認史達林主義害死廣大民眾，而是把帳都算在德國，甚至算在所有西方國家頭上。[18]

此一灌水現象並非只出現在蘇聯瓦解或共產政權垮臺之後，這點我們可以從德國的案例看得出來。事實上，德國人對猶太大屠殺所進行的釐清工作值得讚賞，堪稱典範，所以問題並不在這方面。德國人追悼猶太大屠殺之舉可說是絕無僅有的範例，政界、知識界與教育界都明確表達出該國必須為大屠殺負責，我們甚至會希望其他社會可以遵循類似的道路。不過，部分德國媒體人與史家卻喜歡誇大有多少德國人死於戰時，以及戰後撤退、逃亡或驅逐流放途中，舉出嚴重不實的數字。迄今仍有人引用的德國人死亡人數高達一百萬甚或兩百萬，且完全沒有提出說明。

早在一九七四年，一則根據西德檔案資料而撰寫的報告指出，德國人與德裔居民從波蘭逃走或遭驅逐後的死亡人數大約是四十萬。不過，這報告在當時受到打壓，因為數字太低，無法藉由記錄受害者的人數而達到政治目的。該份報告還對捷克斯洛伐克的德國人與德裔居民死亡人數進行估算，大約是二十萬人。根據後來一份由捷克與德國兩國史家所聯合撰寫的報告指出，二十萬這個數字應該是被灌水了有十倍之多。所以，我們最好也把前述的四十萬這個數字（本書第十章亦有引述）視為最大值，而非最低值。

那些在戰時逃亡或被撤離的德國人與德裔居民，以及在德軍挺進或後撤時忙著逃亡或被撤離的蘇聯與波蘭公民，兩者皆有著類似的命運，只是後者人數更多。那些戰爭結束時遭驅逐流放的德國人與德裔居民，雖然人數不及戰時與戰後遭驅逐流放的蘇聯與波蘭公民，但兩者的經驗多有可以相互類比之處。不過，這些德國人與德裔居民只是逃亡、被撤離或被驅逐流放而已，他們的經驗完全無法比擬那一千萬死於德國大屠殺政策的波蘭、蘇聯、立陶宛、拉脫維亞公民、猶太人與其他族群成員。種族清洗與大屠殺儘管在某些方面有所關聯，但畢竟是兩回事。就算那些德國人與德裔居民在逃亡或驅逐流放途中遇到最可怕的經驗，跟大屠殺政策仍是相去甚遠，因為大屠殺意味著有計畫地故意把人餓死、恐怖大清洗或猶太大屠殺。[19]

在波蘭以外，許多有波蘭血統的人也是受苦受難，但卻很少人注意。即便波蘭史家也很少回憶那些一九三〇年代初期在哈薩克、烏克蘭地區遭刻意餓死，或是一九三〇年代末期史達林大清洗期間遭槍斃的波蘭裔蘇聯人。沒有人提過一九三〇年代期間，承受最多苦難的歐洲地區少數族群莫過於波蘭裔蘇聯人。也很少人提及的一個驚人事實是，內務人民委員部在波蘭東部占領區所逮捕的人比蘇聯其他地區都還要多。一九三九年華沙遭德軍轟炸期間死亡的波蘭人人數，大約相當於一九四五年德勒斯登大轟炸期間遇害的德國人。對於波蘭人而言，那一次轟炸行動只是戰爭的開端，是戰時最血腥的占領行動之一，隨後又有幾百萬波蘭公民死於納粹德國之手。廣島與長崎兩次核爆導致許多日本人遇害，但可別忘了，光是華沙起義期間死掉的波蘭人人數就更多。一九三三年波蘭**非猶太裔**的華沙居民到一九四五年還存活著的機率，也大約與一九三三年期間猶太人在德國的生存機率相當。戰時非猶太的波蘭人遭殺害的人數之多，幾乎相當於在奧斯威辛被毒殺的歐洲猶太人。就奧斯威辛的大屠殺而言，**非猶太裔**波蘭人遇害的人數其實比歐洲任何一國猶太人死於那裡的人數都還多，只有匈牙利與波蘭自身例外。

波蘭申請加入歐盟時，波蘭文學批評家瑪麗亞·亞尼昂（Maria Janion）曾評論道：「成為歐洲的一分子，我沒意見，但必須跟我們死去的同胞一起。」當務之急是盡可能了解那些死者，包括到底有多少人遇難。波蘭的死難人數的確極其龐大，但即便是該國政府也會為了政治目的而在受害者人數上灌水。根據波蘭歷史課本記載，戰時遭殺害的波蘭人與猶太人數量多達六百萬。這數字似乎最先是在一九四六年十二月由赫赫有名的史達林主義者雅各·貝爾曼（Jakub Berman）提出，其政治目的在於，讓國內民眾以為波蘭人與猶太人的死難人數一樣多。後來他將數字「下修」為四百八十萬，可能比較接近真實狀況。即便少了很多，但這數字依舊非常龐大。波蘭可能有大約一百萬非猶太公民慘遭德國人毒手，被蘇聯人殺害的另有十萬左右。另外還有一百萬波蘭人，可能是因為戰時的暴行與軍事行動而死亡。這些都是令人咋舌的龐大數字。令人難以想像的是，與後來歷經德國占領的西歐各國國民相較，非猶太波蘭人真可謂命運多舛。即便如此，波蘭猶太人的遭遇還是更慘：戰時他們遭屠殺的比率還是非猶太波蘭人的十五倍左右。[20]

一九三三到四五年的這十二年之間，遭德、蘇兩大政權刻意害死的民眾高達一千四百萬人。我們才剛要開始了解這大屠殺年代，壓根算不上熟悉。由於死亡數字屢遭誇大，歐洲人就像是把數百萬不存在的幽靈帶進了他們的文化裡。不幸的是，這些幽靈的影響力不小。歐洲人爭先恐後扮演受害者的角色，最後有可能因此發展出某種帝國主義。一九九〇年代的南斯拉夫就是一個例子。當時內戰可謂烽火連天，理由之一就是塞爾維亞人深信他們的先人遭大規模屠殺，殊不知那些數字也是經過大量灌水。在罔顧歷史的情況下，數字就會暴增，記憶淪為各說各話，結果對所有人來說都是災難一場。

死者真能歸屬於任何人嗎？在四百多萬遭德國人殺害的波蘭公民中，大約有三百萬是猶太人。在計算死者人數時，這些猶太人都被歸類為波蘭公民，而他們也的確都是。這些猶太人很多都有強烈國家認同，認為自己就是波蘭人，但另外也有些猶太死者想法完全相反，根本不當自己是波蘭人。這些猶太人裡面也有一百多萬人會被當成蘇聯公民來計算，因為在二次大戰開始之際，蘇聯將他們所居住的東半部波蘭吞併為國土。這些人所居住的土地，現在大多隸屬於蘇聯瓦解後獨立的烏克蘭共和國。

在烏克蘭科維爾市那間猶太大教堂牆上留下遺言給母親的猶太女孩，究竟應該算是波蘭、蘇聯、以色列抑或烏克蘭歷史的一部分呢？她的遺言是以波蘭文寫成，當天在同一間猶太大教堂裡也有人用意第緒文留言。那麼，當年在基輔的娘子谷勸女兒逃走的猶太母親又該歸屬於哪一方？她跟女兒荻娜·普羅尼契娃講話時是用俄語，而基輔今天是烏克蘭的首都。科維爾與基輔的大多數猶太人，就跟東歐很大一部分猶太人一樣，都不是錫安主義者或共產主義者，跟波蘭裔或烏克蘭裔蘇聯人也不一樣。他們真的可以被納為以色列、波蘭、烏克蘭或蘇聯的死者嗎？他們都是猶太人，但其中有波蘭公民也有蘇聯公民，他們的鄰人則都是烏克蘭人、波蘭人或俄羅斯人。相當程度上他們應該被寫入波蘭、烏克蘭、蘇聯、俄羅斯的歷史中，但這四個國家的歷史卻又是截然有別的。

受害者亡故後有親友、後人為他們哀悼。加害者殺人後則是留下數字。死後成為眾多沒沒無聞受害者之一，彷彿一滴水落入溪流，化為烏有。受害者在死後又被各國徵召，加入一場讓記憶變成各說各話的競賽，成為各國政府提出佐證數字的一部分，形同是犧牲了自己的個體性。這種做法應該遭歷史揚棄，因為歷史假設的前提是，每個人都是不可化約的存在。歷史複雜無比，歷史是我們都可以擁有與共享的。所以，即便我們把所有數字都理清了，還是得要小心翼翼，因為光有正確數字並不夠。

透過每一筆死者的紀錄，我們可以隱約看出他們每個人特有的人生體驗，但無法窺見全貌。我們絕對不能只是把每一筆死者的數字理清而已，還要恢復每位受害者的個別樣貌。能禁得起仔細審視的猶太大屠殺數字如下：五百七十萬猶太人遇害，其中五百四十萬死於納粹德國之手。不過，跟所有其他數字一樣，我們絕不能把這五百七十萬當成一個沒幾個人能夠理解的抽象數字，而是要時時牢記：這是**個別死亡事件**發生了五百七十萬次的結果。這些猶太人的形象一點也不模糊，死亡也絕非抽象的概念。那些人多到幾乎無法計算，但我們還是要算清楚，因為他們都曾是活生生的人：科維爾市猶太大教堂的那位女孩名叫多蓓夏·卡根（Dobcia Kagan），此外跟她一樣在那教堂裡的所有人，還有在科維爾，在烏克蘭，在東歐，甚或在全歐洲被殺的每位猶太人，全都是有名有姓的人。

紀念死者的文化有其原則，所有數字都是四捨五入，因此每個數字之間的差異都是以十為單位。不過，要是每個數字的尾數並非零，在沒有四捨五入的狀況下，我們好像比較容易緬懷死者。以猶太大屠殺為例，要是特雷布林卡的死者人數是七十八萬零八百六十三，我們也許能更容易地想到那些死者各自不同：尾數那三人可能就是遭毒殺後衣服交纏在一起的威廉伯格家姊妹檔，伊妲與塔瑪拉，還有在進入毒氣室前對著剪下她頭髮的男子哭泣的露絲．多夫曼。或者，我們也可以比較容易想像在娘子谷遇難的三萬三千七百六十一個猶太人裡，尾數那一位是誰：不如說就是荻娜．普羅尼契娃的母親。事實上，每個猶太人都有可能是那最後一人──他們肯定是，也的確是。

在血色大地的大屠殺歷史中，我們要回憶的亡者包括那一百萬個（個別死去的）列寧格勒圍城戰役餓莩、一九四一到四四年間那三百一十萬個（個別死去的）蘇聯戰俘，或是一九三二到三三年之間遭蘇聯政權活活餓死的三百三十萬個（個別死去的）烏克蘭農民。我們永遠無法把這些數字搞得精準清楚，但還是不能忘記每個數字都由個人構成：做出恐怖選擇的農夫家庭、在壕溝裡相擁取暖的戰俘，還有在列寧格勒眼睜睜看著家人相繼去世的孩子們，像是塔妮雅．沙維契娃。

一九三七到三八年史達林大清洗行動期間遭槍斃的六十八萬一千六百九十二人，每個人都有不同的人生故事：最後的那兩個人，也許就是那一對「在地下重逢」的夫妻檔：瑪麗亞．尤瑞維茲與斯坦尼斯瓦夫．維格諾斯基。一九四〇年遭內務人民委員部槍斃的兩萬一千八百九十二位波蘭戰俘，每個也都是活生生的人。尾數那兩位也許就是夢見女兒的父親多比斯瓦．雅庫波維茨，還有腦袋遭子彈貫穿那一天還在日記裡寫到婚戒的人夫亞當・索爾斯基。

納粹與蘇聯兩大政權把活生生的人變成數字，但有些數字只是估算值，有些重建起來的數字則是具有一定的精確性。身為學者，我們的任務是追查種種數字，用各種角度來看待它們。身為人文主義者，我們有必要把數字變回活生生的人。要是我們做不到，那麼希特勒與史達林就不只是改變了我們的世界，甚至還抹滅了我們的人性。

致謝

寫作是斷斷續續的孤絕。寫一本書最快樂的時候，就是感謝那些幫助過自己的人。

本書的起源，緣於維也納人文科學研究院的克日什托夫·米哈爾斯基（Krzysztof Michalski）和克勞斯·內倫（Klaus Nellen）這兩人，要我把想法的起源好好交代。人文科學研究院舉辦的「統一的歐洲，分裂的記憶」研討會，讓我有幸在維也納和耶魯大學，跟幾十位優秀的歷史學家一起討論。我在老家耶魯寫完手稿，然後在人文科學研究院修改。耶魯的同事替我設立了相當高的標準。人文科學研究院的 Susanne Froeschl、Mary Nicklas、Marie-Therese Porzer 等工作人員則幫助我完成這本書。感謝耶魯給我公休，尤其感謝歷史系系主任 Laura Engelstein 的關心。感謝伊恩·夏比洛（Ian Shapiro）和耶魯大學的麥克米倫中心（Macmillan Center），資助我的研究。感謝熱情又優秀的 Marcy Kaufman 和 Marianne Lyden，讓我能一邊處理耶魯的行政工作，一邊兼顧研究與教學。

構思與草擬本書的過程中，我有幸遇到很多優秀大方的耶魯研究生，其中許多人接下重擔，加入了這個主題的討論。每一個人都讀過本書的草稿，或者跟我聊過這本書。感謝他們的認真坦率與溫柔，感謝在思想上有他們相伴，尤其是 Jadwiga Biskupska、Marysia Blackwood、Sarah Cameron、Yedida Kanfer、Kathleen Minahan、Claire Morelon、David Petruccelli。無論是這些專題討論，或者是我的研究，都仰賴耶魯大學史特靈紀念圖書館（Sterling Memorial Library）的豐富館藏，以及斯拉夫語閱覽室的Tatjana Lorkovic、William Larsh 提供協助。感謝 Beth Reisfeld 和 Andrew Koss 這兩位傑出的歷史學系大學生幫助我的研究。如果沒有 Daniel Markovits、Sarah Bilston、Stefanie Markovits、Ben Polak 協助，我也無法想像自己能在紐哈芬做研究。想到耶魯，我就想到他們。

讓我受益匪淺的是，許多同事和朋友放下手邊的工作，閱讀本書的部分章節。他們是Bradley Abrams、Pertti Ahonen、Pavel Barša、Tina Bennett、David Brandenberger、亞契・布朗（Archie Brown）、克里斯多夫・布朗寧（Christopher Browning）、已故的Anna Cienciała、Jeff Dolven、Ben Frommer、Olivia Judson、Alex Kay、Ben Kiernan、黑宮廣昭（Hiroaki Kuromiya）、馬克・馬佐爾（Mark Mazower）、Wolfgang Mueller、Stuart Rachels、Thomas W. Simons、Jr.、Will Sulkin、亞當・圖澤（Adam Tooze）、Robert Jan Van Pelt、Jeffrey Veidlinger、Lynne Viola、Iryna Vushko。Dieter Pohl和Wendy Lower讀了草稿的很大一部分。Nancy Wingfield耐心地讀完整份草稿，還給我意見。Marci Shore也讀了草稿，她是我在人文研究的榜樣。當然，不會所有人都同意我的詮釋，而他們提出的批評對本書至關重要。完稿的一切不足之處，都是我的責任。

打從我著手撰寫開始，Ray Brandon 就一直以百科全書式的豐富知識和充沛的批判精神來協助我完成這本書。提摩西・賈頓艾許（Timothy Garton Ash）提點我許多重要觀念，讓我寫得更加清楚。初稿開始動筆後，我每週都會跟東尼・賈德（Tony Judt）討論另一本相關著作（編按：《想想二十世紀》）。這類討論改變了我對人民陣線、西班牙內戰等議題的看法。過去十年，我與白德甫（Omer

Bartov）、楊・格羅斯（Jan Gross）、諾曼・奈馬克（Norman Naimark）在許多場合的交流辯論，深化了我對相關議題的思考敏銳度。與耶魯大學的前輩史家彼得・萬迪茲（Piotr Wandycz）的對話，多年來惠我良多。跟伊沃・巴納克（Ivo Banac）一起在耶魯大學開設東歐史的課程，也使我眼界開闊。我後來也發現，這些主題都跟自己求學時學到的馬克思主義基本問題有關，感謝布朗大學的恩師瑪莉・格魯克（Mary Gluck）和克里斯・馬里奧（Chris Mauriello），以及已故的牛津大學老師萊澤克・科拉科夫斯基（Leszek Kolakowski）的教誨。雖然我在多年前沒有聽從約翰・威廉姆森（John Williamson）的建議，繼續攻讀經濟學，但我目前的經濟直覺和經濟知識多半還是要歸功於他。我奶奶 Marianna Snyder 跟我談過經濟大蕭條，父親 Estel Eugene Snyder 和母親 Christine Hadley Snyder 則跟我討論農業經濟的問題。我的兄弟 Philip Snyder 和 Michael Snyder，則協助我理出本書序章的切入方法。

本書的材料，是學者多年來研究大量檔案並進行大量思考的結果。我要感謝參考書目中各檔案館的管理員。在東歐，檔案館容易給人封閉的印象，但歷史學家知道很多檔案都是開放的，也明白我們的研究有賴於這些人努力讓檔案維持開放。本書研究時使用到德語、波蘭語、俄語、烏克蘭語、白俄羅斯語、意第緒語、捷克語、斯洛伐克語、法語、英語史料，也需要去處理主流史學的許多重要爭論，尤其是德國史學界。我相信那些我讀不懂的史料，同樣有助於這份研究。那些教我語言、讓我讀懂這些史料的朋友，真是給了我莫大的幫助，尤其是 Volodymyr Dibrova 和 Kurt Krottendorfer 這兩位優秀的語言老師。早年，Mark Garrison 和已故的查爾斯・W・梅恩斯（Charles William Maynes）讓我理解到學習新語言與跨出舒適圈有多麼重要。後來到了東歐，Milada Anna Vachudová 也給了我類似的教導。史蒂芬・彼得・羅森（Stephen Peter Rosen）和已故的塞繆爾・杭廷頓（Samuel Huntington）都鼓勵我多學習新語言，進一步認識東歐人，他們也在我需要時提供必要的協助。我會成為研究東歐地區的歷史學家，而非個別東歐國家的國別史家，都要感謝哈佛大學。若沒有當年在哈佛所寫的舊作《民族重建》（*The Reconstruction of Nations*），也就不會有今天的這本書。

除此之外，本書的靈感和素材還來自很多地方。Karel Berkhoff、Robert Chandler、Martin Dean、Grzegorz Motyka 慷慨分享了尚未發表的作品。Dariusz Gawin 提醒我該去讀華沙起義的著作。Gerald Krieghofer 找了很重要的報導給我看。Rafał Wnuk 非常親切地跟我聊他的家族史。Ola Hnatiuk、已故的耶日・耶德利基（Jerzy Jedlicki）、Kasia Jesień、Ivan Krastev、Andrzej Paczkowski、Oxana Shevel、Roman Szporluk、Andrzej Waśkiewicz，以及已故的 Jerzy Giedroyc 和 Tomasz Merta，都幫助我看清問題所在。每一次跟「蜂巢製圖」（Beehive Mapping）的 Jonathan Wyss、Kelly Sandefer 討論地圖，都使我得到許多的啟發。版權代理公司尼潤與威廉斯（Kneerim & Williams）的 Steve Wasserman 幫忙讓這本書出版，一起決定書名，還給了我寫書評的機會去思考書中的許多問題。珀爾修斯出版社（Perseus Books）的 Chris Arden、Ross Curley、Adam Eaglin、Alex Littlefield、Kay Mariea、Cassie Nelson、Brandon Proia 都給了我很多幫助。Basic Books 的 Lara Heimert 則讓我理解到，構思與撰寫本書時的一切需要。新版序言則要感謝 Basic Books 的 Brian Distelberg。

我曾在維爾紐斯的 Eurozine 研討會演講，講題是大屠殺歷史與記憶之間的失衡。感謝邀請我去演講的 Carl Henrik Fredriksson。已故的 Robert Silvers 在一篇文章中幫我整理了該演講引發的爭論，也成了我嘗試用本書回答的問題。他跟《紐約書評》（*New York Review of Books*）的同事曾在一九九五年幫史家諾曼．戴維斯（Norman Davies）發表過一篇文章，該文使我注意到先前自己研究方法上的不足之處。

演講產生交流。而我在紐約猶太遺產博物館、根沙根基金會（Stiftung Genshagen）、里斯本的葡萄牙天主教大學（Universidade Católica Portuguesa）、布拉提斯拉瓦（Bratislava）的中歐論壇（Central European Forum）、華沙的德國史研究所（Deutsches Historisches Institut）和巴特里研究所（Instytut Batorego）、柏林的愛因斯坦論壇（Einstein Forum）、斯德哥爾摩的生活史論壇（Forum för Levande Historia）、維也納的克萊斯基論壇（Kreisky Forum），以及在哈佛大學、哥倫比亞大學、普林斯頓大學、倫敦大學伯貝克學院、劍橋大學等地的演講，都成為檢驗研究成果的試金石。我要特別感謝艾瑞克．魏茲（Eric Weitz）對顯性比較與隱性比較的區分，以及尼古拉斯．史塔加特（Nicholas Stargardt）提出的概念，幫助我明白納粹開啟東線大災禍的經濟動機。我還要感謝艾瑞克．霍布斯邦（Eric Hobsbawm），無論是在倫敦或柏林，他都樂意提供我比較方法上的建議。

想到所有人給予過的幫助，以及一次又一次的交流，感激之情便湧上了心頭。

附錄一 數值與用語

納粹德國與共產蘇聯的大屠殺政策，在血色大地奪走大約一千四百萬人的性命。本書所謂的「血色大地」，是指一九三三到四五年間曾位於德國或蘇聯警治單位管轄之下，與大屠殺政策有關的地區。這些地方跟德國在一九四一到四五年間屠殺猶太人的地區相當重疊。某種程度上，我們是可以把血色大地繼續向東延伸到蘇俄全境，之所以把東界定在蘇聯西部，是為了同時考量德國在二戰期間進行大屠殺的主要地點，以及更早之前受到蘇聯大清洗迫害最深的地區。今日的波蘭西部，一九四五年前仍屬於德國，本書會討論到這片土地，但不會把它算入血色大地，這是為了尊重大屠殺與種族清洗之間的差異。有些人可能會主張，血色大地應該要包含匈牙利，因為該國是德國的多年盟友，而且在二戰後期先是短暫被德國占領，然後又被蘇聯占領。不僅如此，在猶太大屠殺中，匈牙利猶太人的被害人數僅次於波蘭猶太人和蘇聯猶太人。同理，應該也會有人認為羅馬尼亞該被劃入血色大地，因為當地許多猶太人被殺，該國戰後也被蘇聯占領。但羅馬尼亞是德國的盟友，沒有被德國侵略。殺死羅馬尼亞猶太人的是羅馬尼亞的政策，而非德國的政策。兩段歷史雖然相關，但並不相同。至於南斯拉夫沒有列入的原因，則是該國人民雖然歷經了許多本書所述的悲劇，例如猶太大屠殺和大規模報復，但南斯拉夫的猶太人很少，也沒有被蘇聯占領。

政治地理的邊界確實會有爭議，但有件事情毫無疑義，那就是歐洲內部有一塊區域，是蘇聯與德國的野心交會之地，而兩大政權絕大多數的大規模屠殺，也都發生在此地。換句話說，從波蘭中部到俄羅斯西部的這塊區域，不僅是德國屠殺猶太人之地，也是納粹與蘇聯其他殺戮政策的發生地（無論這些暴行是先猶太大屠殺出現，還是同時進行）。就算這塊區域不是完全一致，也是極高度重疊。納粹進行猶太大屠殺的地區，就是蘇聯刻意讓烏克蘭陷入饑荒的地區，同樣也是納粹刻意餓死蘇聯戰俘的地區。蘇聯與德國槍殺波蘭菁英，以及德國的各種「報復行動」，大部分也都發生在猶太人慘遭大屠殺的地區。史達林與大清洗時期的槍下亡魂，依然不成比例地集中在這個地區。

我把一條從北到南貫穿血色大地的重要分界線，稱為「莫洛托夫－里賓特洛甫線」（Molotov-Ribbentrop line）。這條線是德國與蘇聯在一九三九年九月共同入侵波蘭後協議的疆界，在當地的許多地圖上都有記載。對當時的波蘭人來說，這條線代表哪些地方被德國占領，哪些又被蘇聯占領。而在德國一九四一年背棄盟約入侵蘇聯之後，這條線又有了全新的意義。莫洛托夫－里賓特洛甫線以西的猶太人，被德國關進猶太特區；而這條線以東的猶太人，則遭到德國大規模槍斃。就連猶太大屠殺，也是從莫洛托夫－里賓特洛甫線以東開始，後來才向西跨過該線，殺戮方式也從大規模槍斃變成大規模毒氣。

討論猶太大屠殺的歷史文獻，經常把莫洛托夫－里賓特洛甫線東邊的猶太人稱為「蘇聯猶太人」，西邊的稱為「波蘭猶太人」，但這其實並不精確。一九三九年二戰爆發時，莫洛托夫－里賓特洛甫以東被殺的猶太人，大部分擁有的其實是波蘭國籍，而非蘇聯國籍。此外，「蘇聯猶太人」一詞，經常也意味著輕忽乃至完全忽視蘇聯入侵與占領西方鄰國的事實。這種說法的邏輯是，既然這些人是「蘇聯猶太人」，他們的祖國就一定是蘇聯，戰爭就一定是從德國入侵蘇聯才開始的。但整場戰爭的起源，其實是德、蘇聯手摧毀波蘭，這些猶太人才會被納入蘇聯統治。我選擇使用「莫洛托夫－里賓特洛甫線」，雖然比較拗口，卻有助於我們看出這塊歐洲地區在二戰期間被先後占領三次：先被蘇聯入侵，再被德國占領，然後被蘇聯吞噬。

華沙的蓋世太保監獄牆上，留著一名波蘭囚犯的字跡：「談論波蘭很簡單，為她奉獻就難。比那更難的是為她而死，而最難的是活著忍受這一切折磨。」本書幾乎都只提到死者，而不是那些活著受折磨的人。因為我要討論的是蓄意屠殺的政策，以及政策下的受害者。那些大規模死亡，全都是政策一手促成，有時候是政策目標，有時候則是達成其他目標的手段。一千四百萬這個數字，並非德國與蘇聯為當地帶來的死者總數，而只是政策刻意屠殺的估計人數。

所以我在統計的時候，通常沒有列入那些在集中營裡累死、病死或營養不良而死的人，也沒有納入那些在疏散、逃離戰火、被驅逐流放的過程中死去的人。那些或因為強迫勞動而死，或因為戰時物資短缺而餓死，或死於轟炸與戰火的平民，我也沒有列入計算。那些在二戰戰場上犧牲的士兵，也同樣不在我的討論範圍內。我的確在這本書中討論了集中營、驅逐流放與各種戰事，也各自提到了這些事件所殺死的人數，但這些數字全都沒有算在一千四百萬之中。同理可證，那些並非直接死於德、蘇兩國的屠殺政策、但卻因為德國或蘇聯的占領而被第三方勢力害死者，我也沒有列入考量。其中不乏一些大量死亡的事件，例如羅馬尼亞人謀殺了大約三十萬猶太人，或是烏克蘭民族主義者種族清洗了至少五萬波蘭人。

本書的主題是蓄意屠殺，而不是虐待。主角是平民與戰俘，而不是服役中的軍人。這並不是說納粹和蘇聯的制度沒有直接或間接傷害到其他人，不是說德國與蘇聯的集中營不夠恐怖、種族清洗不夠殘忍、強迫勞動不夠壓迫，更不是說戰場上死的人還不夠多。我只是想知道，德、蘇兩國在血色大地上刻意進行的大規模屠殺，是不是已經嚴重到值得寫一本書單獨探討，探討這兩個政權究竟如何在歐洲的這塊地區，短時間內殺死一千四百萬人。

一千四百萬畢竟是個龐大的數字，比蘇聯與德國歷史上所有集中營的死者總和，還要多出一千萬（僅限集中營，不計入滅絕營等屠殺設施）。根據目前的正統估計，這個數字比蘇聯與德國在二戰時陣亡的士兵總和，多出了二百萬以上（不過被餓死或被處決的戰俘，是算在大屠殺而非陣亡人數）。這個數字也比二戰期間英、美兩國的傷亡人數總和，多出至少一千三百萬，更比美國有史以來在所有海外戰爭中死去的人數總和，多出至少一千三百萬。

屠殺政策在血色大地殺死的一千四百萬人，大致是本書正文與註解所認定的下列數字總和：一九三二到三三年蘇聯政府刻意餓死的至少三百三十萬公民（大多是烏克蘭裔）；一九三七到三八年蘇聯大清洗政策下遭槍殺的七十萬公民，有三十萬是在蘇聯西部的血色大地遇害（大多是波蘭與烏克蘭裔）；一九三九到四一年德軍與紅軍占領波蘭後槍斃的二十萬波蘭公民（大多是波蘭裔）；一九四一到四四年被德國占領當局刻意餓死的四百二十萬蘇聯公民（大多是俄羅斯、白俄羅斯與烏克蘭裔）；一九四一到四四年被德國槍斃或送進毒氣室的五百四十萬猶太人（大多是蘇聯或波蘭公民）；以及一九四一到四四年間，德國在白俄羅斯與華沙等地「報復」行動殺死的七十萬平民（大多是白俄羅斯與波蘭人）。

一般來說，這些數字都不是來自統計普查，而是德國或蘇聯自己計算的結果，再加上其他資料補完而成。即便我所採用的數字已經高得可怕，還是比許多文獻記載的低。至於烏克蘭大饑荒的死亡人數，因為根本無法逐一計數，所以我主要是根據人口統計數據以及當代的推估，自己估計出來的，而我的估計方式也已經算是相當保守。

討論這類主題時，用語和定義都非常重要。人們就經常忘記「最終解決方案」（Final Solution）和「猶太大屠殺」（Holocaust）之間的一項重要差異。納粹把用來將猶太人趕出歐洲的所有方式，都統稱為最終解決方案，它包含四種驅逐流放方案，但大部分時候都專指其中一種。這四種方案最終全都窒礙難行，直到一九四一年下半年的時候，希特勒決定直接採用大屠殺的方式清除歐洲的所有猶太人，並在該年十二月公開宣布。在那個時候，最終解決方案的意義才變成殺死所有猶太人。相較之下，「猶太大屠殺」是二戰後才出現的新詞，直到一九九〇年代為止，通常都是指德國對猶太人的大量謀殺。本書所使用的「猶太大屠殺」，專指「最終解決方案」的最後版本，也就是德國最後決定謀殺所有猶太人的政策。根據這個定義，雖然希特勒在更早之前就想用「最終解決方案」把猶太人趕出歐洲，但直到一九四一年夏天德國在占領的蘇聯領土槍殺猶太婦女與兒童，猶太大屠殺才真正開始。「猶太大屠殺」這個詞有時候不只意味著德國在二戰期間的所有屠殺政策，也意味著納粹政權對猶太人的各種壓迫。不過本書的猶太大屠殺只包括德國人在一九四一到四五年間用槍枝和毒氣屠殺猶太人的行為。我之所以不使用「烏克蘭大饑荒」（Holodomor）來形容史達林刻意餓死烏克蘭人的行為，並非該詞不夠精確，而是這個詞絕大多數英語讀者都沒聽過。而本書中的「大清洗」（Great Terror）一詞，則是指蘇聯在一九三七到三八年間大規模的槍殺與驅逐流放，尤其是針對富農與各少數民族的行動。

相較於「種族滅絕」（genocide），我更傾向使用「大規模屠殺」（mass killing）。原因有好幾個。種族滅絕是猶太裔波蘭籍國際律師拉斐爾・萊姆金（Rafał Lemkin）一九四三年新創的詞，他靠著不可思議的持續努力，讓這個詞進入了國際法。聯合國在一九四八年大會中通過的《防止及懲治危害種族罪公約》，就將種族滅絕明訂為「蓄意消滅特定民族、人種、種族、宗教團體的所有或部分成員的行為」。該約訂定的種族滅絕，包括五種方式：「殺害該群體的成員」、「嚴重傷害該群體成員的身體或心靈」、「刻意改變該群體的生活條件，藉此造成全體或部分成員的毀滅」、「刻意防止該群體成員生育子女」、「強迫該群體的兒童遷移至其他群體」。這項公約允許司法機構提起訴訟，不過直到最近才終於有人真正被起訴。但無論是道德詮釋和歷史解釋，種族滅絕能用的範圍都相當有限。

「種族滅絕」這個詞注定會引發很多棘手的爭議。一項行動算不算種族滅絕，取決於嫌犯是否「蓄意」想要消滅「某個群體」。這就給人主張大屠殺政策不是種族滅絕的空間，只要說統治者當時「有其他意圖」，或者統治者想除掉的其實是某個人而非「某個群體」就可以了。

就算「種族滅絕」在實際上有很多不同的意思，但人們往往認為它就是指猶太大屠殺。站在受害者那邊的人，都會想把歷史上的罪行定義為種族滅絕，希望這樣就能夠讓大家像關注猶太大屠殺一樣注意到那些罪行。同理，那些曾經犯下種族滅絕罪行的國家與其支持者，則不認為自己國家的行為可以與猶太大屠殺相提並論，所以極力反對使用「種族滅絕」這個詞。例如土耳其政府，就反對將該國在一戰期間屠殺一百萬亞美尼亞人的行為歸類為種族滅絕。

「種族滅絕」一詞還有一個問題，那就是歷史上曾經有人為了政治目的，修改過這個詞的定義。萊姆金希望把所有針對特定群體的滅絕行為都定義為種族滅絕，但蘇聯投入心力，把針對特定政治和經濟團體的滅絕行為排除在外。如此一來，烏克蘭大饑荒就成了針對富農階級或民族主義的鬥爭，而非針對烏克蘭人的種族滅絕。萊姆金本人認為烏克蘭大饑荒就是種族滅絕，但大饑荒政策的始作俑者卻修改了定義，導致雙方各執一詞。我們還得記住，種族滅絕是具有法律效力的法律定義，但這些法令都是人為訂定，而且共同制定者還包括當時的犯罪政權蘇聯。撇開道德修辭，我們或許可以這樣說：每一項法令都有訂定的歷史背景，僅能反映當時的政治環境，未必適合一體適用在其他歷史情境。

到頭來，歷史學家要討論種族滅絕，都得先判斷該歷史事件是否符合種族滅絕的定義，只能繞著分類打轉，而缺乏解釋力。這類討論容易陷入語意、法律跟政治爭執。如果你拿本書提到的那些事件，一個個去問「這是種族滅絕嗎？」都有人可以給你肯定的答案，但也僅此而已，難以獲得更進一步解釋。

血色大地上的人民，活在一個語言極為複雜的世界裡。本書提到的被害人，大多至少聽得懂（或至少經常接觸）兩種語言，很多人甚至會說兩至三種語言。要寫出更廣納的歐洲史，就得處理轉寫問題，衡量如何用英語的羅馬拼音表達非羅馬字母的詞彙。法語、德語、波蘭語、捷克語沒有這個問題，因為它們都是帶有某些變音符號的羅馬字母。問題出在使用希伯來字母的意第緒語和希伯來語，以及使用西里爾字母的白俄羅斯語、俄語與烏克蘭語。

這些語言的轉寫系統都有很多種，每一種都各有利弊。更麻煩的是，本書提到的人物和地點，不同語言經常有不同的唸法、不同的書寫方式。光是用英語拼寫一個烏克蘭的猶太人名字，可能就高達十幾種方式。如果沒有一套聰明細緻的方法解決轉寫問題，很多讀者可能就會被本書中的人名和地名搞得暈頭轉向。如果轉寫得過於精確，人名和地名讀起來還會顯得太過異國而不好理解。

本書的專有名詞，通常會選用英語讀者比較熟悉的拼法，而非完全精確的轉寫方法。俄文姓氏會以ii結尾，藉此區分yi結尾的烏克蘭姓氏，以及i結尾的波蘭姓氏，好讓讀者更容易辨別。城市名的拼寫方式也會以英語較常見的為主，例如華沙拼成Warsaw而非Warszawa，基輔拼成Kyiv而非Kyïv。這類城市中的不同居民，總是會用不同的方式拼寫那座城市的名字。同樣的，不同時期的不同統治者，對同一座城市也會有不同的官方拼法或稱呼。我自己傾向使用目前習用的英語拼法，只有在必要時破例。蘇聯的城市經常改名，所以我選用事件發生當時的名字，例如一九三〇年代的大饑荒發生在史達林諾（Stalino）而非頓內次克（Donetsk），一九四二年德國第六軍團覆亡於史達林格勒（Stalingrad）而非伏爾加格勒（Volgograd）。我在書中盡量用同一個名字稱呼同一座城市，只有在疆界改變或居民遷移的時候才會更換名字，例如波蘭的勒沃夫（Lwów）變成烏克蘭的勒維夫（Lviv），波蘭的維爾諾（Wilno）變成立陶宛的維爾紐斯（Vilnius）。要引用其他著作時，我也會直接沿用該作品的拚法，所以有些作者會因為參考資料的拼法不同，乍看之下有好幾個名字。註釋和參考書目的部分，則會根據美國國會圖書館的簡化轉寫方式，用比較準確的方式拼寫。這些取捨全都是我的選擇。接觸過相關主題的讀者大概都知道，這種問題總是得妥協。最後，本書的譯文只要沒有特別註記，皆出自於我的手筆。

附錄二　重點摘錄

血色大地上發生過五種形式的殺戮。首先是第一種，史達林為了**現代化**而在蘇聯進行內部殖民。蘇聯建造了大量的古拉格勞改營，實施了農業集體化，建造了工廠、礦坑、運河。後來集體化農業導致了饑荒，蘇聯就把罪怪在某些族群，尤其是烏克蘭人身上。一九三〇年代早期，蘇聯境內有超過五百萬人餓死，大部分位於烏克蘭。飢餓是因為集體化農業沒有生產出足夠的糧食，但讓飢餓演變為饑荒，原因卻是政治。

饑荒過後，蘇聯**改採恐怖統治**，也就是殺戮的第二種形式。蘇聯領導班子在一九三七與三八年的「大清洗」中，把被農業集體化害慘的農民，當成蘇聯政權的主要威脅，將那些好不容易挨過饑荒與古拉格的人槍決。在此同時，蘇聯領導階層也把某些少數民族定調為敵人，整個大清洗時期處決的人，光是有紀錄在案的就多達七十萬左右，實際上可能更多。這些人絕大部分都是農民，以及波蘭裔蘇聯公民。

一九三九年，蘇聯與德國共同入侵波蘭，**摧毀啟蒙運動**在當地的成果。這兩個政權的意識形態不同，卻造成了相同的結果：在一九三九至四一年間殺害大約二十萬波蘭公民，開啟了屠殺的第三種形式。受害者中代表歐洲文化的知識分子，以及可能帶領反抗運動的人，都高得不成比例。一九四〇年春，蘇聯在卡廷等五個地方處決了兩萬一千八百九十二名波蘭軍官，德國也在同一時間進行類似的屠殺。蘇聯與德國也驅逐流放大約一百萬波蘭公民，趕進逐漸擴大的集中營體系。德國人把波蘭猶太人趕到猶太特區，寄望未來能將他們驅逐出境。猶太特區因此變成了臨時勞改營，成千上萬人死於飢餓與疾病。

一九四一年六月，德國背棄盟約入侵蘇聯。儘管如此，這兩個國家仍以某種**既交戰又共謀**（belligerent complicity）的方式一起屠殺平民。蘇聯鼓吹白俄羅斯人以游擊隊的方式抵抗德軍占領，德國便以屠殺至少三十萬當地人民作為回敬。這類屠殺不同於傳統意義上的報復行動，因為到頭來，德國人甚至把男人抓去當奴工，並射殺被視為累贅的女人跟小孩。波蘭首都華沙也遇到類似的命運。蘇聯紅軍鼓吹華沙人抵抗德軍，自己卻作壁上觀，坐視德國殺害十萬多名波蘭人，摧毀了整座城市。此即殺戮的第四種形式。

在希特勒的想像裡，要消滅蘇聯與波蘭的現代化成果，就得依靠殖民，同時奪走上千萬的性命。納粹領導階層的願景，是把東部邊疆恢復到工業化之前的狀態，人口大幅減少，工業規模極小，最終改造成德國主人的農業領地。這項旨在**去現代化的殖民計畫**，就是殺戮的第五種形式，一共又可再分為四個部分。首先，德國希望重演一九三九年夏天入侵波蘭的閃電攻勢，在一九四一年夏天再次發動「閃電戰」，把蘇聯打得潰不成軍。如此一來，德國就能完全控制波蘭、白俄羅斯、烏克蘭、俄羅斯西部，以及高加索地區。第二部分是「大饑荒計畫」，在一九四一至四二年之間的冬天把這些地方的糧食搬到德國跟西歐，刻意餓死這些地方三千萬的居民。第三部分則是「最終解決方案」，把那些大饑荒計畫沒能餓死的蘇聯猶太人，連同波蘭猶太人與其他德國控制區的歐洲猶太人一起消滅殆盡。第四部分則是「東方總計畫」，把這些地方剩下來的人殺死、驅逐流放、奴役或同化，讓德國殖民者能在勝利降臨後殖民整個東歐。德國人的生存空間裡，沒有非德國人生存的空間。

當堅持抵抗的蘇聯，擋下了希望速戰速決的納粹，希特勒與德國領導階層只好根據當下的局勢調整其他三項計畫。降低原本的目標，只殺害大約一千萬人。他們縮小了大饑荒計畫的範圍，僅實施於德國完全控制的地區：包括用圍城的方式餓死一百萬列寧格勒市民，用刻意無視的方式餓死三百萬蘇聯戰俘。隨著戰事持續，德國人不再把大部分囚犯活活餓死，改為逼他們做苦力。至於「東方總計畫」這種大規模的殖民，因為德國沒有全面獲勝，自然無法實現。但德國還是拿波蘭來做實驗，趕走當地的波蘭人，替優秀人種的德意志殖民者創造空間。這項計畫的核心思想，也出現在一九四四年夏天。面對揭竿而起的華沙市民，德國選擇以徹底抹除這座城市作為回應。雖然大饑荒計畫和東方總計畫的大規模屠殺都被迫縮減規模或延後實施，但納粹的殖民目標卻從未真正放棄。

唯一完整實施的，只有那項原本在勝利後才要進行的最終解決方案。一九四一年下半，戰事顯然偏離原訂計畫，希特勒便希望能夠立刻實施最終解決方案。為了能將猶太人驅逐流放，當時已有過四個版本的最終解決方案，但全都窒礙難行。入侵蘇聯的失敗過程證明，真正能把猶太人趕出歐洲的方法，就是大屠殺。原本用於消滅德國政敵的特別行動隊，就此搖身一變成了猶太人的行刑隊。德國秩序警察也是如此，這個組織原本是用來巡邏德軍占領的蘇聯領地，如今也成了執行大屠殺的工具。一九四一年十二月，希特勒表明要消滅德國治下的所有猶太人，於是德國開始推出便於屠殺的新科技。原本用於「安樂死」政策的一氧化碳窒息法，先是被改裝成毒氣車，用在納粹占領的蘇聯領地，隨後更在改良後被用於占領的波蘭領地。奧斯威辛的勞改營新建了一座死亡工廠，改用比一氧化碳更有效的氰化氫來殺人。那些被趕進猶太特區的波蘭猶太人，還沒等到被驅逐流放，就被送到貝烏熱茨、索比堡、海烏姆諾、特雷布林卡、奧斯威辛、馬伊達內克的滅絕營，集體毒死。

中文	英文	中文	英文
15 畫			
《魯賓遜漂流記》	*Robinson Crusoe*	《德蘇疆界與友好協約》	Treaty on Borders and Friendship
〈論反蘇分子〉	On Anti-Soviet Elements	德國國會	Reichstag
熱戈塔委員會	Żegota	德國國防軍	Wehrmacht
歐普廷修道院	Optyn Hermitage	德意志民族性	Germandom
暴風雨行動	Operation Tempest	齊克隆 B	Zyklon B
摩爾多瓦	Moldova	瑪麗・居禮學院	Marie Curie Institute
16 畫			
聯盟	Bund	親衛隊（黨衛隊）	Schutzstaffel, SS
《聯共（布）黨史簡明教程》	*Short Course*	激進黨	Radical Party
霍農行動	Operation Hornung	歷史學家論戰	*Historikerstreit*
《錫鼓》	*The Tin Drum*	戰隊	Battle Group
親衛隊與警隊高級領袖	Higher SS and Police Leaders		
17 畫			
〈關於德國暴行的宣言〉	Declaration Concerning Atrocities	總督府	General Government
〈關於如何肅清先前的富農，還有罪犯與其他反蘇分子〉	On the Operations to Repress Former Kulaks, Criminals, and Other Anti-Soviet Elements	瞞天大謊	The Big Lie
18 畫			
羅姆人	Roma	豐收節行動	Harvest Festival
轉運點	Umschlagplatz		
19 畫			
《蟹行》	*Crabwalk*		
20 畫以上			
贖罪日	Yom Kippur	蘇拉茲大門	Surazh Gates
蘭柯族	Lemkos	繼續戰爭	Continuation War
《蘇聯猶太人黑皮書》	*Black Book of Soviet Jewry*		

中文	英文	中文	英文
第四十五維安團	45th Security Regiment	國安部	Ministry of State Security, MGB
第六軍團	Sixth Army	啤酒館政變	Beer Hall Putsch
第三帝國國家安全部	Reich Security Main Office	假戰	phony war
《第二本書》	*The Second Book*		
12 畫			
維斯瓦行動	Operation Vistula	猶太布爾什維克主義	Judeobolshevism
雅利安化	Aryanization	猶太大教堂	Great Synagogue
進軍羅馬	March on Rome	猶太大屠殺	Holocaust
萊茵哈德行動	Operation Reinhard	猶太人反法西斯委員會	Jewish Anti-Fascist Committee
盜獵者大隊	Poachers' Brigade	游擊運動中央司令部	Central Staff of the Partisan Movement
〈登上滿洲山丘之巔〉	On the Hills of Manchuria	游擊共和國（營區）	partisan republics
猶太特區（又譯隔都）	ghetto	最終解決方案	Final Solution
猶太戰鬥組織	Jewish Combat Organization	斯圖貝克牌卡車	Studebaker
猶太軍事聯盟	Jewish Military Union	復活節兔子行動	Operation Easter Bunny
猶太居民委員會	*Judenrat*		
13 畫			
過渡戰俘營	Dulag	〈慈悲的神〉	El male rachamim
《萬物流逝》	*Everything Flows*	《想想二十世紀》	*Thinking the Twentieth Century*
《極權主義的起源》	*Origins of Totalitarianism*	塔斯社	TASS
敬畏十日	Days of Awe		
14 畫			
《數字的故事》	*A Tale of Numbers*	福煦（狗名）	Foch
颱風行動	Operation Typhoon	漸凍症	Amyotrophic lateral sclerosis, ALS
赫曼行動	Operation Hermann	旗隊領袖	Standartenführer
《種族隔離法》	Jim Crow laws	團結工聯運動	Solidarity movement
種族滅絕	genocide		

中文	英文	中文	英文
《紅星報》	*The Red Star*	保安局	Sicherheitsdienst, SD
科特布斯行動	Operation Cottbus	俄羅斯全軍聯盟	Russian General Military Union
祈禱詞	Kaddish	俄羅斯人民解放軍	RONA
為波蘭的勝利而戰（反抗組織）	Servants of the Victory of Poland		
10 畫			
〈被勝利果實沖昏了頭〉	Dizzy with Success	特殊靖綏行動	Ausserordentliche Befriedungsaktion, AB Aktion
馬歇爾計畫	Marshall Plan	特殊小隊	Sonderkommando
《馬胥伯兄弟們》	*The Family Mashber*	特別行動隊	Einsatzgruppen
記憶法律	memory law	烏爾蘇斯工廠	Ursus factory
納粹衝鋒隊（褐衫隊）	Sturmabteilung, SA	烏克蘭總督轄區政府	Reichskommissariat Ukraine
納甘左輪槍	Nagant	烏克蘭民族主義者組織	Organization of Ukrainian Nationalists
秩序警察（相當於武警）	Order Police	烏克蘭方面軍	Ukrainian Front
《租借法案》	Lend-Lease Act	烏克蘭反抗軍	UPA
神槍手行動	Operations Marksman	烏克蘭大饑荒	Holodomor
神聖愚夫	holy fool	埃維昂會議	Évian Conference
《真理報》	*Pravda*	哥拉爾族	Górals
班德拉派	OUN-Bandera	修正猶太復國主義	Revisionist Zionism
〈特雷布林卡地獄〉	Treblinka Hell		
11 畫			
麥斯赫特突厥人	Meshketian Turks	《曼徹斯特衛報》	*Manchester Guardian*
《雪中獵人》	*The Hunters in the Snow*	強化德意志民族性帝國委員會專員	Reich Commissar for the Strengthening of Germandom
莫斯科意第緒劇院	Moscow Yiddish Theater	基輔迪納摩足球隊	Dynamo Kyiv
莫洛托夫－里賓特洛甫線	Molotov-Ribbentrop line	國家政治保衛總局	OGPU
絆腳石	*Stolpersteine*	國家社會主義德意志勞工黨（納粹黨）	National Socialist German Workers Party

中文	英文	中文	英文
6 畫			
狂暴行動	Operation Frantic	《向加泰隆尼亞致敬》	*Homage to Catalonia*
西方行動	Operation West	同盟國	the Central Powers
死亡天使	*Malakh Ha-Mavet*	吉普賽男爵行動	Gypsy Baron
安全警察	Security Police, SiPo	共產黨情報局	Communist Informational Bureau, Cominform
多餘之人	superfluous man	伊爾貢（反抗組織）	Irgun
《在殘酷的星星下》	*Under a Cruel Star*		
7 畫			
辛提人	Sinti	貝塔爾（青年組織）	Betar
貝德克爾出版社	Baedeker Press	《我的奮鬥》	*Mein Kampf*
8 畫			
毒氣車	gas van	武裝親衛隊	Waffen-SS
阿胥肯納吉（猶太族裔）	Ashkenazi	武裝抗爭聯盟	Union of Armed Struggle
長刀之夜	Night of the Long Knives	東方總督轄區政府	Reichskommissariat Ostland
〈花卉廣場〉	Campo di Fiori	東方總計畫	Generalplan Ost
知識分子階層	intelligentsia	東方領土事務部	Ministry for the East
波蘭救國軍	Polish Home Army	東方行動	Operation East
波蘭軍事組織	Polish Military Organization	拖拉機站	Machine Tractor Stations
波蘭工人黨	Polish Workers' Party	岸浪行動	Operation Priboi
波希米亞和摩拉維亞保護國	Protectorate of Bohemia-Moravia	坦能堡行動	Operation Tannenberg
法本公司	IG Farben	協約國	the Entente Powers
沼澤熱行動	Operation Swamp Fever	亞捷隆大學	Jagiellonian University
9 畫			
迪勒萬格特遣隊	Special Commando Dirlewanger	春天行動	Operation Spring
軍官戰俘營	Oflag	既交戰又共謀	belligerent complicity
英國國家廣播公司	BBC	「威廉・古斯特洛夫號」郵輪	*Wilhelm Gustloff*
英倫空戰	Battle of Britain	契卡（特務機關）	Cheka
耶和華見證人	Jehovah's Witnesses	哈西迪猶太教	charismatic Hasidim

中文	英文	中文	英文

三、其他

中文	英文	中文	英文
1畫			
〈一位看著猶太特區的可憐基督信徒〉	A Poor Christian Looks at the Ghetto	一國社會主義論	socialism in one country
2畫			
人民衛隊	People's Guard	人民軍	People's Army
3畫			
大饑荒計畫	Hunger Plan	大作戰	Large Operations
大清洗	Great Terror	大行動	Large Action
大區區長	Gauleiter	《三國盟約》	Tripartite Pact
大軍團	Grande Armée	三人小組	troika
大型戰俘營	Stalag		
4畫			
水晶之夜	Kristallnacht	巴巴羅薩行動	Operation Barbarossa
巴爾卡爾族	Balkar	《反共產國際協定》	Anti-Comintern Pact
巴格拉基昂行動	Operation Bagration	公安部	Ministry of Public Security
《巴別塔》	*The Tower of Babel*	內務人民委員部	People's Commissariat of Internal Affairs (NKVD)
5畫			
印古什人	Ingush	左翼錫安工人黨	Poalei-Zion Left
立陶宛大公國	Grand Duchy of Lithuania	四年計畫署	Four-Year Plan Authority
白俄羅斯方面軍	Belarusian Front	右翼錫安工人黨	Poalei-Zion Right
《生活與命運》	*Life and Fate*	古拉格（集中營管理局）	Gulag
《民族重建》	*The Reconstruction of Nations*	卡爾梅克人	Kalmyk
民族武裝部隊	National Armed Forces	卡拉洽伊族	Karachai
《正義之師》	*For a Just Cause*	北大西洋公約組織	NATO
《正午的黑暗》	*Darkness at Noon*	冬季戰爭	Winter War
布拉格之春	Prague Spring	以色列聯盟	Agudas Israel

中文	英文	中文	英文
13 畫			
頓內次克	Donetsk	奧斯威辛	Auschwitz
達豪	Dachau	奧喬塔	Ochota
萬比諾維策	Łambinowice	奧得河	Oder River
奧德薩	Odessa	奧士廷市	Olsztyn
奧斯塔什科夫	Ostashkov	塔林	Tallinn
14 畫			
銀禧廣場	Jubilee Square	維佐夫	Widzów
赫雷夏蒂克大道	Khreshchatyk	維也納藝術史博物館	Kunsthistorisches Museum
蒙特路比	Montelupi	維也納人文社會研究院	Institute for Human Sciences
維爾諾	Wilno	窩瓦河	Volga River
維爾紐斯市	Vilnius	福洛森堡	Flossenburg
維隆	Wieluń	瑪麗·特羅斯特內茲村	Maly Trastsianets
維斯瓦河	Wisla River	圖欽卡	Tuchinka
15 畫			
歐溫斯卡	Owińska	樂斯拉夫	Wrocław
歐姆斯克市	Omsk		
16 畫			
霍羅爾	Khorol	盧布拉涅茨	Lubraniec
穆拉諾斯卡廣場	Muranowska Square	盧比揚卡	Lubianka
盧茨克	Lutsk	澤拉茲納街一零三號	Żelazna 103
盧布林市	Lublin		
17 畫			
謝德爾采	Siedlce		
18 畫			
鵝街	Gęsia Street	薩克森花園	Saxon Gardens
薩爾	Saar	聶斯特河沿岸地區	Transnistria
薩克森豪森	Sachsenhausen	聶伯河	Dnipro
19 畫			
羅夫諾	Rivne		
20 畫以上			
體育宮	Sportpalast	蘇台德地區	Sudetenland

中文	英文	中文	英文
科維爾	Kovel	柏瑞索沃卡村	Borysovka
科斯托比爾	Kostopil	施圖特霍夫	Stutthof
科傑尼采	Kozienice	施萊伯豪	Schreiberhau
洛科特	Lokot	施洛卡雅街	Shirokaia Street
柯澤爾斯克	Kozelsk	哈爾科夫	Kharkiv
10 畫			
敦克爾克	Dunkirk	烏茨	Łódź
第聶伯羅彼得羅夫斯克	Dnipropetrovsk	烏拉山山區	Urals
馬伊達內克	Majdanek	烏里奇	Urycz
索萊克	Solec	涅沙瓦	Nieszawa
索森基	Sosenky	海烏姆諾	Chełmno
索洛夫基	Solovki	海烏姆市	Chełm
索契	Sochi	格涅茲多沃	Gniazdovo
索比堡	Sobibór	格洛茲尼	Grozny
納里波基村	Naliboki	柴門霍夫街	Zamenhof Street
特沃馬克猶太大教堂	Tłomackie Synagogue	朗吉諾夫卡	Longinówka
特維爾	Tver	庫拉帕蒂森林	Kurapaty Forest
特雷布林卡	Treblinka	娘子谷	Babi Yar
特拉夫尼基	Trawniki	倫布拉森林	Rumbula Forest
烏曼市	Uman		
11 畫			
麥德諾	Mednoe	基洛夫格勒	Kirovohrad
莫洛傑奇諾	Molodechno	勒維夫	Lviv
莫吉廖夫市	Mahileu	勒沃夫	Lwów
梅爾尼克街	Melnyk Street		
12 畫			
萬湖	Wannse	斯摩棱斯克	Smolensk
萊特巴茨基林地	Letbartskii woods	斯塔洛柏斯克	Starobilsk
菲利克斯・捷爾任斯基小學	Feliks Dzierżyński Children's Commune	斯拉多夫	Śladów
登布林	Dęblin	博圖里策	Potulice
琴斯托霍瓦	Częstochowa	博基村	Borki
普魯斯科夫	Pruszków	博納利	Ponary
普熱梅希爾市	Przemyśl	勒維夫	Lviv
斯盧茨克	Slutsk	勒沃夫	Lwów

中文	英文	中文	英文
布雷斯勞	Breslau	卡廷	Katyn
布萊切利莊園	Bletchley Park	卡托維	Katowice
布科維納	Bukovina	加拉干達	Karaganda
布亨瓦德	Buchenwald	加里寧	Kalinin
布托沃	Butovo	加利西亞	Galicia
尼薩河	Lusatian Neiße River		
6 畫			
西利西亞	Silesia	合唱猶太教堂	Choral Synagogue
考納斯	Kaunas	休斯索伏卡	Hughesovka
米爾鎮	Mir	伏爾加格勒	Volgograd
吉爾卡・波隆卡	Hirka Polonka	伊萊克托拉納街	Elektoralna Street
7 畫			
里加	Riga	李維諾夫	Maxim Litvinov
貝爾森	Belsen	利迪策	Lidice
貝爾根－貝爾森	Bergen-Belsen	利希滕貝格	Lichtenberg
貝烏熱茨	Bełżec	克熱紹維采	Krzeszowice
貝迪謝夫	Berdychev	克勒曼楚	Kremenchuk
沃羅希洛夫格勒	Voroshilovgrad	克烏德納街	Chłodna Street
沃維奇	Łowicz	克拉科夫	Kraków
沃洛格達	Vologda	克拉辛斯基廣場	Krasiński Square
沃拉街	Wola Street	克列緬涅茨	Kremenets
沃拉	Wola	但澤自由市	Danzig
8 畫			
阿爾漢格爾斯克	Archangelsk	波里西亞	Polesia
阿爾特蘭	Altes Land	欣嫩子谷	Gehenna
阿道夫・希特勒廣場	Adolf-Hitler-Platz	明斯克	Minsk
阿斯嘉	Asgard	拉當市	Radom
芬蘭車站	Finland Station	拉多加湖	Lake Ladoga
波達尼夫卡	Bohdanivka	拉瓦馬佐維茨卡	Rawa Mazowiecka
波隆涅	Polonne	拉文斯布呂克	Ravensbrück
波茲南	Poznań	帕維亞克	Pawiak
波納里森林	Ponary Forest	帕爾米里森林	Palmiry Forest
波美拉尼亞	Pomerania		
9 畫			
迪努夫	Dynów	柯尼斯堡	Königsberg

中文	英文	中文	英文
歐斯瓦・魯非伊森	Oswald Rufeisen		
16 畫			
諾爾・菲爾德	Noel Field	蕭士塔高維奇	Dmitrii Shostakovich
17 畫			
謝爾蓋・基洛夫	Sergei Kirov	薇拉・科斯特羅維茨卡婭	Vera Kostrovitskaia
謝爾蓋・戈格利澤	S. A. Goglidze	澤菲里娜・柯塞維奇	Zeferyna Koszewicz
19 畫			
羅莎莉雅・沃可夫卡雅	Rosalia Volkovskaia	羅曼・德莫夫斯基	Roman Dmowski
20 畫以上			
蘿莎・格拉希莫瓦	Rosa Gerassimova	露絲・多夫曼	Ruth Dorfmann

二、地名、建物名

中文	英文	中文	英文
3 畫			
山羊丘	Goat Hills	下西里西亞	Lower Silesia
4 畫			
毛特豪森	Mauthausen	日托米爾	Zhytomyr
比羅比詹	Birobidzhan	文尼察市	Vynnitsia
比薩拉比亞	Bessarabia	戈梅利	Homel
比得哥什	Bydgoszcz	巴拉諾維奇	Baranovichi
比奇維尼亞	Bykivnia	巴布魯伊斯克	Bobruisk
比亞維斯托克	Białystok	孔策沃	Kuntsevo
比克瑙	Birkenau	切爾尼伊夫卡	Cherniivka
比克涅基森林	Bikernieki Forest	切皮洛夫	Ciepielów
日麥林卡	Zhmerynka	什克拉爾斯卡－波倫巴	Szklarska Poręba
5 畫			
白魯塞尼亞總管轄區	General Commissariat White Ruthenia	外喀爾巴阡魯塞尼亞地區	subcarpathian Ruthenia
白海－波羅的海運河	Belomorkanal	史達林諾	Stalino
瓦爾特蘭帝國行政區	Reichsgau Wartheland	史達林格勒	Stalingrad
札博洛伊澤村	Zabloitse	卡緬涅茨－波多利斯基市	Kamianets-Podilskyi
札莫希奇	Zamość	卡齊斯克	Khartsyszk
本津鎮	Będzin	卡累利阿	Karelia
弗拉基米爾－沃倫斯基	Volodymyr Volynskyi	卡明－卡希爾西基	Kamin-Kashyrskyi

中文	英文	中文	英文
菲利普・戈洛謝金	Filip Goloshchekin	揚・卡爾斯基	Jan Karski
菲利克斯・捷爾任斯基	Feliks Dzierżyński	喬治・歐威爾	George Orwell
菲利克斯・立普斯基	Feliks Lipski	喬治・肯楠	George Kennan
華德・杜蘭提	Walter Duranty	博萊斯瓦夫・貝魯特	Bolesław Bierut
湯瑪斯・赫克特	Thomas Hecht	勞爾・希爾伯格	Raul Hilberg
湯瑪斯・達巴爾	Tomasz Dąbal	凱西斯・斯基爾帕	Kazys Škirpa
13 畫			
達拉第	Edouard Daladier	奧斯卡・迪勒萬格	Oskar Dirlewanger
路德維希・費舍	Ludwig Fischer	奧斯卡・伯格	Oskar Berger
葛瑞斯・瓊斯	Gareth Jones	奧迪洛・格洛博奇尼克	Odilo Globocnik
瑞薩德・施密特	Ryszard Schmidt	奧古斯特・米耶特	August Miete
愛德華・華格納	Eduard Wagner	塔德烏斯・博羅夫斯基	Tadeusz Borowski
愛德華・韋恩斯坦	Edward Weinstein	塔瑪拉・威廉伯格	Tamara Willenberg
愛德華・貝奈斯	Edvard Beneš	塔妮雅・沙維契娃	Tania Savicheva
愛德華・艾希歐	Édouard Herriot	耶日・馬科斯基	Jerzy Makowski
奧登	W. H. Auden		
14 畫			
赫魯雪夫	Nikita Khrushchev	維托爾・萬都爾斯基	Witold Wandurski
赫許・史莫勒	Hersh Smolar	瑪麗亞・亞尼昂	Maria Janion
赫曼・霍夫勒	Hermann Höfle	瑪麗亞・沃文斯卡	Maria Łowińska
赫曼・菲爾德	Hermann Field	瑪塔・克爾茲曼	Martha Kurzmann
赫伯特・蘭格	Herbert Lange	瑪加蕾特・布貝－諾伊曼	Margarete Buber-Neumann
赫伯特・貝克	Herbert Backe	漢斯・法蘭克	Hans Frank
蓓拉・愛琴斯卡雅	Perla Aginskaia	漢娜・鄂蘭	Hannah Arendt
維斯瓦娃・辛波絲卡	Wisława Szymborska	漢娜・勒文森	Hanna Levinson
維斯瓦夫・亞當奇克	Wiesław Adamczyk	漢娜・索伯列夫斯卡	Hanna Sobolewska
維辛斯基	Andrei Vyshynskii	歌德	Goethe
維克多・阿拉斯	Viktor Arajs	圖維亞・畢耶爾斯基	Tuvia Bielski
維克多・阿巴庫莫夫	Viktor Abakumov	路德維克・蘭道	Ludwik Landau
維克多・克拉夫申科	Viktor Kravchenko	路德維克・皮溫斯基	Ludwik Piwiński
15 畫			
魯道夫・霍斯	Rudolf Höss	撒繆爾・威廉伯格	Samuel Willenberg
魯道夫・斯蘭斯基	Rudolf Slánský	德爾・尼斯特	Der Nister
魯道夫・馬戈柳斯	Rudolf Margolius	齊格蒙特國王	King Zygmunt

中文	英文	中文	英文
馬孔・馬格利吉	Malcolm Muggeridge	恩斯特・諾特	Ernst Nolte
茨維坦・托多洛夫	Tsvetan Todorov	庫爾特・馮・哥特堡	Curt von Gottberg
索羅門・米霍埃爾斯	Solomon Mikhoels	庫爾特・法蘭茲	Kurt Franz
索爾・庫伯罕	Saul Kuperhand	埃里希・馮・登・巴赫－澤勒斯基	Erich von dem Bach-Zelewski
索菲亞・艾森斯坦	Sofia Eizenshtayn	埃里希・科赫	Erich Koch
索菲亞・卡帕依	Sofia Karpai	埃利澤・蓋勒	Eliezer Geller
索忍尼辛	Alexander Solzhenitsyn	埃利・維瑟爾	Elie Wiesel
特奧多爾・因尼策	Theodor Innitzer	修倫・佐林	Sholem Zorin
海達・科瓦莉	Héda Margolius Kovály		
11 畫			
許士尼格	Kurt von Schuschnigg	荻娜・普羅尼契娃	Dina Pronicheva
莫德哈伊・阿涅萊維奇	Mordechai Anielewicz	掃羅・弗里德蘭德	Saul Friedländer
莫洛托夫	Viacheslav Molotov	張伯倫	Neville Chamberlain
莎拉塔・維西妮亞史嘉雅	Zlata Vishniatskaia	康拉德・邁爾教授	Konrad Meyer
莎拉・史波洛	Sara Sborow	姫特拉・蘇爾克曼	Gitla Szulcman
12 畫			
雅薇嘉・莫辛斯卡	Jadwiga Moszyńska	湯瑪斯・溫茨洛瓦	Tomas Venclova
雅薇嘉・佛拉克	Jadwiga Flak	普利摩・李維	Primo Levi
雅妮娜・多博	Janina Dowbor	斯韋特蘭娜・阿利盧耶娃	Svetlana Allilueva
雅妮娜・尤瑞維茲	Janina Juriewicz	斯坦尼斯瓦夫・維格諾斯基	Stanisław Wyganowski
雅努什・柯札克	Janusz Korczak	斯坦尼斯瓦夫・馬科斯基	Stanisław Makowski
雅各・貝爾曼	Jakub Berman	斯坦尼斯瓦夫・科西奧爾	Stanisław Kosior
雅各・列金	Jakub Lejkin	斯坦尼斯瓦夫・阿隆森	Stanisław Aronson
雅各・伍奴克	Jakub Wnuk	斯坦尼斯瓦夫・米科瓦伊奇克	Stanisław Mikołajczyk
鈞特・葛拉斯	Günter Grass	斐迪南・馮・薩默恩－法蘭肯內格	Ferdinand von Sammern-Frankenegg
萊謝克・科拉科夫斯基	Leszek Kołakowski	揚凱爾・維爾尼克	Yankiel Wiernik
萊茵哈德・海德里希	Reinhard Heydrich	揚・安東內斯庫	Ion Antonescu

中文	英文	中文	英文
阿道夫・貝爾曼	Adolf Berman	彼得・布勒哲爾	Peter Bruegel
阿道夫・艾希曼	Adolf Eichmann	帕維爾・弗蘭克爾	Paweł Frenkel
阿馬蒂亞・沈恩	Amartya Sen	季諾維也夫	Grigory Zinoviev
阿格妮耶絲卡・多博	Agnieszka Dowbor	依奇克・菲佛	Itzik Fefer
阿佛烈・羅森堡	Alfred Rosenberg	亞歷山大・謝爾巴科夫	Aleksandr Shcherbakov
芬克斯坦	Finkelstein	亞歷山大・烏斯本斯基	A. I. Uspenskii
波林娜・熱姆楚任娜	Polina Zhemchuzhina	亞歷山大・韋斯伯格	Alexander Weissberg
波里斯・貝爾曼	Boris Berman	亞歷山大・杜布切克	Aleksandr Dubček
波列斯瓦夫・伍奴克	Bolesław Wnuk	亞當・密茨凱維奇	Adam Mickiewicz
法蘭齊澤克・克勞斯	Franciszek Krause	亞當・索爾斯基	Adam Solski
法蘭茲・許威德－科堡	Franz Schwede-Coburg	亞當・克熱皮基	Adam Krzepicki
法蘭茲・施坦格爾	Franz Stangl	亞當・切爾尼亞科	Adam Czerniaków
法蘭茲・哈爾德	Franz Halder	亞瑟・柯斯勒	Arthur Koestler
拉斐爾・萊姆金	Rafał Lemkin	亞伯特・史佩爾	Albert Speer
拉茲洛・拉依克	Lászlo Rájk	亞可夫・艾廷格	Yakov Etinger
拉夫連季・貝利亞	Lavrenty Beria		
9 畫			
胡佛	Herbert Hoover	約瑟夫・索伯列夫斯基	Józef Sobolewski
耶芙根妮雅・巴布什基納	Evgenia Babushkina	約瑟夫・施維托	Józef Światło
耶日・索斯諾夫斯基	Jerzy Sosnowski	約瑟夫・恰普斯基	Józef Czapski
耶日・索哈茨基	Jerzy Sochacki	約瑟夫・布羅斯基	Joseph Brodsky
耶日・耶德利基	Jerzy Jedlicki	約瑟夫・戈培爾	Joseph Goebbels
耶日 ・馬科斯基	Jerzy Makowski	約希姆・馮・里賓特洛甫	Joachim von Ribbentrop
約翰・休斯	John Hughes	珍妮塔・維西妮亞史嘉雅	Junita Vishniatskaia
約瑟夫・澤金斯基	Józef Szerzyński	威廉・庫伯	Wilhelm Kube
約瑟夫・畢蘇斯基	Józef Piłsudski	保羅・蓋貝爾	Paul Geibel
10 畫			
馬雷克・埃德爾曼	Marek Edelman	海因茨・賴內法特	Heinz Reinefarth
馬里安・穆辛斯基	Marian Muszyński	海因里希・希姆萊	Heinrich Himmler
馬里安・佛拉克	Marian Flak	格林斯卡家	Glińska
馬克斯米連・瓦貝茨	Maksymilian Łabędź	恩斯特・羅姆	Ernst Röhm

中文	英文	中文	英文
艾琳諾拉・帕什凱維奇	Eleanora Paszkiewicz	列昂尼德・尼古拉耶夫	Leonid Nikolaev
艾烏蓋紐斯・馬科斯基	Eugeniusz Makowski	列昂・布魯姆	Léon Blum
艾倫・杜勒斯	Allen Dulles	列夫・拉依克曼	Lev Raikhman
艾卡特芮娜・戈布曼	Ekaterina Gorbman	列夫・克拉維茲	Lev Kravets
米隆・沃斯	Miron Vovsi	伊濟多爾・塞德羅斯基	Izydor Cedrowski
米哈爾・齊爾柏柏格	Michał Zylberberg	伊爾姆弗里德・埃貝爾	Irmfried Eberl
米哈爾・史崔科沃斯基	Michał Strykowski	伊莎・貝洛佐夫斯卡雅	Iza Belozovskaia
米哈伊爾・留明	Mikhail Riumin	伊曼紐爾・林格布魯姆	Emanuel Ringelblum
米奇斯瓦夫・哈布洛斯基	Mieczysław Habrowski	伊茲賴爾・列普列夫斯基	Izrail Leplevskii
米奇斯瓦夫・布熱津斯基	Mieczysław Brzeziński	伊娃・揚茨	Eva Jahntz
托馬斯・梅塔	Tomasz Merta	伊妲・威廉伯格	Itta Willenberg
安德烈・日丹諾夫	Andrei Zhdanov	伊妲・史特拉茲	Ita Straż
安娜・阿赫瑪托娃	Anna Akhmatova	伊利亞・愛倫堡	Ilya Ehrenburg
多蓓夏・卡根	Dobcia Kagan	伊札克・祖克曼	Icchak Cukierman
多比斯瓦・雅庫波維茨	Dobiesław Jakubowicz	伊凡・舒林斯基	Ivan Shulinskyi
7 畫			
里昂・羅達爾	Leon Rodal	希拉里・明克	Hilary Minc
里昂・巴斯	Leon Bass	克萊歐（女神）	Clio
貝特麗絲・韋伯	Beatrice Webb	克萊門特・哥特瓦爾德	Klement Gottwald
狄托	Josip Broz Tito	克勞斯・內倫	Klaus Nellen
汪妲・盧瑞爾	Wanda Lurie	克里斯蒂安・維爾特	Christian Wirth
汪妲・茲維列娃	Wanda Zvierieva	克里斯多福・迪克曼	Christoph Dieckmann
杜斯妥也夫斯基	Fyodor Dostoevsky	克利門特・伏羅希洛夫	Kliment Voroshilov
杜博依斯	W.E.B. Dubois	克日什托夫・米哈爾斯基	Krzysztof Michalski
希瑪・費特森	Sima Fiterson	佛朗哥將軍	General Francisco Franco
希爾・賴赫曼	Chil Rajchman	伯恩斯	James Francis Byrnes
希普里安・諾維德	Cyprian Norwid	亨利克・亞戈達	Genrikh Yagoda
8 畫			
阿圖爾・葛萊瑟	Arthur Greiser	拉夫連季・札納瓦	Lavrenty Tsanava
阿圖爾・戈爾德	Artur Gold	彼得・薩福伊拉	Petro Savhira
阿圖爾・內貝	Arthur Nebe	彼得・維爾迪	Petro Veldii

譯名對照表

中文	英文	中文	英文
一、人名			
3 畫			
小史達林	Stalinek	大衛・維多溫斯基	Dawid Wdowiński
4 畫			
戈爾妲・梅爾	Golda Meir	尤利烏什・斯沃瓦茨基	Juliusz Słowacki
戈巴契夫	Mikhail Gorbachev	切絲瓦娃・安捷爾茨克	Czesława Angielczyk
巴基里・葛拉尼維茨	Bazylii Graniewicz	切斯瓦夫・格博爾斯基	Czesław Gęborski
尤爾根・施特魯普	Jürgen Stroop	切斯瓦夫・米沃什	Czesław Miłosz
尤瑞克	Jurek	什穆爾・齊格耶博伊姆	Shmuel Zygielbojm
尤里・里森科	Yurii Lysenko	丹尼爾・笛福	Daniel Defoe
尤希普・帕納申科	Yosyp Panasenko		
5 畫			
瓦德瑪・申恩	Waldemar Schön	尼古拉・葉若夫	Nikolai Yezhov
瓦迪斯瓦夫・馬科斯基	Władysław Makowski	尼古拉・布哈林	Nikolai Bukharin
瓦迪斯瓦夫・哥穆爾卡	Władysław Gomułka	史蒂芬娜・維琴絲卡	Stefania Wilczyńska
瓦迪斯瓦夫・西科爾斯基	Władysław Sikorski	古斯塔夫・馮・貝托爾斯海姆	Gustav von Bechtolsheim
瓦迪斯瓦夫・安德斯	Władysław Anders	卡爾・漢克	Karl Hanke
瓦西里・格羅斯曼	Vasily Grossman	卡岡諾維奇	Lazar Kaganovich
瓦西里・布洛欣	Vasily Blokhin	加米涅夫	Lev Kamenev
弗謝沃洛德・伯利茨基	Vsevolod Balytskyi	以撒・卡吉涅茲	Isai Kaziniets
弗朗索瓦・傅勒	François Furet	以色列・萊德曼	Izrael Lederman
弗里德里希・耶克爾恩	Friedrich Jeckeln	以色列・拉彼都斯	Israel Lapidus
布羅尼斯拉夫・卡明斯基	Bronislav Kaminskii	以色列・列普列夫斯基	Izrail Leplevskii
布魯馬・柏格曼	Bluma Bergman	以色列・卡納夫	Izrael Kanał
6 畫			
艾瑞・威爾納	Aryeh Wilner	列歐尼德・萊赫曼	Leonid Reikhman

Joshua D. Zimmerman, "The Attitude of the Polish Home Army (AK) to the Jewish Question During the Holocaust: The Case of the Warsaw Ghetto Uprising," in Murray Baumgarten, Peter Kenez, and Bruce Thompson, eds., *Varieties of Antisemitism: History, Ideology, Discourse*, Newark: University of Delaware Press, 2009, 105-126.

Ewa Ziółkowska, "Kurapaty," *Biuletyn Instytutu Pamięci Narodowej*, Nos. 96-97, 2009, 44-53.

D. Zlepko, ed., *Der ukrainische Hunger-Holocaust*, Sonnenbühl: Helmut Wild, 1988.

Vadim Zolotar'ov, "Nachal'nyts'kyi sklad NKVS USRR u seredyni 30-h rr.," *Z arkhiviv VUChK-HPU-NKVD*-KGB, No. 2, 2001, 326-331.

Vladislav M. Zubok, *A Failed Empire: The Soviet Union in the Cold War from Stalin to Gorbachev*, Chapel Hill: University of North Carolina Press, 2007.

Marcin Zwolski, "Deportacje internowanych Polaków w głąb ZSRS w latach 1944-1945," in Marcin Zwolski, ed., *Exodus: Deportacje i migracje (wątek wschodni)*, Warsaw: IPN, 2008, 40-49.

Yitzhak Zuckerman, *A Surplus of Memory: Chronicle of the Warsaw Ghetto Uprising*, Berkeley: University of California Press, 1993.

Frankfurt am Main: Peter Lang, 1996.

Samuel Willenberg, *Revolt in Treblinka*, Warsaw: Jewish Historical Institute, 1992.

Kieran Williams, *The Prague Spring And Its Aftermath: Czechoslovak Politics, 1968-1970*, New York: Cambridge University Press, 1997.

Andreas Wirsching, *Die Weimarer Republik in ihrer inneren Entwicklung: Politik und Gesellschaft*, Munich: Oldenbourg, 2000.

Peter Witte, Michael Wildt, Martina Voigt, Dieter Pohl, Peter Klein, Christian Gerlach, Christoph Dieckmann, and Andrej Angrick, eds., *Der Dienstkalender Heinrich Himmlers 1941/42*, Hamburg: Hans Christians Verlag, 1999.

Peter Witte and Stephen Tyas, "A New Document on the Deportation and Murder of Jews During 'Einsatz Reinhardt' 1942," *Holocaust and Genocide Studies*, Vol. 15, No. 3, 2001, 468-486.

Rafał Wnuk, *"Za pierwszego Sowieta." Polska konspiracja na Kresach Wschodnich II Rzeczypospolitej*, Warsaw: IPN, 2007.

Janusz Wróbel and Joanna Żelazko, eds., *Polskie dzieci na tułaczych szlakach 1939-1950*, Warsaw: IPN, 2008.

Józef Wroniszewski, *Ochota 1939-1946*, Warsaw: MON, 1976.

Dali L. Yang, *Calamity and Reform in China: State, Rural Society, and Institutional Change Since the Great Leap Famine*, Stanford: Stanford University Press, 1996.

Serhy Yekelchyk, *Stalin's Empire of Memory: Russian-Ukrainian Relations in the Soviet Historical Imagination*, Toronto: University of Toronto Press, 2004.

Zagłada polskich elit. Akcja AB-Katyń, Warsaw: Instytut Pamięci Narodowej, 2006.

Steven J. Zaloga, *Bagration 1944: The Destruction of Army Group Center*, Westport: Praeger, 2004.

Jürgen Zarusky, "'Hitler bedeutet Krieg': Der deutsche Weg zum Hitler-Stalin-Pakt," *Osteuropa*, Vol. 59, Nos. 7-8, 2009, 97-114.

Andrzej Żbikowski, "Lokalne pogromy Żydów w czerwcu i lipcu 1941 r. na wschodnich rubieżach II Rzeczypospolitej," *Biuletyn Żydowskiego Instytutu Historycznego*, Nos. 162-163, 1992, 3-18.

Andrzej Żbikowski, "Żydowscy przesiedleńcy z dystryktu warszawskiego w getcie warszawskim, 1939-1942," in Barbara Engelking, Jacek Leociak, and Dariusz Libionka, eds., *Prowincja noc. Życie i zagłada Żydów w dystrykcie warszawskim*, Warsaw: IFiS PAN, 2007, 223-279.

I. Zelenin et al., eds., *Tragediia sovetskoi derevni: Kollektivizatsiia i raskulachivanie*, Vol. 3, Moscow: Rosspen, 2001.

V. N. Zemskov, "Smertnost' zakliuchennykh v 1941-1945 gg.," in R. B. Evdokimov, ed., *Liudskiie poteri SSSR v period vtoroi mirovoi voiny*, St. Petersburg: RAN, 1995, 174-177.

V. N. Zemskov, *Spetsposelentsy v SSSR, 1930-1960*, Moscow: Nauka, 2003.

Revolution, Princeton: Princeton University Press, 2001.

Amir Weiner, "Nature, Nurture, and Memory in a Socialist Utopia: Delineating the Soviet Socio-Ethnic Body in the Age of Socialism," *American Historical Review*, Vol. 104, No. 4, 1999, 1114-1155.

Anton Weiss-Wendt, *Murder Without Hatred: Estonians and the Holocaust*, Syracuse: Syracuse University Press, 2009.

Aleksander Weissberg-Cybulski, *Wielka czystka*, trans. Adam Ciołkosz, Paris: Institut Litteraire, 1967.

Eric D. Weitz, "From the Vienna to the Paris System: International Politics and the Entangled Histories of Human Rights, Forced Deportations, and Civilizing Missions," American Historical Review, Vol. 113, No. 5, 2008, 1313-1343.

Bernd-Jürgen Wendt, *Großdeutschland: Außenpolitik und Kriegsvorbereiterung des Hitler-Regimes*, Munich: Deutscher Taschenbuch Verlag, 1987.

Nicolas Werth, "Un État contre son peuple," in Stéphane Courtois, Nicolas Werth, Jean-Louis Panné, Andrzej Paczkowski, Karel Bartosek, and Jean-Louis Margolin, eds., *Le livre noir du communisme: Crimes, terreur, repression*, Paris: Robert Laffont, 1997.

Nicolas Werth, *La terreur et le désarroi: Staline et son système*, Paris: Perrin, 2007.

Edward B. Westermann, "'Ordinary Men' or 'Ideological Soldiers'? Police Battalion 310 in Russia, 1942," *German Studies Review*, Vol. 21, No. 1, 1998, 41-68.

Stephen G. Wheatcroft, "Agency and Terror: Evdokimov and Mass Killing in Stalin's Great Terror," *Australian Journal of Politics and History*, Vol. 53, No. 1, 2007, 20-43.

Stephen G. Wheatcroft, "The Scale and Nature of German and Soviet Repression and Mass Killings, 1930-45," *Europe-Asia Studies*, Vol. 48, No. 8, 1996, 1319-1353.

Stephen G. Wheatcroft, "Towards Explaining the Changing Levels of Stalinist Repression in the 1930s: Mass Killings," in idem, ed., *Challenging Traditional Views of Russian History*, Houndmills: Palgrave, 2002, 112-138.

John W. Wheeler-Bennett, *Brest-Litovsk: The Forgotten Peace*, London: Macmillan, 1938.

Paweł Piotr Wieczorkiewicz, *Łańcuch śmierci. Czystka w Armii Czerwonej 1937-1939*, Warsaw: Rytm, 2001.

Mieczysław Wieliczko, "Akcja AB w Dystrykcie Krakowskim," in Zygmunt Mańkowski, ed., *Ausserordentliche Befriedungsaktion 1940 Akcja AB na ziemiach polskich*, Warsaw: GKBZpNP-IPN, 1992, 28-40.

Yankiel Wiernik, *A Year in Treblinka*, New York: General Jewish Workers' Union of Poland, 1944.

Hans-Heinrich Wilhelm, *Die Einsatzgruppe A der Sicherheitspolizei und des SD 1941/1942*,

European Jewish Affairs, Vol. 33, No. 1, 2003, 4-29.

Verbrechen der Wehrmacht: Dimensionen des Vernichtungskrieges 1941-1944, Hamburg: Institut für Sozialforschung, 2002.

Vertreibung und Vertreibungsverbrechen 1945-1948: Bericht des Bundesarchivs vom 28. Mai 1974, Bonn: Kulturstiftung der Deutschen Vertriebenen, 1989.

Lynne Viola, *The Best Sons of the Fatherland: Workers in the Vanguard of Soviet Collectivization*, Oxford: Oxford University Press, 1987.

Lynne Viola, *Peasant Rebels Under Stalin: Collectivization and the Culture of Popular Resistance*, New York: Oxford University Press, 1996.

Lynne Viola, "Selbstkolonisierung der Sowjetunion," *Transit*, No. 38, 34-56.

Lynne Viola, *The Unknown Gulag: The Lost World of Stalin's Special Settlements*, New York: Oxford University Press, 2007.

Lynn Viola, V. P. Danilov, N. A., Ivnitskii, and Denis Kozlov, eds., *The War Against the Peasantry, 1927-1930: The Tragedy of the Soviet Countryside*, New Haven: Yale University Press, 2005.

T. V. Volokitina et al., eds., *Sovetskii faktor v Vostochnoi Evrope 1944-1953*, Moscow: Sibirskii khronograf, 1997.

Ricarda Vulpius, "Ukrainische Nation und zwei Konfessionen. Der Klerus und die ukrainische Frage 1861-1921," *Jahrbücher für Geschichte Osteuropas*, Vol. 49, No. 2, 2001, 240-256.

Andrzej Walicki, *The Controversy over Capitalism: Studies in the Social Philosophy of the Russian Populists*, Oxford: Clarendon Press, 1969.

Martin Walsdorff, *Westorientierung und Ostpolitik: Stresemanns Rußlandpolitik in der Locarno-Ära*, Bremen: Schünemann Universitätsverlag, 1971.

Piotr Wandycz, *Soviet-Polish Relations, 1917-1921*, Cambridge, Mass.: Harvard University Press, 1969.

Piotr Wandycz, *Z Piłsudskim i Sikorskim: August Zaleski, minister spraw zagranicznych w latach 1926-1932 i 1939-1941*, Warsaw: Wydawnictwo Sejmowe, 1999.

Bruno Wasser, *Himmlers Raumplannung im Osten*, Basel: Birkhäuser Verlag, 1993.

Eugen Weber, *The Hollow Years: France in the 1930s*, New York: Norton, 1994.

David Wdowinski, *And Are We Not Saved*, New York: Philosophical Library, 1985.

Gerhard L. Weinberg, *The Foreign Policy of Hitler's Germany*, Chicago: University of Chicago Press, 1980.

Gerhard L. Weinberg, *A World at Arms: A Global History of World War II*, Cambridge: Cambridge University Press, 1994.

Amir Weiner, *Making Sense of War: The Second World War and the Fate of the Bolshevik*

PWN SA, 1998.

Monika Tomkiewicz, *Zbrodnia w Ponarach 1941-1944*, Warsaw: IPN, 2008.

Adam Tooze, *The Wages of Destruction: The Making and Breaking of the Nazi Economy*, New York: Viking, 2007.

Teresa Torańska, *Oni*, London: Aneks, 1985.

Ryszard Torzecki, *Kwestia ukraińska w Polsce w latach 1923-1939*, Cracow: Wydawnictwo Literackie, 1989.

"Treblinka," in M. Blumental, ed., *Dokumenty i materialy. Obozy*, Łódź: Wydawnictwa Centralnej Żydowskiej Komisji Historycznej, 1946, 173-195.

Isaiah Trunk, *Judenrat: The Jewish Councils in Eastern Europe Under Nazi Occupation*, New York: Macmillan, 1972.

Henry Ashby Turner, *Stresemann and the Politics of the Weimar Republic*, Princeton: Princeton University Press, 1963.

Krisztián Ungvary, *Die Schlacht um Budapest: Stalingrad an der Donau, 1944/45*, Munich: Herbig, 1998.

Thomas Urban, *Der Verlust: Die Vertreibung der Deutschen und Polen im 20. Jahrhundert*, Munich: C. H. Beck, 2004.

Krzysztof Urbański, *Zagłada Żydów w dystrykcie radomskim*, Cracow: Wydawnictwo Naukowe Akademii Pedagogicznej, 2004.

Marcin Urynowicz, "Gross Aktion—Zagłada Warszawskiego Getta," *Biuletyn Instytutu Pamięci Narodowej*, No. 7, 2007, 105-115.

Benjamin Valentino, *Final Solutions: Mass Killing and Genocide in the Twentieth Century*, Ithaca: Cornell University Press, 2004.

Jacques Vallin, France Meslé, Serguei Adamets, and Serhii Pyrozhkov, "A New Estimate of Ukrainian Population Losses During the Crises of the 1930s and 1940s," *Population Studies*, Vol. 56, No. 3, 2002, 249-264.

A. Iu. Vashlin, *Terror raionnogo masshtaba: "Massovye operatsii" NKVD v Kuntsevskom raione Moskovskoi oblasti 1937-1938 gg.*, Moscow: Rosspen, 2004.

Valerii Vasiliev, "Tsina holodnoho khliba. Polityka kerivnytstva SRSR i USRR v 1932-1933 rr.," in Valerii Vasiliev and Iurii Shapoval, eds., *Komandyry velykoho holodu: Poizdky V. Molotova i L. Kahanovycha v Ukraïnu ta na Pivnichnyi Kavkaz 1932-1933 rr.*, Kyiv: Heneza, 2001, 12-81.

Jeffrey Veidlinger, *The Moscow State Yiddish Theater: Jewish Culture on the Soviet Stage*, Bloomington: Indiana University Press, 2000.

Jeffrey Veidlinger, "Soviet Jewry as a Diaspora Nationality: The 'Black Years' Reconsidered," *East*

1945, Stuttgart: Deutsche Verlags-Anstalt, 1978.

Henryk Stroński, "Deportacja—masowe wywózki ludności polskiej z Ukrainy do Kazachstanu w 1936 roku," *Przegląd Polonijny*, Vol. 23, No. 3, 1997, 108-121.

Henryk Stroński, *Represje stalinizmu wobec ludności polskiej na Ukrainie w latach 1929-1939*, Warsaw: Wspólnota Polska, 1998.

Andrzej Strzelecki, *Deportacja Żydów z getta łódzkiego do KL Auschwitz i ich zagłada*, Oświęcim: Państwowe Muzeum Auschwitz Birkenau, 2004.

Orest Subtelny, "German Diplomatic Reports on the Famine of 1933," in Wsevolod Isajiw, ed., *Famine-Genocide in Ukraine, 1932-1933*, Toronto: Ukrainian Canadian Research and Documentation Centre, 2003, 13-26.

Gordon R. Sullivan et al., *National Security and the Threat of Climate Change*, Alexandra: CNA Corporation, 2007.

Ronald Grigor Suny, "Reading Russia and the Soviet Union in the Twentieth Century: How 'the West' Wrote Its History of the USSR," in idem, ed., *Cambridge History of Russia*, Vol. 3, Cambridge: Cambridge University Press, 2006, 5-64.

Stanisław Swianiewicz, *In the Shadow of Katyń*, Calgary: Borealis, 2002.

Paweł Szapiro, ed., *Wojna żydowsko-niemiecka*, London: Aneks, 1992.

Bożena Szaynok, *Z historią i Moskwą w tle: Polska a Izrael 1944-1968*, Warsaw: IPN, 2007.

Roman Szporluk, *Russia, Ukraine, and the Breakup of the Soviet Union*, Stanford: Hoover Press, 2000.

Zachar Szybieka, *Historia Białorusi, 1795-2000*, Lublin: IESW, 2002.

Sally J. Taylor, "A Blanket of Silence: The Response of the Western Press Corps in Moscow to the Ukraine Famine of 1932-1933," in Wsevolod Isajiw, ed., *Famine-Genocide in Ukraine, 1932-1933*, Toronto: Ukrainian Canadian Research and Documentation Centre, 2003, 77-95.

Nechama Tec, *Defiance: The Bielski Partisans*, New York: Oxford University Press, 1993.

Philipp Ther, *Deutsche und polnische Vertriebene: Gesellschaft und Vertriebenenpolitik in SBZ/DDR und in Polen 1945-1956*, Göttingen: Vandenhoeck & Ruprecht, 1998.

Tzvetan Todorov, *Les Aventuriers de l'Absolu*, Paris: Robert Laffont, 2006.

Tzvetan Todorov, *Face à l'extrême*, Paris: Editions de Seiul, 1991.

Tsvetan Todorov, *Mémoire du mal, Tentacion du Bien: Enquête sur le siècle*, Paris: Robert Laffont, 2000.

Michał Tokarzewski-Karaszewicz, "U podstaw tworzenia Armii Krajowej," *Zeszyty Historyczne*, No. 56, 1981, 124-157.

Jerzy Tomaszewski, *Preludium Zagłady. Wygnanie Żydów polskich z Niemiec w 1938 r.*, Łódź:

Boris Sokolov, "How to Calculate Human Losses During the Second World War," *Journal of Slavic Military Studies*, Vol. 22, No. 3, 2009, 437-458.

Peter J. Solomon, *Soviet Criminal Justice Under Stalin*, Cambridge: Cambridge University Press, 1996.

Shmuel Spector, *The Holocaust of Volhynian Jews 1941-1944*, Jerusalem: Yad Vashem, 1990.

Szmuel Spektor, "Żydzi wołyńscy w Polsce międzywojennej i w okresie II wojny światowej (1920-1944)," in Krzysztof Jasiewicz, ed., *Europa Nieprowincjonalna*, Warsaw: Instytut Studiów Politycznych PAN, 1999, 566-578.

"Sprawozdania świetliczanek z getta warszawskiego," *Biuletyn Żydowskiego Instytutu Historycznego*, No. 94, 1975, 57-70.

Knut Stang, "Dr. Oskar Dirlewanger—Protagonist der Terrorkriegsführung," in Klaus-Michael Mallmann, ed., *Karrieren der Gewalt: Nationalsozialistische Täterbiographien*, Darmstadt: Wissenschaftliche Buchgesellschaft, 2004, 66-75.

Witold Stankowski, *Obozy i inne miejsca odosobnienia dla niemieckiej ludności cywilnej w Polsce w latach 1945-1950*, Bydgoszcz: Akademia Bydgoska, 2002.

Tomáš Staněk, *Odsun Němců z Československa 1945-1947*, Prague: Akademia Naše Vojsko, 1991.

Tamás Stark, *Hungarian Jews During the Holocaust and After the Second World War: A Statistical Review*, Boulder: East European Monographs, 2000.

Tamás Stark, *Hungary's Human Losses in World War II*, Uppsala: Centre for Multiethnic Research, 1995.

Jonathan Steinberg, "The Third Reich Reflected: German Civil Administration in the Occupied Soviet Union," *English Historical Review*, Vol. 110, No. 437, 1995, 620-651.

Stanisław Stępień, ed., *Polacy na Ukrainie: Zbiór dokumentów 1917-1939*, Przemyśl: Południowo-Wschodni Instytut Naukowy, 1998.

Dariusz Stola, "The Hate Campaign of March 1968: How Did It Become Anti-Jewish?" *Polin*, Vol. 21, 2008, 16-36.

Dariusz Stola, *Kampania antysyjonistyczna w Polsce 1967-1968*, Warsaw: IH PAN, 2000.

Norman Stone, *The Eastern Front, 1914-1917*, New York: Penguin, 1998.

Alfred Streim, *Die Behandlung sowjetischer Kriegsgefangener im "Fall Barbarossa,"* Heidelberg: C. F. Müller Juristischer Verlag, 1981.

Christian Streit, "The German Army and the Policies of Genocide," in Gerhard Hirschfeld, ed., *The Polices of Genocide: Jews and Soviet Prisoners of War in Nazi Germany*, London: Allen & Unwin, 1986.

Christian Streit, *Keine Kameraden: Die Wehrmacht und die sowjetischen Kriegsgefangenen 1941-*

Osteuropa, Vol. 54, No. 12, 2004, 37-56.

Thomas W. Simons, Jr., *Eastern Europe in the Postwar World*, New York: St. Martin's, 1993.

Kenneth Slepyan, *Stalin's Guerillas: Soviet Partisans in World War II*, Lawrence: University of Kansas Press, 2006.

Kenneth Slepyan, "The Soviet Partisan Movement and the Holocaust," *Holocaust and Genocide Studies*, Vol. 14, No. 1, 2000, 1-27.

Ivan Slivka, ed., *Deportatsiï*, Lviv: Natsional'na Akademiia Nauk Ukraïny, 1996.

Leonid Smilovitsky, "Antisemitism in the Soviet Partisan Movement, 1941-1944: The Case of Belorussia," *Holocaust and Genocide Studies*, Vol. 20, No. 2, 2006, 207-234.

Jeremy Smith, *The Bolsheviks and the National Question*, New York: St. Martin's, 1999.

Hersh Smolar, *The Minsk Ghetto: Soviet-Jewish Partisans Against the Nazis*, New York: Holocaust Library, 1989.

Timothy Snyder, "Caught Between Hitler and Stalin," *New York Review of Books*, Vol. 56, No. 7, 30 April 2009.

Timothy Snyder, "The Causes of Ukrainian-Polish Ethnic Cleansing, 1943," *Past and Present*, No. 179, 2003, 197-234.

Timothy Snyder, "The Life and Death of West Volhynian Jews, 1921-1945," in Ray Brandon and Wendy Lower, eds., *The Shoah in Ukraine: History, Testimony, and Memorialization*, Bloomington: Indiana University Press, 2008, 77-113.

Timothy Snyder, "Nazis, Soviets, Poles, Jews," *New York Review of Books*, Vol. 56, No. 19, 3 December 2009.

Timothy Snyder, *The Reconstruction of Nations: Poland, Ukraine, Lithuania, Belarus, 1569-1999*, New Haven: Yale University Press, 2003.

Timothy Snyder, "'To Resolve the Ukrainian Problem Once and for All': The Ethnic Cleansing of Ukrainians in Poland, 1943-1947," *Journal of Cold War Studies*, Vol. 1, No. 2, 1999, 86-120.

Timothy Snyder, *Sketches from a Secret War: A Polish Artist's Mission to Liberate Soviet Ukraine*, New Haven: Yale University Press, 2005.

Timothy Snyder, "Wartime Lies," *The Nation*, 6 January 2006.

Anna Sobór-Świderska, *Jakub Berman: biografia komunisty*, Warsaw: IPN, 2009.

Alfred Sohn-Rethel, *Industrie und Nationalsozialismus: Aufzeichnungen aus dem "Mitteleuropäischen Wirtschaftstag,"* ed. Carl Freytag, Wagenbach: Berlin, 1992.

A. K. Sokolov, "Metodologicheskie osnovy ischisleniia poter' naseleniia SSSR v gody Velikoi Otechestvennoi Voiny," in R. B. Evdokimov, ed., *Liudskie poteri SSSR v period vtoroi mirovoi voiny*, St. Petersburg: RAN, 1995, 18-24.

Jurij Šapoval, "Lügen und Schweigen: Die unterdrückte Erinnerung an den Holodomor," *Osteuropa*, Vol. 54, No. 12, 2009, 131-145.

Iurii Shapoval, "III konferentsiia KP(b)U: proloh trahedii holodu," in Valerii Vasiliev and Iurii Shapoval, eds., *Komandyry velykoho holodu*, Kyiv: Heneza, 2001, 152-165.

Iurii Shapoval, "Vsevolod Balickij, bourreau et victime," *Cahiers du Monde russe*, Vol. 44, Nos. 2-3, 2003, 371-384.

Iurii Shapoval, Volodymyr Prystaiko, and Vadym Zolotar'ov, eds., *ChK-HPU-NKVD v Ukraïni: Osoby, fakty, dokumenty*, Kyiv: Abrys, 1997.

Iurii Shapoval, Volodymyr Prystaiko, and Vadym Zolotar'ov, "Vsevolod Balyts'kyi," in *ChK-HPU-NKVD v Ukraini: Osoby, fakty, dokumenty*, Kyiv: Abrys, 1997.

David R. Shearer, "Social Disorder, Mass Repression, and the NKVD During the 1930s," *Cahiers du Monde russe*, Vol. 42, Nos. 2-3/4, 2001, 506-534.

Ben Shepherd, *War in the Wild East: The German Army and Soviet Partisans*, Cambridge, Mass.: Harvard University Press, 2004.

Marci Shore, *Caviar and Ashes: A Warsaw Generation's Life and Death in Marxism*, New Haven: Yale University Press, 2006.

Marci Shore, "Children of the Revolution: Communism, Zionism, and the Berman Brothers," *Jewish Social Studies*, Vol. 10, No. 3, 2004, 23-86.

Marci Shore, "Język, pamięć i rewolucyjna awangarda. Kształtowanie historii powstania w getcie warszawskim w latach 1944-1950," *Biuletyn Żydowskiego Instytutu Historycznego*, No. 3 (188), 1998, 43-60.

Zachary Shore, *What Hitler Knew: The Battle for Information in Nazi Foreign Policy*, Oxford: Oxford University Press, 2003.

M. F. Shumejko, "Die NS-Kriegsgefangenenlager in Weißrussland in den Augen des Militärarztes der Roten Armee, L. Atanasyan," in V. Selemenev et al., eds., *Sowjetische und deutsche Kriegsgefangene in den Jahren des Zweiten Weltkriegs*, Dresden-Minsk, 2004.

Danylo Shumuk, *Perezhyte i peredumane*, Kyiv: Vydavnyts'tvo imeni Oleny Telihy, 1998.

Lewis Siegelbaum, *Soviet State and Society Between Revolutions*, Cambridge: Cambridge University Press, 1992.

Lewis Siegelbaum and Andrei Sokolov, *Stalinism as a Way of Life*, New Haven: Yale University Press, 2004.

Cynthia Simmons and Nina Perlina, eds., *Writing the Siege of Leningrad*, Pittsburgh: University of Pittsburgh Press, 2002.

Gerhard Simon, "Holodomor als Waffe: Stalinismus, Hunger und der ukrainische Nationalismus,"

Harrison E. Salisbury, *The 900 Days: The Siege of Leningrad*, New York: Harper & Row, 1969.

Antonella Salomini, *L'Union soviétique et la Shoah*, trans. Marc Saint-Upéry, Paris: La Découverte, 2007.

Thomas Sandkühler, *"Endlösung" in Galizien: Der Judenmord in Ostpolen und die Rettungsinitiativen von Berthold Beitz, 1941-1944*, Bonn: Dietz, 1996.

[Jerzy Sawicki], *Zburzenie Warszawy*, Katowice: Awir, 1946.

Wolfgang Scheffler, "Probleme der Holocaustforschung," in Stefi Jersch-Wenzel, ed. *Deutsche—Polen—Juden. Ihre Beziehungen von den Anfängen bis ins 20. Jahrhundert*, Berlin: Colloquium Verlag, 1987, 259-281.

Cornelia Schenke, *Nationalstaat und nationale Frage: Polen und die Ukraine 1921-1939*, Hamburg: Dölling und Galitz Verlag, 2004.

Thomas Schlemmer, *Die Italiener an der Ostfront*, Munich: R. Oldenbourg Verlag, 2005.

Karl Schlögel, *Terror und Traum: Moskau 1937*, Munich: Carl Hanser Verlag, 2008.

Simon Sebag Montefiore, *Stalin: The Court of the Red Tsar*, New York: Knopf, 2004.

Sefer Lutsk, Tel Aviv: Irgun Yots'e Lutsk be-Yisrael, 1961.

Robert Seidel, *Deutsche Besatzungspolitik in Polen: Der Distrikt Radom 1939-1945*, Paderborn: Ferdinand Schöningh, 2006.

Amartya Sen, *Poverty and Famines: An Essay on Entitlement and Deprivation*, Oxford: Oxford University Press, 1982.

Roman Serbyn, "Lemkin on Genocide of Nations," *Journal of International Criminal Justice*, Vol. 7, No. 1, 2009, 123-130.

Gitta Sereny, *Into That Darkness: From Mercy Killing to Mass Murder*, New York: McGraw Hill, 1974.

Robert Service, *Stalin: A Biography*, Cambridge, Mass.: Harvard University Press, 2004.

Edward Serwański, *Życie w powstańczej Warszawie*, Warsaw: Instytut Wydawniczy PAX, 1965.

G. N. Sevostianov et al., eds., *"Sovershenno sekretno": Lubianka-Stalinu o polozhenii v strane (1922-1934 gg.)*, Vol. 4, Moscow: RAN, 2001.

Jurij Šapoval, "Die Behandlung der 'ukrainischen Nationalisten' im Gebiet Kyiv," in Rolf Binner, Bernd Bonwetsch, and Marc Junge, eds., *Stalinismus in der sowjetischen Provinz 1937-1938*, Berlin: Akademie Verlag, 2010, 334-351.

Iurii Shapoval, "Holodomor i ioho zv'iazok iz represiiamy v Ukraïni u 1932-1934 rokakh," *Harvard Ukrainian Studies*, forthcoming.

Iurii Shapoval, *Liudyna i systema: Shtrykhy do portretu totalitarnoï doby v Ukraïni*, Kyiv: Natsional'na Akademiia Nauk Ukraïny, 1994.

Daniel Romanowsky, "Nazi Occupation in Northeastern Belarus and Western Russia," in Zvi Gitelman, ed., *Bitter Legacy: Confronting the Holocaust in the USSR*, Bloomington: Indiana University Press, 1997, 230-252.

Felix Römer, *Der Kommissarbefehl: Wehrmacht und NS-Verbrechen an der Ostfront 1941/42*, Paderborn: Ferdinand Schöningh, 2008.

Hans Roos, *Polen und Europa: Studien zur polnischen Außenpolitik*, Tübingen: J.C.B. Mohr, 1957.

Mark Roseman, *The Villa, the Lake, the Meeting: Wannsee and the Final Solution*, New York: Penguin, 2003.

Alexander B. Rossino, *Hitler Strikes Poland: Blitzkrieg, Ideology, and Atrocity*, Lawrence: University Press of Kansas, 2003.

Joseph Rothschild, *Piłsudski's Coup d'Etat*, New York: Columbia University Press, 1966.

David Rousset, *L'univers concentrationnaire*, Paris: Éditions du Pavois, 1946.

Włodzimierz Rozenbaum, "The March Events: Targeting the Jews," *Polin*, Vol. 21, 2008, 62-93.

Joshua Rubenstein and Ilya Altman, eds., *The Unknown Black Book: The Holocaust in the German-Occupied Soviet Territories*, Bloomington: Indiana University Press, 2008.

Oleksandr Rubl'ov and Vladimir Reprintsev, "Represii proty poliakiv v Ukraïni u 30-ti roky," *Z arkhiviv V.U.Ch.K H.P.U N.K.V.D K.H.B*, Vol. 1, No. 2, 1995, 119-146.

F. M. Rudych, I. F. Kuras, M. I. Panchuk, P. Ia. Pyrih, and V. F Soldatenko, eds., *Holod 1932-1933 rokiv na Ukraïni: Ochyma istorykiv, movoiu dokumentiv*, Kyiv: Vydavnytstvo Politychnoï Literatury Ukrainy, 1990.

Martyna Rusiniak, *Obóz zagłady Treblinka II w pamięci społecznej (1943-1989)*, Warsaw: Neriton, 2008.

Hartmut Ruß, "Wer war verantwortlich für das Massaker von Babij Jar?" *Militärgeschichtliche Mitteilungen*, Vol. 57, No. 2, 1999, 483-508.

Philip T. Rutherford, *Prelude to the Final Solution: The Nazi Program for Deporting Ethnic Poles, 1939-1941*, Lawrence: University Press of Kansas, 2007.

Pamela Rotner Sakamoto, *Japanese Diplomats and Jewish Refugees: A World War II Dilemma*, Westport: Praeger, 1998.

A. N. Sakharov et al., eds., *"Sovershenno sekretno": Lubianka-Stalinu o polozhenii v strane (1922-1934 gg.)*, Vol. 6, Moscow: RAN 2002.

Ruta Sakowska, ed., *Archiwum Ringelbluma. Tom 2: Dzieci—tajne nauczanie w getcie warszawskim*, Warsaw: ŻIH, 2000.

Ruta Sakowska, *Ludzie z dzielnicy zamkniętej. Żydzi w Warszawie w okresie hitlerowskiej okupacji*, Warsaw: PAN, 1975.

Alexander V. Prusin, "A Community of Violence: The SiPo/SD and its Role in the Nazi Terror System in Generalbezirk Kiew," *Holocaust and Genocide Studies*, Vol. 21, No. 1, 2007, 1-30.

Adam Puławski, *W obliczu Zagłady. Rząd RP na Uchodźstwie, Delegatura Rządu RP na Kraj, ZWZ-AK wobec deportacji Żydów do obozów zagłady (1941-1942)*, Lublin: IPN, 2009.

E. A. Radice, "Economic Developments in Eastern Europe Under German Hegemony" in Martin McCauley, ed., *Communist Power in Europe 1944-1949*, New York: Harper and Row, 1977, 3-21.

E. A. Radice, "General Characteristics of the Region Between the Wars," in Michael Kaser, ed., *An Economic History of Eastern Europe*, Vol. 1, New York: Oxford University Press, 1984.

Chil Rajchman, *Je suis le dernier Juif*, trans. Gilles Rozier, Paris: Éditions des Arenes, 2009.

J. Rajgrodzki, "Jedenaście miesięcy w obozie zagłady w Treblince," *Biuletyn Żydowskiego Instytutu Historycznego*, No. 25, 1958, 101-118.

Donald J. Raleigh, "The Russian Civil War, 1917-1922," in Ronald Grigor Suny, ed., *Cambridge History of Russia*, Vol. 3, Cambridge: Cambridge University Press, 2006, 140-167.

Shimon Redlich, *Propaganda and Nationalism in Wartime Russia: The Jewish Anti-Fascist Committee in the USSR, 1941-1948*, Boulder: East European Monographs, 1982.

Shimon Redlich, *War, Holocaust, and Stalinism: A Documented History of the Jewish Anti-Fascist Committee in the USSR*, Luxembourg: Harwood, 1995.

Jan Alfred Reguła [Józef Mitzenmacher or Mieczysław Mützenmacher], *Historia Komunistycznej Partji Polski*, Toruń: Portal, 1994 [1934].

Leonid Rein, "Local Collaboration in the Execution of the 'Final Solution' in Nazi-Occupied Belarussia," *Holocaust and Genocide Studies*, Vol. 20, No. 3, 2006, 381-409.

"Relacje dwóch zbiegów z Treblinki II," *Biuletyn Żydowskiego Instytutu Historycznego*, No. 40, 1961, 78-88.

Alfred J. Rieber, "Civil Wars in the Soviet Union," *Kritika*, Vol. 4, No. 1, 2003, 129-162.

Berndt Rieger, *Creator of the Nazi Death Camps: The Life of Odilo Globocnik*, London: Vallentine Mitchell, 2007.

Volker Rieß, "Christian Wirth—Inspekteur der Vernichtungslager," in Klaus-Michael Mallmann and Gerhard Paul, eds. *Karrieren der Gewalt: Nationalsozialistische Täterbiographien*, Darmstadt: Wissenschaftliche Buchgesellschaft, 2004, 239-251.

Gabor Rittersporn, *Stalinist Simplifications and Soviet Complications: Social Tensions and Political Conflict in the USSR, 1933-1953*, Chur: Harwood, 1991.

Henry L. Roberts, *Rumania: Political Problems of an Agrarian State*, New Haven: Yale University Press, 1951.

Dieter Pohl, "Ukrainische Hilfskräfte beim Mord an den Juden," in Gerhard Paul, ed., *Die Täter der Shoah*, Göttingen: Wallstein Verlag, 2002.

Dieter Pohl, *Verfolgung und Massenmord in der NS-Zeit 1933-1945*, Darmstadt: Wissenschaftliche Buchgesellschaft, 2008.

Dieter Pohl, "Znaczenie dystrykyu lubelskiego w 'ostatecznym rozwiązaniu kwestii żydowskiej'," in Dariusz Libionka, ed., *Akcja Reinhardt: Zagłada Żydów w Generalnym Gubernatorstwie*, Warsaw: IPN, 2004, 39-53.

Pavel Polian, *Against Their Will: The History and Geography of Forced Migrations in the USSR*, Budapest: CEU Press, 2004.

Pavel Polian, "Hätte der Holocaust beinahe nicht stattgefunden? Überlegungen zu einem Schriftwechsel im Wert von zwei Millionen Menschenleben," in Johannes Hurter and Jürgen Zarusky, eds., *Besatzung, Kollaboration, Holocaust*, Munich: R. Oldenbourg Verlag, 2008, 1-20.

Pavel Polian, "La violence contre les prisonniers de guerre soviétiques dans le IIIe Reich et un URSS," in S. Audoin-Rouzeau, A. Becker, Chr. Ingrao, and H. Rousso, eds., *La violence de guerre 1914-1945*, Paris: Éditions Complexes, 2002, 117-131.

Antony Polonsky, *Politics in Independent Poland 1921-1939: The Crisis of Constitutional Government*, Oxford: Clarendon Press, 1972.

Joseph Poprzeczny, *Odilo Globocnik, Hitler's Man in the East*, Jefferson: McFarland & Company, 2004.

Peter J. Potichnij, "The 1946-1947 Famine in Ukraine: A Comment on the Archives of the Underground," Wsevolod Isajiw, ed., *Famine-Genocide in Ukraine, 1932-1933*, Toronto: Ukrainian Canadian Research and Documentation Centre, 2003, 185-189.

Robert Potocki, *Polityka państwa polskiego wobec zagadnienia ukraińskiego w latach 1930-1939*, Lublin: IEŚW, 2003.

Samantha Power, *"A Problem from Hell": America and the Age of Genocide*, New York: Basic Books, 2002.

Volodymyr Prystaiko and Iurii Shapoval, eds., *Sprava "Spilky Vyzvolennia Ukraïny,"* Kyiv: Intel, 1995.

Proces z vedením protistátního spikleneckého centra v čele s Rodolfem Slánským, Prague: Ministerstvo Spravedlnosti, 1953.

Projektgruppe Belarus, ed., *"Existiert das Ghetto noch?" Weißrussland: Jüdisches Überleben gegen nationalsozialistische Herrschaft*, Berlin: Assoziation A, 2003.

T. S. Prot'ko, *Stanovlenie sovetskoi totalitarnoi sistemy v Belarusi: 1917-1941 gg: (1917-1941)*, Minsk: Tesei, 2002.

Andrzej Paczkowski, *Trzy twarze Józefa Światła. Przyczynek do historii komunizmu w Polsce*, Warsaw: Prószyński i S-ka, 2009.

Pamiętniki znalezione w Katyniu, Paris: Editions Spotkania, 1989.

Andrzej Pankowicz, "Akcja AB w Krakowie," in Zygmunt Mańkowski, ed., *Ausserordentliche Befriedungsaktion 1940 Akcja AB na ziemiach polskich*, Warsaw: GKBZpNP-IPN, 1992, 43-47.

Yaroslav Papuha, *Zakhidna Ukraïna i holodomor 1932-1933 rokiv*, Lviv: Astroliabiia, 2008.

Michael Parris, *The Lesser Terror: Soviet State Security, 1939-1953*, Santa Barbara: Praeger, 1996.

Gunnar S. Paulsson, *Secret City: The Hidden Jews of Warsaw 1940-1945*, New Haven: Yale University Press, 2002.

Stevan L. Pawlowitch, *Hitler's New Disorder: The Second World War in Yugoslavia*, New York: Columbia University Press, 2008.

Nikita Petrov and K. V. Skorkin, *Kto rukovodil NKVD, 1934-1941*, Moscow, Zven'ia, 1999.

N. V. Petrov and A. B. Roginsksii, "'Pol'skaia operatsiia' NKVD 1937-1938 gg.," in A. Ie. Gurianov, ed., *Repressii protiv poliakov i pol'skikh grazhdan*, Moscow: Zven'ia, 1997, 22-43.

Niccolo Pianciola, "The Collectivization Famine in Kazakhstan," in Halyna Hryn, ed., *Hunger by Design: The Great Ukrainian Famine in Its Soviet Context*, Cambridge, Mass.: Harvard University Press, 2008, 103-116.

Jan Pietrzykowski, "Akcja AB na ziemi częstochowskiej i radomszczańskiej," in Zygmunt Mańkowski, ed., *Ausserordentliche Befriedungsaktion 1940 Akcja AB na ziemiach polskich*, Warsaw: GKBZpNP-IPN, 1992, 107-123.

Jan Pietrzykowski, *Akcja AB w Częstochowie*, Katowice: Wydawnictwo Śląsk, 1971.

Benjamin Pinkus, "The Deportation of the German Minority in the Soviet Union, 1941-1945," in Bernd Wegner, ed., *From Peace to War: Germany, Soviet Russia, and the World, 1939-1941*, Providence: Berghahn Books, 1997, 449-462.

Richard Pipes, *The Formation of the Soviet Union*, Cambridge, Mass.: Harvard University Press, 1997.

Richard Pipes, *Struve*, Cambridge, Mass.: Harvard University Press, 1970-1980, 2 vols.

Dieter Pohl, *Nationalsozialistische Judenverfolgung in Ostgalizien: Organisation und Durchführung eines staatlichen Massenverbrechens*, Munich: Oldenbourg, 1996.

Dieter Pohl, "Schauplatz Ukraine: Der Massenmord an den Juden im Militärverwaltungsgebiet und im Reichskommissariat 1941-1943," in Norbert Frei, Sybille Steinbacher, and Bernd C. Wagner, eds., *Ausbeutung, Vernichtung, Öffentlichkeit: Neue Studien zur nationalsozialistischen Lagerpolitik*, Munich: K. G. Saur, 2000, 135-179.

1949, Cambridge, Mass.: Harvard University Press, 1995.

Leonid Naumov, *Bor'ba v rukovodstve NKVD v 1936-1938 gg.*, Moscow: Modern-A, 2006.

Leonid Naumov, *Stalin i NKVD*, Moscow: Iauza, 2007.

Vladimir Nikol'skij, "Die 'Kulakenoperation' im ukrainischen Donbass," in Rolf Binner, Bernd Bonwetsch, and Marc Junge, eds., *Stalinismus in der sowjetischen Provinz 1937-1938*, Berlin: Akademie Verlag, 2010, 613-640.

V. M. Nikol's'kyi, *Represyvna diial'nist' orhaniv derzhavnoï bezpeky SRSR v Ukraïni*, Donetsk: Vydavnytstvo Donets'koho Natsional'noho Universytetu, 2003.

Bernadetta Nitschke, *Wysiedlenie ludności niemieckiej z Polski w latach 1945-1949*, Zielona Góra: Wyższa Szkoła Pedagogiczna im. Tadeusza Kotarbińskiego, 1999.

Hans-Heinrich Nolte, "Partisan War in Belorussia, 1941-1944," in Roger Chickering, Stig Förster, and Bernd Greiner, eds., *A World at Total War: Global Conflict and the Politics of Destruction, 1937-1945*, Cambridge: Cambridge University Press, 2005, 261-276.

Andrzej Nowak, *Polska a trzy Rosje*, Cracow: Arcana, 2001.

"Obóz zagłady Treblinka," *Biuletyn Glownej Komisji Badania Zbrodni Niemieckich w Polsce*, No. 1, 1946, 133-144.

Viorica Olaru-Cemirtan, "Wo die Züge Trauer trugen: Deportationen in Bessarabien, 1940-1941," *Osteuropa*, Vol. 59, Nos. 7-8, 2009, 219-226.

Operatsia "Seim" 1944-1946/Operacja "Sejm" 1944-1946, Warsaw-Kyiv: IPN, 2007.

Karin Orth, *Das System der nationalsozialistischen Konzentrationslager. Eine politische Organisationsgeschichte*, Hamburg: Hamburger Edition, 1999.

George Orwell, *Homage to Catalonia*, San Diego: Harcourt Brace Jovanovich, 1980.

George Orwell, *Orwell and Politics*, London: Penguin, 2001.

Rüdiger Overmans, *Deutsche militärische Verluste im Zweiten Weltkrieg*, Munich: Oldenbourg, 1999.

Rüdiger Overmans, "Die Kriegsgefangenenpolitik des Deutschen Reiches 1939 bis 1945," in Jörg Echternkamp, ed., *Das Deutsche Reich und der Zweite Weltkrieg*, Vol. 9/2, Munich: Deutsche Verlags-Anstalt, 2005.

Rüdiger Overmans, "Personelle Verluste der deutschen Bevölkerung durch Flucht und Vertreibung," *Dzieje Najnowsze*, Vol. 26, No. 2, 1994, 50-65.

Andrzej Paczkowski, "Pologne, la 'nation ennemie,'" in Stéphane Courtois, Nicolas Werth, Jean-Louis Panné, Andrzej Paczkowski, Karel Bartosek, and Jean-Louis Margolin, eds., *Le livre noir du communisme: Crimes, terreur, repression*, Paris: Robert Laffont, 1997.

Andrzej Paczkowski, *Pół wieku dziejów Polski*, Warsaw: PWN, 2005.

1942-1943," in Barbara Engelking, Jacek Leociak, and Dariusz Libionka, eds., *Prowincja noc. Życie i zagłada Żydów w dystrykcie warszawskim*, Warsaw: IFiS PAN, 2007, 39-74.

Jacek Andrzej Młynarczyk, *Judenmord in Zentralpolen: Der Distrikt Radom im Generalgouvernement 1939-1945*, Darmstadt: WGB, 2007.

Jacek Andrzej Młynarczyk, "Treblinka-ein Todeslager der 'Aktion Reinhard,'" in Bogdan Musial, ed., *Aktion Reinhardt, Der Völkermord an den Juden im Generalgouvernement 1941-1944*, Osnabrück: Fibre, 2004, 257-281.

Bronisław Młynarski, *W niewoli sowieckiej*, London: Gryf Printers, 1974.

Kazimierz Moczarski, *Rozmowy z katem*, Cracow: Znak, 2009.

Simon Sebag Montefiore, *Stalin: The Court of the Red Tsar*, London: Weidenfeld & Nicolson, 2003.

James Morris, "The Polish Terror: Spy Mania and Ethnic Cleansing in the Great Terror," *Europe-Asia Studies*, Vol. 56, No. 5, July 2004, 751-766.

Grzegorz Motyka, "Tragedia jeńców sowieckich na ziemiach polskich podczas II wojny światowej," unpublished manuscript, 2009.

Grzegorz Motyka, *Ukraińska partyzantka 1942-1960*, Warsaw: Rytm, 2006.

Samuel Moyn, "In the Aftermath of Camps," in Frank Biess and Robert Mueller, eds., *Histories of the Aftermath: The Legacies of the Second World War*, New York: Berghahn Books, 2010.

Timothy Patrick Mulligan, *The Politics of Illusion and Empire: German Occupation Policy in the Soviet Union, 1942-1943*, New York: Praeger, 1988.

Bogdan Musiał, *Na zachód po trupie Polski*, Warsaw: Prószyński, 2009.

Bogdan Musiał, "'Przypadek modelowy dotyczący eksterminacji Żydów': Początki 'akcji Reinhardt'—planowanie masowego mordu Żydów w Generalnym Gubernatorstwîe," Dariusz Libionka, ed., *Akcja Reinhardt. Zagłada Żydów w Generalnym Gubernatorstwie*, Warsaw: IPN, 2004, 15-38.

Bogdan Musial, *Sowjetische Partisanen 1941-1944: Mythos und Wirklichkeit*, Paderborn: Ferdinand Schöningh, 2009.

Bogdan Musial, ed., *Sowjetische Partisanen in Weißrussland: Innenansichten aus dem Gebiet Baranovići*, Munich: R. Oldenbourg Verlag, 2004.

Norman Naimark, *Fires of Hatred: Ethnic Cleansing in Twentieth-Century Europe*, Cambridge, Mass.: Harvard University Press, 2001.

Norman Naimark, "Gomułka and Stalin: The Antisemitic Factor in Postwar Polish Politics," in Murray Baumgarten, Peter Kenez, and Bruce Thompson, eds., *Varieties of Antisemitism: History, Ideology, Discourse,* Newark: University of Delaware Press, 2009, 237-250.

Norman Naimark, *The Russians in Germany: A History of the Soviet Zone of Occupation, 1945-*

Vol. 4, No. 4, 1995, 254-274.

Ralph Mavrogordato and Earl Ziemke, "The Polotsk Lowland," in John Armstrong, ed., *Soviet Partisans in World War II*, Madison: University of Wisconsin Press, 1964.

Mark Mazower, *Dark Continent: Europe's Twentieth Century*, New York, Vintage, 2000.

Mark Mazower, *Hitler's Empire: Nazi Rule in Occupied Europe*, London: Allen Lane, 2008.

Mark Mazower, "Violence and the State in the Twentieth Century," *American Historical Review*, Vol. 107, No. 4, 2002, 1147-1167.

Barry McLoughlin, "Mass Operations of the NKVD, 1937-8: A Survey," in Barry McLoughlin and Kevin McDermott, eds., *Stalin's Terror: High Politics and Mass Repression in the Soviet Union*, Houndsmill: Palgrave, 2003, 118-152.

Geoffrey Megargee, *War of Annihilation: Combat and Genocide on the Eastern Front, 1941*, Lanham: Rowman & Littlefield, 2007.

Ezra Mendelsohn, *The Jews of East Central Europe Between the World Wars*, Bloomington: Indiana University Press, 1983.

Catherine Merridale, *Ivan's War: Life and Death in the Red Army, 1939-1945*, New York: Henry Holt, 2006.

Catherine Merridale, *Night of Stone: Death and Memory in Twentieth-Century Russia*, New York: Viking, 2000.

Włodzimierz Michniuk, "Z historii represji politycznych przeciwko Polakom na Białorusi w latach trzydziestych," in Wiesław Balcerak, ed., *Polska-Białoruś 1918-1945: Zbiór studiów i materiałów*, Warsaw: IH PAN, 1993, 112-120.

Piotr Mierecki i Wasilij Christoforow et al., eds., *Varshavskoe vosstanie 1944/Powstanie Warszawskie 1944*, Moscow-Warsaw, IHRAN-IPN, 2007.

Anna Mieszkowska, *Matka dzieci Holocaustu: Historia Ireny Sendlerowej*, Warsaw: Muza SA, 2008.

Stanley Milgram, "Behavior Study of Obedience," *Journal of Abnormal and Social Psychology*, Vol. 67, No. 2, 1963, 371-378.

James A. Millward, *Eurasian Crossroads: A History of Xinjiang*, London: Hurst & Company, 2007.

Czesław Miłosz, *Legends of Modernity: Essays and Letters from Occupied Poland, 1942-43*, New York: Farrar, Strauss, and Giroux, 2005.

Sybil Milton, ed., *The Stroop Report*, New York: Random House, 1979.

Alan S. Milward, *The German Economy at War*, London: Athlone Press, 1965.

Eugeniusz Mironowicz, *Białoruś*, Warsaw: Trio, 1999.

Jacek Andrzej Młynarczyk, "Akcja Reinhardt w gettach prowincjonalnych dystryktu warszawskiego *na polskich terenach wcielonych do Rzeszy*, Warsaw: IPN, 2008, 85-115.

Klaus-Michael Mallmann, Jochen Böhler, and Jürgen Matthäus, *Einsatzgruppen in Polen: Darstellung und Dokumentation*, Darmstadt: WGB, 2008.

Zygmunt Mańkowski, "Ausserordentliche Befriedungsaktion," in Zygmunt Mańkowski, ed., *Ausserordentliche Befriedungsaktion 1940 Akcja AB na ziemiach polskich*, Warsaw: GKBZpNP-IPN, 1992, 6-18.

Walter Manoschek, *"Serbien ist judenfrei": Militärische Besatzungspolitik und Judenvernichtung in Serbien 1941/1942*, Munich: R. Oldenbourg Verlag, 1993.

Vasyl' Marochko and Ol'ha Movchan, *Holodomor v Ukraïni 1932-1933 rokiv: Khronika*, Kyiv: Kyievo-Mohylians'ka Akademiia, 2008.

David Marples, "Kuropaty: The Investigation of a Stalinist Historical Controversy," *Slavic Review*, Vol. 53, No. 2, 1994, 513-523.

Michael R. Marrus, "Jewish Resistance to the Holocaust," *Journal of Contemporary History*, Vol. 30, No. 1, 1995, 83-110.

Józef Marszałek, "Akcja AB w dystrykcie lubelskim," in Zygmunt Mańkowski, ed., *Ausserordentliche Befriedungsaktion 1940 Akcja AB na ziemiach polskich*, Warsaw: GKBZpNP-IPN, 1992, 48-57.

Terry Martin, *Affirmative Action Empire*, Ithaca: Cornell University Press, 2001.

Terry Martin, "The 1932-1933 Ukrainian Terror: New Documentation on Surveillance and the Thought Process of Stalin," in Wsevolod Isajiw, ed., *Famine-Genocide in Ukraine, 1932-1933*, Toronto: Ukrainian Canadian Research and Documentation Centre, 2003, 97-114.

Terry Martin, "The Origins of Soviet Ethnic Cleansing," *Journal of Modern History*, Vol. 70, No. 4, 1998, 813-861.

Vojtech Mastny, *The Cold War and Soviet Insecurity: The Stalin Years*, Oxford: Oxford University Press, 1996.

Vojtech Mastny. *The Czechs Under Nazi Rule: The Failure of National Resistance, 1939-1942*, New York: Columbia University Press, 1971.

Wojciech Materski, *Tarcza Europy. Stosunki polsko-sowieckie 1918-1939*, Warsaw: Książka i Wiedza, 1994.

Jürgen Matthäus, "Controlled Escalation: Himmler's Men in the Summer of 1941 and the Holocaust in the Occupied Soviet Territories," *Holocaust and Genocide Studies*, Vol. 21, No. 2, Fall 2007, 218-242.

Jürgen Matthäus, "Reibungslos und planmäßig: Die Zweite Welle der Judenvernichtung im Generalkommissariat Weißruthenien (1942-1944)," *Jahrbuch für Antisemitismusforschung*,

Kampfgruppe von Gottberg," in Alfons Kenkmann and Christoph Spieker, eds., *Im Auftrag: Polizei, Verwaltung und Verantwortung*, Essen: Klartext Verlag, 2001, 225-247.

John Lukacs, *Five Days in London, May 1940*, New Haven: Yale University Press, 1999.

John Lukacs, *June 1941: Hitler and Stalin*, New Haven: Yale University Press, 2007.

John Lukacs, *The Last European War*, New Haven: Yale University Press, 1976.

Igor Lukes, "The Rudolf Slansky Affair: New Evidence," *Slavic Review*, Vol. 58, No. 1, 1999, 160-187.

Leonid Luks, "Zum Stalinschen Antisemitismus: Brüche und Widersprüche," *Jahrbuch für Historische Kommunismus-Forschung*, 1997, 9-50.

Arno Lustiger, *Stalin and the Jews: The Red Book*, New York: Enigma Books, 2003.

Paweł Machcewicz and Krzysztof Persak, eds., *Wokół Jedwabnego*, Warsaw: Instytut Pamięci Narodowej, 2002, 2 vols.

French MacLean, *The Cruel Hunters: SS-Sonderkommando Dirlewanger: Hitler's Most Notorious Anti-Partisan Unit*, Atglen: Schiffer Military History, 1998.

French MacLean, *The Field Men: The SS Officers Who Led the Einsatzkommandos*, Atglen: Schiffer, 1999.

Michael MacQueen, "Nazi Policy Toward the Jews in the Reichskommissariat Ostland, June-December 1941: From White Terror to Holocaust in Lithuania," in Zvi Gitelman, ed., *Bitter Legacy: Confronting the Holocaust in the USSR*, Bloomington: Indiana University Press, 1997, 91-103.

Czesław Madajczyk, "Vom 'Generalplan Ost' zum 'Generalsiedlungsplan,'" in Mechtild Rössler and Sabine Schleiermacher, eds., *Der "Generalplan Ost": Hauptlinien der nationalsozialistischen Planungs-und Vernichtungspolitik*, Berlin: Akademie Verlag, 1993, 12-19.

Czesław Madajczyk, Marek Getter and Andrzej Janowski, eds., *Ludność cywilna w Powstaniu Warszawskim*, Vol. 2, Warsaw: Państwowy Instytut Wydawniczy, 1974.

Krzysztof Madeja, Jan Żaryn, and Jacek Żurek, eds., *Księga świadectw. Skazani na karę śmierci w czasach stalinowskich i ich losy*, Warsaw: IPN, 2003.

Sergei Maksudov, "Victory over the Peasantry," *Harvard Ukrainian Studies*, Vol. 25, Nos. 3/4, 2001, 187-236.

Sergui Maksudov, "Raschelovechivanie," *Harvard Ukrainian Studies*, forthcoming.

Martin Malia, *Alexander Herzen and the Birth of Russian Socialism, 1812-1855*, Cambridge, Mass.: Harvard University Press, 1961.

Klaus-Michael Mallmann, "'Rozwiązać przez jakikolwiek szybko działający środek: Policja Bezpieczeństwa w Łodzi a Shoah w Kraju Warty," in Aleksandra Namysło, ed., *Zagłada Żydów*

Zagłada Żydów. Studia i materiały, No. 1, 2005, 165-198.

Dariusz Libionka, "Głową w mur. Interwencje Kazimierza Papée, polskiego ambasadora przy Stolicy Apostolskiej, w sprawie zbrodni niemieckich w Polsce, listopad 1942-styczeń 1943," *Zagłada Żydów. Studia i materiały*, No. 2, 2006, 292-314.

Dariusz Libionka, "Polska konspiracja wobec eksterminacji Żydów w dystrykcie warszawskim," in Barbara Engelking, Jacek Leociak, and Dariusz Libionka, eds., *Prowincja noc. Życie i zagłada Żydów w dystrykcie warszawskim*, Warsaw: IFiS PAN, 2007, 443-504.

Dariusz Libionka, "ZWZ-AK i Delegatura Rządu RP wobec eksterminacji Żydów polskich," in Andrzej Żbikowski, ed., *Polacy i Żydzi pod okupacją niemiecką 1939-1945, Studia i materiały*, Warsaw: IPN, 2006, 15-208.

Dariusz Libionka and Laurence Weinbaum, "Deconstructing Memory and History: The Jewish Military Union (ZZW) and the Warsaw Ghetto Uprising," *Jewish Political Studies Review*, Vol. 18, Nos. 1-2, 2006, 1-14.

Dariusz Libionka and Laurence Weinbaum, "Pomnik Apfelbauma, czyli klątwa 'majora' Iwańskiego," *Więż*, No. 4, 2007, 100-111.

Benjamin Lieberman, *Terrible Fate: Ethnic Cleansing in the Making of Modern Europe*, Chicago: Ivan R. Dee, 2006.

Lars T. Lih, *Bread and Authority in Russia, 1914-1921*, Berkeley: University of California Press, 1990.

Lars T. Lih, Oleg. V. Naumov, and Oleg Khlevniuk, eds., *Stalin's Letters to Molotov*, New Haven: Yale University Press, 1995.

Peter Longerich, *Heinrich Himmler: Biographie*, Berlin: Siedler, 2008.

Peter Longerich, *Politik der Vernichtung: Eine Gesamtdarstellung der nationalsozialistischen Judenverfolgung*, Munich: Piper, 1998.

Peter Longerich, *The Unwritten Order: Hitler's Role in the Final Solution*, Stroud: Tempus, 2001.

Andrea Löw, *Juden im Getto Litzmannstadt: Lebensbedingungen, Selbstwahrnehmung, Verhalten*, Göttingen: Wallstein Verlag, 2006.

Wendy Lower, *Nazi Empire-Building and the Holocaust in Ukraine*, Chapel Hill: University of North Carolina Press, 2005.

Wendy Lower, "'On Him Rests the Weight of the Administration': Nazi Civilian Rulers and the Holocaust in Zhytomyr," in Ray Brandon and Wendy Lower, eds., *The Shoah in Ukraine: History, Testimony, and Memorialization*, Bloomington: Indiana University Press, 2008, 224-227.

Moritz Felix Lück, "Partisanenbekämpfung durch SS und Polizei in Weißruthenien 1942. Die

53, No. 1, 2003, 86-101.

Hiroaki Kuromiya, "The Great Terror and 'Ethnic Cleansing': The Asian Nexus," unpublished paper, October 2009.

Hiroaki Kuromiya, *Stalin*, Harlow: Pearson Longman, 2005.

Hiroaki Kuromiya, *Freedom and Terror in the Donbas: A Ukrainian-Russian Borderland, 1870s-1990s*, Cambridge: Cambridge University Press, 1998.

Hiroaki Kuromiya, *The Voices of the Dead: Stalin's Great Terror in the 1930s*, London: Yale University Press, 2007.

Hiroaki Kuromiya, "World War II, Jews, and Post-War Soviet Society," *Kritika*, Vol. 3, No. 3, 2002, 521-531.

Hiroaki Kuromiya and Paweł Libera, "Notatka Włodzimierza Bączkowskiego na temat współpracy polsko-japońskiej wobec ruchu prometejskiego (1938)," *Zeszyty Historyczne*, 2009, 114-135.

Hiroaki Kuromiya and Georges Mamoulia, "Anti-Russian and Anti-Soviet Subversion: The Caucasian-Japanese Nexus, 1904-1945," *Europe-Asia Studies*, Vol. 61, No. 8, 2009, 1415-1440.

Hiroaki Kuromiya and Andrzej Peploński, *Między Warszawą a Tokio: Polskojapońska współpraca wywiadowcza 1904-1944*, Toruń: Wydawnictwo Adam Marszałek, 2009.

Hiroaki Kuromiya and Andrzej Pepłonski, "Stalin und die Spionage," *Transit*, No. 38, 20-33.

Robert Kuśnierz, *Ukraina w latach kolektywizacji i wielkiego głodu*, Toruń: Grado, 2005.

Ihar Kuz'niatsou, ed., *Kanveer s'mertsi*, Minsk: Nasha Niva, 1997.

Pieter Lagrou, "La 'Guerre Honorable' et une certaine idée de l'Occident. Mémoires de guerre, racisme et réconciliation après 1945," in François Marcot and Didier Musiedlak, eds., *Les Résistances, miroir des régimes d'oppression. Allemagne, France, Italie*, Besançon: Presses Universitaires de Franche-Comté, 2006, 395-412.

Stephen J. Lee, *European Dictatorships 1918-1945*, London: Routledge, 2000.

Leningradskii martirolog 1937-1938, St. Petersburg: Rossiiskaia natsional'naia biblioteka, 1996, Vol. 4.

S. V. Leonov, *Rozhdenie Sovetskoi imperii: Gosudarstvo i ideologiia, 1917-1922 gg.*, Moscow: Dialog MGU, 1997.

Zofia Lesczyńska, "Z badań nad stratami inteligencji na Lubelszczyźnie w latach 1939-1944," in Zygmunt Mańkowski, ed., *Ausserordentliche Befriedungsaktion 1940 Akcja AB na ziemiach polskich*, Warsaw: GKBZpNP-IPN, 1992, 58-70.

Hillel Levine, *In Search of Sugihara*, New York: The Free Press, 1996.

Dariusz Libionka, "Apokryfy z dziejów Żydowskiego Związku Wojskowego i ich autorzy,"

Mark Kramer, "Die Konsolidierung des kommunistischen Blocks in Osteuropa 1944-1953," *Transit*, No. 39, 2009, 78-95.

Hans von Krannhals, *Der Warschauer Aufstand 1944*, Frankfurt am Main: Bernard & Graefe Verlag für Wehrwesen, 1964.

Victor Kravchenko, *I Chose Freedom: The Personal and Political Life of a Soviet Official*, New York: Charles Scribner's Sons, 1946.

Gerhard Krebs, "Japan and the German-Soviet War, 1941," in Bernd Wegner, ed., *From Peace to War: Germany, Soviet Russia, and the World, 1939-1941*, Providence: Berghahn Books, 1997, 541-560.

G. Krivosheev, ed., *Grif sekretnosti sniat: Poteri vooruzhennykh sil SSSR v voinakh*, Moscow: Voenizdat, 1993.

Bernhard R. Kroener, "The 'Frozen Blitzkrieg': German Strategic Planning against the Soviet Union and the Causes of its Failure," in Bernd Wegner, ed., *From Peace to War: Germany, Soviet Russia, and the World, 1939-1941*, Providence: Berghahn Books, 1997, 135-150.

Jerzy Królikowski, "Budowałem most kolejowy w pobliżu Treblinki," *Biuletyn Żydowskiego Instytutu Historycznego*, No. 49, 1964, 46-57.

Peter Krüger, *Die Außenpolitik der Republik von Weimar*, Darmstadt: Wissenschaftliche Buchgesellschaft, 1985.

A. I. Kruglov, *Entsiklopediia Kholokosta*, Kyiv: Evreiskii sovet Ukrainy, 2000.

Alexander Kruglov, "Jewish Losses in Ukraine," in Ray Brandon and Wendy Lower, eds., *The Shoah in Ukraine: History, Testimony, Memorialization*, Bloomington: Indiana University Press, 2008, 272-290.

Abraham Krzepicki, "Treblinka," *Biuletyn Żydowskiego Instytutu Historycznego*, Nos. 43-44, 1962, 84-109.

Stanisław Kulczycki, *Hołodomor: Wielki głód na Ukrainie w latach 1932-1933 jako ludobójstwo*, Wrocław: Kolegium Europy Wschodniej, 2008.

S. V. Kul'chyts'kyi, ed., *Kolektyvizatsiia i holod na Ukraïni 1929-1933*, Kyiv: Naukova Dumka, 1993.

S. V. Kul'chyts'kyi, "Trahichna statystyka holodu," in F. M. Rudych, I. F. Kuras, M. I. Panchuk, P. Ia. Pyrih, and V. F Soldatenko, eds., *Holod 1932-1933 rokiv na Ukraïni: Ochyma istorykiv, movoiu dokumentiv*, Kyiv: Vydavnytstvo Politychnoi Literatury Ukrainy, 1990, 66-85.

Janusz Kupczak, *Polacy na Ukrainie w latach 1921-1939*, Wrocław: Wydawnictwo Uniwersytetu Wrocławskiego, 1994.

Hiroaki Kuromiya, "Accounting for the Great Terror," *Jahrbücher für Geschichte Osteuropas*, Vol.

Edward Kopówka, *Stalag 366 Siedlce*, Siedlce: SKUNKS, 2004.

Edward Kopówka, *Treblinka. Nigdy więcej*, Siedlce: Muzeum Rejonowe, 2002.

Marek Kornat, *Polityka równowagi: Polska między Wschodem a Zachodem*, Cracow: Arcana, 2007.

Marek Kornat, *Polska 1939 roku wobec paktu Ribbentrop-Mołotow*, Warsaw: Polski Instytut Spraw Międzynarodowych, 2002.

Reinhart Koselleck, *Futures Past: On the Semantics of Historical Time*, trans. Keith Tribe, Cambridge, Mass.: MIT Press, 1985.

I. I. Kostiushko, ed., *Materialy "Osoboi papki": Politbiuro Ts.K. RKP(b)-VKP(b) po voprosu sovetsko-pol'skikh otnoshenii 1923-1944 gg.*, Moscow: RAN, 1997.

G. V. Kostyrchenko, *Gosudarstvennyi antisemitizm v SSSR ot nachala do kul'minatsii 1938-1953*, Moscow: Materik, 2005.

Gennadi Kostyrchenko, *Out of the Red Shadows: Anti-Semitism in Stalin's Russia*, Amherst, NY: Prometheus Books, 1995.

G. V. Kostyrchenko, *Tainaia politika Stalina: Vlast' i antisemitizm*, Moscow: Mezhdunarodnye otnosheniia, 2001.

Stephen Kotkin, *Magnetic Mountain: Stalinism as a Civilization*, Berkeley: University of California Press, 1995.

Stephen Kotkin, "Peopling Magnitostroi: The Politics of Demography," in William G. Rosenberg and Lewis H. Siegelbaum, eds., *Social Dimensions of Soviet Industrialization*, Bloomington: Indiana University Press, 1993, 63-104.

Lidia Kovalenko and Volodymyr Maniak, eds., *33'i: Holod: Narodna knyhamemorial* , Kyiv: Radians'kyi pys'mennyk, 1991.

Heda Margolius Kovály, *Under a Cruel Star: A Life in Prague 1941-1968*, trans. Franci Epstein and Helen Epstein, New York: Holmes and Maier, 1997.

Tadeusz Kowalski, "Z badań nad eksterminacją inteligencji w Rzeszowskim w okresie II wojny światowej," in Zygmunt Mańkowski, ed., *Ausserordentliche Befriedungsaktion 1940 Akcja AB na ziemiach polskich*, Warsaw: GKBZpNP-IPN, 1992, 83-89.

Beata Kozaczyńska, "Wysiedlenie mieszkańców Zamojszczyzny do dystryktu warszawskiego w latach 1942-1943 i los deportowanych," in Marcin Zwolski, ed., *Exodus: Deportacje i migracje (wątek wschodni)*, Warsaw: IPN, 2008, 70-92.

Denis Kozlov, "The Historical Turn in Late Soviet Culture: Retrospectivism, Factography, Doubt, 1953-1991," *Kritika*, Vol. 2, No. 3, 2001, 577-600.

Denis Kozlov, "'I Have Not Read, But I Will Say': Soviet Literary Audiences and Changing Ideas of Social Membership, 1958-1966," *Kritika*,Vol. 7, No. 3, 2006, 557-597.

Darfur, New Haven: Yale University Press, 2007.

Lucjan Kieszczyński, "Represje wobec kadry kierowniczej KPP," in Jarema Maciszewski, ed., *Tragedia Komunistycznej Partii Polski*, Warsaw: Książka i Wiedza, 1989, 198-216.

Charles King, *The Moldovans: Russia, Romania, and the Politics of Culture*, Stanford: Hoover Institution, 2000.

Gary King, Ori Rosen, Martin Tanner, and Alexander F. Wagner, "Ordinary Voting Behavior in the Extraordinary Election of Adolf Hitler," *Journal of Economic History*, Vol. 68, No. 4, 2008, 951-996.

Esther Kingston-Mann, *Lenin and the Problem of Marxist Peasant Revolution*, New York: Oxford University Press, 1983.

Lisa A. Kirschenbaum, *The Legacy of the Siege of Leningrad, 1941-1995: Myth, Memories, and Monuments*, Cambridge: Cambridge University Press, 2006.

Ernst Klee and Willi Dreßen, eds., *Gott mit uns: Der deutsche Vernichtungskrieg im Osten 1939-1945*, Frankfurt: S. Fischer, 1989.

Peter Klein, "Curt von Gottberg—Siedlungsfunktionär und Massenmörder," in Klaus-Michael Mallmann, ed., *Karrieren der Gewalt: Nationalsozialistische Täterbiographien*, Darmstadt: Wissenschaftliche Buchgesellschaft, 2004, 95-103.

Peter Klein, "Zwischen den Fronten. Die Zivilbevölkerung Weißrusslands und der Krieg der Wehrmacht gegen die Partisanen," in Babette Quinkert, ed., *Wir sind die Herren dieses Landes. Ursachen Verlauf und Folgen des deutschen Überfalls auf die Sowjetunion*, Hamburg: VSA Verlag, 2002, 82-103.

Tadeusz Klimaszewski, *Verbrennungskommando Warschau*, Warsaw: Czytelnik, 1959.

Gerd Koenen, *Der Russland-Komplex: Die Deutschen und der Osten, 1900-1945*, Munich: Beck, 2005.

Arthur Koestler, untitled, in Richard Crossman, ed., *The God That Failed*, London: Hamilton, 1950, 25-82.

Arthur Koestler, *Darkness at Noon*, New York: Macmillan, 1941.

Arthur Koestler, "Vorwort," to Alexander Weißberg-Cybulski, *Im Verhör*, Vienna: Europaverlag, 1993, 9-18 [1951].

Arthur Koestler, *The Yogi and the Commissar*, New York: Macmillan, 1946.

Leszek Kołakowski, *Main Currents of Marxism, Vol. 3: The Breakdown*, Oxford: Oxford University Press, 1978.

Piotr Kołakowski, *NKWD i GRU na ziemiach polskich 1939-1945*, Warsaw: Bellona, 2002.

Bogusław Kopka, *Konzentrationslager Warschau: Historia i następstwa*, Warsaw: IPN, 2007.

Wirtschaftsplanung für die besetzte Sowjetunion und ihre Umsetzung, 1941 bis 1944," *Transit*, No. 58, 2009, 57-77.

John Keegan, *The Face of Battle*, New York: Viking, 1976.

Oleg Ken, *Collective Security or Isolation: Soviet Foreign Policy and Poland, 1930-1935*, St. Petersburg: Evropeiskii Dom, 1996.

O. N. Ken and A. I. Rupasov, eds., *Politbiuro Ts.K. VKP(b) i otnosheniia SSSR s zapadnymi sosednimi gosudarstvami*, St. Petersburg: Evropeiskii Dom, 2001.

Paul M. Kennedy, *Aufstieg und Verfall der britischen Seemacht*, Herford: E. S. Mittler & Sohn, 1978.

Ian Kershaw, *Fateful Choices: Ten Decisions That Changed the World, 1940-1941*, London: Penguin Books, 2007.

Ian Kershaw, *Hitler: A Biography*, New York: W. W. Norton, 2008.

Ian Kershaw, *Hitler, the Germans, and the Final Solution*, New Haven: Yale University Press, 2008.

Krystyna Kersten, *The Establishment of Communist Rule in Poland*, Berkeley: University of California Press, 1991.

Krystyna Kersten, "Forced Migration and the Transformation of Polish Society in the Postwar Period," in Philip Ther and Ana Siljak, eds., *Redrawing Nations: Ethnic Cleansing in East-Central Europe, 1944-1948*, Lanham: Rowman and Littlefield, 2001, 75-86.

Vladimir Khaustov, "Deiatel'nost' organov gosudarstvennoi bezopasnosti NKVD SSSR (1934-1941 gg.)," doctoral dissertation, Akademia Federal'noi Sluzhby Bezopasnosti Rossiiskoi Federatsii, 1997.

Oleg Khlevniouk, *Le cercle du Kremlin: Staline et le Bureau politique dans les années 30: les jeux du pouvoir*, Paris: Éditions du Seuil, 1996.

Oleg V. Khlevniuk, *The History of the Gulag: From Collectivization to the Great Terror*, New Haven: Yale University Press, 2004.

Oleg Khlevnyuk, "The Objectives of the Great Terror, 1937-1938," in Julian Cooper, Maureen Perrie, and E. A. Rhees, eds., *Soviet History 1917-1953: Essays in Honour of R. W. Davies*, Houndmills: Macmillan, 1995, 158-176.

Oleg Khlevniuk, "Party and NKVD: Power Relationships in the Years of the Great Terror," in Barry McLoughlin and Kevin McDermott, eds., *Stalin's Terror: High Politics and Mass Repression in the Soviet Union*, New York: Palgrave Macmillan, 2003.

Oleg Khlevniuk, "Stalin as dictator: the personalisation of power," in Sarah Davies and James Harris, eds., *Stalin: A New History*, Cambridge: Cambridge University Press, 2005, 109-120.

Ben Kiernan, *Blood and Soil: A World History of Genocide and Extermination from Sparta to*

Stanisław Jankowiak, "'Cleansing' Poland of Germans: The Province of Pomerania, 1945-1949," in Philip Ther and Ana Siljak, eds., *Redrawing Nations: Ethnic Cleansing in East-Central Europe, 1944-1948*, Lanham: Rowman and Littlefield, 2001, 87-106.

Stanisław Jankowiak, *Wysiedlenie i emigracja ludności niemieckiej w polityce władz polskich w latach 1945-1970*, Warsaw: IPN, 2005.

Andrzej Jankowski, "Akcja AB na Kielecczyźnie," in Zygmunt Mańkowski, ed., *Ausserordentliche Befriedungsaktion 1940 Akcja AB na ziemiach polskich*, Warsaw: GKBZpNP-IPN, 1992, 65-82.

Marc Jansen and Nikolai Petrov, *Stalin's Loyal Executioner: Nikolai Ezhov, 1895-1940*, Stanford: Hoover University Press, 2002.

Krzysztof Jasiewicz, *Zagłada polskich Kresów. Ziemiaństwo polskie na Kresach Północno-Wschodnich Rzeczypospolitej pod okupacją sowiecką 1939-1941*, Warsaw: Volumen, 1998.

Katherine R. Jolluck, *Exile and Identity: Polish Women in the Soviet Union During World War II*, Pittsburgh: University of Pittsburgh Press, 2002.

Die Judenausrottung in Polen. Die Vernichtungslager, Geneva, 1944.

Tony Judt, *The Burden of Responsibility: Blum, Camus, Aron, and the French Twentieth Century*, Chicago: University of Chicago Press, 1998.

Tony Judt, *Postwar: A History of Europe Since 1945*, New York: Penguin, 2005.

Marc Junge, Gennadii Bordiugov, and Rolf Binner, *Vertikal' bol'shogo terrora*, Moscow: Novyi Khronograf, 2008.

Sławomir Kalbarczyk, "Przedmioty odnalezione w Bykowni a Kuropatach świadczą o polskości ofiar," *Biuletyn Instytutu Pamięci Narodowej*, Nos. 10-11, 2007, 47-54.

Ivan Kamenec, "The Deportation of Jewish Citizens from Slovakia," in *The Tragedy of the Jews of Slovakia*, Oświęcim: Auschwitz-Birkenau State Museum and Museum of the Slovak National Uprising, 2002, 111-140.

Ivan Kamenec, "The Holocaust in Slovakia," in Dušan Kováč, ed., *Slovak Contributions to 19th International Congress of Historical Sciences*, Bratislava: Veda, 2000, 195-206.

Samuel D. Kassow, *Who Will Write Our History? Rediscovering a Hidden Archive from the Warsaw Ghetto*, New York: Vintage, 2009.

Nikolaus Katzer, "Brot und Herrschaft: Die Hungersnot in der RSFSR," *Osteuropa*, Vol. 54, No. 12, 2004, 90-110.

Alex J. Kay, *Exploitation, Resettlement, Mass Murder: Political and Economic Planning for German Occupation Policy in the Soviet Union, 1940-1941*, New York: Berghahn Books, 2006.

Alex J. Kay, "'Hierbei werden zweifellos zig Millionen Menschen verhungern': Die deutsche

Ithaca: Cornell University Press, 2005.

Eric Hobsbawm, *The Age of Extremes: A History of the World, 1914-1991*, London: Vintage, 1996.

Peter Holquist, *Making War, Forging Revolution: Russia's Continuum of Crisis*, Cambridge, Mass.: Harvard University Press, 2002.

Gordon J. Horwitz, *Ghettostadt: Łódź and the Making of a Nazi City*, Cambridge, Mass.: Harvard University Press, 2008.

Grzegorze Hryciuk, "Victims 1939-1941: The Soviet Repressions in Eastern Poland," in Elazar Barkan, Elisabeth A. Cole, and Kai Struve, eds., *Shared History—Divided Memory: Jews and Others in Soviet-Occupied Poland*, Leipzig: Leipzig University-Verlag, 2007, 173-200.

Isabel Hull, *Absolute Destruction: Military Culture and the Practices of War in Imperial Germany*, Ithaca: Cornell University Press, 2005.

Taras Hunczak and Roman Serbyn, eds., *Famine in Ukraine 1932-1933: Genocide by Other Means*, New York: Shevchenko Scientific Society, 2007.

Hungersnot: Authentische Dokumente über das Massensterben in der Sowjetunion, Vienna, 1933.

Ich werde es nie vergessen: Briefe sowjetischer Kriegsgefangener 2004-2006, Berlin: Ch. Links Verlag, 2007.

Hennadii Iefimenko, "Natsional'na polityka Kremlia v Ukraïni pislia Holodomoru 1932-33 rr.," *Harvard Ukrainian Studies*, forthcoming.

Melanie Ilic, "The Great Terror in Leningrad: a Quantitative Analysis," *Europe-Asia Studies*, Vol. 52, No. 8, 2000, 1515-1534.

I. I. Il'iushyn, *OUN-UPA i ukraïns'ke pytannia v roky druhoï svitovoï viiny v svitli pol's'kykh dokumentiv*, Kyiv: NAN Ukraïny, 2000.

Christian Ingrao, *Les chasseurs noirs: La brigade Dirlewanger*, Paris: Perrin, 2006.

Christian Ingrao, "Violence de guerre, violence génocide: Les Einsatzgruppen," in S. Audoin-Rouzeau, A. Becker, Chr. Ingrao, and H. Rousso, eds., *La violence de guerre 1914-1945*, Paris: Éditions Complexes, 2002, 219-240.

Mikołaj Iwanow, *Pierwszy naród ukarany: Stalinizm wobec polskiej ludności kresowej 1921-1938*, Warsaw: Omnipress, 1991.

George D. Jackson, Jr., *Comintern and Peasant in East Europe, 1919-1930*, New York: Columbia University Press, 1966.

Egbert Jahn, "Der Holodomor im Vergleich: Zur Phänomenologie der Massenvernichtung," *Osteuropa*, Vol. 54, No. 12, 2004, 13-32.

Harold James, *Europe Reborn: A History, 1914-2000*, Harlow: Pearson, 2003.

Maria Janion, *Do Europy: tak, ale razem z naszymi umarłymi*, Warsaw: Sic!, 2000.

Houndsmills: Macmillan, 1984.

Jonathan Haslam, *The Soviet Union and the Threat from the East*, Houndsmills: Macmillan, 1992.

Milan Hauner, *India in Axis Strategy: Germany, Japan, and Indian Nationalists in the Second World War*, Stuttgart: Klett-Cotta, 1981.

Thomas T. Hecht, *Life Death Memories*, Charlottesville: Leopolis Press, 2002.

Susanne Heim, "Kalorien-Agrarforschung, Ernährungswirtschaft und Krieg: Herbert Backe als Wissenschaftspolitiker," in idem, ed., *Kalorien, Kautschuk, Karrieren: Pflanzenzüchtung und landwirtschaftliche Forschung in Kaiser-Wilhelm-Instituten , 1933-1945*, Wallstein: Göttingen, 2003, 23-63.

James W. Heinzen, *Inventing a Soviet Countryside: State Power and the Transformation of Rural Russia, 1917-1929*, Pittsburgh: University of Pittsburgh Press, 2003.

Ulrich Herbert, *Best: Biographische Studien über Radikalismus, Weltanschauung und Vernunft, 1903-1989*, Bonn: J.H.W. Dietz, 1996.

Jeffrey Herf, *The Jewish Enemy: Nazi Propaganda During World War II and the Holocaust*, Cambridge, Mass.: Harvard University Press, 2006.

Dagmar Herzog, *Sex After Fascism: Memory and Morality in Twentieth-Century Germany*, Princeton: Princeton University Press, 2005.

Raul Hilberg, *The Destruction of the European Jews*, New Haven: Yale University Press, 2003, 3 vols..

Raul Hilberg, "The Ghetto as a Form of Government," *Annals of the American Academy of Political and Social Science*, Vol. 450, 1980, 98-112.

Raul Hilberg, "The Judenrat: Conscious or Unconscious 'Tool,'" in Yisrael Gutman and Cynthia J. Haft, eds., *Patterns of Jewish Leadership in Nazi Europe*, Jerusalem: Yad Vashem, 1979, 31-44.

Raul Hilberg, *Perpetrators, Victims, Bystanders: The Jewish Catastrophe*, New York: HarperPerennial, 1993.

Klaus Hildebrand, *Vom Reich zum Weltreich: Hitler, NSDAP und koloniale Frage 1919-1945*, Munich: Wilhelm Fink Verlag, 1969.

Manfred Hildermeier, *Sozialrevolutionäre Partei Russlands: Agrarsozialismus und Modernisierung im Zarenreich*, Cologne: Böhlau, 1978.

Andreas Hillgruber, *Germany and the Two World Wars*, Cambridge, Mass.: Harvard University Press, 1981.

John-Paul Himka, "Ethnicity and Reporting of Mass Murder: *Krakivski visti*, the NKVD Murders of 1941, and the Vinnytsia Exhumation," unpublished paper, 2009.

Francine Hirsch, *Empire of Nations: Ethnographic Knowledge and the Making of the Soviet Union*,

Jan T. Gross, *Revolution from Abroad: The Soviet Conquest of Poland's Western Ukraine and Western Belorussia*, Princeton: Princeton University Press, 2002.

Jan T. Gross, "The Social Consequences of War: Preliminaries for the Study of the Imposition of Communist Regimes in Eastern Europe," *East European Politics and Societies*, 3, 1989, 198-214.

Jan T. Gross, *Upiorna dekada: trzy eseje o sterotypach na temat Żydów, Polaków, Niemców, i komunistów, 1939-1948*, Cracow: Universitas, 1948.

Vasily Grossman, *Everything Flows*, trans. Robert Chandler, New York: NYRB Classics, 2010.

Vasily Grossman, *Life and Fate*, trans. Robert Chandler, New York: Harper and Row, 1985.

Vasily Grossman, *The Road*, trans. Robert Chandler, New York: NYRB Classics, 2010.

Irena Grudzińska Gross and Jan Tomasz Gross, *War Through Children's Eyes: The Soviet Occupation and the Deportations, 1939-1941*, Stanford: Hoover Institution Press, 1981.

Michał Grynberg and Maria Kotowska, eds., *Życie i zagłada Żydów polskich 1939-1945: Relacje świadków*, Warsaw: Oficyna Naukowa, 2003.

A. Ie. Gurianov, "Obzor sovetskikh repressivnykh kampanii protiv poliakov i pols's'kikh grazhdan," in A. V. Lipatov and I. O. Shaitanov, eds., *Poliaki i russkie: Vzaimoponimanie i vzaimoneponimanie*, Moscow: Indrik, 2000, 199-207.

A. Ie. Gurianov, "Pol'skie spetspereselentsy v SSSR v 1940-1941 gg.," in idem, ed., *Repressii protiv poliakov i pol'skikh grazhdan*, Moscow: Zven'ia, 1997.

Israel Gutman, *Resistance: The Warsaw Ghetto Uprising*, Boston: Houghton Mifflin, 1994.

Ingo Haar, "Die deutschen 'Vertreibungsverluste'—Zur Entstehungsgeschichte der 'Dokumentation der Vertreibung,'" *Tel Aviver Jahrbuch für deutsche Geschichte*, Vol. 35, 2007, 251-271.

Eva and H. H. Hahn, "Die Deutschen und 'ihre' Vertreibung," *Transit*, No. 23, 2002, 103-116.

Joanna K. M. Hanson, *The Civilian Population and the Warsaw Uprising of 1944*, Cambridge: Cambridge University Press, 1982.

Stephen Hanson, *Time and Revolution: Marxism and the Design of Soviet Economic Institutions*, Chapel Hill: University of North Carolina Press, 1997.

Mark Harrison, *Soviet Planning in Peace and War*, Cambridge: Cambridge University Press, 1985.

Christian Hartmann, "Massensterben oder Massenvernichtung? Sowjetische Kriegsgefangene im 'Unternehmen Barbarossa.' Aus dem Tagebuch eines deutschen Lagerkommandanten," *Vierteljahrshefte für Zeitgeschichte*, Vol. 49, No. 1, 2001, 97-158.

Tsuyoshi Hasegawa, *Racing the Enemy: Stalin, Truman, and the Surrender of Japan*, Cambridge, Mass.: Harvard University Press, 2005.

Jonathan Haslam, *The Soviet Union and the Struggle for Collective Security in Europe, 1933-39*,

Oxford: Oxford University Press, 2004.

Sergei Gorlov, *Sovershenno sekretno, Moskva-Berlin, 1920-1933: Voenno-politicheskie otnosheniia mezhdu SSSR i Germaniei*, Moscow: RAN, 1999.

Alexandra Goujon, "Kurapaty (1937-1941): NKVD Mass Killings in Soviet Belarus," unpublished paper, 2008.

Alexandra Goujon, "Memorial Narratives of WWII Partisans and Genocide in Belarus," *East European Politics and Societies*, Vol. 24, No. 1, 2010, 6-25.

Alvin Gouldner, "Stalinism: A Study of Internal Colonialism," *Telos*, No. 34, 1978, 5-48.

Catherine Goussef, "Les déplacements forcés des populations aux frontières russes occidentales (1914-1950)," in S. Audoin-Rouzeau, A. Becker, Chr. Ingrao, and H. Rousso, eds., *La violence de guerre 1914-1945*, Paris: Éditions Complexes, 2002, 177-190.

Michael Grabher, *Irmfried Eberl: "Euthanasie"-Arzt und Kommandant von Treblinka*, Frankfurt am Main: Peter Lang, 2006.

Günter Grass, *Beim Häuten der Zwiebel*, Munich: Deutscher Taschenbuch Verlag, 2008.

Günter Grass, *Im Krebsgang*, Munich: Deutscher Taschenbuch Verlag, 2004.

Andrea Graziosi, "Collectivisation, révoltes paysannes et politiques gouvernementales a travers les rapports du GPU d'Ukraine de février-mars 1930," *Cahiers du Monde russe*, Vol. 34, No. 3, 1994, 437-632.

Andrea Graziosi, *The Great Soviet Peasant War*, Cambridge, Mass.: Harvard University Press, 1996.

Andrea Graziosi, "Italian Archival Documents on the Ukrainian Famine 1932-1933," in Wsevolod Isajiw, ed., *Famine-Genocide in Ukraine, 1932-1933*, Toronto: Ukrainian Canadian Research and Documentation Centre, 2003, 27-48.

Andrea Graziosi, "The Soviet 1931-1933 Famines and the Ukrainian Holodomor: Is a New Interpretation Possible, and What Would Its Consequences Be?" *Harvard Ukrainian Studies*, Vol. 37, Nos. 1-4, 2004-2005.

Paul R. Gregory, *Terror by Quota: State Security from Lenin to Stalin*, New Haven: Yale University Press, 2009.

Jan T. Gross, *Neighbors: The Destruction of the Jewish Community in Jedwabne, Poland*, Princeton: Princeton University Press, 2001.

Jan T. Gross, "Polish POW Camps in Soviet-Occupied Western Ukraine," in Keith Sword, ed., *The Soviet Takeover of the Polish Eastern Provinces, 1939-1941*, London: Macmillan, 1991.

Jan T. Gross, *Polish Society Under German Occupation: The Generalgouvernement, 1939-1944*, Princeton: Princeton University Press, 1979.

Christian Gerlach and Nicolas Werth, "State Violence—Violent Societies," in Michael Geyer and Sheila Fitzpatrick, eds., *Beyond Totalitarianism: Stalinism and Nazism Compared*, Cambridge: Cambridge University Press, 2009, 133-179.

J. Arch Getty and Oleg V. Naumov, *Road to Terror: Stalin and the Self-Destruction of the Bolsheviks, 1932-1939*, New Haven: Yale University Press, 1999.

J. Arch Getty and Oleg V. Naumov, *Yezhov: The Rise of Stalin's "Iron Fist,"* New Haven: Yale University Press, 2008.

Glenda Gilmore, *Defying Dixie: The Radical Roots of Civil Rights, 1919-1950*, New York: Norton, 2008.

Eagle Glassheim, "The Mechanics of Ethnic Cleansing: The Expulsion of Germans from Czechoslovakia, 1945-1947," in Philipp Ther and Ana Siljak, eds., *Redrawing Nations: Ethnic Cleansing in East-Central Europe, 1944-1948*, Lanham: Rowman and Littlefield, 2001, 197-200.

Richard Glazar, *Die Falle mit dem grünen Zaun: Überleben in Treblinka*, Frankfurt am Main: Fischer Verlag, 1992.

Henryk Głębocki, ed., "Pierwszy naród ukarany: świadectwa Polaków z Leningradu," *Arcana*, Nos. 64-65, 2005, 155-192.

Albin Głowacki, *Sowieci wobec Polaków na ziemiach wschodnich II Rzeczypospolitej 1939-1941*, Łódź: Wydawnictwo Uniwersytetu Łódzkiego, 1998.

Mateusz Gniazdowski, "'Ustalić liczbę zabitych na 6 milionów ludzi': dyrektywy Jakuba Bermana dla Biura Odszkodzowań Wojennych przy Prezydium Rady Ministrów," *Polski Przegląd Diplomatyczny*, No. 1 (41), 2008, 99-113.

C. Goeschel and N. Wachsmann, "Introduction," in idem, eds., *The Nazi Concentration Camps, 1933-39: A Documentary History*, Lincoln: Nebraska University Press, 2010.

Aleksandr Gogun, *Stalinskie kommandos: Ukrainskie partizanskie formirovaniia, 1941-1944*, Moscow: Tsentrpoligraf, 2008.

Daniel J. Goldhagen, *Hitler's Willing Executioners: Ordinary Germans and the Holocaust*, New York: Knopf, 1996.

Golod v SSSR, 1930-1934 gg., Moscow: Federal'noe arkhivnoe agentstvo, 2009.

Jan Góral, "Eksterminacja inteligencji i tak zwanych warstw przywódczych w zachodnich powiatach Dystryktu Radomskiego (1939-1940)," in Zygmunt Mańkowski, ed., *Ausserordentliche Befriedungsaktion 1940 Akcja AB na ziemiach polskich*, Warsaw: GKBZpNP-IPN, 1992, 71-82.

Yoram Gorlizki and Oleg Khlevniuk, *Cold Peace: Stalin and the Soviet Ruling Circle, 1945-1953*,

Sheila Fitzpatrick, *Education and Social Mobility in the Soviet Union, 1921-1934*, Cambridge: Cambridge University Press, 1979.

Jürgen Förster, "The German Army and the Ideological War against the Soviet Union," in Gerhard Hirschfeld, ed., *The Policies of Genocide: Jews and Soviet Prisoners of War in Nazi Germany*, London: Allen & Unwin, 1986,15-29.

Matthew Frank, *Expelling the Germans: British Opinion and Post-1945 Population Transfers in Context*, Oxford: Oxford University Press, 2007.

Henry Friedlander, *The Origins of Nazi Genocide: From Euthanasia to the Final Solution*, Chapel Hill: University of North Carolina Press, 1995.

Saul Friedländer, *The Years of Extermination: Nazi Germany and the Jews, 1939-1945*, New York: HarperCollins, 2007.

François Furet, *Le passé d'une illusion: Essai sur l'idée communiste au XXe siècle*, Paris: Robert Laffont, 1995.

François Furet and Ernst Nolte, *Fascism and Communism*, Lincoln: University of Nebraska Press, 2001.

John Lewis Gaddis, *The Long Peace: Inquiries into the History of the Cold War*, Oxford: Oxford University Press, 1987.

John Lewis Gaddis, *The United States and the Coming of the Cold War*, New York: Columbia University Press, 1972.

W. Horsley Gantt, *Russian Medicine*, New York: Paul B. Hoeber, 1937.

Michael Gelb, "An Early Soviet Ethnic Deportation: The Far-Eastern Koreans," *Russian Review*, Vol. 54, No. 3, 1995, 389-412.

Robert Gellately, *Lenin, Stalin, and Hitler: The Age of Social Catastrophe*, New York: Knopf, 2007.

John Gordon Gerard, *The Bones of Berdichev: The Life and Fate of Vassily Grossman*, New York: Free Press, 1996.

Christian Gerlach, "Failure of Plans for an SS Extermination Camp in Mogilëv, Belorussia," *Holocaust and Genocide Studies*, Vol. 11, No. 1, 1997, 60-78.

Christian Gerlach, *Kalkulierte Morde: Die deutsche Wirtschafts-und Vernichtungspolitik in Weißrußland 1941 bis 1944*, Hamburg: Hamburger Edition, 1999.

Christian Gerlach, *Krieg, Ernährung, Völkermord: Forschungen zur deutschen Vernichtungspolitik im Zweiten Weltkrieg*, Hamburg: Hamburger Edition, 1998.

Christian Gerlach, "The Wannsee Conference, the Fate of German Jews, and Hitler's Decision in Principle to Exterminate All European Jews," *Journal of Modern History*, Vol. 70, 1998, 759-812.

ed., *Das Jahr 1933: Die nationalsozialistische Machteroberung und die deutsche Gsellschaft*, Göttingen: Wallstein Verlag, 2009, 169-184.

Dietrich Eichholtz, *Krieg um Öl: Ein Erdölimperium als deutsches Kriegsziel (1938-1943)*, Leipzig: Leipziger Universitätsverlag, 2006.

S. N. Eisenstadt, *Die Vielfalt der Moderne*, Weilerswist: Velbrück Wissenschaft, 2000.

Jerzy Eisler, "1968: Jews, Antisemitism, Emigration," *Polin*, Vol. 21, 2008, 37-62.

Michael Ellman, "A Note on the Number of 1933 Famine Victims," *Soviet Studies*, Vol. 43, No. 2, 1991, 375-379.

Michael Ellman, "The Role of Leadership Perceptions and of Intent in the Soviet Famine of 1931-1934," *Europe-Asia Studies*, Vol. 57, No. 6, 2005, 823-841.

Michael Ellman and S. Maksudov, "Soviet Deaths in the Great Patriotic War: A Note," *Europe-Asia Studies*, Vol. 46, No. 4, 1994, 671-680.

Barbara Engelking and Jacek Leociak, *Getto warszawskie: Przewodnik po nieistniejącym mieście*, Warsaw: OFiS PAN, 2003.

Barbara Engelking and Jacek Leociak, *The Warsaw Ghetto: A Guide to the Perished City*, New Haven: Yale University Press, 2009.

Barbara Engelking and Dariusz Libionka, *Żydzi w powstańczej Warszawie*, Warsaw: Polish Center for Holocaust Research, 2009.

David Engerman, *Modernization from the Other Shore: American Intellectuals and the Romance of Russian Development*, Cambridge, Mass.: Harvard University Press, 2003.

Barbara Epstein, *The Minsk Ghetto: Jewish Resistance and Soviet Internationalism*, Berkeley: University of California Press, 2008.

Richard J. Evans, *The Coming of the Third Reich*, New York: Penguin, 2003.

Richard J. Evans, *The Third Reich in Power*, London: Penguin, 2005.

Richard J. Evans, *The Third Reich at War*, New York: Penguin, 2009.

Barbara Falk, *Sowjetische Städte in der Hungersnot 1932/33*, Cologne: Böhlau Verlag, 2005.

Niall Ferguson, *The War of the World: History's Age of Hatred*, London: Allan Lane, 2006.

Joachim C. Fest, *Das Gesicht des Dritten Reiches*, Munich: Piper, 2006.

Orlando Figes, *A People's Tragedy: The Russian Revolution, 1891-1924*, London: Penguin, 1998.

Barbara Fijałkowska, *Borejsza i Różański: Przyczynek do historii stalinizmu w Polsce*, Olsztyn: Wyższa Szkoła Pedagogiczna, 1995.

M. V. Filimoshin, "Ob itogakh ischisleniya poter' sredi mirnogo naseleniya na okkupirovannoi territorii SSSR i RSFSR v gody Velikoi Otechestvennoi Voiny," in R. B. Evdokimov, ed., *Liudskie poteri SSSR v period vtoroi mirovoi voiny*, St. Petersburg: RAN, 1995, 124-132.

Bloomington: Indiana University Press, 2008, 156-189.

Deportacje obywateli polskich z Zachodniej Ukrainy i Zachodniej Białorusi w 1940/Deportatsii pol'skikh grazhdan iz Zapadnoi Ukrainy i Zapadnoi Belorussii v 1940 godu, Warsaw: IPN, 2003.

Der Nister, *The Family Mashber*, trans. Leonard Wolf, New York: NYRB, 2008.

Jared Diamond, *Collapse: How Societies Choose to Fail or Succeed*, New York: Penguin, 2005.

Wacław Długoborski, "Żydzi z ziem polskich wcielonych do Rzeszy w KL Auschwitz-Birkenau," in Aleksandra Namysło, ed., *Zagłada Żydów na polskich terenach wcielonych do Rzeszy*, Warsaw: IPN, 2008, 127-149.

Nikolai M. Dronin and Edward G. Bellinger, *Climate Dependence and Food Problems in Russia 1900-1990*, Budapest: Central European Press, 2005.

Marian Marek Drozdowski, "The History of the Warsaw Ghetto in the Light of the Reports of Ludwig Fischer," *Polin*, Vol. 3, 1988, 189-199.

I. A. Dugas and F. Ia. Cheron, *Sovetskie Voennoplennye v nemetskikh kontslageriakh (1941-1945)*, Moscow: Avuar konsalting, 2003.

I. A. Dugas and F. Ia. Cheron, *Vycherknutye iz pamiati: Sovetskie Voennoplennye mezhdu Gitlerom i Stalinym*, Paris: YMCA Press, 1994.

Krzysztof Dunin-Wąsowicz, "Akcja AB w Warszawie," in Zygmunt Mańkowski, ed., *Ausserordentliche Befriedungsaktion 1940 Akcja AB na ziemiach polskich*, Warsaw: GKBZpNP-IPN, 1992, 19-27.

Debórah Dwork and Robert Jan van Pelt, *Auschwitz*, New York: Norton, 1996.

John Dziak, *Chekisty: A History of the* KGB, Lexington: Lexington Books, 1988.

Roman Dzwonkowski, ed., *Głód i represje wobec ludności polskiej na Ukrainie 1932-1947*, Lublin: Towarzystwo Naukowe KUL, 2004.

Mark Edele and Michael Geyer, "States of Exception," in Michael Geyer and Sheila Fitzpatrick, eds., *Beyond Totalitarianism: Stalinism and Nazism Compared*, Cambridge: Cambridge University Press, 2009, 345-395.

Robert Edelman, *Proletarian Peasants: The Revolution of 1905 in Russia's Southwest*, Ithaca: Cornell University Press, 1987.

Ilya Ehrenburg and Vasily Grossman, *The Black Book: The Ruthless Murder of Jews by German-Fascist Invaders Throughout the Temporarily-Occupied Regions of the Soviet Union and in the Death Camps of Poland During the War of 1941-1945*, New York: Holocaust Publications, 1981.

Ludwig Eiber, "Gewalt in KZ Dachau. Vom Anfang eines Terrorsystems," in Andreas Wirsching,

1956.

Alexander Dallin and F. I. Firsov, eds., *Dimitrov and Stalin: Letters from the Soviet Archives*, New Haven: Yale University Press, 2000.

Dana G. Dalrymple, "The Soviet Famine of 1932-1934," *Soviet Studies*, Vol. 15, No. 3, 1964, 250-284.

Dana G. Dalrymple, "The Soviet Famine of 1932-1934: Some Further References," *Soviet Studies*, Vol. 16, No. 4, 1965, 471-474.

V. Danilov et al., eds., *Tragediia sovetskoi derevni: Kollektivizatsiia i raskulachivanie*, Vols. 1-2, Moscow: Rosspen, 1999-2000.

The Dark Side of the Moon, London: Faber and Faber, 1946.

Szymon Datner, *55 Dni Wehrmachtu w Polsce*, Warsaw: MON, 1967.

Szymon Datner, *Zbrodnie Wehrmachtu na jeńcach wojennych w II Wojniej Światowej*, Warsaw: MON, 1964.

Norman Davies, "The Misunderstood Victory in Europe," *New York Review of Books*, Vol. 42, No. 9, 25 May 1995.

Norman Davies, *Rising '44: "The Battle for Warsaw,"* London: Macmillan, 2003.

R. W. Davies, Oleg V. Khlevniuk, E. A. Rhees, Liudmila P. Kosheleva, and Larisa A. Rogovaya, eds., *The Stalin-Kaganovich Correspondence 1931-36*, New Haven: Yale University Press, 2003.

R. W. Davies, M. B. Tauger, and S. G. Wheatcroft, "Stalin, Grain Stocks and the Famine of 1932-33," *Soviet Studies*, Vol. 54, No. 3, 1995, 642-657.

R. W. Davies and Stephen G. Wheatcroft, *The Years of Hunger: Soviet Agriculture, 1931-1933*, London: Palgrave, 2004.

Martin Dean, *Collaboration in the Holocaust: Crimes of the Local Police in Belorussia and Ukraine*, London: Macmillan, 2000.

Martin Dean, "Jewish Property Seized in the Occupied Soviet Union in 1941 and 1942: The Records of the Reichshauptkasse Beutestelle," *Holocaust and Genocide Studies*, Vol. 14, No. 1, 2000, 83-101.

Martin Dean, *Robbing the Jews: The Confiscation of Jewish Property in the Holocaust, 1933-1945*, Cambridge: Cambridge University Press, 2008.

Sławomir Dębski. *Między Berlinem a Moskwą. Stosunki niemiecko-sowieckie 1939-1941*, Warsaw: PISM, 2003.

Dennis Deletant, "Transnistria and the Romanian Solution to the 'Jewish Problem,'" in Ray Brandon and Wendy Lower, eds., *The Shoah in Ukraine: History, Testimony, Memorialization*,

William Chase, *Enemies Within the Gates? The Comintern and the Stalinist Repression, 1934-1939*, New Haven: Yale University Press, 2001.

Bernhard Chiari, *Alltag hinter der Front: Besatzung, Kollaboration und Widerstand in Weißrußland 1941-1944*, Düsseldorf: Droste Verlag, 1998.

Shalom Cholawsky, "The Judenrat in Minsk," in Yisrael Gutman and Cynthia J. Haft, eds., *Patterns of Jewish Leadership in Nazi Europe*, Jerusalem: Yad Vashem, 1979, 113-132.

Bohdan Chyrko, "Natsmen? Znachyt' voroh. Problemy natsional'nykh menshyn v dokumentakh partiinykh i radians'kykh orhaniv Ukraïny v 20-30-x rr.," *Z arkhiviv V.U.Ch.K H.P.U N.K.V.D K.H.B*, Vol. 1, No. 2, 1995, 90-115.

Jan M. Ciechanowski, *Powstanie Warszawskie*, Warsaw: Państwowy Instytut Wydawniczy, 1989.

Anna M. Cienciala, Natalia S. Lebedeva, and Wojciech Materski, eds., *Katyn: A Crime Without Punishment*, New Haven: Yale University Press, 2007.

Margeret Siriol Colley, *Gareth Jones: A Manchukuo Incident*, Newark: self-published, 2001.

Margaret Siriol Colley, *More Than a Grain of Truth: The Biography of Gareth Richard Vaughan Jones*, Newark: self-published, 2006.

Robert Conquest, *The Harvest of Sorrow: Soviet Collectivization and the Terror-Famine* , New York: Oxford University Press, 1986.

Lorenzo Cotula, Sonja Vermeulen, Rebeca Leonard, and James Keeley, *Land Grab or Development Opportunity? Agricultural investment and international land deals in Africa*, London: IIED/FAO/IFAD, 2009.

Stéphane Courtois, Nicolas Werth, Jean-Louis Panné, Andrzej Paczkowski, Karel Bartosek, and Jean-Louis Margolin, *Le livre noir du communisme: Crimes, terreur, repression*, Paris: Robert Laffont, 1997.

The Crime of Katyń: Facts and Documents, London: Polish Cultural Foundation, 1965.

Martin Cüppers, *Wegbereiter der Shoah. Die Waffen-SS, der Kommandostab Reichsführer-SS und die Judenvernichtung 1939-1945*, Darmstadt: Wissenschaftliche Buchgesellschaft, 2005.

T. David Curp, *A Clean Sweep? The Politics of Ethnic Cleansing in Western Poland, 1945-1960*, Rochester: University of Rochester Press, 2006.

Józef Czapski, *Na nieludzkiej ziemi*, Paris: Editions Spotkania, 1984.

Józef Czapski, *Wspomnienia starobielskie*, Nakład Oddziału Kultury i Prasy II Korpusu (published in the field), 1945.

Czech-German Joint Commission of Historians, *A Conflictual Community, Catastrophe* , *Detente*, trans. Ruth Tusková, Prague: Ústav Mezinarodních Vztahů, 1996.

Alexander Dallin, *The Kaminsky Brigade: 1941-1944*, Cambridge, Mass.: Russian Research Center,

Detlef Brandes, *Der Weg zur Vertreibung: Pläne und Entscheidungen zum "Transfer" aus der Tschechoslowakei und aus Polen*, Munich: Oldenbourg, 2005.

Ray Brandon, "The First Wave," unpublished manuscript, 2009.

Ray Brandon, "The Holocaust in 1942," unpublished manuscript, 2009.

Ray Brandon and Wendy Lower, "Introduction," in idem, eds., *The Shoah in Ukraine: History, Testimony, Memorialization*, Bloomington: Indiana University Press, 2008, 1-12.

Jonathan Brent and Vladimir Naumov, *Stalin's Last Crime: The Plot Against the Jewish Doctors 1948-1953*, New York: HarperCollins, 2003.

Archie Brown, *The Rise and Fall of Communism*, New York: HarperCollins, 2009.

Kate Brown, *A Biography of No Place*, Cambridge, Mass.: Harvard University Press, 2004.

Christopher R. Browning, "The Nazi Decision to Commit Mass Murder: Three Interpretations. The Euphoria of Victory and the Final Solution: Summer-Fall 1941," *German Studies Review*, Vol. 17, No. 3, 1994, 473-481.

Christopher R. Browning, *The Origins of the Final Solution: The Evolution of Nazi Jewish Policy, September 1939-March 1942*, Lincoln: University of Nebraska Press, 2004.

Jan Jacek Bruski, *Hołodomor 1932-1933: Wielki głód na Ukrainie w dokumentach polskiej dyplomacji i wywiadu*, Warsaw: PISM, 2008.

Margarete Buber-Neumann, *Under Two Dictators: Prisoner of Hitler and Stalin*, London: Pimlico, 2008 [1949].

Celina Budzyńska, *Strzępy rodzinnej sagi*, Warsaw: Żydowski Instytut Historyczny, 1997.

Alan Bullock, *Hitler and Stalin: Parallel Lives*, London: HarperCollins, 1991.

Jeffrey Burds, "Agentura: Soviet Informants Networks and the Ukrainian Underground in Galicia," *East European Politics and Societies*, Vol. 11, No. 1, 1997, 89-130.

Michael Burleigh, *Germany Turns Eastwards: A Study of* Ostforschung *in the Third Reich*, Cambridge: Cambridge University Press, 1988.

Michael Burleigh, *The Third Reich: A New History*, New York: Hill and Wang, 2000.

Philippe Burrin, *Fascisme, nazisme, autoritarisme*, Paris: Seuil, 2000.

Sarah Cameron, "The Hungry Steppe: Soviet Kazakhstan and the Kazakh Famine, 1921-1934," doctoral dissertation, Yale University, 2010.

Tatiana Cariewskaja, Andrzej Chmielarz, Andrzej Paczkowski, Ewa Rosowska, and Szymon Rudnicki, eds., *Teczka specjalna J. W. Stalina*, Warsaw: Rytm, 1995.

Holly Case, *Between States: The Transylvanian Question and the European Idea During World War II*, Stanford: Stanford University Press, 2009.

David Cesarini, *Eichmann: His Life and Crimes*, London: William Heinemann, 2004.

Befehl 00447," 11 *Cahiers du Monde russe*, Vol. 42, Nos. 2-3/4, 2001, 557-614.

Ruth Bettina Birn, "Two Kinds of Reality? Case Studies on Anti-Partisan Warfare During the Eastern Campaign," in Bernd Wegner, ed., *From Peace to War: Germany, Soviet Russia, and the World, 1939-1941*, Providence: Berghahn Books, 1997, 277-324.

Peter Black, "Handlanger der Endlösung: Die Trawniki-Männer und die Aktion Reinhard 1941-1943," in Bogdan Musial, ed., *Aktion Reinhardt, Der Völkermord an den Juden im Generalgouvernement 1941-1944*, Osnabrück: Fibre, 2004, 309-352.

Peter Black, "Prosty żołnierz 'akcji Reinhard'. Oddziały z Trawnik i eksterminacja polskich Żydów," in Dariusz Libionka, ed., *Akcja Reinhardt: Zagłaga Żydów w Generalnym Gubernatorstwie*, Warsaw: IPN, 2004, 103-131.

David Blackbourn, *The Long Nineteenth Century: A History of Germany, 1780-1918*, New York: Oxford University Press, 1986.

Jochen Böhler, *"Größte Härte": Verbrechen der Wehrmacht in Polen September/Oktober 1939*, Osnabrück: Deutsches Historisches Institut, 2005.

Jochen Böhler, *Der Überfall: Deutschlands Krieg gegen Polen*, Frankfurt am Main: Eichborn, 2009.

Włodzimierz Borodziej, *The Warsaw Uprising of 1944*, trans. Barbara Harshav, Madison: University of Wisconsin Press, 2001.

Włodzimierz Borodziej, Hans Lemberg, and Claudia Kraft, eds., *Niemcy w Polsce: Wybór dokumentów*, Vol. 1, Warsaw: Neriton: 2000.

Jerzy Borzęcki, *The Soviet-Polish Peace of 1921 and the Creation of Interwar Europe*, New Haven: Yale University Press, 2008.

Karl Dietrich Bracher, *Zeit der Ideologien: Eine Geschichte politischen Denkens im 20. Jahrhundert*, Stuttgart: Deutsche Verlags-Anstalt, 1984.

Rodric Braithwaite, *Moscow 1941: A City and Its People at War*, New York: Knopf, 2006.

Aleksander Brakel, "'Das allergefährlichste ist die Wut der Bauern': Die Versorgung der Partisanen und ihr Verhältnis zur Zivilbevölkerung. Eine Fallstudie zum Gebiet Baranowicze 1941-1944," *Vierteljahrshefte für Zeitgeschichte*, No. 3, 2007, 393-424.

Alexander Brakel, *Unter Rotem Stern und Hakenkreuz: Baranowicze 1939 bis 1944*, Paderborn: Schöningh, 2009.

David Brandenberger, *National Bolshevism: Stalinist Mass Culture and the Formation of Modern Russian National Identity, 1931-1956*, Cambridge, Mass.: Harvard University Press, 2002.

David Brandenberger, "Stalin's Last Crime? Recent Scholarship on Postwar Soviet Antisemitism and the Doctor's Plot," *Kritika*, Vol. 6, No. 1, 2005, 187-204.

ethniques, Lille: Presses Universitaires de Lille, 1993.

Antony Beevor, *The Battle for Spain: The Spanish Civil War 1936-1939*, London: Penguin, 2006.

Werner Beinecke, *Die Ostgebiete der Zweiten Polnischen Republik*, Köln: Böhlau Verlag, 1999.

Z. I. Beluga, ed., *Prestupleniya nemetsko-fashistskikh okkupantov v Belorussii 1941-1944*, Minsk: Belarus, 1965.

Sara Bender, "The Jews of Białystok During the Second World War, 1939-1943," doctoral dissertation, Hebrew University, 1994.

Wolfgang Benz, Konrad Kwiet, and Jürgen Matthäus, eds., *Einsatz im "Reichskommissariat Ostland": Dokumente zum Völkermord im Baltikum und in Weißrußland 1941-1944*, Berlin: Metropol, 1998.

Tatiana Berenstein, "Praca przymusowa Żydów w Warszawie w czasie okupacji hitlerowskiej," *Biuletyn Żydowskiego Instytutu Historycznego*, Nos. 45-46, 1963, 43-93.

Karel C. Berkhoff, "Dina Pronicheva's Story of Surviving the Babi Yar Massacre: German, Jewish, Soviet, Russian, and Ukrainian Records," in Ray Brandon and Wendy Lower, eds., *The Shoah in Ukraine: History, Testimony, Memorialization*, Bloomington: Indiana University Press, 2008, 291-317.

Karel C. Berkhoff, "The Great Famine in Light of the German Invasion and Occupation," *Harvard Ukrainian Studies*, forthcoming.

Karel C. Berkhoff, *Harvest of Despair: Life and Death in Ukraine Under Nazi Rule*, Cambridge, Mass.: Harvard University Press, 2004.

Isaiah Berlin, *Personal Impressions*, Princeton: Princeton University Press, 2001.

Zygmunt Berling, *Wspomnienia: Z łagrów do Andersa*, Warsaw: PDW, 1990.

Miron Białoszewski, *Pamiętnik z Powstania Warszawskiego*, Warsaw: Państwowy Instytut Wydawniczy, 1970.

Frank Biess, "Vom Opfer zum Überlebenden des Totalitarismus: Westdeutsche Reaktionen auf die Rückkehr der Kriegsgefangenen aus der Sowjetunion, 1945-1953," in Günter Bischof and Rüdiger Overmans, eds., *Kriegsgefangenschaft im Zweiten Weltkrieg: Eine vergleichende Perspektive*, Ternitz-Pottschach: Gerhard Höller, 1999, 365-389.

Anna Bikont, *My z Jedwabnego*, Warsaw: Prószyński i S-ka, 2004.

Ivan Bilas, *Represyvno-karal'na systema v Ukraïni, 1917-1953*, Kyiv: Lybid', 1994.

Rolf Binner and Marc Junge, "'S etoj publikoj ceremonit'sja ne sleduet': Die Zielgruppen des Befehls Nr. 00447 und der Große Terror aus der Sicht des Befehls Nr. 00447," *Cahiers du Monde russe*, Vol. 43, No. 1, 2002, 181-228.

Rolf Binner and Marc Junge, "Wie der Terror 'Gross' wurde: Massenmord und Lagerhaft nach

Jerzy Autuchiewicz, "Stan i perspektywa nad deportacjami Polaków w głąb ZSRS oraz związane z nimi problemy terminologiczne," in Marcin Zwolski, ed., *Exodus: Deportacje i migracje (wątek wschodni)*, Warsaw: IPN, 2008, 13-30.

T. B., "Waldemar Schön—Organizator Getta Warszawskiego," *Biuletyn Żydowskiego Instytutu Historycznego*, No. 49, 1964, 85-90.

Jörg Baberowski, *"Der Feind ist überall": Stalinismus im Kaukasus*, Munich: Deutsche Verlags-Anstalt, 2003.

Jörg Baberowski, *Der rote Terror: Die Geschichte des Stalinismus*, Munich: Deutsche Verlags-Anstalt, 2003.

Jörg Baberowski and Anselm Doering-Manteuffel, "The Quest for Order and the Pursuit of Terror," in Michael Geyer and Sheila Fitzpatrick, eds., *Beyond Totalitarianism: Stalinism and Nazism Compared*, Cambridge: Cambridge University Press, 2009, 180-227.

Gershon C. Bacon, *The Politics of Tradition: Agudat Yisrael in Poland, 1916-1939*, Jerusalem: Magnes Press, 1996.

Peter Baldwin, ed., *Reworking the Past: Hitler, the Holocaust, and the Historians' Debate*, Boston: Beacon Press, 1990.

Alan Ball, *Russia's Last Capitalists: The Nepmen, 1921-1929*, Berkeley: University of California Press, 1987.

Ivo Banac, *With Stalin Against Tito: Cominformist Splits in Yugoslav Communism*, Ithaca: Cornell University Press, 1988.

Władysław Bartoszewski, *Warszawski pierścień śmierci*, Warsaw: Świat Książki, 2008.

Władysław Bartoszewski and Zofia Lewinówna, *Ten jest z ojczyzny mojej: Polacy z pomocą Żydom 1939-1945*, Warsaw: Świat Książki, 2007.

Omer Bartov, "Eastern Europe as the Site of Genocide," *Journal of Modern History*, No. 80, 2008, 557-593.

Omer Bartov, *The Eastern Front 1941-1945: German Troops and the Barbarisation of Warfare*, Basingstoke: Palgrave Macmillan, 2001.

Omer Bartov, *Hitler's Army: Soldiers, Nazis, and War in the Third Reich*, New York: Oxford University Press, 1991.

Piotr Bauer, *Generał Józef Dowbor-Muśnicki 1867-1937*, Poznań: Wydawnictwo Poznańskie, 1988.

Yehuda Bauer, *Rethinking the Holocaust*, New Haven: Yale University Press, 2001.

Bernhard H. Bayerlein, "Abschied von einem Mythos: Die UdSSR, die Komintern, und der Antifaschismus 1930-1941," *Osteuropa*, Vol. 59, Nos. 7-8, 2009, 125-148.

Daniel Beauvois, *La bataille de la terre en Ukraine, 1863-1914: Les polonais et les conflits socio-*

Pertti Ahonen, *After the Expulsion: West Germany and Eastern Europe, 1945-1990*, Oxford: Oxford University Press, 2003.

Pertti Ahonen, Gustavo Corni, Jerzy Kochanowski, Rainer Schulze, Tamás Stark, and Barbara Stelzl-Marx, *People on the Move: Forced Population Movements in the Second World War and Its Aftermath*, Oxford: Berg, 2008.

Götz Aly and Susanne Heim, *Architects of Annihilation: Auschwitz and the Logic of Destruction*, Princeton: Princeton University Press, 2002.

Truman Anderson, "Incident at Baranivka: German Reprisals and the Soviet Partisan Movement in Ukraine, October-December 1941," *Journal of Modern History*, Vol. 71, No. 3, 1999, 585-623.

Christopher Andrew and Oleg Gordievsky, KGB*: The Inside Story of Foreign Operations from Lenin to Gorbachev*, London: Hodder & Stoughton, 1990.

Andrej Angrick, *Besatzungspolitik und Massenmord: Die Einsatzgruppe D in der südlichen Sowjetunion 1941-1943*, Hamburg: Hamburger Edition, 2003.

Andrej Angrick and Peter Klein, *The "Final Solution" in Riga: Exploitation and Annihilation, 1941-1944*, New York: Berghahn Books, 2009.

Anonyma, *Eine Frau in Berlin: Tagebuchaufzeichnungen vom 20. April bis 22. Juni 1945*, Munich: btb Verlag, 2006.

Anne Applebaum, *Gulag: A History*, New York: Doubleday, 2003.

Yitzhak Arad, *Belzec, Sobibor, Treblinka: The Operation Reinhard Death Camps*, Bloomington: Indiana University Press, 1987.

Yitzhak Arad, *The Holocaust in the Soviet Union*, Lincoln: University of Nebraska Press and Jerusalem: Yad Vashem, 2009.

Yitzhak Arad, Shmuel Krakowski, and Shmuel Spector, eds., *The Einsatzgruppen Reports*, New York: Holocaust Library, 1989.

Hannah Arendt, *Eichmann in Jerusalem: A Report on the Banality of Evil*, London: Faber and Faber, 1963.

Hannah Arendt, *In der Gegenwart*, Munich: Piper, 2000.

Hannah Arendt, *The Origins of Totalitarianism*, New York: Harcourt, Brace, 1951.

Moshe Arens, "The Jewish Military Organization (ŻZW) in the Warsaw Ghetto," *Holocaust and Genocide Studies*, Vol. 19, No. 2, 2005, 201-225.

John Armstrong, *Ukrainian Nationalism*, New York: Columbia University Press, 1963.

Klaus Jochen Arnold, "Die Eroberung und Behandlung der Stadt Kiew durch die Wehrmacht im September 1941: Zur Radikalisierung der Besatzungspolitik," *Militärgeschichtliche Mitteilungen*, Vol. 58, No. 1, 1999, 23-64.

TsDAVO	Tsentral'nyi Derzhavnyi Arkhiv Vyshchykh Orhaniv Vlady ta Upravlinnia Central State Archive of Higher Organs of Government and Administration, Kyiv
USHMM	United States Holocaust Memorial Museum, Washington, D.C.
ŻIH	Żydowski Instytut Historyczny Jewish Historical Institute, Warsaw

媒體專文（按時序排列）

Gareth Jones, "Will there be soup?" *Western Mail*, 17 October 1932.

"France: Herriot a Mother," *Time*, 31 October 1932.

"The Five-Year Plan," *New York Times*, 1 January 1933.

"The Stalin Record," *New York Times*, 11 January 1933.

"Die Weltgefahr des Bolschewismus. Rede des Reichskanzlers Adolf Hitler im Berliner Sportpalast," *Deutschösterreichische Tageszeitung*, 3 March 1933, 2.

Gareth Jones, "Famine grips Russia," *New York Evening Post*, 30 March 1933.

Walter Duranty, "Russians Hungry, but not Starving," *New York Times*, 31 March 1933, 13.

"Kardinal Innitzer ruft die Welt gegen den Hungertod auf," *Reichspost*, 20 August 1933, 1.

"Foreign News: Karakhan Out?" *Time*, 11 September 1933.

"Die Hilfsaktion für die Hungernden in Rußland," *Reichspost*, 12 October 1933, 1.

"Helft den Christen in Sowjetrußland," *Die Neue Zeitung*, 14 October 1933, 1.

"Russia: Starvation and Surplus," *Time*, 22 January 1934.

Mirosław Czech, "Wielki Głód," *Gazeta Wyborcza*, 22-23 March 2003, 22.

Michael Naumann, "Die Mörder von Danzig," *Die Zeit*, 10 September 2009, 54-55.

"Vyrok ostatochnyi: vynni!" *Dzerkalo Tyzhnia*, 15-22 January 2010, 1.

書籍、論文與文集

Natal'ja Ablažej, "Die ROVS-Operation in der Westsibirischen Region," in Rolf Binner, Bernd Bonwetsch, and Marc Junge, eds., *Stalinismus in der sowjetischen Provinz 1937-1938*, Berlin: Akademie Verlag, 2010, 287-308.

Vladimir Abarinov, *The Murderers of Katyn*, New York: Hippocrene Books, 1993.

Bradley Abrams, "The Second World War and the East European Revolution," *East European Politics and Societies*, Vol. 16, No. 3, 2003, 623-664.

Henry Abramson, *A Prayer for the Government: Ukrainians and Jews in Revolutionary Times*, Cambridge, Mass.: Harvard University Press, 1997.

Ya'acov Adini, *Dubno: sefer zikaron*, Tel Aviv: Irgun yots'e Dubno be-Yisra'el, 1966.

參考書目

檔案館（與註釋的縮寫）

AAN	Archiwum Akt Nowych Archive of New Files, Warsaw
AMP	Archiwum Muzeum Polskiego Archive of the Polish Museum, London
AVPRF	Arkhiv Vneshnei Politiki Rossiiskoi Federatsii Archive of the Foreign Policy of the Russian Federation, Moscow
AW	Archiwum Wschodnie, Ośrodek Karta Eastern Archive, Karta Institute, Warsaw
BA-MA	Bundesarchiv-Militärarchiv Bundesarchiv, Military Archive, Freiburg, Germany
CAW	Centralne Archiwum Wojskowe Central Military Archive, Rembertów, Poland
DAR	Derzhavnyi Arkhiv Rivnens'koï Oblasti State Archive of Rivne Oblast, Ukraine
FVA	Fortunoff Video Archive of Holocaust Testimonies Yale University, New Haven, Connecticut
GARF	Gosudarstvennyi Arkhiv Rossiiskoi Federatsii State Archive of the Russian Federation, Moscow
HI	Hoover Institution Archive, Stanford University, California
IfZ(M)	Institut für Zeitgeschichte, München Institute for Contemporary History, Munich
IPN	Instytut Pamięci Narodowej Institute of National Remembrance, Warsaw
OKAW	Ośrodek Karta, Archiwum Wschodnie Karta Institute, Eastern Archive, Warsaw
SPP	Studium Polski Podziemnej Polish Underground Movement Study Trust, London

的結果，並以「間接故意」（foreseeable）來計算哈薩克的餓死者。未來的研究可能會需要調整對蓄意餓死人數的估計。

5 此處與下一段的引文出自 Robert Chandler 在 2010 年英譯的 *Everything Flows*，在我撰寫本書時尚未出版。亦可參見 *Life and Fate* at 29.

6 對土地與謀殺背後的道德經濟學，進一步討論可參見 Kiernan, *Blood and Soil.*

7 毛澤東治下的中國在 1958 到 1960 發生大饑荒，導致三千萬人死亡，超越希特勒治下的納粹德國。

8 戰時心照不宣，參見 Furet, *Fascism and Communism*, 2. 對照 Edele, "States," 348. Hitler 引用自 Lück, "Partisanbekämpfung," 228.

9 Todorov, *Mémoire du mal*, 90.

10 心理學家米爾格倫（Stanley Milgram）的「權威服從研究」（Behavior Study of Obedience）值得一讀。

11 Kołakowski, *Main Currents*, 43.

12 國際社會袖手旁觀的立場，參見 Power, *Problem.*

13 Fest, *Das Gesicht*, 108, 162.

14 一如 Harold James 觀察到的，透過暴力手段實施現代化，就純經濟角度來看反而只會適得其反。參見 *Europe Reborn*, 26. Buber-Neumann 引用自 *Under Two Dictators*, 35.

15 德國在蘇俄境內犯下最重大的戰爭罪行，就是蓄意餓死將近一百萬列寧格勒市民。德國殺害的蘇俄猶太人相對較少，大約六萬，同時也屠殺了過渡戰俘營與大型戰俘營內至少一百萬蘇俄戰俘。由於後者經常被算入蘇聯與俄羅斯的軍事陣亡人數之中，進而在估算蓄意的屠殺政策時遭到忽略或低估，因此我此處的數字會比 Filimoshin 估計的 180 萬人還要高。參見 Filimoshin, "Ob itogakh," 124. 我相信俄國低估了列寧格勒的死亡人數，短少了約四十萬人，所以我也把這個數字加回去。倘若 Boris Sokolov 的估計正確，也就是蘇聯軍人的死亡數字遠遠超出傳統估計，那麼那些少估算到的人多半都是軍人。反過來說，如果 Ellman 與 Maksudov 才是正確的，也就是蘇聯軍事損失的人數其實沒有那麼高，那麼那些被多算進去的人多半都是平民，特別是在德軍占領區之外的平民。參照 Sokolov, "How to Count," 451-457; and Ellman, "Soviet Deaths," 674-680.

16 古拉格囚犯總計有 516,841 人死亡，參見 Zemskov, "Smertnost'," 176. 蘇聯共有 400 萬公民被關過古拉格（包括特別屯墾聚落），參見 Khlevniuk, *Gulag*, 307.

17 Brandon and Lower 估計蘇聯治下的烏克蘭在二戰中共失去 550 到 570 萬條人命，參見 "Introduction," 11.

18 記憶文化的概述，參見 Goujon, "Memorial."

19 結論中各處所引用的數字，在各章中皆已有說明。

20 Janion, *Do Europy.* 貝爾曼，參見 Gniazdowski, "'Ustalić liczbę."

580.

48 米霍埃爾斯與他扮演的李爾王之事，參見 Veidlinger, *Yiddish Theater.*

49 「每個猶太人都是民族主義者兼美國人的間諜」一說，參見 Rubenstein, *Pogrom*, 62.「猶太人都相信美國解救了他們的民族」這句話則出自 Brown, *Rise and Fall*, 220.

50 引用自 Kostyrchenko, *Shadows*, 290. 亦可參見 Lustiger, *Stalin*, 250.

51 卡帕依的堅持，參見 Kostyrchenko, *Gosudarstvennyi antisemitizm*, 466; and Brent, *Plot*, 296.

52 公開信的屢屢修改，參見 Kostyrchenko, *Gosudarstvennyi antisemitizm* , 470-478. 格羅斯曼遭受威脅，參見 Brandenberger, "Last Crime," 196. 亦可參見 Luks, "Brüche," 47, 格羅斯曼的文字引述自 *Life and Fate* at 398.

53 愛倫堡，參見 Brandenberger, "Last Crime," 197.

54 老百姓的揣摩，參見 Brandenberger, "Last Crime," 202. 猶太醫生的人數，參見 Luks, "Brüche," 42.

55 Khlevniuk, "Stalin as dictator," 110, 118. 史達林在二戰後不再造訪工廠、農場或政府公署之事，參見 Service, *Stalin*, 539.

56 有關史達林的歷任國安首長，參見 Brent, *Plot*, 258.

57 史達林曾在 11 月 13 日下令嚴刑拷打，參見 Brent, *Plot,* 224. 審判的部分，參見 Lustiger, *Stalin*, 250.

58 有關 1968 年的「反猶太復國主義肅清行動」，參見 Stola, *Kampania antysyjonistyczna* ; and Paczkowski, *Pół wieku.*

59 Rozenbaum, "March Events," 68.

60 蘇聯媒體在 1953 年用過的主題，參見 Szajnok, *Polska a Izrael*, 160.

61 Stola, "Hate Campaign," 19, 31.「第五縱隊」之事，參見 Rozenbaum, "1968," 70.

62 Stola, "Hate Campaign," 20.

63 波共政權總計逮捕了 2,591 人，這個數字參見 Stola, "Hate Campaign," 17. 火車站與「轉運點」，參見 Eisler, "1968," 60.

64 參照 Judt, *Postwar*, 422-483; and Simons, *Eastern Europe.*

65 Brown, *Rise and Fall*, 396.

結語　人性

1 對照 Moyn, "In the Aftermath." 此處的解釋源於本書各章的要點，在此不一一註釋。

2 相較於死於滅絕營、被槍決與餓死的人數，真正死於德國集中營者大約有一百萬人。參照 Orth, *System.*

3 對照 Keegan, *Face of Battle*, 55; and Gerlach and Werth, "State Violence," 133.

4 其他餓死者多半是在哈薩克。我將烏克蘭的餓死者視為史達林「直接故意」（intended）

對猶太大屠殺進行了特別珍貴的研究，其中有些對我本書來講影響深遠、不可或缺。

23 「遭人唾棄的反動侏儒」源自於當時的政治宣傳海報，繪者是 Włodzimierz Zakrzewski。

24 參閱 Torańska, *Oni*, 241, 248

25 Gniazdowski, "Ustalić liczbę," 100-104 and passim.

26 蘇聯大使，參見 Sobór-Świderska, *Berman*, 202; and Paczkowski, *Trzy twarze*, 114. 波蘭公安部高階官員中，自稱猶太人或其實是猶太裔的比例，參見 Eisler, "1968," 41.

27 *Proces z vedením*, 9 and passim; Lukes, "New Evidence," 171.

28 Torańska, *Oni*, 322-323.

29 參照 Shore, "Children."

30 對於戰後共產波蘭為何較少發生血腥清洗，解釋可參見 Luks, "Brüche," 47. 二戰期間曾有位波共高層遭另一位高層暗殺，這很可能也導致他們在戰後變得更加謹慎。

31 Paczkowski, *Trzy twarze*, 103.

32 不過蘇聯仍占領了千島群島。

33 Weinberg, *World at Arms*, 81.

34 引用自 Sebag Montefiore, *Court*, 536.

35 Service, *Stalin*, 554. 中亞的部分，參見 Brown, *Rise and Fall*, 324.

36 Kramer, "Konsolidierung," 86-90.

37 有關 1930 年代與 1950 年代國際局勢的差異，相關論述引自 Zubok, *Empire*, 77. 亦可參見 Gorlizki, *Cold Peace*, 97.

38 亞歷山大・謝爾巴科夫，參見 Brandenberger, *National Bolshevism*, 119 and passim; Kuromiya, "Jews," 523, 525; and Zubok, *Empire*, 7.

39 莫斯科勝利日閱兵，參見 Brandenberger, "Last Crime," 193. 亞可夫・艾廷格，參見 Brent, *Plot*, 11. 亦可參見 Lustiger, *Stalin*, 213. 史達林對醫療人員從事謀殺行為的顧慮，最早可追溯至 1930 年代，參見 Prystaiko, *Sprava*, 49。

40 索菲亞・卡帕依醫生，參見 Brent, *Plot*, 296.

41 Lukes, "New Evidence," 165.

42 Ibid., 178-180; Lustiger, *Stalin*, 264.

43 斯蘭斯基的發言與猶太被告的比例，參見 *Proces z vedením*, 44-47, at 47. 自我批判，參見 Margolius Kovály, *Cruel Star*, 139.

44 斯蘭斯基的供詞，參見 *Proces z vedením*, 66, 70, 72. 絞刑與行刑者，參見 Lukes, "New Evidence," 160, 185. 魯道夫・馬戈柳斯，參見 Margolius Kovály, *Cruel Star*, 141.

45 波蘭的部分，參見 Paczkowski, *Trzy twarze*, 162.

46 引用自 Brent, *Plot*, 250.

47 Kostyrchenko, *Shadows*, 264; Brent, *Plot*, 267. 史達林與女兒共舞，參見 Service, *Stalin*,

圍城戰戰歿者的 40 萬民眾。如果大略將民眾與戰俘都計算在內，我會估計總計有 260 萬猶太人與 320 萬蘇聯居民（以戰俘身分）遇害。如果戰俘被視為軍事戰損，那麼猶太人的死亡人數也會超過俄羅斯人。

7 Franklin D. Roosevelt, Winston Churchill, and Josif Stalin, "Declaration Concerning Atrocities Made at the Moscow Conference," 30 October 1943.〈關於德國暴行的宣言〉是《莫斯科宣言》的一部分。

8 「共和國之子」的說法參見 Arad, *Soviet Union*, 539. 赫魯雪夫，參見 Salomini, *L'Union*, 242; and Weiner, *Making Sense*, 351.

9 對戰後蘇聯文化的詳盡介紹可參考 Kozlov, "Soviet Literary Audiences"; and Kozlov, "Historical Turn."

10 獲准移民以色列的七萬猶太裔波蘭人，參見 Szajnok, *Polska a Izrael*, 49. 柯斯勒，參見 Kostyrchenko, *Shadows*, 102.

11 猶太新年與猶太大教堂，參見 Veidlinger, "Soviet Jewry," 13-16; and Szajnok, *Polska a Izrael*, 159. 波林娜・熱姆楚任娜，參見 Rubenstein, *Pogrom*, 46. 艾卡特芮娜・戈布曼，參見 Luks, "Brüche," 34. 對政策大轉向的介紹，參見 Szajnok, *Polska a Izrael*, 40, 82, 106, 111-116.

12 《真理報》的文章，參見 Kostyrchenko, *Shadows*, 152. 位居要職的猶太裔人士數量減少（從 1945 年的 13% 到 1952 年的 4%）之事，參見 Kostyrchenko, *Gosudarstvennyi antisemitizm*, 352. 格羅斯曼的引述出自 Robert Chandler 英譯的 *Everything Flows* 一書。

13 猶太人反法西斯委員會遭解散，參見 Kostyrchenko, *Shadows*, 104. 德爾・尼斯特的文字，參見 Der Nister, *Family Mashber*, 71. 國安部的報告，參見 Kostyrchenko, *Gosudarstvennyi antisemitizm*, 327.

14 Molotov 引用自 Gorlizki, *Cold Peace*, 76. 亦可參見 Redlich, *War*, 149.

15 Redlich, *War*, 152; Rubenstein, *Pogrom*, 55-60.

16 從蘇聯驅離至波蘭的十萬猶太人，參見 Szajnok, *Polska a Izrael*, 40.

17 戰後歐洲的多數共產政權都是如此，包括捷克斯洛伐克、羅馬尼亞與匈牙利。

18 Banac, *With Stalin Against Tito*, 117-142; Kramer, *Konsolidierung*, 81-84. 亦可參見 Gaddis, *United States*.

19 哥穆爾卡與雅各・貝爾曼，參見 Sobór-Świderska, *Berman*, 219, 229, 240; Paczkowski, *Trzy twarze*, 109; and Torańska, *Oni*, 295-296.

20 哥穆爾卡向史達林請命之事，參見 Naimark, "Gomułka and Stalin," 244. 引用自 Sobór-Świderska, *Berman*, 258.

21 赫許・史莫勒的引述與相關介紹，參見 Shore, "Język," 56.

22 Shore, "Język," 60. 雖然此處說了這麼多，但戰後的確還是有波蘭與猶太裔歷史學家，針

37　有關遭到強制遷居的 140,660 人，更詳細的資訊可參見 Snyder, *Reconstruction*; or Snyder, "To Resolve."

38　Snyder, *Reconstruction*; and Snyder, "To Resolve"; Motyka, *Ukraińska partyzantka* , 535. 亦可參見 Burds, "Agentura."

39　Polian, *Against Their Will*, 166-168. 在蘇聯自羅馬尼亞吞併的領土上，1949 年 7 月 5 日的「南方行動」則遷居了大約 35,796 人。

40　Polian, *Against Their Will*, 134.

41　所有引述數字皆參照自 Polian, *Against Their Will*, 134-155。亦可參見 Naimark, *Fires*, 96; Lieberman, *Terrible Fate*, 206-207; and Burleigh, *Third Reich*, 749.

42　返回蘇聯的 800 萬人，參見 Polian, "Violence," 127. 有關 1200 萬烏克蘭人、白俄羅斯人與波蘭人，參見 Gerlach (*Kalkulierte Morde*, 1160)，這份著作詳細檢視了此一議題，並估計光是白俄羅斯就至少有 3,000,000 人流離失所。

43　Weiner ("Nature," 1137) 提到，蘇聯估計烏克蘭民族主義者在 1944 年 2 月到 1946 年 5 月之間殺害了 110,825 人。蘇聯內務人民委員部估計，截至 1948 年約有 144,705 名車臣人、印古什人、巴爾卡爾族與卡拉洽伊族人死於驅逐流放，或在遭遷居後不久便死去。參見 Lieberman, *Terrible Fate*, 207.

44　大饑荒的倖存者在回憶錄中提及此事，參照 Potichnij, "1946-1947 Famine," 185.

45　參照 Mastny, *Cold War*, 30. 日丹諾夫的心臟病，參見 Sebag Montefiore, *Court*, 506.

第十一章　史達林的反猶主義

1　米霍埃爾斯的謀殺案，參見 Rubenstein, *Pogrom*, 1. 拉夫倫提·扎納瓦，參見 Mavrogordato, "Lowlands," 527; and Smilovitsky, "Antisemitism," 207.

2　《蘇聯猶太人黑皮書》，參見 Kostyrchenko, *Shadows*, 68. 不能有六芒星之事，參見 Weiner, "Nature," 1150; and Weiner, *Making Sense*, 382. 淪為穀倉的猶太大教堂，參見 ŻIH/1644. 娘子谷的骨灰，參見 Rubenstein, *Pogrom*, 38. 通論亦可參見 Veidlinger, *Yiddish Theater*, 277.

3　Rubenstein, *Pogrom*, 35.

4　克里米亞，參見 Redlich, *War*, 267; and Redlich, *Propaganda*, 57. 亦可參見 Lustiger, *Stalin*, 155, 192; Luks, "Brüche," 28; and Veidlinger, "Soviet Jewry," 9-10.

5　國家祕密，參見 Lustiger, *Stalin*, 108. 受頒英勇勳章的機率，參見 Weiner, "Nature," 1151; and Lustiger, *Stalin*, 138.

6　這些數字已在前幾章討論過，結語時也會再次提及。蘇聯猶太人的死亡人數，參見 Arad, *Soviet Union*, 521 and 524. Filimoshin ("Ob itogakh," 124) 估計約有 180 萬民眾在德國占領時遭蓄意謀害，我認為應該再算上 100 萬遭餓死的戰俘，以及未被納入列寧格勒

26 同盟國在十一月達成的共識，參見 Ahonen, *People*, 93. 數據引自 Nitschke, *Wysiedlenie*, 182, 230. 對照 Jankowiak 的資料，他認為在 1946 年與 1947 年總計有 2,189,286 人返抵德國（包括那些搭乘交通工具並予以登記者），參見 *Wysiedlenie*, 501. 在英國占領區內搭乘火車等交通工具的死亡率，參見 Frank, *Expelling*, 258-259; and Ahonen, *People*, 141.

27 有關四十萬名死去的德國居民，這數字最早出自於 *Vertreibung*, 40-41，相關主張則可參見 Nitschke, *Wysiedlenie*, 231, and Borodziej, *Niemcy*, 11。相關討論與其他史家的背書，可參考 Overmans, "Personelle Verluste," 52, 59, 60。對這一數據過於誇大的批評則可參見 Haar, "Entstehensgeschichte," 262-270. Ahonen 估計的死亡人數約為六十萬，參見 *People*, 140.

28 針對如何區分蓄意屠殺政策與其他形式的死亡，可參照本書序章或結語的討論。

29 相關的地緣民族問題，建議參考 Simons, *Eastern Europe*.

30 有關戰爭與共產體制接收的關係，相關討論可參見 Abrams, "Second World War"; Gross, "Social Consequences"; and Simons, *Eastern Europe.*

31 美國國務卿伯恩斯與美國立場的轉換，可參見 Ahonen, *After the Expulsion*, 26-27. 亦可參見 Borodziej, *Niemcy*, 70.

32 引用自 Brandes, *Weg*, 437. 亦可參見 Kersten, "Forced," 81; Sobór-Świderska, *Berman*, 202; and Torańska, *Oni*, 273.

33 參照 Snyder, *Reconstruction.*

34 烏克蘭反抗軍對波蘭人擬定的計畫與實際行動，出自 TsDAVO 3833/1/86/6a; 3833/1/131/13-14; 3833/1/86/19-20; and 3933/3/1/60. 相關檔案包括 DAR 30/1/16=USHMM RG-31.017M-1; DAR 301/1/5=USHMM RG-31.017M-1; and DAR 30/1/4=USHMM RG-31.017M-1. 這類班德拉派與烏克蘭反抗軍在二戰時期的誓言與聲明，符合戰後相關訊問後所留下的文獻紀錄（參見 GARF, R-9478/1/398），也與波蘭倖存者的說法相一致（例如 1943 年 7 月 12 到 13 日的屠殺，參見 OKAW, II/737, II/1144, II/2099, II/2650, II/953, and II/775）。猶太倖存者也有相關紀錄（例如 ŻIH 301/2519; and Adini, *Dubno: sefer zikaron*, 717-718）。對這一主題研究的奠基之作，可參考 Motyka, *Ukraińska partyzantka.* 亦可參見 Il'iushyn, *OUN-UPA*, and Armstrong, *Ukrainian Nationalism.* 我自己也曾在以下作品中試圖解釋這類衝突："Causes," *Reconstruction*, "Life and Death," and *Sketches.*

35 有關遭船運送返共產波蘭的 780,000 名波蘭人，參見 Slivka, *Deportatsiï*, 25. 離開共產波蘭前往蘇屬烏克蘭的 483,099 人，參見 Cariewskaja, *Teczka specjalna*, 544. 離開波蘭的十萬猶太人，參見 Szajnok, *Polska a Izrael*, 40. 「維斯瓦行動」的相關討論，參見 Snyder, *Reconstruction;* and Snyder, "To Resolve."

36 被蘇聯驅逐流放到古拉格的 182,543 名烏克蘭人，參見 Weiner, "Nature," 1137. 有關 148,079 名紅軍老兵，參見 Polian, "Violence," 129. 通論亦可參見 Applebaum, *Gulag*, 463.

287,000 名苦力與 517 號集中營，參見 Wheatcroft, "Scale," 1345.

13 有關 185,000 位德國公民，參見 Urban, *Verlust*, 117. 363,000 名德國戰俘，參見 Overmans, *Verluste*, 286; Wheatcroft 認為戰俘人數為 356,687，參見 "Scale," 1353. 數以萬計的義大利、匈牙利、羅馬尼亞士兵也在投降蘇聯紅軍後死去。Schlemmer 估計義大利人約有 60,000 人因此而死，參見 *Italianer*, 74. Stark 估計匈牙利的死者約為 200,000 人（數字看起來高得不大可能），參見 *Human Losses*, 33. 亦可參見 Biess, "Vom Opfer," 365.

14 德國撤離困難的心理因素，參見 Nitschke, *Wysiedlenie*, 48. 引用自 Hillgruber, *Germany*, 96. 亦可參見 Steinberg, "Third Reich," 648; and Arendt, *In der Gegenwart*, 26-29.

15 大區區長（Gauleiter）與撤離用的船隻，參見 Nitschke, *Wysiedlenie*, 52-60.

16 伊娃・揚茨的故事，參見 *Vertreibung*, 227. 引用自 Grass, *Beim Häuten*, 170.

17 Nitschke, *Wysiedlenie*, 135; Jankowiak, "Cleansing," 88-92. Ahonen 估計有 125 萬人重返故鄉，參見 *People*, 87.

18 Staněk, *Odsun*, 55-58. 亦可參見 Naimark, *Fires*, 115-117; Glassheim, "Mechanics," 206-207; and Ahonen, *People*, 81. 捷克與德國聯合委員會估計約有 19,000 人到 30,000 人因此死去，參見 *Community*, 33。大約有 160,000 名來自捷克斯洛伐克的德裔人士為德意志國防軍打仗並犧牲性命。鈞特・葛拉斯的回憶，參見 his *Beim Häuten*, 186.

19 引用自 Nitschke, *Wysiedlenie*, 136; also Borodziej, *Niemcy*, 144. 有關 120 萬人的大遷徙，參見 Jankowiak, *Wysiedlenie*, 93, also 100. Borodziej 估計總人數約在 300,000 到 400,000 (*Niemcy*, 67); Curp 則認為數字是 350,000 (*Clean Sweep*, 53). 亦可參見 Jankowiak, "Cleansing," 89-92.

20 波茨坦，參見 Brandes, *Weg*, 404, 458, 470; and Naimark, *Fires*, 111.

21 引用自 Naimark, *Fires*, 109. 西利西亞行政長官 Aleksander Zawadzki 之事，參見 Urban, *Verlust*, 115; and Nitschke, *Wysiedlenie*, 144. 奧士廷市，參見 Nitschke, *Wysiedlenie*, 158.

22 公安部，參見 Borodziej, *Niemcy*, 80. 引用自 Stankowski, *Obozy*, 261.

23 萬比諾維策集中營中死去的 6,488 名德國人，參見 Stankowski, *Obozy*, 280. Urban (*Verlust*, 129) 估計總計約有 200,000 德國人被關在波蘭境內的營區，其中 60,000 人死去。若把各營區的死亡數字加總，這個數字仍略嫌高了一些。Stankowski 估計死亡總數約在 27,847 人到 60,000 人之間，參見 *Obozy*, 281. 切斯瓦夫・格博爾斯基、伊濟多爾・塞德羅斯基這兩位指揮官，參見 Stankowski, *Obozy*, 255-256. 在 1945 年 10 月 4 日遭謀殺的 40 名囚犯，參見 Borodziej, *Niemcy*, 87.

24 貨車，參見 Nitschke, *Wysiedlenie*, 154.

25 車上搶劫之事，參見 Urban, *Verlust*, 123; and Borodziej, *Niemcy*, 109. Nitschke (*Wysiedlenie*, 161) 估計此時約有 594,000 名德國人遭遣送回德國，Ahonen (*People*, 93) 則認為大約是 600,000 人。

67 路德維克・蘭道與伊曼紐爾・林格布魯姆，參見 Bartoszewski, *Warszawski pierścień*, 385. 林格布魯姆特別可參考 Engelking, *Warsaw Ghetto*, 671; 或是參見更綜論的 Kassow, *History.*

68 隱身於猶太特區外的估計人數來自 Paulson, *Secret City*, 198.

69 Strzelecki, *Deportacja*, 25, 35-37; Długoborski, "Żydzi," 147; Löw, *Juden*, 455, 466, 471, 烏茨市長 Bradfisch 與貨車的部分參見頁 472, 476。

70 Kopka, *Warschau*, 51, 116.

71 Strzelecki, *Deportacja*, 111.

第十章　種族清洗

1 德國前例的重要性，參見 Brandes, *Weg*, 58, 105, 199, and passim; also Ahonen, *After the Expulsion*, 15-25.

2 波蘭與捷克在戰時的驅逐流放計畫，通常沒有實際上的那麼激進，參見 Brandes, *Weg*, 57, 61, 117, 134, 141, 160, 222, 376, and passim.

3 引用自 Borodziej, *Niemcy*, 61. 對波蘭人來說，差異在於民族（*narodowy*, national）與民族主義（*narodowościowy*, nationalistic）。

4 Mikołajczyk 引用自 Nitschke, *Wysiedlenie*, 41; 參見 Naimark, *Fires*, 124. 小羅斯福總統，參見 Brandes, *Weg*, 258. 赫伯特・胡佛總統的部分，參見 Kersten, "Forced," 78. 邱吉爾的部分，參見 Frank, *Expelling*, 74. 華沙起義，參見 Borodziej, *Niemcy*, 109.

5 參照 Brandes, *Weg*, 267-272.

6 Frank, *Expelling*, 89.

7 匈牙利的部分，參見 Ungvary, *Schlacht*, 411-432; and Naimark, *Russians*, 70. 波蘭的部分，參見 Curp, *Clean Sweep*, 51. Yugoslav 引用自 Naimark, *Russians*, 71.

8 先前占領時期的強暴案，參見 Gross, *Revolution*, 40; and Shumuk, *Perezhyte*, 17. 其中一位受害者的反思特別值得一讀，參見 Anonyma, *Eine Frau*, 61.

9 引用自 Salomini, *L'Union*, 123; also 62, 115-116, 120, 177. 紅軍徵召補充兵的部分可以參見此書的討論：*Vertreibung*, 26.

10 *Vertreibung*, 33. 可敬的討論可參見 Naimark, *Russians*, 70-74. 鈞特・葛拉斯的回憶，參見 *Beim Häuten*, 321.

11 幫母親辦後事的故事，參見 *Vertreibung*, 197.

12 有關 520,000 名德國人遭俘，參見 Urban, *Verlust*, 517. 有關 40,000 名波蘭人，參見 Zwolski, "Deportacje," 49. Gurianov 估計的波蘭人數字是 39,000-48,000，參見 "Obzor," 205. 蘇聯從白俄羅斯也驅逐流放了許多波蘭人，參見 Szybieka, *Historia*, 362. 匈牙利公民，參見 Ungvary, *Schlacht*, 411-432. 礦坑工作，參見 Nitschke, *Wysiedlenie*, 71. 關於

48 原本被排除在行動外的華沙與軍火取得，參見 Borodziej, *Uprising*, 61.

49 描述事件氛圍與戰鬥細節的敘述引自 Davies, *Rising '44.* 無法攻下重要據點之事，參見 Borodziej, *Uprising*, 75.

50 Engelking, *Żydzi*, 91 for Zylberberg, and passim; National Armed Forces at 62, 86, 143.

51 斯坦尼斯瓦夫・阿隆森，參見 Engelking, *Żydzi*, 61, National Armed Forces at 62, 86, 143; and Kopka, *Warschau*, 42, 106, 110, "indifference" quotation at 101.

52 Krannhals, *Warschauer Aufstand*, 124.

53 Ibid., 124-127.

54 Wroniszewski, *Ochota*, 567, 568, 627, 628, 632, 654, 694; Dallin, *Kaminsky*, 79-82. 瑪麗・居禮學院，參見 Hanson, *Civilian Population*, 90. 引用自 Mierecki, *Varshavskoe*, 642（「處決大批民眾」）；Dallin, *Kaminsky*, 81（「強姦修女」）；Mierecki, *Varshavskoe*, 803（「搶劫」）。

55 Madaczyk, *Ludność*, 61.

56 希姆萊的命令，參見 Sawicki, *Zburzenie*, 32, 35; and Krannhals,*Warschauer Aufstand*, 420. 人肉盾牌等罪行，參見 Stang, "Dirlewanger," 71; Serwański, *Życie*, 64; Mierecki, *Varshavskoe*, 547, 751; and MacLean, *Hunters*, 182. 亦可參見 Ingrao, *Chasseurs*, 180. 約有 40,000 平民遭到屠殺，參見 Hanson, *Civilian Population*, 90; and Borodziej, *Uprising*, 81. Ingrao 指出迪勒萬格特遣隊一天之內就殺害了 12,500 人，參見 *Chasseurs*, 53.

57 三間醫院，參見 Hanson, *Civilian Population*, 88; and MacLean, *Hunters*, 182. 集體輪暴與謀殺之事，參見 Ingrao, *Chasseurs*, 134, 150.

58 兩千人遭槍斃的工廠，參見Mierecki, *Varshavskoe* , 547. 引用自Hanson, *Civilian Population*, 88.

59 Borodziej, *Uprising*, 81.

60 Klimaszewski, *Verbrennungskommando*, 25-26, 53, 69, 70. 波蘭奴工中的猶太人，參見 Engelking, *Żydzi*, 210. 亦可參見 Białoszewski, *Pamiętnik*, 28.

61 引用自 Borodziej, *Uprising*, 91. 亦可參見 Ciechanowski, *Powstanie*, 138, 145, 175, 196, 205.

62 引用自 Borodziej, *Uprising*, 94.

63 引用自 Borodziej, *Uprising*, 94. 亦可參見 Davies, *Rising '44.*

64 希姆萊的部分，參見 Borodziej, *Uprising*, 79, 141; Mierecki, *Varshavskoe*, 807; Krannhals, *Warschauer Aufstand*, 329 (and ghetto experience); and Ingrao, *Chasseurs*, 182.

65 巴赫與國防軍的考量，參見 Sawicki, *Zburzenie*, 284; and Krannhals, *Warschauer Aufstand*, 330-331. 最後一座圖書館，參見 Borodziej, *Uprising*, 141.

66 Estimates: Ingrao, *Les chasseurs* (200,000); Borodziej, *Uprising*, 130 (185,000); Pohl, *Verfolgung*, 121 (170,000); Krannhals, *Warschauer Aufstand*, 124 (166,000).

24 兩面旗幟之事，參見 Milton, *Stroop*。引用自 Moczarski, *Rozmowy*, 200.

25 埃德爾曼的證詞來自 "Proces Stroopa Tom 1," SWMW-874, IVk 222/51, now at IPN.

26 Moczarski, *Rozmowy*, 252，引文出自頁 253。

27 Engelking, *Warsaw Ghetto*, 794.

28 Puławski, *W obliczu*, 412, 420-421, 446. 籲請教宗的部分，參見 Libionka, "Głową w mur."

29 引用自 Engelking, *Warsaw Ghetto*, 795. 十一次幫助猶太人的行動，參見 Engelking, *Getto warszawskie*, 745; and Libionka, "ZWZ-AK," 79. 蘇聯的政治宣傳，參見 Redlich, *Propaganda*, 49.

30 艾瑞．威爾納，參見 Sakowska, Ludzie, 326.

31 引用自 Engelking, *Getto warszawskie*, 750; Gutman, *Resistance*, 247; Marrus, "Jewish Resistance," 98; Friedländer, *Extermination*, 598.

32 數字引自 Bartoszewski, *Warszawski pierścień*, 256. 有關 1943 年 6 月 1 日，參見 Kopka, *Warschau*, 39.

33 參照 Zimmerman, "Attitude," 120; and Libionka, "ZWZ-AK," 119-123.

34 Bartoszewski, *Warszawski pierścień*, 242.

35 Madajczyk, "Generalplan," 15; Rutherford, *Prelude*, 218; Aly, *Architects*, 275; Ahonen, *People*, 39.

36 有關 1943 年 3 月，參見 Borodziej, *Uprising*, 41. 滅絕猶太人作為一種動機，參見 Puławski, *W obliczu*, 442. 總督府領地的 6,214 起反抗事件，參見 BA-MA, RH 53-23 (WiG), 66.

37 有關 1943 年 13 日，參見 Bartoszewski, *Warszawski pierścień*, 286. 嘴貼起來與蒐集染寫泥土，參見 Kopka, *Warschau,* 58-59.

38 Bartoszewski, *Warszawski pierścień*, 331, 348, 376, 378, 385, 數據來自頁 427。

39 Kopka, *Warschau*, 40.

40 Ibid., 46, 53, 75.

41 引用自 Kopka, *Warschau*, 69.

42 Kopka, *Warschau*, 60.

43 談判籌碼，參見 Zaloga, *Bagration*, 82.

44 同盟國曾在 1943 年 11 月 28 日到 12 月 1 日的德黑蘭會議上，討論戰後波蘭國界的問題。參見 Ciechanowski, *Powstanie*, 121.

45 *Operatsia "Seim,"* 5 and passim.

46 圖維亞．畢耶爾斯基的游擊隊，參見 Libionka, "ZWZ-AK," 112. 有關畢耶爾斯基的不同觀點，參見 Snyder, "Caught Between."

47 有關 1944 年 7 月 22 日之事，參見 Borodziej, *Uprising*, 64.

zagłady," 109.〈慈悲的神〉，參見 Arad, *Reinhard*, 216.

第九章 反抗與焚毀

1 Lück, "Partisanbekämpfung," 246; Zaloga, *Bagration*, 27, 28, 43, 56.

2 Zaloga, *Bagration*, 7, 69, 71. 從 1943 年起，美軍也打進了義大利。

3 Grossman, *Road*, 27. 亦可參見 Furet, *Passé*, 536; and Gerard, *Bones*, 187-189. 格羅斯曼可能不明白的大屠殺跡象，包括當地波蘭人口正四處尋找值錢之物。格羅斯曼也不大可能寫出特雷布林卡的守衛其實是蘇聯公民。

4 Engelking, *Żydzi*, 260. 亦可參見 Miłosz, *Legends*; and Snyder, "Wartime Lies."

5 Tokarzewski-Karaszewicz, "U podstaw tworzenia Armii Krajowej," 124-157.

6 為了恢復民主波蘭共和國所做的鬥爭，參見 Libionka, "ZWZ-AK," 19, 23, 34. 內務人民委員部，參見 Engelking, *Żydzi*, 147.

7 Libionka, "ZWZ-AK," 24.

8 Wdowinski, *Saved*, 78; Arens, "Jewish Military," 205.

9 Wdowinski, *Saved*, 79, 82; Libionka, "Pomnik," 110; Libionka, "Deconstructing," 4; Libionka, "Apokryfy," 166.

10 以色列聯盟，參見 Bacon, *Politics of Tradition.*

11 猶太戰鬥組織的組成背後相當複雜，相關故事可參照 Sakowska, *Ludzie*, 322-325; and Zuckerman, *Surplus.*

12 天主教團體的營救組織，參見 Bartoszewski, *Warszawski pierścień*, 16; and Libionka, "ZWZ-AK," 27, 33, 36, 39, 56.

13 Libionka, "ZWZ-AK," 60, 71.

14 Bartoszewski, *Ten jest*, 32; Sakowska, *Ludzie*, 321，委員會的證詞（Marek Lichtenbaum）出自頁 326。

15 Gutman, *Resistance*, 198.

16 Engelking, *Warsaw Ghetto*, 763; Kopka, *Warschau*, 33-34.

17 軍火部分，參見 Libionka, "ZWZ-AK," 69; and Moczarski, *Rozmowy*, 232. 救國軍內部的少數反猶太分子，參見 Engelking, *Żydzi*, 193, and passim.

18 希姆來的證言出自 Kopka, *Warschau*, 36.

19 Szapiro, *Wojna*, 9; Milton, *Stroop*, passim; Libionka, "Polska konspiracja," 472.

20 居名的證言（Gustawa Jarecka）引自 Kassow, *History*, 183.

21 Engelking, *Warsaw Ghetto*, 774; Engelking, *Getto warszawskie*, 733; Gutman, *Resistance*, 201.

22 Szapiro, *Wojna*, passim; also Libionka, "ZWZ-AK," 82.

23 引用自 Zuckerman, *Surplus*, 357; Szapiro, *Wojna*, 35.

45 Arad, *Reinhard*, 108; Młynarczyk, "Treblinka," 267; Willenberg, *Revolt*, 65.

46 Arad, *Reinhard*, 119; Mlynarczyk, "Treblinka," 259, 269.

47 Kopówka, *Treblinka*, 34; Mlynarczyk, "Treblinka," 263, 269.「變得不成人形」，參見 Rajchman, *Le dernier Juif*, 88.

48 Rajgrodzki, "W obozie zagłady," 107. Arad, *Reinhard*, 174. 焚燒屍體取暖的德國人，參見 Wiernik, *Year*, 29. 寒風中的胴體，參見 Rajchman, *Le dernier Juif*, 96.

49 「用不上了」，參見 Rajchman, *Le dernier Juif*, 33. 威廉伯格家的姊妹檔與露絲．多夫曼，參見 Willenberg, *Revolt*, 56, 65.

50 當地極其封閉的經濟循環體系，參見 Willenberg, *Revolt*, 30; and Rusiniak, *Obóz*, 26. 墮落「歐洲」之說，參見 Rusiniak, *Obóz*, 27.

51 Friedländer, *Extermination*, 598. 史達林格勒戰敗的風聲，參見 Rajgrodzki, "W obozie zagłady," 109.

52 特雷布林卡死亡工廠關閉，參見 Arad, *Reinhard*, 373.「豐收節行動」，參見 Arad, *Reinhard*, 366. 另有大約 15,000 名比亞維斯托克的猶太人遭槍斃，參見 Bender, "Białystok," 25.

53 特雷布林卡的死難人數出自 Witte, "New Document," 472，該資料顯示德國人在 1942 年的計算人數是 713,555 人（出自英國破譯的情報）。另可參見 Młynarczyk, "Treblinka," 281，這份資料則指出 1943 年該工廠死者有 67,308 名。拉當地區的受害者人數，參見 Młynarczyk, *Judenmord*, 275。Wiernik 宣稱總共有兩批未受割禮的波蘭人遭運走，參見 *Year*, 35. 一份名為「滅絕營」（Obóz zagłady）的報告於 1946 年年初在華沙出版，估計約有 731,600 人受害，並介紹此事梗概。

54 Rusiniak, *Obóz*, 20.

55 Kamenec, "Holocaust," 200-201; Kamenec, "Deportation," 116, 123，數據出自頁 130。

56 Hilberg, *Destruction* (vol. III), 939, 951; Browning, *Origins*, 421.

57 對照 Brandon, "Holocaust in 1942"; Dwork, *Auschwitz*, 326.

58 Pohl, *Verfolgung*, 107; Hilberg, *Destruction* (vol. III), 959; Stark, *Hungarian Jews*, 30; Długoborski, "Żydzi," 147.

59 儘管這些死亡工廠的死亡總數具有一定的準確度，但我們仍舊很難從中確切得知波蘭猶太人的死亡人數。雖然特雷布林卡、索比堡、貝烏熱茨是總督府領地中殺害波蘭猶太人的主要地點，但仍有其他人在這三處死亡工廠中遇難，包括捷克斯洛伐克的猶太人、德國猶太人、荷蘭猶太人、法國猶太人，以及波蘭人與羅姆人。

60 羅姆人的部分，參見 Pohl, *Verfolgung*, 113-116; Evans, *Third Reich at War*, 72-73, 531-535; and Klein, "Gottberg," 99.

61 「奇特天賦」，參見 Glazar, 57. 以音樂來「革命」之事，參見 Rajgrodzki, "W obozie

26 引用自 Witte, "New Document," 477.

27 Arad, *Reinhard*, 61; Młynarczyk, "Akcja," 55; Urynowicz, "Zagłada," 108; Friedländer, *Extermination*, 428; Hilburg, "Ghetto," 108. 謊稱麵包與柑橘醬的配給，參見 Berenstein, "Praca," 142. 引用自 FVA 2327.

28 Engelking, *Getto*, 661-665; Gutman, *Resistance*, 142.

29 Urynowicz, "Zagłada," 108-109; Trunk, *Judenrat*, 507.

30 Urynowicz, "Zagłada," 109-111. 亦可參見 Gutman, *Resistance*, 142.

31 雅努什・柯札克，參見 Kassow, *History*, 268; and Friedländer, *Extermination*, 429. 引用自 Engelking, *Getto*, 676.

32 數據引自 Friedländer, *Extermination*, 230. Drozdowski 估計的死亡人數更高，參見其 "History," 192 (315,000), and Bartoszewski, *Warszawski pierścień*, 195 (310,322).

33 "Treblinka," 174.「實際回報」，參見 Trunk, *Judenrat*, 512.

34 汗水解渴，參見 Arad, *Reinhard*, 64. 原野或森林的景象，參見 Wdowinski, *Saved*, 69.

35 揚凱爾・維爾尼克的部分，參見 Kopówka, *Treblinka*, 28.

36 Arad, *Reinhard*, 81; Mlynarczyk, "Treblinka," 266; "Obóz zagłady," 141; Królikowski, "Budowałem," 49.

37 有關 8 月 22 日之事，參見 Evans, *Third Reich at War*, 290. 有關 8 月 23 日，參見 Mlynarczyk, "Treblinka," 262. 有關 8 月 24 日，參見 Wiernik, *Year*, 8. 有關 8 月 25 日，參見 Krzepicki, "Treblinka," 98. 有關 8 月 26 日，參見 Shoah 02694, in FVA. 施坦格爾在 8 月 21 日的見聞，引自 Sereny, *Darkness*, 157.

38 Arad, *Reinhard*, 87.

39 Wdowinski, *Saved*, 78; Arad, *Reinhard*, 65.

40 Stangl 引用自 Arad, *Reinhard*, 186.

41 庫爾特・法蘭茲的部分，參見 Arad, *Reinhard*, 189; Kopówka, *Treblinka*, 32; Glazar, *Falle*, 118; and "Treblinka," 194.

42 波蘭流亡政府，參見 Libionka, "ZWZ-AK," 36-53. 反抗組織考慮進攻特雷布林卡，參見 Libionka, "Polska konspiracja," 482. 偽造明信片之事，參見 Hilberg, "Judenrat," 34. 華沙猶太特區的郵局，參見 Sakowska, *Ludzie*, 312.

43 「假診所」之事，參見 "Obóz zagłady," 137; Glazar, *Falle*, 51; Arad, *Reinhard*, 122; and Mlynarczyk, "Treblinka," 267.「假車站」之事，參見 "Obóz zagłady," 137; Arad, *Reinhard*, 123; and Willenberg, *Revolt*, 96. 管絃樂隊演奏，參見 "Tremblinki," 40; and "Treblinka," 193. 意第緒語的命令，參見 Krzepicki, "Treblinka," 89.

44 "Treblinka," 178; Arad, *Reinhard*, 37; Mlynarczyk, "Treblinka," 269. 強暴之事，參見 Willenberg, *Revolt*, 105.

4 沒有足夠人力進行大規模槍斃，參見 Musiał, "Przypadek," 31. 德國人偏好的人力，參見 Black, "Handlanger," 315.

5 Browning, *Origins*, 419; Black, "Handlanger," 320.

6 Evans, *Third Reich at War*, 84-90.

7 引用自 Gerlach, "Wannsee," 782. 亦可參見 Rieß, "Wirth," 244; Pohl, "Znaczenie," 45; and Poprzeczny, *Globocnik*, 163. 維爾特扮演的角色，參見 Black, "Prosty," 105; and Scheffler, "Probleme," 270, 276. 「安樂死」計畫在德國持續推行，只是更為低調，改用施打致命藥劑的方式進行。接下來幾年內，還會有數以萬計的德國人遭害。

8 Kershaw, *Final Solution*, 71; Mazower, *Hitler's Empire*, 191 and passim.

9 引用自 Kershaw, *Final Solution*, 66. 通論亦可參見 Mallmann, "Rozwiązać," 85-95, 日期參照頁 95; Horwitz, *Ghettostadt*, 154; and Friedländer, *Origins*, 314-318. 赫伯特・蘭格，參見 Friedlander, *Origins*, 286; and Kershaw, *Final Solution*, 71.

10 根據 Arad 的著作，死亡工廠的設計來自維爾特。參見 *Reinhard*, 24.

11 參照 Pohl, *Ostgalizien*; and Sandkühler, *Galizien.*

12 Arad, *Reinhard*, 44, 56; Młynarczyk, *Judenmord*, 252, 257. 三月十四日之事，參見 Rieger, *Globocnik*, 108. 一千六百位沒有工作能力證明的猶太人，參見 Poprzeczny, *Globocnik*, 226.

13 Młynarczyk, *Judenmord*, 260.

14 每日指定數額，參見 Młynarczyk, *Judenmord*, 260; and Pohl, *Verfolgung*, 94.

15 434,508 這個數字出自 Witte, "New Document," 472. Pohl 認為總共有三人倖存，參見 *Verfolgung*, 95. 維爾特的部分，參見 Black, "Prosty," 104. 1942 年 8 月時的貝烏熱茨指揮官是戈特利布・赫林（Gottlieb Hering）。

16 克拉科夫，參見 Grynberg, *Życie*, 3; Pohl, *Verfolgung*, 89; and Hecht, *Memories*, 66.

17 Pohl, *Verfolgung*, 95.

18 有關 4 月 17 日的命令，參見 Pohl, "Znaczenie," 49. 6 月 1 日起建之事，參見 "Obóz zagłady," 134.

19 Grabher, *Eberl*, 70, 74.

20 法蘭克，參見 Arad, *Reinhard*, 46; Berenstein, "Praca," 87; and Kershaw, *Final Solution*, 106. 特拉夫尼基培訓的人員，參見 Młynarczyk, "Akcja," 55.

21 引用自 Longerich, *Himmler*, 588.

22 Friedländer, *Extermination*, 349.

23 Gerlach, "Wannsee," 791. 亦可參見 Pohl, "Znaczenie," 49.

24 Tooze, *Wages of Destruction*, 365, 549.

25 Gutman, *Resistance*, 198. 對照 Aly, *Architects*, 211.

46 希特勒在 1942 年 10 月的話，參見 Nolte, "Partisan War," 274.

47 Klein, "Zwischen," 100.

48 科特布斯行動，參見 Gerlach, *Kalkulierte Morde*, 948; Pohl, *Herrschaft*, 293; Musial, *Mythos*, 195; and *Verbrechen*, 492. 沒有主人的豬狗，參見 Lück, "Partisanbekämpfung," 241.

49 赫曼行動，參見 Musial, *Mythos*, 212; and Gerlach, *Kalkulierte Morde*, 907.

50 槍殺 127 個波蘭人，參見 Musial, *Mythos*, 210. 亦可參見 Jasiewicz, *Zagłada* , 264-265.

51 Brakel, *Unter Rotem Stern*, 317; Gogun, *Stalinskie komandos*, 144.

52 Shephard, "Wild East," 174; Angrick, *Einsatzgruppe D*, 680-689. 引用自 Lück, "Partisanbekämpfung," 242.

53 Birn, "Anti-Partisan Warfare," 291; 亦可參見 Klein, "Zwischen," 96.

54 Dallin, *Brigade*, 8-58.

55 Chiari, *Alltag*, 138; Szybieka, *Historia*, 346; Mironowicz, *Białoruś*, 148, 155.

56 Szybieka, *Historia*, 346.

57 Musial, "Sowjetische," 183.

58 迪勒萬格特遣隊的殺人數字（15000 人）與人員傷亡（92 人）引述自 Ingrao, *Chasseurs* , 36. 有關 5,295 名遭殘殺的當地人，參見 Gerlach, *Kalkulierte Morde*, 943. 那份記載 10,431 名游擊隊遭槍斃的國防軍報告，參見 Klee, *Gott mit uns*, 55. 德軍指揮官的日記，參見 Lück, "Partisanbekämpfung," 239. 亦可參見 Matthäus, "Reibungslos," 268.

59 Gerlach, *Kalkulierte Morde*, 1158.

60 殺害 17,431 名通敵者之事，參見 *Musial*, Mythos, 261. 被當成階級敵人而遇害者，參見 Jasiewicz, *Zagłada*, 264-265.

61 Gerlach, *Kalkulierte Morde*, 1160. Chiari 估計到戰爭結束時已有 276,000 名波蘭人遭害，或遭強制遷徙，參見 *Alltag*, 306.

62 火葬場，參見 Gerlach, "Mogilev," 68. 名為「阿斯嘉」的屯墾區，參見 Gerlach, *Kalkulierte Morde*, 425.

63 Arad, *Reinhard*, 136-137.

第八章　納粹的死亡工廠

1 參照史家伊扎克・阿拉德（Yitzhak Arad）的兩本奠基之作 *Reinhard* 與 *Soviet Union*。

2 引用自 Wasser, *Raumplannung*, 61, also 77. 盧布林的特殊地位，參見 Arad, *Reinhard*, 14; Musiał, "Przypadek," 24; and Dwork, *Auschwitz*, 290. 以「札莫希奇行動」之名實施的東方總計畫，參見 Autuchiewicz, "Stan," 71; Aly, *Architects*, 275; and Tooze, *Wages of Destruction*, 468. 1941 年 10 月 13 日這個日期引自 Pohl, "Znaczenie," 45.

3 Browning, *Origins*, 419; Rieger, *Globocnik*, 60.

31 佐林與游擊隊，參見 Slepyan, *Guerillas*, 209; and Epstein, *Minsk*, 24. 要血洗猶太特區卻反遭襲擊的德軍，參見 Ehrenburg, *Black Book*, 135. 魯非伊森，參見 Matthäus, "Reibungslos," 254.

32 Tec, *Defiance*, 80, 82, 145, 185, 引文出自頁 80; Slepyan, *Guerillas*, 210; Musial, "Sowjetische," 185, 201-202.

33 關於 23,000 名游擊隊與「游擊共和國」，參見 Lück, "Partisanbekämpfung," 231. 手無寸鐵的通敵者，參見 Brakel, *Unter Rotem Stern*, 290, 304; Szybieka, *Historia*, 349; Slepyan, *Guerillas*, 81; and Mironowicz, *Białoruś*, 160. 破壞火車頭，參見 Gerlach, *Kalkulierte Morde*, 868.

34 Musial, *Mythos*, 189, 202; Lück, "Partisanbekämpfung," 238; Ingrao, *Chasseurs*, 131; *Verbrechen*, 495.

35 Slepyan, *Guerillas*, 17, 42.

36 克拉維茲與格拉希莫瓦的回憶出自 Projektgruppe, "Existiert," 47, 126.「妓女」之稱，參見 Chiari, *Alltag*, 256. 捉迷藏遊戲，參見 Projektgruppe, "Existiert," 164.

37 希特勒在 8 月 18 日的命令，參見 Lück, "Partisanbekämpfung," 232; and Westermann, "Ideological Soldiers," 57.「特別處理」之說，參見 Musial, *Mythos*, 145.「比照猶太人」之說，參見 Lück, "Partisanbekämpfung," 239.

38 Westermann, "Ideological Soldiers," 53, 54, 60; Gerlach, *Kalkulierte Morde*, 705, 919.

39 白俄羅斯在 1942 年有 208,089 名猶太人遭到清算殺害，參見 Brandon, "The Holocaust in 1942." 比亞維斯托克地區的受害者並未算在其中，因為該地雖然在 1939 到 1941 年屬於白俄羅斯，二戰後卻劃歸波蘭。

40 哥特堡，參見Klein, "Massenmörder," 95-99. 巴赫與殺戮的數字來自Lück, "Partisanbekämpfung," 233, 239.

41 Stang, "Dirlewanger," 66-70; Ingrao, *Chasseurs*, 20-21,「至少三萬個當地民眾」這個數字出自頁 26 與 132; Gerlach, *Kalkulierte Morde*, 958; MacLean, *Hunters*, 28, 133.

42 殺人數額，參見 Gerlach, *Kalkulierte Morde*, 890. 沼澤熱行動，參見 Gerlach, *Kalkulierte Morde*, 911-913, 930; Benz, *Einsatz*, 239; Matthäus, "Reibungslos," 267; and Ingrao, *Chasseurs*, 34. 耶克爾恩，參見 Brakel, *Unter Rotem Stern*, 295. 霍農行動，參見 Gerlach, *Kalkulierte Morde*, 946; and Klein, "Massenmörder," 100.

43 Brakel, *Unter Rotem Stern*, 304; Smilovitsky, "Antisemitism," 220. 戰前共產黨員，參見 Rein, "Local Collaborators," 394.

44 改投蘇聯陣營的八百警力，參見 Musial, *Mythos*, 266. 一萬兩天人叛逃，參見 Mironowicz, *Białoruś*, 160. 亦可參見 Slepyan, *Guerillas*, 209.

45 Szybieka, *Historia*, 345, 352; Mironowicz, *Białoruś*, 159.

的事件，參見 Smolar, *Ghetto*, 46. 引用自 Rubenstein, *Unknown*, 244. 在明斯克附近的科爾迪切沃（Koldychevo）集中營，不少守衛都是姦殺婦女的慣犯，參見 Chiari, *Alltag*, 192.

12 Epstein, *Minsk*, 42 and passim. 蘇聯文件，參見 *Chiari*, Alltag, 249.

13 Epstein, *Minsk*, 130.

14 Projektgruppe, "Existiert," 228. 史莫勒的更詳細生平，參見 "Ankieta," 10 August 1949, AAN, teczka osobowa 5344.

15 Cholawsky, "Judenrat," 117-120; Chiari, *Alltag*, 240; Smolar, *Ghetto*, 19.

16 示警，參見 Smolar, *Ghetto*, 62. 猶太警隊，參見 Epstein, *Minsk*, 125. 手套與襪子，參見 Gerlach, *Kalkulierte Morde*, 680. 帶路人，參見 Smolar, *Ghetto*, 95; and Projektgruppe, "Existiert," 164. 希瑪・費特森示警用的球，參見 Epstein, *Minsk*, 215.

17 Brakel, "Versorgung," 400-401.

18 資助，參見 Epstein, *Minsk*, 96, 194.

19 Klein, "Zwischen," 89. 亦可參見 Hull, *Absolute Destruction*; Anderson, "Incident"; and Lagrou, "Guerre Honorable."

20 德國陸軍參謀長哈爾德（Franz Halder）與他的核武妄想，參見 Gerlach, *Kalkulierte Morde*, 558. 希姆萊與三千萬斯拉夫人，參見 Sawicki, *Zburzenie*, 284. 引用自 Lück, "Partisanbekämpfung," 228.

21 引用自 Birn, "Anti-Partisan Warfare," 286; *Verbrechen*, 469. 亦可參見 Gerlach, *Kalkulierte Morde*, 566.

22 Szybieka, *Historia*, 348; Mironowicz, *Białoruś*, 158; Lück, "Partisanbekämpfung," 232; Klein, "Zwischen," 90.

23 Gerlach, *Kalkulierte Morde*, 680, 686.

24 引用自 Matthäus, "Reibungslos," 261.

25 Smolar, *Ghetto*, 72; Cholawsky, "Judenrat," 125. 3,412 這個數字出自 Matthäus, "Reibungslos," 262. 立普斯基，參見 Projektgruppe, "Existiert," 158.

26 Cholawsky, "Judenrat," 123; Epstein, *Minsk*, 133. 海德里希，參見 Gerlach, *Kalkulierte Morde*, 694. 搶來的毛皮外套，參見 Browning, *Origins*, 300.

27 數據引自 Smolar, *Ghetto*, 98. 引文出自 Ehrenburg, *Black Book*, 189. 亦可參見 Cholawsky, "Judenrat," 126; and Gerlach, *Kalkulierte Morde*, 704.

28 毒氣箱型車，參見 Gerlach, *Kalkulierte Morde*, 1075; and Rubenstein, *Unknown* , 245, 248, 266-267. 「勾魂車」，參見 Projektgruppe, "Existiert," 162.

29 Rubenstein, *Unknown*, 246; 亦可參見 Ehrenburg, *Black Book*, 132.

30 Smolar, *Ghetto*, 158; Projektgruppe, "Existiert," 231; Brakel, "Versorgung," 400-401. 婦孺的部分參見 Smilovitsky, "Antisemitism," 218.

猶太人遇害。亦可參見 Snyder, "West Volhynian Jews," 85-89.

70 Grynberg, *Życie*, 602; Spektor, "Żydzi wołyńscy," 477; Snyder, "West Volhynian Jews," 91-96; Pohl, "Schauplatz," 158-162.

71 猶太居民委員會的協商，參見 letters of 8 and 10 May 1942, DAR 22/1/10=USHMM RG-31.017M-2. 亦可參見 Grynberg, *Życie*, 588; Spektor, "Żydzi wołyńscy," 477; and Snyder, "West Volhynian Jews," 91-96.

72 ŻIH 301/1982; ŻIH 301/5657; *Sefer Lutsk*, "Calendar of Pain, Resistance and Destruction"; Grynberg, *Życie*, 584-586, 引述來自頁 586。

73 Spektor, "Żydzi wołyńscy," 477; Snyder, "West Volhynian Jews," 91-96.「無用的食物消耗者」，參見 Grynberg, *Życie*, 577. 有關科維爾的猶太大教堂與下一段的引述，參見 ŻIH/1644. Hanoch Hammer 注意到了這些留下來的銘文。蘇聯當局原本用這座猶太大教堂來儲存糧食。

第七章 大屠殺與復仇

1 Gerlach, *Kalkulierte Morde*, 374; Szybieka, *Historia*, 337. 對照 Edele, "States," 348, 361. 7 月 19 日猶太人特區的命令，參見 *Verbrechen*, 80.

2 首當其衝的殺戮行動，參見Gerlach, *Kalkulierte Morde*, 506, 549, 639; Matthäus, "Reibungslos," 260; Longerich, *Vernichtung*, 370 (women); Epstein, *Minsk*, 81; and Ehrenburg, *Black Book*, 116. 11月7日到9日的屠殺，參見Gerlach, *Kalkulierte Morde*, 506, 509, 624; Smolar, *Ghetto*, 41; Ehrenburg, *Black Book*, 118; and Rubenstein, *Unknown*, 237-238, 245, 251. 其他具象徵意義的屠殺，還包括德國人在1942年2月23日（紅軍的祖國保衛紀念日）的行動，以及在3月8日國際婦女節槍決猶太婦女。

3 安排好的遊行，參見 Braithwaite, *Moscow*, 252.

4 Smilovitsky, "Antisemitism," 207-208; Braithwaite, *Moscow*, 262.

5 參照 Brandenberger, *National Bolshevism*, 118-119.

6 引用自 Brandenberger, *National Bolshevism*, 119.

7 引用自 Projektgruppe, "Existiert," 90.

8 從死者或俘虜身上搶來的靴子，參見 *Ich werde es nie vergessen*, 66, 188; and Merridale, *Ivan's War*, 138.

9 Gerlach, *Kalkulierte Morde*, 768; Epstein, *Minsk*, 22; Smolar, *Ghetto*, 15; Projektgruppe, "Existiert," 221.

10 刻意羞辱猶太人，參見 Rubenstein, *Unknown*, 256; also Ehrenburg, *Black Book*, 125. 埃貝爾醫師，參見 Grabher, *Eberl*, 66. 希姆萊看得影片，參見 Longerich, *Himmler*, 552.

11 「選美比賽」，參見 Ehrenburg, *Black Book*, 132; and Smolar, *Ghetto*, 22. 1941 年秋天某晚

以下著作的出版：Witte, *Dienstkalendar*, and Longerich, *Himmler.* 希姆萊是這項政策的關鍵執行者，而希特勒對此負有責任。

54 相關引述與討論，參見 Longerich, *Unwritten Order*, 95; Gerlach, *Krieg*, 123; Gerlach, "Wannsee," 783, 790; Kershaw, *Fateful Choices*, 466; Tooze, *Wages of Destruction*, 504; and Mazower, *Hitler's Empire*, 376（包括 Frank 的引述）。Friedländer 對此有著令人信服的說明，參見 *Extermination*, 281.

55 「聯合陣線」之說，參見 Herf, *Jewish Enemy*, 132. 戈培爾，參見 Pohl, *Verfolgung*, 82.

56 Madajczyk, "Generalplan Ost," 17; Mazower, *Hitler's Empire*, 198.

57 對照 Browning, "Nazi Decision"; and Gerlach, "Wannsee." 亦可參見 Kershaw, *Fateful Choices*, 433.

58 參照 Kroener, "Frozen Blitzkrieg," 140, 148.

59 詮釋與引述來自 Gerlach, *Kalkulierte Morde*, 582.

60 塞爾維亞，參見 Manoschek, *Serbien*, 79, 107, 186-197; and Evans, *Third Reich at War*, 237, 259. 納粹的邏輯認為，猶太人的死不能怪給德國人。按照納粹的說法，如果美國是一個由猶太人掌控的國家，那麼美國的領導人肯定明白歐洲的猶太人之所以能夠苟活，是因為德國想留著他們作為要挾美國的人質。美國若參戰，那美國政府就要為這些猶太人的死亡負責。當然，沒有美國人會用這種方式思考，美國人參戰也與歐洲或美國的猶太人無關。參照 Longerich, *Unwritten Order*, 55; Friedländer, *Extermination* , 265, 281; Arad, *Soviet Union*, 139; and Gerlach, "Wannsee."

61 這類潛台詞的存在，本身就說明了問題所在：可見納粹假設未來有人會讀到他們留下來的文件，而這只有在他們真的戰敗時才有可能發生。反觀史達林與其黨羽，就從來不覺得有需要用隱晦的方式寫下或簽署殺害大批老百姓的命令。

62 Birn, "Anti-Partisan Warfare," 289.

63 一百萬這個數字，參見 Brandon, "The First Wave."

64 Deletant, "Transnistria," 157-165; Pohl, *Verfolgung*, 78-79; Hilberg, *Destruction* (vol. I), 810.

65 Deletant, "Transnistria," 172; Pohl, *Verfolgung*, 79. 亦可參見 Case, *Between States.*

66 Pohl, "Schauplatz," 153, 162. 毒氣室會是第八章的主題。.

67 Pohl 計算在 1942 年 7 月時約有輔警 3 萬 7 千名在烏克蘭總督轄區值勤，參見 "Hilfskräfte," 210.

68 有關沃里尼亞（Volhynia）的猶太社群，詳細情況可參見 Spector, *Volhynian Jews*, and Snyder, "West Volhynian Jews," 77-84. 本書第八章會討論那些居住在加利西亞的猶太人有何不同的命運，參見 Pohl, *Ostgalizien*, and Sandkühler, *Galizien.*

69 Arad, in *Soviet Union* at 521 and 524, 此書估計在蘇聯吞併的領土中，約有 1,561,000-1,628,000 名猶太人遭到謀害，而在戰前就屬於蘇聯的領土上，另有 946,000-996,000 名

上百名間諜。內務人民委員部接著宣稱當地的德裔聚落全都有罪，因為無人向當局舉報這些間諜的存在。在一次精心設計的行動中，內務人民委員部破獲當地某個德國家庭中藏有納粹象徵的卐字符號，並以此作為通敵的證據。儘管這些卐字符號其實是蘇聯當局的手筆，因為他們在 1939 年與德國結盟，因此四處發放這類符號，以對納粹德國釋出善意。到了 1942 年年底，蘇聯已重新安置了 90 萬德裔人口（占蘇聯境內德裔人口的絕大多數）。蘇聯還驅逐流放了 8 萬 9 千名芬蘭人，多數遣送至西伯利亞。史達林的部分參見 Polian, *Against Their Will*, 134. 希特勒的部分參見 Longerich, *Unwritten Order*, 75; Gerlach, *Krieg*, 96; Gerlach, "Wannsee," 763; Pinkus, "Deportation," 456-458; Mazower, *Hitler's Empire*, 370; and Friedlander, *Extermination*, 239, 263-264.

44 引用自 Lukacs, *Last European War*, 154; 亦可參見 Friedlander, *Extermination* , 268.

45 Angrick, *Riga*, 133-150.

46 海烏姆諾會在本書第八章討論。猶太人無處可去導致的屠殺，這個連結可參見 Kershaw, *Fateful Choices*, 462; 亦可參見 Kershaw, *Hitler*, 66. Mazower 強調瓦爾特蘭帝國行政區的重要性，參見 *Hitler's Empire*, for example at 191. 此處我沒有把遭到「安樂死」殺害的猶太人算在內。

47 第八章會更詳述希姆萊與格洛博奇尼克的部分。

48 Megargee, *Annihilation*, 115.

49 Gerlach 與 Pohl 兩人分別利用白俄羅斯與烏克蘭的案例，主張送往柏林的糧食供給在滅絕猶太人一事中占有重要地位。Aly 與 Heim 則從戰前規劃的邏輯出發，從反面來解釋猶太大屠殺：猶太人早就被納粹視為未來計畫的妨礙，養活他們只會徒增必須品的消耗。希特勒對蘇聯發動戰爭，自然也是基於類似的邏輯，認為打倒蘇聯能確保戰時與戰後的糧食供應不虞匱乏。對東線戰場來說，大饑荒計畫、德意志國防軍的補給困難，以及餵飽德國老百姓的需求都同樣重要。食物考量也讓德軍軍官更容易為殺害猶太人背書。隨著戰事持續，那些認為猶太人能幫忙從事生產的經濟主張，逐漸讓位於猶太人只是徒增糧食負擔的另一派主張。糧食因素的確扮演了重要角色，至少比猶太大屠殺的常見英文文獻所以為的還大，這點我也同意。但我不認為糧食（或其他經濟考量）因素就足以解釋希特勒在 1941 年 12 月後出爐的新政策。希特勒把猶太大屠殺視為意識形態的展現，以及處理殖民戰爭失敗所衍生問題的政治解方。這是刻意為之的選擇。

50 引用自 Edele, "States," 374.

51 希特勒在 1 月 3 日接見日本大使，參見 Hauner, *Axis Strategy*, 384. 亦可參見 Lukacs, *Last European War*, 143.

52 Krebs, "Japan," 547-554.

53 德國政治宣傳就是這麼宣稱，參見 Herf, *Jewish Enemy*, 100, 128. 對照 Gerlach, "Wannsee." 近年的學術研究強調希姆萊與該年 12 月的事件，主要是來自 Gerlach 著作的影響，以及書結論再開展這個論點。

22 Westermann, "Ideological Soldiers," 46 (30% and 66%).

23 對照 Gerlach, "Nazi Decision," 476.

24 Longerich, *Himmler*, 551; Kay, *Exploitation*, 106. 烏曼市，參見 USHMM-SBU 4/1747/19-20.

25 Matthäus, "Controlled Escalation," 225; Gerlach, *Kalkulierte Morde*, 555; Kershaw, *Fateful Choices*, 456, 458. Cüppers, in *Wegbereiter*, 這本書主張武裝親衛隊早期所扮演的重要角色。

26 Kay, *Exploitation*, 107; Browning, "Nazi Decision," 474. Pohl 寫到增援率先來自烏克蘭，參見 *Herrschaft*, 152. 他特別提到八月初是特別行動隊 C 隊認知到婦孺也都要殺的時間點，參見 "Schauplatz," 140.

27 Mallmann, *Einsatzgruppen*, 97.

28 Pohl, "Schauplatz," 142; Kruglov, "Jewish Losses," 274-275; *Verbrechen der Wehrmacht*, 135.

29 Kruglov, "Jewish Losses," 275.

30 Ruß, "Massaker," 494, 503, 505; Berkhoff, "Records," 294; Pohl, "Schauplatz," 147.

31 Berkhoff, *Harvest*, 65-67, at 65; FVA 3267.

32 Darmstadt testimony, 29 April 1968, IfZ(M), Gd 01.54/78/1762.

33 Ruß, "Massaker," 486; Berkhoff, *Harvest*, 68. 美麗少女莎拉，參見 Ehrenburg, *Black Book*, Borodyansky-Knysh testimony. 貴重物品，參見 Dean, "Jewish Property," 86. 「槍斃時，身上早就已經鮮血淋漓」，參見 "Stenogramma," 24 April 1946, TsDAVO, 166/3/245/118. 屍骨無存之事，參見 Klee, *Gott mit uns*, 136.

34 Darmstadt testimony, 29 April 1968, IfZ(M), Gd 01.54/78/1764-1765; Berkhoff, "Records," 304.

35 Prusin, "SiPo/SD," 7-9; Rubenstein, *Unknown*, 57. Romanowsky 論證人民公敵的轉換，參見 "Nazi Occupation," 240.

36 Rubenstein, *Unknown*, 54, 57, 61; Prusin, "SiPo/SD," 7-9.

37 哈爾科夫，參見 Pohl, "Schauplatz," 148; and *Verbrechen der Wehrmacht*, 179. 基輔，參見 Prusin, "SiPo/SD," 10.

38 Gerlach, *Kalkulierte Morde*, 544, 567. 內貝後來也加入了 1944 年密謀推翻希特勒的事件。

39 Megargee, *Annihilation*, 99.

40 引文與數字引自 Gerlach, *Kalkulierte Morde*, 588, 585; 亦可參見 Ingrao, "Violence," 231.

41 「血海的男人」，參見 Gerlach, *Kalkulierte Morde*, 182. 「應該全都清除」，參見 *Verbrechen*, 138.

42 論點出自本書第五章。

43 蘇聯清算的理由再熟悉不過。首先，內務人民委員部「確信」德國人在窩爾河畔藏有

Angrick, *Besatzungspolitik.*

8 參照 Snyder, *Reconstruction.*

9 驅逐流放的人數出自 Angrick, *Riga*, 46. 若再算上遭強徵的人力，總數字會達到 34,000。

10 MacQueen, "White Terror," 97; Angrick, *Riga*, 59. 立陶宛擁有二十萬猶太人口的這個數字，我是把立陶宛得到的維爾紐斯與鄰近地區的人口也算在內。

11 Arad, *Soviet Union*, 144, 147; MacQueen, "White Terror," 99-100; Angrick, *Riga*, 60.

12 Tomkiewicz, *Ponary*, 191-197.

13 Ibid., 203.

14 Angrick, *Riga*, 66-76. 亦可參見 Arad, *Soviet Union*, 148.

15 Weiss-Wendt, *Estonians*, 39, 40, 45, 90, 94-105.

16 9,817 這個數字出自 *Verbrechen* is at 93. 亦可參見 Wnuk, *Za pierwszego Sowieta*, 371 (11,000-12,000); and Hryciuk, "Victims," 183 (9,400).

17 兩次大戰之間的反猶情緒，參見 Polonsky, *Politics*; and Mendelsohn, *Jews.*

18 比亞維斯托克，參見 Matthäus, "Controlled Escalation," 223; and *Verbrechen der Wehrmacht*, 593. Spektor (in "Żýdzi wołyńscy," 575) 認為沃里尼亞（Volhynia）地區總計有 38 起針對猶太人的屠殺，*Wokół Jedwabnego* 一書的作者與編者則認為比亞維斯托克地區約有 30 起類似事件。

19 19,655 名猶太人遇害這個數字參見 Brandon, "First Wave." 「數百個臉上沾滿鮮血的猶太人在街頭狂奔」一事，參見 *Verbrechen der Wehrmacht*, 99. 囚犯的國籍與族裔，參見 Himka, "Ethnicity," 8.

20 「雙重通敵」(雙面諜)作為一種在傳記中自清的手段，參見Gross, *Neighbors.* 愛沙尼亞、烏克蘭、白俄羅斯的雙重通敵案例，參見 Weiss-Wendt, *Estonians*, 115-119; *Dubno: sefer zikaron*, 698-701; Rein, "Local Collaborators," 394; Brakel, *Unter Rotem Stern*, 304; Musial, *Mythos*, 266; and Mironowicz, *Białoruś*, 160. 亦可參見 Snyder, "West Volhynian Jews." 我們需要對雙重通敵進行更有系統的研究。

21 我在這部分的解釋最接近於漢娜・鄂蘭所謂的「異化」（alienation）。鄂蘭的追隨者楊・格羅斯（Jan Gross）在描述蘇聯第一次占領這些地區時，也提出了類似的主張（暴力的私人化），參見 *Revolution from Abroad*。但在格羅斯後續的作品 *Neighbors* 與 *Fear* 裡，他對德蘇占領的描繪重心就從社會學轉往倫理學，彷彿無論是德國人占領蘇聯，還是蘇聯人占領德國，波蘭人都應該有所警惕。在我看來，比較合理的做法是進一步延伸鄂蘭的論點，指出兩大「極權主義」強權都占領過的地方，證實了鄂蘭的「現代性」在歷史上造成的影響。這個主張不同於格羅斯(雖然他在 *Upiorna dekada* 一書往這個方向靠攏，且在 *Neighbors* 與 *Fear* 兩書也有幾段提及），但我認為整體來說並未離他所進行的占領研究太遠（特別是如果把他的著作看作是人類行為而非波蘭倫理學的研究）。我會在本

第六章 最終解決方案

1 針對希特勒究竟是在 1941 年夏秋之際，還是 12 月時才下決定全面清除歐洲的猶太人，Browning and Gerlach 兩人曾有過一場歷史辯論。我會在本章主張，大規模槍決猶太人是「最終解決方案」的第五種版本，對納粹德國來說也是第一個真正可行的版本。至少在該年八月之前，希特勒與希姆萊心中就已盤算著將猶太人從歐洲屠殺殆盡的想法。他們兩人很可能就此進行明確討論，儘管未必有需要。Reinhard Koselleck (*Futures Past*, 222) 引述希特勒的話，而希特勒自己或許（我推測）也是在引述杜斯妥也夫斯基在《罪與罰》的話：一個人就算有計畫，也未必要明白承認，甚至無須對自己坦承。就本書的討論而言，1941 年 12 月是是重要的，因為對希特勒的親信而言，他們就是在這個時間點理解到「最終解決方案」就是全面屠盡猶太人，而不是只殺害一部分，或是將他們驅逐流放。

2 對史佩爾扮演的角色，近來已有過重要的修正。參照 Tooze, *Wages of Destruction.* 對這個問題的經典討論可參照 Milward, *German Economy*, 6-7 and passim. 引文引自 Longerich, *Himmler*, 561. 此處自然無法詳述「蓄意論」（institutionalism）與「功能論」（functionalism）之間的歷史大辯論。早在世人認識東線戰場之於猶太大屠殺的重要性以前，這類攸關希特勒與納粹動機的討論就已經展開。與其他幾位學者一樣，我認為以大屠殺作為「最終解決方案」的手段，這個概念來源與可行性既是來自由上而下的授意，也是源於由下而上的意圖，是兩者相結合的結果。前者例如希特勒對希姆萊，希姆萊對巴赫；後者包括特別行動隊 A 隊上呈給希姆萊，希姆萊又再報給希特勒。當然，像耶克爾恩與希姆萊這樣雙向皆是的狀況，也包括在內。這套最終解決方案最先出現在東線戰場，而主要謀殺手段是槍決。

3 引用自 Mazower, *Hitler's Empire*, 368. 萬湖會議，參見 Gerlach, "Wannsee"; and Longerich, *Unwritten Order*, 95. 通論亦可參見 Roseman, *Villa.* 希特勒與羅森堡負責的民政單位之間的聯繫，參見 Lower, "Nazi Civilian Rulers," 222-223.

4 特別行動隊 A、B、C、D 隊的兵力分別是 990 員、655 員、700 員與 600 員。參照 MacLean, *Field Men*, 13.「人數太少，力有未逮」，參見 Browning, "Nazi Decision," 473. 秩序警察的重要性，參見 Pohl, "Schauplatz," 152. 死亡人數參見 Brandon, "First Wave." 到 1941 年年底，至少已有 457,436 名猶太人被特別行動隊殺害。

5 Longerich, *Himmler* 這本著作並未明言希特勒的意圖，但我相信該書的解釋與我這邊的論述相符。對照 Gerlach, *Kalkulierte Morde*, 115; and Lück, "Partisanbekämpfung," 229.

6 引用自 Wasser, "Raumplannung," 51. 亦可參見 Mazower, *Hitler's Empire*, 378 and passim; and Steinberg, "Civil Administration," 647.

7 羅馬尼亞在 1940 年遭到蘇聯奪走部分領土，而 1941 年負責奪回這些地方的主力並非德軍，而是羅馬尼亞自己的軍隊。只不過德國人的特別行動隊 D 隊跟在他們後面。參見

53 對照 *Verbrechen der Wehrmacht*, 188.

54 消滅蘇聯菁英的意圖，參見 Kay, *Exploitation*, 104. 希特勒在 1941 年 3 月，參見 Streim, *Behandlung*, 36. 準則全文，參見 *Verbrechen der Wehrmacht*, 53-55.

55 遭槍斃的 2,252 人，參見 Römer, *Kommissarbefehl*, 581.

56 1941 年 7 月 2 日，參見 *Verbrechen der Wehrmacht*, 63; Kay, *Exploitation*, 105; and Kershaw, *Fateful Choices*, 453. 下達給特別行動隊的指示與其成果，參見 Datner, *Zbrodnie*, 153; Streim, *Behandlung*, 69, 99; and Berkhoff,*Harvest*, 94. 1941 年 10 月，參見 Streit, "German Army," 7.

57 Pohl, *Herrschaft*, 204（頁 153 估計死者約 5 萬，頁 235 估計死者約十萬）。Overmans 估計槍斃人數多達十萬，參見 "Kriegsgefangenpolitik," 815. Arad 則估計總計有 8 萬名猶太戰俘死去，參見 *Soviet Union*, 281. 醫生的回憶出自 Datner, *Zbrodnie*, 234. 德國醫療體系的納粹化，參見 Hilberg, *Perpetrators*, 66.

58 Streim, *Behandlung*, 102-106.

59 死亡人數下限的估計，參見 Streim, *Behandlung*, 244，書中提及最少 240 萬人。另有人估計 300 到 330 萬，參見 Pohl, *Herrschaft*, 210; Overmans, "Kriegsgefangenpolitik," 811, 825; Dugas, *Sovetskie Voennoplennye*, 185; and Hartmann, "Massenvernichtung," 97. 死亡人數上限的估計，參見 Sokolov, "How to Calculate," 452，書中估計 390 萬人。強化紅軍的抵抗意志，參見 *Verbrechen der Wehrmacht*, 204.

60 1941 年 11 月 7 日，參見 Gerlach, *Kalkulierte Morde*, 817. 對照 Gerlach and Werth, "State Violence," 164. 亦可參見 Streim, *Behandlung*, 99-102, 234. 遣送德國的戰俘共有 40 萬死亡，參見 Pohl, *Herrschaft*, 215. 同情戰俘的德國人（Johannes Gutschmidt）引自 Hartmann, "Massenvernichtung," 158; Rosenberg 也有類似的估計，參見 Klee, "Gott mit uns," 142.

61 比利時的例子，參見 Kay, *Exploitation*, 121.

62 戈培爾，參見 Evans, *Third Reich at War*, 248. 對照 Kay, *Exploitation*, 109; Longerich, *Unwritten Order*, 55, 60; Browning, *Origins*; Gerlach, *Kalkulierte Morde*, 747; Gerlach, *Krieg*, 178; Arad, *Reinhard*, 14; and Aly, *Architects*, 160.

63 毒氣實驗，參見 Overmans, "Kriegsgefangenpolitik," 814; Longerich, *Unwritten Order*, 82; Longerich, *Himmler*, 567; Datner, *Zbrodnie*, 208, 428; *Verbrechen*, 281; Mazower, *Hitler's Empire*, 383; Browning, *Origins*, 357; and Klee, "Gott mit uns," 136.

64 德國招募的蘇聯戰俘人數，參見 Pohl, *Herrschaft*, 181. 亦可參見 Black, "Handlanger," 313-317; and Gerlach, *Kalkulierte Morde*, 207-208.

36 Gerlach, *Krieg*, 36; Salisbury, *900 Days*, 508-509; Simmons, *Leningrad*, xxi; Kirschenbaum, *Siege*, 1.

37 Głębocki, "Pierwszy," 179-189.

38 Simmons, *Leningrad*, 51.

39 塔妮雅這份日記在聖彼得堡國家歷史博物館展出，展名「偉大衛國戰爭中的列寧格勒」。

40 數字引自 *Verbrechen der Wehrmacht*, 209. 戰俘人數的估計，參見 Gerlach, *Kalkulierte Morde*, 783.

41 Bartov, *Hitler's Army*, 87; Polian, "Violence," 123; Overmans, "Kriegsgefangenpolitik," 800-801. 亦可參見 Merridale, *Ivan's War*, 28; and Braithwaite, *Moscow*, 165.

42 Berkhoff, *Harvest*, 94-96; Gerlach, *Kalkulierte Morde*, 845-857. 對戰俘待遇的概論，特別推薦參考 Keegan, *Face of Battle*, 49-51.

43 Polian, "Violence," 121. Datner 估計死亡人數約 200,000-250,000; 參見 *Zbrodnie*, 379.

44 Overmans, "Kriegsgefangenpolitik," 805; Gerlach, *Krieg*, 24.

45 「同志」一說，參見 Dugas, *Vycherknutye*, 30.

46 德國占領軍的優先政策，參見 Streim, *Behandlung*, 7. 引用自 Pohl, *Herrschaft*, 219; also Gerlach, *Kalkulierte Morde*, 801. 亦可參見 Overmans, "Kriegsgefangenpolitik," 808. 人吃人的情況，參見 Shumejko, "Atanasyan," 174; and Hartmann, "Massenvernichtung," 124.

47 食物配給量縮減，參見 Megargee, *Annihilation*, 119. 「跟地獄沒兩樣」，參見 *Ich werde es nie vergessen*, 178. 明斯克，參見 *Verbrechen der Wehrmacht*, 227-229; Gerlach, *Kalkulierte Morde*, 768, 856; Gerlach, *Krieg*, 51; Polian, "Violence," 121; Overmans, "Kriegsgefangenpolitik," 807; and Beluga, *Prestupleniya*, 199. 巴布魯伊斯克，參見 Pohl, Herrschaft, 224. 戈梅利，參見 Pohl, *Herrschaft*, 224; and Dugas, *Sovetskie Voennoplennye* , 125. 莫吉廖夫市，參見 Pohl, *Herrschaft*, 224-225. 莫洛傑奇諾，參見 Gerlach, *Krieg*, 34; and Magargee, *Annihilation*, 90; also Bartov, *Hitler's Army*, 79.

48 基洛夫格勒，參見 *Verbrechen der Wehrmacht*, 239-244. 霍羅爾，參見 Pohl, *Herrschaft*, 226. 史達林諾，參見 Pohl, *Herrschaft*, 227; and Datner, *Zbrodnie*, 404.

49 Motyka, "Tragedia jeńców," 2-6; Kopówka, *Stalag 366*, 47. 45,690 人死於總督府領地內的集中營，參見 Dugas, *Sovetskie Voennoplennye*, 131. 對照 Młynarczyk, *Judenmord*, 245 (250,000-570,000).

50 缺乏冬裝，參見 Bartov, *Eastern Front*, 112. 三位蘇聯士兵的故事，參見 Dugas, *Sovetskie Voennoplennye*, 125.

51 *Ich werde es nie vergessen*, 113.

52 替戰俘營送食物的平民，參見 Berkhoff, *Harvest*, 95, 101; and Overmans, "Kriegsgefangenpolitik," 808. 克勒曼楚市，參見 Pohl, *Herrschaft*, 226.

是稱霸世界？在我看來，這個爭議可以如此理解：希特勒與軍方高層認為，要打這場戰爭（無論是哪種形式），就需要先征服蘇聯。希特勒心中想過世界大戰，也相信德國最終會與英美決戰。但在那之前，他得先用閃電戰稱霸歐陸。

19 日蘇中立條約，參見 Weinberg, *World at Arms*, 167-169; and Hasegawa, *Racing*, 13-14.

20 Burleigh, *Third Reich*, 484, 487.

21 日本高層的搖擺不定，參見 Weinberg, *World at Arms*, 253.「暫時不介入」的決定，參見 Hasegawa, *Racing*, 13. 日蘇再次確認，參見 Krebs, "Japan," 554. 義大利的重要性經常被遺忘，相關討論可參見 Schlemmer, *Italianer.*

22 引用自 Römer, *Kommissarbefehl*, 204. 希特勒的評論，參見 Kershaw, *Hitler*, 566. 亦可參見 Pohl, *Herrschaft*, 64; and Bartov, *Hitler's Army*, 16.

23 用平民當人肉盾牌之事，參見國防軍 1941 年 5 月 13 日的命令，文字可參見 *Verbrechen der Wehrmacht*, 46. 亦可參見 Bartov, *Hitler's Army*, 71; Pohl, *Herrschaft*, 71, 頁 205 討論蘇軍女兵的問題; Römer, *Kommissarbefehl*, 228, also 551; and Gerlach, *Kalkulierte Morde*, 774.

24 Gerlach, *Kalkulierte Morde*, 244, 266; Bartov, *Eastern Front*, 132.

25 *Verbrechen der Wehrmacht*, 344; Pohl, *Herrschaft*, 185; Gerlach, *Kalkulierte Morde*, 266.

26 引用自 Arnold, "Eroberung," 46.

27 對照 Edele, "States," 171. 不減少糧食配給要如何餵飽德軍士兵的問題，可參見 Tooze, *Wages of Destruction.*

28 Gerlach, *Kalkulierte Morde*, 798. 一如圖澤（Tooze）指出，德國人的確願意為了戰爭而犧牲經濟，參見 *Wages of Destruction.*

29 Streit, *Keine Kameraden*, 143, 153. 前線指揮官指賴歇瑙將軍（Walther von Reichenau，1941 年 9 月 28 日），參見 Arnold, "Eroberung," 35.

30 Streit, *Keine Kameraden*, 143, 153. 對照 Kay, *Exploitation*, 2.

31 參照 Keegan, *Face of Battle*, 73; Gerlach, *Kalkulierte Morde*, 51; Förster, "German Army," 22; and *Verbrechen der Wehrmacht*, 288.

32 Arnold, "Eroberung," 27-33.

33 餓死基輔城民，參見 Berkhoff, *Harvest*, 170-186, 頁 184 有最高死亡人數估計（56,400）; also Arnold, "Eroberung," 34. 哈爾科夫，參見 Pohl, *Herrschaft*, 192; *Verbrechen der Wehrmacht*, 頁 328 估計最少有 11,918 人遭餓死。

34 Kay, *Exploitation*, 181, 186.

35 軍務長華格納後來在 1944 年密謀推翻希特勒，參照 *Verbrechen der Wehrmacht*, at 193，此處引文出自頁 311。一百萬人死亡是西方文獻中的常見估計，例如可參見 Kirschenbaum, *Siege*; and Salisbury, *900 Days*. 蘇聯的估計數字是 632,000，參見 *Verbrechen der Wehrmacht*, 308. 德軍炸毀糧食倉庫與油槽，參見 Simmons, *Leningrad*, 23.

5 參照本書前言，以及 Streit, *Keine Kameraden*, 26-27. 石油對工業與農業都很重要，而德國的石油也仰賴進口。德國若想自給自足，就得先征服蘇聯高加索地區的油田。

6 參考 Tooze, *Wages of Destruction*, 409, 424, 429, 452.「全世界最為自給自足的國家」，參見 Kennedy, *Aufstieg*, 341. 石油儲備，參見 Eichholtz, *Krieg um Öl*, 8, 15, passim. 對照 Hildebrand, *Weltreich*, 657-658. 德國軍方確信要繼續進行戰爭，就需要獲取蘇聯的資源，參見 Kay, *Exploitation*, 27, 37, 40, and "immense riches" at 212.

7 德國海軍的不足，參見 Weinberg, *World at Arms*, 118; also Tooze, *Wages of Destruction*, 397-399; and Evans, *Third Reich at War*, 143-146. 引用自 Mazower, *Hitler's Empire*, 133. Alan Milward 在很久以前就指出，德國對快速得勝的預期心態事關重大，參見 *German Economy*, 40-41.

8 東方總計畫，參見 Madajczyk, "Generalplan," 12-13, also 64-66; Aly, *Architects* , 258; Kay, *Exploitation*, 100-101, 216; Wasser, *Himmlers Raumplannung*, 51-52; Aly, *Architects*, 258; Tooze, *Wages of Destruction*, 466-467; Rutherford, *Prelude*, 217; Mazower, *Hitler's Empire*, 206, 210; and Longerich, *Himmler*, 597-599.

9 希姆萊的話，參見 Longerich, *Himmler*, 599. 希特勒的想法，參見 Kershaw, *Hitler*, 651. 亦可參見 Tooze, *Wages of Destruction*, 469.

10 希特勒於 1941 年 1 月 31 日在柏林體育宮的宣稱，引自 Tooze, *Wages of Destruction*, 465. 最終解決方案的最後一種形式，是第六章的主題。埃凡斯（Evans）主張希特勒想在對英戰爭結束前，先開啟對蘇戰爭，否則德國民眾將會反對打一場新的戰爭，參見 *Third Reich at War*, 162.

11 *Deutschösterreichische Tageszeitung*, 3 March 1933; Kershaw, *Fateful Choices*, 267. 比例引自 Kay, *Exploitation*, 56, 143.

12 引用自 Kay, *Exploitation*, 211, 50, 40. 亦可參見 Tooze, *Wages of Destruction*, 469; and Kershaw, *Hitler*, 650.

13 引用自 Gerlach, *Kalkulierte Morde*, 342. The institutional apparati are clarified in Kay, *Exploitation*, 17-18, 148.

14 Kay, *Exploitation*, 138, 162-163.

15 「大部分人口也得徹底清除」之說，參見 *Verbrechen der Wehrmacht*, 65. 長篇引用出自 Kay, *Exploitation*, 133; 亦可參見 Gerlach, *Kalkulierte Morde*, 52-56. 有鑑於猶太裔蘇聯人的居住分布，德國所謂的「多餘人口」不僅包括俄國人、白俄羅斯人、烏克蘭人與波羅的海人，還包括蘇聯境內四分之三的猶太裔人口。

16 Kay, *Exploitation*, 164. 該年 6 月，希特勒確認會由戈林全權負責經濟計劃。

17 Hauner, *Axis Strategy*, 378-383.

18 此處很難討論傳統戰略，因為希特勒的目標實在多變。希特勒究竟是希望稱霸歐陸，還

80 多達 292,513 名波蘭公民被分成四波流放，另有其他數千人在規模較小的類似行動中遭到驅逐。參見 *Deportacje obywateli*, 29; and Hryciuk, "Victims," 175. 57.5% 的被流放者被蘇聯視為波蘭人，21.9% 被視為猶太人，10.4% 被視為烏克蘭人，7.6 % 被視為白俄羅斯人，參見 Hryciuk, "Victims," 195. 總人數出自 Hryciuk, "Victims," 175; and Autuchiewicz, "Stan," 23. 亦可參見 Gurianov, "Obzor," 205.

81 Czapski, *Na nieludzkiej ziemi*, 68.

82 《欽定版聖經》，馬太福音第 5 章第 37 節。Koestler, *Darkness at Noon*, 249. 恰普斯基與萊赫曼在 1942 年 2 月 3 日會面，參見 *Crimes of Katyń*, 90.

83 Czapski, *Na nieludzkiej ziemi*, 120, 141-143, 148.

84 Czapski, *Na nieludzkiej ziemi*, 149.

85 漢斯·法蘭克，參見 Longerich, *Unwritten Order*, 47. 內務人民委員部，參見 Kołakowski, *NKWD*, 74. 希特勒的命令，參見 Mańkowski, "Ausserordentliche," 7. 可對照 Aly, *Architects*, 151.

第五章　德國入侵蘇聯的經濟動機

1 此處無意做思想史上的討論，我只能用簡短篇幅處理這個複雜問題。希特勒與史達林兩人，各自體現了 19 世紀早期德意志民族對啟蒙運動的不同回應：希特勒是浪漫的悲劇英雄，必須承擔領導瑕疵國家的重任；史達林則代表了黑格爾式的世界精神，負責揭櫫歷史的理性本質，並將其澤披眾生。更完整的比較可以參考 Christopher Clark，研究兩人看待「時間」的不同方式。啟蒙精神假定時間會自己向前推進，帶來知識與進步，但納粹與蘇聯政權都拒斥這樣的假設。納粹與蘇聯都向前邁進，只不過願景卻都是奠基於過去。馬克思主義原本旨在追求進步，但列寧卻超越馬克思當年的預期與想像，在工業十分落後的國度搞革命。而那些符合馬克思定義的工業先進國度，卻毫無社會主義革命的跡象。於是在 1930 年代，史達林治下的蘇聯開始加速前進，務使社會主義的祖國能抵禦全球的帝國主義。相較之下，納粹則是更急於實現更荒誕的願景，夢想一場摧毀蘇聯的大災變，能夠重新打造東歐的政治版圖，讓德國恢復應有的偉大與純淨。希特勒本人更是急於在有生之年就打造出夢想中的第三帝國。若要在思想史的範疇內討論納粹德國與蘇聯，可參見 Bracher, *Zeit der Ideologien.*

2 此處將本書前三章的論述重新整理一番。「伊甸淨土」的部分（1941 年 7 月 16 日），參見 Mulligan, *Illusion*, 8.

3 對照 Goulder, "Internal Colonialism"; and Viola, "Selbstkolonisierung."

4 英國並非本次討論的要點，而是被視為某種外部因素。不過，個人在歷史上的重要性，仍舊不應該低估。參照 Lukacs, *Hitler and Stalin*; and Lukacs, *Five Days in London.* 亦可參見 Isaiah Berlin's essay "Winston Churchill in 1940" in *Personal Impressions*, 1-23.

Choices, 447. 大約有 11,437 人於 1941 年死在了烏茨猶太人特區，參見 Grynberg, *Życie*, 430.

64 優先參見Żbikowski, "Żydowscy przesiedleńcy," 224-228; also Grynberg, *Relacje*, 244; Browning, *Origins*, 124; and Kassow, *Archive*, 107, 273. 即便從德國的角度來看，這類遷移並沒有太大意義。猶太人在1941年1月到3月被遷離華沙，是為了替波蘭人騰出空間，這些波蘭人剛從瓦爾特蘭特別行政區被驅逐出來。然後這些波蘭人又會再度從華沙被驅逐，好騰出空間給蘇聯境內遣返的德裔人口。然而，德國在1941年6月入侵蘇聯，所以這些空間其實不用留給德國人，因為德國人計畫要自己向東殖民。

65 史波洛與萊德曼的故事，參見 Sakowska, *Dzieci*, 51, 50. 引用自 Żbikowski, "Żydowscy przesiedleńcy," 260.

66 "Sprawozdania Świetliczanek," 65，引文出自頁 70, 69。

67 兩種對待菁英的方式，參見 Friedländer, *Extermination*, 40. 亦可參見 Tooze, *Wages of Destruction*, 364-365; and Mańkowski, "Ausserordentliche," 9-11，引文出自頁 11。可對照 Cienciala, *Crime*, 114-115; and Jolluck, *Exile*, 15.

68 Wieliczko, "Akcja," 34-35; Pankowicz, "Akcja," 43-45; *Zagłada polskich elit*, 62, 67.

69 Bartoszewski, *Warszawski pierścień*, 64-65; Dunin-Wąsowicz, "Akcja," 24.

70 Pietrzykowski, "Akcja," 113-115; Jankowski, "Akcja," 65-66. 德國人專用的妓院，參見 Pietrzykowski, *Akcja AB*, 77-78.

71 Pietrzykowski, "Akcja," 114-115.

72 可參見 Pankowicz, "Akcja," 44.「我們無法判斷⋯」，參見 Cienciala, *Crime*, 182.

73 這三人的故事，參見 Pietrzykowski, "Akcja," 117-118.

74 Dunin-Wąsowicz, "Akcja," 22-25; Bauer, *Dowbor*, 217, 241; *Crime of Katyń*, 33; *Zagłada polskich elit*, 73.

75 *Zagłada polskich elit*, 77.

76 希姆萊與囚犯移送，參見 Bartoszewski, *Warszawski pierścień*, 59, 60, 123-125. 更詳細的移送討論，參見 *Zagłada polskich elit*, 69; Seidel, *Besatzungspolitik in Polen.* 巴赫－澤勒斯基與行刑場，參見 Dwork, *Auschwitz*, 166, 177. 法本公司，參見 Tooze, *Wages of Destruction*, 443.

77 集體化運動，參見 Report of 25 November 1941, SPP 3/1/1/1/1; also Shumuk, *Perezhyte*, 17.

78 針對烏克蘭人的部分，參見 HI 210/14/7912. 蘇聯在吞併波羅的海三國與部分羅馬尼亞省分後，於 1941 年 6 月發起一連串驅逐流放行動，此處所述的即為其中一部分。被各自驅逐流放的 11,328 與 22,353 名波蘭公民，參見 Hryciuk, "Victims," 191, 193. 亦可參見 Olaru-Cemirtan, "Züge."

79 德機轟炸，參見 Jolluck, *Exile*, 16. 引用自 Gross, *Children's Eyes*, 52.

45 Cienciala, *Crime*, 124; *Zagłada polskich elit*, 43. 行刑者布洛欣，參見 Braithwaite, *Moscow*, 45.

46 Cienciala, *Crime*, 126-128; *Zagłada polskich elit*, 39.

47 Cienciala, *Crime*, 122-123; Czapski, *Wspomnienia*, 7, 8, 15, 17, 18, 45.

48 Abarinov, *Murderers*, 46; Swianiewicz, *Shadow*, 63, 66.

49 Cienciala, *Crime*, 34; Czapski, *Wspomnienia*, 18; Swianiewicz, *Shadow*, 64; Młynarski, *W niewoli*, 225. 舉報者的部分，參見 Berling, *Wspomnienia*, 32.

50 引用自 Swianiewicz, *Shadow*, 69.

51 這些加總過後的數字出自 Cienciala, *Crime*, passim.

52 Cienciala, *Crime*, 118, 173-174, 198-199，「父親不在身邊」的引文出自頁 198。被送往哈薩克特別屯墾聚落的 60,667 人，參見 Hryciuk, "Victims," 187.「舊時代遺民」，參見 Khlevniuk, *Gulag*, 282. 亦可參見 Goussef, "Les déplacements," 188. 被欺騙能跟丈夫團聚的妻子們，參見 Jolluck, *Exile*, 16.「總是泥濘不堪，大雪紛飛」，參見 Gross, *Children's Eyes*, 79.

53 被遺棄在內務人民委員部辦公室的小孩，參見 Jolluck, *Exile*, 40, 122-123. 被關押的經濟學家，參見 Czapski, *Wspomnienia*, 27.

54 總計 78,339 人遭驅逐流放，84% 為猶太人。參見 Hryciuk, "Victims," 189.

55 Gross, *Children's Eyes*, 221.

56 參照 Snyder, *Reconstruction.*

57 Krebs, "Japan," 545, 548; Levine, *Sugihara*, 132, 218, 262, 273; Sakamoto, *Japanese Diplomats*, 102, 107, 113-114.

58 數字引自 Polian, *Against Their Will*, 123. 亦可參見 Weinberg, *World at Arms*, 167-169; and Kuromiya, *Między Warszawą a Tokio*, 470-485.

59 408, 525 人遭到驅逐流放，這個數字是把所有流放行動加總的結果。Rutherford 則估計總計有 500,000 人。參見 *Prelude*, 7.

60 艾希曼與德國在 1940 年 1 月的提議，參見 Polian, "Schriftwechsel," 3, 7, 19.

61 烏茨興建猶太人特區的原因，參見 Grynberg, *Życie*, 430. 對華沙猶太人特區的最好記載，參見 Engelking, *Getto warszawskie*，英譯本為 *The Warsaw Ghetto: A Guide to the Perished City.* 申恩律師，參見 T. B., "Organizator," 85-90. 對於德國的動機與人口流動，參見 Browning, *Origins*, 100-124.

62 Drozdowski, "Fischer," 189-190. 亦可參見 Engelking, *Getto warszawskie*, chap. 2. 猶太史家林格布魯姆的話引自 Friedländer, *Extermination*, 160。觀光指南，參見 Mazower, *Hitler's Empire*, 95.

63 引用自 *Zagłada polskich elit*, 23. 亦可參見 Longerich, *Unwritten Order*, 55; Kershaw, *Fateful*

25 地獄與凍死者，參見 Wróbel, *Polskie dzieci*, 156, 178. 亦可參見 Gross, *Revolution*, 214-218.「他們的夢想與希望還存活在我們的思緒裡」，參見 Gross, *Children's Eyes*, 78.

26 Jolluck, *Exile*, 41.

27 到 1941 年 7 月 1 日為止，被流放到特殊屯墾聚落並因此而死者總計 10,864 人，參見 Khlevniuk, *Gulag*, 279.「生與死都很自然」，參見 *Dark Side*, 143. 靴子與腫脹，參見 Gross, *Children's Eyes*, 63, 88.

28 人骨、「心裡話」與白鷹國徽，參見 Gross, *Children's Eyes*, 191, 202, 78 (also 71, 194).

29 Pankowicz, "Akcja," 43; Burleigh, *Germany Turns Eastwards*, 275.

30 引用自 Shore, *Information*, 15. 亦可參見 Rutherford, *Prelude*, 56.

31 Rutherford, *Prelude*, 59, 75.

32 數字引用自 Rutherfold, *Prelude*, 59; Grynberg, *Relacje*, xii; and Hilberg, *Destruction* (vol. I), 156, 189.

33 被驅逐流放的人數，參見 Rutherford, *Prelude*, 1, also 75, 88. 歐溫斯卡，參見 Kershaw, *Hitler*, 535; and Evans, *Third Reich at War*, 75-76. 謀殺精神病院的 7,700 波蘭公民，參見 Browning, *Origins*, 189. 亦可參見 Mazower, *Hitler's Empire*, 85.

34 引用自 Urbański, *Zagłada*, 32. 沃維奇鎮，參見 Grynberg, *Relacje*, 239-240.

35 Rutherford, *Prelude*, 9, 引文引自頁 88 與 102。

36 對這三間集中營的概述，參見 Cienciala, *Crime*, 29-33; also Abarinov, *Murder*, 46, 83, 101; and Młynarski, *W niewoli*, 113-114. 敬祝聖誕節之事，參見 Młynarski, *W niewoli*, 156-157.

37 Cienciala, *Crime*, 33. 墳塚裡的人骨，參見 Czapski, *Wspomnienia*, 16, 31; and Młynarski, *W niewoli*, 115-117. 黑色渡鴉，參見 Berling, *Wspomnienia*, 34.

38 Czapski, *Wspomnienia*, 18; Swianiewicz, *Shadow*, 58; Młynarski, *W niewoli*, 205-209; Cienciala, *Crime*, 33-35, 84-99, Cienciala 估計告密者總數約在一百人左右，參見頁 159。

39 Jakubowicz: *Pamiętniki znalezione*, 30, 38, 43, 53. 回信地址，參見 Swianiewicz, *Shadow*, 65.

40 戰俘跟狗兒成為好朋友，參見 Młynarski, *W niewoli*, 256-257; Abarinov, *Murderers*, 86, 102; and Czapski, *Wspomnienia*, 43. 負責照顧狗兒的獸醫，參見 Młynarski, *W niewoli*, 84, 256.

41 波蘭反抗組織，參見 Wnuk, *Za pierwszego Sowieta*, 368-371. 處決戰俘的命令，參見 Cienciala, *Crime*, 116-120，引文引自頁 118。亦可參見 Jasiewicz, *Zagłada*, 129.

42 Jasiewicz, *Zagłada*, 131, 144-145, 159. 這 7,305 人在比奇維尼亞與庫拉帕蒂這兩處森林遭到槍斃，這兩處也是蘇聯大清洗的主要殺戮之地，參見 Kalbarczyk, "Przedmioty," 47-53.

43 Swianiewicz, *Shadow*, 75; Cienciala, *Crime*, 122, 129-130, 175，引文引自頁 130。亞當・索爾斯基日記的其他部分，參見 *Zagłada polskich elit*, 37.

44 Cienciala, *Crime*, 124; *Zagłada polskich elit*, 43.

138).

11 對外援可能性的分析，參見 Młynarski, *W niewoli*, 54-59.

12 引用自 Weinberg, *World at Arms*, 57.

13 蘇聯背叛勒沃夫的波軍，參見 Cienciala, *Crime*, 20; Czapski, *Wspomnienia*, 9-10; and Wnuk, *Za pierwszego Sowieta*, 35.

14 烏克蘭大草原，參見 Czapski, *Wspomnienia*, 15. 農家出身的波蘭士兵對此的觀感，參見 Młynarski, *W niewoli*, 98-99.

15 Hrycak 估計戰俘達 125,000 名 ("Victims," 179); Cienciala 則認為是 230,000-240,000 (*Crime*, 26). 蘇聯也扣留大約 1 萬 5 千人作為礦坑或修路用的苦力，其中 2 千人在 1941 年紅軍後撤時死去。參見 Hryciuk, "Victims," 180.

16 扶植波蘭犯人接管各地政府的例子，參見 HI 209/1/10420, HI 209/6/5157, HI 209/11/4217, HI 210/14/10544, HI 210/14/4527, HI 210/14/2526, HI 209/13/2935, and HI 210/12/1467. 此處引用的暴力滋事案例，出自 Gross, *Revolution*, 37, 44. 類似情事的細節，參見 HI 209/13/2935, HI 209/13/3124, HI 210/1/4372, HI 210/5/4040, HI 210/14/4908, and HI 209/7/799.

17 典型的判例可參見 Jasiewicz, *Zagłada*, 172. 有關被捕的 109,400 人與遭判處死刑的 8,513 人，參見 Hryciuk, 182. 逮捕與監禁的比例，參見 Khlevniuk, *Gulag*, 236; and Głowacki, *Sowieci*, 292.

18 殺掉 6 萬 1 千名波蘭人之說，參見 Rossino, *Hitler*, 15, also 30;「毀滅波蘭」之說在頁 77. 通論亦可參見 Ingrao, "Violence," 219-220. 海德里希與希特勒，參見 Mallman, *Einsatzgruppen*, 57; and Mańkowski, "Ausserordentliche," 7. 博士學位的比例，參見 Browning, *Origins*, 16.

19 卡托維茲，參見 Rossino, *Hitler*, 78. 缺乏謹慎記錄之事，參見 Mallman, *Einsatzgruppen*, 80.

20 番號「z. b. V」的特別行動隊負責執行驅逐猶太人的任務，參見 Rossino, *Hitler*, 90, 94, 98；2 萬 2 千這個數字出自頁 101. 普熱梅希爾市，參見 Böhler, *Überfall*, 202-203. 亦可參見 Pohl, *Herrschaft*, 52.

21 希特勒的命令，參見 Rutherford, *Prelude*, 53. 法蘭克的引文出自 Seidel, *Besatzungspolitik*, 184. 法蘭克身為希特勒的前御用律師，參見 Mazower, *Hitler's Empire*, 74.

22 Wnuk, *Za pierwszego Sowieta*, 13-23. 支持新政權的大戲出自 Gross, *Revolution.*

23 Wnuk, *Za pierwszego Sowieta*, 23; Hryciuk, "Victims," 199.

24 有關 139,794 被從家中押走的波蘭人，參見 Hryciuk, "Victims," 184. Głowacki 記錄當時的溫度是攝氏零下 42 度（相當於華氏零下 43 度），參見 *Sowieci*, 328. 亦可參見 Jolluck, *Exile*, 16.

55 Kershaw, *Hitler*, 482; Zarusky, "Hitler bedeutet Krieg," 106-107.

56 參照 Haslam, *Collective Security*, 90, 153. 李維諾夫，參見 Herf, *Jewish Enemy*, 104; and Orwell, *Orwell and Politics*, 78.

57 引用自 Wieczorkiewicz, *Łańcuch*, 323.

58 Haslam, *Collective Security*, 227. 引用自 Weinberg, *World at Arms*, 25. 我此處並未討論柯斯勒在西班牙的經驗，這與他朋友韋斯伯格在蘇聯遭到監禁發生在同一時間。參見 *God That Failed*, 75-80.

59 引用自 Lukacs, *Last European War*, 58-59.

60 Krebs, "Japan," 543; Haslam, *East*, 132.

61 Levine, *In Search of Sugihara*, 121; Sakamoto, *Japanese Diplomats*, 102; Kuromiya, *Między Warsawą a Tokio*, 470-485; Hasegawa, *Racing*, 13.

第四章　德蘇互不侵犯條約下的歐洲

1 Böhler, *Verbrechen*, 16, 69, 72, 74, Böhler, *Überfall*, 100. Datner counts 158; 參見 *55 Dni*, 94.

2 華沙，參見 Böhler, *Überfall*, 171-172. 掃射難民，參見 Datner, *55 Dni*, 96; and Mazower, *Hitler's Empire*, 67.

3 Naumann, "Die Mörder," 54-55; Grass, *Beim Häuten*, 15-16.

4 殺死德軍算「謀殺罪」，參見 Datner, *Zbrodnie*, 73.「厚顏無恥」之說，參見 Lukacs, *Last European War*, 58. 燒毀穀倉與人肉盾牌，參見 Datner, *Zbrodnie*, 72, 69; Rossino, *Hitler*, 166, 169; and Böhler, *Verbrechen*, 23.

5 希特勒下的指示有更詳細的版本：「不要心存憐憫，行事毫不留情。必須保障八千萬人的生存空間與應有的地位，因為最強者才有權利。」參照 Mallman, *Einsatzgruppen*, 54. 切皮洛夫，參見 Böhler, *Verbrechen*, 131. 紅十字，參見 Rossino, *Hitler*, 181; 亦可參見 184. For other tank incidents，參見 Datner, *Zbrodnia*, 62.

6 「波蘭人是奴隸」之說與非理性怨恨，參見 Rossino, *Hitler*, 141, 204.「元首有意摧毀、終結波蘭民族」之說，參見 Mallmann, *Einsatzgruppen*, 57.

7 Rossino, *Hitler*, 138, 141; Böhler, *Verbrechen*, 100.

8 Bartoszewski, *Warszawski pierścień*, 52-53.

9 Böhler, *Verbrechen*, 19.

10 索萊克鎮，參見 Böhler, *Verbrechen*, 116. 向猶太男孩要水，參見 Rossino, *Hitler*, 172. 迪努夫鎮，參見 Böhler, *Überfall*, 200. Rossino 估計到 1939 年年底，德國人殺害的 5 萬名波蘭公民中有 7 千人是猶太人，參見 *Hitler*, 234. Mallman, Böhler, and Mathaüs 在 *Einsatzgruppen* 一書頁 88 也提出類似的數字。Böhler 估計約 3 萬波蘭公民在十月底前遇害 (*Verbrechen*, 140)，這數字到年底時增加至 4 萬 5 千，包括 7 千名猶太人。(*Überfall*,

39 高加索地區亦有少部分人遭到強制流放，參見 Baberowski, *Feind*, 771-772. 蒙古遇害的 20,474 人，參見 Kuromiya, "Asian Nexus," 13. 亦可參見 Gelb, "Koreans."

40 引用自 Evans, *Power*, 357. 針對德裔人口的行動，參見〇〇四三九號命令（55,005 例判刑，41,989 例死刑）。亦可參見 Schlögel, *Terror*, 628.

41 Khlevniuk, *Gulag*, 147. 數字引用自 Binner, "S etoj," 207. Martin 認為死於〇〇四四七號命令者達 386,798 人，參見 "Origins," 855.

42 烏克蘭占全蘇聯人口的 22%，全蘇聯被定罪者卻有 27% 在烏克蘭，參見 Gregory, *Terror*, 265. 有關 123,421 件死刑宣判，參見 Nikol's'kyi, *Represyvna*, 402; 頁 340 整理了 1937-1938 大清洗時期蘇屬烏克蘭境內遭逮捕者的民族比例：烏克蘭裔 53.2%（烏克蘭的烏裔人口占 78.2%），俄裔 7.7%（烏克蘭的俄裔人口占 11.3%），猶太裔 2.6%（烏克蘭的猶太裔人口占 5.2%），波蘭裔 18.9%（烏克蘭的波裔人口占 1.5%），德裔 10.2%（烏克蘭的德裔人口占 1.4%）。

43 Khlevniuk, "Party and NKVD," 23, 28; Binner, "Massenmord," 591-593.

44 高層幹部的比例，參見 Petrov, *Kto rukovodil*, 475; and Gregory, *Terror*, 63. 1936 年夏天，猶太裔出身位居要職者的比例仍舊高出平均。54% 的紅軍將領是猶太人，莫斯科中央機關有 64% 的內務人民委員是猶太人，烏克蘭的軍官也有 67% 是猶太人。將領與內務人民委員的部分參見 Naumov, *Bor'ba*, 119o。烏克蘭軍官的部分，參見 Zolotar'ov, "Nachalnyts'kyi," 326-331. 拉脫維亞裔、德裔與波蘭裔出身的內務人民委員高層，在大清洗時期全部遭到整肅。例如莫斯科內務人民委員會的領導者便是波蘭人 Stanisław Redens，他在大清洗時期簽署並處死了 20,761 人。而他自己最後也被指控為波蘭民族主義者而遭逮捕與處決。

45 蘇聯的國民年金制，參見 Kotkin, *Magnetic Mountain*, 122.

46 Haslam, *Collective Security*, 194.

47 Hirsch, *Empire*, 293-294.

48 奧地利，參見 Dean, *Robbing*, 86, 94, 105.

49 丟包之事，參見 Tomaszewski, *Preludium*, 5, 139, passim. 亦可參見 Longerich, *Politik der Vernichtung*, 193-204; and Kershaw, *Hitler*, 459, 472.

50 Goeschel, *Concentration Camps*, 24.

51 1938 年 11 月 12 日，參見 Polian, "Schriftwechsel," 4.

52 馬達加斯加，參見 Polian, "Schriftwechsel," 4, 8. 修正主義論點，參見 Arens, "Jewish Military," 205; and Spektor, "Żydzi wołyńscy," 539.

53 論德波關係，參見 Roos, *Polen*, 253, 396; Kershaw, *Hitler*, 475; and Weinberg, *Foreign Policy*, 20, 404, 484.

54 引用自 Evans, *Power*, 604.

車」。「勾魂車」一詞後來也被用於指德國的毒氣車，參見 Schlögel, *Terror*, 615. 孔策沃鎮，參見 Vashlin, *Terror*, 40, 44.

22 波蘭邊境的民族認同，參見 Snyder, *Reconstruction of Nations.* 波蘭裔蘇聯人如何重新定義，是以下這本書的主旨，Brown, *No Place.*

23 民族大清洗，參見 Naumov, *NKVD*, 262-266；斬草除根的比喻參見頁 266。貝爾曼向手下表示的原文引用自 Michniuk, "Przeciwko Polakow," 115. 遭到殺害的 218 位作家，參見 Mironowicz, *Białoruś*, 88-89. 亦可參見 Junge, *Vertikal'*, 624.

24 屠殺方法的延伸討論，參見 Goujon, "Kurapaty"; and Marples, "Kurapaty," 513-517. 亦可參見 Ziółkowska, "Kurapaty," 47-49.

25 遭判死刑的 17,772 人，參見 Petrov, "Pol'skaia operatsiia," 168. 死亡人數總計（61,501 人），參見 Morris, "Polish Terror," 759.

26 Jansen, *Yezhov*, 258. 烏斯本斯基，參見與比較 Parrish, *Lesser Terror*, 6, 11; and Kuromiya, *Freedom and Terror*, 240.

27 Werth, *Terreur*, 292.

28 莫辛斯卡與安捷爾茨克的故事，參見 Kuromiya, *Voices*, 49-51, 221-223.

29 引用自 Dzwonkowski, *Głód*, 94. 日麥林卡市，參見 Stroński, *Represje*, 225.

30 引用自 Dzwonkowski, *Głód*, 244. 亦可參見 Stroński, *Represje*, 235; and Iwanow, *Stalinizm*, 153.

31 柯塞維奇、內衣褲與紙條的故事，參見 Dzwonkowski, *Głód*, 90, 101, 147.

32 1937 年秋天的孤兒院，參見 Petrov, "Pol'skaia operatsiia," 26; Kupczak, *Polacy*, 327, 329; and Jansen, *Executioner*, 97. 皮溫斯基與帕什凱維奇的故事，參見 Dzwonkowski, *Głód*, 151, 168.

33 索伯列夫斯卡的故事，參見 Dzwonkowski, *Głód*, 215-219, at 219.

34 Petrov, "Pol'skaia operatsiia," 30; Binner, "Massenmord," 591; Werth, *Terreur*, 294, 470.

35 處死 100 人與 138 人，參見 Stroński, *Represje*, 228.

36 111,091 這個數字的來源，參見 Petrov, "Pol'skaia operatsiia," 32. 85000 名被處決的波蘭人，參見 Petrov, "Polish Operation," 171. Jansen, *Executioner*, 99, 也有類似的結論。Naumov 估計波蘭受害者約有 95,000 名，參見 *NKVD*, 299. 亦可參見 Schlögel, *Terror*, 636.

37 請參照 Morris, "Polish Terror," 762，該書的計算也幾乎相同。

38 對逮捕數字的比較分析，參見 Khaustov, "Deiatel'nost," 316. 此處與本書其他地方，對 1937-1938 年波蘭情報單位的分析，是奠基於波蘭軍事檔案館（the Centralne Archiwum Wojskowe, or CAW）中有關波蘭參謀本部第二部的檔案資料，我花了數週時間進行分析。更詳細的討論與檔案引證，可參見 Snyder, *Sketches*, 83-112. 該文也一併討論了蘇聯大清洗對自身國安地位的危害。

96; 亦可參見 Baberowski, *Terror*, 198.

2 波蘭方面的論述，參見 Snyder, *Sketches*, 115-132.

3 Snyder, *Sketches*, 115-116.「波蘭軍事組織」的概念似乎從 1929 就有，當時一名蘇聯間諜滲透進波蘭共產黨的安全委員會，參見 Stroński, *Represje*, 210.

4 Stroński, *Represje*, 211-213. 索哈茨基，參見 Kieszczyński, "Represje," 202. 萬都爾斯基的詳細介紹，參見 Shore, *Caviar and Ashes.* 波蘭共產黨的要人中，至少有一位是真的從蘇聯回來，並為了波蘭利益做事，參見 Reguła, *Historia.*

5 1934 年 1 月，參見 Stroński, *Represje*, 226-227. 後續驅逐流放的動機與人數，參見 Kupczak, *Polacy*, 324.

6 開第一槍，參見 Kuromiya, *Voices*, 221.「無所不知」，參見 Stroński, *Represje*, 2336-227. 亦可參見 Morris, "Polish Terror," 756-757.

7 Stroński, *Represje*, 227; Snyder, *Sketches*, 119-120.

8 Nikol's'kyi, *Represyvna*, 337; Stroński, *Represje*, 227. 伯利茨基，參見 Shapoval, "Balyts'kyi," 69-74. 前烏克蘭共產黨中央總書記烏克蘭共產黨中央總書記科西奧爾也落入類似的命運。他也是波蘭人，也曾在 1933 年烏克蘭大饑荒中扮演重要角色，也被懷疑是波蘭間諜而遭處決。

9 波蘭間諜行動的進一步討論，參見 Rubl'ov "Represii proty poliakiv," 126; Paczkowski, "Pologne," 400; and Stroński, *Represje*, 220.

10 〇〇四八五號命令，參見 *Leningradskii martirolog*, 454-456.

11 其他參考例子，參見 Gilmore, *Defying Dixie.*

12 Petrov, "Polish Operation," 154; Nikol's'kyi, *Represyvna*, 105. 本章後面會補充少數民族代表的數字。

13 波蘭政治難民，參見 Kuromiya, *Stalin*, 118. 波蘭外交官，參見 Snyder, *Sketches*, 121-127. 波蘭中央委員會，參見 Kieszczyński, "Represje," 198. 波蘭共產黨員在蘇聯的經驗，最珍貴的紀錄可參見 Budzyńska's *Strzępy*.

14 引用自 Petrov, "Pol'skaia operatsiia," 23. 電話簿的軼事出自 Brown, *No Place*, 158.

15 Stroński, *Represje*, 240.

16 Petrov, "Pol'skaia operatsiia," 28; Werth, *Terreur*, 294.

17 引文與數字出自 Naumov, *NKVD*, 299-300. 另可參見 Stroński, *Represje*, 223, 246.

18 尤瑞維茲家的例子，參見 Głębocki, "Pierwszy," 158-166, at 164.

19 維格諾斯基家的例子，參見 Głębowski, "Pierwszy," 166-172. 6,597 這個數字的來源，參見 Petrov, "Polish Operation," 168.

20 Ilic, "Leningrad," 1522.

21 Awakened: Dzwonkowski, *Głód*, 236. 波蘭裔蘇聯人稱「黑色渡鴉」，俄國人稱「黑色囚

50 「一勞永逸」，參見 Binner, “Massenmord,” 565, also 567. 達標數額，參見 Nikol’s’kyi, “Represyvna,” 93.

51 Vashlin, *Terror*, 38.「寧願過多，不可太少」，參見 Baberowski, *Terror*, 192.

52 Binner, “Massenmord,” 565-568.

53 Ibid., 567.

54 Ibid., 568. 廁所偵訊法，參見 Michniuk, “Przeciwko Polakom,” 118. 亦可參見 Weissberg, *Wielka czystka*, 293. 白紙上簽名，參見 McLoughlin, “Mass Operations,” 127.

55 Binner, “Massenmord,” 571-577. 例如，有時候史達林會下達非常細瑣且精確的命令，參見 Kuz’niatsou, *Kanveer*, 72-73. 最後約有 1,825 名索洛夫基的囚犯被槍斃。

56 歐姆斯克市，參見 Binner, “Massenmord,” 657-580. 一晚審理 1,301 人，參見 McLoughlin, “Mass Operations,” 129. 亦可參見 Khlevniuk, *Gulag*, 150.

57 行刑技術與引文，參見 McLoughlin, “Mass Operations,” 130, 131; and Schlögel, *Terror*, 602, 618. 爆裂物，參見 Gregory, *Terror*, 71.

58 槍斃 35,454 人，參見 Junge, *Vertikal’*, 201. 剩餘人數，參見 Binner, “S etoj,” 207. 古拉格集中營，參見 Werth, *Terreur*, 285; and Khlevniuk, *Gulag*, 332. 老人的部分，參見 Nikol’s’kyi, “Represyvna,” 99. 槍斃 35 位聾啞人士，參見 Schlögel, *Terror*, 624; McLoughlin, “Mass Operations,” 136; and Binner, “Massenmord,” 590.

59 1937 年 12 月與 1938 年 2 月的事件，參見 Nikol’skij, “Kulakenoperation,” 623; and Nikol’s’kyi, “Represyvna,” 100. 列普列夫斯基對〇〇四四七號命令的分類詮釋，參見 Šapoval, “Behandlung,” 339, 341. 逮捕 40,530 人，參見 Nikol’s’kyi, “Represyvna,” 153. 新增 23,650 人到死亡名單，參見 Šapoval, “Behandlung,” 343. 70,868、35,563 與 830 這些數字，參見 Junge, *Vertikal’*, 533. 1,102 與 1,226 這些數字，參見 Nikol’skij, “Kulakenoperation,” 634-635.

60 Stroński, *Represje*, 243. 相關討論，參見 Weiner, *Making Sense.*

61 巴斯特納克（Pasternak）在《齊瓦哥醫生》中也抱持類似論點。

62 Gurianov, “Obzor,” 202.

63 Goeschel, *Concentration Camps*, 26-27. 也許有 5,000-15,000 人因同性戀而被送往集中營，二戰結束時已有半數死去，參見 Evans, *Third Reich at War*, 535.

64 Goeschel, *Concentration Camps*, 4, 20, 21, 27; Evans, *Power*, 87. 對民族政策的擺盪與轉變，可以參見這篇具有說服力的論述，Martin in *Affirmative Action Empire.*

65 納粹德國處決的 267 人，參見 Evans, *Power*, 69-70.

第三章　民族大清洗

1 Martin, “Origins,” 嚴謹分析了國家針對少數民族的清洗。引文引用自 Jansen, *Executioner*,

29 引用自 Kuromiya, *Stalin*, 134, also 101.

30 三人小組的歷史，參見 Wheatcroft, "Mass Killings," 126-139. 對國家警察機構的通論介紹，參見 Andrew, KGB; and Dziak, *Chekisty.*

31 Getty, *Yezhov*, 140; Kuromiya, *Stalin*, 116.

32 葉若夫的人脈與詮釋，參見 Wheatcroft, "Agency," 38-40. 史達林對葉若夫健康的慰問，參見 Getty, *Yezhov*, 216.

33 引用自 Haslam, *Collective Security*, 129. 布哈林的威脅，參見 Kuromiya, *Stalin*, 83.

34 引用自 Brown, *Rise and Fall*, 122. 歐美人士中也有例外，例如 Antoni Słonimski，參見 Shore, *Caviar and Ashes*, 150. 法西斯主義與反法西斯主義，參見 Furet, *Passé.*

35 Werth, *Terreur*, 282. 亦可參見 Kuromiya, *Stalin*, 121. 蘇聯外交政策的優缺點，論點發展自 Furet, *Passé.*

36 Orwell, *Homage*, 145-149, at 149. 亦 可 參 見 Furet, *Passé*, 296, 301, 306; and Haslam, *Collective Security*, 133.

37 蘇聯在 1937-1938 年的大清洗期間總計殺害 681,692 人。扣除掉對各民族的清洗（參見下一章）與整肅富農的遇害人數後，才得出 56,209 這個數字。我在正文中是用更籠統的「5 萬人」這個數字，因為對富農清洗的受害人數有不同的算法，參見 Jansen, *Executioner*, 75. 紅軍將領，參見 Wieczorkiewicz, *Łańcuch*, 296. 這是論述紅軍大清洗的奠基之作。

38 Evans, *Power*, 21-22.

39 Ibid., 34, 39; Shore, *Information*, 31, 37.

40 希姆萊的崛起，參見 Longerich, *Himmler.* 警察指揮階層，參見 Westermann, "Ideological Soldiers," 45. 我在此把情況略為簡化，不把威瑪德國的聯邦制架構納入討論。希姆萊同樣也把德國的聯邦制視為有待克服的問題。本書第五至七章會對警政治安單位有更進一步的討論。

41 Evans, *Power*, 627; Lee, *Dictatorships*, 172.

42 這類由德國治安單位所執行的屠殺，會是本書第六、七章的主題。

43 對照 Wheatcroft, "Mass Killing," 139.

44 引用自 Baberowski, *Feind*, 758-759.

45 Werth, *Terreur*, 280; Viola, *Forgotten Gulag*, 195.

46 宗教信仰，參見 McLoughlin, "Mass Operations," 124; and Binner, "S etoj," 181-183.

47 Shearer, "Social Disorder," 527-531, quotation at 531.

48 西伯利亞的恐怖清洗，參見 Ablažej, "Die ROVS-Operation," 287-298; Baberowski, *Terror*, 189-190; and Kuromiya, "Accounting," 93.

49 Binner, "Massenmord," 561-562; Werth, *Terreur*, 283. 「額外增加的一千人」，參見 Jansen, *Executioner*, 82, 87.

5 Evans, *Power*, 23.

6 引用自 *Deutschösterreichische Tageszeitung*, 3 March 1933.

7 階級鬥爭，參見 Brown, *Rise and Fall*, 85. 投票行為，參見 King, "Ordinary," 987-988. 通論亦可參見 Bayerlein, "Abschied."

8 Longerich, *Politik der Vernichtung*, 26-32, 引用來自頁 38; Tooze, *Wages of Destruction, 73.*

9 37,000 名德國猶太人，參見 Evans, *Power*, 15. 亦可參見 Longerich, *Politik der Vernichtung*, 126.

10 Longerich, *Politik der Vernichtung*, 35.

11 Goeschel, *Concentration Camps*, 7.

12 通論可參見 Krüger, *Die Außenpolitik*; Turner, *Stresemann*; Snyder, *Sketches*.

13 Roos, *Polen*, 130-154; Ken, *Collective Security*, 94, 157; Kornat, *Polityka*, 32-33; Rossino, *Hitler*, 2.

14 引用自 Davies, *Kaganovich Correspondence*, 33.

15 最可靠的參考指南是 Kołakowski, *Main Currents.* 這項著名軼事源自豪爾赫・塞姆普魯恩（Jorgé Semprun），他曾被關押在布亨瓦德集中營。當年有一位資深共產黨員向他解釋何謂辯證法：「永遠都能讓你雙腳著地安全降落的藝術與技巧。」（"C'est l'art et la manière de toujours retomber sur ces pattes, mon vieux!"）

16 Graziosi, "New Interpretation."

17 通論可參見 Haslam, *Collective Security*; Furet, *Passé*; and Brown, *Rise and Fall.*

18 七十五萬這個數字會在本章與下一章中解釋。

19 辯證法，參見 Burrin, *Fascisme, nazisme, autoritarisme*, 202, 209. 通論亦可參見 Weber, *Hollow Years*. 布魯姆，參見 Judt, *Burden of Responsibility.*

20 Haslam, *Collective Security*, 120-121. 蘇聯各大報，參見 Schlögel, *Terror*, 136-137. 通論亦可參見 Beevor, *Battle for Spain.* 西班牙內戰的要旨我是參考自 Furet, *Passé.*

21 Orwell, *Homage*, 53-64. 引用自 Schlögel, *Terror*, 148. 亦可參見 Brown, *Rise and Fall*, 89.

22 5 月 11 日之事，參見 Kuromiya, "Anti-Russian," 1427.

23 引用自 Kuromiya, "Notatka," 133, also 119.

24 Levine, *In Search of Sugihara*, 13-89; Kuromiya, *Między Warszawą a Tokio*, 160-175; Siriol Colley, *Incident.*

25 Haslam 用人民陣線的框架分析中國的案例，參見 *East*, 64-70. 新疆的部分，參見 Millward, *Eurasian Crossroads*, 206-207. 長征，參見 Brown, *Rise and Fall*, 100.

26 參見 Kuromiya, *Stalin*, 136.

27 引用自 McLoughlin, "Mass Operations," 121.

28 Khlevniuk, "Objectives"; Kuromiya, *Stalin*, 118-119.

God That Failed, 77.

91 勝利拱門，參見 Kuśnierz, *Ukraina*, 178. 財富轉移，參見 Falk, *Sowjetische Städte*, 288; Davies, *Years*, 158; and Conquest, *Harvest*, 237. 人肉香腸製造商，參見 Kuromiya, *Freedom and Terror*, 172.

92 引用自 Conquest, *Harvest*, 256. 通論亦可參見 Slezkine, *Jewish Century*; and Fitzpatrick, *Education*.

93 引用自 Subtelny, "German Diplomatic Reports," 17; Polish Consul-General, 4 February 1933, CAW I/303/4/1867; Border Defense Corps, 15 November 1933, CAW I/303/4/6906. 對波蘭入侵的期盼，參見 Snyder, *Sketches*, 110. 德裔蘇聯人寫給德國政府的信，參見 *Hungersnot.* 亦可參見 Berkhoff, "Great Famine."

94 希特勒演說中對此的批判，可參見 *Deutschösterreichische Tageszeitung*, 3 March 1933. 樞機主教，參見 Dalrymple, "Soviet Famine," 254. 因尼策的呼籲與干預，參見 *Reichspost*, 20 August 1933 and 12 October 1933; and *Die Neue Zeitung*, 14 October 1933.

95 For Duranty，參見 *New York Times*, 31 March 1933. 馬格利吉，參見 Taylor, "Blanket of Silence," 82. 歐威爾，參見 *Orwell and Politics*, 33-34. 亦可參見 Engerman, *Modernization*, 211. 替《紐約時報》說道公道話，該報在 1933 年 1 月 1 日與 11 日的兩篇匿名文章中，援引了「人為」饑荒與「向農民開戰」的概念。

96 Papuha, *Zakhidna Ukraïna*, 33, 46, 57.

97 蘇聯的反宣傳，參見 Papuha, *Zakhidna Ukraïna*, 56. 艾希歐的體型，參見 *Time*, 31 October 1932. 亦可參見 Zlepko, *Hunger-Holocaust*, 177; and Conquest, *Harvest*, 314.

98 引用自Kovalenko, *Holod*, 353; Zlepko, *Hunger-Holocaust*, 180; 亦可參見175-179. 亦可參見Mark, *Hungersnot*, 26-27; Subtelny, "German Diplomatic Reports," 21; Marochko, *Holodomor*, 256-257, 283; *Time*, 22 January 1934.

99 Marochko, *Holodomor*, 257; Zlepko, *Hunger-Holocaust*, 176-177; *Time*, 11 September 1933. Final paragraph: Werth, "Un État"; Marochko, *Holodomor*, 283. 替艾希歐說句公道話，1940 年 6 月法國陷落時，他在是否要讓貝當元帥掌握全權的國民議會投票中投下棄權票。後來遭到逮捕並送往德國關押。

第二章　階級大清洗

1 引用自 Siriol Colley, *More Than a Grain*, 212, 216.

2 瓊斯的部分引用自 Siriol Colley, *More Than a Grain*, 218.

3 引用自 Evans, *Coming*, 330.

4 德國選民，參見 King, "Ordinary," 987-988 and passim. 達豪，參見 Goeschel, *Concentration Camps*, 14. 對希姆萊的分析與引用，參見 Eiber, "Gewalt in KZ Dachau," 172.

均壽命，參見 Vallin, "New Estimate," 256.

76 女同學與池中的頭顱，參見 Kovalenko, *Holod*, 471, 46.

77 賣身換麵粉，參見 Kuromiya, *Famine and Terror*, 173. 文尼察市，參見 Kovalenko, *Holod*, 95. 對食人的擔憂，參見 Kovalenko, *Holod*, 284. 火車站的農民，參見 Kuśnierz, *Ukraina*, 155. 市區警察，參見 Falk, *Sowjetische Städte*. 彼得・薩福伊拉，參見 Kovalenko, *Holod*, 290.

78 引用自 Czech, "Wielki Głód," 23. 殺害並吃掉兒子，參見 Kovalenko, *Holod*, 132. 磨刀紀錄，參見 Kuśnierz, *Ukraina*, 168. 餵豬之事，參見 Kuromiya, *Freedom and Terror*, 172.

79 50 萬在瞭望塔監視的少年少女，參見 Maksudov, "Victory," 213. 引用自 Kuśnierz, *Ukraina*, 119.

80 女醫生，參見 Dalrymple, "Soviet Famine," 262. 孤兒，參見 Kuśnierz, *Ukraina*, 157; and Dzwonkowski, *Głód*, 142. 亦可參見 Graziosi, "Italian Archival Documents," 41.

81 Kuśnierz, *Ukraina*, 157.

82 2,505 人因食人而被判刑，參見 Davies, *Years*, 173. 農舍煙囪的炊煙，參見 Kovalenko, *Holod*, 31. 人肉抵數，參見 Conquest, *Harvest*, 227.

83 反對食人的倫理主張，參見 Kuromiya, *Freedom and Terror*, 173. 葛拉尼維茨兄弟，參見 Dzwonkowski, *Głód*, 76. 母親的請求，參見 Conquest, *Harvest*, 258.

84 引用自 Bruski, *Holodomor*, 179. 園藝工作者，參見 Dalrymple, "Soviet Famine," 261. 收屍隊與埋葬，參見 Kovalenko, *Holod*, 31, 306, 345.

85 引用自 Graziosi, "Italian Archival Documents." 亦可參見 Davies, *Years*, 316.

86 基輔公衛單位紀錄 493,644 人正在挨餓，參見 Marochko, *Holodomor*, 233.

87 蘇聯人口普查，參見 Schlögel, *Terror*. 對 550 萬這個數字的討論，參見 Dalrymple, "Soviet Famine," 259.

88 向後推算的人口統計方式，參見 Vallin, "New Estimate," 頁 252 提及 1928-1937 年烏克蘭有 260 萬人「特殊死亡」，將這數字減去其他屠殺的人數，就能得出饑荒餓死人數。2010 年 1 月的烏克蘭政府研究報告，參見 *Dzerkalo Tyzhnia*, 15-22 January 2010. Kul'chyts'kyi 根據有紀錄在案的資料估計出 250 萬這個數字，參見 "Trahichna," 73-74. Ellman 估計全蘇聯高達 900 至 1230 萬人在 1933-1934 年因饑荒而死 ("Note on the Number," 376). Maksudov 估計 390 萬名烏克蘭人死於 1926-1937 年 ("Victory," 229). Graziosi 估計的數字則是 350-380 萬 ("New Interpretation," 6). 後續的研究證實了 390 萬這個數字，參見 Oleh Wolowyna 與其同事的著作。

89 引用自 Serbyn, "Lemkin." 通論亦可參見 Martin, *Affirmative Action Empire*; and Snyder, *Sketches*.

90 引用自 Koestler, *God That Failed*, 68; Weissberg-Cybulski, *Wielka Czystka*, 266; Koestler,

56 Sen, *Poverty and Famines*, quotation at 7; 亦可參見 154-155. 對全國性饑荒的有力解釋，參見 Martin, "Ukrainian Terror," at 109 and passim. 亦可參見 Simon, "Waffe," 45-47; and Conquest, *Harvest*, 219. 1932 年 11 月的卡岡諾維奇，參見 Kulczyski, *Hołodomor*, 236.

57 Graziosi, "New Interpretation," 8; Kuśnierz, *Ukraina*, 143; Maksudov, "Victory," 188, 190; Davies, *Years*, 175, 穀物種子可參頁 151.

58 肉稅，參見 Shapoval, "Proloh trahedii holodu," 162; and Maksudov, "Victory," 188. 引用自 Dzwonkowski, *Głód*, 71. 女孩回憶，參見 Dzwonkowski, *Głód*, 160; 亦可參見 219. 整體牲畜量下降，參見 Hunczak, *Famine*, 59.

59 Shapoval, "Proloh trahedii holodu," 162; Maksudov, "Victory," 188; Marochko, *Holodomor*, 171; Werth, *Terreur*, 123.

60 Shapoval, "Holodomor."

61 Davies, *Years*, 190; Marochko, *Holodomor*, 171.

62 Snyder, *Sketches*, 107-114.

63 引用自 Davies, *Years*, 187. 12 月 20 日的情況，參見 Vasiliev, "Tsina," 55; Graziosi, "New Interpretation," 9; and Kuśnierz, *Ukraina*, 135.

64 Davies, *Years*, 190-192.

65 將餓死之人視為間諜，參見 Shapoval, "Holodomor." 遭逮捕與遣送的 190,000 名農民，參見 Graziosi, "New Interpretation," 7. 1 月 22 日的事件，參見 Marochko, *Holodomor*, 189; and Graziosi, "New Interpretation," 9.

66 37,392 人被捕，參見 Marochko, *Holodomor*, 192. 亦可參見 Davies, *Years*, 161-163.

67 黨工徵糧行動，參見 Conquest, *Harvest*, 233. 對肅清的影響與評論引用，參見 Šapoval, "Lügen," 133. 對高層的整肅，參見 Davies, *Years*, 138.

68 死寂的烏克蘭，參見 Kovalenko, *Holod*, 31; and Dzwonkowski, *Głód*, 104. 亦可參見 Arendt, *Totalitarianism*, 320-322.

69 引用自 Dalrymple, "Soviet Famine," 261. 彼得・維爾迪，參見 Kovalenko, *Holod*, 132.

70 引用自 *New York Evening Post*, 30 March 1933.

71 瑪麗亞・沃文斯卡，參見 Dzwonkowski, *Głód*, 104. 尤希普・帕納申科，參見 Kuśnierz, *Ukraina*, 105. 維克多・克拉夫申科對這段經驗的回憶，參見 *I Chose Freedom*, 104-106.

72 15000 名被遣送的烏克蘭人，參見 Davies, *Years*, 210. 6 萬被遣送者，參見 Martin, "Ethnic Cleansing," 846.

73 67,297 人死於集中營，參見 Khlevniuk, *Gulag*, 62, 77. 241,355 人死於特殊開墾聚落，參見 Viola, *Unknown Gulag*, 241.

74 引用自 Khlevniuk, *Gulag*, 79.

75 引用自 Dzwonkowski, *Głód*, 215-219; Kul'chyts'kyi, *Kolektyvizatsiia*, 365. 蘇屬烏克蘭的平

35 Cameron, "Hungry Steppe," chap. 2; Pianciola, "Collectivization Famine," 103-112; Mark, "Hungersnot," 119.

36 引用自 Davies, *Kaganovich Correspondence*, 138. 史達林在政策上的個人傾向，參見 Kulczycki, *Hołodomor*, 180; and Kuśnierz, *Ukraina*, 152.

37 史達林，參見 Marochko, *Holodomor*, 21. 地方黨工對集體化目標的疑問，參見 Davies, *Years*, 105-111, 117-122.

38 Cited in Kovalenko, *Holod*, 110.

39 引用自 Davies, *Years*, 146. 亦可參見 Kuśnierz, *Ukraina*, 107; and Werth, *Terreur* , 119.

40 「我們的父親」，參見 Sebag Montefiore, *Court*, 69. 飢餓是偷懶的藉口，參見 Šapoval, "Lügen," 136. 史達林與莫洛托夫、卡岡諾維奇的關係，參考諮詢 Lih, *Letters to Molotov*; and Davies, *Kaganovich Correspondence.*

41 引用自 Davies, *Kaganovich Correspondence*, 175, 183.

42 Snyder, *Sketches*, 83-95; Kuromiya, "Great Terror," 2-4.

43 Snyder, *Sketches*, 102-104; Haslam, *East*, 31.

44 引用自 Report of 6 June 1933, CAW I/303/4/1928. 波蘭領事館的紀錄，參見 Marochko, *Holodomor*, 36. 波蘭並未採取行動，參見 Snyder, *Sketches*, 102-108; and Papuha, *Zakhidna Ukraïna*, 80.

45 Kuśnierz, *Ukraina*, 108; Maksudov, "Victory," 204.

46 蘇聯法官，參見 Solomon, *Soviet Criminal Justice*, 115-116. 引用自 Kuśnierz, *Ukraina*, 116.

47 引用自 Kuśnierz, *Ukraina*, 139; Kovalenko, *Holod*, 168. 瞭望塔的數量，參見 Kuśnierz, *Ukraina*, 115; 亦可參見 Maksudov, "Victory," 213; and Conquest, *Harvest*, 223-225.

48 黨工徵收手段的無效率，參見 Maksudov, "Victory," 192. 黨工各種濫用權力，參見 Kuśnierz, *Ukraina*, 144-145, 118-119; and Kuromiya, *Freedom and Terror*, 170-171.

49 全蘇聯也只達標了 57%，參見 Davies, *Years*, 183. 莫洛托夫，參見 Davies, *Years*, 171-172.

50 史達林的轉變，參見 Sebag Montefiore, *Court*, 21, 107.

51 引用自 Kovalenko, *Holod*, 44. 中央政治局的兩份電文，參見 Marochko, *Holodomor*, 152; and Davies, *Years*, 174. 1,623 名集體農場官員遭逮，參見 Davies, *Years*, 174. 30,400 烏克蘭人被送往古拉格，參見 Kuśnierz, *Ukraina,* 59.

52 童話故事之說，參見 Šapoval, "Lügen," 159; and Davies, *Years*, 199.

53 引用自 Kuśnierz, *Ukraina*, 124. 亦可參見 Vasiliev, "Tsina," 60; and Kuromiya, *Stalin*, 110.

54 引用自 Kuromiya, *Freedom and Terror*, 174. 任由家人餓死的部分出自科西奧爾，參見 Davies, *Years*, 206.

55 類似的判斷可參考 Jahn, *Holodomor*, 25; Davies, Tauger, and Wheatcroft, "Grain Stocks," 657; Kulczycki, *Hołodomor*, 237; and Graziosi, "New Interpretation," 11.

xvi-xvii; and Viola, *Unknown Gulag*, 2-7.

15 引用自 Siegelbaum, *Stalinism*, 45 (first two); Viola, *Unknown Gulag*, 53. 白海—波羅的海運河，參見 Khlevniuk, *Gulag*, 24-35; and Applebaum, *Gulag*, 62-65.

16 Applebaum, *Gulag*, 64-65.

17 引用自 Viola, *Unknown Gulag*, 35. 整體可參見 Viola, *Best Sons*. 集體化的進度，參見 Kuśnierz, *Ukraina*, 39.

18 可耕農地的比例，參見 Kuśnierz, *Ukraina*, 40.

19 引用自 Snyder, *Sketches*, 93. 烏克蘭農民求取土地的背景，參見 Beauvois, *Bataille*; Edelman, *Proletarian Peasants*; Hildermeier, *Sozialrevolutionäre Partei*; Kingston-Mann, *Lenin*; and Lih, *Bread and Authority.*

20 引用自 Dzwońkowski, *Głód*, 84. 史達林的「第一誡」，參見 Kulczycki, *Hołodomor*, 170. 亦可參見 Kuśnierz, *Ukraina*, 70.

21 牲畜作為一種反抗手段，參見 Kuśnierz, *Ukraina*, 66, 72; and Conquest, *Harvest*, 158.

22 Graziosi, *War*, 53-57; Viola, *War*, 320; Kulczycki, *Hołodomor*, 131; Snyder, *Sketches*, 92-94.

23 引用自 Morris, "The Polish Terror," 753. 波蘭對烏克蘭少數民族的新政策，以及蘇聯的顧慮，參見 Report of 13 July 1926, AVPRF, 122/10/34. 整體亦可參見 Snyder, *Sketches*, 83-114.

24 Kuromiya, "Spionage," 20-32.

25 Cameron, "Hungry Steppe," chap. 6. 新疆，參見 Millward, *Eurasian Crossroads* , 191-210.

26 Snyder, *Sketches*, 101-102.

27 Kuśnierz, *Ukraina*, 74; Snyder, *Sketches*, 103-104.

28 Davies, *Years*, 8-11, 24-37; Kuśnierz, *Ukraina*, 86-90.

29 引用自 Viola, *Unknown Gulag*, 75; Kravchenko, *I Chose Freedom*, 106. 32,127 戶遭流放的烏克蘭農家，參見 Kulczycki, *Hołodomor*, 158. 農地集體化比例，參見 Kuśnierz, *Ukraine*, 86.

30 Davies, *Years*, 48-56.

31 豐收，參見 Davies, *Years*, 57-69, 110-111; Graziosi, "New Interpretation," 1-5; and Dronin, *Climate Dependence*, 118. 科西奧爾與卡岡諾維奇，參見 Davies, *Years*, 72, 82, 89, 95.

32 Kuśnierz, *Ukraina*, 102-103; Davies, *Years*, 112-114.

33 紅十字會，參見 Davies, *Years*, 112-113. 引用自 Kul'chyts'kyi, *Kolektyvizatsiia* , 434; Kul'chyts'kyi, "Trahichna," 151.

34 餓死的呈報，參見 Kuśnierz, 104-105. 史達林的部分，參見 Davies, *Kaganovich Correspondence*, 138. 要求糧食援助，參見 Lih, *Letters to Molotov*, 230. 卡岡諾維奇 (23 June 1932)，參見 Hunchak, *Famine*, 121.

註釋

第一章　饑荒連連的蘇聯

1　引用自 Siriol Colley, *More Than a Grain*, 161.

2　葛瑞斯．瓊斯，參見Siriol Colley, *More Than a Grain*, 224-238; Jones, "Will there be soup?"; Conquest, *Harvest*, 309; and Dalrymple, "Further References," 473. 哈爾科夫，參見 Falk, *Sowjetische Städte*, 140, 172-175, 288; Kovalenko, *Holod*, 557; and Werth, *Terreur*, 130. 畫面感來自瓦西里．格羅斯曼。

3　Falk, *Sowjetische Städte*, 284-285, 288, 298-300.

4　引用自 Falk, *Sowjetische Städte*, 299, 亦可參見 297-301; Kuśnierz, *Ukraina*, 157, 160. 小女孩與醫院，參見 Davies, *Years*, 160, 220. 亦可參見 Kuromiya, *Freedom and Terror*, 171, 184. 倖存者證詞的使用，參見 Graziosi, *War*, 4.

5　引用自 Siriol Colley, *More Than a Grain*, 233. 第聶伯羅彼得羅夫斯克，參見 Kravchenko, *I Chose Freedom*, 111. 史達林諾，參見 Maksudov, "Victory," 211.

6　太虛弱而昏倒，參見 Kovalenko, *Holod*, 61; 亦可參見 Siriol Colley, *More Than a Grain*, 235. 卡齊斯克，參見 Kuromiya, *Freedom and Terror*, 170. 格羅斯曼，參見 Todorov, *Mémoire du mal*, 61. 亦可參見 Koestler, *Yogi*, 137.

7　引用自 Serbyn, "Ukrainian Famine," 131; 亦可參見 Falk, *Sowjetische Städte*, 289.

8　對五年計畫的更詳細介紹，參見 Harrison, *Soviet Planning* , 1-5.

9　引用自 Kuromiya, *Stalin*, 85; Kuśnierz, *Ukraina*, 37.

10　引用與海報，參見 Viola, *War*, 177; Viola, *Unknown Gulag*, 32.

11　引用自 Viola, *War*, 238; Conquest, *Harvest*, 121. 槍斃與流放的細節，參見 Davies, *Years*, 20, 46; Werth, *Terreur*, 463; Viola, *Unknown Gulag*, 6, 32; Kuśnierz, *Ukraina*, 51, 56; Khlevniuk, *Gulag*, 11; Graziosi, *War*, 48; and Davies, *Years*, 46.

12　被強迫驅離的 113,637 烏克蘭人，參見 Viola, *War*, 289; 亦可參見 Kulczycki, *Hołodomor*, 158. 他們抵達營區後的詳細狀況，參見 Kotkin, "Peopling," 70-72.

13　哀歌參見 Kovalenko, *Holod*, 259. 索洛夫基，參見 Applebaum, *Gulag*, 18-20, 49. 特殊開墾聚落，參見 Viola, *Unknown Gulag* (烏克蘭農民被流放的人數在頁 195 與 32).

14　引用自Applebaum, *Gulag*, 48. 估計死亡人數，參見Viola, *Unknown Gulag*, 3; and Applebaum, *Gulag*, 583. 古拉格的介紹，參見Khlevniuk, *Gulag*, 1-10; Applebaum, *Gulag*,

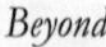

世界的啟迪

血色大地

夾在希特勒與史達林之間的東歐

BLOODLANDS: Europe Between Hitler and Stalin

作者	提摩希・史奈德（Timothy Snyder）
譯者	陳榮彬、劉維人
責任編輯	洪仕翰
校對	李鳳珠
行銷總監	陳雅雯
行銷企劃	張偉豪
封面設計	許晉維
內頁排版	宸遠彩藝
出版	衛城出版 / 遠足文化事業股份有限公司
發行	遠足文化事業股份有限公司（讀書共和國出版集團）
地址	231 新北市新店區民權路 108-2 號 9 樓
電話	02-22181417
傳真	02-22180727
客服專線	0800-221029
法律顧問	華洋法律事務所　蘇文生律師
印刷	呈靖彩藝有限公司
初版	2022 年 4 月
初版七刷	2024 年 2 月
定價	850 元
ISBN	9786267052259（紙本） 9786267052280（EPUB） 9786267052297（PDF）

歡迎團體訂購，另有優惠，請洽 02-22181417，分機 1124、1135

ACRO POLIS
衛城出版
Email acropolismde@gmail.com
Facebook www.facebook.com/acrolispublish

國家圖書館出版品預行編目(CIP)資料

血色大地：夾在希特勒與史達林之間的東歐 / 提摩希・史奈德(Timothy Snyder)著；陳榮彬、劉維人譯。-- 初版 -- 新北市：衛城出版：遠足文化事業股份有限公司發行，2022.04
面；　公分. --(Beyoud 36)(世界的啟迪)
譯自：Bloodlands: Europe between Hitler and Stalin
ISBN 978-626-7052-25-9(平裝)

1. 史達林(Stalin, Joseph, 1878-1953)
2. 希特勒(Hitler, Adolf, 1889-1945)
3. 東歐史　4. 種族滅絕　5. 猶太民族
6. 第二次世界大戰

740.73　　111001775